Das Buch der Gedichte

Deutsche Lyrik von den Anfängen
bis zur Gegenwart

Eine Sammlung für die Schule

Herausgegeben von
Karl Otto Conrady

Cornelsen

Man muss nie denken, dieser Satz ist mir zu schwer, der gehört für die großen Gelehrten, ich will mich mit den andern hier beschäftigen. Dieses ist eine Schwachheit, die leicht in eine völlige Untätigkeit ausarten kann. Man muss sich für nichts zu gering halten.

Georg Christoph Lichtenberg (1742–1799),
Sudelbücher, Heft D, 434.

Vorwort

Ein Buch zur Einführung in die Lyrik

Diese Sammlung mit deutschsprachigen Gedichten vom Wessobrunner Gebet bis in die achtziger Jahre des 20. Jahrhunderts soll Einblicke in die Vielfalt der sprachlichen Gestaltung im Gedicht ermöglichen. Deshalb habe ich mich bemüht Texte aufzunehmen, die als charakteristisch für geschichtliche Phasen der deutschen Lyrik und/oder für den einzelnen Dichter gelten können. Natürlich setzt die Beschränkung des Umfangs auf ein handliches Buch der Auswahl Grenzen. Unmöglich können *alle* Spielarten der Lyrik eines Autors oder eines Zeitabschnitts präsentiert werden, auch nicht alle Lyriker in Gegenwart und Vergangenheit, die es gleichwohl verdienten, beachtet und nicht vergessen zu werden. Doch lässt schon eine Durchsicht des Verzeichnisses der Autoren und ihrer Gedichte, das sich an dieses Vorwort anschließt, erkennen, dass versucht worden ist, ausführlich und ohne einengende Vorurteile zu dokumentieren.

Mehrfach hat man zu bestimmen versucht, was rechtens als ‚Lyrik' bezeichnet werden könne, was ihr ‚Wesen' ausmache, welchen Prinzipien sie folgen müsse und welchen Erwartungen sie zu entsprechen habe. Wer die Fülle der Gedichte überblickt, die in vielen Jahrhunderten geschrieben und gedruckt worden sind, und wer bereit ist sich auf den Reichtum des Verschiedenen einzulassen und sich dessen Anmutungen und Zumutungen auszusetzen, tut gut daran, auf solche Versuche zu verzichten. Es scheint geraten, sich auf eine ganz schlichte Beschreibung von Lyrik zurückzuziehen und an eine alte Formulierung aus dem „Reallexikon der deutschen Literaturgeschichte" zu denken. Lyrik ist das, was – grob vereinfacht – bei der Dramatik und Epik nicht gut unterzubringen ist, die (trotz der immer schwierigen Grenzfälle) leichter zu klassifizieren sind. Gedichte sind sprachliche Äußerungen in einer speziellen Schreibweise. Sie unterscheiden sich durch die besondere Anordnung des Textes von anderen Schreibweisen, und zwar durch die Abteilung in Verse, wofür bei der ‚visuellen Poesie' die Bildgestaltung mit den Mitteln sprachlichen Materials eintritt. Der Reim ist kein entscheidendes Merkmal. Mehr sollte an allgemeinen Bestimmungen nicht festgeschrieben werden. Der Autor entscheidet durch seine Wahl der Anordnung des Textes, ob er ihn als ‚Gedicht', als ‚Lyrik' ansieht und angesehen haben will. Erst in genauer Einzelbeobachtung lässt sich zeigen und einschätzen, ob und wie im Zusammenhang von ‚Thema' und ‚Textorganisation' das jeweilige Gedicht welche Bedeutung gewinnt, welche Intention es leitet, an wen es sich richtet, was seine spezielle Schreibweise besagt.

Selbstverständlich darf man Lyrik als Oberbegriff für alle Gedichte auch nicht mit dem Lyrischen verwechseln. Lyrik muss nicht ‚lyrisch' sein. Der Schweizer Literaturhistoriker Emil Staiger hat vor vielen Jahren in seinen „Grundbegriffen der Poetik" (1946) zu klären unternommen, was man im allgemeinen Sprachgebrauch unter ‚lyrisch' versteht. Keineswegs beabsichtigte er, einen Begriff des Lyrischen zu finden oder zu etablieren, der allen Arten von Lyrik zukommen könnte. Vielmehr las er „das Wesen des Lyrischen" an bestimmten Gedichten Goethes, der Romantik und ähnlichen Versen ab. Solcherart Lyrisches wirke ohne ausdrückliches Verstehen; es gebe hier noch kein Gegenüber; Einheitlichkeit der Stimmung sei unerlässlich; ein Dichter solcher Verse „leiste" nichts, er sei einsam und wisse von keinem Publikum. Es leuchtet sofort ein, dass dieses Lyrische in weiten Bereichen der europäischen Lyrik nicht anzutreffen ist und somit auch nicht als Charakterisierung von Lyrik überhaupt beansprucht werden darf. Staigers Beschreibung des Lyrischen greift allein im Bezirk goethescher und romantischer Lied- und Stimmungsdichtung. Um Verwirrung zu vermeiden ist es sinnvoll, nur noch in diesem spezifischen Sinne die Bezeichnung ‚lyrisch' zu gebrauchen.

Es sei auch kurz daran erinnert, dass die Dreiteilung der Dichtung in Epos (Roman), Drama und Lyrik recht jungen Datums ist. Erst seit Ende des 18. Jahrhunderts wurde es in Deutschland allgemein üblich, die Dichtkunst in die genannten drei Hauptarten zu gliedern. In der Antike und lange danach bezeichnet ‚Lyrik' nur ein Teilgebiet dessen, was wir üblicherweise unter dieser Bezeichnung zusammenfassen.

Zu verschiedenen Zeiten sind ganz unterschiedliche Gedichte geschrieben worden. Das bedeutet: Auch Gedichte sind historische Hervorbringungen, mit ihrer Zeitstunde verknüpft. Gedichte als historische Gebilde (welcher Art auch immer) ernst zu nehmen muss zur Konsequenz haben: Früheres kann nicht gegen Neues ausgespielt werden – und umgekehrt. Manche, die sich liebevoll zu Goethe, Eichendorff und Mörike zurückneigen, als seien sie das immer währende Vorbild für die Möglichkeiten des Gedichts, vergessen leicht, dass diese wie andere produktive Köpfe nicht so geschrieben haben, wie es die Autoren hundert Jahre vor ihnen getan haben.

Gewiss bedarf es bei einer Gedichtauswahl, die für die Schule gedacht ist, keiner besonderen Begründung, dass die Lyrik der neueren Zeit seit Goethe stärker vertreten ist als die früherer Jahrhunderte und dass Gedichte des 20. Jahrhunderts besonders zahlreich aufgenommen worden sind. Doch auch aus den älteren Zeiten sind genug Beispiele geboten, sodass der Leser einen Eindruck von Stil und Thematik jener Verskunst erhalten kann. Ebenso wird die alt- und mittelhochdeutsche Lyrik mit repräsentativen Beispielen vorgestellt, bei denen die (jeweils auf der rechten Seite parallel) beigefügten Übersetzungen mögliche Verständnisschwierigkeiten beseitigen.

Anordnung der Gedichte

In dieser Sammlung werden von den Anfängen bis zur Gegenwart die Autoren in zeitlicher Reihenfolge aufgeführt und die Gedichte bleiben bei ihrem jeweiligen Verfasser versammelt. Dieses Prinizip der Anordnung hat freilich insofern zeitliche Überschneidungen zur Folge, als Verse, die an einer späteren Stelle des Buches stehen, möglicherweise früher entstanden sind als vorher schon dargebotene. Doch besitzt die Anordnung den Vorteil, dass der Leser die Gedichte eines Autors beieinander findet und ihm damit die Begegnung und Beschäftigung mit einigen kennzeichnenden Stücken eines Lyrikers erleichtert wird. Das trifft vornehmlich dort zu, wo sich die Auswahl der Gedichte eines Verfassers zu einer eigenen kleinen Anthologie weitet.

Wenn auch die zeitliche Reihenfolge der Autoren als Anordnungsprinzip gilt, so sind doch Abweichungen von der Regel unausweichlich. Nicht immer konnten die Geburtsjahre maßgebend sein. Behutsame Gruppierung war angezeigt, die es ermöglicht, bestimmende Konturen einer Phase oder Richtung der Lyrik sichtbar werden zu lassen. Auf Epochenbezeichnungen ist allerdings mit Bedacht verzichtet worden. Barock, Aufklärung, Sturm und Drang, Klassik, Romantik: Solche Begriffe sind zu vage und mit zu viel unterschiedlichen Bedeutungen besetzt, als dass sie für das Verständnis der Gedichte von vornherein etwas erbringen könnten, und immer wieder frappiert doch die Gleichzeitigkeit des Verschiedenen. Gerade sie wird auch durch die Jahreszahlen deutlich, die in diesem Buch den Gedichten hinzugefügt worden sind.

Denn ohne zeitliche Orientierung soll der Benutzer nicht gelassen werden. Deshalb finden sich unter den Gedichten Jahresangaben, die mit Siglen versehen sind. Oft wissen wir gar nicht, wann ein Gedicht entstanden ist, oft können sich auch die Lyriker selbst nicht mehr an die Entstehungszeit erinnern. Wo jedoch zwischen Entstehung und Druck eine längere Zeitspanne liegt und dies bekannt und im Einzelfall auch von Interesse ist, verweist die Sigle E auf die Entstehungszeit. Vor allem aber kam es darauf an, den Zeitpunkt des Erscheinens des Gedichts in der Öffentlichkeit zu dokumentieren. Mitunter ist es wichtig, auf den ersten oder einen frühen Druck in Zeitschriften, Almanachen, Anthologien o. Ä. hinzuweisen; dafür steht die Sigle D. Unter dem Zeichen A ist hingegen das Jahr genannt, in dem das Gedicht zum ersten Mal in einer Sammlung oder Werkausgabe des betreffenden Autors selbst erschienen ist. Wo zwischen D und A nur ein geringer Zeitraum liegt, ist zumeist A zitiert worden. In einigen wenigen Fällen ist eine handschriftliche Fassung (H) auf Grund der nachgewiesenen Druckvorlage geboten worden. (Übrigens tragen manche Bücher, besonders Almanache, die bereits im zu Ende gehenden Jahr erscheinen, nicht selten schon die Zahl des folgenden Jahres.) – Wenn in den Ausgaben, die als Vorlage dienten, Daten für die Gedichte gedruckt sind, erscheinen diese Zahlen, die sich stets auf die Entstehungszeit beziehen, in runden Klammern.

In diesem Buch können verständlicherweise textkritische Fragen nicht erörtert werden. Oft haben Autoren den Text ihrer Gedichte im Lauf der Jahre verändert, sodass verschiedene Fassungen existieren. Daher kann es sein, dass die in der vorliegenden Sammlung gemäß den im Inhaltsverzeichnis genannten Ausgaben gedruckten Texte Änderungen gegenüber den unter D oder A zu findenden Fassungen aufweisen.

Variationsbreite der Lyrik

So wenig die hier gebotene Auswahl mit Spezialsammlungen für bestimmte Themen und Formen der Lyrik konkurrieren kann, fehlt es ihr doch nicht an der nötigen Vielfalt. Der Bogen spannt sich von ‚barocken' Sonetten des 17. Jahrhunderts bis zu experimenteller Poesie der Moderne, von weit geschwungenen Oden bis zum lakonisch knappen Spruchgebilde, vom schlichten Lied bis zum Erzählgedicht, um nur dies zu nennen. Auch einige Beispiele ‚visueller Poesie' aus Barock und Moderne sind vertreten. Balladen habe ich allerdings nur sparsam berücksichtigt, weil sie in vielen Büchern für den Unterricht zur Hand sind.

Es ist in deutscher Lyrik auch an Lobgedichten auf Krieg und Heldentod, auf herrscherliche Macht und nationale Sendung kein Mangel. Sie mögen uns, nach den Erfahrungen der neueren deutschen Geschichte, befremden und verstören. Dennoch sind sie aus der Geschichte der Lyrik nicht einfach zu streichen. So sind Verse solcher Art (wie sogar Geibels anmaßende und immer wieder zitierte von „Deutschlands Beruf") auch in diesem Buch zu finden. Selbst Gedichte mit unverkennbarer Nähe zum ‚Gedankengut' des ‚Dritten Reichs' und seiner Vorgeschichte als Dokumente zu präsentieren schien Herausgeber und Verlag unerlässlich zu sein, weil nicht Ausklammern und Verschweigen, sondern nur Erkennenwollen und kritische Auseinandersetzung der Aufklärung über unsere Vergangenheit dienlich sein können. Darum sind nicht nur einige einschlägige Gedichte von ansonsten immerhin beachtenswerten Autoren aufgenommen worden (Heinrich Lersch, Agnes Miegel, Josef Weinheber), sondern auch ein paar Proben jener von den Nationalsozialisten damals gewünschten ‚Neuen Lyrik', die nach dem Motto „Du bist nichts, dein Volk ist alles" völkische Gemeinschaft zu stiften und die Bereitschaft zum bedingungslosen Einsatz für ‚Führer, Volk und Reich' zu stärken trachtete. Bedenkenlos nahm man dabei religiösen Wortschatz in Dienst um den völkisch-nationalen Vorstellungen und dem Glauben an den ‚Führer' propagandistische Weihe zu verleihen (S. 424–426).

Die nötige Kritik liefert die Anthologie im unmittelbaren Umkreis dieser Texte selbst mit. Kontrastreich stehen beisammen die Gedichte Walter Mehrings und Weinhebers, die Verse der ‚jungen Mannschaft' und die der Besonnenen, Verfolgten und Exilierten. Beklemmend zu beobachten, wie eine Agnes Miegel, die sich eine Huldigung Adolf Hitlers nicht versagen mochte, in ihrem späteren Klagegedicht „Wagen an Wagen" (S. 390) die historischen Gründe für das Schicksal der Flüchtlinge im Dunkeln lässt.

Übrigens ist es aufschlussreich, aber nicht verwunderlich zu sehen, wie jene fragwürdigen Lobgedichte auf Herrscherfiguren, trotz der zu beachtenden ideologischen Unterschiede, mit sprachlich gleichen oder ähnlichen Mitteln arbeiten. Ein Blick auf die ‚Führergedichte' und auf Johannes R. Bechers Verse zum Ruhme Stalins genügt (S. 405).

Ein besonderer Reiz dieser Gedichtsammlung dürfte sein, dass sich spannungsvolle Beziehungen und Verweise durch den Band erstrecken. Das Register der Themen und Motive (S. 600 ff.) will helfen wichtige dieser Spuren rasch zu finden. Peter Rühmkorfs Spott über eine bestimmte Art von Naturlyrik beispielsweise („Lied der Naturlyriker", S. 514) zwingt zum Nachdenken darüber, ob und wann Lob und Feier zeitlosen Geschehens in der Natur eine Flucht vor konkreten Aufgaben und Problemen in Zeit und Gesellschaft bedeuten und wie etwa Wilhelm Lehmanns Wahrnehmung des „süßen Augenblicks" in der Natur angesichts der realen Furchtbarkeit des Krieges (im Gedicht „Signale", S. 396) einzuschätzen ist. – Die zahlreichen Verse über Deutschland und die Deutschen bieten reichlich Material für eine sachbezogene Diskussion über die heikle Frage eines ‚Deutschlandlieds' vor dem Hintergrund unserer Geschichte. – Und so unbestritten es sein mag, dass Gedichte ‚schön' sein und der Präsentation von ‚Schönheit' dienen dürfen, so berechtigt ist auch Christoph Meckels Mahnung: „Das Gedicht ist nicht der Ort, wo die Schönheit gepflegt wird" (S. 552), – ganz abgesehen davon, dass (wie die Geschichte der Künste lehrt) eine zeitlos gültige Auffassung von Schönheit nicht besteht.

Zur deutschsprachigen Lyrik gehören Autoren in allen Ländern, die deutsche Verse schreiben, Deutsche, Österreicher, Schweizer und die vielen Emigranten, die in den meisten Fällen doch Exilierte heißen müssen. Es versteht sich, dass in dieser Sammlung, was die Zeit nach 1949 betrifft, Autoren aus der Bundesrepublik Deutschland überwiegen. Aber auch Beispiele aus der Lyrik der DDR sind vertreten. Freilich werden hier Zuordnungen kompliziert. Wer gestern noch als ‚DDR-Lyriker' firmierte, mag heute schon das Land gewechselt haben und die frühen Gedichte der Günter Kunert, Sarah Kirsch und anderer: – zählen sie noch zweifellos zur Lyrik der DDR, die späteren aber, nach der Übersiedlung geschriebenen, ebenso zweifelsfrei zur Lyrik der Bundesrepublik?

Auch bei dieser Anthologie muss es dem, der sich auf die Variationsbreite der Lyrik einlässt, vorbehalten bleiben, für sich auszuwählen, was er für gelungen hält, und sich mit dem auseinander zu setzen, was seinen Widerspruch herausfordert oder ihm zunächst fremd und ungewohnt vorkommen mag. Bei der Auswahl durfte nicht die Alternative gelten: Mörike *oder* Heine, Benn *oder* Brecht, Bergengruen *oder* Tucholsky, Weinheber *oder* Mehring, sondern es konnte nur heißen: Mörike *und* Heine, Brecht *und* Benn, Bergengruen *und* Tucholsky, Mehring *und* Weinheber. Gedichte können, wie andere Dichtung auch, Anstöße geben: zu neuen Erfahrungen (wenn auch nur literarischen), zu anderer Sicht des Altgewohnten, zum Nachdenken, vielleicht zu neuen Aktivitäten – und es darf und muss auch Anstoß genommen und widersprochen werden.

Textgestaltung

Im Verzeichnis der Autoren und ihrer Gedichte (S. 10 ff.) ist angegeben, nach welcher Ausgabe gedruckt worden ist. Ziffern in Klammern hinter den Gedichttiteln verweisen auf die jeweilige Quelle mit Seitenangaben (bei den noch urheberrechtlich geschützten Texten).

Bei den Quellenangaben heißt es entweder „Aus" oder „Nach". Das bedeutet, dass bei den mit „Aus" gekennzeichneten Vorlagen die Gedichte wort- und zeichengetreu (mit Ausnahme offenkundiger Druckfehler) übernommen worden sind, während die Signatur „Nach" darauf hinweist, dass der Herausgeber wegen der Modernisierung der Schreibweise usw. korrigierend eingegriffen hat, wenn auch nur in ganz geringem Ausmaß. In eckige Klammern gesetzte Überschriften stammen nicht vom Dichter, sondern von Herausgebern, sind aber für das Verständnis des jeweiligen Gedichts wichtig.

Die Modernisierung der Schreibweise folgte keiner starren Regel. Das gilt auch für die Zeichensetzung, die in diesen Fällen durchweg modernisiert worden ist, und für die Weglassung der früher oft im Übermaß benutzten Auslassungszeichen ('). Sie sind stehen geblieben oder gesetzt worden, wo sie für das Verständnis der Wörter unerlässlich sind oder es erleichtern. Der ursprüngliche Lautstand der Wörter ist weitgehend beibehalten worden. Zur Anwendung der 1998er Rechtschreibreform s. u. die „Anmerkungen zum Nachdruck 1997".

Bei den Texten, die noch dem Urheberrechtsschutz unterliegen, ist selbstverständlich nichts geändert worden; alle Eigentümlichkeiten müssen wort- und zeichengetreu bewahrt bleiben. Der Hinweis „Aus" erscheint aber ebenfalls bei einigen älteren Texten, die in handlichen Ausgaben greifbar und, freilich auf unterschiedliche Weise, der modernen Orthographie angepasst sind. In diesen Fällen sind auch Sonderbarkeiten der Zeichensetzung in Übereinstimmung mit der zitierten Edition erhalten worden (beispielsweise bei Brentano). So bleibt es nicht aus, dass in diesem Sammelband keine einheitliche Schreibweise herrscht.

Damit der Leser auch einen Eindruck von der alten Schreibweise erhält, ist bei einigen Gedichten die ursprüngliche Fassung bewahrt worden, z. B. bei Liedern Martin Luthers, bei einigen Gedichten des 17. Jahrhunderts, bei Bürgers „Lenore".

Es war meine Absicht, den Band ‚leserfreundlich' zu gestalten. Dem dienen die Jahreszahlen unter den Gedichten, vor allem aber die Wort- und Sacherklärungen, die den Gedichten selbst beigefügt oder im umfangreichen, alphabetisch geordneten Verzeichnis am Ende des Buches gesammelt sind. Sie sollen helfen Schwierigkeiten beim ersten Textverständnis zu beseitigen. Es ist ratsam, bei Einzelheiten, die nicht bereits unter den Versen erklärt sind und deren Erklärung der Leser vermisst, stets die erwähnte Aufstellung (S. 591 ff.) zu Rate zu ziehen; denn Wörter, Namen und Ortsbezeichnungen wie Alikant und Berenike, Hydrocephalus und Tamerlan, Afrikanus und Hierophant, Lidice und Mont-Valerién usw. sind in jenem Katalog der „Wort- und Sacherklärungen" aufgeführt.

Ein Verzeichnis wichtiger Themen und Motive (S. 600 ff.), in das natürlich nicht jedes Gedicht hat aufgenommen werden können, soll den Band erschließen helfen und den Benutzer zu vergleichender Lektüre und Betrachtung anregen.

Anmerkungen zum Nachdruck 1997

Diese Sammlung von Gedichten für die Schule erschien zum ersten Mal 1987. Der Nachdruck ist in der Gesamtanlage, im Bestand und in der Anordnung der Texte unverändert geblieben. Lediglich Druckfehler sind beseitigt und biografische Angaben, wo nötig, revidiert worden.

Allerdings sind nun jene Bemerkungen von 1987, die sich auf die Lyrik der DDR beziehen, als Aussagen aus einer Zeit zu erkennen und zu betrachten, die nach dem Fall der Mauer 1989 und der Entstehung der neuen deutschen Einheit 1990 zur historischen Vergangenheit geworden ist. Hier sei nur notiert, dass wir nach jenen umwälzenden Ereignissen manche Texte, die in der Zeit der deutschen Zweistaatlichkeit von 1949 bis 1989/1990 entstanden und publiziert worden sind, aus einer neuen Perspektive und mit neuen Erfahrungen lesen.

Die Regeln der 1998er Rechtschreibreform sind in diesem unveränderten Nachdruck zur Vermeidung größerer orthographischer Uneinheitlichkeit (s. o. „Textgestaltung") bis auf die Seiten 1–9 nicht angewendet worden.

Karl Otto Conrady

Inhalt

10 Die Autoren und ihre Gedichte
32 Die Gedichte
591 Wort- und Sacherklärungen
600 Themen und Motive
607 Die Autoren
609 Gedichtüberschriften und Gedichtanfänge

Abkürzungen im Verzeichnis der Autoren und ihrer Gedichte:

Barocklyrik	Barocklyrik, 3 Bde., hg. v. H. Cysarz (Deutsche Literatur in Entwicklungsreihen, Reihe Barock), Leipzig: Reclam 1937.
BLV	Bibliothek des Literarischen Vereins Stuttgart, 1843ff.
DNL	Deutsche National-Literatur, hg. v. J. Kürschner, Berlin: Spemann 1882ff.
GdB	Gedichte des Barock, hg. v. U. Maché u. V. Meid, Stuttgart: Reclam 1980.
NdL	Neudrucke deutscher Literaturwerke des 16. und 17. Jahrhunderts, begr. v. W. Braune, Halle/Saale: Niemeyer 1876ff.
NdL N.F.	Neudrucke deutscher Literaturwerke. Neue Folge, hg. v. R. Alewyn u. L. E. Schmitt, Tübingen: Niemeyer 1961ff.
Zeitalter des Barock	Das Zeitalter des Barock. Texte und Zeugnisse, hg. v. A. Schöne (Die deutsche Literatur. Texte und Zeugnisse, hg, v. W. Killy, Bd. 3), 2. Aufl., München: Beck 1968

Abkürzungen der Siglen:

E	Entstehungszeit
H	Handschrift
D	erster oder früher Druck in Zeitungen, Zeitschriften, Almanachen, Anthologien o. Ä.
A	erster Druck in einer Gedichtsammlung oder Werkausgabe des betreffenden Autors

Die Autoren und ihre Gedichte

Unbekannte Verfasser

32 Wessobrunner Gebet
32 Merseburger Zaubersprüche
34 Lorscher Bienensegen
Aus: Althochdeutsche Literatur. Ausgewählte Texte mit Übertragungen, hg. v. H. D. Schlosser, Frankfurt/Main: Fischer Taschenbuch 1970; 253 f., 29, 261.
34 Dû bist mîn
34 Ich wil trûren varen lân

Der von Kürenberg

Österreich, 2. Hälfte des 12. Jahrhunderts

36 Ich zôch mir einen valken

Dietmar von Eist

† vor 1171

36 Slâfest du, friedel ziere?
Aus: Deutsche Lyrik des Mittelalters, ausgew. u. übers. v. M. Wehrli, Zürich: Manesse 1955; vorliegende Texte u. Übersetzungen kritisch durchgesehen v. M. Wehrli 1977; 35, 35, 43, 63.

Unbekannte Verfasser

38 Christ, der ist erstanden
38 Nu bitden wir den heiligen geist
Aus: Epochen der deutschen Lyrik, hg. v. W. Killy, Bd. 1: Gedichte von den Anfängen bis 1300, hg. v. W. Höver u. E. Kiepe, München: Deutscher Taschenbuch Verlag 1978.

Friedrich von Hausen

* um 1150 † 1190 in der Schlacht bei Philomelium/Kleinasien

38 Mîn herze und mîn lîp

Heinrich von Morungen

lebte um 1200, stammte aus Thüringen † 1222(?)

40 Ich hôrt ûf der heide
40 Owê, sol aber mir iemer mê

Wolfram von Eschenbach

* um 1170, wahrscheinlich in Obereschenbach/Mittelfranken
† um 1220

42 Sîne clâwen durch die wolken
Aus: Deutsche Lyrik des Mittelalters, ausgew. u. übers. v. M. Wehrli, Zürich: Manesse 1955; 101, 141 f., 157 f., 195 f.

Walther von der Vogelweide

* um 1170 in Österreich (?) † um 1230 bei Würzburg (?)

44 Ir sult sprechen willekomen
46 Under der linden
46 Aller werdekeit ein füegerinne
48 Owê war sint verswunden
50 Ich saz ûf eime steine
50 Von Rôme vogt
52 Ich hân mîn lêhen
52 Wer sleht den lewen?
Aus: Gedichte, ausgew. u. übers. v. P. Wapnewski, 7. Aufl. 1976, Frankfurt/Main: Fischer Taschenbuch 1962; 27 f., 81, 87, 109 f., 125, 173, 175, 201.

Neidhart von Reuental

* um 1180 † um 1250

54 Fröut iuch, junge und alte
Aus: Deutsche Lyrik des Mittelalters, ausgew. u. übers. v. M. Wehrli, Zürich: Manesse 1955; 118 ff.

Unbekannter Verfasser

Mitte 14. Jahrhundert

56 Es kumpt ain schiff geladen
Nach: Epochen der deutschen Lyrik, hg. v. W. Killy, Bd. 2: Gedichte 1300–1500, hg. v. E. u. H. Kiepe, München: Deutscher Taschenbuch Verlag 1972; 98.

Oswald von Wolkenstein

* 1376/1378 in Tirol † 1445 in Meran

56 Freu dich, du weltlich creatur
Aus: Lieder, hg. u. übers. v. B. Wachinger, Stuttgart: Reclam 1985; 5.

Ulrich von Hutten

* 1488 auf Burg Steckelberg b. Fulda † 1523 auf der Insel Ufenau/Zürchersee

58 Ein neu Lied Herr Ulrichs von Hutten
Aus: Hutten. Müntzer. Luther, Werke in zwei Bänden, 2. Aufl., Berlin: Aufbau 1975.

Martin Luther

* 1483 in Eisleben † 1546 in Eisleben

59 Mitten wyr ym leben sind
60 Aus tiefer Not
61 Ein feste Burg
Aus u. nach: Die deutschen geistlichen Lieder, hg. v. G. Hahn, Tübingen: Niemeyer 1967 (NdL N. F. 20).

Volksballaden und Volkslieder

62 Tannhäuser
63 Es ist ein Schnee gefallen
63 Ich hort ein Sichellin rauschen
63 Drei Laub auf einer Linden
64 Die Königskinder
65 Innsbruck, ich muß dich lassen
65 Dort nieden in jenem Holze
65 Es ist ein Schnitter
Aus und nach: Deutscher Liederhort, hg. v. L. Erk u. F. M. Böhme, 2. Aufl., Leipzig: Breitkopf und Härtel 1925. – Balladen, hg. v. J. Meier (Deutsche Literatur in Entwicklungsreihen, Reihe: Das deutsche Volkslied, Bd. 1), Leipzig: Reclam 1935. – Deutsche Volkslieder, hg. v. L. Röhrich u. R. W. Brednich, Düsseldorf: Schwann 1965.

Hans Sachs

* 1494 in Nürnberg † 1576 in Nürnberg

66 Die gefangen klagen (1)
66 Der eiszapf (2)
Aus: Werke, hg. v. A. v. Keller u. E. Goetze, Bd. 24, Tübingen 1900 (BLV 220) (1). – Meistersang, hg. v. B. Nagel, Stuttgart: Reclam 1965 (2).

JAKOB REGNART
* um 1540 † um 1600
67 Venus, du und dein Kind
Nach: Zeitalter des Barock.

PHILIPP NICOLAI
* 1556 in Mengeringhausen/Waldeck † 1608 in Hamburg
67 Von der Stimm zu Mitternacht
Nach: Zeitalter des Barock.

MARTIN OPITZ
* 1597 in Bunzlau † 1639 in Danzig
68 Ich empfinde fast ein Grauen
68 Jetzund kömmt die Nacht herbei
69 Lied
69 Vom Wolfesbrunnen bei Heidelberg
70 Epigramma
70 Ich gleiche nicht mit dir
Nach: Teutsche Poemata. Abdruck der Ausgabe von 1624, hg. v. G. Witkowski, Halle/Saale: Niemeyer 1902 (NdL 189–192). – Weltliche Poemata, 2. Teil, Frankfurt/Main: Götz 1644 (Nachdruck 1975).

GEORG RODOLF WECKHERLIN
* 1584 in Stuttgart † 1653 in London
71 An das Teutschland
71 Die Lieb ist Leben und Tod
Nach: GdB.

JOSUA STEGMANN
* 1588 in Sulzfeld b. Meiningen † 1632 in Rinteln
72 Ach bleib mit deiner Gnade
Nach: GdB.

FRIEDRICH SPEE VON LANGENFELD
* 1591 in Kaiserswerth b. Düsseldorf † 1635 in Trier
72 Ein kurz poetisch Christ-Gedicht
73 Traurgesang von der Not Christi
Nach: Trutz-Nachtigall, hg. v. T. G. M. van Oorschot, Bern: Francke 1985.

SIMON DACH
* 1605 in Memel † 1659 in Königsberg
74 Der Mensch hat nichts so eigen
75 Der habe Lust zu Würfeln
Nach: Gedichte des Königsberger Dichterkreises aus Heinrich Alberts Arien und musikalischer Kürbshütte (1638–1650), hg. v. L. H. Fischer, Halle/Saale: Niemeyer 1883 ff. (NdL 44–47).

PAUL FLEMING
* 1609 in Hartenstein/Sachsen † 1640 in Hamburg
76 Nach des VI. Psalmens Weise
77 Wie er wolle geküsset sein
77 Elsgens treues Herz
78 Laß dich nur nichts nicht tauren
78 Gedanken über der Zeit
79 An sich
79 [Herrn Pauli Flemingi Grabschrift]
Nach: Deutsche Gedichte, hg. v. J. M. Lappenberg, Stuttgart 1865 (BLV 82).

FRIEDRICH VON LOGAU
* 1604 in Brockuth/Schlesien † 1655 in Liegnitz
80 Heutige Weltkunst
80 Das Beste der Welt
80 Des Krieges Buchstaben
80 Abgedankte Soldaten
80 Des Menschen Alter
80 Ein Hofemann
Nach: Sämtliche Sinngedichte, hg. v. G. Eitner, Tübingen 1872 (BLV 113).

DANIEL CZEPKO VON REIGERSFELD
* 1605 in Koischwitz b. Liegnitz † 1660 in Wohlau/Schlesien
81 Angst und Hohn der Liebe Lohn
81 Spiele wohl!
82 Aus: Monodisticha Sapientium
Nicht in dir
Jedes durchs andere
Das Geistliche herrscht
Überall Hölle, überall Himmel
Nach: Geistliche Schriften, hg. v. W. Milch, Breslau 1930. – Weltliche Dichtungen, hg. v. W. Milch, Breslau 1932.

ANDREAS GRYPHIUS
* 1616 in Glogau † 1664 in Glogau
82 Morgen Sonnet
83 Abend
83 Tränen des Vaterlandes
84 Es ist alles eitel
84 Menschliches Elende
85 Tränen in schwerer Krankheit
85 Über die Geburt Jesu
86 Einsamkeit
86 Betrachtung der Zeit
Aus u. nach: Freuden- und Trauer-Spiele, auch Oden und Sonette, Breslau: Trescher 1663. – Lyrische Gedichte, hg. v. H. Palm, Tübingen 1884 (BLV 171).

JOHANN KLAJ
* 1616 in Meißen † 1656 in Kitzingen
87 Hellgänzendes Silber
87 [Teutschland betet]
Nach: Die Pegnitz-Schäfer. Nürnberger Barockdichtung, hg. v. E. Mannack, Stuttgart: Reclam 1968.

GEORG PHILIPP HARSDÖRFFER
* 1607 in Nürnberg † 1658 in Nürnberg
88 Das Leben des Menschen
88 [Der Sonnenaufgang]
Nach: Barocklyrik. – Die Pegnitz-Schäfer. Nürnberger Barockdichtung, hg. v. E. Mannack, Stuttgart: Reclam 1968.

PHILIPP ZESEN
* 1619 in Priorau b. Dessau † 1689 in Hamburg
89 Palm-baum (1)
90 An seine lieb- und holdselige Adelmund (2)
91 Meienlied (3)
Aus u. nach: Zeitalter des Barock (1, 2). – Sämtliche Werke, 2. Bd.: Lyrik II, hg. v. F. van Ingen, Berlin: de Gruyter 1984 (3).

Angelus Silesius (Johannes Scheffler)

* 1624 in Breslau † 1677 in Breslau

92 Aus: Geistreiche Sinn- und Schlußreime (Cherubinischer Wandersmann)
Du mußt, was Gott ist, sein
Der Mensch ist Ewigkeit
Gott ergreift man nicht
Zufall und Wesen
Man weiß nicht, was man ist
Die Gleichheit
Die Unruh kommt von dir
Ohne Warum
Der Leib ist Ehren wert
Was fein ist, das besteht
Die Zeit, die ist nicht schnell
Der geheime Tod
Das immerwährende Sterben

Nach: Sämtliche poetische Werke, hg. v. H. L. Held, 3. Aufl., München: Hanser 1949.

Catharina Regina von Greiffenberg

* 1633 auf Schloß Seyssenegg/Niederösterreich † 1694 in Nürnberg

94 Das beglückende Unglück
94 Auf die fruchtbringende Herbstzeit

Nach: Geistliche Sonette, Lieder und Gedichte, Nürnberg: Endters 1662 (Nachdruck 1971).

Paul Gerhardt

* 1607 in Gräfenheinichen † 1676 in Lübben

95 An das Angesicht des Herrn Jesu
96 Abendlied
96 Befiehl dem Herren deine Wege

Nach: Geistliche Andachten [1667], hg. v. F. Kemp, Bern: Francke 1975.

Hans Jakob Christoffel von Grimmelshausen

* 1621/1622 in Gelnhausen † 1676 in Renchen/Baden

98 Du sehr-verachter Bauren-Stand
99 Komm, Trost der Nacht

Nach: Der Abentheurliche Simplicissimus Teutsch, hg. v. R. Tarot, Tübingen: Niemeyer 1967.

Quirinus Kuhlmann

* 1651 in Breslau † 1689 in Moskau

100 Der XLI. Liebeskuß

Nach: Himmlische Liebesküsse, Jena: Müller 1671 (Nachdruck 1971).

Sigmund von Birken

* 1626 in Wildstein b. Eger † 1681 in Nürnberg

101 Ach! diese Stätt

Aus: Zeitalter des Barock.

Urban Wyss

* 1624 in Frankfurt/Main † 1682 in Frankfurt/Main

102 Labyrinth

Aus: Massin, Buchstabenbilder und Bildalphabete, Ravensburg: Otto Maier 1970.

Johann Rudolf Karst

1624–1682

103 Geistliches Marzipan oder Zukker-Hertz

Aus: Robert Diehl, Figurensatz in Frankfurter Drucken der Renaissance und des Barocks, Offenbach: Werkkunst-Schule [1951].

Christian Knorr von Rosenroth

* 1636 in Alt-Raudten/Schlesien † 1689 in Sulzbach

104 Morgenandacht

Nach: Zeitalter des Barock.

Christian Hoffmann von Hoffmannswaldau

* 1617 in Breslau † 1679 in Breslau

105 Die Welt
105 Auf den Mund
106 Beschreibung vollkommener Schönheit
106 Vergänglichkeit der Schönheit
107 Wo sind die Stunden

Nach: Deutsche Übersetzungen und Gedichte, Breslau: Fellgibel 1679 (Nachdruck 1984). – Herrn von Hoffmannswaldau und andrer Deutschen auserlesener und bißher ungedruckter Gedichte erster theil. Nach einem Druck von 1697 hg. v. A. G. de Capua u. E. A. Philippson, Tübingen: Niemeyer 1961 (NdL N. F. 1).

Johann Christan Günther

* 1695 in Striegau † 1723 in Jena

108 Als er sie seiner beständigen Treue versicherte
108 Als er sich über seinen unglückseligen Zustand beklagete
109 Als er durch innerlichen Trost... gestärket wurde
111 Als er der Phillis einen Ring mit einem Totenkopfe überreichte

Aus: Werke in einem Band, hg. v. H. Dahlke, 5. Aufl., Berlin: Aufbau 1977.

Barthold Heinrich Brockes

* 1680 in Hamburg † 1747 in Hamburg

112 Die Nachtigall und derselben Wettstreit
113 Kirschblüte bei der Nacht

Nach: Irdisches Vergnügen in Gott, 2. Teil, 2. Aufl., hg. v. J. G. Hamann, Hamburg: Kißner 1730. – Auszug der vornehmsten Gedichte aus dem Irdischen Vergnügen in Gott, Hamburg: Herold 1738 (Nachdruck 1965).

Albrecht von Haller

* 1708 in Bern † 1777 in Bern

114 Morgengedanken
116 Trauer-Ode, beim Absterben seiner geliebten Mariane

Nach: Gedichte, hg. v. H. Maync, Leipzig: Haessel 1923.

Friedrich von Hagedorn

* 1708 in Hamburg † 1754 in Hamburg

118 Der Morgen
118 An die Freude
119 Die Alster

Nach: Sämtliche poetische Werke, Hamburg: Bohn 1757 (Nachdruck 1968).

Johann Wilhelm Ludwig Gleim

* 1719 in Ermsleben b. Aschersleben † 1803 in Halberstadt

120 Anakreon
120 Bacchus und Cythere
121 Bei Eröffnung des Feldzuges 1756
121 An den Mond

Nach: Gedichte, hg. v. J. Stenzel, Stuttgart: Reclam 1969. – Deutsche Dichtung im 18. Jahrhundert, hg. v. A. Elschenbroich, München: Hanser o. J.

Johann Peter Uz

* 1720 in Ansbach † 1796 in Ansbach

122 Der Schäfer

Nach: Dichtung des Rokoko, hg. v. A. Anger, Tübingen: Niemeyer 1958.

Christian Fürchtegott Gellert

* 1715 in Hainichen/Sachsen † 1769 in Leipzig

122 Das Kutschpferd
123 Preis des Schöpfers

Nach: Werke, hg v. G. Honnefelder, Frankfurt/Main: Insel 1979.

Anna Louisa Karsch

* 1722 b. Crossen a. d. Oder † 1791 in Berlin

123 Klagen eines unglücklichen Verliebten
124 An den Domherrn von Rochow

Nach: Auserlesene Gedichte, Berlin: Winter 1764 (Nachdruck 1966).

Karl Wilhelm Ramler

* 1725 in Kolberg † 1798 in Berlin

125 An den Frieden

Nach: Poetische Werke. 1. Teil: Lyrische Gedichte, Berlin: Sander 1800.

Friedrich Gottlieb Klopstock

* 1724 in Quedlinburg † 1803 in Hamburg

126 Der Zürchersee
128 Das Rosenband
128 Die Frühlingsfeier
131 Dem Unendlichen
132 Die frühen Gräber
132 Die Sommernacht
133 Die Etats généraux
133 Mein Irrtum
135 Das Wiedersehn

Aus: Ausgewählte Werke, hg. v. K. A. Schleiden, München: Hanser 1962.

Gottlieb Konrad Pfeffel

* 1736 in Kolmar/Elsaß † 1809 in Kolmar/Elsaß

135 Jost
135 Der Reisende und der Cicerone
136 Die Reichsgeschichte der Tiere

Nach: Poetische Versuche, Tübingen: Cotta 1802 ff.

Matthias Claudius

* 1740 in Reinfeld b. Lübeck † 1815 in Hamburg

137 Ein Wiegenlied, bei Mondschein zu singen
138 An – als Ihm die – starb
138 Der Schwarze in der Zuckerplantage
139 Abendlied
139 Kriegslied
140 Der Mensch
140 Der Tod
140 Die Liebe

Aus: Werke, hg. v. U. Roedl, 6. Aufl., Stuttgart: Cotta 1965.

Leopold Friedrich Günther von Goeckingk

* 1748 in Grüningen b. Halberstadt † 1828 in Deutsch-Wartenberg/Schlesien

141 Der Winterabend
141 Erkannte Wohltat

Aus: Deutsche Dichtung im 18. Jahrhundert, hg. v. A. Elschenbroich, München: Hanser o. J.

Ludwig Christoph Heinrich Hölty

* 1748 in Mariensee b. Hannover † 1776 in Hannover

142 Die Mainacht
142 Mailied
143 Der alte Landmann an seinen Sohn
143 Ihr Freunde, hänget

Aus: Deutsche Dichtung im 18. Jahrhundert, hg. v. A. Elschenbroich, München: Hanser o. J.

Friedrich Leopold Graf zu Stolberg

* 1750 in Bramstedt/Holstein † 1819 in Sondermühlen b. Osnabrück

144 Lied auf dem Wasser zu singen

Nach: Der Göttinger Dichterbund, hg. v. A. Sauer, Berlin: Spemann o. J. (DNL 50,2).

Gottfried August Bürger

* 1747 in Molmerswende/Harz † 1794 in Göttingen

145 Lenore (1)
148 Der Bauer an seinen Durchlauchtigen Tyrannen (2)
148 Prometheus (3)

Aus: Göttinger Musenalmanach auf das Jahr 1774. Faksimile-Nachdruck, hg. v. A. Schöne, Göttingen 1962 (1). – Nach: Gedichte, hg. v. A. Sauer, Berlin: Spemann o. J. (DNL 78) (2–3).

Christian Friedrich Daniel Schubart

* 1739 in Obersontheim/Württemberg † 1791 in Stuttgart

149 Die Fürstengruft
152 Die Aussicht
153 Der Bettelsoldat

Nach: Sämtliche Gedichte, Frankfurt/Main: Hermann 1825.

Jakob Michael Reinhold Lenz

* 1751 in Seßwegen/Livland † 1792 in Moskau

153 An das Herz

Nach: Gedichte, hg. v. H. Haug, Stuttgart: Reclam 1968.

Johann Wolfgang Goethe

* 1749 in Frankfurt/Main † 1832 in Weimar

154 Kleine Blumen, kleine Blätter (1)
154 Es schlug mein Herz (2)
155 Maifest (3)
155 Heidenröslein (4)
156 Der König in Thule (5)
156 Prometheus (6)
157 Ganymed (7)
158 An Schwager Kronos (8)
158 Auf dem See (9)
159 Seefahrt (10)
159 Wandrers Nachtlied (11)
159 Ein gleiches (12)
160 Harzreise im Winter (13)
161 An den Mond (14)
161 Gesang der Geister (15)
162 Der Fischer (16)
162 Erlkönig (17)
163 Grenzen der Menschheit
163 Das Göttliche
164 Aus: Römische Elegien
Froh empfind ich mich nun
164 Meeresstille
164 Glückliche Fahrt
165 Der Schatzgräber
166 Der Gott und die Bajadere
168 Nachtgesang
169 Dauer im Wechsel
169 Prooemion
170 Was wär ein Gott
170 Im Innern ist ein Universum auch
170 Gefunden
171 Aus: West-östlicher Divan
Gottes ist der Orient
Im Atemholen
Phänomen
Selige Sehnsucht
An vollen Büschelzweigen
Volk und Knecht und Überwinder
Was bedeutet die Bewegung
In tausend Formen
173 Urworte. Orphisch
174 Um Mitternacht
175 Eins und Alles
175 Vermächtnis
175 Wenn sich lebendig Silber neigt
176 Trilogie der Leidenschaft
An Werther
Elegie
Aussöhnung
181 [Bei Betrachtung von Schillers Schädel]
182 Aus: Chinesisch-deutsche Jahres- und Tageszeiten
Weiß wie Lilien
Ziehn die Schafe von der Wiese
Dämmrung senkte sich von oben
Nun weiß man erst
182 Dem aufgehenden Vollmonde
182 Früh, wenn Tal, Gebirg und Garten

Aus: Werke, Bd. 1: Gedichte und Epen, hg. v. E. Trunz (Hamburger Ausgabe), 11. Aufl., München: Beck 1978 (1–17). – Nach: Gedenkausgabe der Werke, Briefe und Gespräche, hg. v. E. Beutler, Zürich: Artemis 1950ff.

Friedrich Schiller

* 1759 in Marbach/Neckar † 1805 in Weimar

183 Resignation
186 An die Freude
187 Die Götter Griechenlands
189 Das Ideal und das Leben
191 Das verschleierte Bild zu Sais
193 Das Mädchen aus der Fremde
193 Dithyrambe
194 Der Ring des Polykrates
195 Hoffnung
196 Die Kraniche des Ibykus
198 Die Bürgschaft
200 Die Worte des Glaubens
200 Die Worte des Wahns
201 Nänie
201 Sprüche des Konfuzius
Dreifach ist der Schritt der Zeit
Dreifach ist des Raumes Maß
202 Der Antritt des neuen Jahrhunderts
202 Der Pilgrim

Aus: Sämtliche Werke, hg. v. G. Fricke u. H. G. Göpfert, 3. Aufl., München: Hanser 1962.

Johann Gottfried Seume

* 1763 Poserna b. Weißenfels † 1810 Teplitz/Böhmen

203 Der Wilde

Nach: Sämtliche Werke, 4. Aufl., Leipzig: Hartknoch 1839.

Friedrich Hölderlin

* 1770 in Lauffen/Neckar † 1843 in Tübingen

205 Der Gott der Jugend
206 Die Eichbäume
206 An den Aether
207 Die Liebenden
208 An die Parzen
208 Geh unter, schöne Sonne
209 Abbitte
209 Hyperions Schicksalslied
210 Mein Eigentum
211 Lebenslauf
212 Sonnenuntergang
212 Abendphantasie
213 Des Morgens
213 Rings um ruhet die Stadt
214 Heidelberg
215 An die Hoffnung
215 Der Winkel von Hardt
216 Hälfte des Lebens
216 Die Heimat
217 Der Rhein
222 Andenken
222 Der Sommer

Aus: Sämtliche Gedichte, hg. v. D. Lüders, Bad Homburg v. d. H.: Athenäum 1970.

NOVALIS (FRIEDRICH VON HARDENBERG)
* 1772 in Oberwiederstedt b. Mansfeld † 1801 in Weißenfels

223 Aus: Geistliche Lieder
Wenn ich ihn nur habe
Wenn alle untreu werden
Ich sehe dich in tausend Bildern
224 Wenn nicht mehr Zahlen und Figuren
224 [Das Lied der Toten]
Nach: Schriften, Bd. 1: Das dichterische Werk, hg. v. P. Kluckhohn u. R. Samuel, Stuttgart: Kohlhammer 1960.

LUDWIG TIECK
* 1773 in Berlin † 1853 in Berlin

226 Melancholie
226 Waldeinsamkeit
227 Wunder der Liebe
227 Glosse
Nach: Gedichte, Dresden: Hilscher 1821–1823 (Nachdruck 1967). – Werke in vier Bänden, Bd. II: Die Märchen aus dem Phantasus, Dramen, hg. v. M. Thalmann, München: Winkler 1964.

CLEMENS BRENTANO
* 1778 in Ehrenbreitstein/Rhein † 1842 in Aschaffenburg

228 Von den Mauern Widerklang
228 Sprich aus der Ferne
229 Zu Bacharach am Rheine
230 Der Spinnerin Nachtlied
231 Wie sich auch die Zeit will wenden
232 Frühlingsschrei eines Knechtes aus der Tiefe
233 Säusle liebe Mirte
233 Hörst du wie die Brunnen rauschen
233 Ich bin durch die Wüste gezogen
234 25. August 1817 (Einsam will ich untergehn)
234 20. Jenner [1835] nach großem Leid (Ich darf wohl von den Sternen singen)
Aus: Werke, Bd. 1, hg. v. W. Frühwald, B. Gajek u. F. Kemp, München: Hanser 1968.

CAROLINE VON GÜNDERODE
* 1780 in Karlsruhe † 1806 in Winkel/Rhein

236 Liebe
236 Der Kaukasus
236 Die eine Klage
Nach: Dichtungen, hg. v. L. v. Pigenot, München: Bruckmann 1922.

JOSEPH VON EICHENDORFF
* 1788 auf Schloß Lubowitz b. Ratibor/Schlesien † 1857 in Neisse

237 Das zerbrochene Ringlein
237 Abschied
238 Der Jäger Abschied
238 Frische Fahrt
238 Zwielicht
239 Waldgespräch
239 Der Abend
239 Die zwei Gesellen
240 Sehnsucht
240 Lockung
240 Wünschelrute
240 Mondnacht
241 Meeresstille
241 Weihnachten
241 Der Einsiedler
Nach: Werke und Schriften, Bd. 1: Gedichte. Epen. Dramen, hg. v. G. Baumann, Stuttgart: Cotta 1953.

ERNST MORITZ ARNDT
* 1769 in Schoritz auf Rügen † 1860 in Bonn

242 Vaterlandslied
Nach: Gedichte, Berlin: Weidmann 1865.

THEODOR KÖRNER
* 1791 in Dresden † 1813 in Gadebusch

242 Das Lützowsche Freikorps
Nach: Epochen der deutschen Lyrik, hg. v. W. Killy, Bd. 7: Gedichte 1800–1830, hg. v. J. Schillemeit, München: Deutscher Taschenbuch Verlag 1970.

LUDWIG UHLAND
* 1787 in Tübingen † 1862 in Tübingen

244 Der gute Kamerad
244 Ruhetal
244 Frühlingsglaube
244 Neujahrswunsch 1817
Aus: Werke, Bd. 1: Sämtliche Gedichte, hg. v. H. Fröschle u. W. Scheffler, München: Winkler 1980.

FRIEDRICH RÜCKERT
* 1788 in Schweinfurt † 1866 in Neuseß b. Coburg

245 Aus: Amaryllis, ein Sommer auf dem Lande
Amara, bittre, was du tust
Wann still die Nacht
245 Barbarossa
246 Aus: Geharnischte Sonette
Ihr Deutschen
246 Grammatische Deutschheit
247 Aus: Kindertotenlieder
Du bist ein Schatten am Tage
Unter geht die Sonn
247 Aus: Die Weisheit des Brahmanen
Du bist beglückt
Nach: Werke, hg. v. G. Ellinger, Leipzig: Bibliographisches Institut o. J. – Epochen der deutschen Lyrik, hg. v. W. Killy, Bd. 7: Gedichte 1800–1830, hg. v. J. Schillemeit, München: Deutscher Taschenbuch Verlag 1970.

WILHELM MÜLLER
* 1794 in Dessau † 1827 in Dessau

248 Aus: Die Winterreise
Gute Nacht
Der Lindenbaum
Das Irrlicht
249 Aus: Lieder der Griechen
Hellas und die Welt
249 Vineta
Nach: Gedichte, hg. v. J. T. Hatfield, Berlin: Behr 1906 (Dt. Literaturdenkmale des 18. u. 19. Jhdts., Nr. 137).

Adelbert von Chamisso

* 1781 auf Schloß Boncourt/Frankreich † 1838 in Berlin

250 Tragische Geschichte
250 Das Schloß Boncourt
251 Der Invalid im Irrenhaus

Aus: Sämtliche Werke, Bd. 1: Gedichte. Dramatisches, hg. v. W. Feudel u. C. Laufer, München: Hanser 1982.

Nikolaus Lenau

* 1802 in Czatad b. Temesvar/Ungarn † 1850 in Oberdöbling b. Wien

251 Aus: Schilflieder
Auf dem Teich, dem regungslosen
251 Liebesfeier
252 Bitte
252 Der Postillon
253 Abschied
253 Die drei Zigeuner
254 Einsamkeit
Hast du schon je
Der Wind ist fremd

Nach: Sämtliche Werke und Briefe, Bd. 1: Gedichte, hg. v. E. Castle, Leipzig: Insel 1910.

Eduard Mörike

* 1804 in Ludwigsburg † 1875 in Stuttgart

255 Der Feuerreiter
256 An einem Wintermorgen, vor Sonnenaufgang
257 Aus: Peregrina
Ein Irrsal kam
Die Liebe, sagt man
258 Gesang zu zweien in der Nacht
259 In der Frühe
259 Septembermorgen
259 Um Mitternacht
259 Er ist's
259 Das verlassene Mägdlein
260 Im Frühling
261 Die Geister am Mummelsee
262 Gebet
262 Verborgenheit
262 An eine Äolsharfe
263 Jägerlied
263 Gesang Weylas
263 Auf eine Lampe
264 Die schöne Buche
264 Denk es, o Seele!

Aus: Sämtliche Werke, Bd. 1, hg. v. J. Perfahl, München: Winkler 1967.

August von Platen

* 1796 in Ansbach † 1835 in Syrakus/Italien

265 Aus: Venedig
Venedig liegt nur noch im Land der Träume
Wenn tiefe Schwermut meine Seele wieget
265 Tristan
266 Wer wußte je das Leben recht zu fassen
266 Es sehnt sich ewig dieser Geist
266 Aus: Polenlieder
Vermächtnis der sterbenden Polen

Nach: Sämtliche Werke, hg. v. M. Koch u. E. Petzet, Leipzig: Hesse o. J.

Heinrich Heine

* 1797 in Düsseldorf † 1856 in Paris

267 Belsatzar
267 Im wunderschönen Monat Mai
268 Auf Flügeln des Gesanges
268 Aus meinen großen Schmerzen
268 Sie saßen und tranken am Teetisch
268 Ich steh auf des Berges Spitze
269 Ich weiß nicht, was soll es bedeuten
269 Leise zieht durch mein Gemüt
269 Aus: Die Nordsee. Zweiter Zyklus
Fragen
269 Das Fräulein stand am Meere
270 Zur Beruhigung
271 Nachtgedanken
271 Die schlesischen Weber
272 Maria Antoinette
273 Enfant perdu

Aus: Werke, Bd. 1: Gedichte, hg. v. C. Siegrist, Frankfurt/Main: Insel 1968.

Justinus Kerner

* 1786 in Ludwigsburg † 1862 in Weinsberg

274 Der Wanderer in der Sägmühle
274 Der Zopf im Kopfe
274 Im Eisenbahnhofe

Nach: Sämtliche poetische Werke, hg. v. J. Gaismaier, Leipzig: Hesse o. J.

Annette von Droste-Hülshoff

* 1797 auf Gut Hülshoff b. Münster/Westf. † 1848 in Meersburg

275 Am Turme
276 Das Hirtenfeuer
277 Im Moose
278 Der Knabe im Moor
279 Das Spiegelbild
279 Im Grase
280 Mondesaufgang
281 Am letzten Tage des Jahres

Aus: Sämtliche Werke, Bd. I., hg. v. G. Weydt u. W. Woesler, München: Winkler 1973.

August Heinrich Hoffmann von Fallersleben

* 1798 in Fallersleben † 1874 in Corvey/Weser

282 Die wilden Gänse
282 Das Lied der Deutschen
282 Schlafe! was willst du mehr?
283 Michel-Enthusiast
283 Gründers Mittagslied

Nach: Gesammelte Werke, hg. v. H. Gerstenberg, Berlin: Fontane 1890 ff.

Ferdinand Freiligrath
* 1810 in Detmold † 1876 in Cannstatt
284 Die Auswanderer
284 Aus: Sandlieder
Ob meinem Haupte ziehn
285 „Wär ich im Bann von Mekkas Toren"
286 Hamlet
287 Von unten auf!
Nach: Werke, hg. v. P. Zaunert, Leipzig: Bibliographisches Institut o. J.

Franz von Dingelstedt
* 1814 in Halsdorf b. Kassel † 1881 in Wien
288 Aus: Nachtwächters Stilleben
Weib, gib mir Deckel
Nach: Lieder eines kosmopolitischen Nachtwächters, hg. v. H.-P. Bayerdörfer, Tübingen: Niemeyer 1978.

Georg Herwegh
* 1817 in Stuttgart † 1875 in Baden-Baden
289 Aus: Strophen aus der Fremde
Ich möchte hingehn
289 Wiegenlied
290 Bundeslied für den Allgemeinen deutschen Arbeiterverein
Aus: Werke, hg. v. H.-G. Werner, 3. Aufl., Berlin: Aufbau 1977.

Georg Weerth
* 1822 in Detmold † 1856 in Havanna/Cuba
291 Die Industrie
293 Die hundert Männer von Haswell
293 Das Hungerlied
Aus: Ausgewählte Werke, hg. v. B. Kaiser, Frankfurt/Main: Insel 1966.

Friedrich Hebbel
* 1813 in Wesselburen/Holstein † 1863 in Wien
294 Nachtlied
294 Abendgefühl
294 Sie sehn sich nicht wieder
294 Aus: Dem Schmerz sein Recht
Schlafen, schlafen
295 Requiem
295 Ich und du
295 Sommerbild
295 Herbstbild
Aus: Werke, Bd. 3, hg. v. G. Fricke, W. Keller u. K. Pörnbacher, München: Hanser 1965.

Theodor Storm
* 1817 in Husum † 1888 in Hademarschen
296 Abseits
296 August
296 Käuzlein
296 Hyazinthen
297 Oktoberlied
297 Die Stadt
297 Meeresstrand
297 Über die Heide
Nach: Sämtliche Werke, hg. v. A. Köster, Leipzig: Insel 1923.

Gottfried Keller
* 1819 in Zürich † 1890 in Zürich
298 Aus: Nacht
Willkommen, klare Sommernacht
Wende dich, du kleiner Stern
298 Aus: Gaselen
Wie schlafend unterm Flügel
299 Aus: Aus dem Leben
Ich hab in kalten Wintertagen
Die Zeit geht nicht
300 Sommernacht
300 Abendlied
300 Aus: Parteileben
Wer über den Partein sich wähnt
Trau keinem, der nie Partei genommen
Betrachtet eurer Gegner Schwächen
Aus: Sämtliche Werke und Ausgewählte Briefe, Bd. 3, hg. v. C. Heselhaus, 4. Aufl., München: Hanser 1979.

Conrad Ferdinand Meyer
* 1825 in Zürich † 1898 in Kilchberg b. Zürich
301 Eingelegte Ruder
301 Der römische Brunnen
301 Möwenflug
301 Schwarzschattende Kastanie
302 Nachtgeräusche
302 Schwüle
302 Zwei Segel
302 Im Spätboot
303 Die Füße im Feuer
304 Auf dem Canal grande
Aus: Sämtliche Werke, Bd. 1, hg. v. H. Zeller u. A. Zäch, Bern: Benteli 1963.

Emanuel Geibel
* 1815 in Lübeck † 1884 in Lübeck
305 Die stille Wasserrose
305 Für Musik
305 Deutschlands Beruf
Nach: Werke, hg. v. W. Stammler, Leipzig: Bibliographisches Institut o. J.

Wilhelm Busch
* 1832 in Wiedensahl b. Hannover † 1908 in Mechtshausen/Harz
306 Es sitzt ein Vogel auf dem Leim
306 Wirklich, er war unentbehrlich!
306 Die Liebe war nicht geringe
306 Fink und Frosch
Nach: Gesamtausgabe, hg. v. F. Bohne, Wiesbaden: Vollmer o. J.

Theodor Fontane

* 1819 in Neuruppin † 1898 in Berlin

307 Mittag
307 Es kribbelt und wibbelt weiter
307 Meine Gräber
308 Ausgang
308 Würd es mir fehlen, würd ichs vermissen?
308 Aber wir lassen es andere machen
309 Die Brück am Tay

Aus: Werke in drei Bänden, hg. v. K. Schreinert, Bd. 3, München: Nymphenburger 1968.

Detlev von Liliencron

* 1844 in Kiel † 1909 in Alt-Rahlstedt b. Hamburg

310 Auf einem Bahnhof
310 Aus: Heidebilder
Die Mittagssonne brütet
311 Die Musik kommt
311 Aus: Sizilianien
Acherontisches Frösteln
311 Schöne Junitage
312 Der Handkuß

Nach: Gesammelte Werke, Bd. 2 u. 3: Gedichte, Berlin: Schuster & Loeffler 1921.

Friedrich Nietzsche

* 1844 in Röcken/Sachsen † 1900 in Weimar

312 Unter Feinden
312 Venedig
313 Mitleid hin und her
Vereinsamt
Antwort

Nach: Werke, 1. Abt., Bd. 8, Leipzig: Kröner 1919.

Heinrich Kämpchen

* 1847 in Altendorf/Ruhr † 1912 in Linden/Ruhr

313 Ideal und Prosa

Aus: Seid einig, seid einig – dann sind wir auch frei. Gedichte, hg. v. R.-P. Carl, W. Köpping, R. W. Campmann, J. Vogt, Oberhausen: Asso 1984.

Karl Henckell

* 1864 in Hannover † 1929 in Lindau/Bodensee

314 Apokalypse
314 Das Lied vom Eisenarbeiter

Aus: Gesammelte Werke, 2. Bd.: Buch des Kampfes, München: J. M. Müller 1921; 238, 8f.

Christian Wagner

* 1835 in Warmbronn † 1918 in Warmbronn

315 Anemonen am Ostersamstag

Aus: Gedichte, hg. v. H. Hesse (1913), Frankfurt/Main: Suhrkamp 1980; 38.

Arno Holz

* 1863 in Rastenburg/Ostpreußen † 1929 in Berlin

315 Aus: Phantasus
Ihr Dach stieß fast bis an die Sterne (1)
316 Brücke zum Zoo (2)

Aus: Werke, hg. v. W. Emrich u. A. Holz, Neuwied: Luchterhand, Bd. 5, 1962; (1) 79f.; Bd. 1, 1961; (2) 264f.

Richard Dehmel

* 1863 in Wendisch-Hermsdorf † 1920 in Blankenese b. Hamburg

317 Der Arbeitsmann
317 Die stille Stadt
317 Erntelied

Aus: Gesammelte Werke in drei Bänden, Bd. 1, Berlin: S. Fischer 1913; 159, 158f., 163.

Max Dauthendey

* 1867 in Würzburg † 1918 in Malang/Java

318 Regenduft
318 Alleingelassen bei Erinnerungen

Aus: Gesammelte Werke, Bd. 4, München: Langen 1925; 54, 430f.

Christian Morgenstern

* 1871 in München † 1914 in Meran

319 Die Trichter
319 Fisches Nachtgesang
319 Das ästhetische Wiesel
319 Palmström
320 Der vergessene Donner
320 Die unmögliche Tatsache

Aus: Gesammelte Werke in einem Band, hg. v. M. Morgenstern, München: Piper 1965; 194, 225, 197, 241, 130, 262f.

Hugo von Hofmannsthal

* 1874 in Wien † 1929 in Rodaun b. Wien

321 Was ist die Welt?
321 Regen in der Dämmerung
321 Vorfrühling
322 Aus: Über Vergänglichkeit
Noch spür ich ihren Atem
Wir sind aus solchem Zeug
322 Weltgeheimnis
323 Ballade des äusseren Lebens
323 Manche freilich…
323 Reiselied

Aus: Sämtliche Werke, hg. v. R. Hirsch, C. Köttelwesch, H. Rölleke, E. Zinn, Bd. 1: Gedichte 1, Frankfurt/Main: S. Fischer 1984; 7, 30, 26f., 45, 48, 43, 44, 54, 84.

Stefan George

* 1868 in Büdesheim b. Bingen/Rhein † 1933 in Locarno

324 Vogelschau
324 Komm in den totgesagten park
324 Der herr der insel
324 Wir schreiten auf und ab
325 Es lacht in dem steigenden jahr
325 Der hügel wo wir wandeln
325 Leo XIII
326 Wer je die flamme umschritt
326 Auf neue tafeln schreibt der neue stand
326 Wenn einst dies geschlecht sich
327 Einem jungen führer im ersten weltkrieg

Aus: Werke. Ausgabe in zwei Bänden, Bd. 1, München: H. Küpper vormals G. Bondi 1958; 59, 121, 69f., 122, 153, 162, 236f., 382f., 386, 455, 419.

Rudolf Borchardt

* 1877 in Königsberg/Ostpreußen † 1945 in Trins a. Brenner

328 Autumnus (I)
328 Sonett auf sich selbst
Aus: Gedichte, hg. v. M. L. Borchardt u. H. Steiner, Stuttgart: Klett 1957; 77, 101.

Rainer Maria Rilke

* 1875 in Prag † 1926 in Montreux (Wallis/Schweiz)

329 Ich lebe mein Leben
329 Wie der Wächter in den Weingeländen
329 Herbsttag
330 Abschied
330 Der Panther
331 Das Karussell
332 Römische Fontäne
332 Archaischer Torso Apollos
333 Aus: Duineser Elegien
Die erste Elegie
335 Aus: Sonette an Orpheus
Rühmen, das ists!
Nur wer die Leier schon hob
Aus: Sämtliche Werke, hg. v. E. Zinn, Frankfurt/Main: Insel, Bd. 1, 1955; 253, 293 f., 398, 517 f., 505, 530 f., 529, 557, 685 ff., 735, 736.

Alfred Mombert

* 1872 in Karlsruhe † 1942 in Winterthur/Schweiz

336 Bevor ich diesen Inselstrand verließ
336 Gott ist vom Schöpferstuhl gefallen
336 Wegen des Schattens
336 Ich warf mich auf die Meer-Klippen
Aus: Der himmlische Zecher, Frankfurt/Main: Insel 1951; 21, 75, 182, 219.

Else Lasker-Schüler

* 1869 in Elberfeld † 1945 in Jerusalem

337 Weltende
337 Ein alter Tibetteppich
337 Jakob
337 Gebet
337 Mein blaues Klavier
338 Ein Liebeslied
Aus: Sämtliche Gedichte, hg. v. F. Kemp, München: Kösel 1966; 88, 103, 174, 167, 198 f., 209 f.

Theodor Däubler

* 1876 in Triest † 1934 in St. Blasien/Schwarzwald

338 Die Erde treibt im Norden (1)
339 Landschaft (2)
Aus: Das Nordlicht, Bd. 1, München: Georg Müller 1910; (1) 8. – Dichtungen und Schriften, hg. v. F. Kemp, München: Kösel 1956; (2) 237.

Jakob van Hoddis

* 1887 in Berlin † 1942 (nach Deportation aus einer jüdischen Heilanstalt verschollen)

340 Weltende
340 Morgens
Aus: Dichtungen und Briefe. Hg. von Regine Nörtemann. Arche-Edition des Expressionismus. © 1987 by Arche Verlag AG, Raabe + Vitali, Zürich.

Georg Heym

* 1887 in Hirschberg/Schlesien † 1912 ertrunken in der Havel b. Berlin

341 Die Gefangenen
341 Der Abend
342 Ophelia
343 Die Dämonen der Städte
345 Der Krieg
346 Die Menschen stehen vorwärts
347 Träumerei in Hellblau
Aus: Dichtungen und Schriften, hg. v. K. L. Schneider, Bd. 1: Lyrik, Hamburg: Ellermann 1964; 122, 135, 160 ff., 186 f., 346 f., 440 f., 337.

Alfred Lichtenstein

* 1889 in Berlin † 1914 gefallen bei Vermandovillers/Somme

348 Die Dämmerung
348 Prophezeiung
Aus: Gesammelte Gedichte, hg. v. K. Kanzog, Zürich: Arche 1962; 44, 62.

Ernst Stadler

* 1883 in Kolmar/Elsaß † 1914 gefallen bei Ypern/Flandern

348 Der Spruch
349 Fahrt über die Kölner Rheinbrücke
350 Vorfrühling
Aus: Dichtungen, hg. v. K. L. Schneider, Bd. 1, Hamburg: Ellermann o. J.; 110, 161 f., 124.

Ernst Blass

* 1890 in Berlin † 1939 in Berlin

350 Erhebung
351 Vormittag
351 In einer fremden Stadt
Aus: Die Straßen komme ich entlang geweht, Heidelberg: Weissbach 1912; 68, 21, 56.

August Stramm

* 1874 in Münster/Westf. † 1915 gefallen in Rußland

352 Traum
352 Schlachtfeld
352 Sehnen
352 Patrouille
352 Wache
352 Gefallen
Aus: Das Werk, hg. v. R. Radrizzani, Wiesbaden: Limes 1963; 21, 68, 27, 86, 99, 75

Wilhelm Klemm

* 1881 in Leipzig † 1968 in Wiesbaden

353 An der Front
Aus: Ich lag in fremder Stube. Gesammelte Gedichte, hg. v. H.-J. Ortheil, München: Hanser 1981; 28.

Albert Ehrenstein

* 1886 in Wien † 1950 in New York

353 Leid
353 Abendsee
Aus: Gedichte und Prosa, hg. v. K. Otten, Neuwied: Luchterhand 1961; 48, 106.

Georg Trakl

* 1887 in Salzburg † 1914 in Krakau

354 An den Knaben Elis
354 Menschheit
355 Musik im Mirabell
355 Verfall
355 Verklärter Herbst
356 Ein Winterabend
356 Der Herbst des Einsamen
357 Die Sonne
357 Gesang des Abgeschiedenen
358 Klage
358 Grodek

Aus: Dichtungen und Briefe, hg. v. W. Killy u. H. Szklenar, Bd. 1, Salzburg: Otto Müller 1969; 26, 43, 18, 59, 37, 102, 109, 134, 144, 166, 167.

Walter Flex

* 1887 in Eisenach † 1917 gefallen auf der Insel Ösel

359 Wildgänse rauschen durch die Nacht
359 Deutsche Schicksalsstunde

Aus: Gesammelte Werke, Bd. 1, München: Beck o. J.; 67f., 34f.

Franz Werfel

* 1890 in Prag † 1945 in Beverley Hills/USA

360 Veni Creator Spiritus
360 Fremde sind wir auf der Erde alle
361 Das Bleibende

Aus: Das lyrische Werk, hg. v. A. D. Klarmann, Frankfurt/Main: S. Fischer 1967; 153f., 170, 432.

Yvan Goll

* 1891 in St. Dié/Frankreich † 1950 in Paris

361 In uralten Seen (1)
361 Aus: Requiem. Für die Gefallenen von Europa
Chor der Proletarier (2)
362 Kölner Dom (3)
362 Feuerharfe (4)

Aus: Dichtungen, hg. v. C. Goll, Neuwied: Luchterhand 1960; (1) 10, (2) 31, (3) 159. – Traumkraut, Wiesbaden: Limes 1951; (4) 20.

Hugo Ball

* 1886 in Pirmasens † 1927 in Sant'Abbondio/Tessin

363 Aus: Sechs Laut- und Klanggedichte
Wolken
363 Das ist die Zeit
363 Aus: Sieben schizophrene Sonette
Das Gespenst

Aus: Gesammelte Gedichte, hg. v. A. Schütt-Hennings, Zürich: Arche 1963; 24, 20, 38.

Kurt Schwitters

* 1887 in Hannover † 1948 in Little Langdale/England

364 An Anna Blume (1)
364 Frühe rundet Regen blau (2)
364 Cigarren [elementar] (3)
365 Gesetztes Bildgedicht (4)
365 Regen (5)

Aus: Kurt Schwitters Almanach, hg. v. M. Erlhoff, Hannover: Postskriptum 1982; (1) 83. – Das literarische Werk, Bd. 1: Lyrik, hg. v. F. Lach, Köln: DuMont Schauberg 1973; (2) 52, (3) 199, (4) 200, (5) 142.

Ferdinand Hardekopf

* 1876 in Varel/Jade † 1954 in Burghölzli b. Zürich

365 Spät
365 Spleen

Aus: Anthologie der Abseitigen, Poètes à l'Écart, hg. v. C. Giedion-Welcker, Zürich: Arche 1965; 80, 81.

Hans Arp

* 1887 in Straßburg † 1966 in Basel

366 Opus Null (1)
367 Sekundenzeiger (2)
367 die notendurft (3)
367 Das Fibelmeer (4)
368 Die große Firgelei (5)

Aus: Gesammelte Gedichte, Bd. 1: Gedichte 1903–1939, hg. v. M. Arp-Hagenbach u. P. Schifferli, Wiesbaden: Limes 1963; (1) 80ff., (2) 98, (3) 111, (4) 117. – Bd. 3: Gedichte 1957–1966, hg. v. A. Bleikasten, Wiesbaden: Limes 1984; (5) 196f.

Erich Mühsam

* 1878 in Berlin † 1934 im Konzentrationslager Oranienburg

368 Der Revoluzzer
369 Kalender 1913

Aus: Gesamtausgabe, hg. v. G. Emig, Bd. 1: Gedichte, Berlin: Verlag europäische ideen 1983; 149, 270f.

Joachim Ringelnatz

* 1883 in Wurzen † 1934 in Berlin

370 Die Schnupftabaksdose (1)
370 Turner-Marsch (2)
371 Ich habe dich so lieb (3)
371 Arm Kräutchen (4)
371 Die neuen Fernen (5)

Aus: Das Gesamtwerk, hg. v. W. Pape, Berlin: Henssel, Bd. 1: Gedichte 1, 1984; (1) 65, (2) 85, (3) 261. – Bd. 2: Gedichte 2, 1985; (4) 15, (5) 21.

Kurt Tucholsky

* 1890 in Berlin † 1935 in Hindås b. Göteborg/Schweden

372 Park Monceau (1)
372 Luftveränderung (2)
372 Ideal und Wirklichkeit (3)
373 Augen in der Groß-Stadt (4)
374 Die Mäuler auf! (5)

Aus: Gesammelte Werke, hg. v. M. Gerold-Tucholsky u. F. J. Raddatz, Reinbek: Rowohlt Taschenbuch 1975; Bd. 3: (1) 378, (2) 534; Bd. 7: (3) 238; Bd. 8: (4) 69, (5) 192.

Erich Kästner

* 1899 in Dresden † 1974 in München

375 Zeitgenossen, haufenweise (1)
376 Sachliche Romanze (2)
376 Über den Nachruhm (3)
376 Die Entwicklung der Menschheit (4)

Aus: Lärm im Spiegel, Zürich: Atrium Verlag AG 1928; (1), (2). – Gesang zwischen den Stühlen, Zürich: Atrium Verlag AG 1932; (3). – Kurz und bündig, Zürich: Atrium Verlag AG 1950; (4).

Mascha Kaléko

* 1907 in Schildow (heute Chrzanow/Polen) † 1975 in Zürich

377 Kinder reicher Leute (1)
377 Katzenjammer-Monolog (2)
378 Emigranten-Monolog (3)

Aus: Das lyrische Stenogrammheft, Reinbek: Rowohlt Taschenbuch 1975; (1) 22, (2) 49. – Lyrik des Exils, hg. v. W. Emmerich u. S. Heil, Stuttgart: Reclam 1985; (3) 228.

Alfons Petzold

* 1882 in Wien † 1923 in Kitzbühel

379 Der Arbeitslose
379 Die Teilnahmslosen

Aus: Deutsche Arbeiterdichtung 1910–1933, hg. v. G. Heintz, Stuttgart: Reclam 1974; 186, 186f.

Paul Zech

* 1881 in Briesen b. Thorn † 1946 in Buenos Aires

380 Fabrikstraße tags
380 Kleine Katastrophe

Aus: Das schwarze Revier, München: Musarion 1922; 10, 35.

Gerrit Engelke

* 1890 in Hannover † 1918 in einem englischen Lazarett in Frankreich

381 Die Fabrik
381 Seele

Aus: Das Gesamtwerk, hg. v. H. Blome, München: List 1960; 51, 69.

Karl Bröger

* 1886 in Nürnberg † 1944 in Nürnberg

381 Kohle, schwarze Kohle
381 Nichts kann uns rauben

Aus: Sturz und Erhebung, Jena: Diederichs 1943; 136, 147.

Heinrich Lersch

* 1889 in Mönchengladbach † 1936 in Bodendorf/Ahr

382 Wir Werkleute all
382 Morgenlied der neuen Arbeiter

Aus: Ausgewählte Werke, Bd. 1: Gedichte, hg. v. J. Klein, Düsseldorf: Diederichs 1965; 145, 370ff.

Karl Wolfskehl

* 1869 in Darmstadt † 1948 in Auckland/Neuseeland

383 Welt-Ende
383 Vita in morte
384 Herr! Ich will zurück
384 Ewiger Auszug
384 Weg

Aus: Gesammelte Werke, Bd. 1: Dichtungen. Dramatische Dichtungen, hg. v. M. Ruben u. C. V. Bock, Hamburg: Claassen 1960; 107f., 94, 129, 161, 229.

Rudolf Alexander Schröder

* 1878 in Bremen † 1962 in Bad Wiessee/Tegernsee

385 Deutscher Schwur
385 Aus: Die Ballade vom Wandersmann
Rührt mich nicht an

Aus: Gesammelte Werke, Bd. 1: Die Gedichte, Frankfurt/Main: Suhrkamp 1952; 489, 433.

Hans Carossa

* 1878 in Bad Tölz/Bayern † 1956 in Rittsteig b. Passau

386 Der Eisenwagen rollt
386 Unzugänglich schien der Gipfel
387 Morsche Scholle streift am Ufer
387 Der alte Brunnen

Aus: Gesammelte Werke, Bd. 1, Wiesbaden: Insel 1949; 13, 49, 25, 66.

Agnes Miegel

* 1879 in Königsberg/Ostpreußen † 1964 in Bad Nenndorf

388 Die Nibelungen (1)
389 An den Führer (2)
390 Wagen an Wagen (3)

Aus: Gesammelte Balladen, Düsseldorf: Diederichs 1953; (1) 29ff. – Ostland, Jena: Diederichs 1940; (2) 5f. – Gesammelte Gedichte, Düsseldorf: Diederichs 1952; (3) 174ff.

Hermann Hesse

* 1877 in Calw/Württemberg † 1962 in Montagnola/Schweiz

391 Im Nebel
391 Höhe des Sommers
391 Aus: Kriegerisches Zeitalter
Der alte Mann
391 Stufen
392 Traurigkeit
392 In Sand geschrieben

Aus: Gesammelte Dichtungen, Bd. 5, Frankfurt/Main: Suhrkamp 1952; 517, 735, 774, 781f., 792, 795f.

Konrad Weiss

* 1880 in Rauenbretzingen/Württemberg † 1940 in München

393 Vorübergang (1)
393 Eines Morgens Schnee (2)

Aus: Gedichte, München: Kösel, 1. Teil, 1948; (1) 10; 2. Teil, 1949; (2) 220.

Oskar Loerke

* 1884 in Jungen/Weichsel † 1941 in Berlin

394 Pansmusik
395 Opfer
395 Genesungsheim
395 Der Silberdistelwald
395 Leitspruch

Aus: Die Gedichte, hg. v. P. Suhrkamp, neu durchgesehen v. R. Tgahrt, Frankfurt/Main: Suhrkamp 1983; 99f., 447f., 440, 402, 614.

Wilhelm Lehmann

* 1882 in Puerto Cabello/Venezuela † 1968 in Eckernförde/Ostsee

396 An meinen ältesten Sohn
396 Oberon
396 Signale
397 Auf sommerlichem Friedhof
397 Fallende Welt

Aus: Gesammelte Werke, Bd. 1: Sämtliche Gedichte, hg. v. H. D. Schäfer, Stuttgart: Klett-Cotta 1982; 11, 50, 116f., 157, 283.

Max Herrmann-Neisse
* 1886 in Neisse † 1941 in London

397 Breslauer Winternacht
397 Heimatlos
Aus: Lied der Einsamkeit. Gedichte von 1914–1941, hg. v. F. Grieger, München: Langen/Müller 1961; 62, 161.

Gottfried Benn
* 1886 in Mansfeld/Westpriegnitz † 1956 in Berlin

398 Schöne Jugend
398 Mann und Frau gehn durch die Krebsbaracke
399 Sieh die Sterne, die Fänge
399 Wer allein ist –
399 Einsamer nie –
399 Tag, der den Sommer endet
400 Verlorenes Ich
400 Reisen
400 Nur zwei Dinge
Aus: Gesammelte Werke, hg. v. D. Wellershoff, Bd. 3: Gedichte, Wiesbaden: Limes 1960; 8, 14f., 129, 135, 140, 176, 215f., 327, 342.

Georg von der Vring
* 1889 in Brake/Weser † 1968 in München

401 Passionsblume (1)
401 Beim Öffnen einer Walnuß (2)
401 Kondensstreif (3)
401 Sieh den Mond (4)
Aus: Das Innere Reich I/1, 1934; (1) 404. – Kleiner Faden Blau, Hamburg: Claassen 1954; (2) 73. – Gedichte und Lieder, hg. v. B. Bondy u. R. Goldschmit, München: Piper 1979; (3) 112, (4) 113.

Georg Britting
* 1891 in Regensburg † 1964 in München

402 Unruhiger Tag (1)
402 Raubritter (2)
402 Bei den Tempeln von Paestum (3)
403 Was hat, Achill... (4)
Aus: Gedichte 1919–1939, München: Nymphenburger 1957; (1) 15, (2) 43. – Gedichte 1940–1951, München: Nymphenburger 1957; (3) 153, (4) 190.

Johannes R. Becher
* 1891 in München † 1958 in Berlin

404 Eingang (1)
405 Die Partei (2)
405 Tübingen oder Die Harmonie (3)
405 Auf einen Namen (4)
406 Mein Leben (5)
406 Nationalhymne der Deutschen Demokratischen Republik (6)
Aus: Gesammelte Werke, hg. v. J.-R. Becher-Archiv, Berlin: Aufbau 1966ff., Bd. 1: Ausgewählte Gedichte 1911–1918; (1) 173f. – Bd. 3: Gedichte 1926–1935; (2) 715. – Bd. 4: Gedichte 1936–1941; (3) 26, (4) 342. – Bd. 5: Gedichte 1942–1948; (5) 416. – Bd. 6: Gedichte 1949–1958; (6) 61.

Bertolt Brecht
* 1898 in Augsburg † 1956 in Berlin

407 Vom Schwimmen in Seen und Flüssen
408 Das Schiff
409 Erinnerung an die Marie A.
409 Vom armen B. B.
411 Aus: Hitler-Choräle
Befiehl du deine Wege
412 Fragen eines lesenden Arbeiters
412 Über die Gewalt
413 Legende von der Entstehung des Buches Taoteking
415 An die Nachgeborenen
417 Schlechte Zeit für Lyrik
417 Aus: Kinderlieder 1950
Kinderhymne
417 Auf einen chinesischen Theewurzellöwen
418 Böser Morgen
418 Der Rauch
418 Der Radwechsel
418 Vergnügungen
418 Ich benötige keinen Grabstein
Aus: werkausgabe edition suhrkamp, Bd. 8–10: Gedichte, Frankfurt/Main: Suhrkamp 1967; 209f., 179ff., 232, 261ff., 446ff., 656f., 602, 660ff., 722ff., 743f., 977f., 997, 1010, 1012, 1009, 1022, 1029.

Walter Mehring
* 1896 in Berlin † 1981 in Zürich

419 Die Sage vom Großen Krebs (1)
419 Der Emigrantenchoral (2)
421 Post festum (3)
Aus: Chronik der Lustbarkeiten. Die Gedichte, Lieder und Chansons 1918–1933, Düsseldorf: Claassen 1981; (1) 416ff. – Staatenlos im Nirgendwo. Die Gedichte, Lieder und Chansons 1933–1974, Düsseldorf: Claassen 1981; (2) 17, (3) 89ff.

Josef Weinheber
* 1892 in Wien † 1945 in Kirchstetten/Niederösterreich

422 Mit halber Stimme (1)
422 Das reine Gedicht (2)
423 Im Grase (3)
423 Dezember (4)
423 Dem Führer (5)
424 Aus: Die deutschen Tugenden im Kriege (6)
Vorspruch
Treue
Einsatzbereitschaft
Aus: Sämtliche Werke, hg. v. J. Nadler u. H. Weinheber, Bd. 2: Gedichte, 2. Teil, Salzburg: Otto Müller 1954; (1) 18, (2) 69, (3) 240, (4) 331, (6) 697ff. – Das Innere Reich VI/1, 1939; (5) 1.

Dietrich Eckart
* 1868 in Neumarkt/Oberpfalz † 1923 in Berchtesgaden

424 Sturm, Sturm, Sturm!
Aus: D. Eckart. Ein Vermächtnis, hg. v. A. Rosenberg, München: Zentralverlag der N.S.D.A.P., Frz. Eher Nachf. 1935; 66.

Heinrich Anacker

* 1901 in Aarau/Schweiz † 1971 in Wasserburg/Bodensee

424 Deutsche Ostern 1933 (1)
425 Fahneneinmarsch (2)

Aus: Die Fanfare. Gedichte der deutschen Erhebung, München: Zentralverlag der N.S.D.A.P., Frz. Eher Nachf. 1934; (1) 112. – Nationalsozialistische Monatshefte 5, 1934; (2) 1.

Herbert Böhme

* 1907 in Frankfurt/Oder † 1971 in Lochham b. München

425 Volk (1)
425 Die sich der Fahne verschrieben (2)

Aus: Des Blutes Gesänge, München: Langen/Müller 1934; (1) 18. – Der Glaube lebt. Rufe der Zeit, Zentralverlag der N.S.D.A.P., Frz. Eher Nachf. 1935; (2) 9.

Herybert Menzel

* 1906 in Obornik/Posen † 1945 gefallen bei Posen

426 In unsern Fahnen lodert Gott

Aus: Gedichte der Kameradschaft, Hamburg: Hanseatische Verlagsanstalt 1936; 15.

Gerhard Schumann

* 1911 in Esslingen

426 Nun aber steht ein Haufe (1)
426 Aus: Die Lieder von der Umkehr (2)
Ja Herr der Welt

Aus: Fahne und Stern, München: Langen/Müller 1934; (1) 62. – Wir aber sind das Korn, München: Langen/Müller 1936; (2) 41.

Werner Bergengruen

* 1892 in Riga † 1964 in Baden-Baden

427 Aus: Dies irae
Fall nieder, Feuer (1)
Wer will die Reinen (2)
428 Wandlung (3)
428 Die heile Welt (4)
428 Leben eines Mannes (5)

Aus: Dies irae. Eine Dichtung, 2. Aufl., München: Desch 1947; (1) 11. (2) 33. – Die Rose von Jericho, Berlin: Die Rabenpresse o.J.; (3) 45. – Die heile Welt, Zürich: Arche 1950; (4) 101 – Figur und Schatten, Zürich: Arche 1958; (5) 71.

Carl Zuckmayer

* 1896 in Nackenheim/Rheinhessen † 1977 in Saas-Fee/Schweiz

429 Lob der Spatzen
430 Elegie von Abschied und Wiederkehr
430 Ein nie vorher gesehener Stern

Aus: Werkausgabe 1920–1975, Frankfurt/Main: Fischer Taschenbuch 1976, Bd. 3: Gedichte; 23, 135, 137.

Peter Gan

* 1894 in Reinbek b. Hamburg † 1974 in Hamburg

431 Preislied auf eine Seifenblase (1)
431 Mythische Landschaft (2)

Aus: Die Windrose, Zürich: Atlantis 1958; (1) 9. – Soliloquia, Zürich: Atlantis 1970; (2) 33.

Albin Zollinger

* 1895 in Zürich † 1941 in Zürich

432 Wo aber fliegen die Abendvögel hin?
432 Die Wühlmäuse

Aus: Gesammelte Werke, Bd. 4: Gedichte, Zürich: Atlantis 1962; 112, 396.

Gertrud Kolmar

*1894 in Berlin † 1943 verschleppt und verschollen

433 Wappen von Allenburg (1)
434 Die Jüdin (2)
435 Die Müde (3)
436 Verwandlungen (4)

Aus: Preußische Wappen, Berlin: Die Rabenpresse 1934; (1) 6f. – Gertrud Chodziesner, Die Frau und die Tiere, Berlin: Jüdischer Buchverlag 1938; (2) 8ff., (3) 34. – Das lyrische Werk, Heidelberg: Lambert Schneider 1955; (4) 16f.

Theodor Kramer

* 1897 in Niederhollabrunn/Niederösterreich † 1958 in Wien

436 Die Orgel aus Staub
437 Requiem für einen Faschisten

Aus: Orgel aus Staub. Gesammelte Gedichte, hg. v. E. Chvojka, München: Hanser 1983; 54, 65.

Reinhold Schneider

* 1903 in Baden-Baden † 1958 in Freiburg/Breisgau

438 Allein den Betern kann es noch gelingen
438 Allerheiligen – Allerseelen

Aus: Gesammelte Werke, hg. v. E. M. Landau, Bd. 5: Lyrik, hg. v. C. Perels, Frankfurt/Main: Insel 1981; 54, 310.

Albrecht Haushofer

* 1903 in München † 1945 hingerichtet in Berlin

438 Schuld
438 Untergang

Aus: Moabiter Sonette, Berlin: Blanvalet 1946; 48, 55.

Nelly Sachs

* 1891 in Berlin † 1970 in Stockholm

439 Chor der Geretteten (1)
440 Ihr Zuschauenden (2)
440 Ihr meine Toten (3)

Aus: Fahrt ins Staublose, Frankfurt/Main: Suhrkamp 1961; (1) 50f., (2) 20. – Suche nach Lebenden, hg. v. M. Holmqvist u. B. Holmqvist, Frankfurt/Main: Suhrkamp 1971; (3) 165.

Elisabeth Langgässer

* 1899 in Alzey/Rheinhessen † 1950 in Rheinzabern

441 Frühling 1946
441 Gleichzeitig

Aus: Gedichte, Hamburg: Claassen 1959; 158, 167f.

Ruth Schaumann

* 1899 in Hamburg † 1975 in München

442 Ich steh' in Gottes Hand (1)
442 Leerer Abend (2)

Aus: Klage und Trost, Heidelberg: Kerle 1947; (1) 82. – Die Sternnacht, München: Kösel 1959; (2) 71.

Rudolf Hagelstange
* 1912 in Nordhausen † 1984 in Hanau

443 Aus: Venezianisches Credo
Denn Freiheit ist der Odem (1)
Denn was geschieht, ist maßlos (2)
444 Memento (3)
444 Lied der Jahre (4)
Aus: Venezianisches Credo, 51.–55. Tsd., München: List 1975; (1) 35, (2) 37. – Lied der Jahre. Gesammelte Gedichte 1931–1961, Frankfurt/Main: Insel 1961; (3) 31, (4) 145 f.

Jesse Thoor
* 1905 in Berlin † 1952 in Lienz/Österreich

445 Rede von der Anschauung
Aus: Das Werk, hg. v. M. Hamburger, Frankfurt/Main: Europäische Verlagsanstalt 1965; 104.

Albrecht Goes
* 1908 in Langenbeutingen/Württemberg

445 Die Schritte
445 Landschaft der Seele
Aus: Lichtschatten du. Gedichte aus fünfzig Jahren, Frankfurt/Main: S. Fischer 1978; 10, 56.

Oda Schaefer
* 1900 in Berlin † 1988 in München

446 An meinen Sohn (1)
446 Herzangst (2)
Aus: Welt und Wort 3, 1948; (1) 137. – Jahresring 77–78, Stuttgart: Deutsche Verlags-Anstalt 1977; (2) 66.

Marie Luise Kaschnitz
* 1901 in Karlsruhe † 1974 in Rom

446 Juni
446 Aus: Rückkehr nach Frankfurt
Sahest Du's
447 Hiroshima
447 Auferstehung
448 Nicht gesagt
448 Jeder
Aus: Gesammelte Werke, hg. v. C. Büttrich u. N. Miller, Bd. 5: Die Gedichte, Frankfurt/Main: Insel 1985; 58 f., 153, 258 f., 306, 397 f., 483 f.

Peter Huchel
* 1903 in Berlin † 1981 in Staufen/Baden

449 Löwenzahn (1)
449 Die Hirtenstrophe (2)
450 An taube Ohren der Geschlechter (3)
450 Der Garten des Theophrast (4)
450 Psalm (5)
450 Unter der blanken Hacke des Monds (6)
Aus: Gedichte, Berlin: Aufbau Verlag, 1948; (1), (2). – Chausseen, Chausseen, Frankfurt/Main: S. Fischer Verlag, 1963; (3), (4), (5). – Die Sternenreuse, München: Piper Verlag, 1968; (6).

Erich Arendt
* 1903 in Neuruppin † 1984 in Berlin

451 Der Albatros
452 Orphische Bucht
Aus: Das zweifingrige Lachen. Ausgewählte Gedichte 1921–1980, hg. v. G. Laschen, Düsseldorf: Claassen 1981; 21 f., 61 f.; © by Agora Verlag, Berlin
Paktstaaten)

Stephan Hermlin
* 1915 in Chemnitz † 1997 in Berlin

453 Ballade von unserer Zeit
454 Aus: Die Erinnerung
Terzinen
455 Sonett
455 Die Vögel und der Test
Aus: Gesammelte Gedichte, München: Hanser o. J.; 21 f., 77, 61, 64.

Günter Eich
* 1907 in Lebus/Oder † 1972 in Salzburg

456 Inventur
456 Abgelegene Gehöfte
456 Wildwechsel
457 Fußnote zu Rom
457 Bestellung
457 Stadtrand
457 Optik
Aus: Gesammelte Werke, Bd. 1: Die Gedichte, hg. v. H. Ohde, Frankfurt/Main: Suhrkamp 1973; 35, 24, 116, 117, 130, 173, 174.

Wolfgang Weyrauch
* 1907 in Königsberg/Ostpreußen † 1980 in Darmstadt

458 Lidice und Oradour (1)
458 Oh, when the Saints go marching in (2)
458 Kein Hauch (3)
458 Das war überall (4)
Aus: Gesang um nicht zu sterben, Hamburg: Rowohlt 1956; (1) 53, (2) 37. – Dreimal geköpft. Unbekannte Gedichte, hg. v. J. Seuss u. B. Jentzsch, Assenheim: BrennGlas 1983; (3) 20, (4) 74.

Georg Maurer
* 1907 in Reghin/Rumänien † 1971 in Potsdam

459 Hannibals Zug über die Alpen (1)
459 Der Mensch (2)
460 Auf der Neckarbrücke in Heidelberg (3)
Aus: Gestalten der Liebe, Halle/Saale: Mitteldeutscher Verlag 1965; (1) 80 f. – Variationen, Halle/Saale: Mitteldeutscher Verlag 1965; (2) 109, (3) 59.

Ernst Meister
* 1911 in Hagen † 1979 in Hagen

461 Monolog der Menschen
461 Fermate
461 Ich sage Ankunft
462 Sage vom Ganzen
Aus: Ausgewählte Gedichte 1932–1976, Darmstadt: Luchterhand 1977; 5, 24, 57, 105.

Karl Krolow
* 1915 in Hannover † 1999 in Darmstadt

462 Verlassene Küste (1)
463 Robinson (2)
463 Neues Wesen (3)
464 Stimmung (4)
464 Plopp (5)
464 Die Worte sind nicht schamlos (6)
Aus: Gesammelte Gedichte, Frankfurt/Main: Suhrkamp 1965; (1) 26 f., (2) 209 f. – Alltägliche Gedichte, Frankfurt/Main: Suhrkamp 1968; (3) 76. – Der Einfachheit halber, Frankfurt/Main: Suhrkamp 1977; (4) 15. – Herbstsonett mit Hegel, Frankfurt/Main: Suhrkamp 1981; (5) 7. – Schönen Dank und vorüber, Frankfurt/Main: Suhrkamp 1984; (6) 93.

Christine Lavant

* 1915 in Groß Edling b. St. Stefan im Lanvanttal/Kärnten † 1973 in Wolfsberg/Kärnten

465 Es riecht nach Weltenuntergang (1)
465 Die Stadt ist oben auferbaut (2)
465 Ich bin sehr reich (3)

Aus: Die Bettlerschale, Salzburg: Otto Müller 1956; (1) 151. – Spindel im Mond, Salzburg: Otto Müller 1959; (2) 94. – Hälfte des Herzens, Darmstadt: Bläschke 1967; (3) o. S.

Christine Busta

* 1915 in Wien † 1987 in Wien

466 Das Hündlein (1)
466 In der Morgendämmerung (2)
467 Marginalien (3)
467 Aus einem Sommertagebuch (4)

Aus: Der Regenbaum, Wien: Herder 1951; (1) 62. – Die Scheune der Vögel, Salzburg: Otto Müller 1958; (2) 41. – Salzgärten, Salzburg: Otto Müller 1975; (3) 11. – Wenn du das Wappen der Liebe malst, Salzburg: Otto Müller 1981; (4) 34.

Hilde Domin

* 1912 in Köln

467 Makabrer Wettlauf (1)
467 Nur eine Rose als Stütze (2)
468 Mit leichtem Gepäck (3)
468 Ich will dich (4)
469 Drei Arten Gedichte aufzuschreiben (5)

Aus: Nur eine Rose als Stütze, Frankfurt/Main: S. Fischer 1959; (1) 38, (2) 55. – Rückkehr der Schiffe, Frankfurt/Main: S. Fischer 1962; (3) 49. – Ich will dich, 3. Aufl., München: Piper 1970; (4) 7 f., (5) 9 ff.

Johannes Bobrowski

* 1917 in Tilsit † 1965 in Berlin

470 Osten (1)
470 Ebene (2)
470 Der Wanderer (3)
471 Bericht (4)
471 Dorfmusik (5)
471 Hölderlin in Tübingen (6)

Aus: Im Windgesträuch, Stuttgart: Deutsche Verlags-Anstalt 1970; (1) 5 f. – Schattenland Ströme, 2. Aufl., Stuttgart: Deutsche Verlags-Anstalt 1962; (2) 12, (3) 33, (4) 73, (5) 83 f., (6) 44.

Paul Celan

* 1920 in Czernowitz/Bukowina † 1970 in Paris

472 Todesfuge (1)
473 Der Sand aus den Urnen (2)
473 Brandung (3)
473 Sprachgitter (4)
474 Schibboleth (5)
474 Tübingen, Jänner (6)
475 Psalm (7)
475 Stehen, im Schatten (8)
475 Fadensonnen (9)
475 Als Farben, gehäuft (10)
475 Die nachzustotternde Welt (11)
475 Ein Blatt, baumlos (12)

Aus: Mohn und Gedächtnis, Stuttgart: Deutsche Verlagsanstalt, 1952; (1), (2), (3). – Sprachgitter, Frankfurt/M.: S. Fischer Verlag, 1959; (4). – Von Schwelle zu Schwelle, Stuttgart: Deutsche Verlagsanstalt, 1955; (5). – Die Niemandsrose, Frankfurt/Main: S. Fischer Verlag, 1963; (6), (7). – Atemwende, Frankfurt/Main: Suhrkamp Verlag, 1967; (8), (10). – Fadensonne, Frankfurt/Main: Suhrkamp Verlag, 1968; (9). – Schneepart, Frankfurt/Main: Suhrkamp Verlag, 1971; (11), (12).

Rose Ausländer

* 1901 in Czernowitz/Bukowina † 1988 in Düsseldorf

476 Ein Tag im Exil (1)
476 Wann ziehn wir ein (2)
476 Noch bist du da (3)
477 Redensarten (4)
477 Von Mund zu Mund (5)

Aus: Hügel aus Äther unwiderruflich. Gedichte und Prosa 1966–1975, hg. v. H. Braun, Frankfurt/Main: S. Fischer 1984; (1) 30, (2) 59. – Ich höre das Herz des Oleanders. Gedichte 1977–1979, hg. v. H. Braun, Frankfurt/Main: S. Fischer 1984; (3) 86. – Mein Atem heißt jetzt, Frankfurt/Main: S. Fischer 1982; (4) 131. – Mein Venedig versinkt nicht, Frankfurt/Main: S. Fischer 1982; (5) 116.

Rainer Brambach

* 1917 in Basel † 1983 in Basel

477 Niemand wird kommen (1)
477 Tagwerk (2)
477 Das blaue Band (3)

Aus: Tagwerk, Zürich: Fretz und Wasmuth 1959; (1) 33. – Auch im April, Zürich: Diogenes 1983; (2) 15, (3) 17.

Ilse Aichinger

* 1921 in Wien

478 Spaziergang (1)
478 Gebirgsrand (2)
478 Die trüben Stunden nutzend (3)

Aus: Wo ich wohne, Frankfurt/Main: S. Fischer 1963; (1) 129, (2) 129. – verschenkter Rat, Frankfurt/Main: S. Fischer 1978; (3) 14.

Hanns Cibulka

* 1920 Jägerndorf/Tschechoslowakei

478 Hyperion 1943 (1)
479 Wir Worte (2)
479 Losgesprochen (3)

Aus: Windrose, Halle/Saale: Mitteldeutscher Verlag 1968; (1) 6 f. – Lichtschwalben, Halle/Saale: Mitteldeutscher Verlag 1973; (2) 20 f., (3) 31.

Günther Deicke

* 1922 in Hildburghausen/Thüringen

480 Tübingen, Oktober

Aus: Ortsbestimmung. Ausgewählte Gedichte, Berlin: Verlag der Nation 1972; 169 ff.

Walter Höllerer

* 1922 in Sulzbach-Rosenberg

482 O sieh den roten Mohn
482 So schlafen so wachen
483 Kirke-Gedichte
I. Stellt den Mastbaum auf
II. Kirke-TV

Aus: Gedichte 1942–1982, Frankfurt/Main: Suhrkamp 1982; 7, 70, 211, 212.

Wolfgang Bächler

* 1925 in Augsburg

484 Die Erde bebt noch (1)
484 Depression (2)
485 Nachtleben (3)

Aus: Ausbrechen. Gedichte aus 30 Jahren, Frankfurt/Main: S. Fischer 1976; (1) 10, (2) 180 f. – Nachtleben, Frankfurt/Main: S. Fischer 1982; (3) 29.

Heinz Piontek

* 1925 in Kreuzberg/Oberschlesien

486 Herbst – vom Bodensee aus
486 Um 1800
486 An die Schüler Heisenbergs
486 Drei Wünsche

Aus: Werke, Bd. 1: Die Gedichte, München: Schneekluth 1982; 45, 165, 167, 327.

Ingeborg Bachmann

* 1926 in Klagenfurt/Österreich † 1973 in Rom

487 Die große Fracht
487 Alle Tage
488 Im Gewitter der Rosen
488 Die gestundete Zeit
488 Anrufung des Großen Bären
489 Nebelland
490 Strömung
490 Enigma

Aus: Werke, hg. v. C. Koschel, I. v. Weidenbaum, C. Münster, Bd. 1: Gedichte. Hörspiele. Libretti. Übersetzungen, München: Piper 1978; 34, 46, 56, 37, 95, 105, 156, 171.

Dagmar Nick

* 1926 in Berlin

491 Vision (1)
491 Geh über Nacht (2)
491 Gezählte Tage (3)
491 Ägäis (4)

Aus: In den Ellipsen des Mondes, Hamburg: Ellermann 1959; (1) 24. – Zeugnis und Zeichen, München: Delp 1969; (2) o. S. – Gezählte Tage, Waldbrunn: Heiderhoff 1986; (3) 45, (4) 71.

Christa Reinig

* 1926 in Berlin

492 Verwandlung
492 Der Enkel trinkt
492 Die Ballade vom blutigen Bomme
493 Vor der Abfahrt

Aus: Sämtliche Gedichte, Düsseldorf: Eremiten-Presse 1984; 38, 47, 43 ff., 84.

Elisabeth Borchers

* 1926 in Homburg/Niederrhein

494 eia wasser regnet schlaf (1)
494 Alter jüdischer Friedhof im Mai (2)
494 Was alles braucht's zum Paradies (3)

Aus: Gedichte, Frankfurt/Main: Suhrkamp 1976; (1) 7 f. – Wer lebt, Frankfurt/Main: Suhrkamp 1986; (2) 61, (3) 76.

Hans Carl Artmann

* 1921 in St. Achaz am Walde/Österreich † 2000 in Wien

495 landschaft 18 (1)
495 mit einem jahr ein kind (2)
495 wär ich ein kesselflicker (3)

Aus: ein lilienweißer brief aus lincolnshire, Frankfurt/Main: Suhrkamp 1969; (1) 494, (2) 455. – Aus meiner Botanisiertrommel, Salzburg: Residenz 1975; (3) 48 f.

Helmut Heissenbüttel

* 1921 in Rüstringen b. Wilhelmshaven † 1996 in Glückstadt

496 einfache sätze (1)
496 das Sagbare sagen (2)
496 Gedicht über Hoffnung (3)
497 September (4)

Aus: Textbuch 1, Olten: Walter 1960; (1) 5, (2) 6. – Textbuch 4, Olten: Walter 1964; (3) 27. – Textbuch 8. 1981–1985, Stuttgart: Klett-Cotta 1982; (4) 23.

Eugen Gomringer

* 1925 in Cachuela Esperanza/Bolivien

498 das schwarze geheimnis
498 schweigen schweigen schweigen
498 worte sind schatten
498 wind

Aus: worte sind schatten. die konstellationen 1951–1968, hg. v. H. Heißenbüttel, Reinbek: Rowohlt 1969; 29, 27, 39, 58.

Friederike Mayröcker

* 1924 in Wien

499 Ode an einen Ort (1)
499 Der Aufruf (2)
500 Alp-Traum (3)
500 falsche Bewegung (4)

Aus: Ausgewählte Gedichte 1944–1978, Frankfurt/Main: Suhrkamp 1979; (1) 88, (2) 63. – Gute Nacht, guten Morgen. Gedichte 1978–1981, Frankfurt/Main: Suhrkamp 1982; (3) 115, (4) 42.

Claus Bremer

* 1924 in Hamburg † Auf der Forch b. Zürich

501 geht es mich nichts an (1)
501 zwei tabellen und eine variation (2)

Aus: ideogramme, Frauenfeld: eugen gomringer press 1964; (1) o. S. – konkrete poesie, hg. v. E. Gomringer, Stuttgart: Reclam 1972; (2) 27.

Ernst Jandl

* 1925 in Wien † 2000 in Wien

502 Aus: krieg und so
schtzngrmm (1)
502 lichtung (2)
502 sommerlied (3)
502 vater komm erzähl vom krieg (4)
503 boogie-woogie (5)
503 an gott (6)
503 wettrennen (7)

Aus: Laut und Luise, Neuwied: Luchterhand 1971; (1) 45, (2) 173. – dingfest, Darmstadt: Luchterhand 1973; (3) 53, (4) 178. – die bearbeitung der mütze, Darmstadt: Luchterhand 1978; (5) 34. – der gelbe hund, Darmstadt: Luchterhand 1980; (6) 78. – der künstliche baum, Neuwied: Luchterhand 1970; (7) 13.

Gerhard Rühm

* 1930 in Wien

504 sonett (1)
504 stilleben (2)
504 jetzt (3)
505 licht (4)

Aus: Gesammelte Gedichte und visuelle Texte, Reinbek: Rowohlt 1970; (1) 174, (3) 265, (4) 240. – Text. Bild. Musik, ein schau- und lesebuch, Wien: freibord 1984; (2) 110.

Franz Mon

* 1926 in Frankfurt/Main

506 execution der excusion (1)
506 man muß was tun (2)
506 bist du dir grün? (3)
507 fallen (4)
507 aus den augen aus dem regen (5)

Aus: Lesebuch. Erweiterte Neuausgabe, Neuwied: Luchterhand 1972; (1) 26, (2) 29. – fallen stellen, Spenge: Ramm 1981; (3) 7, (4) 12. – ainmal nur das alphabet gebrauchen, Stuttgart: edition hansjörg mayer 1967; (5).

Günter Grass

* 1927 in Danzig

508 Die Vorzüge der Windhühner (1)
509 Kinderlied (2)
509 Kleine Aufforderung zum großen Mundaufmachen (3)
510 Mannomann (4)

Aus: Gesammelte Gedichte, Neuwied: Luchterhand 1971; (1) 19, (2) 78, (3) 142. – Ach Butt, dein Märchen geht böse aus, Darmstadt: Luchterhand 1983; (4) 80.

Hans Magnus Enzensberger

* 1929 in Kaufbeuren

511 Utopia
511 Bildzeitung
512 Ins Lesebuch für die Oberstufe
512 Gedicht für die Gedichte nicht lesen
512 Weiterung
513 Rondeau
513 Der Angestellte
514 Kurze Geschichte der Bourgeoisie

Aus: Die Gedichte, Frankfurt/Main: Suhrkamp 1983; 28, 76 f., 81, 112, 204, 301, 352 f., 365.

Peter Rühmkorf

* 1929 in Dortmund

514 Lied der Naturlyriker (1)
515 Himmel abgespeckt (2)
515 Ode an die Hoffnung (3)
516 Auf eine Weise des Joseph Freiherrn von Eichendorff (4)
517 Hochseil (5)
517 Auf was nur einmal ist (6)
518 Durchreisebild (7)

Aus: Irdisches Vergnügen in g, Hamburg: Rowohlt 1959; (1) 59, (2) 6. – Kunststücke, Reinbek: Rowohlt 1962; (3) 19, (4) 85. – Walther von der Vogelweide, Klopstock und ich, Reinbek: Rowohlt 1975; (5) 178. – Haltbar bis Ende 1999, Reinbek: Rowohlt 1979; (6) 65, (7) 81.

Kurt Marti

* 1921 in Bern

519 demokratisches modell (1)
519 intonation (2)
519 jesus (3)

Aus: Schon wieder heute. Gesammelte Gedichte 1959–1980, Darmstadt: Luchterhand 1982; (1) 7, – abendland, Darmstadt: Luchterhand 1980; (2) 15, (3) 45 f.

Erich Fried

* 1921 in Wien † 1988 in Baden-Baden

521 Beim Nachdenken über Vorbilder (1)
521 Klassische Entscheidungsfreiheit (2)
521 Die mit der Sprache (3)
522 Gesundes Volksempfinden (4)
522 Nacht in London (5)
522 Herrschaftsfreiheit (6)
522 Aber solange ich atme (7)

Aus: und Vietnam und, Berlin: Wagenbach 1966; (1) 33. – Unter Nebenfeinden, Berlin: Wagenbach 1970; (2) 12. – Die Freiheit den Mund aufzumachen, Berlin: Wagenbach 1972; (3) 31. – Das Nahe suchen, Berlin: Wagenbach 1982; (4) 15. – Es ist was es ist, Berlin: Wagenbach 1983; (5) 97. – Beunruhigungen, Berlin: Wagenbach 1984; (6) 53, (7) 29.

Max von der Grün

* 1926 in Bayreuth

523 Unter Tag

Aus: Wir tragen ein Licht durch die Nacht. Gedichte aus der Welt des Bergmanns, hg. v. d. Industriegewerkschaft Bergbau, Bochum: Industriegewerkschaft 1960; 59.

Kurt Küther

* 1929 in Stettin

523 Artisten
524 Tote Zeche

Aus: Ein Direktor geht vorbei, Wuppertal: Hammer 1974; 60, 45.

Josef Reding

* 1929 in Castrop-Rauxel

524 Ermunterung

Aus: Gutentagtexte, Balve: Engelbert 1974; 11.

Horst Bienek

* 1930 in Gleiwitz † 1990 in München

525 Wenn man stirbt
525 Sehr fern
525 Gartenfest

Aus: Gleiwitzer Kindheit, München: Hanser 1976; 33, 42, 111.

Peter Härtling

* 1933 in Chemnitz

526 Wieder wartet (1)
526 Altes Spiel (2)
526 Olmütz 1942–1945 (3)
527 Anrede (4)
527 Der Anfang einer Gewißheit (5)

Aus: Ausgewählte Gedichte 1953–1979, Darmstadt: Luchterhand 1979; (1) 18, (2) 40, (3) 84 f., (4) 106. – Vorwarnung, Darmstadt: Luchterhand 1983; (5) 59.

Walter Helmut Fritz

* 1929 in Karlsruhe

527 Früh im Jahr (1)
527 Bäume (2)
528 Werkzeuge der Freiheit (3)

Aus: Veränderte Jahre, Stuttgart: Deutsche Verlags-Anstalt 1963; (1) 85. – Schwierige Überfahrt, Hamburg: Hoffmann und Campe 1976; (2) 64. – Werkzeuge der Freiheit, Hamburg: Hoffmann und Campe 1983; (3) 89.

Peter Hacks
* 1928 in Berlin
528 Vernunftreiche Gartenentzückung (1)
528 Der Heine auf dem Weinbergsweg (2)
529 Englische Eröffnung (3)
Aus: Lieder. Briefe. Gedichte, Wuppertal: Hammer 1974; (1)81, (2)92. – Historien und Romanzen, Berlin: Aufbau 1985; (3)24f.

Günter Kunert
* 1929 in Berlin
530 Meine Sprache (1)
530 Film – verkehrt eingespannt (2)
530 So soll es sein (3)
531 Bei Itzehoe (4)
531 Verlorene Söhne (5)
531 Menetekel (6)
Aus: Verkündigung des Wetters, München: Hanser 1966; (1)30, (2)17. – Im weiteren Fortgang, München: Hanser 1974; (3)30. – Abtötungsverfahren, München: Hanser 1980; (4)85. – Stilleben, München: Hanser 1983; (5)78, (6)34.

Hans-Jürgen Heise
* 1930 in Bublitz/Pommern
532 Bei Büsum (1)
532 Angespannte Gesichter (2)
532 Der Zug nach Gramenz (3)
Aus: Der Phantasie Segel setzen. Gesammelte Gedichte, Heidelberg: Kerle 1983; (1)78, (2)185. – Der Zug nach Gramenz, München: Schneekluth 1985; (3)49.

Heinz Kahlau
* 1931 in Drewitz b. Potsdam
532 Ein Tag wie ein Wunder
533 Kein Gott
534 Elementares Bedürfnis
Aus: Bögen. Ausgewählte Gedichte 1950–1980, hg. v. U. Emmerich, Berlin: Aufbau 1981; 335, 358ff., 336.

Rainer Kirsch
* 1934 in Döbeln/Sachsen
535 Einigen Vätern
535 Meinen Freunden, den alten Genossen
536 Schwimmen bei Pizunda
536 Wünschen Neujahr 1977
Sonett
Toast
Aus: Ausflug machen, Rostock: Hinstorff 1980; 7, 12, 41, 60f.

Karl Mickel
* 1935 Dresden † 2000 in Berlin
537 Die Friedensfeier (1)
538 Der See (2)
539 Kindermund (3)
Aus: Vita nova mea. Mein neues Leben, Berlin: Aufbau 1960; (1)24f., (2)14f. – Eisenzeit, Halle /Saale: Mitteldeutscher Verlag 1975; (3)10.

Heinz Czechowski
* 1935 in Dresden
540 Flußfahrt (1)
540 An Freund und Feind (2)
541 Gute Woche / Was mich betrifft (3)
Aus: Schafe und Sterne, Halle/Saale: Mitteldeutscher Verlag 1974; (1) 129f. – An Freund und Feind, München: Hanser 1983; (2) 113, (3) 77, 98f.

Reiner Kunze
* 1933 in Oelsnitz/Erzgebirge
542 Kurzer lehrgang (1)
542 Von der notwendigkeit der zensur (2)
542 Wolf Biermann singt (3)
542 In memoriam Johannes Bobrowski (4)
542 Silberdistel (5)
Aus: Die wunderbaren Jahre. Lyrik, Prosa, Dokumente, hg. v. K. Corino, Frankfurt/Main: Büchergilde Gutenberg 1978; (1)86, (2)88, (3)169, (4)185. – auf eigene hoffnung, Frankfurt/Main: S. Fischer 1981; (5)33.

Wolf Biermann
* 1936 in Hamburg
543 Ermutigung (1)
543 Ballade vom preußischen Ikarus (2)
544 Und als wir ans Ufer kamen (3)
544 Altes Liedchen (4)
Aus: Mit Marx- und Engelszungen, Berlin: Wagenbach 1968; (1)61. – Preußischer Ikarus, Köln: Kiepenheuer & Witsch 1978; (2) 103f., (3)71. – Verdrehte Welt – das seh' ich gerne, Köln: Kiepenheuer & Witsch 1982; (4) 50.

Paul Wühr
* 1927 in München
544 Hinter den blauen Bergen
Aus: Grüß Gott, ihr Mütter, ihr Väter, ihr Töchter, ihr Söhne, München: Hanser 1976; 12.

Johannes Poethen
* 1928 in Wickrath/Niederrhein
545 Blindheit (1)
545 Ich bin nur in wörtern (2)
545 an meinen sohn willibald (3)
545 zu neujahr (4)
Aus: Gedichte 1946–1971, Hamburg: Claassen 1973; (1)69, (2)258. – ach erde du alte. Gedichte 1976–1980, Stuttgart: Klett-Cotta 1981; (3)64, (4)80.

Richard Exner
* 1929 in Niedersachswerfen/Harz
546 Porträt einer alten Frau
Aus: Fast ein Gespräch, München: Schneekluth 1980; 42f.

Harald Hartung
* 1932 in Herne/Westf.
546 Zechenkolonie
546 Schnecken
547 Mein Tankstellenmann
547 Verlorene Biographie
Aus: Traum im Deutschen Museum. Gedichte 1965–1985, München: Piper 1986; 10, 29, 80, 91.

JÜRGEN BECKER
* 1932 in Köln

547 Natur-Gedicht (1)
547 Fernsehen, 1972 (2)
547 Das Fenster am Ende des Korridors (3)
548 Wiedersehen nach längerer Zeit (4)
548 Altes Zimmer (5)
Aus: Das Ende der Landschaftsmalerei, Frankfurt/Main: Suhrkamp 1974; (1) 34, (2) 50. – Erzähl mir nichts vom Krieg, Frankfurt/Main: Suhrkamp 1977; (3) 21, (4) 84. – In der verbleibenden Zeit, Frankfurt/Main: Suhrkamp 1979; (5) 91.

ARNFRID ASTEL
* 1933 in München

549 Hölderlin
549 „Dem lebendigen Geist"
Aus: Notstand, Wuppertal: Hammer 1968; 41, 40.

VOLKER VON TÖRNE
* 1934 in Quedlinburg † 1980 in Münster/Westf.

549 Selbstgespräch
549 Frei wie ein Vogel
550 Gedanken im Mai
Aus: Im Lande Vogelfrei. Gesammelte Gedichte, Berlin: Wagenbach 1981; 60, 145 f., 168.

YAAK KARSUNKE
* 1934 in Berlin

550 Matti wechselt das Rad (1)
551 schorf 1–3 (2)
anekdote aus dem letzten preußischen kriege
woran man kommunisten erkennt
tod & verklärung
Aus: reden & ausreden, Berlin: Wagenbach 1969; (1) 26. – auf die gefahr hin, Berlin: Rotbuch 1982; (2) 25 f.

CHRISTOPH MECKEL
* 1935 in Berlin

551 Lied zur Pauke
552 Rede vom Gedicht
552 Der Tag wird kommen
Aus: Ausgewählte Gedichte 1955–1978, Königstein: Athenäum 1979; 14 f., 80 f., 83 f.

ROLF DIETER BRINKMANN
* 1940 in Vechta/Oldenburg † 1975 in London

553 Meinetwegen Rosen (1)
553 Selbstbildnis im Supermarkt (2)
553 Einen jener klassischen (3)
554 Oh, friedlicher Mittag (4)
554 Gedicht (5)
Aus: Standphotos. Gedichte 1962–1970, Reinbek: Rowohlt 1980; (1) 26, (2) 204. – Westwärts 1&2, Reinbek: Rowohlt 1975; (3) 25, (4) 105, (5) 41.

HELGA M. NOVAK
* 1935 in Berlin

555 meine Sprache
556 Lernjahre sind keine Herrnjahre
556 Fernsehturm
556 ich möchte nochmal durchatmen
Aus: Grünheide Grünheide. Gedichte 1955–1980, Darmstadt: Luchterhand 1983; 19 f., 32, 102, 106 f.

SARAH KIRSCH
* 1935 in Limlingerode/Harz

557 Dann werden wir kein Feuer brauchen (1)
557 Die Luft riecht schon nach Schnee (2)
558 Aus: Wiepersdorf (3)
Hier ist das Versmaß
Hinter Jüterbog
Ehrwürdiges schönes Haus
Dieser Abend, Bettina
559 Im Sommer (4)
560 Erdrauch (5)
560 Zeitung (6)
Aus: Gedichte, Ebenhausen: Langewiesche-Brandt 1969; (1) 22. – Rückenwind, Ebenhausen: Langewiesche-Brandt 1977; (2) 12, (3) 18 ff., (4) 51. – Erdreich, Stuttgart: Deutsche Verlags-Anstalt 1982; (5) 77. – Katzenleben, Stuttgart: Deutsche Verlags-Anstalt 1984; (6) 50.

ROLF HAUFS
* 1935 in Düsseldorf

561 Die Gefangenen (1)
561 Was schnell nun naht (2)
562 Häuserverlassen (3)
562 Winter (4)
Aus: Größer werdende Entfernung. Gedichte 1962–1979, Reinbek: Rowohlt 1979; (1) 33, (2) 121, (3) 128. – Juniabschied, Reinbek: Rowohlt 1984; (4) 83.

NICOLAS BORN
* 1937 in Duisburg † 1979 in Hamburg

563 Vaterhaus
563 Es ist Sonntag
563 Horror, Dienstag
564 Im Zug Athen-Patras
Aus: Gedichte 1967–1978, Reinbek: Rowohlt 1981; 79, 129, 191, 219.

KURT BARTSCH
* 1937 in Berlin

564 Poesie (1)
564 Adolf Hitler ganz allein (2)
564 Liedervereinigung (3)
Aus: Die Lachmaschine, Berlin: Wagenbach 1971; (1) 30. – Weihnacht ist und Wotan reitet, Berlin: Rotbuch 1985; (2) 60, (3) 82.

BEAT BRECHBÜHL
* 1939 in Oppligen/Schweiz

565 Baukran
565 Chemische Fabrik im Frühlingswind
Aus: Gedichte aus zehn Jahren, Zürich: Benzinger 1977; 47, 58.

Arno Reinfrank

* 1934 in Mannheim

565 Veränderter Prägstock (1)
565 Die Schwalbe (2)
566 Ukrainische Bauernküche (3)

Aus: Kernanalyse. Poesie der Fakten IV, Hünstetten: Akanthus 1983; (1)41. – Heuschrecken am Horizont, Berlin: Wichern 1984; (2)125. – Tatarische Liebe, Oberhausen: Asso 1985; (3)55.

Volker Braun

* 1939 in Dresden

566 Fragen eines Arbeiters während der Revolution (1)
566 In anderer Zeit (2)
567 Im Ilmtal (3)
568 Zu Brecht, Die Wahrheit einigt (4)

Aus: Wir und nicht sie, Frankfurt/Main: Suhrkamp 1970; (1) 73 © Mitteldeutscher Verlag, Leipzig. – Gegen die symmetrische Welt, Frankfurt/Main: Suhrkamp 1974; (2) 42, (3) 16 f. © Mitteldeutscher Verlag, Leipzig. – Training des aufrechten Gangs, Halle/Saale: Mitteldeutscher Verlag 1980; (4) 23.

Oskar Pastior

* 1927 Hermannstadt/Rumänien

568 Ohne Titel (1)
569 Abendlied (2)
570 Der Spaziergang am See (3)

Aus: Wechselbalg. Gedichte 1977–1980, Spenge: Ramm 1980; (1)8, (2)59. – Auskünfte von und über O. Pastior. Fußnoten zur neueren deutschen Literatur, hg. v. W. Segebrecht, Bamberg: Universität 1985; (3)9.

Friedrich Christian Delius

* 1943 in Rom

570 Nach dem Manöver (1)
570 Lieder eines fahrenden Gesellen (2)
571 Das Schweigen von Köln (3)

Aus: Kerbholz, Berlin: Wagenbach 1965; (1)30. – Die unsichtbaren Blitze, Berlin: Rotbuch 1981; (2)15. – Ein Bankier auf der Flucht, Berlin: Rotbuch 1976; (3)32.

Wolf Wondratschek

* 1943 in Rudolstadt/Thüringen

572 Singsang am Regentag (1)
572 Das ist die Stunde (2)
573 Einmal dein Leben (3)
573 Für meine Mutter (4)

Aus: Chuck's Zimmer, Frankfurt/Main: Zweitausendeins 1974; (1)52, (2)64. – Das leise Lachen am Ohr eines andern, Frankfurt/Main: Zweitausendeins 1976; (3)47. – Letzte Gedichte, Frankfurt/Main: Zweitausendeins 1980; (4)47.

Jürgen Theobaldy

* 1944 in Straßburg

574 Schnee im Büro (1)
574 Im August (2)
575 Die Sonne steht hoch (3)

Aus: Zweiter Klasse, Berlin: Rotbuch 1976; (1)23. – Drinks. Gedichte aus Rom, Heidelberg: Das Wunderhorn 1979; (2)6. – Die Sommertour, Reinbek: Rowohlt 1983; (3)68 f.

Karin Kiwus

* 1942 in Berlin

575 An die Dichter (1)
575 Morgengrauen (2)
576 Gewisse Verbindung (3)

Aus: Von beiden Seiten der Gegenwart, Frankfurt/Main: Suhrkamp 1976; (1)67. – Angenommen später, Frankfurt/Main: Suhrkamp 1979; (2)7, (3)84 f.

Rainer Malkowski

* 1939 in Berlin

577 Schöne seltene Weide (1)
577 Stadtkirche am Vormittag (2)
577 Eine Stunde oder zwei (3)

Aus: Was für ein Morgen, Frankfurt: Suhrkamp 1975; (1)51. – Einladung ins Freie, Frankfurt/Main: Suhrkamp 1977; 21)86. – Vom Rätsel ein Stück, Frankfurt/Main: Suhrkamp 1980; (3)23 f.

Johannes Schenk

* 1941 in Berlin

578 Jules Verne (1)
578 Schichtzettel (2)

Aus: Zwiebeln und Präsidenten, Berlin: Wagenbach 1969; (1)17. – Zittern, Berlin: Wagenbach 1977; (2)54.

Gregor Laschen

* 1941 in Ückermünde/Pommern

579 Geschichte, Grün
579 Naturgedicht 7

Aus: Die andere Geschichte der Wolken, München: Hanser 1983; 25, 47.

Michael Krüger

* 1943 in Wittgendorf b. Zeitz

579 Über die Hoffnung (1)
579 Auf der Brücke (2)
580 Eine Unterhaltung bei Regen (3)

Aus: Diderots Katze, München: Hanser 1978, (1)32. – Aus der Ebene, München: Hanser 1982; (2)8. – Die Dronte, München: Hanser 1985; (3)23 f.

Ralf Thenior

* 1945 in Bad Kudowa/Schlesien

580 Einfache Dinge
580 Gran Canaria

Aus: Traurige Hurras, München: Goldmann 1979; 103, 33.

Reinhard Priessnitz

* 1945 in Wien † 1985 in Wien

581 kleie
581 in stanzen

Aus: vierundvierzig gedichte, Linz: edition neue texte 1978; 33, 42.

Thomas Brasch

* 1945 in Westow / Yorkshire (England) † 2001 in Berlin

582 Zum Beispiel Galilei
583 Mitten am Tag eine Furcht
583 Schlaflied für K.

Aus: Der schöne 27. September, Frankfurt/Main: Suhrkamp 1980; 12 f., 32, 70.

Guntram Vesper

* 1941 in Frohburg b. Leipzig

583 Landmeer
583 Stark wie der Tod
584 Das fremde Kind

Aus: Die Inseln im Landmeer, Pfaffenweiler: Pfaffenweiler Presse 1982; 30, 36, 41.

Ulla Hahn

* 1945 in Brachthausen/Sauerland

584 Winterlied (1)
584 Katzenmahlzeit (2)

Aus: Herz über Kopf, Stuttgart: Deutsche Verlags-Anstalt 1981; (1) 27. – Spielende, Stuttgart. Deutsche Verlags-Anstalt 1983; (2) 71.

Ludwig Fels

* 1946 in Treuchtlingen

585 Alte Befehle (1)
585 Fluchtweg (2)
585 Proletarische Liebe (3)

Aus: Alles geht weiter, Darmstadt: Luchterhand 1977; (1) 21. – Der Anfang der Vergangenheit, München: Piper 1984; (2) 94, (3) 54.

Richard Pietrass

* 1946 in Lichtenstein/Sachsen

585 Stiegenlied (1)
586 Replik (2)

Aus: Freiheitsmuseum, Berlin: Aufbau 1982; (1) 25. – Notausgang, Berlin: Aufbau 1980; (2) 16.

Peter Maiwald

* 1946 in Grötzingen/Kreis Nördlingen

586 Die Frau des Arbeitslosen

Aus: Balladen von Samstag auf Sonntag, Stuttgart: Deutsche Verlags-Anstalt 1984; 16.

Ursula Krechel

* 1947 in Trier

587 Umsturz (1)
587 Ich fälle einen Baum (2)
587 Ebenbilder (3)
588 In diesem Herbst (4)
588 Erster Februar (5)

Aus: Nach Mainz! München: Deutscher Taschenbuch Verlag 1983; (1) 13, (2) 32. – Verwundbar wie in den besten Zeiten, Darmstadt: Luchterhand 1979; (3) 79. – Vom Feuer lernen, Darmstadt: Luchterhand 1985; (4) 13, (5) 57.

Diana Kempff

* 1945 in Thurnau/Oberfranken

589 Sich vorbereiten
589 Sommers
589 Abends

Aus: Herzzeit, Salzburg: Residenz 1983; 10, 32, 46.

Lutz Rathenow

* 1952 in Berlin (Ost)

589 Neunzehnhundertachtundsechzig
590 Neunzehnhundertachtundsiebzig
590 Buckow, am See

Aus: Zangengeburt, München: Piper 1982; 28, 33, 12.

Unbekannte Verfasser

Wessobrunner Gebet

De poeta

Dat gafregin ih mit firahim firiuuizzo meista,
Dat ero ni uuas noh ufhimil,
noh paum, noh pereg ni uuas,
ni sterro nohheinig, noh sunna ni scein,
noh mano ni liuhta, noh der mareo seo.
Do dar niuuiht ni uuas enteo ni uuenteo,
enti do uuas der eino almahtico cot,
manno miltisto, enti dar uuarun auh manake mit inan
cootlihhe geista, enti cot heilac.

Cot almahtico, du himil enti erda gauuorahtos
enti du mannun so manac coot forgapi:
forgip mir in dina ganada rehta galaupa
enti cotan uuilleon, uuistóm enti spahida enti craft,
tiuflun za uuidarstantanne enti arc za piuuisanne
enti dinan uuilleon za gauurchanne.

[9. Jahrhundert; tlw. früher entstanden]

Merseburger Zaubersprüche

Erster Spruch

Eiris sazun idisi, sazun hera duoder.
suma hapt heptidun, suma heri lezidun,
suma clubodun umbi cuoniouuidi:
insprinc haptbandun, inuar uigandun!

Zweiter Spruch

Phol ende Uuodan uuorun zi holza.
du uuart demo Balderes uolon sin uuoz birenkit.
thu biguol en Sinthgunt, Sunna era suister,
thu biguol en Friia, Uolla era suister,
thu biguol en Uuodan, so he uuola conda:
sose benrenki, sose bluotrenki, sose lidirenki,
ben zi bena, bluot zi bluoda,
lid zi geliden, sose gelimida sin!

[10. Jahrhundert; früher entstanden]

Von einem Dichter

Das habe ich bei den Menschen als größtes Wunder erfahren:
daß es die Erde nicht gab und nicht den Himmel,
es gab nicht den Baum und auch nicht den Berg,
es schien nicht ein einziger Stern, nicht die Sonne,
es leuchtete weder der Mond noch die glänzende See.
Als es da also nichts gab, was man als Anfang oder als Ende hätte verstehen können,
gab es schon lange den einen allmächtigen Gott,
den reichsten an Gnade. Bei ihm waren auch viele
Geister voll Herrlichkeit, früher (als sie aber war) der heilige Gott.

Allmächtiger Gott, du hast Himmel und Erde erschaffen
und den Menschen so manches Gut verliehen:
verleihe mir rechten Glauben an deine Gnade
und guten Willen, Weisheit, Klugheit und Kraft,
den Teufeln zu widerstehen und das Böse zu meiden
und deinen Willen zu tun.

Horst Dieter Schlosser

Erster Spruch

Einst ließen sich die Idisen nieder, setzten sich hierhin und (setzten sich) dorthin.
Einige fesselten (die Feinde), andere hemmten (das feindliche) Heer,
wiederum andere lösten die Fesseln (des Freundes):
löse dich aus den Fesseln, entflieh den Feinden!

Zweiter Spruch

Phol und Wodan ritten in den Wald.
Da verrenkte sich Balders Fohlen einen Fuß.
Da besprach ihn Sindgund (und) Sunna, ihre Schwester,
da besprach ihn Frija (und) Volla, ihre Schwester,
da besprach ihn Wodan, so gut wie (nur) er es konnte:
wie die Verrenkung des Knochens, so die des Blutes, so die des ganzen Gliedes!
Knochen an Knochen, Blut zu Blut,
Glied an Glied, als ob sie zusammengeleimt wären!

Horst Dieter Schlosser

Lorscher Bienensegen

Kirst, imbi ist huze! nu fliuc du, uihu minaz, hera
fridu frono in godes munt heim zi commone gisunt.

sizi, sizi, bina: inbot dir sancte Maria
hurolob ni habe du zi holce ni fluc du,
noh du mir nindrinnes, noh du mir nintuuinest.
sizi uilu stillo, uuirki godes uuillon!

[10. Jahrhundert]

,Dû bist mîn, ich bin dîn:
des solt dû gewis sîn.
dû bist beslozzen
in mînem herzen:
verlorn ist daz slüzzelîn:
dû muost immer drinne sîn.

[12. Jahrhundert]

Ich wil trûren varen lân;
vf die heide sul wir gân,
vil liebe gespilen mîn!
da seh wir der bluomen schîn.
Ich sage dir, ich sage dir,
mîn geselle, chum mit mir!

Suoziu minne, raine min,
mache mir ein chrenzelîn!
daz sol tragen ein stolzer man,
der wol wîben dienen chan!
Ich sage dir, ich sage dir,
mîn geselle, chum mit mir!

[13. Jahrhundert]

Christus! das Bienenvolk ist ausgeschwärmt! Nun fliegt, meine Tiere, (wieder) her,
damit ihr im Frieden des Herrn, in Gottes Schutz gesund heimkommt!

Sitz, sitz, Biene! Das hat dir die heilige Maria befohlen:
du sollst keine Erlaubnis haben, in den Wald zu fliegen,
du sollst mir weder entwischen noch entweichen!
Sitz ganz still und tu, was Gott will!

Horst Dieter Schlosser

Ich will das Trauern sein lassen.
Auf die Heide wollen wir gehn,
meine lieben Gespielen!
Da sehn wir das Leuchten der Blumen.
Ich sage dir, ich sage dir,
mein Geselle, komm mit mir!

Süße Minne, reine Minne,
mache mir ein Kränzlein!
Das soll ein stolzer Mann tragen,
der Frauen wohl zu dienen versteht!
Ich sage dir, ich sage dir,
mein Geselle, komm mit mir!

Max Wehrli

Der von Kürenberg
2. Hälfte des 12. Jahrhunderts

‚Ich zôch mir einen valken mêre danne ein jâr.
dô ich in gezamete als ich in wolte hân
und ich im sîn gevidere mit golde wol bewant,
er huop sich ûf vil hôhe und floug in anderiu lant.

Sît sach ich den valken schône fliegen:
er fuorte an sînem fuoze sîdîne riemen,
und was im sîn gevidere alrôt guldîn.
got sende si zesamene die gerne geliep wellen sîn!‘

Dietmar von Eist
† vor 1171

‚Slâfest du, friedel ziere?
man weckt uns leider schiere:
ein vogellîn sô wol getân
daz ist der linden an daz zwî gegân.‘

‚Ich was vil sanfte entslâfen:
nu rüefestu kint wâfen.
liep âne leit mac niht gesîn.
swaz du gebiutst, daz leiste ich,
friundîn mîn.‘

Diu frouwe begunde weinen.
‚du rîtst und lâst mich eine.
wenne wilt du wider her zuo mir?
owê du füerst mîn fröide sament dir!‘

,Ich zog mir einen Falken länger als ein Jahr.
Als ich ihn gezähmt, wie ich ihn haben wollte,
und sein Gefieder mit Gold geschmückt hatte,
hob er sich hoch auf und flog davon.

Seither sah ich den Falken schön fliegen:
er führte an seinem Fuß seidene Fesseln
und sein Gefieder war ganz rotgolden.
Gott sende sie zusammen, die einander gerne liebhaben wollen.'

Max Wehrli

,Schläfst du, mein schöner Liebster?
Bald wird man uns leider wecken.
Ein Vögelchen, ein wohlgestaltes,
ist auf der Linde Zweig gekommen.'

,Ich war sanft eingeschlafen:
nun rufst du, Kind, mich auf!
Lieb ohne Leid, das kann nicht sein.
Was immer du befiehlst, das tu ich,
meine Freundin.'

Die Frau begann zu weinen.
,Du reitest und läßt mich allein.
Wann willst du wieder her zu mir?
O weh, du nimmst mein Glück zugleich mit dir!'

Max Wehrli

Unbekannte Verfasser

Christ, der ist erstanden
von der marter alle.
des svll wir alle fro sein,
christ sol vnser trost sein. kyrieleis!

Nu bitden wir den heiligen geist
vmb den rehten glauben aller meist,
daz er vns behůte an vnserm ende,
so wir heim suln varn vz diesem ellende. kyrieleis!

[2. Drittel 12. Jahrhundert]

Friedrich von Hausen
um 1150–1190

Mîn herze und mîn lîp diu wellent scheiden,
diu mit ein ander varnt nu mange zît.
der lîp wil gerne vehten an die heiden:
sô hât iedoch daz herze erwelt ein wîp
vor al der werlt. daz müet mich iemer sît,
daz si ein ander niene volgent beide.
mir habent diu ougen vil getân ze leide.
got eine müeze scheiden noch den strît.

Ich wânde ledic sîn von solher swære,
dô ich daz kriuze in gotes êre nam.
ez wære ouch reht deiz herze alsô dâ wære,
wan daz sîn stætekeit im sîn verban.
ich solte sîn ze rehte ein lebendic man,
ob ez den tumben willen sîn verbære.
nu sihe ich wol daz im ist gar unmære
wie ez mir an dem ende süle ergân.

Sît ich dich, herze, niht wol mac erwenden,
dun wellest mich vil trûreclîchen lân,
sô bite ich got daz er dich ruoche senden
an eine stat dâ man dich wohl enpfâ.
owê wie sol ez armen dir ergân!
wie torstest eine an solhe nôt ernenden?
wer sol dir dîne sorge helfen enden
mit solhen triuwen als ich hân getân?

Mein Herz und mein Leib wollen sich trennen,
die miteinander lange Zeit gezogen sind.
Der Leib will gerne gegen die Heiden kämpfen:
dagegen hat das Herz eine Frau vorgezogen
vor der ganzen Welt. Es plagt mich seither,
daß sie nicht einig sind.
Mir haben meine Augen viel zuleid getan!
Gott allein mag den Streit noch schlichten!

Ich glaubte frei zu sein von solchem Kummer,
da ich das Kreuz zu Gottes Ehre nahm.
Es wäre auch richtig, daß das Herz dabei wäre,
nur daß ihm seine Treue das verbietet.
Ich würde recht ein lebendiger Mann sein,
wenn es seinen törichten Willen unterließe.
Nun seh ich wohl, daß ihm ganz gleichgültig ist,
wie es mir schließlich ergehen soll.

Da ich dich, Herz, nicht davon abbringen kann,
mich sehr schmerzlich zu verlassen,
so bitte ich Gott, er wolle dich senden
an einen Ort, da man dich wohl empfängt.
O weh, wie soll es dir, du Armes, gehen!
Wie durftest du allein dich zu solcher Gefahr erkühnen?
Wer soll dir helfen, deine Sorgen zu beenden,
mit solcher Treue, wie ich getan habe?

Max Wehrli

Heinrich von Morungen
† 1222

Ich hôrt ûf der heide
lûte stimme und süezen klanc.
dâ von wart ich beide
fröiden rîch und trûrens kranc.
nâch der mîn gedanc sêre ranc unde swanc,
die vant ich ze tanze dâ si sanc.
âne leide ich dô spranc.

Ich vant si verborgen
eine und ir wengel naz,
dô si an dem morgen
mînes tôdes sich vermaz.
der vil lieben haz tuot mir baz danne daz
dô ich vor ir kniete dâ si saz
und ir sorgen gar vergaz.

Ich vants an der zinnen,
eine, und ich was zir besant.
dâ moht ichs ir minnen
wol mit fuoge hân gepfant.
dô wând ich diu lant hân verbrant sâ zehant,
wan daz mich ir süezen minne bant
an den sinnen hât erblant.

Owê, sol aber mir iemer mê
geliuhten dur die naht
noch wîzer danne ein snê
ir lîp vil wol geslaht?
der trouc diu ougen mîn:
ich wânde, ez solde sîn
des liehten mânen schîn,
dô taget ez.

‚Owê, sol aber er iemer mê
den morgen hie betagen?
als uns diu naht engê,
daz wir niht durfen klagen:
„owê, nu ist es tac“,
als er mit klage pflac
do'r jungest bî mir lac.
dô taget ez.‘

Owê, si kuste âne zal
in deme slâfe mich.
dô vielen hin ze tal
ir trêne nider sich,
iedoch getrôste ich sî,
daz si ir weinen lî
und mich al ummevî.
dô taget ez.

‚Owê, daz er sô dicke sich
bî mir ersêen hât!
als er endahte mich,
sô wolte er sunder wât
mîn arme schouwen blôz.
ez was ein wunder grôz
daz in des nie verdrôz.
dô taget ez.‘

Ich hörte auf der Heide
helle Stimme und süßen Klang.
Davon ward zugleich ich
reich an Freude und arm an Trauer.
Nach der mein Gedanke sich gerungen und geschwungen hatte,
die fand ich beim Tanze, wo sie sang.
Ohne Leid sprang ich mit.

Ich fand sie verborgen
allein und ihre Wangen naß,
da sie am Morgen
mir den Tod geschworen hatte.
Der Geliebten Haß tut mir besser als das,
da ich vor ihr kniete, wo sie saß
und ihre Sorgen ganz vergaß.

Ich fand sie an der Zinne
allein; man hatte mich zu ihr gerufen.
Leicht hätt ich das Pfand
ihrer Liebe gewinnen können.
Da hätte ich das Land auf der Stelle verbrennen mögen.
Doch hat mir das Band ihrer süßen Liebe
die Sinne verdunkelt.

Max Wehrli

O weh, soll mir denn nie mehr
leuchten durch die Nacht
noch weißer als Schnee
ihr schöngestalter Leib?
Der trog meine Augen:
ich wähnte, es sei
des lichten Mondes Schein –
da ward es Tag.

O weh, sie küßte ungezählt
im Schlafe mich.
Da fielen niederwärts
die Tränen ihr dahin,
doch tröstete ich sie,
daß sie ihr Weinen ließ
und mich ganz umfing.
Da ward es Tag.

‚O weh, wird er denn nie mehr
hier bis zum Morgen weilen?
So mög die Nacht vergehn,
daß wir nicht klagen müssen:
„O weh, nun ist es Tag“,
wie er es klagend tat,
als er jüngst bei mir lag.
Da ward es Tag.‘

‚O weh, daß er so oft
in meinen Anblick sich verlor!
Wie er die Decke mir nahm,
da wollte er ohne Kleid
meine Arme sehn entblößt.
Es war ein Wunder groß,
daß er's nicht müde ward.
Da ward es Tag.‘

Max Wehrli

Wolfram von Eschenbach
um 1170 – um 1220

'Sîne clâwen durch die wolken sint geslagen,
er stîget ûf mit grôzer craft,
ich sihe in grâwen tägelîch, als er wil tagen,
den tac, der im geselleschaft
erwenden wil, dem werden man,
den ich mit sorgen în verliez.
ich bringe in hinnen, ob ich kan:
sîn manegiu tugent mich daz leisten hiez.'

'Wahtær, du singest daz mir manege vröude nimt
unde mêret mîne clage.
mære du bringest, der mich leider niht gezimt,
iemer morgens gegen dem tage.
diu solt du mir verswîgen gar.
daz biut ich den triuwen dîn:
des lône ich dir als ich getar.
alsô belîbet hie der selle mîn.'

'Er muoz et hinnen balde und âne sûmen sich:
nu gib im urloup, süezez wîp.
lâze in minnen hernâch sô verholne dich,
daz er behalte êr und den lîp.
er gab sich mîner triuwe alsô,
daz ich in bræhte ouch wider dan.
ez ist nu tac: naht was ez dô
mit druc an brust dîn kus mirn an gewan.'

'Swaz dir gevalle, wahter, sinc und lâ den hie,
der minne brâht und minne enpfienc.
von dînem schalle ist er und ich erschrocken ie:
sô ninder morgenstern ûf gienc
ûf in, der her nâch minne ist komen,
noch ninder lûhte tages lieht,
du hâst in dicke mir benomen
von blanken armen, und ûz herzen nieht.'

Von den blicken, die der tac tet durch diu glas,
und dô der wahter warnen sanc,
si muose erschricken durch den der dâ bî ir was.
ir brüstelîn an brust si twanc.
der rîter ellens niht vergaz
(des wold in wenden wahters dôn):
urloup nâhe und nâher baz
mit kusse und anders gab in minne lôn.

'Seine Klauen haben durch die Wolken geschlagen,
er steigt auf mit großer Kraft,
ich seh ihn grauen, taggleich, wie er tagen will,
den Tag, der die Gemeinschaft ihm
entziehen will, dem edlen Mann,
den ich hereingelassen mit Gefahr.
Ich bring ihn weg von hier, wenn ich es kann:
Sein hoher Wert hieß mich das tun.'

'Wächter, du singst, was mir manche Freude nimmt
und meine Klage mehrt.
Kunde bringst du, die mir leider nicht willkommen,
immer morgens vor dem Tag.
Die sollst du mir durchaus verschweigen.
Das gebiete ich deiner Treue:
ich lohne es dir, wie ich es kann.
Und so bleibt hier mein Freund.'

'Er muß von hinnen, bald und ohne Säumen:
Gib ihm nun Urlaub, süße Frau.
Laß ihn dich lieben hernach so verhohlen,
daß er die Ehre und das Leben bewahre.
Er hat auf meine Treue sich verlassen,
daß ich ihn auch zurückgeleite.
Es ist nun Tag: Nacht war es, als
du ihn von mir empfingst und küssend ihn umarmtest.'

'Sing, Wächter, was du willst, und laß ihn hier,
der Liebe brachte und Liebe empfing.
Von deinem Schall sind er und ich stets erschrocken:
Wenn nirgends noch der Morgenstern aufging
über ihm, der hier zur Liebe kam,
und nirgends leuchtete des Tages Licht,
hast du ihn oft genommen mir
aus blanken Armen – aus dem Herzen nicht.'

Von den Blitzen, die der Tag durch die Scheiben warf,
und da der Wächter warnend sang,
mußte sie erschrecken für den, der bei ihr war.
Die Brüste preßte sie an seine Brust,
der Ritter vergaß nicht Manneskraft
(dran wollte hindern ihn des Wächters Lied):
der Abschied, nah und immer näher,
gab ihnen mit Kuß und anders den Lohn der Liebe.

Max Wehrli

WALTHER VON DER VOGELWEIDE
um 1170 – um 1230

Ir sult sprechen willekomen:
der iu mære bringet, daz bin ich.
Allez daz ir habt vernomen,
daz ist gar ein wint: nû frâget mich.
Ich wil aber miete:
wirt mîn lôn iht guot,
ich gesage iu lîhte daz iu sanfte tuot.
seht waz man mir êren biete.

Ich wil tiuschen frouwen sagen
solhiu mære daz si deste baz
Al der werlte suln behagen:
âne grôze miete tuon ich daz.
Waz wold ich ze lône?
si sint mir ze hêr.
sô bin ich gefüege und bite si nihtes mêr
wan daz si mich grüezen schône.

Ich hân lande vil gesehen
unde nam der besten gerne war:
Übel müeze mir geschehen,
kunde ich ie mîn herze bringen dar
Daz im wol gevallen
wolde fremeder site.
nû waz hulfe mich, ob ich unrehte strite?
tiuschiu zuht gât vor in allen.

Von der Elbe unz an den Rîn
und her wider unz an Ungerlant
Mugen wol die besten sîn,
die ich in der werlte hân erkant.
Kan ich rehte schouwen
guot gelâz unt lîp,
sem mir got, sô swüere ich wol daz hie diu wîp
bezzer sint danne ander frouwen.

Tiusche man sint wol gezogen,
rehte als engel sint diu wîp getân.
Swer si schildet, derst betrogen:
ich enkan sîn anders niht verstân.
Tugent und reine minne,
swer die suochen wil,
der sol komen in unser lant: da ist wünne vil!
lange müeze ich leben dar inne!

Der ich vil gedienet hân
und iemer mêre gerne dienen wil,
Diust von mir vil unerlân.
iedoch sô tuot si leides mir sô vil.
Si kan mir versêren
herze und den muot.
nû vergebez ir got dazs an mir missetuot.
her nâch mac si sichs bekêren.

———

Ihr sollt mir ein Willkommen sagen:
denn der Euch Neues bringt, das bin ich!
Alles was Ihr bisher gehört
ist ein Nichts: jetzt aber fragt mich!
Freilich verlange ich Botenlohn.
Fällt er einigermaßen reichlich aus,
werd ich Euch wohl verkünden was Euch Freude macht.
Seht zu was Ihr mir Ansehnliches zu bieten habt.

Ich will deutschen edlen Frauen
solches Loblied singen,
daß sie umso strahlender vor aller Welt dastehen werden.
Und natürlich will ich nicht groß belohnt werden.
Was denn könnte ich mir wünschen?
Sie stehen ja so hoch über mir.
So bin ich brav, und bitte sie um nicht mehr
als daß sie mir freundlich entgegenkommen.

Ich habe viele Länder bereist
und mich immer bemüht, die Besten kennenzulernen.
Alles Böse soll mich treffen,
könnte ich je mein Herz dazu bewegen,
daß ihm ausländische Sitte und Art
wohlgefielen.
Was nützte es mir, für falsche Behauptungen zu streiten?
Deutsche Lebensart und Bildung übertrifft sie alle.

Von der Elbe bis zum Rhein
und wieder hierher bis an Ungarns Grenze,
da leben gewiß die Besten
die ich je fand in der Welt.
Versteh ich mich recht auf die Beurteilung
von gutem Benehmen und Schönheit –
bei Gott, ich möchte wohl schwören, daß hier die Frauen
besser sind als anderwärts.

Deutsche Männer sind wohlgebildet,
und recht wie die Engel sehen die Frauen aus.
Wer sie schmäht, der ist nicht bei Verstand –
anders kann ich ihn nicht verstehen.
Wer Reinheit des Wesens und der Liebe
finden will,
der möge in unser Land kommen: da ist alle Herrlichkeit!
Möchte ich ewig darin leben!

Sie, deren Dienst ich mich ganz hingegeben habe
und der ich mit Freuden immer dienen will,
sie gebe ich durchaus nicht frei.
Indessen, sie fügt mir nur Schmerz zu.
Denn sie weiß mir zu verletzen
Herz und Sinn.
Vergebe es ihr Gott, was sie an mir sündigt.
In Zukunft kann sie ja darin anderen Sinnes werden.

Peter Wapnewski

‚Under der linden
an der heide,
dâ unser zweier bette was,
Dâ mugt ir vinden
schône beide
gebrochen bluomen unde gras.
Vor dem walde in einem tal,
tandaradei,
schône sanc diu nahtegal.

Ich kam gegangen
zuo der ouwe:
dô was mîn friedel komen ê.
Dâ wart ich enpfangen,
hêre frouwe,
daz ich bin sælic iemer mê.
Kuste er mich? wol tûsentstunt:
tandaradei,
seht wie rôt mir ist der munt.

Dô het er gemachet
alsô rîche
von bluomen eine bettestat.
Des wirt noch gelachet
inneclîche,
kumt iemen an daz selbe pfat.
Bî den rôsen er wol mac,
tandaradei,
merken wâ mirz houbet lac.

Daz er bî mir læge,
wessez iemen
(nu enwelle got!), sô schamt ich mich.
Wes er mit mir pflæge,
niemer niemen
bevinde daz wan er und ich –
Und ein kleinez vogellîn,
tandaradei,
daz mac wol getriuwe sîn‘.

Aller werdekeit ein füegerinne,
daz sît ir zewâre, frouwe Mâze:
er sælic man, der iuwer lêre hât!
Der endarf sich iuwer niender inne
weder ze hove schamen noch an der strâze:
dur daz sô suoche ich, frouwe, iuwern rât,
Daz ir mich ebene werben lêret.
wirbe ich nidere, wirbe ich hôhe, ich bin versêret.
ich was vil nâch ze nidere tôt,
nû bin ich aber ze hôhe siech:
unmâze enlât mich âne nôt.

Nideriu minne heizet diu sô swachet
daz der muot nâch kranker liebe ringet:
diu minne tuot unlobelîche wê.
Hôhiu minne heizet diu da machet
daz der muot nâch hôher wirde ûf swinget:
diu winket mir nû, daz ich mit ir gê.
Mich wundert wes diu mâze beitet.
kumet diu herzeliebe, ich bin iedoch verleitet.
mîn ougen hânt ein wîp ersehen,
swie minneclich ir rede sî,
mir mac wol schade von ir geschehen.

„Unter der Linde
auf der Heide,
wo unser beider Lager war,
da kann man sehn
liebevoll gebrochen
Blumen und Gras.
Vor dem Wald in einem Tal
tandaradei
sang schön die Nachtigall.

Ich kam gegangen
zu der Wiese,
da war mein Liebster schon vor mir gekommen.
Da wurde ich empfangen
– Heilige Jungfrau! –
daß es mich immer glücklich machen wird.
Ob er mich küßte? Wohl tausendmal,
tandaradei,
seht wie rot mein Mund ist.

Da hatte er bereitet
in aller Pracht
von Blumen ein Lager.
Daran wird sich freuen
von Herzen,
wer daran vorübergeht.
An den Rosen kann er noch
– tandaradei –
sehen wo mein Kopf lag.

Daß er bei mir lag,
wüßte es jemand
(da sei Gott vor!), so schämte ich mich.
Was er tat mit mir,
niemals soll jemand
das erfahren als er und als ich –
und die liebe Nachtigall,
tandaradei;
die wird gewiß verschwiegen sein“.

Peter Wapnewski

Ordner aller Werte –
das wahrlich seid Ihr, frouwe Mâze:
glücklich, wer in Eure Schule ging!
Mit Eurer Lehre braucht man sich nirgend
zu schämen, bei Hofe nicht noch auf der Straße:
und darum such ich, Herrin, Euern Rat und Eure Hilfe,
daß Ihr mich lehrt, gemäß um Liebe zu werben.
Werbe ich nieder, werb ich hoch – es macht mir Schaden.
Niedere Minne hat mich fast umgebracht,
jetzt macht mich Hohe Minne krank:
Maßlosigkeit quält mich immerfort.

Niedere Minne heißt, die so erniedrigt,
daß der Sinn um nichts ringt als gemeine Lust:
der Schmerz aus solcher Minne bringt nur Verachtung ein.
Hohe Minne heißt, die da macht,
daß der Sinn sich aufschwingt zu den höchsten Werten.
Sie winkt mir jetzt, daß ich ihr folgen solle:
doch möcht ich wissen, worauf Frau Mâze noch wartet.
Kommt die Herzensneigung, dann bin ich doch wieder verführt.
Meine Augen haben eine Frau erblickt:
wie lieblich ihre Worte auch seien,
sie mag mir sehr wohl zum Unglück werden.

Peter Wapnewski

Owê war sint verswunden alliu mîniu jâr!
ist mir mîn leben getroumet, oder ist ez wâr?
daz ich ie wânde ez wære, was daz allez iht?
dar nâch hân ich geslâfen und enweiz es niht.
nû bin ich erwachet, und ist mir unbekant
daz mir hie vor was kündic als mîn ander hant.
liut unde lant, dar inn ich von kinde bin erzogen,
die sint mir worden frömde reht als ez sî gelogen.
die mîne gespilen wâren, die sint træge unt alt.
bereitet ist daz velt, verhouwen ist der walt:
wan daz daz wazzer fliuzet als ez wîlent flôz,
für wâr mîn ungelücke wânde ich wurde grôz.
mich grüezet maneger trâge, der mich bekande ê wol.
diu welt ist allenthalben ungenâden vol.
als ich gedenke an manegen wünneclîchen tac,
die mir sint enpfallen als in daz mer ein slac,
iemer mêre owê.

Owê wie jæmerlîche junge liute tuont,
den ê vil hovelîchen ir gemüete stuont!
die kunnen niuwan sorgen: owê wie tuont sie sô?
swar ich zer werlte kêre, dâ ist nieman frô:
tanzen, lachen, singen zergât mit sorgen gar:
nie kristenman gesæhe sô jæmerlîche schar.
nû merket wie den frouwen ir gebende stât;
die stolzen ritter tragent dörpellîche wât.
uns sint unsenfte brieve her von Rôme komen,
uns ist erloubet trûren und fröide gar benomen.
daz müet mich inneclîchen (wir lebten ê vil wol),
daz ich nû für mîn lachen weinen kiesen sol.
die vogel in der wilde betrüebet unser klage:
waz wunders ist ob ich dâ von an fröiden gar verzage?
wê waz spriche ich tumber durch mînen bœsen zorn?
swer dirre wünne volget, hât jene dort verlorn,
iemer mêr owê.

Owê wie uns mit süezen dingen ist vergeben!
ich sihe die bittern gallen in dem honege sweben.
diu Welt ist ûzen schœne, wîz grüen unde rôt,
und innân swarzer varwe, vinster sam der tôt.
swen si nû habe verleitet, der schouwe sînen trôst:
er wirt mit swacher buoze grôzer sünde erlôst.
dar an gedenket, ritter: ez ist iuwer dinc.
ir traget die liehten helme und manegen herten rinc,
dar zuo die vesten schilte und diu gewîhten swert.
wolte got, wan wære ich der segenunge wert!
sô wolte ich nôtic armman verdienen rîchen solt.
joch meine ich niht die huoben noch der hêrren golt:
ich wolte sælden krône êweclîchen tragen:
die mohte ein soldenære mit sîme sper bejagen.
möht ich die lieben reise gevaren über sê,
sô wolte ich denne singen wol, und niemer mêr owê,
niemer mêr owê.

Oweh wohin entschwanden alle meine Jahre!
War mein Leben ein Traum, oder ist es Wirklichkeit?
Was ich immer glaubte, es sei – war all das etwas?
Dann habe ich geschlafen, und weiß es nicht.
Nun bin ich erwacht, und ich kenne nicht mehr
was mir zuvor bekannt war wie meine eigene Hand.
Leute und Land, in deren Mitte ich von Kind an aufgezogen worden bin,
die sind mir fremd geworden, als hätte es sie gar nicht gegeben.
Mit denen ich gespielt habe, die sind jetzt müde und alt.
Bebaut ist das Land, gerodet der Wald.
Liefe der Fluß nicht wie er einstens lief –
glaubte ich wahrlich, mein Leid wäre groß.
So mancher grüßt mich überhaupt nicht mehr, der mich einst sehr wohl kannte:
Die Welt ist überall voller Undank.
Wenn ich so manchen strahlenden Tags gedenke
der spurlos mir entglitten ist, wie ins Wasser ein Schlag –
immerdar: oweh.

Oweh wie kümmerlich geben die jungen Leute sich,
die einstmals fröhlich und wohlerzogen waren,
die verstehn sich nur noch auf Sorgen – ach warum sind sie so?
Wohin auch ich mich wende – niemand ist vergnügt:
Tanzen, Lachen, Singen vergehen ganz in Sorgen.
Nie hat ein Christenmensch eine derart klägliche Gesellschaft gesehn.
Man sehe nur, wie den Damen ihr Kopfschmuck steht;
und stolze Ritter tragen bäurische Kleidung!
Böse Briefe sind uns aus Rom gekommen.
Traurigsein ist uns gestattet, Frohsinn ganz genommen.
Das schmerzt mich zutiefst, (wir lebten einst nicht übel),
daß ich jetzt mein Lachen gegen Tränen eintauschen soll.
Selbst die Vögel im wilden Wald werden bedrückt von unsrer Klage:
was Wunder daß auch ich darob alle frohe Stimmung einbüße?
Aber ach, was sage ich Narr da in meiner schlimmen Empörung!
Wer dem Glück dieser Welt nachgeht hat das ewige schon eingebüßt,
immerdar oweh.

Oweh wie wir mit süßen Dingen vergiftet sind!
Ich sehe die bittere Galle inmitten des Honigs schwimmen.
Die Welt ist außen schön, weiß, grün und rot –
und innen von schwarzer Farbe und finster wie der Tod.
Wen aber sie verführt hat, der sehe jetzt auf seine Rettung:
mit geringer Bußleistung wird er von schwerer Sünde erlöst.
Daran denkt, ihr Ritter; es ist eure Sache.
Ihr tragt die strahlenden Helme und die harten Kettenhemden,
und dazu feste Schilde und geweihte Schwerter:
wollte Gott auch *ich* wäre solcher Segnung noch wert!
Dann würde ich in meiner Dürftigkeit mir reichen Lohn erdienen.
Doch damit meine ich keinen Landbesitz noch das Gold der Großen:
die Krone der Seligkeit wollte ich ewig tragen!
Die konnte einst schon ein Söldner mit seiner Lanze erringen.
Könnte ich den ersehnten Zug mitfahren übers Meer,
dann würde ich freudig singen, und niemals mehr oweh,
niemals mehr oweh!

Peter Wapnewski

———

Ich saz ûf eime steine
und dahte bein mit beine.
dar ûf satzt ich den ellenbogen.
ich hete in mîne hant gesmogen
daz kinne und ein mîn wange.
dô dâhte ich mir vil ange,
wie man zer welte solte leben.
deheinen rât kond ich gegeben,
wie man driu dinc erwurbe,
der keinez niht verdurbe.
diu zwei sint êre und varnde guot,
daz dicke ein ander schaden tuot:
daz dritte ist gotes hulde,
der zweier übergulde.
diu wolte ich gerne in einen schrîn:
jâ leider desn mac niht gesîn,
daz guot und weltlich êre
und gotes hulde mêre
zesamene in ein herze komen.
stîg unde wege sint in benomen:
untriuwe ist in der sâze,
gewalt vert ûf der strâze,
fride unde reht sint sêre wunt.
diu driu enhabent geleites niht, diu zwei enwerden ê gesunt.

———

Von Rôme vogt, von Pülle künec, lât iuch erbarmen
daz man mich bî sô rîcher kunst lât alsus armen.
gerne wolde ich, möhte ez sîn, bî eigenem fiure erwarmen.
Zâhiu wiech danne sunge von den vogellînen,
von der heide und von den bluomen, als ich wîlent sanc!
swelch schœne wîp mir denne gæbe ir habedanc,
der liez ich liljen unde rôsen ûz ir wengel schînen.
Sus kume ich spâte und rîte fruo, ‚gast, wê dir, wê!‘:
sô mac der wirt baz singen von dem grüenen klê.
die nôt bedenket, milter künec, daz iuwer nôt zergê.

[*Von Rôme vogt:* Friedrich II. (1194–1250). – *iuwer not:* „wird die Schwierigkeit mit den deutschen Fürsten wegen der von Friedrich angestrebten Wahl seines Sohnes Heinrich zum deutschen König meinen, und die mit Rom wegen des versprochenen Kreuzzuges“ (P. Wapnewski).]

———

Ich saß auf einem Stein,
und schlug ein Bein über das andere.
Darauf stützte ich den Ellenbogen.
Ich hatte in meine Hand geschmiegt
das Kinn und meine eine Wange.
So erwog ich in aller Eindringlichkeit,
wie man auf dieser Welt zu leben habe.
Keinen Rat wußte ich zu geben
wie man drei Dinge erwerben könne
ohne daß eines von ihnen verlorenginge.
Zwei von ihnen sind Ehre und Besitz,
die einander oft Abbruch tun;
das dritte ist die Gnade Gottes,
weit höher geltend als die beiden andern.
Die wünschte ich in *ein* Gefäß zu tun.
Aber zu unserm Leid kann das nicht sein,
daß Besitz und Ehre in der Welt
und dazu Gottes Gnade
zusammen in ein Herz kommen.
Weg und Steg ist ihnen verbaut,
Verrat lauert im Hinterhalt,
Gewalttat zieht auf der Straße,
Friede und Recht sind todwund:
bevor diese beiden nicht gesunden, haben die Drei keine Sicherheit.

Peter Wapnewski

Schirmherr Roms, König Apuliens, laßt es euch erbarmen,
daß man mich in allem Reichtum meiner Kunst so arm läßt.
Ich wünschte sehr, wenn es sein könnte, mich am eignen Feuer zu wärmen.
Ach, wie ich dann singen wollte von den Vögeln,
von der Heide und den Blumen, wie ich einstmals sang!
Der schönen Frau, die mir dann den Preis gäbe,
ließe ich Lilien und Rosen auf ihren Wangen erblühen.
So aber komme ich spät an und reite fort in der Frühe: „Fremdling, weh dir, weh!“
Der ein Haus hat, kann schöner singen von dem grünen Klee.
Solcher Bedrängnis nehmt euch an, großmütiger König, auf daß eure Bedrängnis vergehe!

Peter Wapnewski

Ich hân mîn lêhen, al die werlt, ich hân mîn lêhen.
nû entfürhte ich niht den hornunc an die zêhen,
und wil alle bœse hêrren dester minre flêhen.
Der edel künec, der milte künec hât mich berâten,
daz ich den sumer luft und in dem winter hitze hân.
mîn nâhgebûren dunke ich verre baz getân:
sie sehent mich niht mêr an in butzen wîs als sî wîlent tâten.
Ich bin ze lange arm gewesen ân mînen danc.
ich was sô voller scheltens daz mîn âten stanc:
daz hât der künec gemachet reine, und dar zuo mînen sanc.

[*Ich hân mîn lêhen:* wohl 1220. Bei dem Lehen kann es sich statt eines Landguts auch „um eine Art Ehrensold gehandelt haben" (P. Wapnewski). – *Der edel künec:* Friedrich II. (1194–1250).]

Wer sleht den lewen? wer sleht den risen?
wer überwindet jenen unt disen?
daz tuot einer der sich selber twinget
und alliu sîniu lit in huote bringet
ûz der wilde in stæter zühte habe.
geligeniu zuht und schame vor gesten
mugen wol eine wîle erglesten:
der schîn nimt drâte ûf unt abe.

Ich hab mein Lehen, in alle Welt ruf ich's hinein: ich hab mein Lehen!
Nun fürchte ich nicht mehr den Februarfrost an den Füßen,
und werde künftig die geizigen Herren nicht mehr anflehen.
Der edelmütige König, der großmütige König hat mich versorgt,
so daß ich im Sommer kühlende Luft und im Winter Wärme habe.
Meiner Umwelt komme ich jetzt sehr viel feiner vor:
sie sehen mich nicht mehr an als ein Hausgespenst, wie sie bisher taten.
Ich bin zu lange arm gewesen, ohne dafür zu können.
Ich war so voller Scheltworte, daß mein Atem stank.
All dies hat der König rein gemacht und mein Singen dazu.

Peter Wapnewski

Wer erschlägt den Löwen? Wer erschlägt den Riesen?
Wer überwindet jenen und diesen?
Das tut einer der sich selber bezwingt
und alle seine Glieder in Beherrschung nimmt
aus der Zügellosigkeit in den Hafen beständiger Selbstzucht.
Äußerlich angenommenes Wohlverhalten und Taktgefühl nur vor Fremden,
die können wohl eine Weile aufleuchten,
doch solcher Schein flackert schnell auf und erlischt dann wieder.

Peter Wapnewski

NEIDHART VON REUENTAL
um 1180 – um 1250

„Fröut iuch, junge und alte!
der meie mit gewalte
den winder hât verdrungen,
die bluomen sint entsprungen.
wie schôn diu nahtegal
ûf dem rîse ir süeze wîse singet, wünneclîchen schal!

Walt nu schône loubet.
mîn muoter niht geloubet,
der joch mit einem seile“,
sô sprach ein maget geile,
„mir bunde einen fuoz,
mit den kinden zuo der linden ûf den anger ich doch muoz.“

Daz gehôrte ir muoter:
„jâ swinge ich dir daz fuoter
mit stecken umbe den rugge,
vil kleine grasemugge.
wâ wilt dû hüpfen hin
ab dem neste? sitze und beste mir den ermel wider în!“

„Muoter, mit dem stecken
sol man die runzen recken
den alten als ein sumber.
noch hiuwer sît ir tumber,
dan ir von sprunge vart.
ir sît tôt vil kleiner nôt, ist iu der ermel abe gezart.“

Ûf spranc sî vil snelle.
„der tievel ûz dir belle!
ich wil mich din verzîhen;
dû wilt vil übel gedîhen.“
„muoter, ich lebe iedoch,
swie iu troume; bî dem soume durch den ermel gât daz loch.“

„Freut euch, alt und jung.
Der Mai mit Macht
hat den Winter vertrieben,
die Blumen sind aufgegangen.
Wie schön die Nachtigall
im Gezweig
ihre süße Weise singt,
herrlichen Gesang.

Der Wald belaubt sich schön.
Meine Mutter glaubt es nicht:
wenn einer mit einem Seil",
sprach ein munteres Mädchen,
„mir einen Fuß anbände,
mit den jungen Leuten
zu der Linde
auf die Wiese müßt ich doch!"

Das hörte ihre Mutter:
„Ja, ich streu dir das Futter
mit Stecken auf den Rücken,
Du kleine Grasmücke.
Wo willst du hinhüpfen
aus dem Nest?
Setz dich und schnüre
mir den Ärmel wieder an."

„Mutter, mit dem Stecken
soll man die Runzeln strecken
den Alten wie einer Trommel.
Dies Jahr seid ihr noch dümmer,
als ihr von Anfang seid.
Ihr seid betroffen
von geringer Not,
wenn euch der Ärmel abgerissen ist."

Auf sprang sie ganz schnell.
„Der Teufel soll aus dir bellen!
Ich will nichts mehr von dir wissen.
Du bist sehr übel gediehen."
„Mutter, ich bin bei Verstand,
was ihr auch träumt.
Beim Saume
durch den Ärmel geht das Loch."

Max Wehrli

Unbekannter Verfasser
Mitte 14. Jahrhundert

Es kumpt ain schiff geladen
recht vff sin hoechstes port.
Es bringt vns den sune des vatters,
daz ewig wort.

Vff ainem stillen wagen
kumpt vns das schiffelin.
Es bringt uns riche gabe
die herren kungeen.

Maria, du edler roße,
aller saelden ain zwy,
du schoener zitten loße,
mach vns von sunden fry!

Daz schifflin, das gat stille
vnd bringt uns richen last;
der segel ist die minne,
der hailig gaist der mast.

Oswald von Wolkenstein
(1376/1378 – 1445)

Freu dich, du weltlich creatur,
das dir nach maisterlicher kur
gemessen ist all dein figur,
verglanzt ze tal nach der mensur
an tadel, adel kreftiklich darinn verslossen.
der possen gossen ist an mail;
dem er sich geben hat zu tail,
der mag sich des erfreuen wol von herzen.

Ain heubtlin klain des nam ich war,
darauff kraus, plank, krumliert das har,
zwo smale pra, die euglin klar,
ain mündlin rubein-, röslinvar,
nas, kinn und kel, das vel plaich, weiss mit wenglin prinnen;
die tinnen sinnen volgestackt,
von jungen jaren darinn verstrackt.
dank hab ain man, der es schon wurcht an smerzen.

Wenn ich durch all mein sinn betracht
des pildes form, leib, schön und macht,
wie es der maister hat bedacht,
und darnach genzlich wirt volpracht,
das kain so rain ir gleich auff erd müg simulieren,
regnieren, pulchrieren, wie man wil:
gewaltiklich behalt si das spil;
mit eren zwar tar si wol ernsten und scherzen.

Es kommt ein Schiff,
beladen bis hoch an seinen obersten Rand.
Es bringt uns den Sohn des Vaters,
das ewige Wort.

Auf einer stillen Flut
kommt das Schifflein zu uns.
Reiche Gabe bringt uns
die erhabene Königin.

Maria, du edle Rose,
Zweig aller Seligkeit,
du schöne Zeitlose,
mach uns von Sünden frei!

Das Schifflein treibt still dahin
und bringt uns kostbare Fracht;
das Segel ist die Liebe,
der Heilige Geist der Mast.

Eva und Hansjürgen Kiepe

Freue dich, irdisches Geschöpf,
daß deine ganze Gestalt
nach dem Kunstsinn eines Meisters gebildet ist,
glänzend gemacht von oben bis unten, untadelig im rechten Maß,
adliges Wesen unlösbar eingefügt.
Das Bildwerk ist makellos gegossen;
wem es sich hingegeben hat,
der darf sich dessen herzlich freuen.

Ein zierliches Köpflein habe ich gefunden,
darauf in hellen Locken kraus das Haar,
zwei feine Brauen, blanke Augen,
ein Mündlein wie Rubin und Rosen,
Nase, Kinn und Hals, die Haut hell weiß, der Wänglein Feuer;
die Stirn mit guten Gedanken gefüllt,
die sich seit früher Jugend darin ausgebreitet haben.
Dank sei dem, der das alles freudenreich geschaffen hat!

Betrachte und bedenke ich dieses Bild,
seine Gestalt, sein Leben, seine Schönheit und Herrlichkeit,
wie es der Meister ersonnen hat
und wie es, ganz nach seinem Plan, dazu kommt,
daß niemand auf Erden in ähnlich reiner Schönheit
sich darstellen kann, thronen, prangen und was auch immer:
dann gewinnt sie jeden Wettstreit.
Vollendet weiß sie sich zu betragen in Ernst und Scherz.

Burghart Wachinger

ULRICH VON HUTTEN
1488–1523

Ein neu Lied Herr Ulrichs von Hutten

1
Ich hab's gewagt mit Sinnen
  Und trag des noch kein Reu.
Mag ich nit dran gewinnen,
  Noch muß man spüren Treu.
Darmit ich mein
  Nit eim allein,
Wenn man es wollt erkennen,
  Dem Land zugut,
Wiewohl man tut
  Ein Pfaffenfeind mich nennen.

2
Da laß ich jeden liegen
  Und reden, was er will.
Hätt Wahrheit ich geschwiegen,
  Mir wären hulder viel.
Nun hab ich's gsagt.
  Bin drum verjagt.
Das klag ich allen Frummen.
  Wiewohl noch ich
Nit weiter fleich,
  Vielleicht werd wiederkummen.

3
Um Gnad will ich nit bitten,
  Dieweil ich bin ohn Schuld.
Ich hätt das Recht gelitten;
  So hindert Ungeduld,
Daß man mich nit
  Nach altem Sitt
Zu Ghör hat kummen lassen.
  Vielleicht will's Gott,
Und zwingt sie Not,
  Zu handlen diesermaßen.

4
Nun ist oft diesergleichen
  Geschehen auch hievor,
Daß einer von den Reichen
  Ein gutes Spiel verlor.
Oft großer Flamm
  Von Fünklin kam.
Wer weiß, ob ich's werd rächen!
  Staht schon im Lauf!
So setz ich drauf:
  Muß gahn oder brechen!

5
Darneben mich zu trösten
  Mit gutem Gwissen hab,
Daß keiner von den Bösten
  Mir Ehr mag brechen ab
Noch sagen, daß
  Uff einig Maß
Ich anders sei gegangen
  Dann Ehren nach.
Hab diese Sach
  In Gutem angefangen.

6
Will nun ihr selbs nit raten
  Dies frumme Nation.
Ihrs Schadens sich ergatten,
  Als ich vermahnet han,
So ist mir leid.
  Hiemit ich scheid,
Will mengen baß die Karten.
  Bin unverzagt,
Ich hab's gewagt
  Und will des Ends erwarten.

7
Ob dann mir nach tut denken
  Der Kurtisanen List,
Ein Herz laßt sich nit kränken,
  Das rechter Meinung ist!
Ich weiß, noch viel
  Wölln auch ins Spiel,
Und sollten s' drüber sterben:
  Auf, Landsknecht gut
Und Reuters Mut!
  Laßt Hutten nit verderben!

[*D:* 1521]

[*Sinnen:* Bewußtsein, Absicht. – *noch:* dennoch. – *mein:* meine, treffen will. – *eim:* einen. – *liegen:* lügen. – *fleich:* fliehe. – *Ungeduld:* Unduldsamkeit. – *staht:* steht (die Sache). – *uff einig Maß:* ein einziges Mal. – *ihr:* sich. – *ergatten:* erholen. – *baß:* besser. – *nachdenken:* nachstellen. – *Kurtisanen:* Höflinge.]

Martin Luther
1483–1546

Mitten wyr ym leben sind /
mit dem tod vmbfangen /
Wen suchen wyr der hulffe thu /
das wyr gnad erlangen /
Das bistu Herr alleyne /
vns rewet vnser missethat /
die dich Herr erzurnet hat /
Heyliger herre Gott /
Heyliger starcker Gott /
Heyliger barmhertziger Heyland /
du ewiger Gott /
las vns nicht versincken /
ynn des bittern todes not /
Kyrieleyson.

Mitten ynn dem tod anficht /
vns der Hellen rachen /
Wer will vns aus solcher not /
frey vnd ledig machen /
Das thustu Herr alleyne /
Es iamert deyn barmhertzigkeyt /
vnser klag vnd grosses leyd /
Heyliger Herre Gott /
Heyliger starcker Gott /
Heyliger barmhertziger Heyland
du ewiger Gott/
las vns nicht verzagen /
fur der tieffen hellen glut /
Kyrieleyson.

Mitten ynn der Hellen angst /
vnser sund vns treyben /
Wo soln wyr denn flihen hyn /
da wyr mugen bleyben.
Zu dyr herr Christ alleyne /
Vergossen ist deyn thewres blut /
das gnug fur die sunde thut /
Heyliger Herre Gott /
Heyliger starcker Gott /
Heyliger barmhertziger Heyland /
du ewiger Gott /
las vns nicht entfallen /
von des rechten glaubens trost /
Kyri.

[*D:* 1524]

[*Hellen:* Hölle – *mugen:* können]

Aus tiefer Not schrei ich zu dir,
Herr Gott, erhör mein Rufen.
Dein gnädig Ohren kehr zu mir
Und meiner Bitt sie offen.
Denn so du willt das sehen an,
Was Sünd und Unrecht ist getan,
Wer kann, Herr, vor dir bleiben?

Bei dir gilt nichts denn Gnad und Gonst,
Die Sünden zu vergeben.
Es ist doch unser Tun umsonst
Auch in dem besten Leben.
Vor dir niemand sich rühmen kann.
Des muß dich fürchten jedermann
Und deiner Gnade leben.

Darum auf Gott will hoffen ich,
Auf mein Verdienst nicht bauen.
Auf ihn mein Herz soll lassen sich
Und seiner Güte trauen,
Die mir zusagt sein wertes Wort.
Das ist mein Trost und treuer Hort,
Des will ich allzeit harren.

Und ob es währt bis in die Nacht
Und wieder an den Morgen,
Doch soll mein Herz an Gottes Macht
Verzweifeln nicht noch sorgen.
So tu Israel rechter Art,
Der aus dem Geist erzeuget ward
Und seines Gotts erharre.

Ob bei uns ist der Sünden viel,
Bei Gott ist viel mehr Gnaden.
Sein Hand zu helfen hat kein Ziel,
Wie groß auch sei der Schaden.
Er ist allein der gute Hirt,
Der Israel erlösen wird
Aus seinen Sünden allen.

[*D:* 1524]

[Umdichtung des 130. Psalms. – *offen:* öffne. – *Gonst:* Gunst. – *Des muß:* deshalb muß. – *lassen sich:* sich verlassen.]

Ein feste Burg ist unser Gott,
Ein gute Wehr und Waffen.
Er hilft uns frei aus aller Not,
Die uns jetzt hat betroffen.
Der alt böse Feind,
Mit Ernst er's jetzt meint.
Groß Macht und viel List
Sein grausam Rüstung ist.
Auf Erd ist nicht seinsgleichen.

Mit unsrer Macht ist nichts getan,
Wir sind gar bald verloren.
Es streit't für uns der rechte Mann,
Den Gott hat selbst erkoren.
Fragst du, wer der ist?
Er heißt Jesus Christ,
Der Herr Zebaoth,
Und ist kein ander Gott.
Das Feld muß er behalten.

Und wenn die Welt voll Teufel wär
Und wollt uns gar verschlingen,
So fürchten wir uns nicht so sehr,
Es soll uns doch gelingen.
Der Fürst dieser Welt,
Wie sau'r er sich stellt,
Tut er uns doch nicht.
Das macht, er ist gericht't.
Ein Wörtlein kann ihn fällen.

Das Wort sie sollen lassen stahn
Und kein' Dank dazu haben.
Er ist bei uns wohl auf dem Plan
Mit seinem Geist und Gaben.
Nehmen sie den Leib,
Gut, Ehr, Kind und Weib,
Laß fahren dahin.
Sie haben's kein Gewinn.
Das Reich muß uns doch bleiben.

[*D:* 1529]

[*kein' Dank dazu haben:* keinen Gedanken hinzusetzen.]

Volksballaden und Volkslieder

Tannhäuser

1. Nun wil ichs aber heben an
Von dem Danheuͤser zu singen
Und was er hat Wunders getan
Mit seiner Fraw Venußinnen.

2. Danheuͤser was ein Ritter gut,
Wann er wolt Wunder schawen,
Er wolt in Fraw Venus Berg
Zu andern schoͤnen Frawen.

3. ’Herr Danheuͤser, ir seid mir lieb,
Daran solt ir mir gedenken:
Ir habt mir einen Aid geschworen,
Ir woͤlt von mir nit wenken.‘

4. ‚Fraw Venus, das enhab ich nit,
Ich wil das widersprechen,
Wann redt das iemand mer dan ir,
Got helf mirs an im rechen.‘

5. ‚Herr Danheuͤser, wie redt ir nun,
Ir solt bei mir beleiben,
Ich will euch mein Gespilen geben
Zu einem steten Weibe.‘

6. ‚Und nem ich nun ein ander Weib,
Ich hab in meinem Sinne,
So muͤst ich in der Helle Glut
Auch ewiklich verbrinnen.‘

7. ‚Ir sagt mir vil von der Helle Glut
Und habt es nie entpfunden:
Gedenkt an meinen roten Mund,
Der lachet zu allen Stunden.‘

8. ‚Was hilfet mich ewer roter Mund,
Er ist mir gar unmere;
Nun gebt mir Urlaub, Frewlein zart,
Durch aller Frawen Ere.‘

9. ‚Herr Danheuͤser, woͤlt ir Urlaub han,
In wil euch keinen geben;
Nun beleibent, edler Danheuͤser,
Und fristet ewer Leben.‘

10. ‚Mein Leben das ist worden krank,
Ich mag nit lenger bleiben,
Nun gebt mir Urlaub, Frewlein zart,
Von ewrem stolzen Leibe.‘

11. ‚Herr Danheuͤser, nit redet also,
Ir tut euch nit wol besinnen,
So geen wir in ein Kemerlein
Und spilen der edlen Minnen.‘

12. ‚Gebrauch ich nun ein fremdes Weib,
Ich hab in meinem Sinne:
Fraw Venus, edle Frawe zart,
Ir seid ein Teuͤfelinne.‘

13. ‚Herr Danheuͤser, was redt ir nun,
Daß ir mich guͤnnet schelten;
Nun solt ihr lenger hierinne sein,
Ir muͤstent sein dick entgelten.‘

14. ‚Fraw Venus, und das wil ich nit,
Ich mag nit lenger bleiben;
Maria, Mutter, reine Maid,
Nun hilf mir von den Weiben!‘

15. ‚Herr Danheuͤser, ir solt Urlaub han,
Mein Lob das solt ir preisen,
Wo ir do in dem Land umbfart;
Nembt Urlaub von dem Greisen.‘

16. Do schied er wider aus dem Berg
In Jamer und in Rewen:
‚Ich wil gen Rom wol in die Stat
Auf eines Babstes Trawen.

17. Nun far ich froͤlich auf die Ban,
Got muͤß sein immer walten,
Zu einem Babst, der heist Urban,
Ob er mich moͤcht behalten.

18. Ach Babst, lieber Herre mein,
Ich klag euch meine Sunde,
Die ich mein Tag begangen hab,
Als ich euchs wil verkuͤnden.

19. Ich bin gewesen auch ein Jar
Bei Venus einer Frawen,
So woͤlt ich Beicht und Buß entpfahen,
Ob ich moͤcht Got anschawen.‘

20. Der Babst het ein Steblein in der Hand,
Das was sich also důrre:
‚Als wenig es begrůnen mag,
Kumpst du zu Gottes Hulde!‘

21. ‚Nun solt ich leben nur ein Jar,
Ein Jar auf diser Erden,
So wŏlt ich Beicht und Buß entpfahen
Und Gottes Trost erwerben.‘

22. Do zog er wider aus der Stat
In Jammer und in Leiden:
‚Maria, Mutter, reine Maid,
Muß ich nun von dir scheiden?‘

23. Er zog do wider in den Berg
Und ewiklich on Ende:
‚Ich wil zu Venus, meiner Frawen zart,
Wo mich Got wil hin senden.‘

24. ‚Seid Got wilkumen, Danheůser,
Ich hab ewer lang entporen,
Seid wilkumen, mein lieber Herr,
Zu einem Bulen auserkoren.‘

25. Das weret bis an den dritten Tag,
Der Stab hub an zu grůnen,
Der Babst schicket aus in alle Land,
Wo der Danheůser wer hin kumen.

26. Do was er wider in den Berg
Und het sein Lieb erkoren,
Des must der vierte Babst Urban
Auch ewiklich sein verloren.

[Fassung nach einem fliegenden Blatt 1515]

[*enhab:* habe nicht; *enhab ich nit:* doppelte Verneinung als Verstärkung. – *unmere:* unwert, gleichgültig. – *In wil:* ich will nicht. – *krank:* schwach, sündhaft. – *gunnen:* vergönnen, erlauben. – *sein entgelten:* dafür büßen müssen. – *dick:* sehr. – *Trawen:* Glauben, Hoffen, Zutrauen. – *Babst Urban:* Papst Urban IV. 1261–1264.]

Es ist ein Schnee gefallen,
Und es ist doch nit Zeit,
Man wirft mich mit den Ballen,
Der Weg ist mir verschneit.

Mein Haus hat keinen Giebel,
Es ist mir worden alt,
Zerbrochen sind die Riegel,
Mein Stüblein ist mir kalt.

Ach Lieb, laß dich erbarmen,
Daß ich so elend bin,
Und schleuß mich in dein Arme,
So fährt der Winter dahin.

[*H:* 1467]

Ich hort ein Sichellin rauschen,
Wohl rauschen durch das Korn,
Ich hort ein feine Magd klagen,
Sie hätt' ihr Lieb verlorn.

„La rauschen, Lieb, la rauschen!
Ich acht nit, wie es geh:
Ich hab mir ein Buhlen erworben
In Veiel und grünem Klee.“

„Hast du ein Buhlen erworben
In Veiel und grünem Klee:
So steh ich hie alleine,
Tut meinem Herzen weh!“

[*D:* um 1535]

[*Magd:* Mädchen. – *La:* laß. – *Veiel:* Veilchen.]

Drei Laub auf einer Linden
Blühen also wohl, ja wohl;
Sie tät viel tausend Sprünge,
Ihr Herz war freudenvoll,
Ich günns dem Maidlein wohl.

Das Maidlein, das ich meine,
Das ist so hübsch und fein, ja fein;
Wenn ich dasselb anblicke,
Sich freut das Herze mein,
Des eigen will ich sein.

[*D:* 1540]

Die Königskinder

Zwischen zweyen burgen
da ist ein tieffer See;
auff der einen burge
da sitzet ein edler Herr.

Auff der andern burge
da wont ein Junckfraw fein;
sie weren gern zusammen,
ach Gott, moͤcht es gesein!

Da schreib er jr heruͤber,
er kuͤnd wol schwimmen,
und bat sie da herwider,
sie solt jm wol zuͤnden.

Da schreib sie jm hinwider
ein freundlichen gruß
und bot jm da herwider,
sie wolt es gern thun.

Sie gieng in schneller eyle,
da sie ein Kertzenliecht fandt,
sie steckt es gar wunderbalde
an ein steinen wandt.

„Stell ichs dir zu hoche,
so loͤschet mirs der windt;
stell ichs dir zu nider,
so loͤschen dirs die Kindt."

Das merckt ein wunderboͤses weib:
„das liecht dunckt mich nit gut;
ich foͤrcht, das vnser Tochter
nit wol sey behuͤt."

Sie nam es von der waͤnde
vnd loͤschet es zu derselben stundt;
da gieng dem Edlen Ritter
das wasser in den mundt.

„Ach Mutter, liebe Mutter,
erlaub mir an den See
ein wunderkleine weile,
mir thut mein haͤuptlein wee."

„Ach Tochter, liebe Tochter,
wilt du nun an den See,
so nimb dein Juͤngste schwester
mit dir spacieren an den See!"

„Mutter, liebe Mutter,
mein schwester ist noch ein kindt;
sie bricht die roten Roͤßlein ab,
die auff der heyden sind."

„Ach Vatter, lieber Vatter,
erlaub mir an den See
ein wunderkleine weile,
mit thut mein haͤuptlein wee."

„Ach Tochter, liebe Tochter,
thut dir dein haͤuptlein wee,
so nimm dein jungsten Bruder
mit dir spacieren an den See!"

„Ach Vatter, lieber Vatter,
mein bruder ist noch ein kindt;
er scheußt die kleinen waldfoͤgelein,
die auff der heyden sind."

Die Junckfraw war behende,
sie thet ein abentgang,
sie lieff gar wunderbalde,
da sie ein Fischer fandt.

„Ach Fischer, lieber Fischer,
vnnd schlag dein hacken zu grundt!
Es ertranck sich naͤchten spate
ein Ritter huͤbsch vnd jung."

Der Fischer was behende,
er thet, was man jn hieß;
er schlug den edlen Ritter
den hacken in seine fuͤß.

Er nam jn bey der mitten,
er leyt jrn in die schoß;
mit heissen traͤhenen
sie den Ritter vbergoß.

Was zog sie ab der hende?
von Gold ein fingerlein:
„seh hin, Fischergeselle,
das sol dein eigen sein."

„Nun gesegen dich, Vatter vnnd Mutter,
ich spring auch in den See;
es sol vmb meinetwillen
ertrincken kein Ritter mee!"

[Fassung nach einem fliegenden Blatt nach 1563]

[*gesein:* Wirklichkeit sein. – *ein wunderkleine weile:* für ganz kurze Zeit. – *behende:* klug. – *gar wunderbalde, da:* eilends dorthin, wo. – *naͤchten spate:* gestern spätabends. – *leyt jrn:* legte ihr ihn. – *fingerlein:* Ring.

———

Innsbruck, ich muß dich lassen,
Ich fahr dahin mein Straßen,
In fremde Land dahin.
Mein Freud ist mir genommen,
Die ich nit weiß bekommen,
Wo ich im Elend bin.

Groß Leid muß ich ertragen,
Das ich allein tu klagen
Dem liebsten Buhlen mein.
Ach Lieb, nun laß mich Armen
Im Herzen dein erwarmen,
Daß ich muß dannen sein!

Mein Trost ob allen Weiben,
Dein tu ich ewig bleiben,
Stet, treu, der Ehren frumm.
Nun muß dich Gott bewahren,
In aller Tugend sparen,
Bis daß ich wiederkumm.

[*D:* 1539]

[*Elend:* Fremde. – *der Ehren frumm:* ehrenhaft. – *muß:* möge. – *sparen:* erhalten.

Dort nieden in jenem Holze
Leit sich ein Mühlen stolz,
Sie mahlet uns alle Morgen
Das Silber und rote Gold.

Dort nieden in jenem Grunde
Schwemmt sich ein Hirschlein fein;
Was führt es in seinem Munde?
Von Gold ein Ringelein.

Hätt ich des Goldes ein Stücke
Zu einem Ringelein,
Meinem Buhlen wollt ich's schicken
Zu einem Goldfingerlein.

Was schickt sie mir denn wieder?
Von Perlen ein Kränzelein:
„Sieh da, du feiner Ritter,
Darbei gedenk du mein!"

[*D:* 1582]

[*leit:* liegt.]

Es ist ein Schnitter, der heißt Tod,
Hat G'walt vom großen Gott;
Heut wetzt er das Messer,
Es geht schon viel besser,
Bald wird er drein schneiden,
Wir müssen's nur leiden.
Hüt dich, schöns Blümelein!

Was heut noch grün und frisch da steht,
Wird morgen weggemäht.
Die edel Narzissel,
Die englische Schlüssel,
Die schön Hyazinthen,
Die türkischen Winden:
Hüt dich, schöns Blümelein!

Viel hunderttausend ungezählt,
Was nur unter die Sichel fällt:
Rot Rosen, weiß Lilien,
Beid' wird er austilgen,
Und ihr Kaiserkronen,
Man wird euch nicht verschonen:
Hüt dich, schöns Blümelein!

Das himmlische Ehrenpreis,
Die Tulpen gelb und weiß,
Die silbernen Glocken,
Die goldenen Flocken,
Senkt alles zur Erden,
Was wird daraus werden?
Hüt dich, schöns Blümelein!

Ihr hübsch Lavendel und Rosmarine,
Ihr vielfarbige Röselein,
Ihr stolze Schwertlilien,
Ihr krause Basilien,
Ihr zarte Violen,
Nun wird euch bald holen:
Hüt dich, schöns Blümelein!

Trutz, Tod! Komm her, ich fürcht dich nit!
Trutz, eil daher in einem Schnitt!
Wann Sichel mich letzet,
So werd ich versetzet
In den himmlischen Garten,
Darauf will ich warten.
Freu dich, schöns Blümelein!

[*D:* Fliegendes Blatt 1638]

[*letzet:* verletzt.]

Hans Sachs
1494–1576

Die gefangen klagen

O herre got, laß dich erbarmen
Unser ellend, gefangen, armen,
Erwürgen sech wir unser kinder,
Genummen sind uns schaff und rinder,
Hauß unde hoff ist uns verbrendt
Und wir gefürt in das ellendt.
Wee das uns unser müter trüg,
Erst müß wir ziehen in dem pflüg
Und gersten essen, wie die pferdt,
Mit unserm munde von der erdt.
Kumb grymmer todt und uns erlöß
Von dem grausamen Türcken böß!

[*D:* 1530]

[*ellendt:* Fremde.]

Der eiszapf

Zu Venedig ein kaufman saß,
der über mer gefaren was
nach kaufmanschaft, als ich es las;
im vierten jar
kam er mit reicher habe;
Als er kam in das hause sein,
sach er laufen im sal allein
ein zwijeriges kneble klein
in weißem har;
er sprach: ‚wes ist der knabe?‘
Die frau sprach: ‚hör! in einer nacht
lag ich und war ganz munder,
und so herzlich an dich gedacht,
ein eiszapfen herunder
aß ich vom dach; von des natur
ich schwanger wur.
ist das nit ein groß wunder?
Schau an, mein man, von disem eis
gebar ich dises kneblein weiß.‘
der man vermerkt den list mit fleiß
und wol verstant,
das sie ir e het brochen;
Tet doch als nem er sein nicht war.
als der knab alt wurt vierze jar
sprach er: ‚mein weib, nim war, ich far
in fremde lant
drei jar und etlich wochen.
Den knaben wil ich nemen mit,
das er mein handel lere.‘
dem weib gefiel der anschlag nit
und weret dem man sere.
zu widerbringen er verhieß,
erst sie in ließ
hin füren über mere.

Da verkauft er den knaben frei
einem kaufman in die Türkei,
fur wider heim; die frau die schrei:
‚wo hast mein kint
gelaßen auf der reise?‘
Er antwort: ‚da wir furen hin,
die sunn so überhitzig schin
auf deinen sun, und hat auch in
zerschmolzen schwint
zu wasser wie ein eise.‘
Die frau den list gar wol verstunt,
dacht an ir falsch fußtapfen;
stilschweigent sie die wort verschlunt,
recht wie ein hunt ein krapfen.
darum wer weit ausreis, der schau,
das im sein frau
die weil eß kein eiszapfen.

[*E:* 1536; *H:* 1554; *D:* 1870]

[*verschlunt, verschlinden:* verschlucken.]

Jakob Regnart
um 1540 – um 1600

Venus, du und dein Kind,
Seid alle beide blind
Und pflegt auch zu verblenden,
Wer sich zu euch tut wenden,
Wie ich wohl hab erfahren
In meinen jungen Jahren.

Amor, du Kindlein bloß,
Wem dein vergiftes G'schoß
Das Herz einmal berühret,
Der wird alsbald verführet,
Wie ich wohl hab erfahren
In meinen jungen Jahren.

Für nur ein Freud allein
Gibst du viel tausend Pein,
Für nur ein freundlichs Scherzen
Gibst du viel tausend Schmerzen,
Wie ich wohl hab erfahren
In meinen jungen Jahren.

Drum rat ich jedermann:
Von Lieb bald abzustahn,
Dann nichts ist zu erjagen
In Lieb dann Weh und Klagen,
Das hab ich alls erfahren
In meinen jungen Jahren.

[*D:* 1576]

Philipp Nicolai
1556–1608

Von der Stimm zu Mitternacht und von den klugen Jungfrauen, die ihrem himmlischen Bräutigam begegnen

Matth. 25

Wachet auf, ruft uns die Stimme
Der Wächter sehr hoch auf der Zinnen,
Wach auf, du Stadt Jerusalem!
Mitternacht heißt diese Stunde,
Sie rufen uns mit hellem Munde,
Wo seid ihr klugen Jungfrauen?
Wohlauf, der Bräutgam kommt;
Steht auf, die Lampen nehmt!
Halleluja!
Macht euch bereit zu der Hochzeit!
Ihr müsset ihm entgegengehn.

Zion hört die Wächter singen,
Das Herz tut ihr von Freuden springen,
Sie wachet und steht eilend auf:
Ihr Freund kommt vom Himmel prächtig,
Von Gnaden stark, von Wahrheit mächtig,
Ihr Licht wird hell, ihr Stern geht auf.
Nu komm, du werte Kron,
Herr Jesu, Gottes Sohn.
Hosianna!
Wir folgen all zum Freudensaal
Und halten mit das Abendmahl.

Gloria sei dir gesungen
Mit Menschen- und englischen Zungen,
Mit Harfen und mit Cymbeln schön:
Von zwölf Perlen sind die Pforten
An deiner Stadt, wir sind Konsorten
Der Engeln hoch um deinen Thron.
Kein Aug hat je gespürt,
Kein Ohr hat mehr gehört
Solche Freude.
Des sind wir froh, io, io!
Ewig in dulci jubilo.

[*D:* 1599]

[*englischen Zungen:* Engelszungen. – *in dulci jubilo:* in süßem Jubel.]

Martin Opitz
1597–1639

Ich empfinde fast ein Grauen,
Daß ich, Plato, für und für
Bin gesessen über dir;
Es ist Zeit, hinauszuschauen
Und sich bei den frischen Quellen
In dem Grünen zu ergehn,
Wo die schönen Blumen stehn
Und die Fischer Netze stellen.

Worzu dienet das Studieren
Als zu lauter Ungemach?
Unterdessen lauft die Bach
Unsers Lebens, das wir führen,
Ehe wir es inne werden,
Auf ihr letztes Ende hin.
Dann kömmt ohne Geist und Sinn
Dieses alles in die Erden.

Holla, Junger, geh und frage,
Wo der beste Trunk mag sein,
Nimm den Krug und fülle Wein!
Alles Trauren, Leid und Klage,
Wie wir Menschen täglich haben,
Eh uns Klotho fortgerafft,
Will ich in den süßen Saft,
Den die Traube gibt, vergraben.

Kaufe gleichfalls auch Melonen
Und vergiß des Zuckers nicht;
Schaue nur, daß nichts gebricht!
Jener mag der Heller schonen,
Der bei seinem Gold und Schätzen
Tolle sich zu kränken pflegt
Und nicht satt zu Bette legt:
Ich will, weil ich kann, mich letzen.

Bitte meine gute Brüder
Auf die Musik und ein Glas:
Kein Ding schickt sich, dünkt mich, baß
Als ein Trunk und gute Lieder.
Laß ich schon nicht viel zu erben,
Ei, so hab ich edlen Wein,
Will mit andern lustig sein,
Wann ich gleich allein muß sterben.

[*D:* 1624]

[*gebricht:* fehlt, mangelt. – *weil:* während, solange. – *letzen:* erquicken. – *baß:* besser.]

Jetzund kömmt die Nacht herbei,
Vieh und Menschen werden frei,
Die gewünschte Ruh geht an,
Meine Sorge kömmt heran.

Schöne glänzt der Mondenschein
Und die gülden Sternelein;
Froh ist alles weit und breit,
Ich nur bin in Traurigkeit.

Zweene mangeln uberall
An der schönen Sternen Zahl;
Diese Sternen, die ich mein',
Ist der Liebsten Augenschein.

Nach dem Monden frag ich nicht,
Tunkel ist der Sternen Licht,
Weil sich von mir weggewend't
Asteris, mein Firmament.

Wann sich aber neigt zu mir
Dieser meiner Sonnen Zier,
Acht ich es das Beste sein,
Daß kein Stern noch Monde schein.

[*A:* 1624]

Lied, im Ton: Ma belle je vous prie

Ach Liebste, laß uns eilen,   Wir haben Zeit:
Es schadet das Verweilen   Uns beiderseit.
Der schönen Schönheit Gaben   Fliehn Fuß für Fuß,
Daß alles, was wir haben,   Verschwinden muß.
Der Wangen Zier verbleichet,   Das Haar wird greis,
Der Äuglein Feuer weichet,   Die Flamm wird Eis.
Das Mündlein von Korallen   Wird ungestalt.
Die Händ als Schnee verfallen,   Und du wirst alt.
Drumb laß uns jetzt genießen   Der Jugend Frucht,
Eh dann wir folgen müssen   Der Jahre Flucht.
Wo du dich selber liebest,   So liebe mich,
Gib mir, daß, wann du gibest,   Verlier auch ich.

[*A:* 1624]

[*Ma belle...:* Meine Schöne, ich bitte dich. – *Wir haben Zeit:* geeigneten Zeitpunkt, Augenblick, Gelegenheit.]

Vom Wolfesbrunnen bei Heidelberg

Du edler Brunnen du, mit Ruh und Lust umgeben,
Mit Bergen hier und da als einer Burg umringt,
Prinz aller schönen Quell', aus welchen Wasser dringt
Anmutiger dann Milch und köstlicher dann Reben,

Da unsers Landes Kron und Haupt mit seinem Leben,
Der werten Nymph, oft selbst die lange Zeit verbringt,
Da das Geflügel ihr zu Ehren lieblich singt,
Da nur Ergetzlichkeit und keusche Wollust schweben:

Vergeblich bist du nicht in dieses grüne Tal
Beschlossen von Gebirg und Klippen uberall;
Die künstliche Natur hat darum dich umfangen

Mit Felsen und Gebüsch, auf daß man wissen soll,
Daß alle Fröhlichkeit sei Müh und Arbeit voll
Und daß auch nichts so schön, es sei schwer zu erlangen.

[*A:* 1624]

[*Künstliche Natur:* die Künstlerin Natur.]

Epigramma

Die Sonn, der Pfeil, der Wind verbrennt, verwundt, weht hin
Mit Feuer, Schärfe, Sturm mein Augen, Herze, Sinn.

[*A:* 1624]

Ich gleiche nicht mit dir des weißen Mondens Licht:
Der Monde fällt und steigt, du bleibst in einem Scheine;
Ja nicht die Sonne selbst: die Sonn ist ganz gemeine,
Gemein auch ist ihr Glanz; du bist gemeine nicht.

Du zwingst durch Zucht den Neid, wie sehr er auf dich sticht.
Ich mag kein Heuchler sein, der bei mir selbst verneine
Das, was ich jetzt gesagt: Es gleichet sich dir keine,
Du bist dir ähnlich selbst; ein ander Bild gebricht,

Das dir dich zeigen kann; du bist dein eigen Glücke,
Dein eigenes Gestirn, der Schönheit Meisterstücke.
Du hättest sollen sein, wie noch die Tugend war

Geehret als ein Gott, in der Welt ersten Jugend,
So wäre wohl gewiß gewesen deine Tugend
Die Kirch und Opferung, der Weihrauch und Altar.

[*A:* 1625]

[*gleiche:* setze gleich. – *gemeine:* allgemein.]

GEORG RODOLF WECKHERLIN
1584–1653

An das Teutschland

Zerbrich das schwere Joch, darunder du gebunden,
O Teutschland, wach doch auf, faß wieder einen Mut,
Gebrauch dein altes Herz und widersteh der Wut,
Die dich und die Freiheit durch dich selbs überwunden.

Straf nu die Tyrannei, die dich schier gar geschunden,
Und lösch doch endlich aus die (dich verzöhrend) Glut,
Nicht mit dein eignem Schweiß, sondern dem bösen Blut,
Fließend aus deiner Feind und falschen Brüdern Wunden!

Verlassend dich auf Gott, folg denen Fürsten nach,
Die sein gerechte Hand will (so du wilt) bewahren
Zu der Getreuen Trost, zu der Treulosen Rach:

So laß nu alle Forcht und nicht die Zeit hinfahren,
Und Gott wird aller Welt, daß nichts dann Schand und Schmach
Des Feinds Meineid und Stolz gezeuget, offenbaren.

[*A:* 1641]

Die Lieb ist Leben und Tod

Das Leben, so ich führ, ist wie der wahre Tod,
Ja über den Tod selbs ist mein trostloses Leben:
Es endet ja der Tod des Menschen Pein und Leben,
Mein Leben aber kann nicht enden dieser Tod.

Bald kann ein Anblick mich verlötzen auf den Tod,
Ein andrer Anblick bald kann mich wiedrum beleben,
Daß ich von Blicken muß dann sterben und dann leben,
Und bin in einer Stund bald lebendig, bald tot.

Ach, Lieb! Verleih mir doch numehr ein anders Leben,
Wann ich ja leben soll, oder den andern Tod,
Dann weder diesen Tod lieb ich noch dieses Leben.

Verzeih mir, Lieb, ich bin dein lebendig und tot,
Und ist der Tod mit dir ein köstlich-süßes Leben,
Und Leben von dir fern ist ein ganz bittrer Tod.

[*A:* 1648]

[*über den Tod selbs:* schlimmer als der Tod. – *dann... dann:* bald... bald.]

Josua Stegmann
1588–1632

Ach bleib mit deiner Gnade
Bei uns, Herr Jesu Christ,
Daß uns hinfort nicht schade
Des bösen Feindes List.

Ach bleib mit deinem Worte
Bei uns, Erlöser wert,
Daß uns beid, hie und dorte,
Sei Güt und Heil beschert.

Ach bleib mit deinem Glanze
Bei uns, du wahres Licht;
Dein Wahrheit uns umschanze,
Daß wir abfallen nicht.

Ach bleib mit deinem Segen
Bei uns, du reicher Herr;
Dein Gnad und all's Vermögen
In uns reichlich vermehr.

Ach bleib mit deinem Schutze
Bei uns, du starker Held,
Daß uns der Feind nicht trutze
Und fälle die böse Welt.

Ach bleib mit deiner Treue
Bei uns, mein Herr und Gott,
Beständigkeit verleihe,
Hilf uns aus aller Not. Amen.

[*A:* 1627]

Friedrich Spee von Langenfeld
1591–1635

Ein kurz poetisch Christ-Gedicht vom Ochs und Eselein bei der Krippen

Der Wind auf leeren Straßen
Streckt aus die Flügel sein,
Streicht hin gar scharf ohn Maßen
Zur Bethlems Krippen ein;
Er brummlet hin und wider,
Der fliegend Winterbot,
Greift an die Gleich und Glieder
Dem frisch vermenschten Gott.

Ach, ach, laß ab von Brausen,
Laß ab, du schnöder Wind,
Laß ab von kaltem Sausen
Und schon dem schönen Kind!
Vielmehr du deine Schwingen
Zerschlag im wilden Meer,
Allda dich satt magst ringen,
Kehr nur nit wieder her!

Mit dir nun muß ich kosen,
Mit dir, o Joseph mein,
Das Futter misch mit Rosen
Dem Ochs und Eselein,
Mach deinen frommen Tieren
So lieblichs Mischgemüs,
Bald, bald, ohn Zeitverlieren
Mach ihn' den Atem süß!

Drauf blaset her, ihr beiden,
Mit süßem Rosenwind,
Ochs, Esel, wohl bescheiden,
Und warmet's nacket Kind.
Ach, blaset her und hauchet,
Ahà, ahà, ahà.
Fort, fort, euch weidlich brauchet,
Ahà, ahà, ahà.

[*A:* 1634]

[*Gleich:* Gelenk. – *bescheiden:* erprobt, erfahren.]

Traurgesang von der Not Christi am Ölberg in dem Garten

Bei stiller Nacht
Zur ersten Wacht
Ein Stimm sich gund zu klagen.
Ich nahm in acht,
Was die dann sagt,
Tat hin mit Augen schlagen.

Ein junges Blut,
Von Sitten gut,
Alleinig, ohn Gefährten,
In großer Not,
Fast halber tot
Im Garten lag auf Erden.

Es war der liebe Gottessohn,
Sein Haupt er hatt in Armen,
Viel weiß und bleicher als der Mon,
Ein Stein es mögt erbarmen.

Ach Vater, liebster Vater mein,
Und muß den Kelch ich trinken?
Und mags dann ja nit anders sein,
Mein Seel nit laß versinken.

Ach liebes Kind,
Trink aus geschwind;
Dir's laß in Treuen sagen:
Sei wohl gesinnt,
Bald uberwind,
Den Handel mußt du wagen.

Ach Vater mein,
Und kanns nit sein
Und muß ichs je dann wagen,
Will trinken rein
Den Kelch allein,
Kann Dir's ja nit versagen.

Doch Sinn und Mut
Erschrecken tut,
Soll ich mein Leben lassen?
O bitter Tod!
Mein Angst und Not
Ist uber alle Maßen.

Maria zart,
Jungfräulich Art,
Sollt Du mein Schmerzen wissen,
Mein Leiden hart
Zu dieser Fahrt,
Dein Herz wär schon gerissen.

Ach Mutter mein,
Bin ja kein Stein,
Das Herz mir dörft zerspringen;
Sehr große Pein
Muß nehmen ein,
Mit Tod und Marter ringen.

Ade, ade zu guter Nacht,
Maria Mutter milde.
Ist niemand, der dann mit mir wacht
In dieser Wüsten wilde?

Ein Kreuz mir vor den Augen schwebt,
O weh der Pein und Schmerzen!
Dran soll ich morgen wer'n erhebt,
Das greifet mir zum Herzen.

Viel Ruten, Geißel, Skorpion
In meinen Ohren sausen;
Auch kommt mir vor ein dörnen Kron,
O Gott, wen wollt nit grausen!

Zu Gott ich hab gerufen zwar
Aus tiefen Todesbanden;
Dennoch ich bleib verlassen gar,
Ist Hilf noch Trost vorhanden.

Der schöne Mon
Will undergohn,
Für Leid nit mehr mag scheinen.
Die Sternen lan
Ihr Glitzen stahn,
Mit mir sie wollen weinen.

Kein Vogelsang
Noch Freudenklang
Man höret in den Luften.
Die wilden Tier
Auch trauren mit mir
In Steinen und in Kluften.

[*A:* 1634]

[*sich gund:* begann. – *dann:* denn. – *Mon:* Mond. – *Für:* vor. – *lan:* lassen.]

Simon Dach
1605–1659

Perstet amicitiae semper venerabile faedus!

Der Mensch hat nichts so eigen,
So wohl steht ihm nichts an,
Als daß er Treu erzeigen
Und Freundschaft halten kann;
Wann er mit seinesgleichen
Soll treten in ein Band,
Verspricht sich, nicht zu weichen,
Mit Herzen, Mund und Hand.

Die Red ist uns gegeben,
Damit wir nicht allein
Vor uns nur sollen leben
Und fern von Leuten sein;
Wir sollen uns befragen
Uns sehn auf guten Rat,
Das Leid einander klagen,
So uns betreten hat.

Was kann die Freude machen,
Die Einsamkeit verhehlt?
Das gibt ein duppelt Lachen
Was Freunden wird erzählt;
Der kann sein Leid vergessen,
Der es von Herzen sagt,
Der muß sich selbst auffressen,
Der in geheim sich nagt.

Gott stehet mir vor allen,
Die meine Seele liebt:
Dann soll mir auch gefallen,
Der mir sich herzlich gibt;
Mit diesen Bundsgesellen
Verlach ich Pein und Not,
Geh auf dem Grund der Hellen
Und breche durch den Tod.

Ich hab, ich habe Herzen
So treue, wie gebührt,
Die Heuchelei und Scherzen
Nie wissentlich berührt!
Ich bin auch ihnen wieder
Von Grund der Seelen hold,
Ich lieb euch mehr, ihr Brüder,
Als aller Erden Gold!

[*A:* 1640]

[Überschrift: Bestehen soll der Freundschaft immer ehrenwerter Bund. – *verhehlt:* verbirgt. – *Hellen:* Hölle. – *gebührt:* es sich ziemt.]

Horto recreamur amoeno

Der habe Lust zu Würfeln und zu Karten,
Der zu dem Tanz und der zum kühlen Wein.
Ich liebe nichts, als was in diesem Garten
Mein Drangsalstrost und Krankheitsarzt kann sein.
Ihr grünen Bäume,
Du Blumenzier,
Ihr Haus der Reime,
Ihr zwinget mir
Dies Lied herfür.

Mir mangelt nur mein Spiel, die süße Geige,
Die würdig ist, daß sie mit Macht erschall
Hie, wo das Laub und die begrünten Zweige
Am Graben mich umschatten überall,
Hie, wo von weiten
Die Gegend lacht,
Wo an der Seiten
Der Wiesen Pracht
Mich fröhlich macht.

Was mir gebricht an Geld und großen Schätzen,
Muß mein Gemüt und dessen güldne Ruh
Durch freies Tun und Fröhlichkeit ersetzen,
Die schleußt vor mir das Haus der Sorgen zu.
Ich will es geben
Um keine Welt,
Daß sich mein Leben
Oft ohne Geld
So freudig hält.

Gesetzt, daß ich den Erdenkreis besäße
Und hätte nichts mit guter Lust gemein,
Wann ich der Zeit in Angst und Furcht genösse,
Was würd es mir doch für ein Vorteil sein?
Weg mit dem allen,
Was Unmut bringt!
Mir soll gefallen,
Was lacht und singt
Und Freud erzwingt.

Ihr alten Bäum' und ihr noch jungen Pflanzen,
Ringsum verwahrt vor aller Winde Stoß,
Wo um und um sich Freud und Ruh verschanzen,
Senkt alle Lust herab in meinen Schoß.
Ihr sollt imgleichen
Durch dies mein Lied
Auch nicht verbleichen,
Solang man Blüt
Auf Erden sieht.

[A: 1645]

[Überschrift: Im lieblichen Garten erholen wir uns.]

Paul Fleming
1609–1640

Nach des VI. Psalmens Weise
1633 November

In allen meinen Taten
Laß ich den Höchsten raten,
Der alles kann und hat;
Er muß zu allen Dingen,
Soll's anders wohl gelingen,
Selbst geben Rat und Tat.

Nichts ist es spat und frühe
Um alle meine Mühe,
Mein Sorgen ist umsonst;
Er mag's mit meinen Sachen
Nach seinem Willen machen,
Ich stell's in seine Gunst.

Es kann mir nichts geschehen,
Als was er hat versehen
Und was mir selig ist.
Ich nehm es, wie er's gibet;
Was ihm von mir geliebet,
Das hab ich auch erkiest.

Ich traue seiner Gnaden,
Die mich für allem Schaden,
Für allem Übel schützt.
Leb ich nach seinen Sätzen,
So wird mich nichts verletzen,
Nichts fehlen, was mir nützt.

Er wolle meiner Sünden
In Gnaden mich entbinden,
Durchstreichen meine Schuld!
Er wird auf mein Verbrechen
Nicht stracks das Urteil sprechen
Und haben noch Geduld.

Ich zieh in ferne Lande,
Zu nützen einem Stande,
An den er mich bestellt.
Sein Segen wird mir lassen,
Was gut und recht ist, fassen,
Zu dienen seiner Welt.

Bin ich in wilder Wüsten,
So bin ich doch bei Christen,
Und Christus ist bei mir.
Der Helfer in Gefahren,
Der kann mich doch bewahren,
Wie dorte, so auch hier.

Er wird zu diesen Reisen
Gewünschten Fortgang weisen,
Wohl helfen hin und her,
Gesundheit, Heil und Leben,
Zeit, Wind und Wetter geben
Und alles nach Begehr.

Sein Engel, der getreue,
Macht meine Feinde scheue,
Tritt zwischen mich und sie.
Durch seinen Zug, den frommen,
Sind wir so weit nun kommen
Und wissen fast nicht wie.

Leg ich mich späte nieder,
Erwach ich frühe wieder,
Lieg oder zieh ich fort,
In Schwachheit und in Banden,
Und was mir stößt zu Handen,
So tröstet mich sein Wort.

Hat er es denn beschlossen,
So will ich unverdrossen
An mein Verhängnis gehn;
Kein Unfall unter allen
Wird mir zu harte fallen,
Ich will ihn überstehn.

Ihm hab ich mich ergeben,
Zu sterben und zu leben,
Sobald er mir gebeut.
Es sei heut oder morgen,
Dafür laß ich ihn sorgen,
Er weiß die rechte Zeit.

Gefällt es seiner Güte
Und sagt mir mein Gemüte
Nicht was Vergeblichs zu,
So werd ich Gott noch preisen
Mit manchen schönen Weisen
Daheim in meiner Ruh.

Indes wird er den Meinen
Mit Segen auch erscheinen,
Ihr Schutz wie meiner sein,
Wird beiderseits gewähren,
Was unser Wunsch und Zähren
Ihn bitten überein.

So sei nun, Seele, deine
Und traue dem alleine,
Der dich geschaffen hat!
Es gehe, wie es gehe,
Dein Vater in der Höhe
Weiß allen Sachen Rat.

[*A:* 1642]

[*mein Verhängnis:* was mir verhängt ist, auf mich zukommt.]

Wie er wolle geküsset sein

Nirgends hin als auf den Mund:
Da sinkt's in des Herzens Grund;
Nicht zu frei, nicht zu gezwungen,
Nicht mit gar zu fauler Zungen.

Nicht zuwenig, nicht zuviel:
Beides wird sonst Kinderspiel;
Nicht zu laut und nicht zu leise:
Bei der Maß ist rechte Weise.

Nicht zu nahe, nicht zu weit:
Dies macht Kummer, jenes Leid;
Nicht zu trucken, nicht zu feuchte,
Wie Adonis Venus reichte.

Nicht zu harte, nicht zu weich,
Bald zugleich, bald nicht zugleich,
Nicht zu langsam, nicht zu schnelle,
Nicht ohn Unterscheid der Stelle.

Halb gebissen, halb gehaucht,
Halb die Lippen eingetaucht,
Nicht ohn Unterscheid der Zeiten,
Mehr alleine denn bei Leuten.

Küsse nun ein jedermann,
Wie er weiß, will, soll und kann!
Ich nur und die Liebste wissen,
Wie wir uns recht sollen küssen.

[*A:* 1642]

Elsgens treues Herz

Ein getreues Herze wissen,
Hat des höchsten Schatzes Preis.
Der ist selig zu begrüßen,
Der ein treues Herze weiß.
Mir ist wohl bei höchstem Schmerze,
Denn ich weiß ein treues Herze.

Läuft das Glücke gleich zuzeiten
Anders, als man will und meint,
Ein getreues Herz hilft streiten
Wider alles, was ist feind.
Mir ist wohl bei höchstem Schmerze,
Denn ich weiß ein treues Herze.

Sein Vergnügen steht alleine
In des andern Redlichkeit,
Hält des andern Not für seine,
Weicht nicht auch bei böser Zeit.
Mir ist wohl bei höchstem Schmerze,
Denn ich weiß ein treues Herze.

Gunst, die kehrt sich nach dem Glücke,
Geld und Reichtum, das zerstäubt,
Schönheit läßt uns bald zurücke,
Ein getreues Herze bleibt.
Mir ist wohl bei höchstem Schmerze,
Denn ich weiß ein treues Herze.

Eins ist da sein und geschieden.
Ein getreues Herze hält,
Gibt sich allezeit zufrieden,
Steht auf, wenn es niederfällt.
Ich bin froh bei höchstem Schmerze,
Denn ich weiß ein treues Herze.

Nichts ist Süßers als zwei Treue,
Wenn sie eines worden sein.
Dies ist's, des ich mich erfreue,
Und sie gibt ihr Ja auch drein.
Mir ist wohl bei höchstem Schmerze,
Denn ich weiß ein treues Herze.

[*A:* 1642]

Laß dich nur nichts nicht tauren
Mit Trauren!
Sei stille!
Wie Gott es fügt,
So sei vergnügt,
Mein Wille!

Was willst du heute sorgen
Auf morgen?
Der Eine
Steht allem für;
Der gibt auch dir
Das Deine.

Sei nur in allem Handel
Ohn Wandel,
Steh feste!
Was Gott beschleußt,
Das ist und heißt
Das Beste.

[*A:* 1642]

[*tauren:* dauern; laß die Zeit nicht hingehen mit Trauern.]

Gedanken über der Zeit

Ihr lebet in der Zeit und kennt doch keine Zeit;
So wißt ihr Menschen nicht, von und in was ihr seid.
Dies wißt ihr, daß ihr seid in einer Zeit geboren
Und daß ihr werdet auch in einer Zeit verloren.
Was aber war die Zeit, die euch in sich gebracht?
Und was wird diese sein, die euch zu nichts mehr macht?
Die Zeit ist was und nichts, der Mensch in gleichem Falle,
Doch was dasselbe was und nichts sei, zweifeln alle.
Die Zeit, die stirbt in sich und zeugt sich auch aus sich.
Dies kömmt aus mir und dir, von dem du bist und ich.
Der Mensch ist in der Zeit; sie ist in ihm ingleichen,
Doch aber muß der Mensch, wenn sie noch bleibet, weichen.
Die Zeit ist, was ihr seid, und ihr seid, was die Zeit,
Nur daß ihr wen'ger noch, als was die Zeit ist, seid.
Ach daß doch jene Zeit, die ohne Zeit ist, käme
Und uns aus dieser Zeit in ihre Zeiten nähme
Und aus uns selbsten uns, daß wir gleich könnten sein
Wie **der** itzt jener Zeit, die keine Zeit, geht ein!

[*A:* 1642]

An sich

Sei dennoch unverzagt, gib dennoch unverloren,
Weich keinem Glücke nicht, steh höher als der Neid,
Vergnüge dich an dir und acht es für kein Leid,
Hat sich gleich wider dich Glück, Ort und Zeit verschworen.

Was dich betrübt und labt, halt alles für erkoren,
Nimm dein Verhängnis an, laß alles unbereut.
Tu, was getan muß sein, und eh man dir's gebeut.
Was du noch hoffen kannst, das wird noch stets geboren.

Was klagt, was lobt man doch? Sein Unglück und sein Glücke
Ist ihm ein jeder selbst. Schau alle Sachen an:
Dies alles ist in dir. Laß deinen eitlen Wahn,

Und eh du förder gehst, so geh in dich zurücke.
Wer sein selbst Meister ist und sich beherrschen kann,
Dem ist die weite Welt und alles untertan.

[*A:* 1641]

[*Glück:* im Sinne von Fortuna.]

[Herrn Pauli Flemingi Grabschrift, so er ihm selbst gemacht in Hamburg, den 28. Tag des Märzen 1640 auf seinem Todbette, drei Tage vor seinem seligen Absterben]

Ich war an Kunst und Gut und Stande groß und reich,
Des Glückes lieber Sohn, von Eltern guter Ehren,
Frei, meine, konnte mich aus meinen Mitteln nähren,
Mein Schall floh überweit, kein Landsmann sang mir gleich.

Von Reisen hochgepreist, für keiner Mühe bleich,
Jung, wachsam, unbesorgt. Man wird mich nennen hören,
Bis daß die letzte Glut dies alles wird verstören.
Dies, deutsche Klarien, dies Ganze dank ich euch.

Verzeiht mir, bin ich's wert, Gott, Vater, Liebste, Freunde,
Ich sag euch gute Nacht und trete willig ab.
Sonst alles ist getan bis an das schwarze Grab.

Was frei dem Tode steht, das tu er seinem Feinde.
Was bin ich viel besorgt, den Odem aufzugeben?
An mir ist minder nichts, das lebet, als mein Leben.

[*A:* 1641]

[*Grabschrift:* Fleming starb am 2.4.1640. – *ihm:* in älterer Sprache oft = sich. – *Odem:* Atem.]

Friedrich von Logau
1604–1655

Heutige Weltkunst

Anders sein und anders scheinen;
Anders reden, anders meinen;
Alles loben, alles tragen,
Allen heucheln, stets behagen,
Allem Winde Segel geben,
Bös' und Guten dienstbar leben;
Alles Tun und alles Dichten
Bloß auf eignen Nutzen richten:
Wer sich dessen will befleißen,
Kann politisch heuer heißen.

Das Beste der Welt

Weißt du, was in dieser Welt
Mir am meisten wohlgefällt?
Daß die Zeit sich selbst verzehret
Und die Welt nicht ewig währet.

Des Krieges Buchstaben

Kummer, der das Mark verzehret,
Raub, der Hab und Gut verheeret,
Jammer, der den Sinn verkehret,
Elend, das den Leib beschweret,
Grausamkeit, die Unrecht führet,
Sind die Frucht, die Krieg gewähret.

Abgedankte Soldaten

Würmer im Gewissen,
Kleider wohl zerrissen,
Wohlbenarbte Leiber,
Wohlgebrauchte Weiber,
Ungewisse Kinder,
Weder Pferd noch Rinder,
Nimmer Brot im Sacke,
Nimmer Geld im Packe,
Haben mitgenommen,
Die vom Kriege kommen:
Wer denn hat die Beute?
Eitel fremde Leute.

Des Menschen Alter

Ein Kind vergißt sich selbst, ein Knabe kennt sich nicht,
Ein Jüngling acht' sich schlecht, ein Mann hat immer Pflicht,
Ein Alter nimmt Verdruß, ein Greis wird wieder Kind:
Was meinst du, was doch dies für Herrlichkeiten sind!

Ein Hofemann

Wer redlich ist im Herzen und mit dem Munde frei,
Der wisse, daß bei Hofe behäglich er nicht sei.
Wie man ihm vorgesaget, so sagt der Papagei;
Drum wer daselbst will gelten, der trete diesem bei.

[*A:* 1654]

Daniel Czepko von Reigersfeld
1605–1660

Angst und Hohn der Liebe Lohn

Nimm die Rose von den Dörnern,
Zeige dann den Frühling an;
Nimm die Ähren mit den Körnern,
Sage, was der Sommer kann.
Nimm der Trauben süßen Preis,
Sprich darauf, der Herbst ist kommen,
Nimm das Schmelzglas von dem Eis,
Auch der Winter wird genommen.
Nimm der Liebe Qual und Pein,
Liebe wird nicht Liebe sein.

[*H:* frühes 18.Jhdt.; *D:* 1924]

Spiele wohl!
Das Leben ein Schauspiel

Was ist dein Lebenslauf und Tun, o Mensch? Ein Spiel.
Den Inhalt sage mir? Kinds, Weibs und Tods Beschwerde.
Was ist es vor ein Platz, darauf wir spieln? Die Erde.
Wer schlägt und singt dazu? Die Wollust ohne Ziel.

Wer heißt auf das Gerüst uns treten? Selbst die Zeit.
Wer zeigt die Schauer mir? Mensch, das sind bloß die Weisen.
Was ist vor Stellung hier? Stehn, schlafen, wachen, reisen.
Wer teilt Gesichter aus? Allein die Eitelkeit.

Wer macht den Schauplatz auf? Der wunderbare Gott.
Was vor ein Vorhang deckt's? Das ewige Versehen.
Wie wird es abgeteilt? Durch Leben, Sterben, Flehen.
Wer führt uns ab, wer zeucht uns Kleider aus? Der Tod.

Wo wird der Schluß erwart't des Spieles? In der Gruft.
Wer spielt am besten mit? Der wohl sein Amt kann führen.
Ist das Spiel vor sich gut? Das Ende muß es zieren.
Wenn ist es aus? O Mensch, wenn dir dein Jesus ruft.

[*H:* frühes 18.Jhdt.; *A:* 1930]

Aus: Monodisticha Sapientium

Nicht in dir

Schau alle Ding in Gott und Gott in allen an.
Du siehst, daß alles sich in ihm vergleichen kann.

Jedes durchs andere

Die Ewigkeit durch Zeit, das Leben durch den Tod,
Durch Nacht das Licht und durch den Menschen seh ich Gott.

Das Geistliche herrscht über das Irdische

Was sichtbar ist, bewegt bloß vom Unsichtbarn sich,
Vom Innren wirst du ausgeübt: Mensch, leide dich!

Überall Hölle, überall Himmel

O Ewigkeit! Voll Angst, voll Schmerzen, voll Entsetzen!
O Ewigkeit! Voll Ruh, voll Wonne, voll Ergötzen!

[*H:* frühes 18. Jhdt.; *A:* 1930]

[*Monodisticha Sapientium:* Einzel-Zweizeiler der Weisen.]

Andreas Gryphius
1616–1664

Morgen Sonnet

DIe ewig helle Schaar wil nun ihr Licht verschlissen /
  Diane steht erblaßt; die Morgenroͤtte lacht
  Den grauen Himmel an / der sanffte Wind erwacht /
Und reitzt das Federvolck / den neuen Tag zu gruͤssen.
Das Leben diser Welt / eilt schon die Welt zu kuͤssen /
  Und steckt sein Haupt empor / man siht der Stralen Pracht
  Nun blinckern auff der See: O dreymal hoͤchste Macht
Erleuchte den / der sich itzt beugt vor deinen Fuͤssen!
  Vertreib die dicke Nacht / die meine Seel umbgibt /
  Die Schmertzen Finsternuͤß / die Hertz und Geist betrübt /
Erquicke mein Gemuͤtt / und staͤrcke mein Vertrauen.
  Gib / daß ich disen Tag / in deinem Dinst allein
  Zubring: und wenn mein End' und jener Tag bricht ein
Daß ich dich / meine Sonn / mein Licht moͤg ewig schauen.

Abend

DEr schnelle Tag ist hin / die Nacht schwingt ihre Fahn /
Und fuͤhrt die Sternen auff. Der Menschen muͤde Scharen
Verlassen Feld und Werck / wo Thir und Voͤgel waren
Traurt itzt die Einsamkeit. Wie ist die Zeit verthan!
Der Port naht mehr und mehr sich zu der Glider Kahn.
Gleich wie diß Licht verfil / so wird in wenig Jahren
Ich / du / und was man hat / und was man siht / hinfahren.
Diß Leben koͤmmt mir vor als eine Renne-Bahn.
Laß hoͤchster Gott / mich doch nicht auff dem Lauffplatz gleiten /
Laß mich nicht Ach / nicht Pracht / nicht Lust nicht Angst verleiten!
Dein ewig-heller Glantz sey vor und neben mir /
Laß / wenn der muͤde Leib entschlaͤfft / die Seele wachen
Und wenn der letzte Tag wird mit mir Abend machen /
So reiß mich aus dem Thal der Finsternuͤß zu dir.

[*A:* 1650; Fassung hier nach *A:* 1663]

Tränen des Vaterlandes, anno 1636

Wir sind doch nunmehr ganz, ja mehr denn ganz verheeret!
Der frechen Völker Schar, die rasende Posaun,
Das vom Blut fette Schwert, die donnernde Kartaun
Hat aller Schweiß und Fleiß und Vorrat aufgezehret.

Die Türme stehn in Glut, die Kirch ist umgekehret,
Das Rathaus liegt im Graus, die Starken sind zerhaun,
Die Jungfraun sind geschänd't, und wo wir hin nur schaun,
Ist Feuer, Pest und Tod, der Herz und Geist durchfähret.

Hier durch die Schanz und Stadt rinnt allzeit frisches Blut.
Dreimal sind schon sechs Jahr, als unser Ströme Flut,
Von Leichen fast verstopft, sich langsam fort gedrungen.

Doch schweig ich noch von dem, was ärger als der Tod,
Was grimmer denn die Pest und Glut und Hungersnot,
Daß auch der Seelenschatz so vielen abgezwungen.

[*A:* 1637; Fassung hier nach *A:* 1663]

Es ist alles eitel

Du siehst, wohin du siehst, nur Eitelkeit auf Erden,
Was dieser heute baut, reißt jener morgen ein;
Wo itzund Städte stehn, wird eine Wiesen sein,
Auf der ein Schäferskind wird spielen mit den Herden.

Was itzund prächtig blüht, soll bald zutreten werden.
Was itzt so pocht und trotzt, ist morgen Asch und Bein;
Nichts ist, das ewig sei, kein Erz, kein Marmorstein.
Itzt lacht das Glück uns an, bald donnern die Beschwerden.

Der hohen Taten Ruhm muß wie ein Traum vergehn.
Soll denn das Spiel der Zeit, der leichte Mensch, bestehn?
Ach, was ist alles dies, was wir vor köstlich achten,

Als schlechte Nichtigkeit, als Schatten, Staub und Wind,
Als eine Wiesenblum, die man nicht wiederfind't!
Noch will, was ewig ist, kein einig Mensch betrachten!

[*A:* 1637; Fassung hier nach *A:* 1663]

[*einig:* einziger.]

Menschliches Elende

Was sind wir Menschen doch! Ein Wohnhaus grimmer Schmerzen,
Ein Ball des falschen Glücks, ein Irrlicht dieser Zeit,
Ein Schauplatz herber Angst, besetzt mit scharfem Leid,
Ein bald verschmelzter Schnee und abgebrannte Kerzen.

Dies Leben fleucht davon wie ein Geschwätz und Scherzen.
Die vor uns abgelegt des schwachen Leibes Kleid
Und in das Totenbuch der großen Sterblichkeit
Längst eingeschrieben sind, sind uns aus Sinn und Herzen.

Gleich wie ein eitel Traum leicht aus der Acht hinfällt
Und wie ein Strom verscheußt, den keine Macht aufhält,
So muß auch unser Nam, Lob, Ehr und Ruhm verschwinden.

Was itzund Atem holt, muß mit der Luft entfliehn,
Was nach uns kommen wird, wird uns ins Grab nachziehn.
Was sag ich? Wir vergehn wie Rauch von starken Winden.

[*A:* 1637; Fassung hier nach *A:* 1663]

[*Acht:* Aufmerksamkeit.]

Tränen in schwerer Krankheit

anno 1640

Mir ist, ich weiß nicht wie; ich seufze für und für.
Ich weine Tag und Nacht, ich sitz in tausend Schmerzen
Und tausend fürcht ich noch; die Kraft in meinem Herzen
Verschwindt, der Geist verschmacht', die Hände sinken mir.

Die Wangen werden bleich, der muntern Augen Zier
Vergeht gleich als der Schein der schon verbrannten Kerzen.
Die Seele wird bestürmt gleichwie die See im Märzen.
Was ist dies Leben doch, was sind wir, ich und ihr?

Was bilden wir uns ein? Was wünschen wir zu haben?
Itzt sind wir hoch und groß und morgen schon vergraben;
Itzt Blumen, morgen Kot; wir sind ein Wind, ein Schaum,

Ein Nebel und ein Bach, ein Reif, ein Tau, ein Schatten;
Itzt was und morgen nichts, und was sind unsre Taten
Als ein mit herber Angst durchaus vermischter Traum!

[*A:* 1643; Fassung hier *A:* 1663]

Über die Geburt Jesu

Nacht, mehr denn lichte Nacht! Nacht, lichter als der Tag!
Nacht, heller als die Sonn! in der das Licht geboren,
Das Gott, der Licht in Licht wohnhaftig, ihm erkoren!
O Nacht, die alle Nacht' und Tage trotzen mag!

O freudenreiche Nacht, in welcher Ach und Klag
Und Finsternis, und was sich auf die Welt verschworen,
Und Furcht und Höllenangst und Schrecken war verloren!
Der Himmel bricht; doch fällt nunmehr kein Donnerschlag.

Der Zeit und Nächte schuf, ist diese Nacht ankommen
Und hat das Recht der Zeit und Fleisch an sich genommen
Und unser Fleisch und Zeit der Ewigkeit vermacht.

Der Jammer trübe Nacht, die schwarze Nacht der Sünden,
Des Grabes Dunkelheit muß durch die Nacht verschwinden.
Nacht, lichter als der Tag! Nacht, mehr denn lichte Nacht!

[*A:* 1643; Fassung hier nach *A:* 1663]

Einsamkeit

In dieser Einsamkeit der mehr denn öden Wüsten,
Gestreckt auf wildes Kraut, an die bemooste See,
Beschau ich jenes Tal und dieser Felsen Höh,
Auf welchen Eulen nur und stille Vögel nisten.

Hier, fern von dem Palast, weit von des Pöbels Lüsten,
Betracht ich, wie der Mensch in Eitelkeit vergeh,
Wie auf nicht festem Grund all unser Hoffen steh,
Wie die vor Abend schmähn, die vor dem Tag uns grüßten.

Die Höhl, der rauhe Wald, der Totenkopf, der Stein,
Den auch die Zeit auffrißt, die abgezehrten Bein
Entwerfen in dem Mut unzählige Gedanken.

Der Mauren alter Graus, dies ungebaute Land
Ist schön und fruchtbar mir, der eigentlich erkannt,
Daß alles, ohn ein Geist, den Gott selbst hält, muß wanken.

[*A:* 1650; Fassung hier nach *A:* 1663]

Betrachtung der Zeit

Mein sind die Jahre nicht, die mir die Zeit genommen;
Mein sind die Jahre nicht, die etwa möchten kommen;
Der Augenblick ist mein, und nehm ich den in acht,
So ist der mein, der Jahr und Ewigkeit gemacht.

[*A:* 1663]

Johann Klaj
1616–1656

Hellglänzendes Silber, mit welchem sich gatten
Der astigen Linden weitstreifende Schatten,
Deine sanftkühlend-beruhige Lust
Ist jedem bewußt.

Wie sollten kunst-ahmende Pinsel bemalen
Die Blätter, die schirmen vor brennenden Strahlen?
Keiner der Stämme, so grünlich beziert,
Die Ordnung verführt.

Es lispeln und wispeln die schlupfrigen Brunnen,
Von ihnen ist diese Begrünung gerunnen.
Sie schauren, betrauren und fürchten bereit
Die schneiichte Zeit.

[*A:* 1644]

[Teutschland betet]

Gott, du bester Kriegzerbrecher,
Mache Fried, Fried, es ist Zeit,
Mein Reich wird ja stündlich schwächer
Durch den Länderfresserstreit.
Ach, ich bin des Krieges müde,
Friedenmacher, mache Friede!

Ihr, ihr hohen Potentaten,
Haupt und Glieder, groß und klein,
Helfet doch zum Friede raten,
Lasset doch die Titel sein.
Lasset alles ungerochen,
Was man hat bisher verbrochen.

Ich bitt euch um Gottes willen,
Stecket doch die Degen ein,
Daß sich Meer und Länder stillen,
Daß die Straßen werden rein,
Daß man kann zu Wasser handeln,
Sicher auf die Messen wandeln.

Seit man Kriegen hat getrieben,
Land und Stand geblasen an,
Sind nur auf der Walstatt blieben
Hundert tausend tausend Mann.
Was für Mord hat man erfahren
In den dreimal zehen Jahren?

Wieviel Tausend sind verloren
Hier zu Wasser, dar zu Land,
Wieviel Tausend sind erfroren,
Wieviel Tausend sind verbrannt,
Wieviel Tausend sind geblieben,
Die der Hunger aufgerieben?

Was ist sonst im Feld gestorben
Von der Peste, von der Ruhr,
Wieviel Tausend sind verdorben
Ohne Labsal, ohne Kur,
Wieviel haben auf der Straßen
Müssen Leib und Leben lassen?

Waisen, Witwen, Jammerlechzen
Ohne Vater, ohne Mann,
Witwen wie die Tauben ächzen,
Waisen, Fremden untertan,
Essen Tränenbrot mit Wimmern
Und sich fast zu Tode kümmern.

[*A:* 1650]

Georg Philipp Harsdörffer
1607–1658

Das Leben des Menschen

Das Leben ist
Ein Laub, das grunt und falbt geschwind.
Ein Staub, den leicht vertreibt der Wind.
Ein Schnee, der in dem Nu vergehet.
Ein See, der niemals stille stehet.
Die Blum, so nach der Blüt verfällt.
Der Ruhm, auf kurze Zeit gestellt.
Ein Gras, das leichtlich wird verdrucket.
Ein Glas, das leichter wird zerstucket.
Ein Traum, der mit dem Schlaf aufhört.
Ein Schaum, den Flut und Wind verzehrt.
Ein Heu, das kurze Zeite bleibet.
Die Spreu, so mancher Wind vertreibet.
Ein Kauf, den man am End bereut.
Ein Lauf, der schnaufend schnell erfreut.
Ein Wasserstrom, der pfeilt geschwind.
Die Wasserblas', so bald zerrinnt.
Ein Schatten, der uns macht schabab.
Die Matten, so gräbt unser Grab.

[*A:* 1650]

[*schabab:* (schab ab!) geh weg!]

[Der Sonnenaufgang]

Es fliehet die düster geflügelte Nacht
Und weichet den bleichen safranen Strahlen,
Beginnend die Spitzen der Berge zu malen
Mit Rosenfarb, Purpur und guldenem Pracht:
Es steiget die Sonne,
Bezeuget die Wonne,
Erwecket die Schäfer
Und ruhenden Schläfer,
Beglänzet die Grenzen und alles erfreuet,
Bekränzet den Lenzen und alles erneuet.

Die Felder und Wälder erzeigen sich früh,
Es singen und klingen der Vögelein Lieder,
Man höret die Schellen der Schäfelein wieder,
Es springet und ringet das muntere Vieh:
Die Sonne besaftet,
Die Wärme bekraftet,
Erwecket, beglücket,
Bestärket, erquicket,
Sie pfleget mit völliger Wärme zu kochen
Die Kräuter, in nächtiger Kälte verkrochen.

So weichet die sündlich-verfinsterte Nacht,
Weil Christus, der Heiland der Heiden, erschienen,
Den Herzen mit leuchtenden Strahlen zu dienen,
Der alles Verlorene wiedergebracht.
Gerechtigkeit-Sonne,
Erfülle mit Wonne
Der Menschen Beginnen,
Daß sündliches Sinnen
Uns völlig erleuchtend nicht völlig betrübe
Und jeder in göttlicher Liebe sich übe!

[*A:* 1652]

Philipp Zesen
1619–1689

Palm-baum
der höchſt-löblichen
Frucht-bringenden Geſellſchaft
zu ehren aufge-
richtet.

übliche / liebliche
früchte mus allezeit bringen
des Palmen-baums ewige Zier /
darunter auch Fürſten ſelbſt ſingen/
lehren unnd mehren mit heiſſer begier
die rechte der deutſchen hoch-prächtigen zungen/
die ſich mit ewigem preiſe geſchwungen
hoch über die anderen ſprachen entpor:
wie fohr
dis land/
mit hand/
durch krieg /
durch ſieg/
durch fleis/
mit ſchweis/
den preis/
das pfand/
ent-wandt
der Welt;
wie aus der taht erhällt.

[*D:* 1649]

[*Palmbaum:* Sinnbild der 1617 gegründeten „Fruchtbringenden Gesellschaft“, einer der deutschen Sprachgesellschaften des 17. Jhdts.]

An seine lieb- und holdselige Adelmund
Gegen-hüpfendes Lied

Wie ist es, hat Liebe mein Leben besessen?
Wie? Oder befind't Sie sich leiblich in mir?
O liebliches Leben, wem soll ich's zumessen,
Daß meine Gebeine so zittern für Ihr?
Ich gehe verirret, verwirret und trübe
Und stehe vertiefet in lieblicher Liebe.

Die ächzenden Lüfte, die seufzenden Winde,
Die lechzende Zunge, der Augen Gewirr,
Das Beben der Glieder macht, daß ich verschwinde,
Daß ich mich in meinen Gedanken verirr?
Ach! Schöne, Sie schone der schwächlichen Seelen,
Wann Sie das gebrechliche Herze will quälen.

Ihr übliches Lieblen, o liebliches Leben,
Der lieblenden Äugelein fröhlicher Blitz
Macht, daß ich verzücket herumher muß schweben,
Ja, daß ich verliere Gedanken und Witz.
Das liebliche Singen der zitternden Zungen
Hat mir das Herze durchdrungen, bezwungen.

Sie lieb ich, Sie lob ich, Ihr leb ich zuliebe,
Sie ehr ich, Sie hör ich, Ihr kehr ich mich zu.
Sie machet es, daß ich im Lieben mich übe,
Daß ich verscherze die herzliche Ruh.
Sie schreib ich, mich treib ich, Ihr bleib ich ergeben,
Sie denk ich, mich kränk ich, Ihr schenk ich mein Leben.

[*D:* 1649]

Meienlied

Der Römischen Keiserlichen /
wie auch
Zu Hungern und Böhmen Königlichen
Majestät /
Der Allerdurchleuchtigsten

Eleonoren /

seiner allergnädigsten Keiserin
und Frauen /
am ersten Mäitage des 1653 jahres / aus
allerunterthänigster schuldigkeit
gewidmet.

Glimmert ihr sterne /
schimmert von ferne /
blinkert nicht trübe /
flinkert zu liebe
dieser erfreulichen lieblichen zeit.
Lachet ihr himmel /
machet getümmel /
regnet uns segen /
segnet den regen /
der uns in freude verwandelt das leid.

Schwitzet und tauet /
blitzet und schauet
höhen und felder /
seen und wälder
alle mit gnaden an: krönet das jahr.
Erde / sei frölich /
werde nun ehlich.
Singet im schatten /
springet zum gatten /
singet / ihr vogel / und machet ein paar.

Gehet ihr winde /
wehet gelinde.
Springet ihr änger.
Singet ihr Sänger /
singet der Keiserin einen gesang:
zieret die zeiten /
rühret die seiten /
zwinget sie eher /
bringet sie höher /
daß sich erhöbe der lieblichste klang.

Schallet / ihr tähler;
hallet / ihr säler.
Schwenket die lichter;
denket / ihr Dichter /
wie ihr der irdischen Göttin gefallt:
spitzet die kielen /
sitzet zu spielen;
treibet die geister /
schreibet / ihr Meister /
daß es der Nachwelt zum wunder erschallt.

Unsere Sonne /
unsere wonne
unsere Göttin /
unsere Göttin /
unsere gnädigst=gebietende Frau
sollen wir letzen /
wollen wir setzen /
eben von ferne /
neben die sterne /
wo sich befindet der himlische bau.

Da sol Sie schimmern /
da sol Sie glimmern /
ewiglich blühen /
ewiglich sprühen
blitzende strahlen / durch Tugend entzündt;
welche Sie höret
welche Sie ehret /
ja Sie so liebet /
ja Sie so übet /
daß Sie das hertze des Keisers gewinnt.

Jugend vergehet;
Tugend bestehet:
nimmermehr stirbet /
nimmer verdirbet
unserer Keiserin götlicher glantz.
Schwindet die höhle /
bleibet die seele;
schwindet das kennen /
bleibet das nennen /
welches erlanget den ewigen krantz.

[*A:* 1670]

[*Eleonoren:* Eleonora (1630–1686), Tochter Karls II. von Mantua, heiratete 1651 Kaiser Ferdinand III. – *1653:* Im Frühjahr dieses Jahres wurde Zesen von Kaiser Ferdinand III. geadelt. – *letzen:* ergötzen, vergnügen.]

ANGELUS SILESIUS (JOHANNES SCHEFFLER)
1624–1677

Aus: Geistreiche Sinn- und Schlußreime
(Cherubinischer Wandersmann)

Du mußt, was Gott ist, sein

Soll ich mein letztes End und ersten Anfang finden,
So muß ich mich in Gott und Gott in mir ergründen
Und werden das, was er: ich muß ein Schein im Schein,
Ich muß ein Wort im Wort, ein Gott in Gotte sein.

Der Mensch ist Ewigkeit

Ich selbst bin Ewigkeit, wenn ich die Zeit verlasse
Und mich in Gott und Gott in mich zusammenfasse.

Gott ergreift man nicht

Gott ist ein lauter Nichts, ihn rührt kein Nun noch Hier:
Je mehr du nach ihm greifst, je mehr entwird er dir.

Zufall und Wesen

Mensch, werde wesentlich; denn wann die Welt vergeht,
So fällt der Zufall weg, das Wesen, das besteht.

Man weiß nicht, was man ist

Ich weiß nicht, was ich bin; ich bin nicht, was ich weiß;
Ein Ding und nit ein Ding, ein Stüpfchen und ein Kreis.
[*Stüpfchen:* Pünktchen.]

Die Gleichheit

Ich weiß nicht, was ich soll; es ist mir alles ein:
Ort, Unort, Ewigkeit, Zeit, Nacht, Tag, Freud und Pein.

Die Unruh kommt von dir

Nichts ist, das dich bewegt, du selber bist das Rad,
Das aus sich selbsten lauft und keine Ruhe hat.

Ohne Warum

Die Ros ist ohn Warum; sie blühet, weil sie blühet,
Sie acht' nicht ihrer selbst, fragt nicht, ob man sie siehet.

Der Leib ist Ehren wert

Halt deinen Leib in Ehrn, er ist ein edler Schrein,
In dem das Bildnis Gotts soll aufbehalten sein.

Was fein ist, das besteht

Rein wie das feinste Gold, steif wie ein Felsenstein,
Ganz lauter wie Kristall soll dein Gemüte sein.

Die Zeit, die ist nicht schnell

Man sagt, die Zeit ist schnell. Wer hat sie sehen fliegen?
Sie bleibt ja unverrückt im Weltbegriffe liegen.

Der geheime Tod

Tod ist ein selig Ding: je kräftiger er ist,
Je herrlicher daraus das Leben wird erkiest.

Das immerwährende Sterben

Ich sterb und lebe Gott; will ich ihm ewig leben,
So muß ich ewig auch für ihn den Geist aufgeben.

[*A:* 1657]

Catharina Regina von Greiffenberg
1633–1694

Das beglückende Unglück

Es dunken uns zwar schwer die Kreuz- und Trübsalzeiten,
Jedoch sie nach dem Geist sehr nutzlich seind und gut,
Dieweil, den Palmen gleich, der christlich Heldenmut
Sich schwinget hoch empor in Widerwärtigkeiten.

Man pflegt mit großer Müh die Kräuter zu bereiten,
Eh man das Öl erlangt, der Kräuter Geist und Blut;
Man brennt und läutert sie bei mancher heißer Glut.
So will uns Gottes Rat auch zu der Tugend leiten.

Es muß das Spiegelglas sehr wohl geschliffen sein,
Sonst ist es nicht gerecht und wirfet falschen Schein.
Der Mensch, in dem sich Gott bespiegelt, soll er leuchten,

So muß durch Kreuzesstahl er werden zugericht.
Allein in Unglücksnacht sieht man das Licht im Licht.
Uns nutzt das Kreuz als wie dem Feld das Taubefeuchten.

[*A:* 1662]

Auf die fruchtbringende Herbstzeit

Freuderfüller, Früchtebringer, vielbeglückter Jahreskoch,
Grünung-, Blüh- und Zeitungziel, werkbeseeltes Lustverlangen!
Lange Hoffnung ist in dir in die Taterweisung gangen.
Ohne dich wird nur beschauet, aber nichts genossen noch.

Du Vollkommenheit der Zeiten, mache bald vollkommen doch,
Was von Blüh- und Wachstumskraft halbes Leben schon empfangen!
Deine Wirkung kann allein mit der Werkvollziehung prangen.
Werter Zeitenschatz, ach, bringe jenes Blühen auch so hoch,

Schütt aus deinem reichen Horn hochverhoffte Freudenfrüchte!
Lieblich süßer Mundergetzer, lab auch unsern Geist zugleich!
So erhebt mit jenen er deiner Früchte Ruhmgerüchte.

Zeitig' die verlangten Zeiten in dem Oberherrschungsreich,
Laß die Anlaßkerne schwarz, Schickungsäpfel saftig werden,
Daß man Gottes Gnadenfrücht froh genießt und ißt auf Erden!

[*A:* 1662]

[*Zeitungziel:* Zeitung = Zeitigung, Reifung.]

Paul Gerhardt
1607–1676

An das Angesicht des Herrn Jesu

O Haupt voll Blut und Wunden,
Voll Schmerz und voller Hohn!
O Haupt, zum Spott gebunden
Mit einer Dornenkron'!
O Haupt sonst schön gezieret
Mit höchster Ehr' und Zier,
Itzt aber höchst schimpfieret,
Gegrüßet seist du mir!

Du edles Angesichte,
Dafür sonst schrickt und scheut
Das große Weltgewichte,
Wie bist du so bespeit?
Wie bist du so erbleichet?
Wer hat dein Augenlicht,
Dem sonst kein Licht nicht gleichet,
So schändlich zugericht't?

Die Farbe deiner Wangen,
Der roten Lippen Pracht
Ist hin und ganz vergangen;
Des blassen Todes Macht
Hat alles hingenommen,
Hat alles hingerafft,
Und daher bist du kommen
Von deines Leibes Kraft.

Nun, was du, Herr, erduldet,
Ist alles meine Last;
Ich hab' es selbst verschuldet,
Was du getragen hast.
Schau her, hier steh' ich Armer,
Der Zorn verdienet hat,
Gib mir, o mein Erbarmer,
Den Anblick deiner Gnad'!

Erkenne mich, mein Hüter,
Mein Hirte, nimm mich an;
Von dir, Quell aller Güter,
Ist mir viel Gut's getan:
Dein Mund hat mich gelabet
Mit Milch und süßer Kost,
Dein Geist hat mich begabet
Mit mancher Himmelslust.

Ich will hier bei dir stehen,
Verachte mich doch nicht!
Von dir will ich nicht gehen,
Wann dir dein Herze bricht.
Wann dein Haupt wird erblassen
Im letzten Todesstoß,
Alsdann will ich dich fassen
In meinen Arm und Schoß.

Es dient zu meinen Freuden
Und kömmt mir herzlich wohl,
Wann ich in deinem Leiden,
Mein Heil, mich finden soll!
Ach, möcht' ich, o mein Leben,
An deinem Kreuze hier
Mein Leben von mir geben,
Wie wohl geschähe mir!

Ich danke dir von Herzen,
O Jesu, liebster Freund,
Für deines Todes Schmerzen,
Da du's so gut gemeint.
Ach gib, daß ich mich halte
Zu dir und deiner Treu'
Und, wann ich nun erkalte,
In dir mein Ende sei.

Wann ich einmal soll scheiden,
So scheide nicht von mir!
Wann ich den Tod soll leiden,
So tritt du dann herfür!
Wann mir am allerbängsten
Wird um das Herze sein,
So reiß mich aus den Ängsten
Kraft deiner Angst und Pein.

Erscheine mir zum Schilde,
Zum Trost in meinem Tod,
Und laß mich sehn dein Bilde
In deiner Kreuzesnot!
Da will ich nach dir blicken,
Da will ich glaubensvoll
Dich fest an mein Herz drücken.
Wer so stirbt, der stirbt wohl.

[*A:* 1667]

Abendlied

Nun ruhen alle Wälder,
Vieh, Menschen, Städt' und Felder,
Es schläft die ganze Welt.
Ihr aber, meine Sinnen,
Auf, auf, ihr sollt beginnen,
Was eurem Schöpfer wohlgefällt.

Wo bist du, Sonne, blieben?
Die Nacht hat dich vertrieben,
Die Nacht, des Tages Feind.
Fahr hin, ein andre Sonne,
Mein Jesus, meine Wonne,
Gar hell in meinem Herzen scheint.

Der Tag ist nun vergangen,
Die güldnen Sternlein prangen
Am blauen Himmelssaal.
So, so werd ich auch stehen,
Wann mich wird heißen gehen
Mein Gott aus diesem Jammertal.

Der Leib, der eilt zur Ruhe,
Legt ab das Kleid und Schuhe,
Das Bild der Sterblichkeit.
Die zieh ich aus, dagegen
Wird Christus mir anlegen
Den Rock der Ehr und Herrlichkeit.

Das Haupt, die Füß und Hände
Sind froh, daß nun zum Ende
Die Arbeit kommen sei.
Herz, freu dich: Du sollst werden
Vom Elend dieser Erden
Und von der Sünden Arbeit frei.

Nun geht, ihr matten Glieder,
Geht, geht und legt euch nieder,
Der Betten ihr begehrt.
Es kommen Stund und Zeiten,
Da man euch wird bereiten
Zur Ruh ein Bettlein in der Erd.

Mein Augen stehn verdrossen,
Im Hui sind sie verschlossen,
Wo bleibt denn Leib und Seel?
Nimm sie zu deinen Gnaden,
Sei gut vor allen Schaden,
Du Aug und Wächter Israel!

Breit aus die Flügel beide,
O Jesu, meine Freude,
Und nimm dein Küchlein ein!
Will Satan mich verschlingen,
So laß die Englein singen:
Dies Kind soll unverletzet sein.

Auch euch, ihr meine Lieben,
Soll heute nicht betrüben
Kein Unfall noch Gefahr.
Gott laß euch ruhig schlafen,
Stell euch die güldnen Waffen
Ums Bett und seiner Helden Schar.

[*A:* 1667]

Befiehl dem Herren deine Wege und hoffe auf ihn, er wird's wohl machen

Befiehl du deine Wege
Und was dein Herze kränkt
Der allertreusten Pflege
Des, der den Himmel lenkt,
Der Wolken, Luft und Winden
Gibt Wege, Lauf und Bahn,
Der wird auch Wege finden,
Da dein Fuß gehen kann.

Dem Herren mußt du trauen,
Wann dir's soll wohlergehn,
Auf sein Werk mußt du schauen,
Wann dein Werk soll bestehn.
Mit Sorgen und mit Grämen
Und mit selbsteigner Pein
Läßt Gott ihm gar nichts nehmen,
Es muß erbeten sein.

Dein ewge Treu und Gnade,
O Vater, weiß und sieht,
Was gut sei oder schade
Dem sterblichen Geblüt;
Und was du dann erlesen,
Das treibst du, starker Held,
Und bringst zum Stand und Wesen,
Was deinem Rat gefällt.

Weg' hast du allerwegen,
An Mitteln fehlt dir's nicht,
Dein Tun ist lauter Segen,
Dein Gang ist lauter Licht.
Dein Werk kann niemand hindern,
Dein Arbeit darf nicht ruhn,
Wann du, was deinen Kindern
Ersprießlich ist, willst tun.

Und ob gleich alle Teufel
Hier wollten widerstehn,
So wird doch ohne Zweifel
Gott nicht zurücke gehn;
Was er ihm vorgenommen
Und was er haben will,
Das muß doch endlich kommen
Zu seinem Zweck und Ziel.

Hoff, o du meine Seele,
Hoff und sei unverzagt,
Gott wird dich aus der Höhle,
Da dich der Kummer plagt,
Mit großen Gnaden rücken;
Erwarte nur der Zeit,
So wirst du schon erblicken
Die Sonn der schönsten Freud.

Auf, auf, gib deinem Schmerze
Und Sorgen gute Nacht!
Laß fahren, was dein Herze
Betrübt und traurig macht!
Bist du doch nicht Regente,
Der alles führen soll;
Gott sitzt im Regimente
Und führet alles wohl.

Ihn, ihn laß tun und walten,
Er ist ein weiser Fürst
Und wird sich so verhalten,
Daß du dich wundern wirst,
Wann er, wie ihm gebühret,
Mit wunderbarem Rat
Die Sach hinausgeführet,
Die dich bekümmert hat.

Er wird zwar eine Weile
Mit seinem Trost verziehn
Und tun an seinem Teile,
Als hätt in seinem Sinn
Er deiner sich begeben,
Und sollt'st du für und für
In Angst und Nöten schweben,
Fragt er doch nichts nach dir.

Wird's aber sich befinden,
Daß du ihm treu verbleibst,
So wird er dich entbinden,
Da du's am wen'gsten gläubst;
Er wird dein Herze lösen
Von der so schweren Last,
Die du zu keinem Bösen
Bisher getragen hast.

Wohl dir, du Kind der Treue,
Du hast und trägst davon
Mit Ruhm und Dankgeschreie
Den Sieg und Ehrenkron.
Gott gibt dir selbst die Palmen
In deine rechte Hand,
Und du singst Freudenpsalmen
Dem, der dein Leid gewandt.

Mach End, o Herr, mach Ende
An aller unsrer Not!
Stärk unsre Füß und Hände
Und laß bis in dem Tod
Uns allzeit deiner Pflege
Und Treu empfohlen sein,
So gehen unsre Wege
Gewiß zum Himmel ein.

[*A:* 1667]

[*ihm:* sich. – *verziehn:* warten lassen. – *deiner sich begeben:* auf dich verzichten.]

Hans Jakob Christoffel von Grimmelshausen
1621/22–1676

Du sehr-verachter Bauren-Stand,
Bist doch der beste in dem Land,
Kein Mann dich gnugsam preisen kann,
Wann er dich nur recht siehet an.

Wie stünd es jetzund um die Welt,
Hätt Adam nicht gebaut das Feld,
Mit Hacken nährt sich anfangs der,
Von dem die Fürsten kommen her.

Es ist fast alles unter dir,
Ja, was die Erd nur bringt herfür,
Wovon ernähret wird das Land,
Geht dir anfänglich durch die Hand.

Der Kaiser, den uns Gott gegeben,
Uns zu beschützen, muß doch leben
Von deiner Hand, auch der Soldat,
Der dir doch zufügt manchen Schad.

Fleisch zu der Speis zeugst auf allein,
Von dir wird auch gebaut der Wein,
Dein Pflug der Erden tut so not,
Daß sie uns gibt genugsam Brot.

Die Erde wär ganz wild durchaus,
Wann du auf ihr nicht hieltest haus,
Ganz traurig auf der Welt es stünd,
Wenn man kein' Bauersmann mehr fünd.

Drum bist du billig hoch zu ehrn,
Weil du uns alle tust ernährn;
Die Natur liebt dich selber auch,
Gott segnet deinen Bauren-Brauch.

Vom bitterbösen Podagram
Hört man nicht, daß an Bauren kam,
Das doch den Adel bringt in Not
Und manchen Reichen gar in Tod.

Der Hoffart bist du sehr befreit,
Absonderlich zu dieser Zeit,
Und daß sie auch nicht sei dein Herr,
So gibt dir Gott des Kreuzes mehr.

Ja, der Soldaten böser Brauch
Dient gleichwohl dir zum Besten auch,
Daß Hochmut dich nicht nehme ein,
Sagt er: Dein Hab und Gut ist mein.

[*D:* 1669]

Komm, Trost der Nacht, o Nachtigall,
Laß deine Stimm mit Freudenschall
Aufs lieblichste erklingen;
Komm, komm, und lob den Schöpfer dein,
Weil andre Vöglein schlafen sein
Und nicht mehr mögen singen!
Laß dein Stimmlein
Laut erschallen, dann vor allen
Kannst du loben
Gott im Himmel hoch dort oben.

Obschon ist hin der Sonnenschein
Und wir im Finstern müssen sein,
So können wir doch singen
Von Gottes Güt und seiner Macht,
Weil uns kann hindern keine Nacht,
Sein Lob zu vollenbringen.
Drum dein Stimmlein
Laß erschallen, dann vor allen
Kannst du loben
Gott im Himmel hoch dort oben.

Echo, der wilde Widerhall,
Will sein bei diesem Freudenschall
Und lässet sich auch hören,
Verweist uns alle Müdigkeit,
Der wir ergeben allezeit,
Lehrt uns den Schlaf betören.
Drum dein Stimmlein
Laß erschallen, dann vor allen
Kannst du loben
Gott im Himmel hoch dort oben.

Die Sterne, so am Himmel stehn,
Lassen sich zum Lob Gottes sehn
Und tun ihm Ehr beweisen;
Auch die Eul, die nicht singen kann,
Zeigt doch mit ihrem Heulen an,
Daß sie Gott auch tu preisen.
Drum dein Stimmlein
Laß erschallen, dann vor allen
Kannst du loben
Gott im Himmel hoch dort oben.

Nur her, mein liebstes Vögelein,
Wir wollen nicht die Fäulsten sein
Und schlafend liegen bleiben,
Sondern bis daß die Morgenröt
Erfreuet diese Wälder öd,
Im Lob Gottes vertreiben.
Laß dein Stimmlein
Laut erschallen, dann vor allen
Kannst du loben
Gott im Himmel hoch dort oben.

[*D:* 1669]

Quirinus Kuhlmann
1651–1689

Der XLI. Liebeskuß
Der Wechsel menschlicher Sachen

Auf Nacht, Dunst, Schlacht, Frost, Wind, See, Hitz, Süd, Ost, West, Nord, Sonn, Feur und Plagen
Folgt Tag, Glanz, Blut, Schnee, Still, Land, Blitz, Wärm, Hitz, Lust, Kält, Licht, Brand und Not.
Auf Leid, Pein, Schmach, Angst, Krieg, Ach, Kreuz, Streit, Hohn, Schmerz, Qual, Tück, Schimpf als Spott
Will Freud, Zier, Ehr, Trost, Sieg, Rat, Nutz, Fried, Lohn, Scherz, Ruh, Glück, Glimpf stets tagen.

Der Mond, Glunst, Rauch, Gems, Fisch, Gold, Perl, Baum, Flamm, Storch, Frosch, Lamm, Ochs und Magen
Liebt Schein, Stroh, Dampf, Berg, Flut, Glut, Schaum, Frucht, Asch, Dach, Teich, Feld, Wies und Brot.
Der Schütz, Mensch, Fleiß, Müh, Kunst, Spiel, Schiff, Mund, Prinz, Rach, Sorg, Geiz, Treu und Gott
Sucht's Ziel, Schlaf, Preis, Lob, Gunst, Zank, Port, Kuß, Thron, Mord, Sarg, Geld, Hold, Danksagen.

Was gut, stark, schwer, recht, lang, groß, weiß, eins, ja, Luft, Feur, hoch, weit genennt,
Pflegt bös, schwach, leicht, krumm, breit, klein, schwarz, drei, nein, Erd, Flut, tief, nah zu meiden.
Auch Mut, lieb, klug, Witz, Geist, Seel, Freund, Lust, Zier, Ruhm, Fried, Scherz, Lob muß scheiden,
Wo Furcht, Haß, Trug, Wein, Fleisch, Leib, Feind, Weh, Schmach, Angst, Streit, Schmerz, Hohn schon rennt.
Alles wechselt, alles liebet, alles scheinet was zu hassen:
Wer nur diesem nach wird denken, muß die Menschen-Weisheit fassen.

[*A:* 1671]

[*Glimpf:* Ehre, Ansehen. – *Glunst:* noch glühende Asche]

SIGMUND VON BIRKEN
1626–1681

Ach! diese Stätt
das Sterbe-Bett
von JEsu war /
der Creutz-Altar.
Hier er das Opfer ward für unsre Sünden.
Sein heiligs Haupt die Dornen must empfinden.
Die treue Händ' und Arme voll Erbarmen
Er breitet aus / uns Arme zu umarmen.
Es schreibt uns ein
den Händen sein /
der Nägel Stich.
Hier öffnet sich
das Herz / die Seit:
ist groß und weit
zur Zuflucht-Höl /
für deine Seel.
Hier briet das Lamm
am Creutzes-Stamm
in Liebes - Glut /
betrieft mit Blut:
es lädt uns ein
zu Brod und Wein.
Die schwache Knie
sich beugen hie:
weil sein Gebet
für dich abgeht.
Umfang die Füß /
die gehn gewiß
den Weg dir vor /
zum Himmels-Thor:
durch Creutz u. Leid
zur Himmels Freud.

[*D:* 1679]

URBAN WYSS

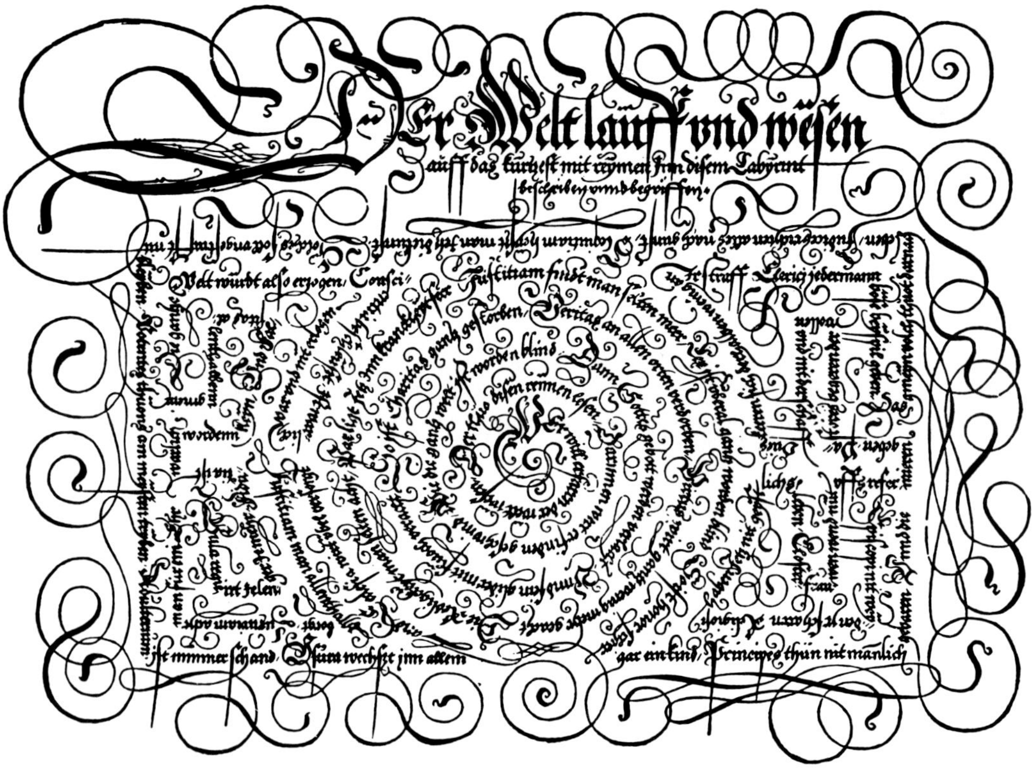

[A: 1692]

Johann Rudolph Karst
1624–1682

Geistliches Marzipan oder Zukker-Hertz

Gesüsster ⁊c.

ine

Wann Wann
Streit/ Leid
Und Noht mein Hertz berükket
Wann Angst mich schmertzlich drükket
So schwinget sich mein Geist hinauff zum Herrn/
Der ist mein Liecht und Trost und Glantz und Stern/
Er neigt sein Ohr und höret auff mein flehen
Die meine Seel gen Himmel läßet gehen/
Gibt frische Hertzens-Krafft/ ja Muht und Fried
Und lindert Mir mein Weh und Leid,
Er stärkket meine Seele
Und heilet ihre Fehle
Er ist mein Hülff mein Heil/
Mein Erbgut und mein Theil/
Da kann ich haben
Was mich mag laben/
Drum acht ich nicht
Wan gleich mich sticht
Schmertz und Weh
Von der Höh,
Komt Raht
Und
That

[*D:* 1667]

Christian Knorr von Rosenroth
1636–1689

Morgenandacht

Morgenglanz der Ewigkeit,
Licht vom unerschöpften Lichte,
Schick uns diese Morgenzeit
Deine Strahlen zu Gesichte
Und vertreib durch deine Macht
Unsre Nacht.

Die bewölkte Finsternis
Müsse deinem Glanz entfliegen,
Die durch Adams Apfelbiß
Uns, die kleine Welt, bestiegen,
Daß wir, Herr, durch deinen Schein
Selig sein.

Deiner Güte Morgentau
Fall auf unser matt Gewissen:
Laß die dürre Lebensau
Lauter süßen Trost genießen
Und erquick uns, deine Schar,
Immerdar.

Gib, daß deiner Liebe Glut
Unsre kalten Werke töte
Und erweck uns Herz und Mut
Bei entstandner Morgenröte,
Daß wir, eh wir gar vergehn,
Recht aufstehn.

Laß uns ja das Sündenkleid
Durch des Bundes Blut vermeiden,
Daß uns die Gerechtigkeit
Mög als wie ein Rock bekleiden
Und wir so vor aller Pein
Sicher sein.

Ach! du Aufgang aus der Höh,
Gib, daß auch am Jüngsten Tage
Unser Leichnam auferstehe
Und, entfernt von aller Plage,
Sich auf jener Freudenbahn
Freuen kann.

Leucht uns selbst in jener Welt,
Du verklärte Gnadensonne;
Führ uns durch das Tränenfeld
In das Land der süßen Wonne,
Da die Lust, die uns erhöht,
Nie vergeht.

[*A:* 1684]

Christian Hoffmann von Hoffmannswaldau
1617–1679

Die Welt

Was ist die Welt und ihr berühmtes Glänzen?
Was ist die Welt und ihre ganze Pracht?
Ein schnöder Schein in kurzgefaßten Grenzen,
Ein schneller Blitz bei schwarzgewölkter Nacht,
Ein buntes Feld, da Kummerdisteln grünen,
Ein schön Spital, so voller Krankheit steckt,
Ein Sklavenhaus, da alle Menschen dienen,
Ein faules Grab, so Alabaster deckt.
Das ist der Grund, darauf wir Menschen bauen
Und was das Fleisch für einen Abgott hält.
Komm, Seele, komm und lerne weiter schauen,
Als sich erstreckt der Zirkel dieser Welt!
Streich ab von dir derselben kurzes Prangen,
Halt ihre Lust für eine schwere Last:
So wirst du leicht in diesen Port gelangen,
Da Ewigkeit und Schönheit sich umfaßt.

[*A:* 1679]

Auf den Mund

Mund! der die Seelen kann durch Lust zusammen hetzen,
Mund! der viel süßer ist als starker Himmelswein,
Mund! der du Alikant des Lebens schenkest ein,
Mund! den ich vorziehn muß der Inden reichen Schätzen,
Mund! dessen Balsam uns kann stärken und verletzen,
Mund! der vergnügter blüht als aller Rosen Schein,
Mund! welchem kein Rubin kann gleich und ähnlich sein,
Mund! den die Gratien mit ihren Quellen netzen;
Mund! ach Korallenmund, mein einziges Ergetzen!
Mund! laß mich einen Kuß auf deinen Purpur setzen.

[*A:* 1695]

Beschreibung vollkommener Schönheit

Ein Haar, so kühnlich Trotz der Berenike spricht,
Ein Mund, der Rosen führt und Perlen in sich heget,
Ein Zünglein, so ein Gift vor tausend Herzen träget,
Zwo Brüste, wo Rubin durch Alabaster bricht,
Ein Hals, der Schwanenschnee weit, weit zurücke sticht,
Zwei Wangen, wo die Pracht der Flora sich beweget,
Ein Blick, der Blitze führt und Männer niederleget,
Zwei Armen, derer Kraft oft Leuen hingericht't
Ein Herz, aus welchem nichts als mein Verderben quillet,
Ein Wort, so himmlisch ist und mich verdammen kann,
Zwei Hände, derer Grimm mich in den Bann getan
Und durch ein süßes Gift die Seele selbst umhüllet,
Ein Zierat, wie es scheint, im Paradies gemacht,
Hat mich um meinen Witz und meine Freiheit bracht.

[*A:* 1695]

Vergänglichkeit der Schönheit

Es wird der bleiche Tod mit seiner kalten Hand
Dir endlich mit der Zeit um deine Brüste streichen,
Der liebliche Korall der Lippen wird verbleichen,
Der Schultern warmer Schnee wird werden kalter Sand;

Der Augen süßer Blitz, die Kräfte deiner Hand,
Für welchen solches fällt, die werden zeitlich weichen.
Das Haar, das itzund kann des Goldes Glanz erreichen,
Tilgt endlich Tag und Jahr als ein gemeines Band.

Der wohlgesetzte Fuß, die lieblichen Gebärden,
Die werden teils zu Staub, teils nichts und nichtig werden,
Denn opfert keiner mehr der Gottheit deiner Pracht.

Dies und noch mehr als dies muß endlich untergehen.
Dein Herze kann allein zu aller Zeit bestehen,
Dieweil es die Natur aus Diamant gemacht.

[*A:* 1695]

Wo sind die Stunden
Der süßen Zeit,
Da ich zuerst empfunden,
Wie deine Lieblichkeit
Mich dir verbunden?
Sie sind verrauscht. Es bleibet doch dabei,
Daß alle Lust vergänglich sei.

Das reine Scherzen,
So mich ergetzt
Und in dem tiefen Herzen
Sein Merkmal eingesetzt,
Läßt mich in Schmerzen.
Du hast mir mehr als deutlich kundgetan,
Daß Freundlichkeit nicht ankern kann.

Das Angedenken
Der Zuckerlust
Will mich in Angst versenken.
Es will verdammte Kost
Uns zeitlich kränken.
Was man geschmeckt und nicht mehr schmecken soll,
Ist freudenleer und jammervoll.

Empfangne Küsse,
Ambrierter Saft
Verbleibt nicht lange süße
Und kommt von aller Kraft;
Verrauschte Flüsse
Erquicken nicht. Was unsern Geist erfreut,
Entspringt aus Gegenwärtigkeit.

Ich schwamm in Freude,
Der Liebe Hand
Spann mir ein Kleid von Seide;
Das Blatt hat sich gewandt,
Ich geh' im Leide,
Ich wein' itzund, daß Lieb' und Sonnenschein
Stets voller Angst und Wolken sein.

[*A:* 1695]

[*Ambriert:* mit Duftstoff angereichert.]

Johann Christian Günther
1695–1723

Als er sie seiner beständigen Treue versicherte

Weine nicht, mein Kind, ich bleibe
Dir bis in den Tod getreu.
Glaube, was ich denk und schreibe,
Ist und heißt stets einerlei,
Weil die Redlichkeit zum Lieben
Mir Gesetze vorgeschrieben.

Gott und Himmel können zeugen,
Daß ich dir beständig bin;
Eher wird die Wahrheit schweigen
Als mein falsch und leichter Sinn
Das geknüpfte Band zerreißen
Und des Meineids schuldig heißen.

Laß die Wetter unterdessen
Über unsrer Unschuld stehn.
Mußt du bittre Mandeln essen
Und vorjetzt auf Dornen gehn,
So bedenke, das Vergnügen
Wird uns einst zusammenfügen.

Warte mit Geduld der Freude
Und der ungemeinen Lust,
Welche du mit diesem Leide
Dir zuvor verdienen mußt!
Endlich werden deine Tränen
Dir den Weg zur Wollust bähnen.

Jetzo geb ich deinem Kusse
Eine kurze gute Nacht
Und gehorche diesem Schlusse,
Welchen das Verhängnüs macht;
Doch ich will in wenig Tagen
Dir die Ankunft wieder sagen.

Lebe wohl! Die Zunge stammlet,
Und der Augen nasses Heer,
Das die Wehmut schon versammlet,
Macht so Hand als Feder schwer
Und verbietet meinem Willen,
Diesen Bogen anzufüllen.

[*E:* zwischen 1714/1716; *A:* 1725]

Als er sich über seinen unglückseligen Zustand beklagte

Alles eilt zum Untergange,
Nur mein hart Verhängnüs nicht.
Harter Himmel, ach wie lange
Zeigst du sein erschröcklich Licht?
Soll er mir jetzund erscheinen,
O so gib ihm bald sein Amt,
Eh mich ein verzweiflend Weinen
Noch zu größrer Not verdammt.

Ich, ein Mensch von schlechtem Zeuge,
Kann mir selbst nicht widerstehn,
Daß ich kaum gelassen schweige,
Wenn die Wellen höher gehn.
Fleisch und Blut behält im Schmerzen
Über die Vernunft das Feld,
Und die Hoffnung steckt im Herzen,
Welches keinen Mensch erhält.

Hätt ich Bosheit im Gemüte
Oder an den Lastern Lust,
So verzieh ich mich der Güte
Deiner treuen Vaterbrust.
Aber ach, so wirst du finden,
Prüfe Mienen, Herz und Sinn,
Daß ich bei den Schwachheitssünden
Doch nicht sonder Buße bin.

Zwar sind, die noch ärger leben
Und mit Lastern Schaden tun,
Die läßt du im Glücke schweben
Und in seinem Schoße ruhn;
Sie verschwenden deinen Segen
Nur zu Trotz auf meinen Fall,
Handeln, wie die Toren pflegen,
Doch gerät es überall.

Ich bezwinge mich hingegen,
Brauche des Verstandes Kraft
Und bemüh mich nach Vermögen
Um Geduld und Wissenschaft;
Gleichwohl ist in allen Sachen
Auch mein bester Ratschluß blind,
Daß sich's die zunutze machen,
Die mir feind und schädlich sind.

[*E:* 1719/1720; *A:* 1725]

Als er durch innerlichen Trost bei der Ungeduld gestärket wurde

Geduld, Gelassenheit, treu, fromm und redlich sein,
Und wie ihr Tugenden euch sonst noch alle nennet,
Verzeiht es, doch nicht mir, nein, sondern meiner Pein,
Die unaufhörlich tobt und bis zum Marke brennet,
Ich geb euch mit Vernunft und reifem Wohlbedacht,
Merkt dieses Wort nur wohl, von nun an gute Nacht;
Und daß ich euch gedient, das nenn ich eine Sünde,
Die ich mir selber kaum jemals vergeben kann.
Steckt künftig, wen ihr wollt, mit euren Strahlen an,
Ich schwöre, daß ich mich von eurem Ruhm entbinde.

Ihr Lügner, die ihr noch dem Pöbel Nasen dreht,
Von vieler Vorsicht schwatzt, des Höchsten Gnad erhebet,
Dem Armen Trost versprecht und, wenn ein Sünder fleht,
Ihm Rettung, Rat und Kraft, ja, mit dem Maule gebet,
Wo steckt denn nun der Gott, der helfen will und kann?
Er nimmt ja, wie ihr sprecht, die gröbsten Sünder an.
Ich will der gröbste sein, ich warte, schrei und leide;
Wo bleibt denn auch sein Sohn? Wo ist der Geist der Ruh?
Langt jenes Unschuldskleid und dieses Kraft nicht zu,
Daß beider Liebe mich vor Gottes Zorn bekleide?

Ha, blindes Fabelwerk, ich seh dein Larvenspiel.
Dies geb ich auch noch zu: es ist ein ewig Wesen,
Das seine größte Macht an mir nur zeigen will
Und das mich obenhin zur Marter auserlesen;
Es führt, es leitet mich, doch stets auf meinen Fall,
Es gibt Gelegenheit, damit es überall
Mich rühmlich strafen kann und stets entschuldigt scheine.
Bisweilen zeigt es mir das Glücke, recht zu gehn,
Bald läßt es mich in mir dem Guten widerstehn,
Damit die frömmste Welt das Ärgste von mir meine.

Aus dieser Quelle springt mein langes Ungemach:
Viel Arbeit und kein Lohn als Krankheit, Haß und Schande.
Die Spötter pfeifen mir mit Neid und Lügen nach,
Die Armut jagt den Fuß aus dem und jenem Lande,
Die Eltern treiben mich den Feinden vor die Tür
Und stoßen mich – o Gott, gib acht, sie folgen dir –
Ohn Ursach in den Staub und ewig aus dem Herzen.
Mein Wissen wird verlacht, mein ehrlich Herz erdrückt,
Die Fehler, die ich hab, als Laster vorgerückt,
Und alles schickt sich recht, die Freunde zu verscherzen.

Ist einer in der Welt, er sei mir noch so feind,
An dem ich in der Not kein Liebeszeichen täte,
Und bin ich jedem nicht ein solcher wahrer Freund,
Als ich mir selbst von Gott, erhört er andre, bete,
Hat jemand auf mein Wort sein Unglück mehr gefühlt,
Hat bosheitsvoller Scherz mit fremder Not gespielt
Und hab ich unrecht Gut mit Vorsatz angezogen,
So greife mich sogleich der bösen Geister Bund
Mit allen Martern an, wovon der Christen Mund
Schon über tausend Jahr den Leuten vorgelogen.

Was wird mir nun davor? Ein Leben voller Not.
O daß doch nicht mein Zeug aus Rabenfleisch entsprossen,
O daß doch dort kein Fluch des Vaters Lust verbot,
O wär doch seine Kraft auf kaltes Tuch geflossen!
O daß doch nicht das Ei, in dem mein Bildnüs hing,
Durch Fäulung oder Brand der Mutter Schoß entging,
Bevor mein armer Geist dies Angsthaus eingenommen!
Jetzt läg ich in der Ruh bei denen, die nicht sind,
Ich dürft, ich ärmster Mensch und größtes Elendskind,
Nicht stets bei jeder Not vor größrer Furcht umkommen.

Verflucht sei Stell und Licht! – – Ach, ewige Geduld,
Was war das vor ein Ruck von deinem Liebesschlage!
Ach, fahre weiter fort, damit die große Schuld
Verzweiflungsvoller Angst mich nicht zu Boden schlage.
Ach Jesu, sage selbst, weil ich nicht fähig bin,
Die Beichte meiner Reu; ich weiß nicht mehr wohin
Und sinke dir allein vor Ohnmacht in die Armen.
Von außen quälet mich des Unglücks starke Flut,
Von innen Schröcken, Furcht und aller Sünden Wut;
Die Rettung ist allein mein Tod und dein Erbarmen.

[*E:* 1720; *D:* 1880]

[*Nasen dreht:* betrügt. – *Vorsicht:* Vorsehung. – *jenes Unschuldskleid, dieses Kraft:* „jenes", „dieses" sind Genitive. – *obenhin:* ohne Überlegung. – *bete:* erbitte. – *davor:* dafür. – *Brand:* Absterben von Körperteilen. – *Angsthaus:* die Welt, das Jammertal.]

Als er der Phillis einen Ring mit einem Totenkopfe überreichte

Erschrick nicht vor dem Liebeszeichen,
Es träget unser künftig Bild,
Vor dem nur die allein erbleichen,
Bei welchen die Vernunft nichts gilt.
Wie schickt sich aber Eis und Flammen?
Wie reimt sich Lieb und Tod zusammen?
Es schickt und reimt sich gar zu schön,
Denn beide sind von gleicher Stärke
Und spielen ihre Wunderwerke
Mit allen, die auf Erden gehn.

Ich gebe dir dies Pfand zur Lehre:
Das Gold bedeutet feste Treu,
Der Ring, daß uns die Zeit verehre,
Die Täubchen, wie vergnügt man sei;
Der Kopf erinnert dich des Lebens,
Im Grab ist aller Wunsch vergebens,
Drum lieb und lebe, weil man kann,
Wer weiß, wie bald wir wandern müssen!
Das Leben steckt im treuen Küssen,
Ach, fang den Augenblick noch an!

[*E:* zwischen 1720/1723; *A:* 1735]

BARTHOLD HEINRICH BROCKES
1680–1747

Die Nachtigall und derselben Wettstreit gegeneinander

Im Frühling rührte mir das Innerste der Seelen
Der Büsche Königin, die holde Nachtigall,
Die aus so enger Brust und mit so kleiner Kehlen
Die größten Wälder füllt, durch ihren Wunderschall.
Derselben Fertigkeit, die Kunst, der Fleiß, die Stärke,
Veränderung und Ton sind lauter Wunderwerke
Der wirkenden Natur, die solchen starken Klang
In ein paar Federchen, die kaum zu sehen, senket
Und einen das Gehör bezaubernden Gesang
In solche dünne Haut und zarten Schnabel schränket.
Ihr Hälschen ist am Ton so unerschöpflich reich,
Daß sie tief, hoch, gelind und stark auf einmal singet.
Die kleine Gurgel lockt, schnarrt, zischt und pfeift zugleich,
Daß sie, wie Quellen rauscht, wie helle Glocken klinget.
Sie zwitschert, stimmt und schlägt mit solcher Anmut an,
Mit solchem nach der Kunst gekräuselten Geschwirre,
Daß man darob erstaunt und nicht begreifen kann,
Ob sie nicht seufzend lach, ob sie nicht lachend girre.
Ihr Stimmchen ziehet sich in einer hohlen Länge
Von unten in die Höh, fällt, steigt aufs neu empor
Und schwebt nach Maß und Zeit; bald dränget eine Menge
Verschiedner Tön aus ihr als wie ein Strom hervor.
Zuweilen seufzet sie und winselt, daß man meinet,
Sie werde sterben; aber bald
Erhebet sie mit feuriger Gewalt
Den reinen Ton aufs neu. Dann eben scheinet,
Es woll ihr lieblich-scharfes Singen
Als wie ein Pfeil uns in die Seele dringen.

Zwitschern, seufzen, lachen, singen,
Girren, stöhnen, gurgeln, klingen,
Locken, schmeicheln, pfeifen, zucken,
Flöten, schlagen, zischen, glucken
Ist der holden Nachtigall
Wunderbar gemischter Schall.

Es scheint sogar der Nam allein
Ein Inbegriff der Frühlingslust zu sein.
Wenn etwa jemand spricht: Es sang die Nachtigall,
Kann fast des bloßen Wortes Schall
So viel zu wirken taugen,
Daß in der meisten Hörer Augen
Sich ein geheim Vergnügen zeiget.

Sie dreht und dehnt den Schall, zerreißt und fügt ihn wieder,
Singt sanft, singt ungestüm, bald grob, bald klar und hell.
Kein Pfeil verfliegt so rasch, kein Blitz verstreicht so schnell,
Die Winde können nicht so streng im Stürmen wehen,
Als ihre schmeichelnde verwunderliche Lieder
Mit wirbelndem Geräusch sich ändern, sich verdrehen.
Ein rollend Glucken quillt aus ihrer hohlen Brust,
Ein murmelnd Flöten labt der stillen Hörer Herzen.
Doch dies verdoppelt noch und mehrt die frohe Lust,
Wenn etwan ihrer zwo zugleich zusammen scherzen.
Die singt, wann jene ruft; wann diese lockt, singt jene
Mit solch anmutigem bezaubernden Getöne,
Daß diese wiederum aus Mißgunst, als ergrimmt,
In einem andern Ton die schlanke Zunge stimmt.
Die andre horcht indes und lauscht voll Unvergnügen,
Ja fängt zu ihres Feinds und Gegensängers Hohn,
Um durch noch künstlichern Gesang ihn zu besiegen,
Von neuem wieder an, in solchem scharfen Ton,
Mit solchem feurigen empfindlich-hellen Klang,
Mit so gewaltigem oft wiederholtem Schlagen,
Daß so durchdringenden und heftigen Gesang
Das menschliche Gehör kaum mächtig zu ertragen.

Wer nun so süßen Ton im frohen Frühling hört
Und nicht des Schöpfers Macht voll Brunst und Andacht ehrt,
Der Luft Beschaffenheit, das Wunder unsrer Ohren,
Bewundernd nicht bedenkt, ist nur umsonst geboren
Und folglich nicht der Luft, nicht seiner Ohren wert.

[*A:* 1721]

Kirschblüte bei der Nacht

Ich sahe mit betrachtendem Gemüte
Jüngst einen Kirschbaum, welcher blühte,
In kühler Nacht beim Mondenschein;
Ich glaubt', es könne nichts von größrer Weiße sein.
Es schien, ob wär ein Schnee gefallen.
Ein jeder, auch der kleinste Ast
Trug gleichsam eine rechte Last
Von zierlich-weißen runden Ballen.
Es ist kein Schwan so weiß, da nämlich jedes Blatt,
Indem daselbst des Mondes sanftes Licht
Selbst durch die zarten Blätter bricht,
Sogar den Schatten weiß und sonder Schwärze hat.
Unmöglich, dacht ich, kann auf Erden
Was Weißers angetroffen werden.

Indem ich nun bald hin, bald her
Im Schatten dieses Baumes gehe,
Sah ich von ungefähr
Durch alle Blumen in die Höhe
Und ward noch einen weißern Schein,
Der tausendmal so weiß, der tausendmal so klar,
Fast halb darob erstaunt, gewahr.
Der Blüte Schnee schien schwarz zu sein
Bei diesem weißen Glanz. Es fiel mir ins Gesicht
Von einem hellen Stern ein weißes Licht,
Das mir recht in die Seele strahlte.

Wie sehr ich mich am Irdischen ergetze,
Dacht ich, hat Er dennoch weit größre Schätze.
Die größte Schönheit dieser Erden
Kann mit der himmlischen doch nicht verglichen werden.

[*A:* 1727]

Albrecht von Haller
1708–1777

Morgengedanken
Den 25. März 1725

Der Mond verbirget sich, der Nebel grauer Schleier
Deckt Luft und Erde nicht mehr zu;
Der Sterne Glanz erblaßt, der Sonne reges Feuer
Stört alle Wesen aus der Ruh.

Der Himmel färbet sich mit Purpur und Saphiren,
Die frühe Morgenröte lacht,
Und vor der Rosen Glanz, die ihre Stirne zieren,
Entflieht das bleiche Heer der Nacht.

Durchs rote Morgentor der heitern Sternenbühne
Naht das verklärte Licht der Welt;
Die falben Wolken glühn von blitzendem Rubine,
Und brennend Gold bedeckt das Feld.

Die Rosen öffnen sich und spiegeln an der Sonne
Des kühlen Morgens Perlentau;
Der Lilien Ambradampf belebt zu unsrer Wonne
Der zarten Blätter Atlasgrau.

Der wache Feldmann eilt mit Singen in die Felder
Und treibt vergnügt den schweren Pflug;
Der Vögel rege Schar erfüllet Luft und Wälder
Mit ihrer Stimm und frühem Flug.

O Schöpfer! Was ich seh, sind deiner Allmacht Werke!
Du bist die Seele der Natur;
Der Sterne Lauf und Licht, der Sonne Glanz und Stärke
Sind deiner Hand Geschöpf und Spur.

Du steckst die Fackel an, die in dem Mond uns leuchtet,
Du gibst den Winden Flügel zu;
Du leihst der Nacht den Tau, womit sie uns befeuchtet,
Du teilst der Sterne Lauf und Ruh.

Du hast der Berge Stoff aus Ton und Staub gedrehet,
Der Schachten Erz aus Sand geschmelzt;
Du hast das Firmament an seinen Ort erhöhet,
Der Wolken Kleid darum gewälzt.

Den Fisch, der Ströme bläst und mit dem Schwanze stürmet,
Hast du mit Adern ausgehöhlt;
Du hast den Elefant aus Erden aufgetürmet
Und seinen Knochenberg beseelt.

Des weiten Himmelraums saphirene Gewölber,
Gegründet auf den leeren Ort,
Der Gottheit große Stadt, begrenzt nur durch sich selber,
Hob aus dem Nichts dein einzig Wort.

Doch, dreimal großer Gott! es sind erschaffne Seelen
Für deine Taten viel zu klein;
Sie sind unendlich groß, und wer sie will erzählen,
Muß, gleich wie du, ohn Ende sein!

O Unbegreiflicher! Ich bleib in meinen Schranken,
Du, Sonne, blendst mein schwaches Licht;
Und wem der Himmel selbst sein Wesen hat zu danken,
Braucht eines Wurmes Lobspruch nicht.

[*A:* 1732]

Trauer-Ode, beim Absterben seiner geliebten Mariane

Nov. 1736

Soll ich von deinem Tode singen?
O Mariane, welch ein Lied,
Wann Seufzer mit den Worten ringen
Und ein Begriff den andern flieht!
Die Lust, die ich an dir empfunden,
Vergrößert jetzund meine Not;
Ich öffne meines Herzens Wunden
Und fühle nochmals deinen Tod.

Doch meine Liebe war zu heftig,
Und du verdienst sie allzuwohl,
Dein Bild bleibt in mir viel zu kräftig,
Als daß ich von dir schweigen soll.
Es wird im Ausdruck meiner Liebe
Mir etwas meines Glückes neu,
Als wann von dir mir etwas bliebe,
Ein zärtlich Abbild unsrer Treu!

Nicht Reden, die der Witz gebieret,
Nicht Dichterklagen fang ich an,
Nur Seufzer, die ein Herz verlieret,
Wann es sein Leid nicht fassen kann.
Ja, meine Seele will ich schildern,
Von Lieb und Traurigkeit verwirrt,
Wie sie, ergötzt an Trauerbildern,
In Kummerlabyrinthen irrt!

Ich seh dich noch, wie du erblaßtest,
Wie ich verzweiflend zu dir trat,
Wie du die letzten Kräfte faßtest
Um noch ein Wort, das ich erbat.
O Seele, voll der reinsten Triebe,
Wie ängstig warst du für mein Leid!
Dein letztes Wort war Huld und Liebe,
Dein letztes Tun Gelassenheit.

Wo flieh ich hin? In diesen Toren
Hat jeder Ort, was mich erschreckt!
Das Haus hier, wo ich dich verloren,
Der Tempel dort, der dich bedeckt;
Hier Kinder – ach, mein Blut muß lodern
Beim zarten Abdruck deiner Zier,
Wann sie dich stammelnd von mir fordern;
Wo flieh ich hin? Ach, gern zu dir!

O, soll mein Herz nicht um dich weinen?
Hier ist kein Freund dir nah als ich.
Wer riß dich aus dem Schoß der Deinen?
Du ließest sie und wähltest mich.
Dein Vaterland, dein Recht zum Glücke,
Das dein Verdienst und Blut dir gab,
Die sind's, wovon ich dich entrücke;
Wohin zu eilen? In dein Grab!

Dort in den bittern Abschiedsstunden,
Wie deine Schwester an dir hing,
Wie, mit dem Land gemach verschwunden,
Sie unserm letzten Blick entging,
Sprachst du zu mir mit holder Güte,
Die mit gelassner Wehmut stritt:
„Ich geh mit ruhigem Gemüte,
Was fehlt mir? Haller kömmt ja mit!"

Wie kann ich ohne Tränen denken
An jenen Tag, der dich mir gab!
Noch jetzt mischt Lust sich mit dem Kränken,
Entzückung löst mit Wehmut ab.
Wie zärtlich war dein Herz im Lieben,
Das Schönheit, Stand und Gut vergaß
Und mich allein nach meinen Trieben
Und nicht nach meinem Glücke maß.

Wie bald verließest du die Jugend
Und flohst die Welt, um mein zu sein;
Du miedst den Weg gemeiner Tugend
Und warest schön für mich allein.
Dein Herz hing ganz an meinem Herzen
Und sorgte nicht für dein Geschick,
Voll Angst bei meinem kleinsten Schmerzen,
Entzückt auf einen frohen Blick.

Ein nie am Eiteln fester Wille,
Der sich nach Gottes Fügung bog;
Vergnüglichkeit und sanfte Stille,
Die weder Glück noch Leid bewog;
Ein Vorbild kluger Zucht an Kindern,
Ein ohne Blindheit zartes Herz,
Ein Herz, gemacht, mein Leid zu lindern,
War meine Lust und ist mein Schmerz.

Ach, herzlich hab ich dich geliebet,
Weit mehr als ich dir kundgemacht,
Mehr als die Welt mir Glauben gibet,
Mehr als ich selbst vorhin gedacht.
Wie oft, wann ich dich innigst küßte,
Erzitterte mein Herz und sprach:
„Wie, wann ich sie verlassen müßte!"
Und heimlich folgten Tränen nach.

Ja, mein Betrübnis soll noch währen,
Wann schon die Zeit die Tränen hemmt;
Das Herz kennt andre Arten Zähren
Als die, die Wangen überschwemmt.
Die erste Liebe meiner Jugend,
Ein innig Denkmal deiner Huld
Und die Verehrung deiner Tugend
Sind meines Herzens stete Schuld.

Im dicksten Wald bei finstern Buchen,
Wo niemand meine Klagen hört,
Will ich dein holdes Bildnis suchen,
Wo niemand mein Gedächtnis stört.
Ich will dich sehen, wie du gingest,
Wie traurig, wann ich Abschied nahm,
Wie zärtlich, wann du mich umfingest,
Wie freudig, wann ich wiederkam!

Auch in des Himmels tiefer Ferne
Will ich im Dunkeln nach dir sehn
Und forschen, weiter als die Sterne,
Die unter deinen Füßen drehn.
Dort wird an dir die Unschuld glänzen
Vom Licht verklärter Wissenschaft;
Dort schwingt sich aus den alten Grenzen
Der Seele neu entbundne Kraft!

Dort lernst du Gottes Licht gewöhnen,
Sein Rat wird Seligkeit für dich;
Du mischest mit der Engel Tönen
Dein Lied und ein Gebet für mich.
Du lernst den Nutzen meines Leidens,
Gott schlägt des Schicksals Buch dir auf;
Dort steht die Absicht unsers Scheidens
Und mein bestimmter Lebenslauf.

Vollkommenste, die ich auf Erden
So stark und doch nicht gnug geliebt!
Wie liebenswürdig wirst du werden,
Nun dich ein himmlisch Licht umgibt.
Mich überfällt ein brünstigs Hoffen,
O, sprich zu meinem Wunsch nicht nein!
O, halt die Arme für mich offen!
Ich eile, ewig dein zu sein!

[*A:* 1743]

[*Absterben:* Haller heiratete am 19. 2. 1731; seine Frau starb am 30. 10. 1736, nachdem er einen Monat vorher als Professor in Göttingen eingetroffen war. – *Witz:* Scharfsinn. – *mit dem Land gemach verschwunden:* Haller selbst vermerkte: „Die Reise nach Göttingen fing zu Schiff an."

Friedrich von Hagedorn
1708–1754

Der Morgen

Uns lockt die Morgenröte
In Busch und Wald,
Wo schon der Hirten Flöte
Ins Land erschallt.
Die Lerche steigt und schwirret,
Von Lust erregt;
Die Taube lacht und girret,
Die Wachtel schlägt.

Die Hügel und die Weide
Stehn aufgehellt,
Und Fruchtbarkeit und Freude
Beblümt das Feld.
Der Schmelz der grünen Flächen
Glänzt voller Pracht,
Und von den klaren Bächen
Entweicht die Nacht.

Der Hügel weiße Bürde,
Der Schafe Zucht,
Drängt sich aus Stall und Hürde
Mit froher Flucht.
Seht, wie der Mann der Herde
Den Morgen fühlt
Und auf der frischen Erde
Den Buhler spielt!

Der Jäger macht schon rege
Und hetzt das Reh
Durch blutbetriefte Wege,
Durch Busch und Klee.
Sein Hifthorn gibt das Zeichen,
Man eilt herbei;
Gleich schallt aus allen Sträuchen
Das Jagdgeschrei.

Doch Phyllis' Herz erbebet
Bei dieser Lust;
Nur Zärtlichkeit belebet
Die sanfte Brust.
Laß uns die Täler suchen,
Geliebtes Kind,
Wo wir von Berg und Buchen
Umschlossen sind!

Erkenne dich im Bilde
Von jener Flur!
Sei stets, wie dies Gefilde,
Schön durch Natur,
Erwünschter als der Morgen,
Hold wie sein Strahl,
So frei von Stolz und Sorgen
Wie dieses Tal!

[*A:* 1744]

An die Freude

Freude, Göttin edler Herzen,
Höre mich!
Laß die Lieder, die hier schallen,
Dich vergrößern, dir gefallen;
Was hier tönet, tönt durch dich.

Muntre Schwester süßer Liebe!
Himmelskind!
Kraft der Seelen! Halbes Leben!
Ach, was kann das Glück uns geben,
Wenn man dich nicht auch gewinnt?

Stumme Hüter toter Schätze
Sind nur reich.
Dem, der keinen Schatz bewachet,
Sinnreich scherzt und singt und lachet,
Ist kein karger König gleich.

Gib den Kennern, die dich ehren,
Neuen Mut,
Neuen Scherz den regen Zungen,
Neue Fertigkeit den Jungen
Und den Alten neues Blut!

Du erheiterst, holde Freude,
Die Vernunft!
Flieh auf ewig die Gesichter
Aller finstern Splitterrichter
Und die ganze Heuchlerzunft!

[*A:* 1744]

Die Alster

Befördrer vieler Lustbarkeiten,
Du angenehmer Alsterfluß!
Du mehrest Hamburgs Seltenheiten
Und ihren fröhlichen Genuß.
Dir schallen zur Ehre,
Du spielende Flut,
Die singenden Chöre,
Der jauchzende Mut.

Der Elbe Schiffahrt macht uns reicher;
Die Alster lehrt gesellig sein!
Durch jene füllen sich die Speicher;
Auf dieser schmeckt der fremde Wein.
In treibenden Nachen
Schifft Eintracht und Lust,
Und Freiheit und Lachen
Erleichtern die Brust.

Das Ufer ziert ein Gang von Linden,
In dem wir holde Schönen sehn,
Die dort, wann Tag und Hitze schwinden,
Entzückend auf und nieder gehn.
Kaum haben vorzeiten
Die Nymphen der Jagd
Dianen zur Seiten
So reizend gelacht.

O siehst du jemals ohn Ergetzen,
Hammonia, des Walles Pracht,
Wann ihn die blauen Wellen netzen
Und jeder Frühling schöner macht,
Wann jenes Gestade,
Das Flora geschmückt,
So manche Najade
Gefällig erblickt?

Ertönt, ihr scherzenden Gesänge,
Aus unserm Lustschiff um den Strand!
Den steifen Ernst, das Wortgepränge
Verweist die Alster auf das Land.
Du leeres Gewäsche,
Dem Menschenwitz fehlt,
O fahr in die Frösche,
Nur uns nicht gequält!

Hier lärmt in Nächten voll Vergnügen
Der Pauken Schlag, des Waldhorns Schall;
Hier wirkt bei Wein und süßen Zügen
Die rege Freiheit überall.
Nichts lebet gebunden,
Was Freundschaft hier paart.
O glückliche Stunden!
O liebliche Fahrt!

[*A:* 1747]

[*Hammonia:* Schutzpatronin Hamburgs.]

Johann Wilhelm Ludwig Gleim
1719–1803

Anakreon

Anakreon, mein Lehrer,
Singt nur von Wein und Liebe;
Er salbt den Bart mit Salben
Und singt von Wein und Liebe;
Er krönt sein Haupt mit Rosen
Und singt von Wein und Liebe;
Er paaret sich im Garten
Und singt von Wein und Liebe;
Er wird beim Trunk ein König
Und singt von Wein und Liebe;
Er spielt mit seinen Göttern,
Er lacht mit seinen Freunden,
Vertreibt sich Gram und Sorgen,
Verschmäht den reichen Pöbel,
Verwirft das Lob der Helden
Und singt von Wein und Liebe.
Soll denn sein treuer Schüler
Von Haß und Wasser singen?

[*A:* 1744]

[*paaret:* im Sinn des vorigen Gedichts „Die Alster": „was Freundschaft hier paart".]

Bacchus und Cythere

Soll ich trinken oder küssen?
Hier winkt Bacchus, dort Cythere.
Beide winken, beide lächeln,
Bacchus mit gesetzten Mienen
Und Cythere mit verliebten.
Bacchus zeigt mir seine Reben,
Seht, sie sinken, schwer von Trauben!
Aber seht nur, dort im Schatten,
Dort im Schatten unter Reben
Liegt ein Mädchen lang gestrecket!
Seht, es schläft, es lächelt schlafend,
Und es lächelte Cythere
Nicht so reizend, als sie winkte.
O wie süß mag es nicht schlummern!
O wie reizend liegt das Mädchen!
Um den weißen regen Busen
Hangen schwarze reife Trauben,
Und es glänzen um den Locken,
Um den rabenschwarzen Locken
Goldne Blumen in den Schatten.
Weingott, winke nur nicht länger;
Denn ich muß erst bei dem Mädchen
Unter deinen Trauben schlummern.

[*A:* 1745]

Bei Eröffnung des Feldzuges 1756

Krieg ist mein Lied! Weil alle Welt
Krieg will, so sei es Krieg!
Berlin sei Sparta! Preußens Held
Gekrönt mit Ruhm und Sieg!

Gern will ich seine Taten tun,
Die Leier in der Hand,
Wenn meine blutgen Waffen ruhn
Und hangen an der Wand.

Auch stimm ich hohen Schlachtgesang
Mit seinen Helden an
Bei Pauken- und Trompetenklang,
Im Lärm von Roß und Mann;

Und streit, ein tapfrer Grenadier,
Von Friedrichs Mut erfüllt!
Was acht ich es, wenn über mir
Kanonendonner brüllt?

Ein Held fall ich; noch sterbend droht
Mein Säbel in der Hand!
Unsterblich macht der Helden Tod,
Der Tod fürs Vaterland!

Auch kömmt man aus der Welt davon
Geschwinder wie der Blitz;
Und wer ihn stirbt, bekömmt zum Lohn
Im Himmel hohen Sitz!

Wenn aber ich als solch ein Held
Dir, Mars, nicht sterben soll,
Nicht glänzen soll im Sternenzelt,
So leb ich dem Apoll!

So werd aus Friedrichs Grenadier,
Dem Schutz, der Ruhm des Staats;
So lern er deutscher Sprache Zier
Und werde sein Horaz.

Dann singe Gott und Friedrich,
Nichts Kleiners, stolzes Lied!
Dem Adler gleich erhebe dich,
Der in die Sonne sieht!

[*D:* 1758]

[*1756:* Ende August fiel Friedrich II. von Preußen in das mit Österreich verbündete Sachsen ein. Damit begann der ‚Siebenjährige Krieg', 1756–1763.]

An den Mond

Dein stilles Silberlicht
Erquickt mir mein Gesicht.
O Mond, Gedankenfreund, ich sehe dich von weiten
Und winke dich zu mir
Und bin nicht weit von dir
Und denk an schönre Zeiten.

Wer einst, du lieber Mond,
In diesem Hüttchen wohnt
Und sieht dein Silberlicht, dem magst du keine Falten
Auf seiner Stirne sehn,
Magst still vorübergehn
Und ihn für glücklich halten.

Daß ich's nicht bin, sag ich
Nur dir und tröste mich, –
O Mond, Gedankenfreund, – daß stille Nächte kommen!
Dir nur vertrau ich's, dir:
Schon manche Nacht hat mir
Des Tages Gram genommen!

[*D:* 1794]

Johann Peter Uz
1720–1796

Der Schäfer

Arkadien, sei mir gegrüßt!
Du Land beglückter Hirten,
Wo unter unentweihten Myrten
Ein zärtlich Herz allein noch rühmlich ist!

Ich will mit sanftem Hirtenstab
Hier meine Schafe weiden.
Hier, Liebe, schenke mir die Freuden,
Die mir die Stadt, die stolze Stadt nicht gab.

Wie schäfermäßig, wie getreu
Will ich Climenen lieben,
Bis meinen ehrfurchtvollen Trieben
Ihr Mund erlaubt, daß ich ihr Schäfer sei!

Welch süßem Traume geb ich Raum,
Der mich zum Schäfer machet!
Die traurige Vernunft erwachet:
Das Herz träumt fort und liebet seinen Traum.

[*A:* 1755]

Christian Fürchtegott Gellert
1715–1769

Das Kutschpferd

Ein Kutschpferd sah den Gaul den Pflug im Acker ziehn
Und wieherte mit Stolz auf ihn.
Wenn, sprach es und fing an, die Schenkel schön zu heben,
Wenn kannst du dir ein solches Ansehn geben
Und wenn bewundert dich die Welt?
Schweig, rief der Gaul, und laß mich ruhig pflügen;
Denn baute nicht mein Fleiß das Feld,
Wo würdest du den Haber kriegen,
Der deiner Schenkel Stolz erhält?

Die ihr die Niedern so verachtet,
Vornehme Müßiggänger, wißt,
Daß selbst der Stolz, mit dem ihr sie betrachtet,
Daß euer Vorzug selbst, aus dem ihr sie verachtet,
Auf ihren Fleiß gegründet ist!
Ist der, der sich und euch durch seine Händ' ernährt,
Nichts Bessers als Verachtung wert?
Gesetzt, du hättest bessre Sitten,
So ist der Vorzug doch nicht dein.
Denn stammtest du aus ihren Hütten,
So hättest du auch ihre Sitten,
Und was du bist, und mehr, das würden sie auch sein,
Wenn sie wie du erzogen wären.
Dich kann die Welt sehr leicht, ihn aber nicht entbehren.

[*A:* 1746/48]

Preis des Schöpfers

Wenn ich, o Schöpfer, deine Macht,
Die Weisheit deiner Wege,
Die Liebe, die für alle wacht,
Anbetend überlege,
So weiß ich, von Bewundrung voll,
Nicht, wie ich dich erheben soll,
Mein Gott, mein Herr und Vater!

Mein Auge sieht, wohin es blickt,
Die Wunder deiner Werke.
Der Himmel, prächtig ausgeschmückt,
Preist dich, du Gott der Stärke!
Wer hat die Sonn an ihm erhöht?
Wer kleidet sie mit Majestät?
Wer ruft dem Heer der Sterne?

Wer mißt dem Winde seinen Lauf?
Wer heißt die Himmel regnen?
Wer schließt den Schoß der Erden auf,
Mit Vorrat uns zu segnen?
O Gott der Macht und Herrlichkeit!
Gott, deine Güte reicht so weit,
So weit die Wolken reichen!

Dich predigt Sonnenschein und Sturm,
Dich preist der Sand am Meere.
Bringt, ruft auch der geringste Wurm,
Bringt meinem Schöpfer Ehre!
Mich, ruft der Baum in seiner Pracht,
Mich, ruft die Saat, hat Gott gemacht;
Bringt unserm Schöpfer Ehre!

Der Mensch, ein Leib, den deine Hand
So wunderbar bereitet;
Der Mensch, ein Geist, den sein Verstand,
Dich zu erkennen, leitet;
Der Mensch, der Schöpfung Ruhm und Preis,
Ist sich ein täglicher Beweis
Von deiner Güt und Größe.

Erheb ihn ewig, o mein Geist,
Erhebe seinen Namen!
Gott, unser Vater, sei gepreist,
Und alle Welt sag Amen!
Und alle Welt fürcht ihren Herrn
Und hoff auf ihn und dien ihm gern!
Wer wollte Gott nicht dienen?

[*A:* 1757]

Anna Louisa Karsch
1722–1791

Klagen eines unglücklichen Verliebten

Flieht, ihr Freuden, weicht, ihr Scherze,
Du Gesellschaft, Saitenspiel und Tanz!
Nichts ergötzt mein traurig Herze.
Weiche, beste Welt, mit deinem Glanz!
Ewig will ich klagen,
Und von meinen Tagen
Soll nicht einer aufgeheitert sein.
Ach, ich will für nichts empfinden
Als für meine Pein.

In den wildesten Gebüschen
Will ich mit verscheuchten Hirschen gehn,
Und wo giftge Schlangen zischen,
Will ich stolz den Tod erwartend stehn.
Einsam will ich irren,
Melancholisch girren,
Wie des Turteltäubchens Gatte tut,
Dem der Habicht sein Vergnügen
Nahm mit Räuberwut.

Da, wo nie ein Tau gefallen,
Wo noch nie ein Mädchen ward geküßt,
Wo kein Lied der Nachtigallen
Und kein Schäferrohr zu hören ist,
Da, wo mitternächtig
Schwarz und schrecklich prächtig
Nur die Furcht ihr ewig Wohnhaus hat,
In der Wüste will ich taumeln,
Meines Lebens satt.

[*A:* 1764]

[*Schäferrohr:* Hirtenflöte.]

An
den Domherrn von Rochow,
als er gesagt hatte,
die Liebe müsse sie gelehret haben,
so schöne Verse zu machen.

Kenner von dem sapphischen Gesange!
Unter deinem weißen Überhange
Klopft ein Herze voller Glut in dir.
Von der Liebe ward es unterrichtet,
Dieses Herze, aber ganz erdichtet
Nennst du sie die Lehrerin von mir!

Meine Jugend ward gedrückt von Sorgen,
Seufzend sang an manchem Sommermorgen
Meine Einfalt ihr gestammelt Lied.
Nicht dem Jüngling töneten Gesänge,
Nein, dem Gott, der auf der Menschen Menge
Wie auf Ameishaufen niedersieht!

Ohne Regung, die ich oft beschreibe,
Ohne Zärtlichkeit ward ich zum Weibe,
Ward zur Mutter! wie im wilden Krieg
Unverliebt ein Mädchen werden müßte,
Die ein Krieger halb gezwungen küßte,
Der die Mauer einer Stadt erstieg.

Sing ich Lieder für der Liebe Kenner,
Dann denk ich den zärtlichsten der Männer,
Den ich immer wünschte, nie erhielt.
Keine Gattin küßte je getreuer,
Als ich in der Sappho sanftem Feuer
Lippen küßte, die ich nie gefühlt!

Was wir heftig lange wünschen müssen
Und was wir nicht zu erhalten wissen,
Drückt sich tiefer unserm Herzen ein.
Rebensaft verschwendet der Gesunde,
Und erquickend schmeckt des Kranken Munde
Auch im Traum der ungetrunkne Wein.

[*A:* 1764]

Karl Wilhelm Ramler
1725–1798

An den Frieden

Wo bist du hingeflohn, geliebter Friede?
Gen Himmel, in dein mütterliches Land?
Hast du dich, ihrer Ungerechtigkeiten müde,
Ganz von der Erde weggewandt?

Wohnst du nicht noch auf einer von den Fluren
Des Ozeans, in Klippen tief versteckt,
Wohin kein Wuchrer, keine Missetäter fuhren,
Die kein Eroberer entdeckt?

Nicht, wo, mit Wüsten rings umher bewehret,
Der Wilde sich in deinem Himmel dünkt?
Sich ruhig von den Früchten seines Palmbaums nähret?
Vom Safte seines Palmbaums trinkt?

O! wo du wohnst, laß endlich dich erbitten:
Komm wieder, wo dein süßer Feldgesang
Von herdevollen Hügeln und aus Weinbeerhütten
Und unter Kornaltären klang.

Sieh diese Schäfersitze, deine Freude,
Wie Städte lang, wie Rosengärten schön,
Nun sparsam, nun wie Bäumchen auf verbrannter Heide,
Wie Gras auf öden Mauern stehn.

Die Winzerinnen halten nicht mehr Tänze;
Die jüngst verlobte Garbenbinderin
Trägt ohne Saitenspiel und Lieder ihre Kränze
Zum Dankaltare weinend hin.

Denn ach! der Krieg verwüstet Saat und Reben
Und Korn und Most, vertilget Frucht und Stamm,
Erwürgt die frommen Mütter, die die Milch uns geben,
Erwürgt das kleine fromme Lamm.

Mit unsern Rossen fährt er Donnerwagen,
Mit unsern Sicheln mäht er Menschen ab;
Den Vater hat er jüngst, er hat den Mann erschlagen,
Nun fodert er den Knaben ab.

Erbarme dich des langen Jammers! Rette
Von deinem Volk den armen Überrest!
Bind an der Hölle Tor mit siebenfacher Kette
Auf ewig den Verderber fest.

(1760) [*D:* 1772]

[*Kornaltäre:* Ramler erläutert selbst: „So werden die im Felde aufgehäuften Garben genannt.“]

Friedrich Gottlieb Klopstock
1724–1803

Der Zürchersee

Schön ist, Mutter Natur, deiner Erfindung Pracht
Auf die Fluren verstreut, schöner ein froh Gesicht,
   Das den großen Gedanken
      Deiner Schöpfung noch *einmal* denkt.

Von des schimmernden Sees Traubengestaden her,
Oder, flohest du schon wieder zum Himmel auf,
   Komm in rötendem Strahle
      Auf dem Flügel der Abendluft,

Komm, und lehre mein Lied jugendlich heiter sein,
Süße Freude, wie du! gleich dem beseelteren
   Schnellen Jauchzen des Jünglings,
      Sanft, der fühlenden Fanny gleich.

Schon lag hinter uns weit Uto, an dessen Fuß
Zürch in ruhigem Tal freie Bewohner nährt;
   Schon war manches Gebirge
      Voll von Reben vorbeigeflohn.

Jetzt entwölkte sich fern silberner Alpen Höh,
Und der Jünglinge Herz schlug schon empfindender,
   Schon verriet es beredter
      Sich der schönen Begleiterin.

„Hallers Doris", die sang, selber des Liedes wert,
Hirzels Daphne, den Kleist innig wie Gleimen liebt;
   Und wir Jünglinge sangen
      Und empfanden wie Hagedorn.

Jetzo nahm uns die Au in die beschattenden
Kühlen Arme des Walds, welcher die Insel krönt;
   Da, da kamest du, Freude!
      Volles Maßes auf uns herab!

Göttin Freude, du selbst! dich, wir empfanden dich!
Ja, du warest es selbst, Schwester der Menschlichkeit,
   Deiner Unschuld Gespielin,
      Die sich über uns ganz ergoß!

Süß ist, fröhlicher Lenz, deiner Begeistrung Hauch,
Wenn die Flur dich gebiert, wenn sich dein Odem sanft
   In der Jünglinge Herzen,
      Und die Herzen der Mädchen gießt.

Ach du machst das Gefühl siegend, es steigt durch dich
Jede blühende Brust schöner, und bebender,
   Lauter redet der Liebe
      Nun entzauberter Mund durch dich!

Lieblich winket der Wein, wenn er Empfindungen,
Beßre sanftere Lust, wenn er Gedanken winkt,
Im sokratischen Becher
Von der tauenden Ros' umkränzt;

Wenn er dringt bis ins Herz, und zu Entschließungen,
Die der Säufer verkennt, jeden Gedanken weckt,
Wenn er lehret verachten,
Was nicht würdig des Weisen ist.

Reizvoll klinget des Ruhms lockender Silberton
In das schlagende Herz, und die Unsterblichkeit
Ist ein großer Gedanke,
Ist des Schweißes der Edlen wert!

Durch der Lieder Gewalt, bei der Urenkelin
Sohn und Tochter noch sein; mit der Entzückung Ton
Oft beim Namen genennet,
Oft gerufen vom Grabe her,

Dann ihr sanfteres Herz bilden, und, Liebe, dich,
Fromme Tugend, dich auch gießen ins sanfte Herz,
Ist, beim Himmel! nicht wenig!
Ist des Schweißes der Edlen wert!

Aber süßer ist noch, schöner und reizender,
In dem Arme des Freunds wissen ein Freund zu sein!
So das Leben genießen,
Nicht unwürdig der Ewigkeit!

Treuer Zärtlichkeit voll, in den Umschattungen,
In den Lüften des Walds, und mit gesenktem Blick
Auf die silberne Welle,
Tat ich schweigend den frommen Wunsch:

Wäret ihr auch bei uns, die ihr mich ferne liebt,
In des Vaterlands Schoß einsam von mir verstreut,
Die in seligen Stunden
Meine suchende Seele fand;

O so bauten wir hier Hütten der Freundschaft uns!
Ewig wohnten wir hier, ewig! Der Schattenwald
Wandelt' uns sich in Tempe,
Jenes Tal in Elysium!

[*D:* 1750]

[*Fanny:* Klopstocks Jugendgeliebte. – *Uto:* der Ütliberg. – *Hallers Doris:* A. v. Haller schrieb 1730 das an seine Braut Marianne Wyss gerichtete Liebeslied „Doris". – *Hirzels Daphne:* anakreontischer Name für die Frau des Zürcher Arztes Hans Kaspar Hirzel (1725–1803), der die Fahrt arrangiert hat. – *Kleist:* Ewald von Kleist (1715–1759), Dichter und preußischer Offizier. – *Gleim:* Johann Wilhelm Ludwig Gleim. – *Hagedorn:* Friedrich von Hagedorn. – *Au:* Insel im Zürcher See. – *sokratischen Becher:* Sokrates empfiehlt in Xenophons „Gastmahl" den kleineren Becher, der heiter stimmt, nicht trunken macht.]

Das Rosenband

Im Frühlingsschatten fand ich sie;
Da band ich sie mit Rosenbändern:
Sie fühlt' es nicht, und schlummerte.

Ich sah sie an; mein Leben hing
Mit diesem Blick an ihrem Leben:
Ich fühlt' es wohl, und wußt' es nicht.

Doch lispelt' ich ihr sprachlos zu,
Und rauschte mit den Rosenbändern:
Da wachte sie vom Schlummer auf.

Sie sah mich an; ihr Leben hing
Mit diesem Blick an meinem Leben,
Und um uns ward's Elysium.

[*E:* 1753; *D:* 1762]

Die Frühlingsfeier

Nicht in den Ozean der Welten alle
Will ich mich stürzen! schweben nicht,
Wo die ersten Erschaffnen, die Jubelchöre der Söhne des Lichts,
Anbeten, tief anbeten! und in Entzückung vergehn!

Nur um den Tropfen am Eimer,
Um die Erde nur, will ich schweben, und anbeten!
Halleluja! Halleluja! Der Tropfen am Eimer
Rann aus der Hand des Allmächtigen auch!

Da der Hand des Allmächtigen
Die größeren Erden entquollen!
Die Ströme des Lichts rauschten, und Siebengestirne wurden,
Da entrannest du, Tropfen, der Hand des Allmächtigen!

Da ein Strom des Lichts rauscht', und unsre Sonne wurde!
Ein Wogensturz sich stürzte wie vom Felsen
Der Wolk' herab, und den Orion gürtete,
Da entrannest du, Tropfen, der Hand des Allmächtigen!

Wer sind die tausendmal tausend, wer die Myriaden alle,
Welche den Tropfen bewohnen, und bewohnten? und wer bin ich?
Halleluja dem Schaffenden! mehr wie die Erden, die quollen!
Mehr, wie die Siebengestirne, die aus Strahlen zusammenströmten! –

Aber du Frühlingswürmchen,
Das grünlichgolden neben mir spielt,
Du lebst; und bist vielleicht
Ach nicht unsterblich!

Ich bin herausgegangen anzubeten,
Und ich weine? Vergib, vergib
Auch diese Träne dem Endlichen,
O du, der sein wird!

Du wirst die Zweifel alle mir enthüllen,
O du, der mich durch das dunkle Tal
Des Todes führen wird! Ich lerne dann,
Ob eine Seele das goldene Würmchen hatte.

Bist du nur gebildeter Staub,
Sohn des Mais, so werde denn
Wieder verfliegender Staub,
Oder was sonst der Ewige will!

Ergeuß von neuem du, mein Auge,
Freudentränen!
Du, meine Harfe,
Preise den Herrn!

Umwunden wieder, mit Palmen
Ist meine Harf' umwunden! Ich singe dem Herrn!
Hier steh ich. Rund um mich
Ist alles Allmacht! und Wunder alles!

Mit tiefer Ehrfurcht schau ich die Schöpfung an,
Denn du!
Namenloser, du!
Schufest sie!

Lüfte, die um mich wehn, und sanfte Kühlung
Auf mein glühendes Angesicht hauchen,
Euch, wunderbare Lüfte,
Sandte der Herr! der Unendliche!

Aber jetzt werden sie still, kaum atmen sie.
Die Morgensonne wird schwül!
Wolken strömen herauf!
Sichtbar ist, der kommt, der Ewige!

Nun schweben sie, rauschen sie, wirbeln die Winde!
Wie beugt sich der Wald! wie hebt sich der Strom!
Sichtbar, wie du es Sterblichen sein kannst,
Ja, das bist du, sichtbar, Unendlicher!

Der Wald neigt sich, der Strom fliehet, und ich
Falle nicht auf mein Angesicht?
Herr! Herr! Gott! barmherzig und gnädig!
Du Naher! erbarme dich meiner!

Zürnest du? Herr,
Weil Nacht dein Gewand ist?
Diese Nacht ist Segen der Erde.
Vater, du zürnest nicht!

Sie kommt, Erfrischung auszuschütten,
Über den stärkenden Halm!
Über die herzerfreuende Traube!
Vater, du zürnest nicht!

Alles ist still vor dir, du Naher!
Ringsumher ist alles still!
Auch das Würmchen mit Golde bedeckt, merkt auf!
Ist es vielleicht nicht seelenlos? ist es unsterblich?

Ach, vermöcht' ich dich, Herr, wie ich dürste, zu preisen!
Immer herrlicher offenbarest du dich!
Immer dunkler wird die Nacht um dich,
Und voller von Segen!

Seht ihr den Zeugen des Nahen, den zückenden Strahl?
Hört ihr Jehovas Donner?
Hört ihr ihn? hört ihr ihn,
Den erschütternden Donner des Herrn?

Herr! Herr! Gott!
Barmherzig, und gnädig!
Angebetet, gepriesen
Sei dein herrlicher Name!

Und die Gewitterwinde? sie tragen den Donner!
Wie sie rauschen! wie sie mit lauter Woge den Wald durchströmen!
Und nun schweigen sie. Langsam wandelt
Die schwarze Wolke.

Seht ihr den neuen Zeugen des Nahen, den fliegenden Strahl?
Höret ihr hoch in der Wolke den Donner des Herrn?
Er ruft: Jehova! Jehova!
Und der geschmetterte Wald dampft!

Aber nicht unsre Hütte!
Unser Vater gebot
Seinem Verderber,
Vor unsrer Hütte vorüberzugehn!

Ach, schon rauscht, schon rauscht
Himmel, und Erde vom gnädigen Regen!
Nun ist, wie dürstete sie! die Erd' erquickt,
Und der Himmel der Segensfüll' entlastet!

Siehe, nun kommt Jehova nicht mehr im Wetter,
In stillem, sanftem Säuseln
Kommt Jehova,
Und unter ihm neigt sich der Bogen des Friedens!

[*D:* 1759; Fassung hier nach *A:* 1771]

[*die ersten Erschaffnen:* die Erzengel. – *Tropfen am Eimer:* Bild für die Erde; vgl. Jesaias 40,15; Sirach 18,8. – *Bogen des Friedens:* Regenbogen.]

Dem Unendlichen

Wie erhebt sich das Herz, wenn es dich,
Unendlicher, denkt! wie sinkt es,
Wenns auf sich herunterschaut!
Elend schauts wehklagend dann, und Nacht und Tod!

Allein du rufst mich aus meiner Nacht, der im Elend, der im Tod hilft!
Dann denk ich es ganz, daß du ewig mich schufst,
Herrlicher! den kein Preis, unten am Grab', oben am Thron,
Herr, Herr, Gott! den dankend entflammt kein Jubel genug besingt.

Weht, Bäume des Lebens, ins Harfengetön!
Rausche mit ihnen ins Harfengetön, kristallner Strom!
Ihr lispelt, und rauscht, und, Harfen, ihr tönt
Nie es ganz! Gott ist es, den ihr preist!

Donnert, Welten, in feierlichem Gang, in der Posaunen Chor!
Du Orion, Waage, du auch!
Tönt all' ihr Sonnen auf der Straße voll Glanz,
In der Posaunen Chor!

Ihr Welten, donnert
Und du, der Posaunen Chor, hallest
Nie es ganz, Gott; nie es ganz, Gott,
Gott, Gott ist es, den ihr preist!

[*E:* 1764; *D:* 1770]

Die frühen Gräber

Willkommen, o silberner Mond,
Schöner, stiller Gefährt der Nacht!
Du entfliehst? Eile nicht, bleib, Gedankenfreund!
Sehet, er bleibt, das Gewölk wallte nur hin.

Des Maies Erwachen ist nur
Schöner noch, wie die Sommernacht,
Wenn ihm Tau, hell wie Licht, aus der Locke träuft,
Und zu dem Hügel herauf rötlich er kömmt.

Ihr Edleren, ach es bewächst
Eure Male schon ernstes Moos!
O wie war glücklich ich, als ich noch mit euch
Sahe sich röten den Tag, schimmern die Nacht.

[*E:* 1764; *D:* 1771]

Die Sommernacht

Wenn der Schimmer von dem Monde nun herab
In die Wälder sich ergießt, und Gerüche
Mit den Düften von der Linde
In den Kühlungen wehn;

So umschatten mich Gedanken an das Grab
Der Geliebten, und ich seh in dem Walde
Nur es dämmern, und es weht mir
Von der Blüte nicht her.

Ich genoß einst, o ihr Toten, es mit euch!
Wie umwehten uns der Duft und die Kühlung,
Wie verschönt warst von dem Monde,
Du o schöne Natur!

[*D:* 1771]

[*Der Geliebten:* Genitiv Plural; aller Toten, die ihm lieb waren.]

Die Etats généraux

Der kühne Reichstag Galliens dämmert schon,
Die Morgenschauer dringen den Wartenden
Durch Mark und Bein: o komm, du neue,
Labende, selbst nicht geträumte Sonne!

Gesegnet sei mir du, das mein Haupt bedeckt,
Mein graues Haar, die Kraft, die nach sechzigen
Fortdauert; denn sie wars, so weit hin
Brachte sie mich, daß ich dies erlebte!

Verzeiht, o Franken (Name der Brüder ist
Der edle Name), daß ich den Deutschen einst
Zurufte, das zu fliehn, warum ich
Ihnen itzt flehe, euch nachzuahmen.

Die größte Handlung dieses Jahrhunderts sei,
So dacht' ich sonst, wie Herkules Friederich
Die Keule führte, von Europas
Herrschern bekämpft, und den Herrscherinnen!

So denk ich jetzt nicht. Gallien krönet sich
Mit einem Bürgerkranze, wie keiner war!
Der glänzet heller, und verdient es!
Schöner, als Lorbeer, die Blut entschimmert.

[*D:* 1789]

[*Die Etats généraux:* die Generalstände Frankreichs, die bei Verdoppelung der Abgeordnetenzahl des dritten Standes 1788 einberufen wurden und am 5. 5. 1789, zum erstenmal seit 1614, in Versailles zusammentraten. – *Franken:* Franzosen. – *Friederich:* Friedrich II. von Preußen (1712–1786). – *Blut entschimmert:* deren Schimmer Blut entstellt.]

Mein Irrtum

Lange hatt' ich auf sie forschend geschaut,
Auf die Redenden nicht; die Täter! war,
Bei den Malen der Geschichte
Wandelnd, den Franken gefolgt.

Die an Völkern du rächst, Königen rächst,
Priestern, die Menschheit, wie wars, Geschichte, voll
Von Gemälden, die der Gute,
Bleich vor Entsetzen erblickt.

Dennoch glaubt' ich, und ach Wonne war mir,
Morgenrötlicher Glanz der goldne Traum!
War ein Zauber, wie gehoffter
Liebe, dem trunkenen Geist!

Freiheit, Mutter des Heils, deucht' es mich, du
Würdest Schöpferin sein, die Glücklichen,
Die so ganz du dir erkorest,
Umzuschaffen gesandt!

Bist du nicht Schöpferin mehr? oder sind sie
Nicht umschaffbar, die du entfesseltest?
Ist ihr Herz Fels, und ihr Auge
Nacht, zu sehn, wer du bist?

Deine Seel' ist Gesetz! Aber ihr Blick
Wird des Falken, ihr Herz wird Feuerstrom;
Ha, er funkelt, und es glühet,
Wenn das Ungesetz winkt.

Dieses kennen sie, dich kennen sie nicht,
Das, das lieben sie! Doch dein Name tönt.
Wenn die Guten das verruchte
Schwert trifft: schallt es von dir.

Freiheit, Mutter des Heils, nannten sie dich
Nicht selbst da noch, als nun Erobrungskrieg,
Mit dem Bruche des gegebnen
Edlen Wortes, begann?

Ach des goldenen Traums Wonn' ist dahin,
Mich umschwebet nicht mehr sein Morgenglanz,
Und ein Kummer, wie verschmähter
Liebe, kümmert mein Herz.

Müde labet auch wohl Schatten am Weg'
In der Öde, der weit umher sich krümmt;
So hat jüngst mich die erhabne
Männin, Corday gelabt.

Richter schändeten sich, sprachen es los,
's Ungeheuer: sie sprach nicht los und tat,
Was mit Glut einst auf der Wange,
Tränen, der Enkel erzählt.

[*E:* 1793; *A:* 1798]

[Entstanden nach dem Tod Charlotte Cordays. – *Bruche des gegebnen... Wortes:* Die Nationalversammlung hatte in der Verfassung festgelegt, keine Eroberungskriege zu führen. Am 18.3.1792 Kriegserklärung Frankreichs an Österreich. Im Krieg gingen dann die franz. Armeen zum Eroberungskrieg über und besetzten auch Teile des Rheinlands. – *Männin:* nach lat. virago. – *Richter schändeten...:* Marat, im April 1793 als Aufwiegler angeklagt, wurde freigesprochen.]

Das Wiedersehn

Der Weltraum fernt mich weit von dir,
So fernt mich nicht die Zeit.
Wer überlebt das siebzigste
Schon hat, ist nah bei dir.

Lang sah ich, Meta, schon dein Grab,
Und seine Linde wehn;
Die Linde wehet einst auch mir,
Streut ihr Blum' auch mir,

Nicht mir! Das ist mein Schatten nur,
Worauf die Blüte sinkt;
So wie es nur dein Schatten war,
Worauf sie oft schon sank.

Dann kenn' ich auch die höhre Welt,
In der du lange warst;
Dann sehn wir froh die Linde wehn,
Die unsre Gräber kühlt.

Dann... Aber ach ich weiß ja nicht,
Was du schon lange weißt;
Nur daß es, hell von Ahndungen,
Mir um die Seele schwebt!

Mit wonnevollen Hoffnungen
Die Abendröte kommt:
Mit frohem, tiefen Vorgefühl,
Die Sonnen auferstehn!

[*E:* 1797; *D:* 1798]

[Meta: Klopstocks erste Ehefrau Margarethe, geb. Moller, † 1758.]

Gottlieb Konrad Pfeffel
1736–1809

Jost

Von seinem milden Landesvater
Durch Fronen abgezehrt, lag Jost
Auf faulem Moos. Ein frommer Pater
Gab in dem letzten Kampf ihm Trost:
Bald, sprach er, wird euch Gott entbinden
Vom Joch, das euch so hart gedrückt;
Die Ruhe, die euch nie beglückt,
Freund, werdet ihr im Himmel finden.
Ach, Herr! rief Jost so dumpf und hohl
Wie aus dem Grab, wer kann das wissen?
Wir armen Bauren werden wohl
Im Himmel fronweis donnern müssen.

(1785) [*A:* 1789]

Der Reisende und der Cicerone

Ein Fremder ging mit seinem Cicerone
Durch ein gewundnes Felsental,
In dem das Echo siebenmal
Die Worte wiedergab. Im Dithyrambentone
Erhob der Mann die Seltenheit.
Freund, das ist eine Kleinigkeit,
Sprach jener, in dem Land, das ich bewohne,
Besitzt der König einen Saal,
Der seine Worte hundertmal
Und mehr noch wiederholt. Herr, sprach der Cicerone,
Ihr spaßet, oder hält sich der Regent
Vielleicht ein Parlament?

(1806) [*A:* 1810]

[*Cicerone:* redseliger Fremdenführer. – *Dithyrambentone:* im überschwenglichen Ton eines Dithyrambus, ursprüngl. eines Weihelieds auf Dionysos.]

Die Reichsgeschichte der Tiere

Die Tiere lebten viele Jahre
In friedlicher Demokratie;
Doch endlich kamen sie einander in die Haare,
Und ihre Republik versank in Anarchie.
Der Löwe machte sich den innern Streit zunutze
Und bot sich ohne Sold dem kleinern Vieh,
Als dem gedrückten Teil, zum Schutze,
Zum Retter seiner Freiheit an.
Er wollte bloß des Volkes Diener heißen
Und brauchte weislich seinen Zahn
Im Anfang nur, die Räuber zu zerreißen.
Als dies die frohen Bürger sahn,
Ernannten sie zum wohlverdienten Lohne
Den Diener feierlich zum Khan,
Versicherten die Würde seinem Sohne
Und gaben ihm die Macht, die Ämter zu verleihn,
Um kräftiger beschützt zu sein.
Nun sprach der neue Fürst aus einem andern Tone:
Er gürtete sein Haupt mit einer Eichenkrone,
Enthob Tribut, und wer ihm widerstand,
Fiel als Rebell in seine Pranke.
Der Tiger und der Fuchs, der Wolf, der Elefant
Ergaben sich aus List, und jeder ward zum Danke
Zum königlichen Rat ernannt.
Jetzt halfen sie dem Khan die schwächern Tiere hetzen,
Bekamen ihren Teil an den erpreßten Schätzen
Und raubten endlich trotz dem Khan.
Ha, rief das arme Volk mit tiefgesenkten Ohren
Und mit geschundner Haut, was haben wir getan! –
Allein der Freiheit Kranz war nun einmal verloren.
Der Löwe war und blieb Tyrann;
Er ließ von jedem Tier sich stolz die Pfote lecken,
Und wer nicht kroch, der mußte sich verstecken.

(1787) [*A:* 1789]

MATTHIAS CLAUDIUS
1740–1815

Ein Wiegenlied, bei Mondschein zu singen

So schlafe nun, du Kleine!
  Was weinest du?
Sanft ist im Mondenscheine
  Und süß die Ruh'.

Auch kommt der Schlaf geschwinder
  Und sonder Müh';
Der Mond freut sich der Kinder
  Und liebet sie.

Er liebt zwar auch die Knaben,
  Doch Mädchen mehr,
Gießt freundlich schöne Gaben
  Von oben her

Auf sie aus, wenn sie saugen,
  Recht wunderbar;
Schenkt ihnen blaue Augen
  Und blondes Haar.

Alt ist er wie ein Rabe,
  Sieht manches Land;
Mein Vater hat als Knabe
  Ihn schon gekannt.

Und bald nach ihren Wochen
  Hat Mutter 'mal
Mit ihm von mir gesprochen:
  Sie saß im Tal.

In einer Abendstunde,
  Den Busen bloß,
Ich lag mit offnem Munde
  In ihrem Schoß.

Sie sah mich an, für Freude
  Ein Tränchen lief,
Der Mond beschien uns beide,
  Ich lag und schlief;

Da sprach sie: „Mond, o! scheine,
  Ich hab' sie lieb,
Schein Glück für meine Kleine!"
  Ihr Auge blieb

Noch lang am Monde kleben
  Und flehte mehr.
Der Mond fing an zu beben,
  Als hörte er.

Und denkt nun immer wieder
  An diesen Blick,
Und scheint von hoch hernieder
  Mir lauter Glück.

Er schien mir unterm Kranze
  Ins Brautgesicht,
Und bei dem Ehrentanze;
  Du warst noch nicht.

[*D:* 1770]

An – als Ihm die – starb

Der Säemann säet den Samen,
  Die Erd' empfängt ihn, und über ein kleines
    Keimet die Blume herauf –

Du liebtest sie. Was auch dies Leben
  Sonst für Gewinn hat, war klein Dir geachtet.
    Und sie entschlummerte Dir!

Was weinest Du neben dem Grabe,
  Und hebst die Hände zur Wolke des Todes
    Und der Verwesung empor?

Wie Gras auf dem Felde sind Menschen
  Dahin, wie Blätter! Nur wenige Tage
    Gehn wir verkleidet einher!

Der Adler besuchet die Erde,
  Doch säumt nicht, schüttelt vom Flügel den Staub und
    Kehrt zur Sonne zurück!

[*D:* 1771]

Der Schwarze in der Zuckerplantage

Weit von meinem Vaterlande
  Muß ich hier verschmachten und vergehn,
Ohne Trost, in Müh' und Schande;
  Ohhh die weißen Männer!! klug und schön!
Und ich hab' den Männern ohn' Erbarmen
  Nichts getan.
Du im Himmel! hilf mir armen
  Schwarzen Mann!

[*D:* 1773]

Abendlied

Der Mond ist aufgegangen,
Die goldnen Sternlein prangen
  Am Himmel hell und klar;
Der Wald steht schwarz und schweiget,
Und aus den Wiesen steiget
  Der weiße Nebel wunderbar.

Wie ist die Welt so stille,
Und in der Dämmrung Hülle
  So traulich und so hold!
Als eine stille Kammer,
Wo ihr des Tages Jammer
  Verschlafen und vergessen sollt.

Seht ihr den Mond dort stehen? –
Er ist nur halb zu sehen,
  Und ist doch rund und schön!
So sind wohl manche Sachen,
Die wir getrost belachen,
  Weil unsre Augen sie nicht sehn.

Wir stolze Menschenkinder
Sind eitel arme Sünder
  Und wissen gar nicht viel;
Wir spinnen Luftgespinste
Und suchen viele Künste
  Und kommen weiter von dem Ziel.

Gott, laß uns dein Heil schauen,
Auf nichts Vergänglichs trauen,
  Nicht Eitelkeit uns freun!
Laß uns einfältig werden
Und vor dir hier auf Erden
  Wie Kinder fromm und fröhlich sein!

✶

Wollst endlich sonder Grämen
Aus dieser Welt uns nehmen
  Durch einen sanften Tod!
Und, wenn du uns genommen,
Laß uns in Himmel kommen,
  Du unser Herr und unser Gott!

So legt euch denn, ihr Brüder,
In Gottes Namen nieder;
  Kalt ist der Abendhauch.
Verschon uns, Gott! mit Strafen,
Und laß uns ruhig schlafen!
  Und unsern kranken Nachbar auch!

[*D:* 1779]

Kriegslied

's ist Krieg! 's ist Krieg! O Gottes Engel wehre,
  Und rede Du darein!
's ist leider Krieg – und ich begehre
  Nicht schuld daran zu sein!

Was sollt' ich machen, wenn im Schlaf mit Grämen
  Und blutig, bleich und blaß,
Die Geister der Erschlagnen zu mir kämen,
  Und vor mir weinten, was?

Wenn wackre Männer, die sich Ehre suchten,
  Verstümmelt und halb tot
Im Staub sich vor mir wälzten und mir fluchten
  In ihrer Todesnot?

Wenn tausend tausend Väter, Mütter, Bräute,
  So glücklich vor dem Krieg,
Nun alle elend, alle arme Leute,
  Wehklagten über mich?

Wenn Hunger, böse Seuch' und ihre Nöten
  Freund, Freund und Feind ins Grab
Versammleten, und mir zu Ehren krähten
  Von einer Leich' herab?

Was hülf' mir Kron' und Land und Gold und Ehre?
  Die könnten mich nicht freun!
's ist leider Krieg – und ich begehre
  Nicht schuld daran zu sein!

[*D:* 1779]

Der Mensch

Empfangen und genähret
  Vom Weibe wunderbar
Kömmt er und sieht und höret
  Und nimmt des Trugs nicht wahr;
Gelüstet und begehret,
  Und bringt sein Tränlein dar;
Verachtet und verehret,
  Hat Freude und Gefahr;
Glaubt, zweifelt, wähnt und lehret,
  Hält nichts und alles wahr;
Erbauet und zerstöret;
  Und quält sich immerdar;
Schläft, wachet, wächst und zehret;
  Trägt braun und graues Haar etc.
Und alles dieses währet,
  Wenn's hoch kommt, achtzig Jahr.
Denn legt er sich zu seinen Vätern nieder,
Und er kömmt nimmer wieder.

[*D:* 1783]

Der Tod

Ach, es ist so dunkel in des Todes Kammer,
  Tönt so traurig, wenn er sich bewegt
Und nun aufhebt seinen schweren Hammer
  Und die Stunde schlägt.

[*D:* 1798]

Die Liebe

Die Liebe hemmet nichts; sie kennt nicht Tür noch Riegel
  Und dringt durch alles sich;
Sie ist ohn' Anbeginn, schlug ewig ihre Flügel,
  Und schlägt sie ewiglich.

[*D:* 1798]

Leopold Friedrich Günther von Goeckingk
1748–1828

Der Winterabend
Vor einer Reise zu Nantchen

Welch ein Wetter! – Soll ich fort?
Oder soll ich bleiben?
Wie die düstern Wolken dort
Sich einander treiben!
Wie der Knopf am Kirchenturm
Schwankt auf seiner Stange!
Horch! wie, mehr vor Schnee und Sturm
Als vor Menschen bange,
Aller Raben Angstgeschrei
Um ein Obdach flehet,
Und der Kauz im Turme frei
Gegen sie sich blähet;
Wie von meinen Fenstern ab
Dicke Schloßen prallen;
Rasselnd von dem Dach herab
Morsche Ziegel fallen,
Und noch lauter als das Horn,
Das den Schlaf zerstreuet,
Straf mich nicht in deinem Zorn!
Kunz, der Heuchler, schreiet!
Sieh! wie selbst die Rosse dort
Fortzugehn sich sträuben!
Welch ein Wetter! – Soll ich fort?
Oder soll ich bleiben? –

Was besinnen! – Heinrich! he!
Sattle noch den Rappen!
Sollt ich auch in tiefem Schnee
Nach dem Wege tappen,
Sollt ich auch an starrer Hand
Meinen Renner leiten,
Und zuerst vom Felsenrand
In die Tiefe gleiten.
Mag ich ganze Meilen mich
In dem Forst verirren,
Mag der Schuhuh fürchterlich
Überm Kopf mir schwirren,
Und der Wind durchs trockne Laub
Alter Eichen rauschen,
Und ein Räuber auf den Raub
In dem Dickicht lauschen,
Mir mit aufgespanntem Hahn
Nach der Kehle greifen,
Und auf einem Wolfeszahn
Seiner Bande pfeifen.
Was sind Räuber, Schnee und Wind!
Sie ist mein gewärtig!
Heinrich! Heinrich! o geschwind!
Ist der Rappe fertig?

[*A:* 1777]

Erkannte Wohltat

Ich danke Gott, daß ich zu Fuß muß gehen,
Nicht fahren und nicht reiten kann!
Der Gemse Klippen und des Adlers Höhen
Klimmt keines Fürsten Roß hinan.

Ich aber höre auf des Brockens Spitze
Von meinem Fuß hinab ins Land
Die Donner rollen, und die Blitze
Greif ich am Saum mit meiner Hand.

Mir ist, als müßt ich mich an diese hangen,
Als sollten sie mich nach sich ziehn;
Denn jeder Erdenwunsch ist mir vergangen,
Und klein, was sonst so groß mir schien.

Wie magst du dieses nur einmal verstehen,
Wie vollends fühlen, reicher Mann?
Drum dank ich Gott, daß ich zu Fuß muß gehen,
Nicht fahren und nicht reiten kann.

[*D:* 1780]

Ludwig Christoph Heinrich Hölty
1748–1776

Die Mainacht

Wenn der silberne Mond durch die Gesträuche blickt
Und sein schlummerndes Licht über den Rasen geußt,
Und die Nachtigall flötet,
Wandl ich traurig von Busch zu Busch.

Selig preis ich dich dann, flötende Nachtigall,
Weil dein Weibchen mit dir wohnet in einem Nest,
Ihrem singenden Gatten
Tausend trauliche Küsse gibt.

Überschattet von Laub, girret ein Taubenpaar
Sein Entzücken mir vor; aber ich wende mich,
Suche dunkle Gesträuche,
Und die einsame Träne rinnt.

Wann, o lächelndes Bild, welches wie Morgenrot
Durch die Seele mir strahlt, find ich auf Erden dich?
Und die einsame Träne
Bebt mir heißer die Wang herab.

[*D:* 1775]

Mailied

Der Anger steht so grün, so grün
Die blauen Veilchenglocken blühn,
Und Schlüsselblumen drunter,
Der Wiesengrund
Ist schon so bunt
Und färbt sich täglich bunter.

Drum komme, wem der Mai gefällt,
Und freue sich der schönen Welt
Und Gottes Vatergüte,
Die diese Pracht
Hervorgebracht,
Den Baum und seine Blüte.

[*D:* 1776; Titel dort: „Frühlingslied".
Anfang: „Die Luft ist blau, das Tal ist grün. /
Die kleinen Maienglocken blühn."]

Der alte Landmann an seinen Sohn

Üb immer Treu und Redlichkeit
Bis an dein kühles Grab
Und weiche keinen Fingerbreit
Von Gottes Wegen ab.
Dann wirst du wie auf grünen Aun
Durchs Pilgerleben gehn,
Dann kannst du sonder Furcht und Graun
Dem Tod ins Auge sehn.

Dann wird die Sichel und der Pflug
In deiner Hand so leicht;
Dann singest du beim Wasserkrug,
Als wär dir Wein gereicht.
Dem Bösewicht wird alles schwer,
Er tue was er tu.
Der Teufel treibt ihn hin und her
Und läßt ihm keine Ruh.

Der schöne Frühling lacht ihm nicht,
Ihm lacht kein Ährenfeld;
Er ist auf Lug und Trug erpicht
Und wünscht sich nichts als Geld.
Der Wind im Hain, das Laub am Baum
Saust ihm Entsetzen zu;
Er findet nach des Lebens Traum
Im Grabe keine Ruh.

Dann muß er in der Geisterstund
Aus seinem Grabe gehn
Und oft als schwarzer Kettenhund
Vor seiner Haustür stehn.
Die Spinnerinnen, die, das Rad
Im Arm, nach Hause gehn,
Erzittern wie ein Espenblatt,
Wenn sie ihn liegen sehn.

Und jede Spinnestube spricht
Von diesem Abenteur
Und wünscht den toten Bösewicht
Ins tiefste Höllenfeur.
Der alte Kunz war bis ans Grab
Ein rechter Höllenbrand;
Er pflügte seinem Nachbar ab
Und stahl ihm vieles Land.

Nun pflügt er als ein Feuermann
Auf seines Nachbars Flur
Und mißt das Feld hinab, hinan
Mit einer glühnden Schnur.
Er brennet wie ein Schober Stroh
Dem glühnden Pfluge nach
Und pflügt und brennet lichterloh
Bis an den hellen Tag.

Der Amtmann, der im Weine floß,
Die Bauren schlug halbkrumm,
Trabt nun auf einem glühnden Roß
In jenem Wald herum.
Der Pfarrer, der aufs Tanzen schalt
Und Filz und Wuchrer war,
Steht nun als schwarze Spukgestalt
Am nächtlichen Altar.

Üb immer Treu und Redlichkeit
Bis an dein kühles Grab
Und weiche keinen Fingerbreit
Von Gottes Wegen ab.
Dann suchen Enkel deine Gruft
Und weinen Tränen drauf,
Und Sommerblumen, voll von Duft,
Blühn aus den Tränen auf.

[*D:* 1779]

Ihr Freunde, hänget, wann ich gestorben bin,
Die kleine Harfe hinter dem Altar auf,
Wo an der Wand die Totenkränze
Manches verstorbenen Mädchens schimmern.

Der Küster zeigt dann freundlich dem Reisenden
Die kleine Harfe, rauscht mit dem roten Band,
Das, an der Harfe festgeschlungen,
Unter den goldenen Saiten flattert.

[*E:* 1775; *D:* 1783]

Friedrich Leopold Graf zu Stolberg
1750–1819

Lied auf dem Wasser zu singen für meine Agnes

Mitten im Schimmer der spiegelnden Wellen
Gleitet wie Schwäne der wankende Kahn;
Ach, auf der Freude sanftschimmernden Wellen
Gleitet die Seele dahin wie der Kahn;
Denn von dem Himmel herab auf die Wellen
Tanzet das Abendrot rund um den Kahn.

Über den Wipfeln des westlichen Haines
Winket uns freundlich der rötliche Schein;
Unter den Zweigen des östlichen Haines
Säuselt der Kalmus im rötlichen Schein;
Freude des Himmels und Ruhe des Haines
Atmet die Seel im errötenden Schein.

Ach, es entschwindet mit tauigem Flügel
Mir auf den wiegenden Wellen die Zeit.
Morgen entschwinde mit schimmerndem Flügel
Wieder wie gestern und heute die Zeit,
Bis ich auf höherem strahlenden Flügel
Selber entschwinde der wechselnden Zeit.

[*D:* 1782]

[*Agnes:* Agnes Henriette Eleonore von Witzleben, die Stolberg am 11. 6. 1782 heiratete.]

Gottfried August Bürger
1747–1794

Lenore

Lenore fuhr um's Morgenroth
Empor aus schweren Träumen:
„Bist untreu, Wilhelm, oder todt?
Wie lange willt du säumen?“ –
Er war, mit König Friedrichs Macht,
Gezogen in die Prager Schlacht,
Und hatte nicht geschrieben,
Ob er gesund geblieben.

Der König und die Kaiserinn,
Des langen Haders müde,
Erweichten ihren harten Sinn,
Und machten endlich Friede;
Und jedes Heer, mit Sing und Sang,
Mit Paukenschlag, mit Kling und Klang,
Geschmückt mit grünen Reisern,
Zog heim zu seinen Häusern.

Und überall, all überall,
Auf Wegen und auf Stegen,
Zog Alt und Jung dem Jubelschall
Der Kommenden entgegen.
Gottlob! rief Kind und Mutter laut,
Willkommen! manche frohe Braut;
Ach! aber für Lenoren
War Gruß und Kuß verloren.

Sie frug den Zug wol auf und ab,
Und frug nach allen Namen;
Doch keiner war, der Kundschaft gab,
Von allen, so da kamen.
Als nun das Heer vorüber war,
Zerraufte sie ihr Rabenhaar,
Und warf sich hin zur Erde
Mit wütiger Geberde.

Die Mutter lief wol hin zu ihr:
„Ach! daß sich Gott erbarme!
Du liebes Kind! was ist mit dir?“ –
Und schloß sie in die Arme. –
„O Mutter! Mutter! hin ist hin!
Nun fahre Welt und alles hin!
Bey Gott ist kein Erbarmen:
O weh, o weh mir Armen!“ –

„Hilf Gott! hilf! Sieh uns gnädig an!
Kind, bet' ein Vaterunser!
Was Gott thut, das ist wohlgethan;
Gott, Gott erbarmt sich unser!“ –
„O Mutter! Mutter! eitler Wahn!
Gott hat an mir nicht wohlgethan!
Was half, was half mein Beten?
Nun ist's nicht mehr vonnöthen!“ –

„Hilf Gott! hilf! Wer den Vater kennt,
Der weiß, er hilft den Kindern.
Das hochgelobte Sakrament
Wird deinen Jammer lindern.“ –
„O Mutter! Mutter! was mich brennt,
Das lindert mir kein Sakrament!
Kein Sakrament mag Leben
Den Todten wiedergeben!“ –

„Hör, Kind! Wie wenn der falsche Mann,
Im fernen Ungerlande,
Sich seines Glaubens abgethan,
Zum neuen Ehebande?...
Laß fahren, Kind, sein Herz dahin!
Er hat es nimmermehr Gewinn!
Wann Seel' und Leib sich trennen,
Wird ihn sein Meineid brennen!“ –

„O Mutter! Mutter! hin ist hin!
Verloren ist verloren!
Der Tod, der Tod ist mein Gewinn!
O wär' ich nie geboren!...
Lisch aus, mein Licht! auf ewig aus!
Stirb hin! stirb hin! in Nacht und Graus!
Bey Gott ist kein Erbarmen:
O weh, o weh mir Armen!“ –

„Hilf Gott! hilf! Geh nicht ins Gericht
Mit deinem armen Kinde!
Sie weiß nicht, was die Zunge spricht;
Behalt ihr nicht die Sünde!..
Ach Kind! vergiß dein irdisch Leid,
Und denk an Gott und Seligkeit,
So wird doch deiner Seelen
Der Bräutigam nicht fehlen!“ –

„O Mutter! was ist Seligkeit?
O Mutter! was ist Hölle?
Bey ihm, bey ihm ist Seligkeit!
Und ohne Wilhelm, Hölle!..
Lisch aus, mein Licht! auf ewig aus!
Stirb hin! stirb hin! in Nacht und Graus!
Ohn' ihn mag ich auf Erden,
Mag dort nicht selig werden!" – –

So wütete Verzweifelung
Ihr in Gehirn und Adern.
Sie fuhr mit Gottes Fürsehung
Vermessen fort zu hadern,
Zerschlug den Busen, und zerrang
Die Hand, bis Sonnenuntergang,
Bis auf am Himmelsbogen
Die goldnen Sterne zogen.

Und aussen, horch! ging's trap trap trap,
Als wie von Rosses Hufen,
und klirrend stieg ein Reiter ab
An des Geländers Stufen.
Und horch! und horch! den Pfortenring
Ganz lose, leise kling ling ling!
Dann kamen durch die Pforte
Vernehmlich diese Worte:

„Holla! holla! Thu auf, mein Kind!
Schläfst, Liebchen, oder wachst du?
Wie bist noch gegen mich gesinnt?
Und weinest oder lachst du?" –
„Ach Wilhelm! du?.. So spät bey Nacht?..
Geweinet hab' ich und gewacht;
Ach! großes Leid erlitten!
Wo kömmst du her geritten?" –

„Wir satteln nur um Mitternacht.
Weit ritt ich her von Böhmen;
Ich habe spat mich aufgemacht,
Und will dich mit mir nehmen!" –
„Ach Wilhelm! 'rein, herein geschwind!
Den Hagedorn durchsaust der Wind:
Herein in meinen Armen,
Herzliebster, zu erwarmen!" –

„Laß sausen durch den Hagedorn,
Laß sausen, Kind, laß sausen!
Der Rappe scharrt; es klirrt der Sporn;
Ich darf allhier nicht hausen!
Komm, schürze, spring' und schwinge dich
Auf meinen Rappen hinter mich!
Muß heut noch hundert Meilen
Mit dir ins Brautbett eilen." –

„Ach! wolltest hundert Meilen noch
Mich heut ins Brautbett tragen?
Und horch! Es brummt die Glocke noch,
Die elf schon angeschlagen." –
„Herzliebchen! komm! der Mond scheint hell;
Wir, und die Todten, reiten schnell;
Ich bringe dich, zur Wette,
Noch heut ins Hochzeitsbette." –

„Sag an! wo ist dein Kämmerlein?
Wo? wie dein Hochzeitbettchen?" –
„Weit, weit von hier!.. Still, kühl und klein!..
Sechs Bretter und zwey Brettchen!" –
„Hat's Raum für mich?" – „Für dich und mich!
Komm, schürze, spring' und schwinge dich!
Die Hochzeitsgäste hoffen;
Die Kammer steht uns offen." –

Schön Liebchen schürzte, sprang und schwang
Sich auf das Roß behende;
Wol um den trauten Reiter schlang
Sie ihre Lilienhände,
Und als sie saßen, hop! hop! hop!
Ging's fort im sausenden Galopp,
Daß Roß und Reiter schnoben,
Und Kies und Funken stoben.

Zur rechten und zur linken Hand,
Vorbey vor ihren Blicken,
Wie flogen Anger, Haid' und Land!
Wie donnerten die Brücken!....
„Graut Liebchen auch?.. Der Mond scheint hell!
Hurrah! die Todten reiten schnell!..
Graut Liebchen auch vor Todten?" –
„Ach nein!. doch laß die Todten!" –

Was klang dort für Gesang und Klang?
Was flatterten die Raben?..
Horch Glockenklang! Horch Todtensang!
„Laßt uns den Leib begraben!"..
Und näher zog ein Leichenzug,
Der Sarg und Todtenbaare trug.
Das Lied war zu vergleichen
Dem Unkenruf in Teichen.

„Nach Mitternacht begrabt den Leib
Mit Klang und Sang und Klage!
Jetzt führ' ich heim mein junges Weib;
Mit, mit zum Brautgelage!..
Komm, Küster, hier! komm mit dem Chor,
Und gurgle mir das Brautlied vor!
Komm, Pfaff', und sprich den Segen
Eh wir zu Bett uns legen!" –

Still Klang und Sang.. Die Baare schwand..
Gehorsam seinem Rufen
Kam's hurre! hurre! nachgerannt
Hart hinter's Rappen Hufen.
Und immer weiter, hop! hop! hop!
Ging's fort im sausenden Galopp,
Daß Roß und Reiter schnoben,
Und Kies und Funken stoben.

Wie flogen rechts, wie flogen links
Die Hügel, Bäum' und Hecken!
Wie flogen links, und rechts und links,
Die Dörfer, Städt' und Flecken!
„Graut Liebchen auch?.. der Mond scheint hell!
Hurrah! die Todten reiten schnell!..
Graut Liebchen auch vor Todten?" –
„Ach! laß sie ruhn, die Todten!" –

Sieh da! sieh da! Am Hochgericht
Tanzt, um des Rades Spindel,
Halb sichtbarlich, bey Mondenlicht,
Ein luftiges Gesindel.
„Sa! sa! Gesindel! hier! komm hier!
Gesindel, komm und folge mir!
Tanz uns den Hochzeitreigen,
Wann wir das Bett besteigen!" –

Und das Gesindel, husch! husch! husch!
Kam hinten nach geprasselt,
Wie Wirbelwind am Haselbusch
Durch dürre Blätter rasselt.
Und weiter weiter, hop! hop! hop!
Ging's fort im sausenden Galopp,
Daß Roß und Reiter schnoben,
Und Kies und Funken stoben.

Wie flog, was rund der Mond beschien,
Wie flog es in die Ferne!
Wie flogen oben überhin
Der Himmel und die Sterne!

„Graut, Liebchen auch?.. Der Mond scheint hell!
Hurrah! die Todten reiten schnell!..
Graut Liebchen auch vor Todten?" –
„O weh! laß ruhn die Todten?" – – –

„Rapp! Rapp! Mich dünkt der Hahn schon ruft..
Bald wird der Sand verrinnen..
Rapp! Rapp! ich wittre Morgenluft..
Rapp! tummle dich von hinnen!....
Vollbracht, vollbracht ist unser Lauf!
Das Hochzeitbette thut sich auf!
Die Todten reiten schnelle!
Wir sind, wir sind zur Stelle!" – – –

Rasch auf ein eisern Gitterthor
Ging's mit verhängtem Zügel;
Mit schwanker Gert' ein Schlag davor
Zersprengte Schloß und Riegel.
Die Flügel flogen klirrend auf,
Und über Gräber ging der Lauf;
Es blinkten Leichensteine
Ringsum im Mondenscheine.

Hasi! Hasi! im Augenblick,
Hu! hu! ein gräßlich Wunder!
Des Reiters Koller, Stück für Stück,
Fiel ab, wie mürber Zunder.
Zum Schädel ohne Zopf und Schopf,
Zum nackten Schädel ward sein Kopf,
Sein Körper zum Gerippe
Mit Stundenglas und Hippe.

Hoch bäumte sich, wild schnob der Rapp,
Und sprühte Feuerfunken;
Und huy! war's unter ihr herab
Verschwunden und versunken.
Geheul! Geheul aus hoher Luft,
Gewinsel kam aus tiefer Gruft;
Lenorens Herz, mit Beben,
Rang zwischen Tod und Leben.

Nun tanzten wol, bey Mondenglanz,
Rund um herum im Kreise,
Die Geister einen Kettentanz,
Und heulten diese Weise:
„Gedult! Gedult! wenn's Herz auch bricht!
Mit Gott im Himmel hadre nicht!
Des Leibes bist du ledig;
Gott sey der Seele gnädig!"

[*D:* 1774]

Der Bauer an seinen Durchlauchtigen Tyrannen

Wer bist du, Fürst, daß ohne Scheu
Zerrollen mich dein Wagenrad,
Zerschlagen darf dein Roß?

Wer bist du, Fürst, daß in mein Fleisch
Dein Freund, dein Jagdhund, ungebleut
Darf Klau und Rachen haun?

Wer bist du, daß durch Saat und Forst
Das Hurra deiner Jagd mich treibt,
Entatmet wie das Wild? –

Die Saat, so deine Jagd zertritt,
Was Roß und Hund und du verschlingst,
Das Brot, du Fürst, ist mein.

Du Fürst hast nicht bei Egg und Pflug,
Hast nicht den Erntetag durchschwitzt.
Mein, mein ist Fleiß und Brot! –

Ha! du wärst Obrigkeit von Gott?
Gott spendet Segen aus; du raubst!
Du nicht von Gott, Tyrann!

[*A:* 1778]

Prometheus

Prometheus hatte kaum herab in Erdennacht
Den Quell des Lichts, der Wärm und alles Lebens,
Das Feuer vom Olymp gebracht,

Sieh, da verbrannte sich – denn Warnen war vergebens –
Manch dummes Jüngelchen die Faust aus Unbedacht.
Mein Gott! Was für Geschrei erhuben
Nicht da so manches dummen Buben
Erzdummer Papa,
Erzdumme Mama,
Erzdummes Leibs- und Seelenamme,
Welch Gänsegeschnatter die Klerisei,
Welch Truthahnsgekoller die Polizei!

Ist's weise, daß man dich verdamme,
Gebenedeite Gottesflamme,
Allfreie Denk- und Druckerei?

[*D:* 1788]

Christian Friedrich Daniel Schubart
1739–1791

Die Fürstengruft

Da liegen sie, die stolzen Fürstentrümmer,
Ehmals die Götzen ihrer Welt!
Da liegen sie, vom fürchterlichen Schimmer
Des blassen Tags erhellt!

Die alten Särge leuchten in der dunkeln
Verwesungsgruft wie faules Holz.
Wie matt die großen Silberschilde funkeln,
Der Fürsten letzter Stolz!

Entsetzen packt den Wandrer hier am Haare,
Geußt Schauer über seine Haut,
Wo Eitelkeit, gelehnt an eine Bahre,
Aus hohlen Augen schaut.

Wie fürchterlich ist hier des Nachhalls Stimme!
Ein Zehentritt stört seine Ruh.
Kein Wetter Gottes spricht mit lauterm Grimme:
O Mensch, wie klein bist du!

Denn ach! hier liegt der edle Fürst, der gute!
Zum Völkersegen einst gesandt
Wie der, den Gott zur Nationenrute
Im Zorn zusammenband.

An ihren Urnen weinen Marmorgeister;
Doch kalte Tränen nur von Stein,
Und lachend grub – vielleicht ein welscher Meister
Sie einst dem Marmor ein.

Da liegen Schädel mit verloschnen Blicken,
Die ehmals hoch herabgedroht,
Der Menschheit Schrecken! – Denn an ihrem Nicken
Hing Leben oder Tod.

Nun ist die Hand herabgefault zum Knochen,
Die oft mit kaltem Federzug
Den Weisen, der am Thron zu laut gesprochen,
In harte Fesseln schlug.

Zum Totenbein ist nun die Brust geworden,
Einst eingehüllt in Goldgewand,
Daran ein Stern und ein entweihter Orden
Wie zween Kometen stand.

Vertrocknet und verschrumpft sind die Kanäle,
Drin geiles Blut wie Feuer floß,
Das schäumend Gift der Unschuld in die Seele
Wie in den Körper goß.

Sprecht, Höflinge, mit Ehrfurcht auf der Lippe
Nun Schmeichelein ins taube Ohr!
Beräuchert das durchlauchtige Gerippe
Mit Weihrauch wie zuvor!

Er steht nicht auf, euch Beifall zuzulächeln,
Und wiehert keine Zoten mehr,
Damit geschminkte Zofen ihn befächeln,
Schamlos und geil wie er.

Sie liegen nun, den eisern Schlaf zu schlafen,
Die Menschengeißeln, unbetraurt,
Im Felsengrab, verächtlicher als Sklaven,
In Kerker eingemaurt.

Sie, die im ehrnen Busen niemals fühlten
Die Schrecken der Religion,
Und gottgeschaffne, bessre Menschen hielten
Für Vieh, bestimmt zur Fron;

Die das Gewissen, jenen mächtgen Kläger,
Der alle Schulden niederschreibt,
Durch Trommelschlag, durch welsche Trillerschläger
Und Jagdlärm übertäubt;

Die Hunde nur und Pferd und fremde Dirnen
Mit Gnade lohnten und Genie
Und Weisheit darben ließen; denn das Zürnen
Der Geister schreckte sie:

Die liegen nun in dieser Schauergrotte
Mit Staub und Würmern zugedeckt,
So stumm! so ruhmlos! noch von keinem Gotte
Ins Leben aufgeweckt.

Weckt sie nur nicht mit eurem bangen Ächzen,
Ihr Scharen, die sie arm gemacht,
Verscheucht die Raben, daß von ihrem Krächzen
Kein Wütrich hier erwacht!

Hier klatsche nicht des armen Landmanns Peitsche,
Die nachts das Wild vom Acker scheucht!
An diesem Gitter weile nicht der Deutsche,
Der siech vorüberkeucht!

Hier heule nicht der bleiche Waisenknabe,
Dem ein Tyrann den Vater nahm;
Nie fluche hier der Krüppel an dem Stabe,
Von fremdem Solde lahm!

Damit die Quäler nicht zu früh erwachen,
Seid menschlicher, erweckt sie nicht.
Ha! früh genug wird über ihnen krachen
Der Donner am Gericht,

Wo Todesengel nach Tyrannen greifen,
Wenn sie im Grimm der Richter weckt,
Und ihre Greul zu einem Berge häufen,
Der flammend sie bedeckt.

Ihr aber, bessre Fürsten, schlummert süße
Im Nachtgewölbe dieser Gruft!
Schon wandelt euer Geist im Paradiese,
Gehüllt in Blütenduft.

Jauchzt nur entgegen jenem großen Tage,
Der aller Fürsten Taten wiegt;
Wie Sternenklang tönt euch des Richters Waage,
Drauf eure Tugend liegt.

Ach, unterm Lispel eurer frohen Brüder –
Ihr habt sie satt und froh gemacht,
Wird eure volle Schale sinken nieder,
Wenn ihr zum Lohn erwacht.

Wie wird's euch sein, wenn ihr vom Sonnenthrone
Des Richters Stimme wandeln hört:
„Ihr Brüder, nehmt auf ewig hin die Krone,
Ihr seid zu herrschen wert."

[*E:* 1779/1780; *A:* 1785]

Die Aussicht

Schön ist's, von des Tränenberges Höhen
Gott auf seiner Erde wandeln sehen,
Wo sein Odem die Geschöpfe küßt,
Auen sehen, drauf Natur, die treue,
Eingekleidet in des Himmels Bläue,
Schreitet und wo Milch und Honig fließt.

Schön ist's, in des Tränenberges Lüften
Bäume sehn in silberweißen Düften,
Die der Käfer wonnesummend trinkt,
Und die Straße sehn im weiten Lande,
Menschenwimmelnd, wie vom Silbersande
Sie, der Milchstraß gleich am Himmel, blinkt,

Und der Neckar, blau vorüberziehend,
In dem Gold der Abendsonne glühend,
Ist dem Späherblicke Himmmelslust,
Und den Wein, des siechen Wandrers Leben,
Wachsen sehn an mütterlichen Reben
Ist Entzücken für des Dichters Brust.

Aber, armer Mann, du bist gefangen.
Kannst du trunken an der Schönheit hangen?
Nichts auf dieser schönen Welt ist dein!
Alles, alles ist in tiefer Trauer
Auf der weiten Erde; denn die Mauer
Meiner Feste schließt mich Armen ein!

Doch herab von meinem Tränenberge
Seh ich dort den Moderplatz der Särge;
Hinter einer Kirche streckt er sich,
Grüner als die andern Plätze alle: –
Ach, herab von meinem hohen Walle
Seh ich keinen schönern Platz für mich.

[*D:* 1786]

[*Tränenberges Höhen:* Carl Eugen, Herzog von Württemberg, hielt Schubart von 1777–1787 auf dem Hohenasperg bei Ludwigsburg in Haft.]

Der Bettelsoldat

Mit jammervollem Blicke,
Von tausend Sorgen schwer,
Hink ich an meiner Krücke
In weiter Welt umher.

Gott weiß, hab viel gelitten,
Ich hab so manchen Kampf
In mancher Schlacht gestritten,
Gehüllt in Pulverdampf.

Sah manchen Kameraden
An meiner Seite tot,
Und mußt' im Blute waten,
Wenn es mein Herr gebot.

Mir drohten oft Geschütze
Den fürchterlichsten Tod,
Oft trank ich aus der Pfütze,
Oft aß ich schimmlicht Brot.

Ich stand in Sturm und Regen
In grauser Mitternacht,
Bei Blitz und Donnerschlägen
Oft einsam auf der Wacht.

Und nun nach mancher Schonung,
Noch fern von meinem Grab,
Empfang ich die Belohnung
Mit diesem Bettelstab.

Bedeckt mit dreizehn Wunden,
An meiner Krück gelehnt,
Hab ich in manchen Stunden
Mich nach dem Tod gesehnt.

Ich bettle vor den Türen,
Ich armer lahmer Mann!
Doch ach! wen kann ich rühren?
Wer nimmt sich meiner an?

War einst ein braver Krieger,
Sang manch Soldatenlied
Im Reihen froher Sieger;
Nun bin ich Invalid.

Ihr Söhne, bei der Krücke,
An der mein Leib sich beugt,
Bei diesem Tränenblicke,
Der sich zum Grabe neigt,

Beschwör ich euch – ihr Söhne!
O flieht der Trommel Ton
Und Kriegstrommetentöne!
Sonst kriegt ihr meinen Lohn.

[*D:* 1784]

Jakob Michael Reinhold Lenz
1751–1792

An das Herz

Kleines Ding, um uns zu quälen,
Hier in diese Brust gelegt!
Ach, wer's vorsäh, was er trägt,
Würde wünschen, tätst ihm fehlen!

Deine Schläge, wie so selten
Mischt sich Lust in sie hinein!
Und wie augenblicks vergelten
Sie ihm jede Lust mit Pein!

Ach! und weder Lust noch Qualen
Sind ihm schrecklicher als das:
Kalt und fühllos! O ihr Strahlen,
Schmelzt es lieber mir zu Glas!

Lieben, hassen, fürchten, zittern,
Hoffen, zagen bis ins Mark
Kann das Leben zwar verbittern,
Aber ohne sie – wär's Quark!

[*D:* 1776]

[*Strahlen:* in einer Variante von Lenz: „meines Schicksals heiße Strahlen".]

JOHANN WOLFGANG GOETHE
1749–1832

Kleine Blumen, kleine Blätter
Streuen mir mit leichter Hand
Gute junge Frühlings-Götter
Tändlend auf ein luftig Band.

Zephir, nimm's auf deine Flügel,
Schling's um meiner Liebsten Kleid!
Und dann tritt sie für den Spiegel
Mit zufriedner Munterkeit.

Sieht mit Rosen sich umgeben,
Sie wie eine Rose jung.
Einen Kuß, geliebtes Leben,
Und ich bin belohnt genung.

Schicksal, segne diese Triebe,
Laß mich ihr und laß sie mein,
Laß das Leben unsrer Liebe
Doch kein Rosen-Leben sein!

Mädchen, das wie ich empfindet,
Reich mir deine liebe Hand!
Und das Band, das uns verbindet,
Sei kein schwaches Rosen-Band!

[*E:* 1771; *D:* 1775; oben nach einer Abschrift aus dem Nachlaß Friederike Brions. Überschrift in *D* 1775: „Lied das ein selbst gemaltes Band begleitete"]

Es schlug mein Herz. Geschwind, zu Pferde!
Und fort, wild wie ein Held zur Schlacht.
Der Abend wiegte schon die Erde,
Und an den Bergen hing die Nacht.
Schon stund im Nebelkleid die Eiche
Wie ein getürmter Riese da,
Wo Finsternis aus dem Gesträuche
Mit hundert schwarzen Augen sah.

Der Mond von einem Wolkenhügel
Sah schläfrig aus dem Duft hervor,
Die Winde schwangen leise Flügel,
Umsausten schauerlich mein Ohr.
Die Nacht schuf tausend Ungeheuer,
Doch tausendfacher war mein Mut,
Mein Geist war ein verzehrend Feuer,
Mein ganzes Herz zerfloß in Glut.

Ich sah dich, und die milde Freude
Floß aus dem süßen Blick auf mich.
Ganz war mein Herz an deiner Seite,
Und jeder Atemzug für dich.
Ein rosenfarbes Frühlingswetter
Lag auf dem lieblichen Gesicht
Und Zärtlichkeit für mich, ihr Götter,
Ich hofft' es, ich verdient' es nicht.

Der Abschied, wie bedrängt, wie trübe!
Aus deinen Blicken sprach dein Herz.
In deinen Küssen welche Liebe,
O welche Wonne, welcher Schmerz!
Du gingst, ich stund und sah zur Erden
Und sah dir nach mit nassem Blick.
Und doch, welch Glück, geliebt zu werden,
Und lieben, Götter, welch ein Glück!

[*E:* 1771; *D:* 1775; oben Vers 1–10 nach einer Abschrift aus dem Nachlaß Friederike Brions, dann nach *D* 1775. *A* 1789: Titel „Willkomm und Abschied"; *A* 1810: Titel „Willkommen und Abschied"]

Maifest

Wie herrlich leuchtet
Mir die Natur!
Wie glänzt die Sonne!
Wie lacht die Flur!

Es dringen Blüten
Aus jedem Zweig
Und tausend Stimmen
Aus dem Gesträuch

Und Freud und Wonne
Aus jeder Brust.
O Erd', o Sonne,
O Glück, o Lust,

O Lieb', o Liebe,
So golden schön
Wie Morgenwolken
Auf jenen Höhn,

Du segnest herrlich
Das frische Feld,
Im Blütendampfe
Die volle Welt!

O Mädchen, Mädchen,
Wie lieb' ich dich!
Wie blinkt dein Auge,
Wie liebst du mich!

So liebt die Lerche
Gesang und Luft,
Und Morgenblumen
Den Himmelsduft,

Wie ich dich liebe
Mit warmen Blut,
Die du mir Jugend
Und Freud' und Mut

Zu neuen Liedern
Und Tänzen gibst.
Sei ewig glücklich,
Wie du mich liebst!

[*E:* 1771; *D:* 1775;
A 1789: Titel „Mailied"]

Heidenröslein

Sah ein Knab' ein Röslein stehn,
Röslein auf der Heiden,
War so jung und morgenschön,
Lief er schnell, es nah zu sehn,
Sah's mit vielen Freuden.
Röslein, Röslein, Röslein rot,
Röslein auf der Heiden.

Knabe sprach: Ich breche dich,
Röslein auf der Heiden!
Röslein sprach: Ich steche dich,
Daß du ewig denkst an mich,
Und ich will's nicht leiden.
Röslein, Röslein, Röslein rot,
Röslein auf der Heiden.

Und der wilde Knabe brach
's Röslein auf der Heiden;
Röslein wehrte sich und stach,
Half ihr doch kein Weh und Ach,
Mußt' es eben leiden.
Röslein, Röslein, Röslein rot,
Röslein auf der Heiden.

[*E:* 1771; *A:* 1789]

Der König in Thule

Es war ein König in Thule
Gar treu bis an das Grab,
Dem sterbend seine Buhle
Einen goldnen Becher gab.

Es ging ihm nichts darüber,
Er leert' ihn jeden Schmaus;
Die Augen gingen ihm über,
So oft er trank daraus.

Und als er kam zu sterben,
Zählt' er seine Städt' im Reich,
Gönnt' alles seinem Erben,
Den Becher nicht zugleich.

Er saß beim Königsmahle,
Die Ritter um ihn her,
Auf hohem Vätersaale,
Dort auf dem Schloß am Meer.

Dort stand der alte Zecher,
Trank letzte Lebensglut
Und warf den heil'gen Becher
Hinunter in die Flut.

Er sah ihn stürzen, trinken
Und sinken tief ins Meer.
Die Augen täten ihm sinken;
Trank nie einen Tropfen mehr.

[*E:* 1774; *D:* 1782;
A: 1800 (diese Fassung)]

Prometheus

Bedecke deinen Himmel, Zeus,
Mit Wolkendunst!
Und übe, Knaben gleich,
Der Diesteln köpft,
An Eichen dich und Bergeshöhn!
Mußt mir meine Erde
Doch lassen stehn,
Und meine Hütte,
Die du nicht gebaut,
Und meinen Herd,
Um dessen Glut
Du mich beneidest.

Ich kenne nichts Ärmer's
Unter der Sonn' als euch Götter.
Ihr nähret kümmerlich
Von Opfersteuern
Und Gebetshauch
Eure Majestät
Und darbtet, wären
Nicht Kinder und Bettler
Hoffnungsvolle Toren.

Da ich ein Kind war,
Nicht wußt', wo aus, wo ein,
Kehrte mein verirrtes Aug'
Zur Sonne, als wenn drüber wär'
Ein Ohr, zu hören meine Klage,
Ein Herz wie meins,
Sich des Bedrängten zu erbarmen.

Wer half mir wider
Der Titanen Übermut?
Wer rettete vom Tode mich,
Von Sklaverei?
Hast du's nicht alles selbst vollendet,
Heilig glühend Herz?
Und glühtest, jung und gut,
Betrogen, Rettungsdank
Dem Schlafenden dadroben?

Ich dich ehren? Wofür?
Hast du die Schmerzen gelindert
Je des Beladenen?
Hast du die Tränen gestillet
Je des Geängsteten?
Hat nicht mich zum Manne geschmiedet
Die allmächtige Zeit
Und das ewige Schicksal,
Meine Herrn und deine?

Wähntest du etwa,
Ich sollte das Leben hassen,
In Wüsten fliehn,
Weil nicht alle Knabenmorgen-
Blütenträume reiften?

Hier sitz' ich, forme Menschen
Nach meinem Bilde,
Ein Geschlecht, das mir gleich sei,
Zu leiden, weinen,
Genießen und zu freuen sich,
Und dein nicht zu achten,
Wie ich.

[*E:* 1774; *H:* 1777 (diese Fassung); *D:* 1785]

Ganymed

Wie im Morgenrot
Du rings mich anglühst,
Frühling, Geliebter!
Mit tausendfacher Liebeswonne
Sich an mein Herz drängt
Deiner ewigen Wärme
Heilig Gefühl,
Unendliche Schöne!

Daß ich dich fassen möcht'
In diesen Arm!

Ach, an deinem Busen
Lieg' ich, schmachte,
Und deine Blumen, dein Gras
Drängen sich an mein Herz.
Du kühlst den brennenden
Durst meines Busens,
Lieblicher Morgenwind,
Ruft drein die Nachtigall
Liebend nach mir aus dem Nebeltal.

Ich komme! Ich komme!
Wohin? Ach, wohin?

Hinauf, hinauf strebt's,
Es schweben die Wolken
Abwärts, die Wolken
Neigen sich der sehnenden Liebe,
Mir, mir!
In eurem Schoße
Aufwärts,
Umfangend umfangen!
Aufwärts
An deinem Busen,
Alliebender Vater!

[*E:* 1774; *H:* 1777 (diese Fassung); *A:* 1789]

An Schwager Kronos

In der Postchaise den 10. Oktober 1774

Spude dich, Kronos!
Fort den rasselnden Trott!
Bergab gleitet der Weg;
Ekles Schwindeln zögert
Mir vor die Stirne dein Haudern.
Frisch den holpernden
Stock Wurzeln Steine den Trott
Rasch in's Leben hinein!

Nun schon wieder
Den eratmenden Schritt
Mühsam Berg hinauf.
Auf denn, nicht träge denn!
Strebend und hoffend an.

Weit hoch herrlich der Blick
Rings ins Leben hinein
Vom Gebürg zum Gebürg
Über der ewige Geist
Ewigen Lebens ahndevoll.

Seitwärts des Überdachs Schatten
Zieht dich an
Und der Frischung verheißende Blick
Auf der Schwelle des Mädchens da.
Labe dich! – Mir auch, Mädchen,
Diesen schäumenden Trunk
Und den freundlichen Gesundheitsblick!

Ab dann, frischer hinab!
Sieh, die Sonne sinkt.
Eh' sie sinkt, eh' mich faßt
Greisen im Moore Nebelduft,
Entzahnte Kiefer schnattern
Und das schlockernde Gebein,

Trunknen vom letzten Strahl
Reiß mich, ein Feuermeer
Mir im schäumenden Aug',
Mich Geblendeten, Taumelnden
In der Hölle nächtliches Tor!

Töne, Schwager, dein Horn,
Raßle den schallenden Trab,
Daß der Orkus vernehme, ein Fürst kommt,
Drunten von ihren Sitzen
Sich die Gewaltigen lüften.

[*H:* 1777 (diese Fassung); *A:* 1789]

[*Schwager:* der Kutscher auf dem Bock des Wagens. – *Haudern:* Reisende gegen Lohn fahren. – *an:* hinan. – *Über:* darüber. – *Ab:* hinab. – *schlockernde:* schlotternde.]

Auf dem See

Und frische Nahrung, neues Blut
Saug' ich aus freier Welt;
Wie ist Natur so hold und gut,
Die mich am Busen hält!
Die Welle wieget unsern Kahn
Im Rudertakt hinauf,
Und Berge, wolkig himmelan,
Begegnen unserm Lauf.

Aug', mein Aug', was sinkst du nieder?
Goldne Träume, kommt ihr wieder?
Weg, du Traum, so gold du bist:
Hier auch Lieb' und Leben ist.

Auf der Welle blinken
Tausend schwebende Sterne,
Weiche Nebel trinken
Rings die türmende Ferne;
Morgenwind umflügelt
Die beschattete Bucht,
Und im See bespiegelt
Sich die reifende Frucht.

[*E:* 1775; *H:* im Schweizer Reisetagebuch mit Überschrift „15. Junius 1775, aufm Zürichersee"; *A:* 1789 (diese Fassung)]

Seefahrt

Taglang nachtlang stand mein Schiff befrachtet,
Günst'ger Winde harrend saß mit treuen Freunden
– Mir Geduld und guten Mut erzechend –
Ich im Hafen.

Und sie wurden mit mir ungedultig:
Gerne gönnen wir die schnellste Reise,
Gern die hohe Fahrt dir; Güterfülle
Wartet drüben in den Welten deiner,
Wird Rückkehrendem in unsern Armen
Lieb' und Preis dir.

Und am frühen Morgen ward's Getümmel,
Und dem Schlaf entjauchzt' uns der Matrose,
Alles wimmelt, alles lebet, webet,
Mit dem ersten Segenshauch zu schiffen.

Und die Segel blühen in dem Hauche,
Und die Sonne lockt mit Feuerliebe;
Ziehn die Segel, ziehn die hohen Wolken,
Jauchzen an dem Ufer alle Freunde
Hoffnungslieder nach im Freudetaumel
Reisefreuden wähnend wie des Einschiffmorgens
Wie der ersten hohen Sternennächte.

Aber gottgesandte Wechselwinde treiben
Seitwärts ihn der vorgesteckten Fahrt ab,
Und er scheint sich ihnen hinzugeben,
Strebet leise sie zu überlisten,
Treu dem Zweck auch auf dem schiefen Wege.

Aber aus der dumpfen grauen Ferne
Kündet leise wandelnd sich der Sturm an,
Drückt die Vögel nieder auf's Gewässer,
Drückt der Menschen schwellend Herze nieder;
Und er kommt. Vor seinem starren Wüten
Streckt der Schiffer weis' die Segel nieder;
Mit dem angsterfüllten Balle spielen
Wind und Wellen.

Und an jenem Ufer drüben stehen
Freund' und Lieben, beben auf dem Festen:
Ach, warum ist er nicht hiergeblieben!
Ach, der Sturm! Verschlagen weg vom Glücke
Soll der Gute so zu Grunde gehen?
Ach, er sollte, ach, er könnte! Götter!

Doch er stehet männlich an dem Steuer.
Mit dem Schiffe spielen Wind und Wellen,
Wind und Wellen nicht mit seinem Herzen.
Herrschend blickt er auf die grimme Tiefe
Und vertrauet, scheiternd oder landend,
Seinen Göttern.

[*E:* 1776; *H:* 1777
(diese Fassung); *D:* 1777]

[*dem Schlaf entjauchzt' uns…:* Das Jauchzen der Matrosen riß uns aus dem Schlaf.]

Wandrers Nachtlied

Der du von dem Himmel bist,
Alles Leid und Schmerzen stillest,
Den, der doppelt elend ist,
Doppelt mit Erquickung füllest,
Ach, ich bin des Treibens müde,
Was soll all der Schmerz und Lust?
Süßer Friede,
Komm, ach komm in meine Brust!

[*E:* 1776; *D:* 1780]

Ein gleiches

Über allen Gipfeln
Ist Ruh,
In allen Wipfeln
Spürest du
Kaum einen Hauch;
Die Vögelein schweigen im Walde.
Warte nur, balde
Ruhest du auch.

[*E:* 1780; *A:* 1815]

Harzreise im Winter

Dem Geier gleich,
Der auf schweren Morgenwolken
Mit sanftem Fittich ruhend
Nach Beute schaut,
Schwebe mein Lied.

Denn ein Gott hat
Jedem seine Bahn
Vorgezeichnet,
Die der Glückliche
Rasch zum freudigen
Ziele rennt;
Wem aber Unglück
Das Herz zusammenzog,
Er sträubt vergebens
Sich gegen die Schranken
Des ehernen Fadens,
Den die doch bittre Schere
Nur einmal löst.

In Dickichtsschauer
Drängt sich das rauhe Wild,
Und mit den Sperlingen
Haben längst die Reichen
In ihre Sümpfe sich gesenkt.

Leicht ist's, folgen dem Wagen,
Den Fortuna führt,
Wie der gemächliche Troß
Auf gebesserten Wegen
Hinter des Fürsten Einzug.

Aber abseits, wer ist's?
Ins Gebüsch verliert sich sein Pfad,
Hinter ihm schlagen
Die Sträuche zusammen,
Das Gras steht wieder auf,
Die Öde verschlingt ihn.

Ach, wer heilet die Schmerzen
Des, dem Balsam zu Gift ward?
Der sich Menschenhaß
Aus der Fülle der Liebe trank.
Erst verachtet, nun ein Verächter,
Zehrt er heimlich auf
Seinen eignen Wert
In ungnügender Selbstsucht.

Ist auf deinem Psalter,
Vater der Liebe, ein Ton
Seinem Ohre vernehmlich,
So erquicke sein Herz!
Öffne den umwölkten Blick
Über die tausend Quellen
Neben dem Durstenden
In der Wüste!

Der du der Freuden viel schaffst,
Jedem ein überfließend Maß,
Segne die Brüder der Jagd
Auf der Fährte des Wilds
Mit jugendlichem Übermut
Fröhlicher Mordsucht,
Späte Rächer des Unbills,
Dem schon Jahre vergeblich
Wehrt mit Knütteln der Bauer.

Aber den Einsamen hüll'
In deine Goldwolken,
Umgib mit Wintergrün,
Bis die Rose wieder heranreift,
Die feuchten Haare,
O Liebe, deines Dichters!

Mit der dämmernden Fackel
Leuchtest du ihm
Durch die Furten bei Nacht,
Über grundlose Wege
Auf öden Gefilden,
Mit dem tausendfarbigen Morgen
Lachst du ins Herz ihm;
Mit dem beizenden Sturm
Trägst du ihn hoch empor.
Winterströme stürzen vom Felsen
In seine Psalmen,
Und Altar des lieblichsten Danks
Wird ihm des gefürchteten Gipfels
Schneebehangner Scheitel,
Den mit Geisterreihen
Kränzten ahnende Völker.

Du stehst mit unerforschtem Busen
Geheimnisvoll-offenbar
Über der erstaunten Welt
Und schaust aus Wolken
Auf ihre Reiche und Herrlichkeit,
Die du aus den Adern deiner Brüder
Neben dir wässerst.

[*E:* 1777; *A:* 1789]

[*eherner Faden:* Lebensfaden. – *bittre Schere:* Schere der Parze. – *Sperlinge:* Rohrsperlinge, die in Sümpfen überwintern. – *Sümpfe:* gemeint sind Städte. – *Gipfel:* des Brockens.]

An den Mond

Füllest wieder Busch und Tal
Still mit Nebelglanz,
Lösest endlich auch einmal
Meine Seele ganz;

Breitest über mein Gefild
Lindernd deinen Blick,
Wie des Freundes Auge mild
Über mein Geschick.

Jeden Nachklang fühlt mein Herz
Froh- und trüber Zeit,
Wandle zwischen Freud' und Schmerz
In der Einsamkeit.

Fließe, fließe, lieber Fluß!
Nimmer werd' ich froh,
So verrauschte Scherz und Kuß,
Und die Treue so.

Ich besaß es doch einmal,
Was so köstlich ist!
Daß man doch zu seiner Qual
Nimmer es vergißt!

Rausche, Fluß, das Tal entlang,
Ohne Rast und Ruh,
Rausche, flüstre meinem Sang
Melodien zu,

Wenn du in der Winternacht
Wütend überschwillst
Oder um die Frühlingspracht
Junger Knospen quillst.

Selig, wer sich vor der Welt
Ohne Haß verschließt,
Einen Freund am Busen hält
Und mit dem genießt,

Was, von Menschen nicht gewußt
Oder nicht bedacht,
Durch das Labyrinth der Brust
Wandelt in der Nacht.

[*H:* zwischen 1776 u. 1778;
A: 1789 (diese Fassung)]

Gesang der Geister über den Wassern

Des Menschen Seele
Gleicht dem Wasser:
Vom Himmel kommt es,
Zum Himmel steigt es,
Und wieder nieder
Zur Erde muß es,
Ewig wechselnd.

Strömt von der hohen,
Steilen Felswand
Der reine Strahl,
Dann stäubt er lieblich
In Wolkenwellen
Zum glatten Fels,
Und leicht empfangen
Wallt er verschleiernd,
Leisrauschend
Zur Tiefe nieder.

Ragen Klippen
Dem Sturz entgegen,
Schäumt er unmutig
Stufenweise
Zum Abgrund.

Im flachen Bette
Schleicht er das Wiesental hin,
Und in dem glatten See
Weiden ihr Antlitz
Alle Gestirne.

Wind ist der Welle
Lieblicher Buhler;
Wind mischt vom Grund aus
Schäumende Wogen.

Seele des Menschen,
Wie gleichst du dem Wasser!
Schicksal des Menschen,
Wie gleichst du dem Wind!

[*E:* 1779; *A:* 1789]

Der Fischer

Das Wasser rauscht', das Wasser schwoll,
Ein Fischer saß daran,
Sah nach dem Angel ruhevoll,
Kühl bis ans Herz hinan.
Und wie er sitzt und wie er lauscht,
Teilt sich die Flut empor;
Aus dem bewegten Wasser rauscht
Ein feuchtes Weib hervor.

Sie sang zu ihm, sie sprach zu ihm:
„Was lockst du meine Brut
Mit Menschenwitz und Menschenlist
Hinauf in Todesglut?
Ach wüßtest du, wie's Fischlein ist
So wohlig auf dem Grund,
Du stiegst herunter, wie du bist,
Und würdest erst gesund.

Labt sich die liebe Sonne nicht,
Der Mond sich nicht im Meer?
Kehrt wellenatmend ihr Gesicht
Nicht doppelt schöner her?
Lockt dich der tiefe Himmel nicht,
Das feuchtverklärte Blau?
Lockt dich dein eigen Angesicht
Nicht her in ew'gen Tau?"

Das Wasser rauscht', das Wasser schwoll,
Netzt' ihm den nackten Fuß;
Sein Herz wuchs ihm so sehnsuchtsvoll,
Wie bei der Liebsten Gruß.
Sie sprach zu ihm, sie sang zu ihm;
Da war's um ihn geschehn:
Halb zog sie ihn, halb sank er hin
Und ward nicht mehr gesehn.

[*D:* 1779; *A:* 1789 (diese Fassung)]

Erlkönig

Wer reitet so spät durch Nacht und Wind?
Es ist der Vater mit seinem Kind;
Er hat den Knaben wohl in dem Arm,
Er faßt ihn sicher, er hält ihn warm. –

Mein Sohn, was birgst du so bang dein Gesicht? –
Siehst, Vater, du den Erlkönig nicht?
Den Erlenkönig mit Kron' und Schweif? –
Mein Sohn, es ist ein Nebelstreif. –

„Du liebes Kind, komm, geh mit mir!
Gar schöne Spiele spiel' ich mit dir;
Manch' bunte Blumen sind an dem Strand;
Meine Mutter hat manch' gülden Gewand."

Mein Vater, mein Vater, und hörest du nicht,
Was Erlenkönig mir leise verspricht? –
Sei ruhig, bleibe ruhig, mein Kind!
In dürren Blättern säuselt der Wind. –

„Willst, feiner Knabe, du mit mir gehn?
Meine Töchter sollen dich warten schön;
Meine Töchter führen den nächtlichen Reihn
Und wiegen und tanzen und singen dich ein."

Mein Vater, mein Vater, und siehst du nicht dort
Erlkönigs Töchter am düstern Ort? –
Mein Sohn, mein Sohn, ich seh' es genau:
Es scheinen die alten Weiden so grau. –

„Ich liebe dich, mich reizt deine schöne Gestalt;
Und bist du nicht willig, so brauch' ich Gewalt." –
Mein Vater, mein Vater, jetzt faßt er mich an!
Erlkönig hat mir ein Leids getan! –

Dem Vater grauset's, er reitet geschwind,
Er hält in Armen das ächzende Kind,
Erreicht den Hof mit Mühe und Not;
In seinen Armen das Kind war tot.

[*D:* 1782]

Grenzen der Menschheit

Wenn der uralte
Heilige Vater
Mit gelassener Hand
Aus rollenden Wolken
Segnende Blitze
Über die Erde sät,
Küss ich den letzten
Saum seines Kleides,
Kindliche Schauer
Treu in der Brust.

Denn mit Göttern
Soll sich nicht messen
Irgendein Mensch.
Hebt er sich aufwärts
Und berührt
Mit dem Scheitel die Sterne,
Nirgends haften dann
Die unsichern Sohlen,
Und mit ihm spielen
Wolken und Winde.

Steht er mit festen,
Markigen Knochen
Auf der wohlgegründeten
Dauernden Erde,
Reicht er nicht auf,
Nur mit der Eiche
Oder der Rebe
Sich zu vergleichen.

Was unterscheidet
Götter von Menschen?
Daß viele Wellen
Vor jenen wandeln,
Ein ewiger Strom:
Uns hebt die Welle,
Verschlingt die Welle,
Und wir versinken.

Ein kleiner Ring
Begrenzt unser Leben,
Und viele Geschlechter
Reihen sich dauernd
An ihres Daseins
Unendliche Kette.

[*D:* 1789 (diese Fassung)]

Das Göttliche

Edel sei der Mensch,
Hilfreich und gut!
Denn das allein
unterscheidet ihn
Von allen Wesen,
Die wir kennen.

Heil den unbekannten
Höhern Wesen,
Die wir ahnen!
Ihnen gleiche der Mensch;
Sein Beispiel lehr uns
Jene glauben.

Denn unfühlend
Ist die Natur:
Es leuchtet die Sonne
Über Bös' und Gute,
Und dem Verbrecher
Glänzen wie dem Besten
Der Mond und die Sterne.

Wind und Ströme,
Donner und Hagel
Rauschen ihren Weg
Und ergreifen
Vorüber eilend
Einen um den andern.

Auch so das Glück
Tappt unter die Menge,
Faßt bald des Knaben
Lockige Unschuld,
Bald auch den kahlen
Schuldigen Scheitel.

Nach ewigen, ehrnen,
Großen Gesetzen
Müssen wir alle
Unseres Daseins
Kreise vollenden.

Nur allein der Mensch
Vermag das Unmögliche:
Er unterscheidet,
Wählet und richtet;
Er kann dem Augenblick
Dauer verleihen.

Er allein darf
Den Guten lohnen,
Den Bösen strafen,
Heilen und retten,
Alles Irrende, Schweifende
Nützlich verbinden.

Und wir verehren
Die Unsterblichen,
Als wären sie Menschen,
Täten im Großen,
Was der Beste im Kleinen
Tut oder möchte.

Der edle Mensch
Sei hilfreich und gut!
Unermüdet schaff er
Das Nützliche, Rechte,
Sei uns ein Vorbild
Jener geahneten Wesen!

[*D:* 1785]

Aus: Römische Elegien

V

Froh empfind ich mich nun auf klassischem Boden begeistert;
Vor- und Mitwelt spricht lauter und reizender mir.
Hier befolg ich den Rat, durchblättre die Werke der Alten
Mit geschäftiger Hand, täglich mit neuem Genuß.
Aber die Nächte hindurch hält Amor mich anders beschäftigt;
Werd ich auch halb nur gelehrt, bin ich doch doppelt beglückt.
Und belehr ich mich nicht, indem ich des lieblichen Busens
Formen spähe, die Hand leite die Hüften hinab?
Dann versteh ich den Marmor erst recht; ich denk und vergleiche,
Sehe mit fühlendem Aug, fühle mit sehender Hand.
Raubt die Liebste denn gleich mir einige Stunden des Tages,
Gibt sie Stunden der Nacht mir zur Entschädigung hin.
Wird doch nicht immer geküßt, es wird vernünftig gesprochen;
Überfällt sie der Schlaf, lieg ich und denke mir viel.
Oftmals hab ich auch schon in ihren Armen gedichtet
Und des Hexameters Maß leise mit fingernder Hand
Ihr auf den Rücken gezählt. Sie atmet in lieblichem Schlummer,
Und es durchglühet ihr Hauch mir bis ins Tiefste die Brust.
Amor schüret die Lamp indes und denket der Zeiten,
Da er den nämlichen Dienst seinen Triumvirn getan.

[*E:* 1788–1790; *D:* 1795]

[*Triumvirn:* hier die drei römischen Liebeslyriker Catull, Tibull und Properz.]

Meeresstille

Tiefe Stille herrscht im Wasser,
Ohne Regung ruht das Meer,
Und bekümmert sieht der Schiffer
Glatte Fläche rings umher.
Keine Luft von keiner Seite!
Todesstille fürchterlich!
In der ungeheuern Weite
Reget keine Welle sich.

[*D:* 1796]

Glückliche Fahrt

Die Nebel zerreißen,
Der Himmel ist helle,
Und Äolus löset
Das ängstliche Band.
Es säuseln die Winde,
Es rührt sich der Schiffer.
Geschwinde! Geschwinde!
Es teilt sich die Welle,
Es naht sich die Ferne;
Schon seh ich das Land!

[*D:* 1796]

Der Schatzgräber

Arm am Beutel, krank am Herzen,
Schleppt ich meine langen Tage.
Armut ist die größte Plage,
Reichtum ist das höchste Gut!
Und, zu enden meine Schmerzen,
Ging ich, einen Schatz zu graben.
Meine Seele sollst du haben!
Schrieb ich hin mit eignem Blut.

Und so zog ich Kreis' um Kreise,
Stellte wunderbare Flammen,
Kraut und Knochenwerk zusammen:
Die Beschwörung war vollbracht.
Und auf die gelernte Weise
Grub ich nach dem alten Schatze
Auf dem angezeigten Platze;
Schwarz und stürmisch war die Nacht.

Und ich sah ein Licht von weiten,
Und es kam gleich einem Sterne
Hinten aus der fernsten Ferne,
Eben als es zwölfe schlug.
Und da galt kein Vorbereiten:
Heller ward's mit einem Male
Von dem Glanz der vollen Schale,
Die ein schöner Knabe trug.

Holde Augen sah ich blinken
Unter dichtem Blumenkranze;
In des Trankes Himmelsglanze
Trat er in den Kreis herein.
Und er hieß mich freundlich trinken;
Und ich dacht: es kann der Knabe
Mit der schönen lichten Gabe
Wahrlich nicht der Böse sein.

Trinke Mut des reinen Lebens!
Dann verstehst du die Belehrung,
Kommst, mit ängstlicher Beschwörung,
Nicht zurück an diesen Ort.
Grabe hier nicht mehr vergebens:
Tages Arbeit! Abends Gäste!
Saure Wochen! Frohe Feste!
Sei dein künftig Zauberwort.

[*D:* 1798]

Der Gott und die Bajadere

Indische Legende

Mahadöh, der Herr der Erde,
Kommt herab zum sechsten Mal,
Daß er unsersgleichen werde,
Mit zu fühlen Freud und Qual.
Er bequemt sich, hier zu wohnen,
Läßt sich alles selbst geschehn.
Soll er strafen oder schonen,
Muß er Menschen menschlich sehn.
Und hat er die Stadt sich als Wandrer betrachtet,
Die Großen belauert, auf Kleine geachtet,
Verläßt er sie abends, um weiter zu gehn.

Als er nun hinausgegangen,
Wo die letzten Häuser sind,
Sieht er, mit gemalten Wangen,
Ein verlornes schönes Kind.
Grüß dich, Jungfrau! – Dank der Ehre!
Wart', ich komme gleich hinaus –
Und wer bist du? – Bajadere,
Und dies ist der Liebe Haus.
Sie rührt sich, die Zimbeln zum Tanze zu schlagen,
Sie weiß sich so lieblich im Kreise zu tragen,
Sie neigt sich und biegt sich und reicht ihm den Strauß.

Schmeichelnd zieht sie ihn zur Schwelle,
Lebhaft ihn ins Haus hinein.
Schöner Fremdling, lampenhelle
Soll sogleich die Hütte sein.
Bist du müd, ich will dich laben,
Lindern deiner Füße Schmerz.
Was du willst, das sollst du haben,
Ruhe, Freuden oder Scherz.
Sie lindert geschäftig geheuchelte Leiden.
Der Göttliche lächelt; er siehet mit Freuden
Durch tiefes Verderben ein menschliches Herz.

Und er fordert Sklavendienste;
Immer heitrer wird sie nur,
Und des Mädchens frühe Künste
Werden nach und nach Natur.
Und so stellet auf die Blüte
Bald und bald die Frucht sich ein;
Ist Gehorsam im Gemüte,
Wird nicht fern die Liebe sein.
Aber, sie schärfer und schärfer zu prüfen,
Wählet der Kenner der Höhen und Tiefen
Lust und Entsetzen und grimmige Pein.

Und er küßt die bunten Wangen,
Und sie fühlt der Liebe Qual,
Und das Mädchen steht gefangen,
Und sie weint zum erstenmal;
Sinkt zu seinen Füßen nieder,
Nicht um Wollust noch Gewinst,
Ach! und die gelenken Glieder,
Sie versagen allen Dienst.
Und so zu des Lagers vergnüglicher Feier
Bereiten den dunklen behaglichen Schleier
Die nächtlichen Stunden, das schöne Gespinst.

Spät entschlummert unter Scherzen,
Früh erwacht nach kurzer Rast,
Findet sie an ihrem Herzen
Tot den vielgeliebten Gast.
Schreiend stürzt sie auf ihn nieder,
Aber nicht erweckt sie ihn;
Und man trägt die starren Glieder
Bald zur Flammengrube hin.
Sie höret die Priester, die Totengesänge,
Sie raset und rennet und teilet die Menge.
Wer bist du? Was drängt zu der Grube dich hin?

Bei der Bahre stürzt sie nieder,
Ihr Geschrei durchdringt die Luft:
Meinen Gatten will ich wieder!
Und ich such ihn in der Gruft.
Soll zu Asche mir zerfallen
Dieser Glieder Götterpracht?
Mein! er war es, mein vor allen!
Ach, nur Eine süße Nacht!
Es singen die Priester: Wir tragen die Alten,
Nach langem Ermatten und spätem Erkalten,
Wir tragen die Jugend, noch eh sie's gedacht.

Höre deiner Priester Lehre:
Dieser war dein Gatte nicht.
Lebst du doch als Bajadere,
Und so hast du keine Pflicht.
Nur dem Körper folgt der Schatten
In das stille Totenreich;
Nur die Gattin folgt dem Gatten:
Das ist Pflicht und Ruhm zugleich.
Ertöne, Drommete, zu heiliger Klage!
O nehmet, ihr Götter! die Zierde der Tage,
O nehmet den Jüngling in Flammen zu euch!

So das Chor, das ohn Erbarmen
Mehret ihres Herzens Not;
Und mit ausgestreckten Armen
Springt sie in den heißen Tod.
Doch der Götter-Jüngling hebet
Aus der Flamme sich empor,
Und in seinen Armen schwebet
Die Geliebte mit hervor.
Es freut sich die Gottheit der reuigen Sünder;
Unsterbliche heben verlorene Kinder
Mit feurigen Armen zum Himmel empor.

[*D:* 1798]

[*Mahadöh:* Beiname Sivas, eines der drei höchsten indischen Götter.]

Nachtgesang

O gib, vom weichen Pfühle,
Träumend, ein halb Gehör!
Bei meinem Saitenspiele
Schlafe! Was willst du mehr?

Bei meinem Saitenspiele
Segnet der Sterne Heer
Die ewigen Gefühle;
Schlafe! Was willst du mehr?

Die ewigen Gefühle
Heben mich, hoch und hehr,
Aus irdischem Gewühle;
Schlafe! Was willst du mehr?

Vom irdischen Gewühle
Trennst du mich nur zu sehr,
Bannst mich in diese Kühle;
Schlafe! Was willst du mehr?

Bannst mich in diese Kühle,
Gibst nur im Traum Gehör.
Ach, auf dem weichen Pfühle
Schlafe! Was willst du mehr?

[*D:* 1804]

Dauer im Wechsel

Hielte diesen frühen Segen,
Ach, nur Eine Stunde fest!
Aber vollen Blütenregen
Schüttelt schon der laue West.
Soll ich mich des Grünen freuen,
Dem ich Schatten erst verdankt?
Bald wird Sturm auch das zerstreuen,
Wenn es falb im Herbst geschwankt.

Willst du nach den Früchten greifen,
Eilig nimm dein Teil davon!
Diese fangen an zu reifen,
Und die andern keimen schon;
Gleich mit jedem Regengusse
Ändert sich dein holdes Tal,
Ach, und in demselben Flusse
Schwimmst du nicht zum zweitenmal.

Du nun selbst! Was felsenfeste
Sich vor dir hervorgetan,
Mauern siehst du, siehst Paläste
Stets mit andern Augen an.

Weggeschwunden ist die Lippe,
Die im Kusse sonst genas,
Jener Fuß, der an der Klippe
Sich mit Gemsenfreche maß,

Jene Hand, die gern und milde
Sich bewegte wohlzutun,
Das gegliederte Gebilde,
Alles ist ein andres nun.
Und was sich an jener Stelle
Nun mit deinem Namen nennt,
Kam herbei wie eine Welle,
Und so eilt's zum Element.

Laß den Anfang mit dem Ende
Sich in Eins zusammenziehn!
Schneller als die Gegenstände
Selber dich vorüberfliehn!
Danke, daß die Gunst der Musen
Unvergängliches verheißt,
Den Gehalt in deinem Busen
Und die Form in deinem Geist.

[*D:* 1803]

Prooemion

Im Namen dessen, der Sich selbst erschuf!
Von Ewigkeit in schaffendem Beruf;
In Seinem Namen, der den Glauben schafft,
Vertrauen, Liebe, Tätigkeit und Kraft;
In Jenes Namen, der, so oft genannt,
Dem Wesen nach blieb immer unbekannt:

So weit das Ohr, so weit das Auge reicht,
Du findest nur Bekanntes, das Ihm gleicht,
Und deines Geistes höchster Feuerflug
Hat schon am Gleichnis, hat am Bild genug;
Es zieht dich an, es reißt dich heiter fort,
Und wo du wandelst, schmückt sich Weg und Ort;
Du zählst nicht mehr, berechnest keine Zeit,
Und jeder Schritt ist Unermeßlichkeit.

[*D:* 1817]

[*Prooemion:* Vorwort (Einleitungsgedicht zum 1. Heft von Goethes Zeitschrift „Zur Naturwissenschaft überhaupt").]

Was wär ein Gott, der nur von außen stieße,
Im Kreis das All am Finger laufen ließe!
Ihm ziemt's, die Welt im Innern zu bewegen,
Natur in Sich, Sich in Natur zu hegen,
So daß, was in Ihm lebt und webt und ist,
Nie seine Kraft, nie Seinen Geist vermißt.

Im Innern ist ein Universum auch;
Daher der Völker löblicher Gebrauch,
Daß jeglicher das Beste, was er kennt,
Er Gott, ja seinen Gott benennt,
Ihm Himmel und Erden übergibt,
Ihn fürchtet und womöglich liebt.

[*D:* 1815]

Gefunden

Ich ging im Walde
So für mich hin,
Und nichts zu suchen,
Das war mein Sinn.

Im Schatten sah ich
Ein Blümchen stehn,
Wie Sterne leuchtend,
Wie Äuglein schön.

Ich wollt es brechen,
Da sagt' es fein:
Soll ich zum Welken
Gebrochen sein?

Ich grub's mit allen
Den Würzlein aus,
Zum Garten trug ich's
Am hübschen Haus.

Und pflanzt es wieder
Am stillen Ort;
Nun zweigt es immer
Und blüht so fort.

[*A:* 1815]

Aus: West-östlicher Divan

Gottes ist der Orient!
Gottes ist der Okzident!
Nord- und südliches Gelände
Ruht im Frieden seiner Hände.

Im Atemholen sind zweierlei Gnaden:
Die Luft einziehen, sich ihrer entladen;
Jenes bedrängt, dieses erfrischt;
So wunderbar ist das Leben gemischt.
Du danke Gott, wenn er dich preßt,
Und dank ihm, wenn er dich wieder entläßt.

Phänomen

Wenn zu der Regenwand
Phöbus sich gattet,
Gleich steht ein Bogenrand
Farbig beschattet.

Im Nebel gleichen Kreis
Seh ich gezogen,
Zwar ist der Bogen weiß,
Doch Himmelsbogen.

So sollst du, muntrer Greis,
Dich nicht betrüben,
Sind gleich die Haare weiß,
Doch wirst du lieben.

Selige Sehnsucht

Sagt es niemand, nur den Weisen,
Weil die Menge gleich verhöhnet,
Das Lebendge will ich preisen,
Das nach Flammentod sich sehnet.

In der Liebesnächte Kühlung,
Die dich zeugte, wo du zeugtest,
Überfällt dich fremde Fühlung,
Wenn die stille Kerze leuchtet.

Nicht mehr bleibest du umfangen
In der Finsternis Beschattung,
Und dich reißet neu Verlangen
Auf zu höherer Begattung.

Keine Ferne macht dich schwierig,
Kommst geflogen und gebannt,
Und zuletzt, des Lichts begierig,
Bist du, Schmetterling, verbrannt.

Und so lang du das nicht hast,
Dieses: Stirb und werde!
Bist du nur ein trüber Gast
Auf der dunklen Erde.

An vollen Büschelzweigen,
Geliebte, sieh nur hin!
Laß dir die Früchte zeigen,
Umschalet stachlig grün.

Sie hängen längst geballet,
Still, unbekannt mit sich,
Ein Ast, der schaukelnd wallet,
Wiegt sie geduldiglich.

Doch immer reift von innen
Und schwillt der braune Kern,
Er möchte Luft gewinnen
Und säh die Sonne gern.

Die Schale platzt, und nieder
Macht er sich freudig los;
So fallen meine Lieder
Gehäuft in deinen Schoß.

Suleika. Volk und Knecht und Überwinder
Sie gestehn, zu jeder Zeit:
Höchstes Glück der Erdenkinder
Sei nur die Persönlichkeit.

Jedes Leben sei zu führen,
Wenn man sich nicht selbst vermißt;
Alles könne man verlieren,
Wenn man bliebe, was man ist.

Hatem. Kann wohl sein! so wird gemeinet;
Doch ich bin auf andrer Spur:
Alles Erdenglück vereinet
Find ich in Suleika nur.

Wie sie sich an mich verschwendet,
Bin ich mir ein wertes Ich;
Hätte sie sich weggewendet,
Augenblicks verlör ich mich.

Nun mit Hatem wär's zu Ende;
Doch schon hab ich umgelost:
Ich verkörpre mich behende
In den Holden, den sie kost.

Wollte, wo nicht gar ein Rabbi,
Das will mir so recht nicht ein,
Doch Ferdusi, Motanabbi,
Allenfalls der Kaiser sein.

[*Suleika, Hatem:* Liebespaar in Goethes „West-östlichem Divan". – *Rabbi:* Theologe.]

Was bedeutet die Bewegung?
Bringt der Ost mir frohe Kunde?
Seiner Schwingen frische Regung
Kühlt des Herzens tiefe Wunde.

Kosend spielt er mit dem Staube,
Jagt ihn auf in leichten Wölkchen,
Treibt zur sichern Rebenlaube
Der Insekten frohes Völkchen.

Lindert sanft der Sonne Glühen,
Kühlt auch mir die heißen Wangen,
Küßt die Reben noch im Fliehen,
Die auf Feld und Hügel prangen.

Und mir bringt sein leises Flüstern
Von dem Freunde tausend Grüße;
Eh noch diese Hügel düstern,
Grüßen mich wohl tausend Küsse.

Und so kannst du weiter ziehen!
Diene Freunden und Betrübten.
Dort, wo hohe Mauern glühen,
Find ich bald den Vielgeliebten.

Ach, die wahre Herzenskunde,
Liebeshauch, erfrischtes Leben
Wird mir nur aus seinem Munde,
Kann mir nur sein Atem geben.

In tausend Formen magst du dich verstecken,
Doch, Allerliebste, gleich erkenn ich dich;
Du magst mit Zauberschleiern dich bedecken,
Allgegenwärtge, gleich erkenn ich dich.

An der Zypresse reinstem, jungem Streben,
Allschöngewachsne, gleich erkenn ich dich,
In des Kanales reinem Wellenleben,
Allschmeichelhafte, wohl erkenn ich dich.

Wenn steigend sich der Wasserstrahl entfaltet,
Allspielende, wie froh erkenn ich dich;
Wenn Wolke sich gestaltend umgestaltet,
Allmannigfaltge, dort erkenn ich dich.

An des geblümten Schleiers Wiesenteppich,
Allbuntbesternte, schön erkenn ich dich;
Und greift umher ein tausendarmger Eppich,
O Allumklammernde, da kenn ich dich.

Wenn am Gebirg der Morgen sich entzündet,
Gleich, Allerheiternde, begrüß ich dich,
Dann über mir der Himmel rein sich ründet,
Allherzerweiternde, dann atm' ich dich.

Was ich mit äußerm Sinn, mit innerm kenne,
Du Allbelehrende, kenn ich durch dich;
Und wenn ich Allahs Namenhundert nenne,
Mit jedem klingt ein Name nach für dich.

[*D:* 1819]

Urworte · Orphisch

ΔΑΙΜΩΝ, Dämon

Wie an dem Tag, der dich der Welt verliehen,
Die Sonne stand zum Gruße der Planeten,
Bist alsobald und fort und fort gediehen
Nach dem Gesetz, wonach du angetreten.
So mußt du sein, dir kannst du nicht entfliehen,
So sagten schon Sibyllen, so Propheten;
Und keine Zeit und keine Macht zerstückelt
Geprägte Form, die lebend sich entwickelt.

ΤΥΧΗ, Das Zufällige

Die strenge Grenze doch umgeht gefällig
Ein Wandelndes, das mit und um uns wandelt;
Nicht einsam bleibst du, bildest dich gesellig,
Und handelst wohl so, wie ein andrer handelt:
Im Leben ists bald hin-, bald widerfällig,
Es ist ein Tand und wird so durchgetandelt.
Schon hat sich still der Jahre Kreis geründet,
Die Lampe harrt der Flamme, die entzündet.

ΕΡΩΣ, Liebe

Die bleibt nicht aus! – Er stürzt vom Himmel nieder,
Wohin er sich aus alter Öde schwang,
Er schwebt heran auf luftigem Gefieder
Um Stirn und Brust den Frühlingstag entlang,
Scheint jetzt zu fliehn, vom Fliehen kehrt er wieder:
Da wird ein Wohl im Weh, so süß und bang.
Gar manches Herz verschwebt im Allgemeinen,
Doch widmet sich das edelste dem Einen.

ΑΝΑΓΚΗ, Nötigung

Da ist's denn wieder, wie die Sterne wollten:
Bedingung und Gesetz; und aller Wille
Ist nur ein Wollen, weil wir eben sollten,
Und vor dem Willen schweigt die Willkür stille;
Das Liebste wird vom Herzen weggescholten,
Dem harten Muß bequemt sich Will und Grillle.
So sind wir scheinfrei denn nach manchen Jahren
Nur enger dran, als wir am Anfang waren.

ΕΛΠΙΣ, Hoffnung

Doch solcher Grenze, solcher ehrnen Mauer
Höchst widerwärtge Pforte wird entriegelt,
Sie stehe nur mit alter Felsendauer!
Ein Wesen regt sich leicht und ungezügelt:
Aus Wolkendecke, Nebel, Regenschauer
Erhebt sie uns, mit ihr, durch sie beflügelt,
Ihr kennt sie wohl, sie schwärmt durch alle Zonen –
Ein Flügelschlag – und hinter uns Äonen!

[*D:* 1820]

Um Mitternacht

Um Mitternacht ging ich, nicht eben gerne,
Klein, kleiner Knabe, jenen Kirchhof hin
Zu Vaters Haus, des Pfarrers; Stern am Sterne,
Sie leuchteten doch alle gar zu schön;
  Um Mitternacht.

Wenn ich dann ferner in des Lebens Weite
Zur Liebsten mußte, mußte, weil sie zog,
Gestirn und Nordschein über mir im Streite,
Ich gehend, kommend Seligkeiten sog;
  Um Mitternacht.

Bis dann zuletzt des vollen Mondes Helle
So klar und deutlich mir ins Finstere drang,
Auch der Gedanke willig, sinnig, schnelle
Sich ums Vergangne wie ums Künftige schlang;
  Um Mitternacht.

[*D:* 1821]

Eins und Alles

Im Grenzenlosen sich zu finden,
Wird gern der einzelne verschwinden,
Da löst sich aller Überdruß;
Statt heißem Wünschen, wildem Wollen,
Statt lästgem Fordern, strengem Sollen,
Sich aufzugeben ist Genuß.

Weltseele, komm, uns zu durchdringen!
Dann mit dem Weltgeist selbst zu ringen,
Wird unsrer Kräfte Hochberuf.
Teilnehmend führen gute Geister,
Gelinde leitend höchste Meister
Zu dem, der alles schafft und schuf.

Und umzuschaffen das Geschaffne,
Damit sich's nicht zum Starren waffne,
Wirkt ewiges, lebendiges Tun.
Und was nicht war, nun will es werden
Zu reinen Sonnen, farbigen Erden;
In keinem Falle darf es ruhn.

Es soll sich regen, schaffend handeln,
Erst sich gestalten, dann verwandeln;
Nur scheinbar steht's Momente still.
Das Ewige regt sich fort in allen:
Denn alles muß in Nichts zerfallen,
Wenn es im Sein beharren will.

[*D:* 1823]

Vermächtnis

Kein Wesen kann zu nichts zerfallen!
Das Ewge regt sich fort in allen,
Am Sein erhalte dich beglückt!
Das Sein ist ewig: denn Gesetze
Bewahren die lebendgen Schätze,
Aus welchen sich das All geschmückt.

Das Wahre war schon längst gefunden,
Hat edle Geisterschaft verbunden;
Das alte Wahre, faß es an!
Verdank es, Erdensohn, dem Weisen,
Der ihr, die Sonne zu umkreisen,
Und dem Geschwister wies die Bahn.

Sofort nun wende dich nach innen:
Das Zentrum findest du da drinnen,
Woran kein Edler zweifeln mag.
Wirst keine Regel da vermissen:
Denn das selbständige Gewissen
Ist Sonne deinem Sittentag.

Den Sinnen hast du dann zu trauen,
Kein Falsches lassen sie dich schauen,
Wenn dein Verstand dich wach erhält.
Mit frischem Blick bemerke freudig
Und wandle, sicher wie geschmeidig,
Durch Auen reichbegabter Welt.

Genieße mäßig Füll und Segen;
Vernunft sei überall zugegen,
Wo Leben sich des Lebens freut.
Dann ist Vergangenheit beständig,
Das Künftige voraus lebendig,
Der Augenblick ist Ewigkeit.

Und war es endlich dir gelungen,
Und bist du vom Gefühl durchdrungen:
Was fruchtbar ist, allein ist wahr, –
Du prüfst das allgemeine Walten,
Es wird nach seiner Weise schalten,
Geselle dich zur kleinsten Schar.

Und wie von alters her im stillen
Ein Liebewerk nach eignem Willen
Der Philosoph, der Dichter schuf,
So wirst du schönste Gunst erzielen:
Denn edlen Seelen vorzufühlen
Ist wünschenswertester Beruf.

[*D:* 1829]

Wenn sich lebendig Silber neigt,
So gibt es Schnee und Regen,
Und wie es wieder aufwärts steigt,
Ist blaues Zelt zugegen.
Auch sinke viel, es steige kaum
Der Freude Wink, des Schmerzens,
Man fühlt ihn gleich im engen Raum
Des lieb-lebendgen Herzens.

[*E:* 1823; *D:* 1827]

[*lebendig Silber:* Quecksilber.]

Trilogie der Leidenschaft

An Werther

Noch einmal wagst du, vielbeweinter Schatten,
Hervor dich an das Tageslicht,
Begegnest mir auf neu beblümten Matten,
Und meinen Anblick scheust du nicht.
Es ist, als ob du lebtest in der Frühe,
Wo uns der Tau auf Einem Feld erquickt
Und nach des Tages unwillkommner Mühe
Der Scheidesonne letzter Strahl entzückt;
Zum Bleiben ich, zum Scheiden du erkoren,
Gingst du voran – und hast nicht viel verloren.

Des Menschen Leben scheint ein herrlich Los:
Der Tag wie lieblich, so die Nacht wie groß!
Und wir, gepflanzt in Paradieses Wonne,
Genießen kaum der hocherlauchten Sonne,
Da kämpft sogleich verworrene Bestrebung
Bald mit uns selbst und bald mit der Umgebung;
Keins wird vom andern wünschenswert ergänzt,
Von außen düstert's, wenn es innen glänzt,
Ein glänzend Äußres deckt ein trüber Blick,
Da steht es nah – und man verkennt das Glück.

Nun glauben wir's zu kennen! Mit Gewalt
Ergreift uns Liebreiz weiblicher Gestalt:
Der Jüngling, froh wie in der Kindheit Flor,
Im Frühling tritt als Frühling selbst hervor,
Entzückt, erstaunt, wer dies ihm angetan?
Er schaut umher, die Welt gehört ihm an.
Ins Weite zieht ihn unbefangne Hast,
Nichts engt ihn ein, nicht Mauer, nicht Palast;
Wie Vögelschar an Wäldergipfeln streift,
So schwebt auch er, der um die Liebste schweift,
Er sucht vom Äther, den er gern verläßt,
Den treuen Blick, und dieser hält ihn fest.

Doch erst zu früh und dann zu spät gewarnt,
Fühlt er den Flug gehemmt, fühlt sich umgarnt.
Das Wiedersehn ist froh, das Scheiden schwer,
Das Wieder-Wiedersehn beglückt noch mehr,
Und Jahre sind im Augenblick ersetzt;
Doch tückisch harrt das Lebewohl zuletzt.

Du lächelst, Freund, gefühlvoll, wie sich ziemt:
Ein gräßlich Scheiden machte dich berühmt;
Wir feierten dein kläglich Mißgeschick,
Du ließest uns zu Wohl und Weh zurück.

Dann zog uns wieder ungewisse Bahn
Der Leidenschaften labyrinthisch an;
Und wir, verschlungen wiederholter Not,
Dem Scheiden endlich – Scheiden ist der Tod!
Wie klingt es rührend, wenn der Dichter singt,
Den Tod zu meiden, den das Scheiden bringt!
Verstrickt in solche Qualen, halbverschuldet,
Geb ihm ein Gott zu sagen, was er duldet.

[*E:* März 1824]

[*Werther:* Goethes Roman „Die Leiden des jungen Werthers" war 1774 erschienen.]

Elegie

Und wenn der Mensch in seiner Qual verstummt,
Gab mir ein Gott zu sagen, was ich leide.

Was soll ich nun vom Wiedersehen hoffen,
Von dieses Tages noch geschloßner Blüte?
Das Paradies, die Hölle steht dir offen;
Wie wankelsinnig regt sich's im Gemüte! –
Kein Zweifeln mehr! Sie tritt ans Himmelstor,
Zu ihren Armen hebt sie dich empor.

So warst du denn im Paradies empfangen,
Als wärst du wert des ewig schönen Lebens;
Dir blieb kein Wunsch, kein Hoffen, kein Verlangen,
Hier war das Ziel des innigsten Bestrebens,
Und in dem Anschaun dieses einzig Schönen
Versiegte gleich der Quell sehnsüchtiger Tränen.

Wie regte nicht der Tag die raschen Flügel,
Schien die Minuten vor sich her zu treiben!
Der Abendkuß, ein treu verbindlich Siegel:
So wird es auch der nächsten Sonne bleiben.
Die Stunden glichen sich in zartem Wandern
Wie Schwestern zwar, doch keine ganz den andern.

Der Kuß, der letzte, grausam süß, zerschneidend
Ein herrliches Geflecht verschlungner Minnen.
Nun eilt, nun stockt der Fuß, die Schwelle meidend,
Als trieb' ein Cherub flammend ihn von hinnen;
Das Auge starrt auf düstrem Pfad verdrossen,
Es blickt zurück, die Pforte steht verschlossen.

Und nun verschlossen in sich selbst, als hätte
Dies Herz sich nie geöffnet, selige Stunden
Mit jedem Stern des Himmels um die Wette
An ihrer Seite leuchtend nicht empfunden;
Und Mißmut, Reue, Vorwurf, Sorgenschwere
Belasten's nun in schwüler Atmosphäre.

Ist denn die Welt nicht übrig? Felsenwände,
Sind sie nicht mehr gekrönt von heiligen Schatten?
Die Ernte, reift sie nicht? Ein grün Gelände,
Zieht sich's nicht hin am Fluß durch Busch und Matten?
Und wölbt sich nicht das überweltlich Große,
Gestaltenreiche, bald Gestaltenlose?

Wie leicht und zierlich, klar und zart gewoben
Schwebt, seraphgleich, aus ernster Wolken Chor,
Als glich' es ihr, am blauen Äther droben
Ein schlank Gebild aus lichtem Duft empor!
So sahst du sie in frohem Tanze walten,
Die lieblichste der lieblichsten Gestalten.

Doch nur Momente darfst dich unterwinden,
Ein Luftgebild statt ihrer festzuhalten;
Ins Herz zurück! dort wirst du's besser finden,
Dort regt sie sich in wechselnden Gestalten:
Zu vielen bildet Eine sich hinüber,
So tausendfach und immer, immer lieber.

Wie zum Empfang sie an den Pforten weilte
Und mich von dannauf stufenweis beglückte,
Selbst nach dem letzten Kuß mich noch ereilte,
Den letztesten mir auf die Lippen drückte:
So klar beweglich bleibt das Bild der Lieben
Mit Flammenschrift ins treue Herz geschrieben,

Ins Herz, das fest, wie zinnenhohe Mauer,
Sich ihr bewahrt und sie in sich bewahret,
Für sie sich freut an seiner eignen Dauer,
Nur weiß von sich, wenn sie sich offenbaret,
Sich freier fühlt in so geliebten Schranken
Und nur noch schlägt, für alles ihr zu danken.

War Fähigkeit zu lieben, war Bedürfen
Von Gegenliebe weggelöscht, verschwunden,
Ist Hoffnungslust zu freudigen Entwürfen,
Entschlüssen, rascher Tat sogleich gefunden!
Wenn Liebe je den Liebenden begeistet,
Ward es an mir aufs lieblichste geleistet;

Und zwar durch sie! – Wie lag ein innres Bangen
Auf Geist und Körper, unwillkommner Schwere:
Von Schauerbildern rings der Blick umfangen
Im wüsten Raum beklommner Herzensleere;
Nun dämmert Hoffnung von bekannter Schwelle,
Sie selbst erscheint in milder Sonnenhelle.

Dem Frieden Gottes, welcher euch hienieden
Mehr als Vernunft beseliget – wir lesen's –,
Vergleich ich wohl der Liebe heitern Frieden
In Gegenwart des allgeliebten Wesens;
Da ruht das Herz, und nichts vermag zu stören
Den tiefsten Sinn, den Sinn: ihr zu gehören.

In unsers Busens Reine wogt ein Streben,
Sich einem Höhern, Reinern, Unbekannten
Aus Dankbarkeit freiwillig hinzugeben,
Enträtselnd sich den ewig Ungenannten;
Wir heißen's: fromm sein! – Solcher seligen Höhe
Fühl ich mich teilhaft, wenn ich vor ihr stehe.

Vor ihrem Blick, wie vor der Sonne Walten,
Vor ihrem Atem, wie vor Frühlingslüften,
Zerschmilzt, so längst sich eisig starr gehalten,
Der Selbstsinn tief in winterlichen Grüften;
Kein Eigennutz, kein Eigenwille dauert,
Vor ihrem Kommen sind sie weggeschauert.

Es ist, als wenn sie sagte: „Stund um Stunde
Wird uns das Leben freundlich dargeboten.
Das Gestrige ließ uns geringe Kunde,
Das Morgende – zu wissen ist's verboten;
Und wenn ich je mich vor dem Abend scheute,
Die Sonne sank und sah noch, was mich freute.

Drum tu wie ich und schaue, froh verständig,
Dem Augenblick ins Auge! Kein Verschieben!
Begegn' ihm schnell, wohlwollend wie lebendig,
Im Handeln sei's, zur Freude, sei's dem Lieben.
Nur wo du bist, sei alles, immer kindlich,
So bist du alles, bist unüberwindlich."

Du hast gut reden, dacht ich: zum Geleite
Gab dir ein Gott die Gunst des Augenblickes,
Und jeder fühlt an deiner holden Seite
Sich augenblicks den Günstling des Geschickes;
Mich schreckt der Wink, von dir mich zu entfernen –
Was hilft es mir, so hohe Weisheit lernen!

Nun bin ich fern! Der jetzigen Minute,
Was ziemt denn der? Ich wüßt es nicht zu sagen;
Sie bietet mir zum Schönen manches Gute,
Das lastet nur, ich muß mich ihm entschlagen.
Mich treibt umher ein unbezwinglich Sehnen,
Da bleibt kein Rat als grenzenlose Tränen.

So quellt denn fort und fließet unaufhaltsam!
Doch nie geläng's, die innre Glut zu dämpfen!
Schon rast's und reißt in meiner Brust gewaltsam,
Wo Tod und Leben grausend sich bekämpfen.
Wohl Kräuter gäb's, des Körpers Qual zu stillen;
Allein dem Geist fehlt's am Entschluß und Willen,

Fehlt's am Begriff: wie sollt' er sie vermissen?
Er wiederholt ihr Bild zu tausendmalen.
Das zaudert bald, bald wird es weggerissen,
Undeutlich jetzt und jetzt im reinsten Strahlen;
Wie könnte dies geringstem Troste frommen,
Die Ebb und Flut, das Gehen wie das Kommen?

Verlaßt mich hier, getreue Weggenossen!
Laßt mich allein am Fels, in Moor und Moos;
Nur immer zu! Euch ist die Welt erschlossen,
Die Erde weit, der Himmel hehr und groß;
Betrachtet, forscht, die Einzelnheiten sammelt,
Naturgeheimnis werde nachgestammelt.

Mir ist das All, ich bin mir selbst verloren,
Der ich noch erst den Göttern Liebling war;
Sie prüften mich, verliehen mir Pandoren,
So reich an Gütern, reicher an Gefahr;
Sie drängten mich zum gabeseligen Munde,
Sie trennten mich – und richten mich zugrunde.

[*E:* September 1823]

[Motto: aus Goethes Drama „Torquato Tasso", Vers 3432f.; dort heißt es jedoch: „wie ich leide". – *begeistet:* bei Goethe oft auch im Sinn von ‚begeistert'.]

Aussöhnung

Die Leidenschaft bringt Leiden! – Wer beschwichtigt,
Beklommnes Herz, dich, das zu viel verloren?
Wo sind die Stunden, überschnell verflüchtigt?
Vergebens war das Schönste dir erkoren!
Trüb ist der Geist, verworren das Beginnen;
Die hehre Welt, wie schwindet sie den Sinnen!

Da schwebt hervor Musik in Engelsschwingen,
Verflicht zu Millionen Tön um Töne,
Des Menschen Wesen durch und durch zu dringen,
Zu überfüllen ihn mit ewger Schöne:
Das Auge netzt sich, fühlt im höhern Sehnen
Den Götterwert der Töne wie der Tränen.

Und so das Herz erleichtert merkt behende,
Daß es noch lebt und schlägt und möchte schlagen,
Zum reinsten Dank der überreichen Spende
Sich selbst erwidernd willig darzutragen.
Da fühlte sich – o daß es ewig bliebe! –
Das Doppelglück der Töne wie der Liebe.

[*E:* August 1823; *D* der Trilogie: 1827]

[Bei Betrachtung von Schillers Schädel]

Im ernsten Beinhaus war's, wo ich beschaute,
Wie Schädel Schädeln angeordnet paßten;
Die alte Zeit gedacht ich, die ergraute.
Sie stehn in Reih geklemmt, die sonst sich haßten,
Und derbe Knochen, die sich tödlich schlugen,
Sie liegen kreuzweis, zahm allhier zu rasten.
Entrenkte Schulterblätter! was sie trugen,
Fragt niemand mehr, und zierlich tätge Glieder,
Die Hand, der Fuß, zerstreut aus Lebensfugen.
Ihr Müden also lagt vergebens nieder,
Nicht Ruh im Grabe ließ man euch, vertrieben
Seid ihr herauf zum lichten Tage wieder,
Und niemand kann die dürre Schale lieben,
Welch herrlich edlen Kern sie auch bewahrte.
Doch mir Adepten war die Schrift geschrieben,
Die heilgen Sinn nicht jedem offenbarte,
Als ich inmitten solcher starren Menge
Unschätzbar herrlich ein Gebild gewahrte,
Daß in des Raumes Moderkält und Enge
Ich frei und wärmefühlend mich erquickte,
Als ob ein Lebensquell dem Tod entspränge.
Wie mich geheimnisvoll die Form entzückte!
Die gottgedachte Spur, die sich erhalten!
Ein Blick, der mich an jenes Meer entrückte,
Das flutend strömt gesteigerte Gestalten.
Geheim Gefäß! Orakelsprüche spendend,
Wie bin ich wert, dich in der Hand zu halten,
Dich höchsten Schatz aus Moder fromm entwendend
Und in die freie Luft, zu freiem Sinnen,
Zum Sonnenlicht andächtig hin mich wendend.
Was kann der Mensch im Leben mehr gewinnen,
Als daß sich Gott-Natur ihm offenbare?
Wie sie das Feste läßt zu Geist verrinnen,
Wie sie das Geisterzeugte fest bewahre.

[*E:* 1826; *D:* 1829]

Aus: Chinesisch-deutsche Jahres- und Tageszeiten

II

Weiß wie Lilien, reine Kerzen,
Sternen gleich, bescheidner Beugung,
Leuchtet aus dem Mittelherzen,
Rot gesäumt, die Glut der Neigung.

So frühzeitige Narzissen
Blühen reihenweis im Garten.
Mögen wohl die guten wissen,
Wen sie so spaliert erwarten.

III

Ziehn die Schafe von der Wiese,
Liegt sie da, ein reines Grün,
Aber bald zum Paradiese
Wird sie bunt geblümt erblühn.

Hoffnung breitet lichte Schleier
Nebelhaft vor unsern Blick:
Wunscherfüllung, Sonnenfeier,
Wolkenteilung bring uns Glück!

VIII

Dämmrung senkte sich von oben,
Schon ist alle Nähe fern;
Doch zuerst emporgehoben
Holden Lichts der Abendstern!
Alles schwankt ins Ungewisse
Nebel schleichen in die Höh;
Schwarzvertiefte Finsternisse
Widerspiegelnd ruht der See.

Nun am östlichen Bereiche
Ahn ich Mondenglanz und -glut,
Schlanker Weiden Haargezweige
Scherzen auf der nächsten Flut.
Durch bewegter Schatten Spiele
Zittert Lunas Zauberschein,
Und durchs Auge schleicht die Kühle
Sänftigend ins Herz hinein.

IX

Nun weiß man erst, was Rosenknospe sei,
Jetzt, da die Rosenzeit vorbei;
Ein Spätling noch am Stocke glänzt
Und ganz allein die Blumenwelt ergänzt.

[*E:* um 1827; *D:* 1830]

Dem aufgehenden Vollmonde

Dornburg, 25. August 1828

Willst du mich sogleich verlassen?
Warst im Augenblick so nah!
Dich umfinstern Wolkenmassen,
Und nun bist du gar nicht da.

Doch du fühlst, wie ich betrübt bin,
Blickt dein Rand herauf als Stern!
Zeugest mir, daß ich geliebt bin,
Sei das Liebchen noch so fern.

So hinan denn! hell und heller,
Reiner Bahn, in voller Pracht!
Schlägt mein Herz auch schmerzlich schneller,
Überselig ist die Nacht.

[*D:* 1833]

Dornburg, September 1828

Früh, wenn Tal, Gebirg und Garten
Nebelschleiern sich enthüllen
Und dem sehnlichsten Erwarten
Blumenkelche bunt sich füllen,

Wenn der Äther, Wolken tragend,
Mit dem klaren Tage streitet,
Und ein Ostwind, sie verjagend,
Blaue Sonnenbahn bereitet,

Dankst du dann, am Blick dich weidend,
Reiner Brust der Großen, Holden,
Wird die Sonne, rötlich scheidend,
Rings den Horizont vergolden.

[*D:* 1833]

Friedrich Schiller
1759–1805

Resignation
Eine Phantasie

Auch ich war in Arkadien geboren,
Auch mir hat die Natur
An meiner Wiege Freude zugeschworen,
Auch ich war in Arkadien geboren,
Doch Tränen gab der kurze Lenz mir nur.

Des Lebens Mai blüht einmal und nicht wieder,
Mir hat er abgeblüht.
Der stille Gott – o weinet, meine Brüder –
Der stille Gott taucht meine Fackel nieder,
Und die Erscheinung flieht.

Da steh ich schon auf deiner Schauerbrücke,
Ehrwürdge Geistermutter – Ewigkeit.
Empfange meinen Vollmachtbrief zum Glücke,
Ich bring ihn unerbrochen dir zurücke,
Mein Lauf ist aus. Ich weiß von keiner Seligkeit.

Vor deinem Thron erheb ich meine Klage,
Verhüllte Richterin.
Auf jenem Stern ging eine frohe Sage,
Du thronest hier mit des Gerichtes Waage
Und nennest dich Vergelterin.

Hier – spricht man – warten Schrecken auf den Bösen,
Und Freuden auf den Redlichen.
Des Herzens Krümmen werdest du entblößen,
Der Vorsicht Rätsel werdest du mir lösen
Und Rechnung halten mit dem Leidenden.

Hier öffne sich die Heimat dem Verbannten,
Hier endige des Dulders Dornenbahn.
Ein Götterkind, das sie mir *Wahrheit* nannten,
Die meisten flohen, wenige nur kannten,
Hielt meines Lebens raschen Zügel an.

„Ich zahle dir in einem andern Leben,
Gib deine Jugend mir!
Nichts kann ich dir als diese Weisung geben.
Ich nahm die Weisung auf das andre Leben,
Und meiner Jugend Freuden gab ich ihr.

„Gib mir das Weib, so teuer deinem Herzen,
   Gib deine Laura mir.
Jenseits der Gräber wuchern deine Schmerzen.“ –
Ich riß sie blutend aus dem wunden Herzen
   Und weinte laut und gab sie ihr.

„Du siehst die Zeit nach jenen Ufern fliegen,
   Die blühende Natur
Bleibt hinter ihr – ein welker Leichnam – liegen.
Wenn Erd und Himmel trümmernd auseinanderfliegen,
   Daran erkenne den erfüllten Schwur.“

„Die Schuldverschreibung lautet an die Toten“,
   Hohnlächelte die Welt,
„Die Lügnerin, gedungen von Despoten,
Hat für die Wahrheit Schatten dir geboten,
   Du bist nicht mehr, wenn dieser Schein verfällt.“

Frech witzelte das Schlangenheer der Spötter:
   „Vor einem Wahn, den nur Verjährung weiht,
Erzitterst du? Was sollen deine Götter,
Des kranken Weltplans schlau erdachte Retter,
   Die Menschenwitz des Menschen Notdurft leiht?

Ein Gaukelspiel, ohnmächtigen Gewürmen
   Vom Mächtigen gegönnt,
Schreckfeuer, angesteckt auf hohen Türmen,
Die Phantasie des Träumers zu bestürmen,
   Wo des Gesetzes Fackel dunkel brennt.

Was heißt die Zukunft, die uns Gräber decken?
   Die Ewigkeit, mit der du eitel prangst?
Ehrwürdig nur, weil schlaue Hüllen sie verstecken,
Der Riesenschatten unsrer eignen Schrecken
   Im hohlen Spiegel der Gewissensangst;

Ein Lügenbild lebendiger Gestalten,
   Die Mumie der Zeit,
Vom Balsamgeist der Hoffnung in den kalten
Behausungen des Grabes hingehalten,
   Das nennt dein Fieberwahn – Unsterblichkeit?

Für Hoffnungen – Verwesung straft sie Lügen –
   Gabst du *gewisse* Güter hin?
Sechstausend Jahre hat der Tod geschwiegen,
Kam je ein Leichnam aus der Gruft gestiegen,
   Der Meldung tat von der Vergelterin?“ –

Ich sah die Zeit nach deinen Ufern fliegen,
  Die blühende Natur
Blieb hinter ihr, ein welker Leichnam, liegen,
Kein Toter kam aus seiner Gruft gestiegen,
  Und fest vertraut ich auf den Götterschwur.

All meine Freuden hab ich dir geschlachtet,
  Jetzt werf ich mich vor deinen Richterthron.
Der Menge Spott hab ich beherzt verachtet,
Nur *deine* Güter hab ich groß geachtet,
  Vergelterin, ich fodre meinen Lohn.

„Mit gleicher Liebe lieb ich meine Kinder!"
  Rief unsichtbar ein Genius.
„Zwei Blumen", rief er, „– hört es, Menschenkinder –
Zwei Blumen blühen für den weisen Finder,
  Sie heißen *Hoffnung* und *Genuß*.

Wer dieser Blumen *eine* brach, begehre
  Die andre Schwester nicht.
Genieße, wer nicht glauben kann. Die Lehre
Ist ewig wie die Welt. Wer glauben kann, entbehre.
  Die Weltgeschichte ist das Weltgericht.

Du hast *gehofft,* dein Lohn ist abgetragen,
  Dein *Glaube* war dein zugewognes Glück.
Du konntest deine Weisen fragen,
Was man von der Minute ausgeschlagen,
  Gibt keine Ewigkeit zurück."

[*D:* 1786]

[*Der stille Gott:* der Tod. – *die Erscheinung:* hier: das Leben selbst. – *Krümmen:* Winkel. – *Weisung:* Anweisung, Kreditbrief. – *wuchern:* Zinsen bringen. – *Menschenwitz:* Menschenverstand. – *Sechstausend Jahre:* nach jüd. Vorstellung die Zeitspanne seit Erschaffung der Welt.]

An die Freude

Freude, schöner Götterfunken,
Tochter aus Elysium,
Wir betreten feuertrunken
Himmlische, dein Heiligtum.
Deine Zauber binden wieder,
Was der Mode Schwert geteilt;
Bettler werden Fürstenbrüder,
Wo dein sanfter Flügel weilt.

Chor

Seid umschlungen, Millionen!
Diesen Kuß der ganzen Welt!
Brüder – überm Sternenzelt
Muß ein lieber Vater wohnen.

Wem der große Wurf gelungen,
Eines Freundes Freund zu sein;
Wer ein holdes Weib errungen,
Mische seinen Jubel ein!
Ja – wer auch nur *eine* Seele
Sein nennt auf dem Erdenrund!
Und wers nie gekonnt, der stehle
Weinend sich aus diesem Bund!

Chor

Was den großen Ring bewohnet,
Huldige der Sympathie!
Zu den Sternen leitet sie,
Wo der *Unbekannte* thronet.

Freude trinken alle Wesen
An den Brüsten der Natur,
Alle Guten, alle Bösen
Folgen ihrer Rosenspur.
Küsse gab sie *uns* und *Reben*,
Einen Freund, geprüft im Tod.
Wollust ward dem Wurm gegeben,
Und der Cherub steht vor Gott.

Chor

Ihr stürzt nieder, Millionen?
Ahndest du den Schöpfer, Welt?
Such ihn überm Sternenzelt,
Über Sternen muß er wohnen.

Freude heißt die starke Feder
In der ewigen Natur.
Freude, Freude treibt die Räder
In der großen Weltenuhr.
Blumen lockt sie aus den Keimen,
Sonnen aus dem Firmament,
Sphären rollt sie in den Räumen,
Die des Sehers Rohr nicht kennt.

Chor

Froh, wie seine Sonnen fliegen,
Durch des Himmels prächtgen Plan,
Laufet, Brüder, eure Bahn,
Freudig wie ein Held zum Siegen.

Aus der Wahrheit Feuerspiegel
Lächelt *sie* den Forscher an.
Zu der Tugend steilem Hügel
Leitet *sie* des Dulders Bahn.
Auf des Glaubens Sonnenberge
Sieht man *ihre* Fahnen wehn,
Durch den Riß gesprengter Särge
Sie im Chor der Engel stehn.

Chor

Duldet mutig, Millionen!
Duldet für die beßre Welt!
Droben überm Sternenzelt
Wird ein großer Gott belohnen.

Göttern kann man nicht vergelten,
Schön ists, ihnen gleich zu sein.
Gram und Armut soll sich melden,
Mit den Frohen sich erfreun.
Groll und Rache sei vergessen,
Unserm Todfeind sei verziehn,
Keine Träne soll ihn pressen,
Keine Reue nage ihn.

Chor

Unser Schuldbuch sei vernichtet!
Ausgesöhnt die ganze Welt!
Brüder – überm Sternenzelt
Richtet Gott, wie wir gerichtet.

Freude sprudelt in Pokalen,
In der Traube goldnem Blut
Trinken Sanftmut Kannibalen,
Die Verzweiflung Heldenmut --
Brüder, fliegt von euren Sitzen,
Wenn der volle Römer kreist,
Laßt den Schaum zum Himmel sprützen:
Dieses Glas dem guten Geist.

Chor

Den der Sterne Wirbel loben,
Den des Seraphs Hymne preist,
Dieses Glas dem guten Geist
Überm Sternenzelt dort oben!

Festen Mut in schwerem Leiden,
Hülfe, wo die Unschuld weint,
Ewigkeit geschwornen Eiden,
Wahrheit gegen Freund und Feind,
Männerstolz vor Königsthronen –
Brüder, gält es Gut und Blut, –
Dem Verdienste seine Kronen,
Untergang der Lügenbrut!

Chor

Schließt den heilgen Zirkel dichter,
Schwört bei diesem goldnen Wein:
Dem Gelübde treu zu sein,
Schwört es bei dem Sternenrichter!

Rettung von Tyrannenketten,
Großmut auch dem Bösewicht,
Hoffnung auf den Sterbebetten,
Gnade auf dem Hochgericht!
Auch die Toten sollen leben!
Brüder trinkt und stimmet ein,
Allen Sündern soll vergeben,
Und die Hölle nicht mehr sein.

Chor

Eine heitre Abschiedsstunde!
Süßen Schlaf im Leichentuch!
Brüder – einen sanften Spruch
Aus des Totenrichters Munde!

[*D:* 1786]

Die Götter Griechenlands

Da ihr noch die schöne Welt regieret,
An der Freude leichtem Gängelband
Selige Geschlechter noch geführet,
Schöne Wesen aus dem Fabelland!
Ach, da euer Wonnedienst noch glänzte,
Wie ganz anders, anders war es da!
Da man deine Tempel noch bekränzte,
Venus Amathusia!

Da der Dichtung zauberische Hülle
Sich noch lieblich um die Wahrheit wand –
Durch die Schöpfung floß da Lebensfülle,
Und was nie empfinden wird, empfand.
An der Liebe Busen sie zu drücken,
Gab man höhern Adel der Natur,
Alles wies den eingeweihten Blicken,
Alles eines Gottes Spur.

Wo jetzt nur, wie unsre Weisen sagen,
Seelenlos ein Feuerball sich dreht,
Lenkte damals seinen goldnen Wagen
Helios in stiller Majestät.
Diese Höhen füllten Oreaden,
Eine Dryas lebt' in jenem Baum,
Aus den Urnen lieblicher Najaden
Sprang der Ströme Silberschaum.

Jener Lorbeer wand sich einst um Hilfe,
Tantals Tocher schweigt in diesem Stein,
Syrinx' Klage tönt' aus jenem Schilfe,
Philomelas Schmerz aus diesem Hain.
Jener Bach empfing Demeters Zähre,
Die sie um Persephonen geweint,
Und von diesem Hügel rief Cythere,
Ach umsonst! dem schönen Freund.

Zu Deukalions Geschlechte stiegen
Damals noch die Himmlischen herab,
Pyrrhas schöne Töchter zu besiegen,
Nahm der Leto Sohn den Hirtenstab.
Zwischen Menschen, Göttern und Heroen
Knüpfte Amor einen schönen Bund,
Sterbliche mit Göttern und Heroen
Huldigten in Amathunt.

Finstrer Ernst und trauriges Entsagen
War aus eurem heitern Dienst verbannt,
Glücklich sollten alle Herzen schlagen,
Denn euch war der Glückliche verwandt.

Damals war nichts heilig als das Schöne,
Keiner Freude schämte sich der Gott,
Wo die keusch errötende Kamöne,
Wo die Grazie gebot.

Eure Tempel lachten gleich Palästen,
Euch verherrlichte das Heldenspiel
An des Isthmus kronenreichen Festen,
Und die Wagen donnerten zum Ziel.
Schön geschlungne seelenvolle Tänze
Kreisten um den prangenden Altar,
Eure Schläfe schmückten Siegeskränze,
Kronen euer duftend Haar.

Das Evoë muntrer Thyrsusschwinger
Und der Panther prächtiges Gespann
Meldeten den großen Freudebringer,
Faun und Satyr taumeln ihm voran,
Um ihn springen rasende Mänaden,
Ihr Tänze loben seinen Wein,
Und des Wirtes braune Wangen laden
Lustig zu dem Becher ein.

Damals trat kein gräßliches Gerippe
Vor das Bett des Sterbenden. Ein Kuß
Nahm das letzte Leben von der Lippe,
Seine Fackel senkt' ein Genius.
Selbst des Orkus strenge Richterwaage
Hielt der Enkel einer Sterblichen,
Und des Thrakers seelenvolle Klage
Rührte die Erinnyen.

Seine Freuden traf der frohe Schatten
In Elysiens Hainen wieder an,
Treue Liebe fand den treuen Gatten
Und der Wagenlenker seine Bahn,
Linus' Spiel tönt die gewohnten Lieder,
In Alcestens Arme sinkt Admet,
Seinen Freund erkennt Orestes wieder,
Seine Pfeile Philoktet.

Höhre Preise stärkten da den Ringer
Auf der Tugend arbeitvoller Bahn,
Großer Taten herrliche Vollbringer
Klimmten zu den Seligen hinan.
Vor dem Wiederfoderer der Toten
Neigte sich der Götter stille Schar;
Durch die Fluten leuchtet dem Piloten
Vom Olymp das Zwillingspaar.

Schöne Welt, wo bist du? Kehre wieder,
Holdes Blütenalter der Natur!
Ach, nur in dem Feenland der Lieder
Lebt noch deine fabelhafte Spur.
Ausgestorben trauert das Gefilde,
Keine Gottheit zeigt sich meinem Blick,
Ach, von jenem lebenwarmen Bilde
Blieb der Schatten nur zurück.

Alle jene Blüten sind gefallen
Von des Nordes schauerlichem Wehn,
Einen zu bereichern unter allen,
Mußte diese Götterwelt vergehn.
Traurig such ich an dem Sternenbogen,
Dich, Selene, find ich dort nicht mehr,
Durch die Wälder ruf ich, durch die Wogen,
Ach, sie widerhallen leer!

Unbewußt der Freuden, die sie schenket,
Nie entzückt von ihrer Herrlichkeit,
Nie gewahr des Geistes, der sie lenket,
Selger nie durch meine Seligkeit,
Fühllos selbst für ihres Künstlers Ehre,
Gleich dem toten Schlag der Pendeluhr,
Dient sie knechtisch dem Gesetz der Schwere,
Die entgötterte Natur.

Morgen wieder neu sich zu entbinden,
Wühlt sie heute sich ihr eignes Grab,
Und an ewig gleicher Spindel winden
Sich von selbst die Monde auf und ab.
Müßig kehrten zu dem Dichterlande
Heim die Götter, unnütz einer Welt,
Die, entwachsen ihrem Gängelbande,
Sich durch eignes Schweben hält.

Ja, sie kehrten heim, und alles Schöne,
Alles Hohe nahmen sie mit fort,
Alle Farben, alle Lebenstöne,
Und uns blieb nur das entseelte Wort.
Aus der Zeitflut weggerissen, schweben
Sie gerettet auf des Pindus Höhn,
Was unsterblich im Gesang soll leben,
Muß im Leben untergehn.

[*D:* 1788; *A:* 1803 (diese Fassung)]

[4. Strophe: Daphne wurde in einen Lorbeerbaum verwandelt; Niobe versteinerte, als Apoll ihre Kinder umgebracht hatte; Syrinx wurde auf der Flucht vor Pan in Schilf, Philomele auf der Flucht vor Tereus in eine Nachtigall verwandelt. – *der Leto Sohn:* Apoll. Eine Sage berichtet, daß Apoll ein Jahr lang dem thessalischen König Admetos als Hirt gedient habe. – 8. Strophe: Schilderung des Dionysosfestes. – *der Thraker:* Orpheus. – *seinen Freund:* Pylades, mit dem Orest bei König Thoas zusammen war. – *seine Pfeile:* Philoktet hatte die unfehlbaren Waffen des Herakles erhalten. – *Wiederfoderer der Toten:* Hercules. – *Zwillingspaar:* Kastor und Pollux. – *ihres Künstlers Ehre:* Gottes.]

Das Ideal und das Leben

Ewigklar und spiegelrein und eben
Fließt das zephirleichte Leben
Im Olymp den Seligen dahin.
Monde wechseln und Geschlechter fliehen,
Ihrer Götterjugend Rosen blühen
Wandellos im ewigen Ruin.
Zwischen Sinnenglück und Seelenfrieden
Bleibt dem Menschen nur die bange Wahl;
Auf der Stirn des hohen Uraniden
Leuchtet ihr vermählter Strahl.

Wollt ihr schon auf Erden Göttern gleichen,
Frei sein in des Todes Reichen,
Brechet nicht von seines Gartens Frucht.
An dem Scheine mag der Blick sich weiden,
Des Genusses wandelbare Freuden
Rächet schleunig der Begierde Flucht.
Selbst der Styx, der neunfach sie umwindet,
Wehrt die Rückkehr Ceres' Tochter nicht,
Nach dem Apfel greift sie, und es bindet
Ewig sie des Orkus Pflicht.

Nur der Körper eignet jenen Mächten,
Die das dunkle Schicksal flechten,
Aber frei von jeder Zeitgewalt,
Die Gespielin seliger Naturen
Wandelt oben in des Lichtes Fluren,
Göttlich unter Göttern, die *Gestalt*.
Wollt ihr hoch auf ihren Flügeln schweben,
Werft die Angst des Irdischen von euch.
Fliehet aus dem engen, dumpfen Leben
In des Ideales Reich!

Jugendlich, von allen Erdenmalen
Frei, in der Vollendung Strahlen
Schwebet hier der Menschheit Götterbild,
Wie des Lebens schweigende Phantome
Glänzend wandeln an dem stygschen Strome,
Wie sie stand im himmlischen Gefild,
Ehe noch zum traurgen Sarkophage
Die Unsterbliche herunterstieg.
Wenn im Leben noch des Kampfes Waage
Schwankt, erscheinet hier der Sieg.

Nicht vom Kampf die Glieder zu entstricken,
Den Erschöpften zu erquicken,
Wehet hier des Sieges duftger Kranz.
Mächtig, selbst wenn eure Sehnen ruhten,
Reißt das Leben euch in seine Fluten,
Euch die Zeit in ihren Wirbeltanz.
Aber sinkt des Mutes kühner Flügel
Bei der Schranken peinlichem Gefühl,
Dann erblicket von der Schönheit Hügel
Freudig das erflogne Ziel.

Wenn es gilt, zu herrschen und zu schirmen,
Kämpfer gegen Kämpfer stürmen
Auf des Glückes, auf des Ruhmes Bahn,
Da mag Kühnheit sich an Kraft zerschlagen,
Und mit krachendem Getös die Wagen
Sich vermengen auf bestäubtem Plan.
Mut allein kann hier den Dank erringen,
Der am Ziel des Hippodromes winkt,
Nur der Starke wird das Schicksal zwingen,
Wenn der Schwächling untersinkt.

Aber der, von Klippen eingeschlossen,
Wild und schäumend sich ergossen,
Sanft und eben rinnt des Lebens Fluß
Durch der Schönheit stille Schattenlande,
Und auf seiner Wellen Silberrande
Malt Aurora sich und Hesperus.
Aufgelöst in zarter Wechselliebe,
In der Anmut freiem Bund vereint,
Ruhen hier die ausgesöhnten Triebe,
Und verschwunden ist der Feind.

Wenn, das Tote bildend zu beseelen,
Mit dem Stoff sich zu vermählen,
Tatenvoll der Genius entbrennt,
Da, da spanne sich des Fleißes Nerve,
Und beharrlich ringend unterwerfe
Der Gedanke sich das Element.
Nur dem Ernst, den keine Mühe bleichet,
Rauscht der Wahrheit tief versteckter Born,
Nur des Meißels schwerem Schlag erweichet
Sich des Marmors sprödes Korn.

Aber dringt bis in der Schönheit Sphäre,
Und im Staube bleibt die Schwere
Mit dem Stoff, den sie beherrscht, zurück.
Nicht der Masse qualvoll abgerungen,
Schlank und leicht, wie aus dem Nichts gesprungen,
Steht das Bild vor dem entzückten Blick.
Alle Zweifel, alle Kämpfe schweigen
In des Sieges hoher Sicherheit,
Ausgestoßen hat es jeden Zeugen
Menschlicher Bedürftigkeit.

Wenn ihr in der Menschheit traurger Blöße
Steht vor des Gesetzes Größe,
Wenn dem Heiligen die Schuld sich naht,
Da erblasse vor der Wahrheit Strahle
Eure Tugend, vor dem Ideale
Fliehe mutlos die beschämte Tat.
Kein Erschaffner hat dies Ziel erflogen,
Über diesen grauenvollen Schlund
Trägt kein Nachen, keiner Brücke Bogen,
Und kein Anker findet Grund.

Aber flüchtet aus der Sinne Schranken
In die Freiheit der Gedanken,
Und die Furchterscheinung ist entflohn,
Und der ewge Abgrund wird sich füllen;
Nehmt die Gottheit auf in euren Willen,
Und sie steigt von ihrem Weltenthron.
Des Gesetzes strenge Fessel bindet
Nur den Sklavensinn, der es verschmäht,
Mit des Menschen Widerstand verschwindet
Auch des Gottes Majestät.

Wenn der Menschheit Leiden euch umfangen,
Wenn Laokoon der Schlangen
Sich erwehrt mit namenlosem Schmerz,
Da empöre sich der Mensch! Es schlage
An des Himmels Wölbung seine Klage
Und zerreiße euer fühlend Herz!
Der Natur furchtbare Stimme siege,
Und der Freude Wange werde bleich,
Und der heilgen Sympathie erliege
Das Unsterbliche in euch!

Aber in den heitern Regionen
Wo die reinen Formen wohnen,
Rauscht des Jammers trüber Sturm nicht mehr.
Hier darf Schmerz die Seele nicht durchschneiden,
Keine Träne fließt hier mehr dem Leiden,
Nur des Geistes tapfrer Gegenwehr.
Lieblich, wie der Iris Farbenfeuer
Auf der Donnerwolke duftgem Tau,
Schimmert durch der Wehmut düstern Schleier
Hier der Ruhe heitres Blau.

Tief erniedrigt zu des Feigen Knechte,
Ging in ewigem Gefechte
Einst Alcid des Lebens schwere Bahn,
Rang mit Hydern und umarmt' den Leuen,
Stürzte sich, die Freunde zu befreien,
Lebend in des Totenschiffers Kahn.
Alle Plagen, alle Erdenlasten
Wälzt der unversöhnten Göttin List
Auf die willgen Schultern des Verhaßten,
Bis sein Lauf geendigt ist –

Bis der Gott, des Irdischen entkleidet,
Flammend sich vom Menschen scheidet
Und des Äthers leichte Lüfte trinkt.
Froh des neuen, ungewohnten Schwebens,
Fließt er aufwärts, und des Erdenlebens
Schweres Traumbild sinkt und sinkt und sinkt.
Des Olympus Harmonien empfangen
Den Verklärten in Kronions Saal,
Und die Göttin mit den Rosenwangen
Reicht ihm lächelnd den Pokal.

[*D:* 1795]

Das verschleierte Bild zu Sais

Ein Jüngling, den des Wissens heißer Durst
Nach Sais in Ägypten trieb, der Priester
Geheime Weisheit zu erlernen, hatte
Schon manchen Grad mit schnellem Geist durcheilt,
Stets riß ihn seine Forschbegierde weiter,
Und kaum besänftigte der Hierophant
Den ungeduldig Strebenden. „Was hab ich,
Wenn ich nicht alles habe?" sprach der Jüngling.
„Gibts etwa hier ein Weniger und Mehr?
Ist deine Wahrheit wie der Sinne Glück
Nur eine Summe, die man größer, kleiner
Besitzen kann und immer doch besitzt?
Ist sie nicht eine einzge, ungeteilte?
Nimm einen Ton aus einer Harmonie,
Nimm eine Farbe aus dem Regenbogen,
Und alles, was dir bleibt, ist nichts, solang
Das schöne All der Töne fehlt und Farben."

Indem sie einst so sprachen, standen sie
In einer einsamen Rotonde still,
Wo ein verschleiert Bild von Riesengröße
Dem Jüngling in die Augen fiel. Verwundert
Blickt er den Führer an und spricht: „Was ists,
Das hinter diesem Schleier sich verbirgt?"
„Die Wahrheit", ist die Antwort. – „Wie?" ruft jener,
„Nach Wahrheit streb ich ja allein, und diese
Gerade ist es, die man mir verhüllt?"

„Das mache mit der Gottheit aus", versetzt
Der Hierophant. „Kein Sterblicher, sagt sie,
Rückt diesen Schleier, bis ich selbst ihn hebe.
Und wer mit ungeweihter, schuldger Hand
Den heiligen, verbotnen früher hebt,
Der, spricht die Gottheit –" – „Nun?" – „Der *sieht* die Wahrheit."
„Ein seltsamer Orakelspruch! Du selbst,
Du hättest also niemals ihn gehoben?"
„Ich? Wahrlich nicht! Und war auch nie dazu
Versucht." – „Das fass ich nicht. Wenn von der Wahrheit
Nur diese dünne Scheidewand mich trennte –"
„Und ein Gesetz", fällt ihm sein Führer ein.
„Gewichtiger, mein Sohn, als du es meinst,
Ist dieser dünne Flor – für deine Hand
Zwar leicht, doch zentnerschwer für dein Gewissen."

Der Jüngling ging gedankenvoll nach Hause.
Ihm raubt des Wissens brennende Begier
Den Schlaf, er wälzt sich glühend auf dem Lager
Und rafft sich auf um Mitternacht. Zum Tempel
Führt unfreiwillig ihn der scheue Tritt.
Leicht ward es ihm, die Mauer zu ersteigen,
Und mitten in das Innre der Rotonde
Trägt ein beherzter Sprung den Wagenden.

Hier steht er nun und grauenvoll umfängt
Den Einsamen die lebenlose Stille,
Die nur der Tritte hohler Widerhall
In den geheimen Grüften unterbricht.
Von oben durch der Kuppel Öffnung wirft
Der Mond den bleichen, silberblauen Schein,
Und furchtbar wie ein gegenwärtger Gott
Erglänzt durch des Gewölbes Finsternisse
In ihrem langen Schleier die Gestalt.

Er tritt hinan mit ungewissem Schritt,
Schon will die freche Hand das Heilige berühren,
Da zuckt es heiß und kühl durch sein Gebein
Und stößt ihn weg mit unsichtbarem Arme.
Unglücklicher, was willst du tun? So ruft
In seinem Innern eine treue Stimme.
Versuchen den Allheiligen willst du?
Kein Sterblicher, sprach des Orakels Mund,
Rückt diesen Schleier, bis ich selbst ihn hebe.
Doch setzte nicht derselbe Mund hinzu:
Wer diesen Schleier hebt, soll Wahrheit schauen?
„Sei hinter ihm, was will! Ich heb ihn auf."
(Er rufts mit lauter Stimm.) „Ich will sie schauen." Schauen!
Gellt ihm ein langes Echo spottend nach.

Er sprichts und hat den Schleier aufgedeckt.
Nun, fragt ihr, und was zeigte sich ihm hier?
Ich weiß es nicht. Besinnungslos und bleich,
So fanden ihn am andern Tag die Priester
Am Fußgestell der Isis ausgestreckt.
Was er allda gesehen und erfahren,
Hat seine Zunge nie bekannt. Auf ewig
War seines Lebens Heiterkeit dahin,
Ihn riß ein tiefer Gram zum frühen Grabe.
„Weh dem", dies war sein warnungsvolles Wort,
Wenn ungestüme Frager in ihn drangen,
„Weh dem, der zu der Wahrheit geht durch Schuld,
Sie wird ihm nimmermehr erfreulich sein."

[*D:* 1795]

[*Hierophant:* Priester. – *Rotonde:* offener Rundbau.]

Das Mädchen aus der Fremde

In einem Tal bei armen Hirten
Erschien mit jedem jungen Jahr,
Sobald die ersten Lerchen schwirrten,
Ein Mädchen, schön und wunderbar.

Sie war nicht in dem Tal geboren,
Man wußte nicht, woher sie kam,
Und schnell war ihre Spur verloren,
Sobald das Mädchen Abschied nahm.

Beseligend war ihre Nähe,
Und alle Herzen wurden weit,
Doch eine Würde, eine Höhe
Entfernte die Vertraulichkeit.

Sie brachte Blumen mit und Früchte,
Gereift auf einer andern Flur,
In einem andern Sonnenlichte,
In einer glücklichern Natur.

Und teilte jedem eine Gabe,
Dem Früchte, jenem Blumen aus,
Der Jüngling und der Greis am Stabe,
Ein jeder ging beschenkt nach Haus.

Willkommen waren alle Gäste,
Doch nahte sich ein liebend Paar,
Dem reichte sie der Gaben beste,
Der Blumen allerschönste dar.

[*D:* 1797]

Dithyrambe

Nimmer, das glaubt mir,
Erscheinen die Götter,
Nimmer allein.
Kaum daß ich Bacchus, den lustigen, habe,
Kommt auch schon Amor, der lächelnde Knabe,
Phöbus der Herrliche findet sich ein.
Sie nahen, sie kommen
Die Himmlischen alle,
Mit Göttern erfüllt sich
Die irdische Halle.

Sagt, wie bewirt ich,
Der Erdegeborne,
Himmlischen Chor?
Schenket mir euer unsterbliches Leben,
Götter! Was kann euch der Sterbliche geben?
Hebet zu eurem Olymp mich empor!
Die Freude, sie wohnt nur
In Jupiters Saale,
O füllet mit Nektar,
O reicht mir die Schale!

Reich ihm die Schale!
Schenke dem Dichter,
Hebe, nur ein.
Netz ihm die Augen mit himmlischem Taue,
Daß er den Styx, den verhaßten, nicht schaue,
Einer der Unsern sich dünke zu sein.
Sie rauschet, sie perlet,
Die himmlische Quelle,
Der Busen wird ruhig,
Das Auge wird helle.

[*D:* 1797]

Der Ring des Polykrates

Er stand auf seines Daches Zinnen,
Er schaute mit vergnügten Sinnen
Auf das beherrschte Samos hin.
„Dies alles ist mir untertänig",
Begann er zu Ägyptens König,
„Gestehe, daß ich glücklich bin."

„Du hast der Götter Gunst erfahren!
Die vormals deinesgleichen waren,
Sie zwingt jetzt deines Szepters Macht.
Doch einer lebt noch, sie zu rächen,
Dich kann mein Mund nicht glücklich sprechen,
Solang des Feindes Auge wacht."

Und eh der König noch geendet,
Da stellt sich, von Milet gesendet,
Ein Bote dem Tyrannen dar:
„Laß, Herr! des Opfers Düfte steigen
Und mit des Lorbeers muntern Zweigen
Bekränze dir dein festlich Haar.

Getroffen sank dein Feind vom Speere,
Mich sendet mit der frohen Märe
Dein treuer Feldherr Polydor –"
Und nimmt aus einem schwarzen Becken,
Noch blutig, zu der beiden Schrecken,
Ein wohlbekanntes Haupt hervor.

Der König tritt zurück mit Grauen:
„Doch warn ich dich, dem Glück zu trauen",
Versetzt er mit besorgtem Blick.
„Bedenk, auf ungetreuen Wellen,
Wie leicht kann sie der Sturm zerschellen,
Schwimmt deiner Flotte zweifelnd Glück."

Und eh er noch das Wort gesprochen,
Hat ihn der Jubel unterbrochen,
Der von der Reede jauchzend schallt.
Mit fremden Schätzen reich beladen,
Kehrt zu den heimischen Gestaden
Der Schiffe mastenreicher Wald.

Der königliche Gast erstaunet:
„Dein Glück ist heute gut gelaunet,
Doch fürchte seinen Unbestand.
Der Kreter waffenkundge Scharen
Bedräuen dich mit Kriegsgefahren,
Schon nahe sind sie diesem Strand."

Und eh ihm noch das Wort entfallen,
Da sieht mans von den Schiffen wallen,
Und tausend Stimmen rufen: „Sieg!
Von Feindesnot sind wir befreiet,
Die Kreter hat der Sturm zerstreuet,
Vorbei, geendet ist der Krieg."

Das hört der Gastfreund mit Entsetzen:
„Fürwahr, ich muß dich glücklich schätzen,
Doch", spricht er, „zittr ich für dein Heil.
Mir grauet vor der Götter Neide,
Des Lebens ungemischte Freude
Ward keinem Irdischen zuteil.

Auch mir ist alles wohlgeraten,
Bei allen meinen Herrschertaten
Begleitet mich des Himmels Huld,
Doch hatt ich einen teuren Erben,
Den nahm mir Gott, ich sah ihn sterben,
Dem Glück bezahlt' ich meine Schuld.

Drum, willst du dich vor Leid bewahren,
So flehe zu den Unsichtbaren,
Daß sie zum Glück den Schmerz verleihn.
Noch keinen sah ich fröhlich enden,
Auf den mit immer vollen Händen
Die Götter ihre Gaben streun.

Und wenns die Götter nicht gewähren,
So acht auf eines Freundes Lehren
Und rufe selbst das Unglück her,
Und was von allen deinen Schätzen
Dein Herz am höchsten mag ergötzen,
Das nimm und wirfs in dieses Meer."

Und jener spricht, von Furcht beweget:
„Von allem, was die Insel heget,
Ist dieser Ring mein höchstes Gut.
Ihn will ich den Erinnen weihen,
Ob sie mein Glück mir dann verzeihen."
Und wirft das Kleinod in die Flut.

Und bei des nächsten Morgens Lichte,
Da tritt mit fröhlichem Gesichte
Ein Fischer vor den Fürsten hin:
„Herr, diesen Fisch hab ich gefangen,
Wie keiner noch ins Netz gegangen,
Dir zum Geschenke bring ich ihn."

Und als der Koch den Fisch zerteilet,
Kommt er bestürzt herbeigeeilet
Und ruft mit hocherstauntem Blick:
„Sieh, Herr, den Ring, den du getragen,
Ihn fand ich in des Fisches Magen,
O, ohne Grenzen ist dein Glück!"

Hier wendet sich der Gast mit Grausen:
„So kann ich hier nicht ferner hausen,
Mein Freund kannst du nicht weiter sein.
Die Götter wollen dein Verderben,
Fort eil ich, nicht mit dir zu sterben."
Und sprachs und schiffte schnell sich ein.

[*D:* 1798]

Hoffnung

Es reden und träumen die Menschen viel
  Von bessern künftigen Tagen,
Nach einem glücklichen goldenen Ziel
  Sieht man sie rennen und jagen.
Die Welt wird alt und wird wieder jung,
Doch der Mensch hofft immer Verbesserung.

Die Hoffnung führt ihn ins Leben ein,
  Sie umflattert den fröhlichen Knaben,
Den Jüngling locket ihr Zauberschein,
  Sie wird mit dem Greis nicht begraben,
Denn beschließt er im Grabe den müden Lauf,
Noch am Grabe pflanzt er – die Hoffnung auf.

Es ist kein leerer schmeichelnder Wahn,
  Erzeugt im Gehirne des Toren,
Im Herzen kündet es laut sich an:
  Zu was Besserm sind wir geboren!
Und was die innere Stimme spricht,
Das täuscht die hoffende Seele nicht.

[*D:* 1797]

Die Kraniche des Ibykus

Zum Kampf der Wagen und Gesänge,
Der auf Korinthus' Landesenge
Der Griechen Stämme froh vereint,
Zog Ibykus, der Götterfreund.
Ihm schenkte des Gesanges Gabe,
Der Lieder süßen Mund Apoll,
So wandert' er, an leichtem Stabe,
Aus Rhegium, des Gottes voll.

Schon winkt auf hohem Bergesrücken
Akrokorinth des Wandrers Blicken,
Und in Poseidons Fichtenhain
Tritt er mit frommem Schauder ein.
Nichts regt sich um ihn her, nur Schwärme
Von Kranichen begleiten ihn,
Die fernhin nach des Südens Wärme
In graulichtem Geschwader ziehn.

„Seid mir gegrüßt, befreundte Scharen!
Die mir zur See Begleiter waren,
Zum guten Zeichen nehm ich euch,
Mein Los, es ist dem euren gleich.
Von fernher kommen wir gezogen
Und flehen um ein wirtlich Dach.
Sei uns der Gastliche gewogen,
Der von dem Fremdling wehrt die Schmach!"

Und munter fördert er die Schritte
Und sieht sich in des Waldes Mitte,
Da sperren, auf gedrangem Steg,
Zwei Mörder plötzlich seinen Weg.
Zum Kampfe muß er sich bereiten,
Doch bald ermattet sinkt die Hand,
Sie hat der Leier zarte Saiten,
Doch nie des Bogens Kraft gespannt.

Er ruft die Menschen an, die Götter,
Sein Flehen dringt zu keinem Retter,
Wie weit er auch die Stimme schickt,
Nichts Lebendes wird hier erblickt.
„So muß ich hier verlassen sterben,
Auf fremdem Boden, unbeweint,
Durch böser Buben Hand verderben,
Wo auch kein Rächer mir erscheint!"

Und schwer getroffen sinkt er nieder,
Da rauscht der Kraniche Gefieder,
Er hört, schon kann er nicht mehr sehn,
Die nahen Stimmen furchtbar krähn.
„Von euch, ihr Kraniche dort oben!
Wenn keine andre Stimme spricht,
Sei meines Mordes Klag erhoben!"
Er ruft es, und sein Auge bricht.

Der nackte Leichnam wird gefunden,
Und bald, obgleich entstellt von Wunden,
Erkennt der Gastfreund in Korinth
Die Züge, die ihm teuer sind.
„Und muß ich so dich wiederfinden,
Und hoffte mit der Fichte Kranz
Des Sängers Schläfe zu umwinden,
Bestrahlt von seines Ruhmes Glanz!"

Und jammernd hörens alle Gäste,
Versammelt bei Poseidons Feste,
Ganz Griechenland ergreift der Schmerz,
Verloren hat ihn jedes Herz.
Und stürmend drängt sich zum Prytanen
Das Volk, es fodert seine Wut,
Zu rächen des Erschlagnen Manen,
Zu sühnen mit des Mörders Blut.

Doch wo die Spur, die aus der Menge,
Der Völker flutendem Gedränge,
Gelocket von der Spiele Pracht,
Den schwarzen Täter kenntlich macht?
Sinds Räuber, die ihn feig erschlagen?
Tats neidisch ein verborgner Feind?
Nur Helios vermags zu sagen,
Der alles Irdische bescheint.

Er geht vielleicht mit frechem Schritte
Jetzt eben durch der Griechen Mitte,
Und während ihn die Rache sucht,
Genießt er seines Frevels Frucht.
Auf ihres eignen Tempels Schwelle
Trotzt er vielleicht den Göttern, mengt
Sich dreist in jene Menschenwelle,
Die dort sich zum Theater drängt.

Denn Bank an Bank gedränget sitzen,
Es brechen fast der Bühne Stützen,
Herbeigeströmt von fern und nah,
Der Griechen Völker wartend da,
Dumpfbrausend wie des Meeres Wogen;
Von Menschen wimmelnd, wächst der Bau
In weiter stets geschweiftem Bogen
Hinauf bis in des Himmels Blau.

Wer zählt die Völker, nennt die Namen,
Die gastlich hier zusammenkamen?
Von Theseus' Stadt, von Aulis' Strand,
Von Phokis, vom Spartanerland,
Von Asiens entlegner Küste,
Von allen Inseln kamen sie
Und horchen von dem Schaugerüste
Des *Chores* grauser Melodie,

Der streng und ernst, nach alter Sitte,
Mit langsam abgemeßnem Schritte,
Hervortritt aus dem Hintergrund,
Umwandelnd des Theaters Rund.
So schreiten keine irdschen Weiber,
Die zeugete kein sterblich Haus!
Es steigt das Riesenmaß der Leiber
Hoch über menschliches hinaus.

Ein schwarzer Mantel schlägt die Lenden,
Sie schwingen in entfleischten Händen
Der Fackel düsterrote Glut,
In ihren Wangen fließt kein Blut.
Und wo die Haare lieblich flattern,
Um Menschenstirnen freundlich wehn,
Da sieht man Schlangen hier und Nattern
Die giftgeschwollnen Bäuche blähn.

Und schauerlich gedreht im Kreise
Beginnen sie des Hymnus Weise,
Der durch das Herz zerreißend dringt,
Die Bande um den Sünder schlingt.
Besinnungraubend, herzbetörend
Schallt der Erinnyen Gesang,
Er schallt, des Hörers Mark verzehrend,
Und duldet nicht der Leier Klang:

„Wohl dem, der frei von Schuld und Fehle
Bewahrt die kindlich reine Seele!
Ihm dürfen wir nicht rächend nahn,
Er wandelt frei des Lebens Bahn.
Doch wehe, wehe, wer verstohlen
Des Mordes schwere Tat vollbracht,
Wir heften uns an seine Sohlen,
Das furchtbare Geschlecht der Nacht!

Und glaubt er fliehend zu entspringen,
Geflügelt sind wir da, die Schlingen
Ihm werfend um den flüchtgen Fuß,
Daß er zu Boden fallen muß.
So jagen wir ihn, ohn Ermatten,
Versöhnen kann uns keine Reu,
Ihn fort und fort bis zu den Schatten,
Und geben ihn auch dort nicht frei."

So singend, tanzen sie den Reigen,
Und Stille wie des Todes Schweigen
Liegt überm ganzen Hause schwer,
Als ob die Gottheit nahe wär.
Und feierlich, nach alter Sitte
Umwandelnd des Theaters Rund
Mit langsam abgemeßnem Schritte,
Verschwinden sie im Hintergrund.

Und zwischen Trug und Wahrheit schwebet
Noch zweifelnd jede Brust und bebet
Und huldiget der furchtbarn Macht,
Die richtend im Verborgnen wacht,
Die unerforschlich, unergründet
Des Schicksals dunkeln Knäuel flicht,
Dem tiefen Herzen sich verkündet,
Doch fliehet vor dem Sonnenlicht.

Da hört man auf den höchsten Stufen
Auf einmal eine Stimme rufen:
„Sieh da! Sieh da, Timotheus,
Die Kraniche des Ibykus!" –
Und finster plötzlich wird der Himmel,
Und über dem Theater hin
Sieht man in schwärzlichtem Gewimmel
Ein Kranichheer vorüberziehn.

„Des Ibykus!“ – Der teure Name
Rührt jede Brust mit neuem Grame,
Und, wie im Meere Well auf Well,
So läufts von Mund zu Munde schnell:
„Des Ibykus, den wir beweinen,
Den eine Mörderhand erschlug!
Was ists mit dem? Was kann er meinen?
Was ists mit diesem Kranichzug?“ –

Und lauter immer wird die Frage,
Und ahnend fliegts mit Blitzesschlage
Durch alle Herzen. „Gebet acht!
Das ist der Eumeniden Macht!
Der fromme Dichter wird gerochen,
Der Mörder bietet selbst sich dar!
Ergreift ihn, der das Wort gesprochen,
Und ihn, an dens gerichtet war.“

Doch dem war kaum das Wort entfahren,
Möcht ers im Busen gern bewahren;
Umsonst, der schreckenbleiche Mund
Macht schnell die Schuldbewußten kund.
Man reißt und schleppt sie vor den Richter,
Die Szene wird zum Tribunal,
Und es gestehn die Bösewichter,
Getroffen von der Rache Strahl.

[*D:* 1798]

[*Ibykus:* Chorlyriker aus Rhegium in Unteritalien (Reggio Calabria), um 530 v. Chr. – *der Gastliche:* Zeus Xenios, der Hüter des Gastrechts. – *Theseus' Stadt:* Athen.]

Die Bürgschaft

Zu Dionys, dem Tyrannen, schlich
Damon, den Dolch im Gewande;
Ihn schlugen die Häscher in Bande.
„Was wolltest du mit dem Dolche, sprich!“
Entgegnet ihm finster der Wüterich.
„Die Stadt vom Tyrannen befreien!“
„Das sollst du am Kreuze bereuen.“

„Ich bin“, spricht jener, „zu sterben bereit
Und bitte nicht um mein Leben,
Doch willst du Gnade mir geben,
Ich flehe dich um drei Tage Zeit,
Bis ich die Schwester dem Gatten gefreit,
Ich lasse den Freund dir als Bürgen,
Ihn magst du, entrinn ich, erwürgen.“

Da lächelt der König mit arger List
Und spricht nach kurzem Bedenken:
„Drei Tage will ich dir schenken.
Doch wisse! Wenn sie verstrichen, die Frist,
Eh du zurück mir gegeben bist,
So muß er statt deiner erblassen,
Doch dir ist die Strafe erlassen.“

Und er kommt zum Freunde: „Der König gebeut,
Daß ich am Kreuz mit dem Leben
Bezahle das frevelnde Streben,
Doch will er mir gönnen drei Tage Zeit,
Bis ich die Schwester dem Gatten gefreit,
So bleib du dem König zum Pfande,
Bis ich komme, zu lösen die Bande.“

Und schweigend umarmt ihn der treue Freund
Und liefert sich aus dem Tyrannen,
Der andere ziehet von dannen.
Und ehe das dritte Morgenrot scheint,
Hat er schnell mit dem Gatten die Schwester vereint,
Eilt heim mit sorgender Seele,
Damit er die Frist nicht verfehle.

Da gießt unendlicher Regen herab,
Von den Bergen stürzen die Quellen,
Und die Bäche, die Ströme schwellen.
Und er kommt ans Ufer mit wanderndem Stab,
Da reißet die Brücke der Strudel hinab,
Und donnernd sprengen die Wogen
Des Gewölbes krachenden Bogen.

Und trostlos irrt er an Ufers Rand,
Wie weit er auch spähet und blicket
Und die Stimme, die rufende, schicket,
Da stößet kein Nachen vom sichern Strand,
Der ihn setze an das gewünschte Land,
Kein Schiffer lenket die Fähre,
Und der wilde Strom wird zum Meere.

Da sinkt er ans Ufer und weint und fleht,
Die Hände zum Zeus erhoben:
„O hemme des Stromes Toben!
Es eilen die Stunden, im Mittag steht
Die Sonne, und wenn sie niedergeht
Und ich kann die Stadt nicht erreichen,
So muß der Freund mir erbleichen.“

Doch wachsend erneut sich des Stromes Wut,
Und Welle auf Welle zerrinnet,
Und Stunde an Stunde entrinnet.
Da treibt ihn die Angst, da faßt er sich Mut
Und wirft sich hinein in die brausende Flut
Und teilt mit gewaltigen Armen
Den Strom, und ein Gott hat Erbarmen.

Und gewinnt das Ufer und eilet fort
Und danket dem rettenden Gotte,
Da stürzet die raubende Rotte
Hervor aus des Waldes nächtlichem Ort,
Den Pfad ihm sperrend, und schnaubet Mord
Und hemmet des Wanderers Eile
Mit drohend geschwungener Keule.

„Was wollt ihr?“ ruft er, für Schrecken bleich,
„Ich habe nichts als mein Leben,
Das muß ich dem Könige geben!“
Und entreißt die Keule dem nächsten gleich:
„Um des Freundes willen erbarmet euch!“
Und drei mit gewaltigen Streichen
Erlegt er, die andern entweichen.

Und die Sonne versendet glühenden Brand,
Und von der unendlichen Mühe
Ermattet sinken die Kniee.
„O hast du mich gnädig aus Räubershand,
Aus dem Strom mich gerettet ans heilige Land,
Und soll hier verschmachtend verderben,
Und der Freund mir, der liebende, sterben!“

Und horch! da sprudelt es silberhell,
Ganz nahe, wie rieselndes Rauschen,
Und stille hält er, zu lauschen,
Und sieh, aus dem Felsen, geschwätzig, schnell,
Springt murmelnd hervor ein lebendiger Quell,
Und freudig bückt er sich nieder
Und erfrischet die brennenden Glieder.

Und die Sonne blickt durch der Zweige Grün
Und malt auf den glänzenden Matten
Der Bäume gigantische Schatten;
Und zwei Wanderer sieht er die Straße ziehn,
Will eilenden Laufes vorüberfliehn,
Da hört er die Worte sie sagen:
„Jetzt wird er ans Kreuz geschlagen.“

Und die Angst beflügelt den eilenden Fuß,
Ihn jagen der Sorge Qualen,
Da schimmern in Abendrots Strahlen
Von ferne die Zinnen von Syrakus,
Und entgegen kommt ihm Philostratus,
Des Hauses redlicher Hüter,
Der erkennet entsetzt den Gebieter:

„Zurück! du rettest den Freund nicht mehr,
So rette das eigene Leben!
Den Tod erleidet er eben.
Von Stunde zu Stunde gewartet' er
Mit hoffender Seele der Wiederkehr,
Ihm konnte den mutigen Glauben
Der Hohn des Tyrannen nicht rauben.“

„Und ist es zu spät, und kann ich ihm nicht
Ein Retter willkommen erscheinen,
So soll mich der Tod ihm vereinen.
Des rühme der blutge Tyrann sich nicht,
Daß der Freund dem Freunde gebrochen die Pflicht,
Er schlachte der Opfer zweie
Und glaube an Liebe und Treue.“

Und die Sonne geht unter, da steht er am Tor
Und sieht das Kreuz schon erhöhet,
Das die Menge gaffend umstehet,
An dem Seile schon zieht man den Freund empor,
Da zertrennt er gewaltig den dichten Chor:
„Mich, Henker!“ ruft er, „erwürget!
Da bin ich, für den er gebürget!“

Und Erstaunen ergreifet das Volk umher,
In den Armen liegen sich beide
Und weinen für Schmerzen und Freude.
Da sieht man kein Auge tränenleer,
Und zum Könige bringt man die Wundermär,
Der fühlt ein menschliches Rühren,
Läßt schnell vor den Thron sie führen.

Und blicket sie lange verwundert an.
Drauf spricht er: „Es ist euch gelungen,
Ihr habt das Herz mir bezwungen,
Und die Treue, sie ist doch kein leerer Wahn,
So nehmet auch mich zum Genossen an,
Ich sei, gewährt mir die Bitte,
In eurem Bunde der Dritte.“

[*D:* 1799]

Die Worte des Glaubens

Drei Worte nenn ich euch, inhaltschwer,
Sie gehen von Munde zu Munde,
Doch stammen sie nicht von außen her,
Das Herz nur gibt davon Kunde.
Dem Menschen ist aller Wert geraubt,
Wenn er nicht mehr an die drei Worte glaubt.

Der Mensch ist frei geschaffen, ist frei,
Und würd er in Ketten geboren,
Laßt euch nicht irren des Pöbels Geschrei,
Nicht den Mißbrauch rasender Toren.
Vor dem Sklaven, wenn er die Kette bricht,
Vor dem freien Menschen erzittert nicht.

Und die Tugend, sie ist kein leerer Schall,
Der Mensch kann sie üben im Leben,
Und sollt er auch straucheln überall,
Er kann nach der göttlichen streben,
Und was kein Verstand der Verständigen sieht,
Das übet in Einfalt ein kindlich Gemüt.

Und ein Gott ist, ein heiliger Wille lebt,
Wie auch der menschliche wanke,
Hoch über der Zeit und dem Raume webt
Lebendig der höchste Gedanke,
Und ob alles in ewigem Wechsel kreist,
Es beharret im Wechsel ein ruhiger Geist.

Die drei Worte bewahret euch, inhaltschwer,
Sie pflanzet von Munde zu Munde,
Und stammen sie gleich nicht von außen her,
Euer Innres gibt davon Kunde,
Dem Menschen ist nimmer sein Wert geraubt,
Solang er noch an die drei Worte glaubt.

[*D:* 1798]

Die Worte des Wahns

Drei Worte hört man, bedeutungsschwer,
Im Munde der Guten und Besten;
Sie schallen vergeblich, ihr Klang ist leer,
Sie können nicht helfen und trösten.
Verscherzt ist dem Menschen des Lebens Frucht,
Solang er die Schatten zu haschen sucht.

Solang er glaubt an die Goldene Zeit,
Wo das Rechte, das Gute wird siegen, –
Das Rechte, das Gute führt ewig Streit,
Nie wird der Feind ihm erliegen,
Und erstickst du ihn nicht in den Lüften frei,
Stets wächst ihm die Kraft auf der Erde neu.

Solang er glaubt, daß das buhlende Glück
Sich dem Edeln vereinigen werde –
Dem Schlechten folgt es mit Liebesblick,
Nicht dem Guten gehöret die Erde.
Er ist ein Fremdling, er wandert aus
Und suchet ein unvergänglich Haus.

Solang er glaubt, daß dem irdschen Verstand
Die Wahrheit je wird erscheinen,
Ihren Schleier hebt keine sterbliche Hand,
Wir können nur raten und meinen.
Du kerkerst den Geist in ein tönend Wort,
Doch der freie wandelt im Sturme fort.

Drum, edle Seele, entreiß dich dem Wahn
Und den himmlischen Glauben bewahre!
Was kein Ohr vernahm, was die Augen nicht sahn,
Es ist dennoch das Schöne, das Wahre!
Es ist nicht draußen, da sucht es der Tor,
Es ist *in* dir, du bringst es ewig hervor.

[*D:* 1800]

Nänie

Auch das Schöne muß sterben! Das Menschen und Götter bezwinget,
Nicht die eherne Brust rührt es des stygischen Zeus.
Einmal nur erweichte die Liebe den Schattenbeherrscher,
Und an der Schwelle noch, streng, rief er zurück sein Geschenk.
Nicht stillt Aphrodite dem schönen Knaben die Wunde,
Die in den zierlichen Leib grausam der Eber geritzt.
Nicht errettet den göttlichen Held die unsterbliche Mutter,
Wann er, am skäischen Tor fallend, sein Schicksal erfüllt.
Aber sie steigt aus dem Meer mit allen Töchtern des Nereus,
Und die Klage hebt an um den verherrlichten Sohn.
Siehe! Da weinen die Götter, es weinen die Göttinnen alle,
Daß das Schöne vergeht, daß das Vollkommene stirbt.
Auch ein Klaglied zu sein im Mund der Geliebten, ist herrlich,
Denn das Gemeine geht klanglos zum Orkus hinab.

[*D:* 1800]

[*Einmal nur:* der Mythos von Orpheus und Eurydike. – *dem schönen Knaben:* Adonis. – *den göttlichen Held:* Achill. – *die unsterbliche Mutter:* Thetis.]

Sprüche des Konfuzius

I.
Dreifach ist der Schritt der Zeit:
Zögernd kommt die Zukunft hergezogen,
Pfeilschnell ist das Jetzt entflogen.
Ewig still steht die Vergangenheit.

Keine Ungeduld beflügelt
Ihren Schritt, wenn sie verweilt.
Keine Furcht, kein Zweifeln zügelt
Ihren Lauf, wenn sie enteilt.
Keine Reu, kein Zaubersegen
Kann die Stehende bewegen.

Möchtest du beglückt und weise
Endigen des Lebens Reise,
Nimm die Zögernde zum Rat,
Nicht zum Werkzeug deiner Tat.
Wähle nicht die Fliehende zum Freund,
Nicht die Bleibende zum Feind.

[*D:* 1796]

II.
Dreifach ist des Raumes Maß:
Rastlos, fort ohn Unterlaß
Strebt die *Länge,* fort ins Weite
Endlos gießet sich die *Breite,*
Grundlos senkt die *Tiefe* sich.

Dir ein Bild sind sie gegeben:
Rastlos vorwärts mußt du streben,
Nie ermüdet stille stehn,
Willst du die Vollendung sehn;
Mußt ins Breite dich entfalten,
Soll sich dir die Welt gestalten;
In die Tiefe mußt du steigen,
Soll sich dir das Wesen zeigen.

Nur Beharrung führt zum Ziel,
Nur die Fülle führt zur Klarheit,
Und im Abgrund wohnt die Wahrheit.

[*D:* 1800]

Der Antritt des neuen Jahrhunderts

*An ****

Edler Freund! Wo öffnet sich dem Frieden,
Wo der Freiheit sich ein Zufluchtsort?
Das Jahrhundert ist im Sturm geschieden,
Und das neue öffnet sich mit Mord.

Und das Band der Länder ist gehoben,
Und die alten Formen stürzen ein;
Nicht das Weltmeer hemmt des Krieges Toben,
Nicht der Nilgott und der alte Rhein.

Zwo gewaltge Nationen ringen
Um der Welt alleinigen Besitz,
Aller Länder Freiheit zu verschlingen,
Schwingen sie den Dreizack und den Blitz.

Gold muß ihnen jede Landschaft wägen,
Und wie Brennus in der rohen Zeit
Legt der Franke seinen ehrnen Degen
In die Waage der Gerechtigkeit.

Seine Handelsflotten streckt der Brite
Gierig wie Polypenarme aus,
Und das Reich der freien Amphitrite
Will er schließen wie sein eignes Haus.

Zu des Südpols nie erblickten Sternen
Dringt sein rastlos ungehemmter Lauf,
Alle Inseln spürt er, alle fernen
Küsten – nur das Paradies nicht auf.

Ach, umsonst auf allen Länderkarten
Spähst du nach dem seligen Gebiet,
Wo der Freiheit ewig grüner Garten,
Wo der Menschheit schöne Jugend blüht.

Endlos liegt die Welt vor deinen Blicken,
Und die Schiffahrt selbst ermißt sie kaum,
Doch auf ihrem unermeßnen Rücken
Ist für zehen Glückliche nicht Raum.

In des Herzens heilig stille Räume
Mußt du fliehen aus des Lebens Drang:
Freiheit ist nur in dem Reich der Träume,
Und das Schöne blüht nur im Gesang.

[*D:* 1801]

[*Zwo gewaltge Nationen:* Frankreich und England befanden sich im Krieg.]

Der Pilgrim

Noch in meines Lebens Lenze
War ich, und ich wandert aus,
Und der Jugend frohe Tänze
Ließ ich in des Vaters Haus.

All mein Erbteil, meine Habe
Warf ich fröhlich glaubend hin,
Und am leichten Pilgerstabe
Zog ich fort mit Kindersinn.

Denn mich trieb ein mächtig Hoffen
Und ein dunkles Glaubenswort,
„Wandle“, riefs, „der Weg ist offen,
Immer nach dem Aufgang fort.

Bis zu einer goldnen Pforten
Du gelangst, da gehst du ein,
Denn das Irdische wird dorten
Himmlisch unvergänglich sein.“

Abend wards und wurde Morgen,
Nimmer, nimmer stand ich still,
Aber immer bliebs verborgen,
Was ich suche, was ich will.

Berge lagen mir im Wege,
Ströme hemmten meinen Fuß,
Über Schlünde baut ich Stege,
Brücken durch den wilden Fluß.

Und zu eines Stroms Gestaden
Kam ich, der nach Morgen floß,
Froh vertrauend seinem Faden,
Werf ich mich in seinen Schoß.

Hin zu einem großen Meere
Trieb mich seiner Wellen Spiel,
Vor mir liegts in weiter Leere,
Näher bin ich nicht dem Ziel.

Ach, kein Steg will dahin führen,
Ach, der Himmel über mir
Will die Erde nie berühren,
Und das Dort ist niemals Hier.

[*D:* 1803]

Johann Gottfried Seume
1763–1810

Der Wilde

Ein Kanadier, der noch Europens
Übertünchte Höflichkeit nicht kannte
Und ein Herz, wie Gott es ihm gegeben,
Von Kultur noch frei, im Busen fühlte,
Brachte, was er mit des Bogens Sehne
Fern in Quebecs übereisten Wäldern
Auf der Jagd erbeutet, zum Verkaufe.
Als er ohne schlaue Rednerkünste,
So wie man ihm bot, die Felsenvögel
Um ein kleines hingegeben hatte,
Eilt' er froh mit dem geringen Lohne
Heim zu seinen tiefverdeckten Horden
In die Arme seiner braunen Gattin.

Aber ferne noch von seiner Hütte
Überfiel ihn unter freiem Himmel
Schnell der schrecklichste der Donnerstürme.
Aus dem langen, rabenschwarzen Haare
Troff der Guß herab auf seinen Gürtel,
Und das grobe Haartuch seines Kleides
Klebte rund an seinem hagern Leibe.
Schaurig zitternd unter kaltem Regen
Eilt der gute, wackre Wilde
In ein Haus, das er von fern erblickte.
„Herr, ach laßt mich, bis der Sturm sich leget,"
Bat er mit der herzlichsten Gebärde
Den gesittet feinen Eigentümer,
„Obdach hier in euerm Hause finden!" –
„Willst du mißgestaltes Ungeheuer,"
Schrie ergrimmt der Pflanzer ihm entgegen,
„Willst du Diebsgesicht mir aus dem Hause!"
Und ergriff den schweren Stock im Winkel.

Traurig schritt der ehrliche Hurone
Fort von dieser unwirtbaren Schwelle,
Bis durch Sturm und Guß der späte Abend
Ihn in seine friedliche Behausung
Und zu seiner braunen Gattin brachte.
Naß und müde setzt' er bei dem Feuer
Sich zu seinen nackten Kleinen nieder
Und erzählte von den bunten Städtern
Und den Kriegern, die den Donner tragen,
Und dem Regensturm, der ihn ereilte,
Und der Grausamkeit des weißen Mannes.
Schmeichelnd hingen sie an seinen Knieen,
Schlossen schmeichelnd sich um seinen Nacken,
Trockneten die langen, schwarzen Haare
Und durchsuchten seine Weidmannstasche,
Bis sie die versprochnen Schätze fanden.

Kurze Zeit darauf hatt' unser Pflanzer
Auf der Jagd im Walde sich verirret.
Über Stock und Stein, durch Tal und Bäche
Stieg er schwer auf manchen jähen Felsen,
Um sich umzusehen nach dem Pfade,
Der ihn tief in diese Wildnis brachte.
Doch sein Spähn und Rufen war vergebens;
Nichts vernahm er als das hohle Echo
Längs den hohen schwarzen Felsenwänden.
Ängstlich ging er bis zur zwölften Stunde,
Wo er an dem Fuß des nächsten Berges
Noch ein kleines, schwaches Licht erblickte.
Furcht und Freude schlug in seinem Herzen,
Und er faßte Mut und nahte leise.
„Wer ist draußen?" brach mit Schreckentone
Eine Stimme tief her aus der Höhle,
Und ein Mann trat aus der kleinen Wohnung.
„Freund, im Walde hab' ich mich verirret,"
Sprach der Europäer furchtsam schmeichelnd;
„Gönnet mir, die Nacht hier zuzubringen,
Und zeigt nach der Stadt, ich werd' Euch danken,
Morgen früh mir die gewissen Wege."

„Kommt herein," versetzt der Unbekannte,
„Wärmt Euch; noch ist Feuer in der Hütte!"
Und er führt ihn auf das Binsenlager,
Schreitet finster trotzig in den Winkel,
Holt den Rest von seinem Abendmahle,
Hummer, Lachs und frischen Bärenschinken.
Um den späten Fremdling zu bewirten.
Mit dem Hunger eines Weidmanns speiste,
Festlich wie bei einem Klosterschmause,
Neben seinem Wirt der Europäer.
Fest und ernsthaft schaute der Hurone
Seinem Gaste spähend auf die Stirne,
Der mit tiefem Schnitt den Schinken trennte,
Und mit Wollust trank vom Honigtranke
Den in einer großen Muschelschale
Er ihm freundlich zu dem Mahle reichte.
Eine Bärenhaut auf weichem Moose
War des Pflanzers gute Lagerstätte,
Und er schlief bis in die hohe Sonne.

Wie der wilden Zone wildster Krieger
Schrecklich stand mit Köcher, Pfeil und Bogen
Der Hurone jetzt vor seinem Gaste
Und erweckt' ihn, und der Europäer
Griff bestürzt nach seinem Jagdgewehre;
Und der Wilde gab ihm eine Schale
Angefüllt mit süßem Morgentranke.
Als er lächelnd seinen Gast gelabet,
Bracht er ihn durch manche lange Windung,
Über Stock und Stein, durch Tal und Bäche,
Durch das Dickicht auf die rechte Straße.
Höflich dankte fein der Europäer;
Finsterblickend blieb der Wilde stehen,
Sahe starr dem Pflanzer in die Augen,
Sprach mit voller, fester, ernster Stimme:
„Haben wir vielleicht uns schon gesehen?"
Wie vom Blitz getroffen stand der Jäger
Und erkannte nun in seinem Wirte
Jenen Mann, den er vor wenig Wochen
In dem Sturmwind aus dem Hause jagte,
Stammelte verwirrt Entschuldigungen.
Ruhig lächelnd sagte der Hurone:
„Seht, ihr fremden, klugen weißen Leute,
Seht, wir Wilden sind doch bessre Menschen!"
Und er schlug sich seitwärts in die Büsche.

[*D*:1793]

Friedrich Hölderlin
1770–1843

Der Gott der Jugend

Gehn dir im Dämmerlichte,
Wenn in der Sommernacht
Für selige Gesichte
Dein liebend Auge wacht,
Noch oft der Freunde Manen
Und, wie der Sterne Chor,
Die Geister der Titanen
Des Altertums empor;

Wird da, wo sich im Schönen
Das Göttliche verhüllt,
Noch oft das tiefe Sehnen
Der Liebe dir gestillt;
Belohnt des Herzens Mühen
Der Ruhe Vorgefühl,
Und tönt von Melodien
Der Seele Saitenspiel;

So such im stillsten Tale
Den blütenreichsten Hain,
Und gieß aus goldner Schale
Den frohen Opferwein!
Noch lächelt unveraltet
Des Herzens Frühling dir,
Der Gott der Jugend waltet
Noch über dir und mir.

Wie unter Tiburs Bäumen,
Wenn da der Dichter saß,
Und unter Götterträumen
Der Jahre Flucht vergaß,
Wenn ihn die Ulme kühlte,
Und wenn sie stolz und froh
Um Silberblüten spielte,
Die Flut des Anio;

Und wie um Platons Hallen,
Wenn durch der Haine Grün,
Begrüßt von Nachtigallen,
Der Stern der Liebe schien,
Wenn alle Lüfte schliefen,
Und, sanft bewegt vom Schwan,
Cephissus durch Oliven
Und Myrtensträuche rann;

So schön ist's noch hienieden!
Auch unser Herz erfuhr
Das Leben und den Frieden
Der freundlichen Natur;
Noch blüht des Himmels Schöne,
Noch mischen brüderlich
In unsers Herzens Töne
Des Frühlings Laute sich.

Drum such im stillsten Tale
Den düftereichsten Hain,
Und gieß aus goldner Schale
Den frohen Opferwein,
Noch lächelt unveraltet
Das Bild der Erde dir,
Der Gott der Jugend waltet
Noch über dir und mir.

[*D:* 1795]

[*Cephissus:* Hölderlin meint den Fluß nördl. und westl. von Athen.]

Die Eichbäume

Aus den Gärten komm' ich zu euch, ihr Söhne des Berges!
Aus den Gärten, da lebt die Natur geduldig und häuslich,
Pflegend und wieder gepflegt mit dem fleißigen Menschen zusammen.
Aber ihr, ihr Herrlichen! steht, wie ein Volk von Titanen
In der zahmeren Welt und gehört nur euch und dem Himmel,
Der euch nährt' und erzog und der Erde, die euch geboren.
Keiner von euch ist noch in die Schule der Menschen gegangen,
Und ihr drängt euch fröhlich und frei, aus der kräftigen Wurzel,
Unter einander herauf und ergreift, wie der Adler die Beute,
Mit gewaltigem Arme den Raum, und gegen die Wolken
Ist euch heiter und groß die sonnige Krone gerichtet.
Eine Welt ist jeder von euch, wie die Sterne des Himmels
Lebt ihr, jeder ein Gott, in freiem Bunde zusammen.
Könnt' ich die Knechtschaft nur erdulden, ich neidete nimmer
Diesen Wald und schmiegte mich gern ans gesellige Leben.
Fesselte nur nicht mehr ans gesellige Leben das Herz mich,
Das von Liebe nicht läßt, wie gern würd' ich unter euch wohnen!

[*D:* 1798]

An den Aether

Treu und freundlich, wie du, erzog der Götter und Menschen
Keiner, o Vater Aether! mich auf; noch ehe die Mutter
In die Arme mich nahm und ihre Brüste mich tränkten,
Faßtest du zärtlich mich an und gossest himmlischen Trank mir,
Mir den heiligen Othem zuerst in den keimenden Busen.

Nicht von irdischer Kost gedeihen einzig die Wesen,
Aber du nährst sie all' mit deinem Nektar, o Vater!
Und es drängt sich und rinnt aus deiner ewigen Fülle
Die beseelende Luft durch alle Röhren des Lebens.
Darum lieben die Wesen dich auch und ringen und streben
Unaufhörlich hinauf nach dir in freudigem Wachstum.

Himmlischer! sucht nicht dich mit ihren Augen die Pflanze,
Streckt nach dir die schüchternen Arme der niedrige Strauch nicht?
Daß er dich finde, zerbricht der gefangene Same die Hülse,
Daß er belebt von dir in deiner Welle sich bade,
Schüttelt der Wald den Schnee, wie ein überlästig Gewand ab.
Auch die Fische kommen herauf und hüpfen verlangend
Über die glänzende Fläche des Stroms, als begehrten auch diese
Aus der Wiege zu dir; auch den edeln Tieren der Erde
Wird zum Fluge der Schritt, wenn oft das gewaltige Sehnen
Die geheime Liebe zu dir sie ergreift, sie hinaufzieht.

Stolz verachtet den Boden das Roß, wie gebogener Stahl strebt
In die Höhe sein Hals, mit der Hufe berührt es den Sand kaum.
Wie zum Scherze, berührt der Fuß der Hirsche den Grashalm,
Hüpft, wie ein Zephyr, über den Bach, der reißend hinabschäumt,
Hin und wieder und schweift kaum sichtbar durch die Gebüsche.

Aber des Aethers Lieblinge, sie, die glücklichen Vögel
Wohnen und spielen vergnügt in der ewigen Halle des Vaters!
Raums genug ist für alle. Der Pfad ist keinem bezeichnet,
Und es regen sich frei im Hause die Großen und Kleinen.
Über dem Haupte frohlocken sie mir und es sehnt sich auch mein Herz
Wunderbar zu ihnen hinauf; wie die freundliche Heimat
Winkt es von oben herab und auf die Gipfel der Alpen
Möcht' ich wandern und rufen von da dem eilenden Adler,
Daß er, wie einst in die Arme des Zeus den seligen Knaben,
Aus der Gefangenschaft in des Aethers Halle mich trage.

Töricht treiben wir uns umher; wie die irrende Rebe,
Wenn ihr der Stab gebricht, woran zum Himmel sie aufwächst,
Breiten wir über dem Boden uns aus und suchen und wandern
Durch die Zonen der Erd', o Vater Aether! vergebens,
Denn es treibt uns die Lust in deinen Gärten zu wohnen.
In die Meersflut werfen wir uns, in den freieren Ebnen
Uns zu sättigen, und es umspielt die unendliche Woge
Unsern Kiel, es freut sich das Herz an den Kräften des Meergotts.
Dennoch genügt ihm nicht; denn der tiefere Ozean reizt uns,
Wo die leichtere Welle sich regt – o wer dort an jene
Goldnen Küsten das wandernde Schiff zu treiben vermöchte!

Aber indes ich hinauf in die dämmernde Ferne mich sehne,
Wo du fremde Gestad' umfängst mit der bläulichen Woge,
Kömmst du säuselnd herab von des Fruchtbaums blühenden Wipfeln,
Vater Aether! und sänftigest selbst das strebende Herz mir,
Und ich lebe nun gern, wie zuvor, mit den Blumen der Erde.

[*D:* 1797]

[*den seligen Knaben:* Ganymed.]

Die Liebenden

Trennen wollten wir uns, wähnten es gut und klug;
  Da wir's taten, warum schröckt' uns, wie Mord, die Tat?
    Ach! wir kennen uns wenig,
      Denn es waltet ein Gott in uns.

[*D:* 1799]

An die Parzen

Nur Einen Sommer gönnt, ihr Gewaltigen!
Und einen Herbst zu reifem Gesange mir,
Daß williger mein Herz, vom süßen
Spiele gesättiget, dann mir sterbe.

Die Seele, der im Leben ihr göttlich Recht
Nicht ward, sie ruht auch drunten im Orkus nicht;
Doch ist mir einst das Heil'ge, das am
Herzen mir liegt, das Gedicht gelungen,

Willkommen dann, o Stille der Schattenwelt!
Zufrieden bin ich, wenn auch mein Saitenspiel
Mich nicht hinab geleitet; Einmal
Lebt ich, wie Götter, und mehr bedarfs nicht.

[*D:* 1799]

Geh unter, schöne Sonne...

Geh unter, schöne Sonne, sie achteten
Nur wenig dein, die kannten dich, Heilge, nicht,
Denn mühelos und stille bist du
Über den Mühsamen aufgegangen.

Mir gehst du freundlich unter und auf, o Licht!
Und wohl erkennt mein Auge dich, Herrliches!
Denn göttlich stille ehren lernt' ich,
Da Diotima den Sinn mir heilte.

O du des Himmels Botin! wie lauscht ich dir!
Dir, Diotima! Liebe! wie sah von dir
Zum goldnen Tage dieses Auge
Glänzend und dankend empor. Da rauschten

Lebendiger die Quellen, es atmeten
Der dunkeln Erde Blüten mich liebend an,
Und lächelnd über Silberwolken
Neigte sich segnend herab der Aether.

[*E:* 1798/1800; *A:* 1846]

Abbitte

Heilig Wesen! gestört hab' ich die goldene
Götterruhe dir oft, und der geheimeren,
Tiefern Schmerzen des Lebens
Hast du manche gelernt von mir.

O vergiß es, vergib! gleich dem Gewölke dort
Vor dem friedlichen Mond, geh' ich dahin, und du
Ruhst und glänzest in deiner
Schöne wieder, du süßes Licht!

[*D:* 1799]

Hyperions Schicksalslied

Ihr wandelt droben im Licht
Auf weichem Boden, selige Genien!
Glänzende Götterlüfte
Rühren euch leicht,
Wie die Finger der Künstlerin
Heilige Saiten.

Schicksallos, wie der schlafende
Säugling, atmen die Himmlischen;
Keusch bewahrt
In bescheidener Knospe,
Blühet ewig
Ihnen der Geist,
Und die seligen Augen
Blicken in stiller
Ewiger Klarheit.

Doch uns ist gegeben,
Auf keiner Stätte zu ruhn,
Es schwinden, es fallen
Die leidenden Menschen
Blindlings von einer
Stunde zur andern,
Wie Wasser von Klippe
Zu Klippe geworfen,
Jahr lang ins Ungewisse hinab.

[*D:* 1799]

Mein Eigentum

In seiner Fülle ruhet der Herbsttag nun,
Geläutert ist die Traub und der Hain ist rot
Vom Obst, wenn schon der holden Blüten
Manche der Erde zum Danke fielen.

Und rings im Felde, wo ich den Pfad hinaus
Den stillen wandle, ist den Zufriedenen
Ihr Gut gereift und viel der frohen
Mühe gewähret der Reichtum ihnen.

Vom Himmel blicket zu den Geschäftigen
Durch ihre Bäume milde das Licht herab,
Die Freude teilend, denn es wuchs durch
Hände der Menschen allein die Frucht nicht.

Und leuchtest du, o Goldnes, auch mir, und wehst
Auch du mir wieder, Lüftchen, als segnetest
Du eine Freude mir, wie einst, und
Irrst, wie um Glückliche, mir am Busen?

Einst war ichs, doch wie Rosen, vergänglich war
Das fromme Leben, ach! und es mahnen noch,
Die blühend mir geblieben sind, die
Holden Gestirne zu oft mich dessen.

Beglückt, wer, ruhig liebend ein frommes Weib,
Am eignen Herd in rühmlicher Heimat lebt,
Es leuchtet über festem Boden
Schöner dem sicheren Mann sein Himmel.

Denn, wie die Pflanze, wurzelt auf eignem Grund
Sie nicht, verglüht die Seele des Sterblichen,
Der mit dem Tageslichte nur, ein
Armer, auf heiliger Erde wandelt.

Zu mächtig ach! ihr himmlischen Höhen zieht
Ihr mich empor, bei Stürmen, am heitern Tag
Fühl ich verzehrend euch im Busen
Wechseln, ihr wandelnden Götterkräfte.

Doch heute laß mich stille den trauten Pfad
Zum Haine gehn, dem golden die Wipfel schmückt
Sein sterbend Laub, und kränzt auch mir die
Stirne, ihr holden Erinnerungen!

Und daß mir auch, zu retten mein sterblich Herz,
Wie andern eine bleibende Stätte sei,
Und heimatlos die Seele mir nicht
Über das Leben hinweg sich sehne,

Sei du, Gesang, mein freundlich Asyl! sei du
Beglückender! mit sorgender Liebe mir
Gepflegt, der Garten, wo ich, wandelnd
Unter den Blüten, den immerjungen,

In sichrer Einfalt wohne, wenn draußen mir
Mit ihren Wellen allen die mächtge Zeit,
Die Wandelbare, fern rauscht und die
Stillere Sonne mein Wirken fördert.

Ihr segnet gütig über den Sterblichen,
Ihr Himmelskräfte! jedem sein Eigentum,
O segnet meines auch und daß zu
Frühe die Parze den Traum nicht ende.

[*E:* 1799; *A:* 1846]

Lebenslauf

Größers wolltest auch du, aber die Liebe zwingt
All uns nieder, das Leid beuget gewaltiger,
Doch es kehret umsonst nicht
Unser Bogen, woher er kommt.

Aufwärts oder hinab! herrschet in heil'ger Nacht,
Wo die stumme Natur werdende Tage sinnt,
Herrscht im schiefesten Orkus
Nicht ein Grades, ein Recht noch auch?

Dies erfuhr ich. Denn nie, sterblichen Meistern gleich,
Habt ihr Himmlischen, ihr Alleserhaltenden,
Daß ich wüßte, mit Vorsicht
Mich des ebenen Pfads geführt.

Alles prüfe der Mensch, sagen die Himmlischen,
Daß er, kräftig genährt, danken für Alles lern',
Und verstehe die Freiheit,
Aufzubrechen, wohin er will.

[*E:* 1800; *A:* 1826]

Sonnenuntergang

Wo bist du? trunken dämmert die Seele mir
Von aller deiner Wonne; denn eben ist's,
Daß ich gelauscht, wie, goldner Töne
Voll, der entzückende Sonnenjüngling

Sein Abendlied auf himmlischer Leier spielt';
Es tönten rings die Wälder und Hügel nach.
Doch fern ist er zu frommen Völkern,
Die ihn noch ehren, hinweggegangen.

[*D:* 1800]

Abendphantasie

Vor seiner Hütte ruhig im Schatten sitzt
Der Pflüger, dem Genügsamen raucht sein Herd.
Gastfreundlich tönt dem Wanderer im
Friedlichen Dorfe die Abendglocke.

Wohl kehren itzt die Schiffer zum Hafen auch,
In fernen Städten, fröhlich verrauscht des Markts
Geschäft'ger Lärm; in stiller Laube
Glänzt das gesellige Mahl den Freunden.

Wohin denn ich? Es leben die Sterblichen
Von Lohn und Arbeit; wechselnd in Müh' und Ruh'
Ist alles freudig; warum schläft denn
Nimmer nur mir in der Brust der Stachel?

Am Abendhimmel blühet ein Frühling auf;
Unzählig blühn die Rosen und ruhig scheint
Die goldne Welt; o dorthin nimmt mich
Purpurne Wolken! und möge droben

In Licht und Luft zerrinnen mir Lieb' und Leid! –
Doch, wie verscheucht von töriger Bitte, flieht
Der Zauber; dunkel wirds und einsam
Unter dem Himmel, wie immer, bin ich –

Komm du nun, sanfter Schlummer! zu viel begehrt
Das Herz; doch endlich, Jugend! verglühst du ja,
Du ruhelose, träumerische!
Friedlich und heiter ist dann das Alter.

[*D:* 1800]

Des Morgens

Vom Taue glänzt der Rasen; beweglicher
Eilt schon die wache Quelle; die Buche neigt
Ihr schwankes Haupt und im Geblätter
Rauscht es und schimmert; und um die grauen

Gewölke streifen rötliche Flammen dort,
Verkündende, sie wallen geräuschlos auf;
Wie Fluten am Gestade, wogen
Höher und höher die Wandelbaren.

Komm nun, o komm, und eile mir nicht zu schnell,
Du goldner Tag, zum Gipfel des Himmels fort!
Denn offner fliegt, vertrauter dir mein
Auge, du Freudiger! zu, so lang du

In deiner Schöne jugendlich blickst und noch
Zu herrlich nicht, zu stolz mir geworden bist;
Du möchtest immer eilen, könnt ich,
Göttlicher Wandrer, mit dir! – doch lächelst

Des frohen Übermütigen du, daß er
Dir gleichen möchte; segne mir lieber dann
Mein sterblich Tun und heitre wieder
Gütiger! heute den stillen Pfad mir.

[*D:* 1800]

Rings um ruhet die Stadt; still wird die erleuchtete Gasse,
Und, mit Fackeln geschmückt, rauschen die Wagen hinweg.
Satt gehn heim von Freuden des Tages zu ruhen die Menschen,
Und Gewinn und Verlust wäget ein sinniges Haupt
Wohlzufrieden zu Haus; leer steht von Trauben und Blumen,
Und von Werken der Hand ruht der geschäftige Markt.
Aber das Saitenspiel tönt fern aus Gärten; vielleicht, daß
Dort ein Liebendes spielt oder ein einsamer Mann
Ferner Freunde gedenkt und der Jugendzeit; und die Brunnen
Immerquillend und frisch rauschen an duftendem Beet.
Still in dämmriger Luft ertönen geläutete Glocken,
Und der Stunden gedenk rufet ein Wächter die Zahl.
Jetzt auch kommet ein Wehn und regt die Gipfel des Hains auf,
Sieh! und das Schattenbild unserer Erde, der Mond
Kommet geheim nun auch; die Schwärmerische, die Nacht kommt,
Voll mit Sternen und wohl wenig bekümmert um uns,
Glänzt die Erstaunende dort, die Fremdlingin unter den Menschen
Über Gebirgeshöhn traurig und prächtig herauf.

[*E:* 1800/1801; 1. Teil der Elegie „Brot und Wein" (die vollständig erst 1894 veröffentlicht worden ist); *D:* 1807 unter dem Titel „Die Nacht".]

Heidelberg

Lange lieb' ich dich schon, möchte dich, mir zur Lust,
Mutter nennen, und dir schenken ein kunstlos Lied,
Du, der Vaterlandsstädte
Ländlichschönste, so viel ich sah.

Wie der Vogel des Walds über die Gipfel fliegt,
Schwingt sich über den Strom, wo er vorbei dir glänzt,
Leicht und kräftig die Brücke,
Die von Wagen und Menschen tönt.

Wie von Göttern gesandt, fesselt' ein Zauber einst
Auf die Brücke mich an, da ich vorüber ging,
Und herein in die Berge
Mir die reizende Ferne schien,

Und der Jüngling, der Strom, fort in die Ebne zog,
Traurigfroh, wie das Herz, wenn es, sich selbst zu schön,
Liebend unterzugehen,
In die Fluten der Zeit sich wirft.

Quellen hattest du ihm, hattest dem Flüchtigen
Kühle Schatten geschenkt, und die Gestade sahn
All' ihm nach, und es bebte
Aus den Wellen ihr lieblich Bild.

Aber schwer in das Tal hing die gigantische,
Schicksalskundige Burg nieder bis auf den Grund,
Von den Wettern zerrissen;
Doch die ewige Sonne goß

Ihr verjüngendes Licht über das alternde
Riesenbild, und umher grünte lebendiger
Efeu; freundliche Wälder
Rauschten über die Burg herab.

Sträuche blühten herab, bis wo im heitern Tal,
An den Hügel gelehnt, oder dem Ufer hold,
Deine fröhlichen Gassen
Unter duftenden Gärten ruhn.

[*D:* 1801]

[*die Brücke:* die Alte oder Karl-Theodor-Brücke, 1786–1788 erbaut. – *Von den Wettern zerrissen:* Das Heidelberger Schloß wurde 1689 von den Franzosen zerstört. Nach dem Wiederaufbau wurde es 1764 vom Blitz getroffen.]

An die Hoffnung

O Hoffnung! holde! gütiggeschäftige!
Die du das Haus der Trauernden nicht verschmähst,
Und gerne dienend, Edle! zwischen
Sterblichen waltest und Himmelsmächten,

Wo bist du? wenig lebt' ich; doch atmet kalt
Mein Abend schon. Und stille, den Schatten gleich,
Bin ich schon hier; und schon gesanglos
Schlummert das schaudernde Herz im Busen.

Im grünen Tale, dort, wo der frische Quell
Vom Berge täglich rauscht, und die liebliche
Zeitlose mir am Herbsttag aufblüht,
Dort, in der Stille, du Holde, will ich

Dich suchen, oder wenn in der Mitternacht
Das unsichtbare Leben im Haine wallt,
Und über mir die immerfrohen
Blumen, die blühenden Sterne, glänzen,

O du des Aethers Tochter! erscheine dann
Aus deines Vaters Gärten, und darfst du nicht,
Ein Geist der Erde, kommen, schröck, o
Schröcke mit anderem nur das Herz mir.

[*D:* 1805]

Der Winkel von Hardt

Hinunter sinket der Wald,
Und Knospen ähnlich, hängen
Einwärts die Blätter, denen
Blüht unten auf ein Grund,
Nicht gar unmündig.
Da nämlich ist Ulrich
Gegangen; oft sinnt, über den Fußtritt,
Ein groß Schicksal
Bereit, an übrigem Orte.

[*D:* 1805]

[*Winkel:* Schlupfwinkel im Wald bei Hardt (zwischen Nürtingen und Denkendorf). – *Ulrich:* Der Sage nach hat Ulrich von Württemberg (1487 bis 1550) dort Unterschlupf gefunden, als er 1519 vom Schwäbischen Bund vertrieben wurde. – *Nicht unmündig:* der Grund weiß zu berichten. – *an übrigem Orte:* an dem übriggebliebenen Ort.]

Hälfte des Lebens

Mit gelben Birnen hänget
Und voll mit wilden Rosen
Das Land in den See,
Ihr holden Schwäne,
Und trunken von Küssen
Tunkt ihr das Haupt
Ins heilignüchterne Wasser.

Weh mir, wo nehm' ich, wenn
Es Winter ist, die Blumen, und wo
Den Sonnenschein,
Und Schatten der Erde?
Die Mauern stehn
Sprachlos und kalt, im Winde
Klirren die Fahnen.

[*D:* 1805]

[*Fahnen:* Wetterfahnen.]

Die Heimat

Froh kehrt der Schiffer heim an den stillen Strom,
Von Inseln fernher, wenn er geerntet hat;
So käm' auch ich zur Heimat, hätt' ich
Güter so viele, wie Leid, geerntet.

Ihr teuern Ufer, die mich erzogen einst,
Stillt ihr der Liebe Leiden, versprecht ihr mir,
Ihr Wälder meiner Jugend, wenn ich
Komme, die Ruhe noch einmal wieder?

Am kühlen Bache, wo ich der Wellen Spiel,
Am Strome, wo ich gleiten die Schiffe sah,
Dort bin ich bald; euch traute Berge,
Die mich behüteten einst, der Heimat

Verehrte sichre Grenzen, der Mutter Haus
Und liebender Geschwister Umarmungen
Begrüß' ich bald und ihr umschließt mich,
Daß, wie in Banden, das Herz mir heile,

Ihr treugebliebnen! aber ich weiß, ich weiß,
Der Liebe Leid, dies heilet so bald mir nicht,
Dies singt kein Wiegensang, den tröstend
Sterbliche singen, mir aus dem Busen.

Denn sie, die uns das himmlische Feuer leihn,
Die Götter schenken heiliges Leid uns auch,
Drum bleibe dies. Ein Sohn der Erde
Schein' ich; zu lieben gemacht, zu leiden.

[*D:* 1806]

Der Rhein

An Isaak von Sinclair

Im dunkeln Efeu saß ich, an der Pforte
Des Waldes, eben, da der goldene Mittag,
Den Quell besuchend, herunterkam
Von Treppen des Alpengebirgs,
Das mir die göttlichgebaute,
Die Burg der Himmlischen heißt
Nach alter Meinung, wo aber
Geheim noch manches entschieden
Zu Menschen gelanget; von da
Vernahm ich ohne Vermuten
Ein Schicksal, denn noch kaum
War mir im warmen Schatten
Sich manches beredend, die Seele
Italia zu geschweift
Und fernhin an die Küsten Moreas.

Jetzt aber, drin im Gebirg,
Tief unter den silbernen Gipfeln
Und unter fröhlichem Grün,
Wo die Wälder schauernd zu ihm,
Und der Felsen Häupter übereinander
Hinabschaun, taglang, dort
Im kältesten Abgrund hört'
Ich um Erlösung jammern
Den Jüngling, es hörten ihn, wie er tobt',
Und die Mutter Erd' anklagt',
Und den Donnerer, der ihn gezeuget,
Erbarmend die Eltern, doch
Die Sterblichen flohn von dem Ort,
Denn furchtbar war, da lichtlos er
In den Fesseln sich wälzte,
Das Rasen des Halbgotts.

Die Stimme wars des edelsten der Ströme,
Des freigeborenen Rheins,
Und anderes hoffte der, als droben von den Brüdern,
Dem Tessin und dem Rhodanus,
Er schied und wandern wollt', und ungeduldig ihn
Nach Asia trieb die königliche Seele.
Doch unverständig ist
Das Wünschen vor dem Schicksal.
Die Blindesten aber
Sind Göttersöhne. Denn es kennet der Mensch
Sein Haus und dem Tier ward, wo
Es bauen solle, doch jenen ist
Der Fehl, daß sie nicht wissen wohin?
In die unerfahrne Seele gegeben.

Ein Rätsel ist Reinentsprungenes. Auch
Der Gesang kaum darf es enthüllen. Denn
Wie du anfingst, wirst du bleiben,
So viel auch wirket die Not,
Und die Zucht, das meiste nämlich
Vermag die Geburt,
Und der Lichtstrahl, der
Dem Neugebornen begegnet.
Wo aber ist einer,
Um frei zu bleiben
Sein Leben lang, und des Herzens Wunsch
Allein zu erfüllen, so
Aus günstigen Höhn, wie der Rhein,
Und so aus heiligem Schoße
Glücklich geboren, wie jener?

Drum ist ein Jauchzen sein Wort.
Nicht liebt er, wie andere Kinder,
In Wickelbanden zu weinen;
Denn wo die Ufer zuerst
An die Seit ihm schleichen, die krummen,
Und durstig umwindend ihn,
Den Unbedachten, zu ziehn
Und wohl zu behüten begehren
Im eigenen Zahne, lachend
Zerreißt er die Schlangen und stürzt
Mit der Beut und wenn in der Eil'
Ein Größerer ihn nicht zähmt,
Ihn wachsen läßt, wie der Blitz, muß er
Die Erde spalten, und wie Bezauberte fliehn
Die Wälder ihm nach und zusammensinkend die Berge.

Ein Gott will aber sparen den Söhnen
Das eilende Leben und lächelt,
Wenn unenthaltsam, aber gehemmt
Von heiligen Alpen, ihm
In der Tiefe, wie jener, zürnen die Ströme.
In solcher Esse wird dann
Auch alles Lautre geschmiedet,
Und schön ist's, wie er drauf,
Nachdem er die Berge verlassen,
Stillwandelnd sich im deutschen Lande
Begnüget und das Sehnen stillt
Im guten Geschäfte, wenn er das Land baut
Der Vater Rhein und liebe Kinder nährt
In Städten, die er gegründet.

Doch nimmer, nimmer vergißt ers.
Denn eher muß die Wohnung vergehn,
Und die Satzung und zum Unbild werden
Der Tag der Menschen, ehe vergessen
Ein solcher dürfte den Ursprung
Und die reine Stimme der Jugend.
Wer war es, der zuerst
Die Liebesbande verderbt
Und Stricke von ihnen gemacht hat?
Dann haben des eigenen Rechts
Und gewiß des himmlischen Feuers
Gespottet die Trotzigen, dann erst
Die sterblichen Pfade verachtend
Verwegnes erwählt
Und den Göttern gleich zu werden getrachtet.

Es haben aber an eigner
Unsterblichkeit die Götter genug, und bedürfen
Die Himmlischen eines Dings,
So sind's Heroën und Menschen
Und Sterbliche sonst. Denn weil
Die Seligsten nichts fühlen von selbst,
Muß wohl, wenn solches zu sagen
Erlaubt ist, in der Götter Namen
Teilnehmend fühlen ein Andrer,
Den brauchen sie; jedoch ihr Gericht
Ist, daß sein eigenes Haus
Zerbreche der und das Liebste
Wie den Feind schelt' und sich Vater und Kind
Begrabe unter den Trümmern,
Wenn einer, wie sie, sein will und nicht
Ungleiches dulden, der Schwärmer.

Drum wohl ihm, welcher fand
Ein wohlbeschiedenes Schicksal,
Wo noch der Wanderungen
Und süß der Leiden Erinnerung
Aufrauscht am sichern Gestade,
Daß da und dorthin gern
Er sehn mag bis an die Grenzen,
Die bei der Geburt ihm Gott
Zum Aufenthalte gezeichnet.
Dann ruht er, seligbescheiden,
Denn alles, was er gewollt,
Das Himmlische, von selber umfängt
Es unbezwungen, lächelnd
Jetzt, da er ruhet, den Kühnen.

Halbgötter denk' ich jetzt
Und kennen muß ich die Teuern,
Weil oft ihr Leben so
Die sehnende Brust mir beweget.
Wem aber, wie, Rousseau, dir,
Unüberwindlich die Seele
Die starkausdauernde ward,
Und sicherer Sinn
Und süße Gabe zu hören,
Zu reden so, daß er aus heiliger Fülle
Wie der Weingott, törig göttlich
Und gesetzlos sie die Sprache der Reinesten gibt
Verständlich den Guten, aber mit Recht
Die Achtungslosen mit Blindheit schlägt
Die entweihenden Knechte, wie nenn ich den Fremden?

Die Söhne der Erde sind, wie die Mutter,
Alliebend, so empfangen sie auch
Mühlos, die Glücklichen, Alles.
Drum überraschet es auch
Und schröckt den sterblichen Mann,
Wenn er den Himmel, den
Er mit den liebenden Armen
Sich auf die Schultern gehäuft,
Und die Last der Freude bedenket;
Dann scheint ihm oft das Beste,
Fast ganz vergessen da,
Wo der Strahl nicht brennt,
Im Schatten des Walds
Am Bielersee in frischer Grüne zu sein,
Und sorglosarm an Tönen,
Anfängern gleich, bei Nachtigallen zu lernen.

Und herrlich ists, aus heiligem Schlafe dann
Erstehen und aus Waldes Kühle
Erwachend, abends nun
Dem milderen Licht entgegenzugehn,
Wenn, der die Berge gebaut
Und den Pfad der Ströme gezeichnet,
Nachdem er lächelnd auch
Der Menschen geschäftiges Leben
Das othemarme, wie Segel
Mit seinen Lüften gelenkt hat,
Auch ruht und zu der Schülerin jetzt,
Der Bildner, Gutes mehr
Denn Böses findend,
Zur heutigen Erde der Tag sich neiget. –

Dann feiern das Brautfest Menschen und Götter,
Es feiern die Lebenden all,
Und ausgeglichen
Ist eine Weile das Schicksal.
Und die Flüchtlinge suchen die Herberg,
Und süßen Schlummer die Tapfern,
Die Liebenden aber
Sind, was sie waren, sie sind
Zu Hause, wo die Blume sich freuet
Unschädlicher Glut und die finsteren Bäume
Der Geist umsäuselt, aber die Unversöhnten
Sind umgewandelt und eilen
Die Hände sich ehe zu reichen,
Bevor das freundliche Licht
Hinuntergeht und die Nacht kommt.

Doch einigen eilt
Dies schnell vorüber, andere
Behalten es länger.
Die ewigen Götter sind
Voll Lebens allzeit; bis in den Tod
Kann aber ein Mensch auch
Im Gedächtnis doch das Beste behalten,
Und dann erlebt er das Höchste.
Nur hat ein jeder sein Maß.
Denn schwer ist zu tragen
Das Unglück, aber schwerer das Glück.
Ein Weiser aber vermocht es
Vom Mittag bis in die Mitternacht,
Und bis der Morgen erglänzte,
Beim Gastmahl helle zu bleiben.

Dir mag auf heißem Pfade unter Tannen oder
Im Dunkel des Eichwalds gehüllt
In Stahl, mein Sinclair! Gott erscheinen oder
In Wolken, du kennst ihn, da du kennest, jugendlich,
Des Guten Kraft, und nimmer ist dir
Verborgen das Lächeln des Herrschers
Bei Tage, wenn
Es fieberhaft und angekettet das
Lebendige scheinet oder auch
Bei Nacht, wenn alles gemischt
Ist ordnungslos und wiederkehrt
Uralte Verwirrung.

[*E:* 1801; *D:* 1808]

[*Morea:* Peloponnes. – *von den Brüdern:* Die Quellen von Rhein, Tessin und Rhone liegen nahe beieinander. – *Nach Asia:* Der Rhein fließt zunächst nach Osten. – *Wohnung:* die Behausung des Menschen überhaupt; seine Möglichkeit, auf der Erde zu wohnen. – *Bielersee:* J.-J. Rousseau hielt sich eine Zeitlang auf der Petersinsel im Bielersee auf. Erinnerungen daran: „Les rêveries du promeneur solitaire" („Die Träumereien eines einsamen Spaziergängers"), 1782 aus dem Nachlaß veröffentlicht. – *Dies:* das „Brautfest". – *das Beste:* das „Brautfest".]

Andenken

Der Nordost wehet,
Der liebste unter den Winden
Mir, weil er feurigen Geist
Und gute Fahrt verheißet den Schiffern.
Geh aber nun und grüße
Die schöne Garonne,
Und die Gärten von Bourdeaux
Dort, wo am scharfen Ufer
Hingehet der Steg und in den Strom
Tief fällt der Bach, darüber aber
Hinschauet ein edel Paar
Von Eichen und Silberpappeln;

Noch denket das mir wohl und wie
Die breiten Gipfel neiget
Der Ulmwald, über die Mühl',
Im Hofe aber wächset ein Feigenbaum.
An Feiertagen gehn
Die braunen Frauen daselbst
Auf seidnen Boden,
Zur Märzenzeit,
Wenn gleich ist Nacht und Tag,
Und über langsamen Stegen,
Von goldenen Träumen schwer,
Einwiegende Lüfte ziehen.

Es reiche aber,
Des dunkeln Lichtes voll,
Mir einer den duftenden Becher,
Damit ich ruhen möge; denn süß
Wär' unter Schatten der Schlummer.
Nicht ist es gut,
Seellos von sterblichen
Gedanken zu sein. Doch gut
Ist ein Gespräch und zu sagen
Des Herzens Meinung, zu hören viel
Von Tagen der Lieb',
Und Taten, welche geschehen.

Wo aber sind die Freunde? Bellarmin
Mit dem Gefährten? Mancher
Trägt Scheue, an die Quelle zu gehn;
Es beginnet nämlich der Reichtum
Im Meere. Sie,
Wie Maler, bringen zusammen
Das Schöne der Erd' und verschmähn
Den geflügelten Krieg nicht, und
Zu wohnen einsam, jahrlang, unter
Dem entlaubten Mast, wo nicht die Nacht durchglänzen
Die Feiertage der Stadt,
Und Saitenspiel und eingeborener Tanz nicht.

Nun aber sind zu Indiern
Die Männer gegangen,
Dort an der luftigen Spitz'
An Traubenbergen, wo herab
Die Dordogne kommt,
Und zusammen mit der prächt'gen
Garonne meerbreit
Ausgehet der Strom. Es nehmet aber
Und gibt Gedächtnis die See,
Und die Lieb' auch heftet fleißig die Augen,
Was bleibet aber, stiften die Dichter.

[*D:* 1808]

[*Noch denket...:* Noch erinnere ich mich wohl. – *an der luftigen Spitz':* wahrscheinlich die schmale Landspitze am Zusammenfluß der Garonne und Dordogne.]

Der Sommer

Noch ist die Zeit des Jahrs zu sehn, und die Gefilde
Des Sommers stehn in ihrem Glanz, in ihrer Milde;
Des Feldes Grün ist prächtig ausgebreitet,
Allwo der Bach hinab mit Wellen gleitet.

So zieht der Tag hinaus durch Berg und Tale,
Mit seiner Unaufhaltsamkeit und seinem Strahle,
Und Wolken ziehn in Ruh', in hohen Räumen,
Es scheint das Jahr mit Herrlichkeit zu säumen.

Mit Untertänigkeit
d. 9ten März 1940 Scardanelli

[*E:* 9.3.1842; *A:* 1923]

[Als „Scardanelli" unterzeichnete Hölderlin manchmal in seinen späten Lebensjahren; er verwendete auch Phantasiedaten.]

Novalis (Friedrich von Hardenberg)
1772–1801

Aus: Geistliche Lieder

V.

Wenn ich ihn nur habe,
Wenn er mein nur ist,
Wenn mein Herz bis hin zum Grabe
Seine Treue nie vergißt:
Weiß ich nichts von Leide,
Fühle nichts als Andacht, Lieb und Freude.

Wenn ich ihn nur habe,
Laß ich alles gern,
Folg an meinem Wunderstabe
Treugesinnt nur meinem Herrn;
Lasse still die andern
Breite, lichte, volle Straßen wandern.

Wenn ich ihn nur habe,
Schlaf ich fröhlich ein,
Ewig wird zu süßer Labe
Seines Herzens Flut mir sein,
Die mit sanftem Zwingen
Alles wird erweichen und durchdringen.

Wenn ich ihn nur habe,
Hab ich auch die Welt,
Selig wie ein Himmelsknabe,
Der der Jungfrau Schleier hält.
Hingesenkt im Schauen
Kann mir vor dem Irdischen nicht grauen.

Wo ich ihn nur habe,
Ist mein Vaterland;
Und es fällt mir jede Gabe
Wie ein Erbteil in die Hand;
Längst vermißte Brüder
Find ich nun in seinen Jüngern wieder.

VI.

Wenn alle untreu werden,
So bleib ich dir doch treu;
Daß Dankbarkeit auf Erden
Nicht ausgestorben sei.
Für mich umfing dich Leiden,
Vergingst für mich in Schmerz;
Drum geb ich dir mit Freuden
Auf ewig dieses Herz.

Oft muß ich bitter weinen,
Daß du gestorben bist
Und mancher von den Deinen
Dich lebenslang vergißt.
Von Liebe nur durchdrungen
Hast du so viel getan,
Und doch bist du verklungen,
Und keiner denkt daran.

Du stehst voll treuer Liebe
Noch immer jedem bei,
Und wenn dir keiner bliebe,
So bleibst du dennoch treu;
Die treuste Liebe sieget,
Am Ende fühlt man sie,
Weint bitterlich und schmieget
Sich kindlich an dein Knie.

Ich habe dich empfunden,
O lasse nicht von mir;
Laß innig mich verbunden
Auf ewig sein mit dir!
Einst schauen meine Brüder
Auch wieder himmelwärts,
Und sinken liebend nieder
Und fallen dir ans Herz.

XV.

Ich sehe dich in tausend Bildern,
Maria, lieblich ausgedrückt,
Doch keins von allen kann dich schildern,
Wie meine Seele dich erblickt.

Ich weiß nur, daß der Welt Getümmel
Seitdem mir wie ein Traum verweht
Und ein unnennbar süßer Himmel
Mir ewig im Gemüte steht.

[*D:* 1802]

Wenn nicht mehr Zahlen und Figuren
Sind Schlüssel aller Kreaturen,
Wenn die, so singen oder küssen,
Mehr als die Tiefgelehrten wissen,
Wenn sich die Welt ins freie Leben
Und in die Welt wird zurückbegeben,
Wenn dann sich wieder Licht und Schatten
Zu echter Klarheit wieder gatten
Und man in Märchen und Gedichten
Erkennt die wahren Weltgeschichten,
Dann fliegt vor Einem geheimen Wort
Das ganze verkehrte Wesen fort.

[*D:* 1802]

[Das Lied der Toten]

Lobt doch unsre stillen Feste,
Unsre Gärten, unsre Zimmer,
Das bequeme Hausgeräte,
Unser Hab und Gut!
Täglich kommen neue Gäste,
Diese früh, die andern späte,
Auf den weiten Herden immer
Lodert frische Lebensglut.

Tausend zierliche Gefäße,
Einst betaut mit tausend Tränen,
Goldne Ringe, Sporen, Schwerter,
Sind in unserm Schatz:
Viel Kleinodien und Juwelen
Wissen wir in dunkeln Höhlen,
Keiner kann den Reichtum zählen,
Zählt' er auch ohn Unterlaß.

Kinder der Vergangenheiten,
Helden aus den grauen Zeiten,
Der Gestirne Riesengeister,
Wunderlich gesellt,
Holde Frauen, ernste Meister,
Kinder und verlebte Greise
Sitzen hier in *einem* Kreise,
Wohnen in der alten Welt.

Keiner wird sich je beschweren,
Keiner wünschen fortzugehen,
Wer an unsern vollen Tischen
Einmal fröhlich saß.
Klagen sind nicht mehr zu hören,
Keine Wunden mehr zu sehen,
Keine Tränen abzuwischen;
Ewig läuft das Stundenglas.

Tiefgerührt von heilger Güte
Und versenkt in selges Schauen
Steht der Himmel im Gemüte,
Wolkenloses Blau;
Lange fliegende Gewande
Tragen uns durch Frühlingsauen,
Und es weht in diesem Lande
Nie ein Lüftchen kalt und rauh.

Süßer Reiz der Mitternächte,
Stiller Kreis geheimer Mächte,
Wollust rätselhafter Spiele,
Wir nur kennen euch.
Wir nur sind am hohen Ziele,
Bald in Strom uns zu ergießen,
Dann in Tropfen zu zerfließen
Und zu nippen auch zugleich.

Uns ward erst die Liebe Leben;
Innig wie die Elemente
Mischen wir des Daseins Fluten,
Brausend Herz mit Herz.
Lüstern scheiden sich die Fluten,
Denn der Kampf der Elemente
Ist der Liebe höchstes Leben
Und des Herzens eignes Herz.

Leiser Wünsche süßes Plaudern
Hören wir allein und schauen
Immerdar in selge Augen,
Schmecken nichts als Mund und Kuß.
Alles, was wir nur berühren,
Wird zu heißen Balsamfrüchten,
Wird zu weichen zarten Brüsten,
Opfern kühner Lust.

Immer wächst und blüht Verlangen,
Am Geliebten festzuhangen,
Ihn im Innern zu empfangen,
Eins mit ihm zu sein,
Seinem Durste nicht zu wehren,
Sich im Wechsel zu verzehren,
Voneinander sich zu nähren,
Voneinander nur allein.

So in Lieb und hoher Wollust
Sind wir immerdar versunken,
Seit der wilde trübe Funken
Jener Welt erlosch,
Seit der Hügel sich geschlossen
Und der Scheiterhaufen sprühte
Und dem schauernden Gemüte
Nun das Erdgesicht zerfloß.

Zauber der Erinnerungen,
Heilger Wehmut süße Schauer
Haben innig uns durchklungen,
Kühlen unsre Glut.
Wunden gibt's, die ewig schmerzen,
Eine göttlich tiefe Trauer
Wohnt in unser aller Herzen,
Löst uns auf in *eine* Flut.

Und in dieser Flut ergießen
Wir uns auf geheime Weise
In den Ozean des Lebens,
Tief in Gott hinein;
Und aus seinem Herzen fließen
Wir zurück zu unserm Kreise,
Und der Geist des höchsten Strebens
Taucht in unsre Wirbel ein.

Schüttelt eure goldnen Ketten
Mit Smaragden und Rubinen
Und die blanken saubern Spangen,
Blitz und Klang zugleich.
Aus des feuchten Abgrunds Betten,
Aus den Gräbern und Ruinen,
Himmelsrosen auf den Wangen,
Schwebt in's bunte Fabelreich.

Könnten doch die Menschen wissen,
Unsre künftigen Genossen,
Daß bei allen ihren Freuden
Wir geschäftig sind:
Jauchzend würden sie verscheiden,
Gern das bleiche Dasein missen, –
O! die Zeit ist bald verflossen,
Kommt, Geliebte, doch geschwind!

Helft uns nur den Erdgeist binden,
Lernt den Sinn des Todes fassen
Und das Wort des Lebens finden;
Einmal kehrt euch um.
Deine Macht muß bald verschwinden,
Dein erborgtes Licht verblassen,
Werden dich in kurzem binden,
Erdgeist, deine Zeit ist um.

[*D:* 1802]

Ludwig Tieck
1773–1853

Melancholie

Schwarz war die Nacht und dunkle Sterne brannten
Durch Wolkenschleier matt und bleich,
Die Flur durchstrich das Geisterreich,
Als feindlich sich die Parzen abwärts wandten
Und zornge Götter mich ins Leben sandten.

Die Eule sang mir grause Wiegenlieder
Und schrie mir durch die stille Ruh
Ein gräßliches: Willkommen! zu.
Der bleiche Gram und Jammer sanken nieder
Und grüßten mich als längst gekannte Brüder.

Da sprach der Gram in banger Geisterstunde:
Du bist zu Qualen eingeweiht,
Ein Ziel des Schicksals Grausamkeit,
Die Bogen sind gespannt, und jede Stunde
Schlägt grausam dir stets neue blutge Wunde.

Dich werden alle Menschenfreuden fliehen,
Dich spricht kein Wesen freundlich an,
Du gehst die wüste Felsenbahn,
Wo Klippen drohn, wo keine Blumen blühen,
Der Sonne Strahlen heiß und heißer glühen.

Die Liebe, die der Schöpfung All durchklingt,
Der Schirm in Jammer und in Leiden,
Die Blüte aller Menschenfreuden,
Die unser Herz zum höchsten Himmel schwingt,
Wo Durst aus selgem Born Erquicken trinkt,

Die Liebe sei auf ewig dir versagt.
Das Tor ist hinter dir geschlossen,
Auf der Verzweiflung wilden Rossen
Wirst du durchs öde Leben hingejagt,
Wo keine Freude dir zu folgen wagt.

Dann sinkst du in die ewge Nacht zurück,
Sieh tausend Elend auf dich zielen,
Im Schmerz dein Dasein nur zu fühlen!
Ja, erst im ausgelöschten Todesblick
Begrüßt voll Mitleid dich das erste Glück.

[*D:* 1795]

Waldeinsamkeit,
Die mich erfreut,
So morgen wie heut
In ewger Zeit.
O wie mich freut
Waldeinsamkeit!

[...]

Waldeinsamkeit,
Wie liegst du weit!
O dich gereut
Einst mit der Zeit. –
Ach einzge Freud
Waldeinsamkeit!

[...]

Waldeinsamkeit
Mich wieder freut,
Mir geschieht kein Leid,
Hier wohnt kein Neid,
Von neuem mich freut
Waldeinsamkeit.

[*D:* 1797]

[Strophenweise eingefügt in die Erzählung „Der blonde Eckbert".]

Wunder der Liebe

Glosse

Mondbeglänzte Zaubernacht,
Die den Sinn gefangen hält,
Wundervolle Märchenwelt,
Steig auf in der alten Pracht!

Liebe läßt sich suchen, finden,
Niemals lernen oder lehren,
Wer da will die Flamm entzünden,
Ohne selbst sich zu verzehren,
Muß sich reinigen der Sünden.
Alles schläft, weil er noch wacht,
Wann der Stern der Liebe lacht,
Goldne Augen auf ihn blicken,
Schaut er trunken von Entzücken
Mondbeglänzte Zaubernacht.

Aber nie darf er erschrecken,
Wenn sich Wolken dunkel jagen,
Finsternis die Sterne decken,
Kaum der Mond es noch will wagen,
Einen Schimmer zu erwecken.
Ewig steht der Liebe Zelt,
Von dem eignen Licht erhellt,
Aber Mut nur kann zerbrechen,
Was die Furcht will ewig schwächen,
Die den Sinn gefangen hält.

Keiner Liebe hat gefunden,
Dem ein trüber Ernst beschieden,
Flüchtig sind die goldnen Stunden,
Welche immer den vermieden,
Den die bleiche Sorg umwunden:
Wer die Schlange an sich hält,
Dem ist Schatten vorgestellt,
Alles, was die Dichter sangen,
Nennt der Arme, eingefangen,
Wundervolle Märchenwelt.

Herz, im Glauben auferblühend,
Fühlt alsbald die goldnen Scheine,
Die es lieblich in sich ziehend
Macht zu eigen sich und seine,
In der schönsten Flamme glühend.
Ist das Opfer angefacht,
Wird's dem Himmel dargebracht;
Hat dich Liebe angenommen,
Auf dem Altar hell entglommen,
Steig auf in der alten Pracht.

[*D:* 1804]

[*Glosse:* Jeweils eine Zeile des kurzen Themagedichts schließt eine Strophe des langen Gedichts ab.]

Glosse

Liebe denkt in süßen Tönen,
Denn Gedanken stehn zu fern,
Nur in Tönen mag sie gern
Alles, was sie will, verschönen.

Wenn im tiefen Schmerz verloren
Alle Geister in mir klagen
und gerührt die Freunde fragen:
„Welch ein Leid ist dir geboren?"
Kann ich keine Antwort sagen,
Ob sich Freuden wollen finden,
Leiden in mein Herz gewöhnen,
Geister, die sich liebend binden,
Kann kein Wort niemals verkünden,
Liebe denkt in süßen Tönen.

Warum hat Gesangessüße
Immer sich von mir geschieden?
Zornig hat sie mich vermieden,
Wie ich auch die Holde grüße.
So geschieht es, daß ich büße,
Schweigen ist mir vorgeschrieben,
Und ich sagte doch so gern,
Was dem Herzen sei sein Lieben,
Aber stumm bin ich geblieben,
Denn Gedanken stehn zu fern.

Ach, wo kann ich doch ein Zeichen,
Meiner Liebe ewges Leben
Mir nur selber kund zu geben,
Wie ein Lebenswort erreichen?
Wenn dann alles will entweichen,
Muß ich oft in Trauer wähnen,
Liebe sei dem Herzen fern.
Dann weckt sie das tiefste Sehnen,
Sprechen mag sie nur in Tränen,
Nur in Tönen mag sie gern.

Will die Liebe in mir weinen,
Bringt sie Jammer, bringt sie Wonne,
Will sie Nacht sein oder Sonne,
Sollen Glückessterne scheinen?
Tausend Wunder sich vereinen:
Ihr Gedanken schweiget stille,
Denn die Liebe will mich krönen,
Und was sich an mir erfülle,
Weiß ich das, es wird ihr Wille
Alles, was sie will, verschönen.

[*D:* 1816]

Clemens Brentano
1778–1842

Von den Mauern Widerklang –
Ach! – im Herzen frägt es bang:
Ist es ihre Stimme;
Und vergebens sucht mein Blick
Kehret mir ein Ton zurück? –
Ist's nur meine Stimme? –

Auf der Mauern höherm Rand
Sind die Blicke hingebannt,
Doch ich seh' nur Sterne;
Und in hoher Himmelssee
Ich die Sterne küssen seh',
Wären's unsre Sterne.

Nacht ist voller Lug und Trug,
Nimmer sehen wir genug
In den schwarzen Augen;
Heiß ist Liebe, Nacht ist kühl,
Ach ich seh' ihr viel zu viel
In die schwarzen Augen.

Sonne wollt' nicht untergehn,
Blieb am Berg neugierig stehn;
Kam die Nacht gegangen.
Stille Nacht in deinem Schoß
Liegt der Menschen höchstes Los,
Mütterlich umfangen.

[*E:* um 1800; *D:* 1844]

Sprich aus der Ferne
Heimliche Welt,
Die sich so gerne
Zu mir gesellt.

Wenn das Abendrot niedergesunken,
Keine freudige Farbe mehr spricht,
Und die Kränze stilleuchtender Funken
Die Nacht um die schattigte Stirne flicht:

Wehet der Sterne
Heiliger Sinn
Leis durch die Ferne
Bis zu mir hin.

Wenn des Mondes still lindernde Tränen
Lösen der Nächte verborgenes Weh;
Dann wehet Friede. In goldenen Kähnen
Schiffen die Geister im himmlischen See.

Glänzender Lieder
Klingender Lauf
Ringelt sich nieder,
Wallet hinauf.

Wenn der Mitternacht heiliges Grauen
Bang durch die dunklen Wälder hinschleicht,
Und die Büsche gar wundersam schauen,
Alles sich finster tiefsinnig bezeugt:

Wandelt im Dunkeln
Freundliches Spiel,
Still Lichter funkeln
Schimmerndes Ziel.

Alles ist freundlich wohlwollend verbunden,
Bietet sich tröstend und traurend die Hand,
Sind durch die Nächte die Lichter gewunden,
Alles ist ewig im Innern verwandt.

Sprich aus der Ferne
Heimliche Welt,
Die sich so gerne
Zu mir gesellt.

[*D:* 1801]

Zu Bacharach am Rheine
Wohnt eine Zauberin,
Sie war so schön und feine
Und riß viel Herzen hin.

Und brachte viel zu schanden
Der Männer rings umher,
Aus ihren Liebesbanden
War keine Rettung mehr.

Der Bischof ließ sie laden
Vor geistliche Gewalt –
Und mußte sie begnaden,
So schön war ihr' Gestalt.

Er sprach zu ihr gerühret:
„Du arme Lore Lay!
Wer hat dich denn verführet
Zu böser Zauberei?"

„Herr Bischof laßt mich sterben,
Ich bin des Lebens müd,
Weil jeder muß verderben,
Der meine Augen sieht.

Die Augen sind zwei Flammen,
Mein Arm ein Zauberstab –
O legt mich in die Flammen!
O brechet mir den Stab!"

„Ich kann dich nicht verdammen,
Bis du mir erst bekennt,
Warum in diesen Flammen
Mein eigen Herz schon brennt.

Den Stab kann ich nicht brechen,
Du schöne Lore Lay!
Ich müßte dann zerbrechen
Mein eigen Herz entzwei."

„Herr Bischof mit mir Armen
Treibt nicht so bösen Spott,
Und bittet um Erbarmen,
Für mich den lieben Gott.

Ich darf nicht länger leben,
Ich liebe keinen mehr –
Den Tod sollt Ihr mir geben,
Drum kam ich zu Euch her. –

Mein Schatz hat mich betrogen,
Hat sich von mir gewandt,
Ist fort von hier gezogen,
Fort in ein fremdes Land.

Die Augen sanft und wilde,
Die Wangen rot und weiß,
Die Worte still und milde
Das ist mein Zauberkreis.

Ich selbst muß drin verderben,
Das Herz tut mir so weh,
Vor Schmerzen möcht' ich sterben,
Wenn ich mein Bildnis seh'.

Drum laßt mein Recht mich finden,
Mich sterben, wie ein Christ,
Denn alles muß verschwinden,
Weil er nicht bei mir ist."

Drei Ritter läßt er holen:
„Bringt sie ins Kloster hin,
Geh Lore! – Gott befohlen
Sei dein berückter Sinn.

Du sollst ein Nönnchen werden,
Ein Nönnchen schwarz und weiß,
Bereite dich auf Erden
Zu deines Todes Reis'."

Zum Kloster sie nun ritten,
Die Ritter alle drei,
Und traurig in der Mitten
Die schöne Lore Lay.

„O Ritter laßt mich gehen,
Auf diesen Felsen groß,
Ich will noch einmal sehen
Nach meines Lieben Schloß.

Ich will noch einmal sehen
Wohl in den tiefen Rhein,
Und dann ins Kloster gehen
Und Gottes Jungfrau sein."

Der Felsen ist so jähe,
So steil ist seine Wand,
Doch klimmt sie in die Höhe,
Bis daß sie oben stand.

Es binden die drei Ritter,
Die Rosse unten an,
Und klettern immer weiter,
Zum Felsen auch hinan.

Die Jungfrau sprach: „Da gehet
Ein Schifflein auf dem Rhein,
Der in dem Schifflein stehet,
Der soll mein Liebster sein.

Mein Herz wird mir so munter,
Er muß mein Liebster sein! –"
Da lehnt sie sich hinunter
Und stürzet in den Rhein.

Die Ritter mußten sterben,
Sie konnten nicht hinab,
Sie mußten all verderben,
Ohn' Priester und ohn' Grab.

Wer hat dies Lied gesungen?
Ein Schiffer auf dem Rhein,
Und immer hat's geklungen
Von dem drei Ritterstein:*

Lore Lay
Lore Lay
Lore Lay

Als wären es meiner drei.

*Bei Bacharach steht dieser Felsen, Lore Lay genannt, alle vorbeifahrende Schiffer rufen ihn an, und freuen sich des vielfachen Echos.

[*D:* 1802]

Der Spinnerin Nachtlied

Es sang vor langen Jahren
Wohl auch die Nachtigall,
Das war wohl süßer Schall,
Da wir zusammen waren.

Ich sing' und kann nicht weinen,
Und spinne so allein
Den Faden klar und rein
So lang der Mond wird scheinen.

Als wir zusammen waren
Da sang die Nachtigall
Nun mahnet mich ihr Schall
Daß du von mir gefahren.

So oft der Mond mag scheinen,
Denk' ich wohl dein allein,
Mein Herz ist klar und rein,
Gott wolle uns vereinen.

Seit du von mir gefahren,
Singt stets die Nachtigall,
Ich denk' bei ihrem Schall,
Wie wir zusammen waren.

Gott wolle uns vereinen
Hier spinn' ich so allein,
Der Mond scheint klar und rein,
Ich sing' und möchte weinen.

[*E:* Varianten seit 1802; *D:* 1818;
oben handschriftl. Fassung *D:* 1968]

Wie sich auch die Zeit will wenden, enden
Will sich nimmer doch die Ferne,
Freude mag der Mai mir spenden, senden
Möcht' Dir alles gerne, weil ich Freude mir erlerne,
Wenn Du mit gefaltnen Händen
Freudig hebst der Augen Sterne.

Alle Blumen mich nicht grüßen, süßen
Gruß nehm' ich von Deinem Munde.
Was nicht blühet Dir zu Füßen, büßen
Muß es bald zur Stunde, eher ich auch nicht gesunde,
Bis Du mir mit frohen Küssen
Bringest meines Frühlings Kunde.

Wenn die Abendlüfte wehen, sehen
Mich die lieben Vöglein kleine
Traurig an der Linde stehen, spähen
Wen ich wohl so ernstlich meine, daß ich helle Tränen weine,
Wollen auch nicht schlafen gehen,
Denn sonst wär' ich ganz alleine.

Vöglein euch mag's nicht gelingen, klingen
Darf es nur von ihrem Sange,
Wie des Maies Wonneschlingen, singen
Alles ein in neuem Zwange; aber daß ich Dein verlange
Und Du mein, mußt Du auch singen,
Ach das ist schon ewig lange.

[*E:* 1802; *D:* 1844]

Frühlingsschrei eines Knechtes aus der Tiefe

1.
Meister, ohne dein Erbarmen
Muß im Abgrund ich verzagen,
Willst du nicht mit starken Armen
Wieder mich zum Lichte tragen.

2.
Jährlich greifet deine Güte,
In die Erde, in die Herzen,
Jährlich weckest du die Blüte,
Weckst in mir die alten Schmerzen.

3.
Einmal nur zum Licht geboren,
Aber tausendmal gestorben,
Bin ich ohne dich verloren,
Ohne dich in mir verdorben.

4.
Wenn sich so die Erde reget,
Wenn die Luft so sonnig wehet,
Dann wird auch die Flut beweget,
Die in Todesbanden stehet.

5.
Und in meinem Herzen schauert
Ein betrübter bittrer Bronnen,
Wenn der Frühling draußen lauert,
Kömmt die Angstflut angeronnen.

6.
Weh! durch gift'ge Erdenlagen,
Wie die Zeit sie angeschwemmet,
Habe ich den Schacht geschlagen,
Und er ist nur schwach verdämmet.

7.
Wenn nun rings die Quellen schwellen,
Wenn der Grund gebärend ringet,
Brechen her die gift'gen Wellen,
Die kein Fluch, kein Witz mir zwinget.

8.
Andern ruf' ich, schwimme, schwimme,
Mir kann solcher Ruf nicht taugen,
Denn in mir ja steigt die grimme
Sündflut, bricht aus meinen Augen.

9.
Und dann scheinen bös Gezüchte
Mir die bunten Lämmer alle,
Die ich grüßte, süße Früchte,
Die mir reiften, bittre Galle.

10.
Herr, erbarme du dich meiner,
Daß mein Herz neu blühend werde,
Mein erbarmte sich noch keiner
Von den Frühlingen der Erde.

11.
Meister, wenn dir alle Hände
Nahn mit süßerfüllten Schalen,
Kann ich mit der bittern Spende
Meine Schuld dir nimmer zahlen.

12.
Ach, wie ich auch tiefer wühle,
Wie ich schöpfe, wie ich weine,
Nimmer ich den Schwall erspüle
Zum Kristallgrund fest und reine.

13.
Immer stürzen mir die Wände,
Jede Schicht hat mich belogen,
Und die arbeitblut'gen Hände
Brennen in den bittern Wogen.

14.
Weh! der Raum wird immer enger,
Wilder, wüster stets die Wogen,
Herr, o Herr! ich treib's nicht länger,
Schlage deinen Regenbogen.

15.
Herr, ich mahne dich, verschone,
Herr! ich hört' in jungen Tagen,
Wunderbare Rettung wohne
Ach, in deinem Blute, sagen.

16.
Und so muß ich zu dir schreien,
Schreien aus der bittern Tiefe,
Könntest du auch nicht verzeihen,
Daß dein Knecht so kühnlich riefe!

17.
Daß des Lichtes Quelle wieder
Rein und heilig in mir flute,
Träufle einen Tropfen nieder,
Jesus, mir, von deinem Blute!

[*E:* 1816; *D:* 1841]

Säusle liebe Mirte,
Wie still ist's in der Welt,
Der Mond, der Sternenhirte
Auf klarem Himmelsfeld,
Treibt schon die Wolkenschafe
Zum Born des Lichtes hin:
Schlaf, mein Freund, o schlafe,
Bis ich wieder bei Dir bin.

Säusle liebe Mirte
Und träum' im Sternenschein
Die Turteltaube girrte
Auch ihre Brut schon ein.
Still ziehn die Wolkenschafe
Zum Born des Lichtes hin,
Schlaf', mein Freund, o schlafe,
Bis ich wieder bei Dir bin.

[*D:* 1827]

Hörst du wie die Brunnen rauschen,
Hörst du wie die Grille zirpt?
Stille, stille, laß uns lauschen,
Selig, wer in Träumen stirbt.
Selig, wen die Wolken wiegen,
Wem der Mond ein Schlaflied singt,
O wie selig kann der fliegen,
Dem der Traum den Flügel schwingt,
Daß an blauer Himmelsdecke
Sterne er wie Blumen pflückt:
Schlafe, träume, flieg', ich wecke
Bald Dich auf und bin beglückt.

[*D:* 1827]

Ich bin durch die Wüste gezogen,
Des Sandes glühende Wogen
Verbrannten mir den Fuß.
Die Sonne sog mir im Zorne
Das Wasser aus jedem Borne,
Es folgte kein Regenguß.
Ich dürste, es bringen die Dorne
Mein siedendes Blut in Fluß.

Aus zog ich mit sieben Kamelen,
Es lechzen unsere Kehlen,
Wie rette ich Weib und Kind.
Wo finde ich frische Quellen,
Die Schätze von Gold und Juwelen
Begrub im Sande der Wind.
Soll uns das Leben nicht fehlen,
O Himmel, regne geschwind!

Ich wühlte mit glühendem Schwerte
Den Kindern ihr Grab in der Erde,
Bis auf das letzte fürwahr!
Das ruht unterm Mutterherzen,
Bis sie es in Jammer und Schmerzen
Hinsterbend dem Tode gebar.
Es heult die Hyäne, doch erzen
Stellt mir sich das Schicksal dar.

Gern hätte ich Tränen getrunken,
Der Augen Quell ist versunken,
Oase wie liegst du so fern!
Vor Glut ist das Herz mir verglommen,
Das Ziel, ich fühl' es gekommen,
Ich rufe zum sinkenden Stern:
Der Herr hat gegeben, genommen,
Gelobt sei der Name des Herrn!

[*E:* 1816 (oder früher); *D:* 1877]

25. August 1817

Einsam will ich untergehn
Keiner soll mein Leiden wissen,
Wird der Stern, den ich gesehn
Von dem Himmel mir gerissen
Will ich einsam untergehn
Wie ein Pilger in der Wüste.

Einsam will ich untergehn
Wie ein Pilger in der Wüste,
Wenn der Stern, den ich gesehn
Mich zum letzten Male grüßte
Will ich einsam untergehn
Wie ein Bettler auf der Heide.

Einsam will ich untergehn
Wie ein Bettler auf der Heide,
Giebt der Stern, den ich gesehn,
Mir nicht weiter das Geleite
Will ich einsam untergehn
Wie der Tag im Abendgrauen.

Einsam will ich untergehn
Wie der Tag im Abendgrauen,
Will der Stern, den ich gesehn
Nicht mehr auf mich niederschauen,
Will ich einsam untergehn
Wie ein Sklave an der Kette.

Einsam will ich untergehn
Wie der Sklave an der Kette,
Scheint der Stern, den ich gesehn
Nicht mehr auf mein Dornenbette
Will ich einsam untergehn
Wie ein Schwanenlied im Tode.

Einsam will ich untergehn
Wie ein Schwanenlied im Tode,
Ist der Stern, den ich gesehn
Mir nicht mehr ein Friedensbote
Will ich einsam untergehn
Wie ein Schiff in wüsten Meeren.

Einsam will ich untergehn
Wie ein Schiff in wüsten Meeren,
Wird der Stern, den ich gesehn
Jemals weg von mir sich kehren,
Will ich einsam untergehn
Wie der Trost in stummen Schmerzen.

Einsam will ich untergehn
Wie der Trost in stummen Schmerzen,
Soll den Stern, den ich gesehn
Jemals meine Schuld verscherzen,
Will ich einsam untergehn
Wie mein Herz in deinem Herzen.

[*D:* 1852]

[Zur Zeichensetzung vgl. den Hinweis auf S. 8.]

20. Jenner [1835] nach großem Leid

Ich darf wohl von den Sternen singen,
Mich hat die Blume angeblickt,
Und wird mein armes Lied gelingen,
Dann wird vom Stern mir zugenickt.
  O Stern und Blume, Geist und Kleid,
Lieb, Leid, und Zeit und Ewigkeit.

Im Garten stand die frühe Waise,
Und senkt den Blick zum Blumenfeld
Die Sonne sank im Purpurgleise,
Die Sterne spannen aus ihr Zelt.
  O Stern und Blume, Geist und Kleid,
Lieb, Leid, und Zeit und Ewigkeit.

Mit euch wohl wagt ein Kind zu sprechen,
Ihr kennet mich und bin ich stumm,
Weil mir das kranke Herz will brechen,
Bringt ihr mich nicht mit Fragen um.
  O Stern und Blume, Geist und Kleid,
Lieb, Leid, und Zeit und Ewigkeit.

Ihr lieben Blumen still und innig
Ein Tröpfchen Tau, ein Licht, ein Hauch,
Ihr lieben Sterne klar und sinnig
Ein Strahl, ein Blick, ein Blitz, ein Aug'.
  O Stern und Blume, Geist und Kleid,
Lieb, Leid, und Zeit und Ewigkeit.

Und wie die Sterne heller blinken
Beugt Schatten sich aufs Blumenfeld
Und auch des Kindes Augen sinken,
Der Traum sie in den Armen hält.
  O Stern und Blume, Geist und Kleid,
Lieb, Leid, und Zeit und Ewigkeit.

Ihr Engel steiget auf und nieder
Bringt Sternenlust, bringt Blumenschmerz,
Und küßt die unerschaffnen Lieder
Und legt sie schlafen auf ihr Herz.
O Stern und Blume, Geist und Kleid,
Lieb, Leid, und Zeit und Ewigkeit.

Und wiegt die tauberauschte Rose,
Im Dornenbettchen bald zur Ruh',
Und schließt dem Veilchen in dem Moose,
Die frommen Augen segnend zu.
O Stern und Blume, Geist und Kleid,
Lieb, Leid, und Zeit und Ewigkeit.

Die Blumen all, die farbig prangen,
Sie waren bald nicht mehr zu sehn,
Die Nacht nahm ihre Pracht gefangen
Nur eine Schar blieb betend stehn.
O Stern und Blume, Geist und Kleid,
Lieb, Leid, und Zeit und Ewigkeit.

Sieh dorten um die süße Linde
Steht eine reine Lilienschar,
Der Engel zeigte sie dem Kinde,
Sie leuchteten ganz wunderbar.
O Stern und Blume, Geist und Kleid,
Lieb, Leid, und Zeit und Ewigkeit.

Der Engel sprach: mein Kind, o sehe,
Die Lilie unter Dornen dort,
Das Licht wird Fleisch, horch: „Es geschehe
Der Magd des Herrn nach deinem Wort!"
O Stern und Blume, Geist und Kleid,
Lieb, Leid, und Zeit und Ewigkeit.

Die Lilie spinnt nicht, doch es webet
Aus ihr das Wort sich einen Leib,
Zur Jungfrau ist das Licht geschwebet,
Und Mutter Gottes ward das Weib.
O Stern und Blume, Geist und Kleid,
Lieb, Leid, und Zeit und Ewigkeit.

Und als der Geist sie überschattet
Deckt rings die Nacht das Blumenfeld,
Der Lilie nur das Licht sich gattet
Das auf den Leuchter wird gestellt.
O Stern und Blume, Geist und Kleid,
Lieb, Leid, und Zeit und Ewigkeit.

Die Lilie, die nicht zieht nicht schweifet,
Nicht fallen läßt und wieder sucht
Die sehnend still zum Lichte greifet,
Sie fand das Licht und trug die Frucht.
O Stern und Blume, Geist und Kleid,
Lieb, Leid, und Zeit und Ewigkeit.

So sprach der Engel zu dem Kinde
Und führt es zu der Lilie Licht,
Da kniet es nieder an der Linde
Und fand im Traum die Worte nicht.
O Stern und Blume, Geist und Kleid,
Lieb, Leid, und Zeit und Ewigkeit.

Da sprach zum Kind die reine Lilie,
Die nie vorher gesprochen hat,
Wach auf, wach auf zu mir Emilie,
Sing mit mir das Magnificat.
O Stern und Blume, Geist und Kleid,
Lieb, Leid, und Zeit und Ewigkeit.

Ob sie es sang, ich kann's nicht sagen
Sie hat mich träumend angeblickt,
Es hat ihr Herz bei mir geschlagen,
Es hat ihr Haupt mir zugenickt.
O Stern und Blume, Geist und Kleid,
Lieb, Leid, und Zeit und Ewigkeit.

Das kalte Wissen war ermattet,
Das milde Fühlen war erwacht,
Die Blumen waren überschattet
Emilie hat mich angelacht.
O Stern und Blume, Geist und Kleid,
Lieb, Leid, und Zeit und Ewigkeit.

Geh armes Lied und sag der Lieben
Es hat ein Herz zum Tode krank
Mich unter Tränen aufgeschrieben,
Und zagt, ich sei dir nicht zu Dank!
O Stern und Blume, Geist und Kleid,
Lieb, Leid, und Zeit und Ewigkeit.

[*D:* 1852]

[*Emilie:* Emilie Linder (1797–1867), aus Basel stammende Münchner Malerin, Brentanos Altersliebe, die er im Oktober 1833 kennengelernt hatte. – *Magnificat:* Lobgesang Marias; Luk. 1,46ff.]

CAROLINE VON GÜNDERODE
1780–1806

Liebe

O reiche Armut! Gebend, seliges Empfangen!
In Zagheit Mut! in Freiheit doch gefangen.
In Stummheit Sprache,
Schüchtern bei Tage,
Siegend mit zaghaftem Bangen!

Lebendiger Tod, im Einen selges Leben
Schwelgend in Not, im Widerstand ergeben,
Genießend schmachten,
Nie satt betrachten
Leben im Traum und doppelt Leben.

[*A:* 1804]

Der Kaukasus

Mir zu Häupten Wolken wandeln,
Mir zur Seite Luft verwehet,
Wellen mir den Fuß umspielen,
Türmen sich und brausen, sinken. –
Meine Schläfe Jahr' umgauklen,
Sommer, Frühling, Winter kamen,
Frühling mich nicht grün bekleidet,
Sommer hat mich nicht entzündet,
Winter nicht mein Haupt gewandelt.
Hoch mein Gipfel über Wolken,
Eingetaucht im ewgen Äther,
Freuet sich des steten Lebens.

[*E:* 1805; *D:* 1899]

Die eine Klage

Wer die tiefste aller Wunden
Hat in Geist und Sinn empfunden,
Bittrer Trennung Schmerz;
Wer geliebt, was er verloren,
Lassen muß, was er erkoren,
Das geliebte Herz,

Der versteht in Lust die Tränen
Und der Liebe ewig Sehnen,
Eins in zwei zu sein,
Eins im andern sich zu finden,
Daß der Zweiheit Grenzen schwinden
Und des Daseins Pein.

Wer so ganz in Herz und Sinnen
Konnt' ein Wesen liebgewinnen,
Oh! den tröstet's nicht,
Daß für Freuden, die verloren,
Neue werden neu geboren:
Jene sind's doch nicht.

Das geliebte süße Leben,
Dieses Nehmen und dies Geben,
Wort und Sinn und Blick,
Dieses Suchen und dies Finden,
Dieses Denken und Empfinden
Gibt kein Gott zurück.

[*E:* 1805; *D:* 1896]

JOSEPH VON EICHENDORFF
1788–1857

Das zerbrochene Ringlein

In einem kühlen Grunde
Da geht ein Mühlenrad,
Mein' Liebste ist verschwunden,
Die dort gewohnet hat.

Sie hat mir Treu versprochen,
Gab mir ein'n Ring dabei,
Sie hat die Treu gebrochen,
Mein Ringlein sprang entzwei.

Ich möcht als Spielmann reisen
Weit in die Welt hinaus
Und singen meine Weisen
Und gehn von Haus zu Haus.

Ich möcht als Reiter fliegen
Wohl in die blutge Schlacht,
Um stille Feuer liegen
Im Feld bei dunkler Nacht.

Hör ich das Mühlrad gehen:
Ich weiß nicht, was ich will –
Ich möcht am liebsten sterben,
Da wär's auf einmal still!

[*E:* um 1810; *D:* 1813]

Abschied

O Täler weit, o Höhen,
O schöner, grüner Wald,
Du meiner Lust und Wehen
Andächtger Aufenthalt!
Da draußen, stets betrogen,
Saust die geschäftge Welt,
Schlag noch einmal die Bogen
Um mich, du grünes Zelt!

Wenn es beginnt zu tagen,
Die Erde dampft und blinkt,
Die Vögel lustig schlagen,
Daß dir dein Herz erklingt:
Da mag vergehn, verwehen
Das trübe Erdenleid,
Da sollst du auferstehen
In junger Herrlichkeit!

Da steht im Wald geschrieben,
Ein stilles, ernstes Wort
Vom rechten Tun und Lieben,
Und was des Menschen Hort.
Ich habe treu gelesen
Die Worte, schlicht und wahr,
Und durch mein ganzes Wesen
Ward's unaussprechlich klar.

Bald werd ich dich verlassen,
Fremd in der Fremde gehn,
Auf buntbewegten Gassen
Des Lebens Schauspiel sehn;
Und mitten in dem Leben
Wird deines Ernsts Gewalt
Mich Einsamen erheben,
So wird mein Herz nicht alt.

[*E:* 1810; *D:* 1815]

Der Jäger Abschied

Wer hat dich, du schöner Wald,
Aufgebaut so hoch da droben?
Wohl den Meister will ich loben,
Solang noch mein Stimm erschallt.
Lebe wohl,
Lebe wohl, du schöner Wald!

Tief die Welt verworren schallt,
Oben einsam Rehe grasen,
Und wir ziehen fort und blasen,
Daß es tausendfach verhallt:
Lebe wohl,
Lebe wohl, du schöner Wald!

Banner, der so kühle wallt!
Unter deinen grünen Wogen
Hast du treu uns auferzogen,
Frommer Sagen Aufenthalt!
Lebe wohl,
Lebe wohl, du schöner Wald!

Was wir still gelobt im Wald,
Wollen's draußen ehrlich halten,
Ewig bleiben treu die Alten:
Deutsch Panier, das rauschend wallt,
Lebe wohl,
Schirm dich Gott, du schöner Wald!

[*E:* 1810; *A:* 1837]

[*Banner:* Eichendorff sagt statt „das" auch „der Banner". – *Panier:* Banner.]

Frische Fahrt

Laue Luft kommt blau geflossen,
Frühling, Frühling soll es sein!
Waldwärts Hörnerklang geschossen,
Mutger Augen lichter Schein;
Und das Wirren bunt und bunter
Wird ein magisch wilder Fluß,
In die schöne Welt hinunter
Lockt dich dieses Stromes Gruß.

Und ich mag mich nicht bewahren!
Weit von euch treibt mich der Wind,
Auf dem Strome will ich fahren,
Von dem Glanze selig blind!
Tausend Stimmen lockend schlagen,
Hoch Aurora flammend weht,
Fahre zu! Ich mag nicht fragen,
Wo die Fahrt zu Ende geht!

[*D:* 1815]

Zwielicht

Dämmrung will die Flügel spreiten,
Schaurig rühren sich die Bäume,
Wolken ziehn wie schwere Träume –
Was will dieses Graun bedeuten?

Hast ein Reh du lieb vor andern,
Laß es nicht alleine grasen,
Jäger ziehn im Wald und blasen,
Stimmen hin und wieder wandern.

Hast du einen Freund hienieden,
Trau ihm nicht zu dieser Stunde,
Freundlich wohl mit Aug und Munde,
Sinnt er Krieg im tück'schen Frieden.

Was heut müde gehet unter,
Hebt sich morgen neugeboren.
Manches bleibt in Nacht verloren –
Hüte dich, bleib wach und munter!

[*D:* 1815]

Waldgespräch

Es ist schon spät, es wird schon kalt,
Was reit'st du einsam durch den Wald?
Der Wald ist lang, du bist allein,
Du schöne Braut! Ich führ dich heim!

„Groß ist der Männer Trug und List,
Vor Schmerz mein Herz gebrochen ist,
Wohl irrt das Waldhorn her und hin,
O flieh! Du weißt nicht, wer ich bin."

So reich geschmückt ist Roß und Weib,
So wunderschön der junge Leib,
Jetzt kenn ich dich – Gott steh mir bei!
Du bist die Hexe Lorelei.

„Du kennst mich wohl – von hohem Stein
Schaut still mein Schloß tief in den Rhein.
Es ist schon spät, es wird schon kalt,
Kommst nimmermehr aus diesem Wald!"

[*D:* 1815]

Der Abend

Schweigt der Menschen laute Lust:
Rauscht die Erde wie in Träumen
Wunderbar mit allen Bäumen,
Was dem Herzen kaum bewußt,
Alte Zeiten, linde Trauer,
Und es schweifen leise Schauer
Wetterleuchtend durch die Brust.

[*D:* 1826]

Die zwei Gesellen

Es zogen zwei rüstge Gesellen
Zum erstenmal von Haus,
So jubelnd recht in die hellen,
Klingenden, singenden Wellen
Des vollen Frühlings hinaus.

Die strebten nach hohen Dingen,
Die wollten, trotz Lust und Schmerz,
Was Recht's in der Welt vollbringen,
Und wem sie vorüber gingen,
Dem lachten Sinnen und Herz. –

Der erste, der fand ein Liebchen,
Die Schwieger kauft' Hof und Haus;
Der wiegte gar bald ein Bübchen
Und sah aus heimlichem Stübchen
Behaglich ins Feld hinaus.

Dem zweiten sangen und logen
Die tausend Stimmen im Grund,
Verlockend' Sirenen, und zogen
Ihn in der buhlenden Wogen
Farbig klingenden Schlund.

Und wie er auftaucht' vom Schlunde,
Da war er müde und alt,
Sein Schifflein das lag im Grunde,
So still war's rings in die Runde,
Und über die Wasser weht's kalt.

Es singen und klingen die Wellen
Des Frühlings wohl über mir;
Und seh ich so kecke Gesellen,
Die Tränen im Auge mir schwellen –
Ach Gott, führ uns liebreich zu Dir!

[*D:* 1818]

Sehnsucht

Es schienen so golden die Sterne,
Am Fenster ich einsam stand
Und hörte aus weiter Ferne
Ein Posthorn im stillen Land.
Das Herz mir im Leib entbrennte;
Da hab ich mir heimlich gedacht:
Ach, wer da mitreisen könnte
In der prächtigen Sommernacht!

Zwei junge Gesellen gingen
Vorüber am Bergeshang,
Ich hörte im Wandern sie singen
Die stille Gegend entlang:
Von schwindelnden Felsenschlüften,
Wo die Wälder rauschen so sacht,
Von Quellen, die von den Klüften
Sich stürzen in die Waldesnacht.

Sie sangen von Marmorbildern,
Von Gärten, die überm Gestein
In dämmernden Lauben verwildern,
Palästen im Mondenschein,
Wo die Mädchen am Fenster lauschen,
Wann der Lauten Klang erwacht
Und die Brunnen verschlafen rauschen
In der prächtigen Sommernacht. –

[*D:* 1834]

Lockung

Hörst du nicht die Bäume rauschen
Draußen durch die stille Rund?
Lockt's dich nicht, hinabzulauschen
Von dem Söller in den Grund,
Wo die vielen Bäche gehen
Wunderbar im Mondenschein
Und die stillen Schlösser sehen
In den Fluß vom hohen Stein?

Kennst du noch die irren Lieder
Aus der alten, schönen Zeit?
Sie erwachen alle wieder
Nachts in Waldeseinsamkeit,
Wenn die Bäume träumend lauschen
Und der Flieder duftet schwül
Und im Fluß die Nixen rauschen –
Komm herab, hier ist's so kühl.

[*D:* 1834]

Wünschelrute

Schläft ein Lied in allen Dingen,
Die da träumen fort und fort,
Und die Welt hebt an zu singen,
Triffst du nur das Zauberwort.

[*E:* 1835; *D:* 1838]

Mondnacht

Es war, als hätt der Himmel
Die Erde still geküßt,
Daß sie im Blütenschimmer
Von ihm nun träumen müßt.

Die Luft ging durch die Felder,
Die Ähren wogten sacht,
Es rauschten leis die Wälder,
So sternklar war die Nacht.

Und meine Seele spannte
Weit ihre Flügel aus,
Flog durch die stillen Lande,
Als flöge sie nach Haus.

[*A:* 1837]

Meeresstille

Ich seh von des Schiffes Rande
Tief in die Flut hinein:
Gebirge und grüne Lande
Und Trümmer im falben Schein
Und zackige Türme im Grunde,
Wie ich's oft im Traum mir gedacht,
Wie dämmert alles da unten
Als wie eine prächtige Nacht.

Seekönig auf seiner Warte
Sitzt in der Dämmrung tief,
Als ob er mit langem Barte
Über seiner Harfe schlief;
Da kommen und gehen die Schiffe
Darüber, er merkt es kaum,
Von seinem Korallenriffe
Grüßt er sie wie im Traum.

[*A:* 1837]

Weihnachten

Markt und Straßen stehn verlassen,
Still erleuchtet jedes Haus,
Sinnend geh ich durch die Gassen,
Alles sieht so festlich aus.

An den Fenstern haben Frauen
Buntes Spielzeug fromm geschmückt,
Tausend Kindlein stehn und schauen,
Sind so wunderstill beglückt.

Und ich wandre aus den Mauern
Bis hinaus ins freie Feld,
Hehres Glänzen, heilges Schauern!
Wie so weit und still die Welt!

Sterne hoch die Kreise schlingen,
Aus des Schnees Einsamkeit
Steigt's wie wunderbares Singen –
O du gnadenreiche Zeit!

[*A:* 1837]

Der Einsiedler

Komm, Trost der Welt, du stille Nacht!
Wie steigst du von den Bergen sacht,
Die Lüfte alle schlafen,
Ein Schiffer nur noch, wandermüd,
Singt übers Meer sein Abendlied
Zu Gottes Lob im Hafen.

Die Jahre wie die Wolken gehn
Und lassen mich hier einsam stehn,
Die Welt hat mich vergessen,
Da trat'st du wunderbar zu mir,
Wenn ich beim Waldesrauschen hier
Gedankenvoll gesessen.

O Trost der Welt, du stille Nacht!
Der Tag hat mich so müd gemacht,
Das weite Meer schon dunkelt,
Laß ausruhn mich von Lust und Not,
Bis daß das ewge Morgenrot
Den stillen Wald durchfunkelt.

[*A:* 1837]

Ernst Moritz Arndt
1769–1860

Vaterlandslied

1812

Der Gott, der Eisen wachsen ließ,
Der wollte keine Knechte,
Drum gab er Säbel, Schwert und Spieß
Dem Mann in seine Rechte,
Drum gab er ihm den kühnen Mut,
Den Zorn der freien Rede,
Daß er bestände bis aufs Blut,
Bis in den Tod die Fehde.

So wollen wir, was Gott gewollt,
Mit rechter Treue halten
Und nimmer im Tyrannensold
Die Menschenschädel spalten;
Doch wer für Tand und Schande ficht,
Den hauen wir zu Scherben,
Der soll im deutschen Lande nicht
Mit deutschen Männern erben.

O Deutschland, heilges Vaterland!
O deutsche Lieb und Treue!
Du hohes Land! du schönes Land!
Dir schwören wir aufs neue:
Dem Buben und dem Knecht die Acht!
Der füttre Krähn und Raben!
So ziehn wir aus zur Hermannsschlacht
Und wollen Rache haben.

Laßt brausen, was nur brausen kann,
In hellen lichten Flammen!
Ihr Deutschen alle, Mann für Mann,
Fürs Vaterland zusammen!
Und hebt die Herzen himmelan!
Und himmelan die Hände!
Und rufet alle, Mann für Mann:
Die Knechtschaft hat ein Ende!

Laßt klingen, was nur klingen kann,
Die Trommeln und die Flöten!
Wir wollen heute Mann für Mann
Mit Blut das Eisen röten,
Mit Henkerblut, Franzosenblut –
O süßer Tag der Rache!
Das klinget allen Deutschen gut,
Das ist die große Sache.

Laßt wehen, was nur wehen kann,
Standarten wehn und Fahnen!
Wir wollen heut uns Mann für Mann
Zum Heldentode mahnen:
Auf! Fliege, stolzes Siegspanier
Voran dem kühnen Reihen!
Wir siegen oder sterben hier
Den süßen Tod der Freien.

[*A:* 1813]

[*im Tyrannensold:* im Dienst Napoleons.]

Theodor Körner
1791–1813

Das Lützowsche Freikorps

Was glänzt dort vom Walde im Sonnenschein?
Hör's näher und näher brausen,
Es zieht sich herunter in düstern Reihn,
Und gellende Hörner schmettern drein
Und erfüllen die Seele mit Grausen.
Und wenn ihr die schwarzen Gesellen fragt –
Es ist Lützows wilde verwegene Jagd!

Was streift dort rasch durch den finstern Wald?
Was jaget von Bergen zu Bergen?
Es legt sich in nächtlichen Hinterhalt,
Das Hurra! jauchzet, die Büchse knallt,
Es stürzen die fränkischen Schergen!
Und wenn ihr die schwarzen Jäger fragt –
Es ist Lützows wilde verwegene Jagd!

Wo die Reben glühn, dort brauset der Rhein,
Der Wütrich geborgen sich meinte.
Was nahet aber dort im Gewitterschein
Und stürzt sich mit kräftigem Arme hinein
Und springet ans Ufer der Feinde?
Und wenn ihr die schwarzen Schwimmer fragt –
Es ist Lützows wilde verwegene Jagd!

Was tobet im Tale die laute Schlacht?
Was schlagen die Schwerter zusammen?
Die schwarzen Kämpen, die schlagen die Schlacht,
Und der Funke der Freiheit ist glühend erwacht
Und lodert in blutigen Flammen.
Und wenn ihr die schwarzen Kämpen fragt –
Es ist Lützows wilde verwegene Jagd!

Was scheidet dort röchelnd vom Sonnenlicht,
Unter tausend Feinde gebettet?
Es zuckt der Tod auf dem Angesicht,
Doch das mutige Herz erzittert nicht,
Das Vaterland ist ja gerettet!
Und wenn ihr die schwarzen Gefallnen fragt –
Es ist Lützows wilde verwegene Jagd!

Die wilde Jagd und die deutsche Jagd
Nach Henkersblut und Tyrannen!
Drum, die ihr uns liebt, nicht geweint und geklagt,
Das Land ist ja frei, und der Morgen tagt,
Und wenn wir's auch sterbend gewannen.
Und von Enkeln zu Enkeln sei's nachgesagt:
Das war Lützows wilde verwegene Jagd!!!

[*D:* 1813]

[*Das Lützowsche Freikorps:* Adolf Freiherr von Lützow, 1782–1834, seit 1795 im preuß. Militärdienst, erhielt im Februar 1813 zu Beginn der Befreiungskriege die Erlaubnis, ein nicht-preuß. Freiwilligenkorps zu bilden, das nach seiner Montur „Schwarze Schar" genannt wurde. Besonders Studenten dienten in ihm, das im Rücken des Gegners operierte, militärisch aber ohne Bedeutung war.]

Ludwig Uhland
1787–1862

Der gute Kamerad

Ich hatt einen Kameraden
Einen bessern findst du nit.
Die Trommel schlug zum Streite,
Er ging an meiner Seite
In gleichem Schritt und Tritt.

Eine Kugel kam geflogen,
Gilt's mir oder gilt es dir?
Ihn hat es weggerissen,
Er liegt mir vor den Füßen,
Als wär's ein Stück von mir.

Will mir die Hand noch reichen,
Derweil ich eben lad.
Kann dir die Hand nicht geben,
Bleib du im ewgen Leben
Mein guter Kamerad!

[*E:* 1809; *D:* 1812]

Ruhetal

Wann im letzten Abendstrahl
Goldne Wolkenberge steigen
Und wie Alpen sich erzeigen,
Frag ich oft mit Tränen:
Liegt wohl zwischen jenen
Mein ersehntes Ruhetal?

[*D:* 1813]

Frühlingsglaube

Die linden Lüfte sind erwacht,
Sie säuseln und weben Tag und Nacht,
Sie schaffen an allen Enden.
O frischer Duft, o neuer Klang!
Nun, armes Herze, sei nicht bang!
Nun muß sich alles, alles wenden.

Die Welt wird schöner mit jedem Tag,
Man weiß nicht, was noch werden mag,
Das Blühen will nicht enden.
Es blüht das fernste, tiefste Tal:
Nun, armes Herz, vergiß der Qual!
Nun muß sich alles, alles wenden.

[*D:* 1813]

Neujahrswunsch 1817

Wer redlich hält zu seinem Volke,
Der wünsch ihm ein gesegnet Jahr!
Vor Mißwachs, Frost und Hagelwolke
Behüt uns aller Engel Schar!
Und mit dem bang ersehnten Korne,
Und mit dem lang entbehrten Wein
Bring uns dies Jahr in seinem Horne
Das alte, gute Recht herein!

Man kann in Wünschen sich vergessen,
Man wünschet leicht zum Überfluß,
Wir aber wünschen nicht vermessen,
Wir wünschen, was man wünschen *muß*.
Denn soll der Mensch im Leibe leben,
So brauchet er sein täglich Brot,
Und soll er sich zum Geist erheben,
So ist ihm seine Freiheit not.

[*A:* 1820]

[*Horne:* Füllhorn.]

Friedrich Rückert
1788–1866

Aus: Amaryllis, ein Sommer auf dem Lande

21.

Amara, bittre, was du tust, ist bitter,
Wie du die Füße rührst, die Arme lenkest,
Wie du die Augen hebst, wie du sie senkest,
Die Lippen auftust oder zu, ist's bitter.

Ein jeder Gruß ist, den du schenkest, bitter,
Bitter ein jeder Kuß, den du nicht schenkest;
Bitter ist, was du sprichst und was du denkest,
Und was du hast und was du bist, ist bitter.

Voraus kommt eine Bitterkeit gegangen,
Zwo Bitterkeiten gehn dir zu den Seiten,
Und eine folgt den Spuren deiner Füße.

O du mit Bitterkeiten rings umfangen,
Wer dächte, daß mit all den Bitterkeiten
Du doch mir bist im innern Kern so süße!

[*E:* 1812; *D:* 1825]

[*amarus, a, um:* lat. bitter.]

55.

Wann still die Nacht auf dunkeln Pfaden schreitet,
Die unterm Mantel trägt die goldnen Sterne,
Und im Gewölk gleich heimlicher Laterne
Der Mond sein wachsend Silberlicht bereitet,

Denk ich, und meines Auge Träne gleitet,
Zurück in jener Nächte schöne Ferne,
Wo er mit seinem lieberglühten Kerne
Auf meinen Liebesgängen mich geleitet.

Wozu, o Mond, mit deinem Strahlenschimmer
Hat dich ein Gott in Lüften aufgehangen,
Als daß die Lieb in deinem Licht soll wallen?

Die Liebe wallt in deinem Lichte nimmer,
Der Docht in deiner Lamp ist ausgegangen,
Und deine Scherben laß vom Himmel fallen.

[*E:* 1812; *A:* 1825]

Barbarossa

Der alte Barbarossa,
Der Kaiser Friederich,
Im unterirdschen Schlosse
Hält er verzaubert sich.

Er ist niemals gestorben,
Er lebt darin noch jetzt;
Er hat im Schloß verborgen
Zum Schlaf sich hingesetzt.

Er hat hinabgenommen
Des Reiches Herrlichkeit
Und wird einst wiederkommen
Mit ihr, zu seiner Zeit.

Der Stuhl ist elfenbeinern,
Darauf der Kaiser sitzt;
Der Tisch ist marmelsteinern
Worauf sein Haupt er stützt.

Sein Bart ist nicht von Flachse,
Er ist von Feuersglut,
Ist durch den Tisch gewachsen,
Worauf sein Kinn ausruht.

Er nickt als wie im Traume,
Sein Aug halb offen zwinkt;
Und je nach langem Raume
Er einem Knaben winkt.

Er spricht im Schlaf zum Knaben:
Geh hin vors Schloß, o Zwerg,
Und sieh, ob noch die Raben
Herfliegen um den Berg.

Und wenn die alten Raben
Noch fliegen immerdar,
So muß ich auch noch schlafen
Verzaubert hundert Jahr.

[*E:* 1814; *D:* 1817]

Aus: Geharnischte Sonette

Ihr Deutschen, von dem Flutenbett des Rheines,
Bis wo die Elbe sich ins Nordmeer gießet,
Die ihr vordem ein Volk, ein großes, hießet,
Was habt ihr denn, um noch zu heißen eines?

Was habt ihr denn noch großes Allgemeines?
Welch Band, das euch als Volk zusammenschließet?
Seit ihr den Kaiserszepter brechen ließet
Und euer Reich zerspalten, habt ihr keines.

Nur noch ein einziges Band ist euch geblieben,
Das ist die Sprache, die ihr sonst verachtet;
Jetzt müßt ihr sie als euer einziges lieben.

Sie ist noch eu'r, ihr selber seid verpachtet;
Sie haltet fest, wenn alles wird zerrieben,
Daß ihr doch klagen könnt, wie ihr verschmachtet.

[*D:* 1814]

[*Kaiserszepter:* Mit der Niederlegung der deutschen Kaiserkrone durch Kaiser Franz II. 1806 erlosch das Heilige Römische Reich Deutscher Nation.]

Grammatische Deutschheit

Neulich deutschten auf deutsch vier deutsche Deutschlinge deutschend,
Sich überdeutschend am Deutsch, welcher der deutscheste sei.
Vier deutschnamig benannt: Deutsch, Deutscherig, Deutscherling, Deutschdich;
Selbst so hatten zu deutsch sie sich die Namen gedeutscht.
Jetzt wettdeutschten sie, deutschend in grammatikalischer Deutschheit,
Deutscheren Komparativ, deutschesten Superlativ.
„Ich bin deutscher als deutsch." „Ich deutscherer." „Deutschester bin ich."
„Ich bin der Deutschereste oder der Deutschestere."
Drauf durch Komparativ und Superlativ fortdeutschend,
Deutschten sie auf bis zum – Deutschesteresteresten,
Bis sie vor komparativisch- und superlativischer Deutschung
Den Positiv von deutsch hatten vergessen zuletzt.

[*D:* 1819]

Aus: Kindertotenlieder

1.

Du bist ein Schatten am Tage
Und in der Nacht ein Licht;
Du lebst in meiner Klage
Und stirbst im Herzen nicht.

Wo ich mein Zelt aufschlage,
Da wohnst du bei mir dicht;
Du bist mein Schatten am Tage
Und in der Nacht mein Licht.

Wo ich auch nach dir frage,
Find ich von dir Bericht,
Du lebst in meiner Klage
Und stirbst im Herzen nicht.

Du bist ein Schatten am Tage
Und in der Nacht ein Licht;
Du lebst in meiner Klage
Und stirbst im Herzen nicht.

8.

Unter geht die Sonn am Abend
Und der Mond um Mitternacht,
Doch am Morgen kommt die Sonne
Und zu Nacht der Mond zurück.
Aber ihr, o meiner Tage
Sonne, meiner Nächte Mond,
Kehret mir an keinem Morgen,
Keinem Abend mir zurück.

Schwalbe wandert im September,
Im Oktober Nachtigall,
Doch die Schwalbe kehrt im Märze,
Nachtigall im Mai zurück.
Euch, die Nachtigall und Schwalbe
Dieses Hauses, dieser Flur,
Bringt zum Haus der März nicht wieder
Noch der Mai zur Flur zurück.

Mit dem Frühling starb das Veilchen
Und die Rose vor dem Herbst;
Ros und Veilchen in dem Garten
Bringt des Sommers Hauch zurück.
Sommerhauch, im Frost des Winters
In des Herzens Gartenbeet
Starb mein Veilchen, meine Rose,
Und du bringst sie nie zurück!

[*E:* 1834; *D:* 1872]

[Zwei Kinder Rückerts starben 1833 und 1834.]

Aus: Die Weisheit des Brahmanen

Du bist beglückt, wenn dir gegeben ist, zusammen
Mit vielen wirkend, dich mit ihnen zu entflammen.
Doch wenn du stehst allein, so laß dich's nicht verdrießen,
Statt Menschen mußt du nur der Menschheit dich erschließen.
Aus jeder Raumesweit, aus allen Zeitenfernen
Grüßt den der Menschheit Geist, der von ihm weiß zu lernen.
Gedanken steigen aus vermorschter Büchergruft,
Und andre schwinden in der Luft wie Blütenduft,
Noch kein gedachter je ging Denkenden verloren,
Und ungeahnet wird kein neuer auch geboren.
Drum trösten magst du dich, wenn aufging dir ein Licht,
Teilst du's auch keinem mit, der Welt entgeht es nicht.
Sie streiten, wer zuerst dies habe vorgebracht;
Der Geist der Menschheit hat's gemeinschaftlich erdacht.

[*A:* 1836]

Wilhelm Müller
1794–1827

Aus: Die Winterreise

Gute Nacht

Fremd bin ich eingezogen,
Fremd zieh ich wieder aus.
Der Mai war mir gewogen
Mit manchem Blumenstrauß.
Das Mädchen sprach von Liebe,
Die Mutter gar von Eh' –
Nun ist die Welt so trübe,
Der Weg gehüllt in Schnee.

Ich kann zu meiner Reisen
Nicht wählen mit der Zeit:
Muß selbst den Weg mir weisen
In dieser Dunkelheit.
Es zieht ein Mondenschatten
Als mein Gefährte mit,
Und auf den weißen Matten
Such ich des Wildes Tritt.

Was soll ich länger weilen,
Bis man mich trieb hinaus?
Laß irre Hunde heulen
Vor ihres Herren Haus!
Die Liebe liebt das Wandern –
Gott hat sie so gemacht –
Von einem zu dem andern –
Fein Liebchen, Gute Nacht!

Will dich im Traum nicht stören,
Wär schad um deine Ruh,
Sollst meinen Tritt nicht hören –
Sacht, sacht die Türe zu!
Ich schreibe nur im Gehen
Ans Tor noch Gute Nacht,
Damit du mögest sehen,
Ich hab an dich gedacht.

Der Lindenbaum

Am Brunnen vor dem Tore,
Da steht ein Lindenbaum;
Ich träumt in seinem Schatten
So manchen süßen Traum.

Ich schnitt in seine Rinde
So manches liebe Wort;
Es zog in Freud und Leide
Zu ihm mich immer fort.

Ich mußt auch heute wandern
Vorbei in tiefer Nacht,
Da hab ich noch im Dunkel
Die Augen zugemacht.

Und seine Zweige rauschten,
Als riefen sie mir zu:
Komm her zu mir, Geselle,
Hier findst du deine Ruh!

Die kalten Winde bliesen
Mir grad ins Angesicht,
Der Hut flog mir vom Kopfe,
Ich wendete mich nicht.

Nun bin ich manche Stunde
Entfernt von jenem Ort,
Und immer hör ich's rauschen:
Du fändest Ruhe dort!

Das Irrlicht

In die tiefsten Felsengründe
Lockte mich ein Irrlicht hin;
Wie ich einen Ausgang finde,
Liegt nicht schwer mir in dem Sinn.

Bin gewohnt das irre Gehen,
's führt ja jeder Weg zum Ziel:
Unsre Freuden, unsre Wehen,
Alles eines Irrlichts Spiel!

Durch des Bergstroms trockne Rinnen
Wind ich ruhig mich hinab –
Jeder Strom wird 's Meer gewinnen,
Jedes Leiden auch ein Grab.

[*D:* 1823]

Aus: Lieder der Griechen

Hellas und die Welt

Ohne die Freiheit, was wärest du, Hellas?
Ohne dich, Hellas, was wäre die Welt?

Kommt, ihr Völker aller Zonen,
Seht die Brüste,
Die euch säugten
Mit der reinen Milch der Weisheit! –
Sollen Barbaren sie zerfleischen?
Seht die Augen,
Die euch erleuchteten
Mit dem himmlischen Strahle der Schönheit! –
Sollen sie Barbaren blenden?

Seht die Flamme,
Die euch wärmte
Durch und durch im tiefen Busen,
Daß ihr fühltet,
Wer ihr seid,
Was ihr wollt,
Was ihr sollt,
Eurer Menschheit hohen Adel,
Eure Freiheit! –
Sollen Barbaren sie ersticken?

Kommt, ihr Völker aller Zonen,
Kommt und helfet frei sie machen,
Die euch alle frei gemacht!

Ohne die Freiheit, was wärest du, Hellas?
Ohne dich, Hellas, was wäre die Welt?

[*D:* 1824]

[*Hellas:* 1821–1829 Freiheitskampf Griechenlands gegen die Türkei; 1829 Griechenland unabhängig.]

Vineta

Aus des Meeres tiefem, tiefem Grunde
Klingen Abendglocken dumpf und matt,
Uns zu geben wunderbare Kunde
Von der schönen alten Wunderstadt.

In der Fluten Schoß hinabgesunken,
Blieben unten ihre Trümmer stehn.
Ihre Zinnen lassen goldne Funken
Widerscheinend auf dem Spiegel sehn.

Und der Schiffer, der den Zauberschimmer
Einmal sah im hellen Abendrot,
Nach derselben Stelle schifft er immer,
Ob auch rings umher die Klippe droht.

Aus des Herzens tiefem, tiefem Grunde
Klingt es mir, wie Glocken, dumpf und matt.
Ach, sie geben wunderbare Kunde
Von der Liebe, die geliebt es hat.

Eine schöne Welt ist da versunken,
Ihre Trümmer blieben unten stehn,
Lassen sich als goldne Himmelsfunken
Oft im Spiegel meiner Träume sehn.

Und dann möcht ich tauchen in die Tiefen,
Mich versenken in den Widerschein,
Und mir ist, als ob mich Engel riefen
In die alte Wunderstadt hinein.

[*D:* 1826]

Adelbert von Chamisso
1781–1838

Tragische Geschichte

's war einer, dem's zu Herzen ging,
Daß ihm der Zopf so hinten hing,
Er wollt es anders haben.

So denkt er denn: wie fang ich's an?
Ich dreh mich um, so ists getan –
Der Zopf, der hängt ihm hinten.

Da hat er flink sich umgedreht,
Und wie es stund, es annoch steht –
Der Zopf, der hängt ihm hinten.

Da dreht er schnell sich anders rum,
's wird aber noch nicht besser drum –
Der Zopf, der hängt ihm hinten.

Er dreht sich links, er dreht sich rechts,
Es tut nichts Guts, es tut nichts Schlechts –
Der Zopf, der hängt ihm hinten.

Er dreht sich wie ein Kreisel fort,
Es hilft zu nichts, in einem Wort –
Der Zopf, der hängt ihm hinten.

Und seht, er dreht sich immer noch
Und denkt: es hilft am Ende doch –
Der Zopf, der hängt ihm hinten.

[*D:* 1826]

Das Schloß Boncourt

Ich träum als Kind mich zurücke,
Und schüttle mein greises Haupt;
Wie sucht ihr mich heim, ihr Bilder,
Die lang ich vergessen geglaubt?

Hoch ragt aus schattgen Gehegen
Ein schimmerndes Schloß hervor,
Ich kenne die Türme, die Zinnen,
Die steinerne Brücke, das Tor.

Es schauen vom Wappenschilde
Die Löwen so traulich mich an,
Ich grüße die alten Bekannten
Und eile den Burghof hinan.

Dort liegt die Sphinx am Brunnen,
Dort grünt der Feigenbaum,
Dort, hinter diesen Fenstern,
Verträumt ich den ersten Traum.

Ich tret in die Burgkapelle
Und suche des Ahnherrn Grab,
Dort ists, dort hängt vom Pfeiler
Das alte Gewaffen herab.

Noch lesen umflort die Augen
Die Züge der Inschrift nicht,
Wie hell durch die bunten Scheiben
Das Licht darüber auch bricht.

So stehst du, o Schloß meiner Väter,
Mir treu und fest in dem Sinn,
Und bist von der Erde verschwunden,
Der Pflug geht über dich hin.

Sei fruchtbar, o teurer Boden,
Ich segne dich mild und gerührt,
Und segn ihn zweifach, wer immer
Den Pflug nun über dich führt.

Ich aber will auf mich raffen,
Mein Saitenspiel in der Hand,
Die Weiten der Erde durchschweifen
Und singen von Land zu Land.

[*D:* 1827]

[*Schloß Boncourt:* Geburtsstätte Chamissos in der Champagne, wurde 1793 versteigert und zum Abbruch freigegeben, als sich kein Käufer fand.]

Der Invalid im Irrenhaus

Leipzig, Leipzig! arger Boden,
  Schmach für Unbill schafftest du.
Freiheit! hieß es, vorwärts, vorwärts!
  Trankst mein rotes Blut, wozu?

Freiheit! rief ich, vorwärts, vorwärts!
  Was ein Tor nicht alles glaubt!
Und von schwerem Säbelstreiche
  Ward gespalten mir das Haupt.

Und ich lag, und abwärts wälzte
  Unheilschwanger sich die Schlacht;
Über mich und über Leichen
  Sank die kalte, finstre Nacht.

Aufgewacht zu grausen Schmerzen,
  Brennt die Wunde mehr und mehr;
Und ich liege hier gebunden,
  Grimmge Wächter um mich her.

Schrei ich wütend noch nach Freiheit,
  Nach dem bluterkauften Glück,
Peitscht der Wächter mit der Peitsche
  Mich in schnöde Ruh zurück.

[*D:* 1827]

[*Leipzig:* 16.–19.10.1813 Völkerschlacht bei Leipzig, Niederlage Napoleons. – *Freiheit!... vorwärts!:* Kampfruf des preußischen Feldmarschalls Blücher während der Befreiungskriege.]

Nikolaus Lenau
1802–1850

Schilflieder

5.

Auf dem Teich, dem regungslosen,
Weilt des Mondes holder Glanz,
Flechtend seine bleichen Rosen
In des Schilfes grünen Kranz.

Hirsche wandeln dort am Hügel,
Blicken in die Nacht empor;
Manchmal regt sich das Geflügel
Träumerisch im tiefen Rohr.

Weinend muß mein Blick sich senken;
Durch die tiefste Seele geht
Mir ein süßes Deingedenken
Wie ein stilles Nachtgebet.

[*A:* 1832]

Liebesfeier

An ihren bunten Liedern klettert
Die Lerche selig in die Luft;
Ein Jubelchor von Sängern schmettert
Im Walde, voller Blüt und Duft.

Da sind, so weit die Blicke gleiten,
Altäre festlich aufgebaut,
Und all die tausend Herzen läuten
Zur Liebesfeier dringend laut.

Der Lenz hat Rosen angezündet
An Leuchtern von Smaragd im Dom;
Und jede Seele schwillt und mündet
Hinüber in den Opferstrom.

[*A:* 1832]

Bitte

Weil auf mir, du dunkles Auge,
Übe deine ganze Macht,
Ernste, milde, träumerische,
Unergründlich süße Nacht!

Nimm mit deinem Zauberdunkel
Diese Welt von hinnen mir,
Daß du über meinem Leben
Einsam schwebest für und für.

[*A:* 1832]

Der Postillon

Lieblich war die Maiennacht,
Silberwölklein flogen,
Ob der holden Frühlingspracht
Freudig hingezogen.

Schlummernd lagen Wies und Hain,
Jeder Pfad verlassen;
Niemand als der Mondenschein
Wachte auf der Straßen.

Leise nur das Lüftchen sprach,
Und es zog gelinder
Durch das stille Schlafgemach
All der Frühlingskinder.

Heimlich nur das Bächlein schlich,
Denn der Blüten Träume
Dufteten gar wonniglich
Durch die stillen Räume.

Rauher war mein Postillon,
Ließ die Geißel knallen,
Über Berg und Tal davon
Frisch sein Horn erschallen.

Und von flinken Rossen vier
Scholl der Hufe Schlagen,
Die durchs blühende Revier
Trabten mit Behagen.

Wald und Flur im schnellen Zug
Kaum gegrüßt – gemieden;
Und vorbei, wie Traumesflug,
Schwand der Dörfer Frieden.

Mitten in dem Maienglück
Lag ein Kirchhof innen,
Der den raschen Wanderblick
Hielt zu ernstem Sinnen.

Hingelehnt an Bergesrand
War die bleiche Mauer,
Und das Kreuzbild Gottes stand
Hoch, in stummer Trauer.

Schwager ritt auf seiner Bahn
Stiller jetzt und trüber;
Und die Rosse hielt er an,
Sah zum Kreuz hinüber:

„Halten muß hier Roß und Rad,
Mag's euch nicht gefährden:
Drüben liegt mein Kamerad
In der kühlen Erden!

Ein gar herzlieber Gesell!
Herr, 's ist ewig schade!
Keiner blies das Horn so hell
Wie mein Kamerade!

Hier ich immer halten muß,
Dem dort unterm Rasen
Zum getreuen Brudergruß
Sein Leiblied zu blasen!"

Und dem Kirchhof sandt er zu
Frohe Wandersänge,
Daß es in die Grabesruh
Seinem Bruder dränge.

Und des Hornes heller Ton
Klang vom Berge wieder,
Ob der tote Postillon
Stimmt' in seine Lieder. –

Weiter ging's durch Feld und Hag
Mit verhängtem Zügel;
Lang mir noch im Ohre lag
Jener Klang vom Hügel.

[*A:* 1834]

[*Schwager:* Postillon. – *Ob:* als ob.]

Abschied

Lied eines Auswandernden

Sei mir zum letztenmal gegrüßt,
Mein Vaterland, das, feige dumm,
Die Ferse dem Despoten küßt
Und seinem Wink gehorchet stumm.

Wohl schlief das Kind in deinem Arm;
Du gabst, was Knaben freuen kann;
Der Jüngling fand ein Liebchen warm;
Doch keine Freiheit fand der Mann.

Im Hochland streckt der Jäger sich
Zu Boden schnell, wenn Wildesschar
Heran sich stürzet fürchterlich;
Dann schnaubt vorüber die Gefahr:

Mein Vaterland, so sinkst du hin,
Rauscht deines Herrschers Tritt heran,
Und lässest ihn vorüberziehn
Und hältst den bangen Atem an. –

Fleug, Schiff, wie Wolken durch die Luft,
Hin, wo die Götterflamme brennt!
Meer, spüle mir hinweg die Kluft,
Die von der Freiheit noch mich trennt!

Du neue Welt, du freie Welt,
An deren blütenreichem Strand
Die Flut der Tyrannei zerschellt,
Ich grüße dich, mein Vaterland!

[*A:* 1832; Untertitel dort: „Lied eines auswandernden Portugiesen".]

[*Despot:* Don Miguel (1802–1866) regierte 1828–1834 in absolutistischer Manier, die viele Portugiesen zur Auswanderung veranlaßte.]

Die drei Zigeuner

Drei Zigeuner fand ich einmal
Liegen an einer Weide,
Als mein Fuhrwerk mit müder Qual
Schlich durch sandige Heide.

Hielt der eine für sich allein
In den Händen die Fiedel,
Spielte, umglüht vom Abendschein,
Sich ein feuriges Liedel.

Hielt der zweite die Pfeif im Mund,
Blickte nach seinem Rauche,
Froh, als ob er vom Erdenrund
Nichts zum Glücke mehr brauche.

Und der dritte behaglich schlief,
Und sein Zimbal am Baum hing,
Über die Saiten der Windhauch lief,
Über sein Herz ein Traum ging.

An den Kleidern trugen die drei
Löcher und bunte Flicken,
Aber sie boten trotzig frei
Spott den Erdengeschicken.

Dreifach haben sie mir gezeigt,
Wenn das Leben uns nachtet,
Wie man's verraucht, verschläft, vergeigt
Und es dreimal verachtet.

Nach den Zigeunern lang noch schaun
Mußt ich im Weiterfahren,
Nach den Gesichtern dunkelbraun,
Den schwarzlockigen Haaren.

[*A:* 1838]

Einsamkeit

I.

Hast du schon je dich ganz allein gefunden,
Lieblos und ohne Gott auf einer Heide,
Die Wunden schnöden Mißgeschicks verbunden
Mit stolzer Stille, zornig dumpfem Leide?

War jede frohe Hoffnung dir entschwunden,
Wie einem Jäger an der Bergesscheide
Stirbt das Gebell von den verlornen Hunden,
Wie's Vöglein zieht, daß es den Winter meide?

Warst du auf einer Heide *so* allein,
So weißt du auch, wie's einen dann bezwingt,
Daß er umarmend stürzt an einen Stein,

Daß er, von seiner Einsamkeit erschreckt,
Entsetzt empor vom starren Felsen springt
Und bang dem Winde nach die Arme streckt.

II.

Der Wind ist fremd, du kannst ihn nicht umfassen,
Der Stein ist tot, du wirst beim kalten, derben
Umsonst um eine Trosteskunde werben,
So fühlst du auch bei Rosen dich verlassen;

Bald siehst du sie, dein ungewahr, erblassen,
Beschäftigt nur mit ihrem eignen Sterben.
Geh weiter: Überall grüßt dich Verderben
In der Geschöpfe langen, dunklen Gassen.

Siehst hier und dort sie aus den Hütten schauen,
Dann schlagen sie vor dir die Fenster zu,
Die Hütten stürzen, und du fühlst ein Grauen.

Lieblos und ohne Gott! Der Weg ist schaurig,
Der Zugwind in den Gassen kalt; und du? –
Die ganze Welt ist zum Verzweifeln traurig.

[*A:* 1840]

EDUARD MÖRIKE
1804–1875

Der Feuerreiter

Sehet ihr am Fensterlein
Dort die rote Mütze wieder?
Nicht geheuer muß es sein,
Denn er geht schon auf und nieder.
Und auf einmal welch Gewühle
Bei der Brücke, nach dem Feld!
Horch! das Feuerglöcklein gellt:
    Hinterm Berg,
    Hinterm Berg
Brennt es in der Mühle!

Schaut! da sprengt er wütend schier
Durch das Tor, der Feuerreiter,
Auf dem rippendürren Tier,
Als auf einer Feuerleiter!
Querfeldein! Durch Qualm und Schwüle
Rennt er schon, und ist am Ort!
Drüben schallt es fort und fort:
    Hinterm Berg,
    Hinterm Berg
Brennt es in der Mühle!

Der so oft den roten Hahn
Meilenweit von fern gerochen,
Mit des heilgen Kreuzes Span
Freventlich die Glut besprochen –
Weh! dir grinst vom Dachgestühle
Dort der Feind im Höllenschein.
Gnade Gott der Seele dein!
    Hinterm Berg,
    Hinterm Berg
Rast er in der Mühle!

Keine Stunde hielt es an,
Bis die Mühle borst in Trümmer;
Doch den kecken Reitersmann
Sah man von der Stunde nimmer.
Volk und Wagen im Gewühle
Kehren heim von all dem Graus;
Auch das Glöcklein klinget aus:
    Hinterm Berg,
    Hinterm Berg
Brennt's! –

Nach der Zeit ein Müller fand
Ein Gerippe samt der Mützen
Aufrecht an der Kellerwand
Auf der beinern Mähre sitzen:
Feuerreiter, wie so kühle
Reitest du in deinem Grab!
Husch! da fällt's in Asche ab.
    Ruhe wohl,
    Ruhe wohl
Drunten in der Mühle!

[*E:* 1824; *D:* 1832]

An einem Wintermorgen, vor Sonnenaufgang

O flaumenleichte Zeit der dunkeln Frühe!
Welch neue Welt bewegest du in mir?
Was ist's, daß ich auf einmal nun in dir
Von sanfter Wollust meines Daseins glühe?

Einem Kristall gleicht meine Seele nun,
Den noch kein falscher Strahl des Lichts getroffen;
Zu fluten scheint mein Geist, er scheint zu ruhn,
Dem Eindruck naher Wunderkräfte offen,
Die aus dem klaren Gürtel blauer Luft
Zuletzt ein Zauberwort vor meine Sinne ruft.

Bei hellen Augen glaub ich doch zu schwanken;
Ich schließe sie, daß nicht der Traum entweiche.
Seh ich hinab in lichte Feenreiche?
Wer hat den bunten Schwarm von Bildern und Gedanken
Zur Pforte meines Herzens hergeladen,
Die glänzend sich in diesem Busen baden,
Goldfarbgen Fischlein gleich im Gartenteiche?

Ich höre bald der Hirtenflöten Klänge,
Wie um die Krippe jener Wundernacht,
Bald weinbekränzter Jugend Lustgesänge;
Wer hat das friedenselige Gedränge
In meine traurigen Wände hergebracht?

Und welch Gefühl entzückter Stärke,
Indem mein Sinn sich frisch zur Ferne lenkt!
Vom ersten Mark des heutgen Tags getränkt,
Fühl ich mir Mut zu jedem frommen Werke.
Die Seele fliegt, so weit der Himmel reicht,
Der Genius jauchzt in mir! Doch sage,
Warum wird jetzt der Blick von Wehmut feucht?
Ist's ein verloren Glück, was mich erweicht?
Ist es ein werdendes, was ich im Herzen trage?
–Hinweg, mein Geist! hier gilt kein Stillestehn:
Es ist ein Augenblick, und alles wird verwehn!

Dort, sieh, am Horizont lüpft sich der Vorhang schon!
Es träumt der Tag, nun sei die Nacht entflohn;
Die Purpurlippe, die geschlossen lag,
Haucht, halbgeöffnet, süße Atemzüge:
Auf einmal blitzt das Aug, und, wie ein Gott, der Tag
Beginnt im Sprung die königlichen Flüge!

[*E:* 1825; *D:* 1834]

Aus: Peregrina

III

Ein Irrsal kam in die Mondscheingärten
Einer einst heiligen Liebe.
Schaudernd entdeckt ich verjährten Betrug.
Und mit weinendem Blick, doch grausam,
Hieß ich das schlanke,
Zauberhafte Mädchen
Ferne gehen von mir.
Ach, ihre hohe Stirn,
War gesenkt, denn sie liebte mich;
Aber sie zog mit Schweigen
Fort in die graue
Welt hinaus.

Krank seitdem,
Wund ist und wehe mein Herz.
Nimmer wird es genesen!

Als ginge, luftgesponnen, ein Zauberfaden
Von ihr zu mir, ein ängstig Band,
So zieht es, zieht mich schmachtend ihr nach!
– Wie? wenn ich eines Tags auf meiner Schwelle
Sie sitzen fände, wie einst, im Morgen-Zwielicht,
Das Wanderbündel neben ihr,
Und ihr Auge, treuherzig zu mir aufschauend,
Sagte, da bin ich wieder
Hergekommen aus weiter Welt!

[*E:* 1824; *D:* 1832]

[*Peregrina:* die Fremde.]

V

Die Liebe, sagt man, steht am Pfahl gebunden,
Geht endlich arm, zerrüttet, unbeschuht;
Dies edle Haupt hat nicht mehr, wo es ruht,
Mit Tränen netzet sie der Füße Wunden.

Ach, Peregrinen hab ich so gefunden!
Schön war ihr Wahnsinn, ihrer Wange Glut,
Noch scherzend in der Frühlingsstürme Wut,
Und wilde Kränze in das Haar gewunden.

War's möglich, solche Schönheit zu verlassen?
– So kehrt nur reizender das alte Glück!
O komm, in diese Arme dich zu fassen!

Doch weh! o weh! was soll mir dieser Blick?
Sie küßt mich zwischen Lieben noch und Hassen,
Sie kehrt sich ab, und kehrt mir nie zurück.

[*D:* 1829]

Gesang zu zweien in der Nacht

Sie:
Wie süß der Nachtwind nun die Wiese streift,
Und klingend jetzt den jungen Hain durchläuft!
Da noch der freche Tag verstummt,
Hört man der Erdenkräfte flüsterndes Gedränge,
Das aufwärts in die zärtlichen Gesänge
Der reingestimmten Lüfte summt.

Er:
Vernehm ich doch die wunderbarsten Stimmen,
Vom lauen Wind wollüstig hingeschleift,
Indes, mit ungewissem Licht gestreift,
Der Himmel selber scheinet hinzuschwimmen.

Sie:
Wie ein Gewebe zuckt die Luft manchmal,
Durchsichtiger und heller aufzuwehen;
Dazwischen hört man weiche Töne gehen
Von sel'gen Feen, die im blauen Saal
Zum Sphärenklang,
Und fleißig mit Gesang,
Silberne Spindeln hin und wider drehen.

Er:
O holde Nacht, du gehst mit leisem Tritt
Auf schwarzem Samt, der nur am Tage grünet,
Und luftig schwirrender Musik bedienet
Sich nun dein Fuß zum leichten Schritt,
Womit du Stund um Stunde missest,
Dich lieblich in dir selbst vergissest –
Du schwärmst, es schwärmt der Schöpfung Seele mit!

[*E:* 1825; *D:* 1832]

In der Frühe

Kein Schlaf noch kühlt das Auge mir,
Dort gehet schon der Tag herfür
An meinem Kammerfenster.
Es wühlet mein verstörter Sinn
Noch zwischen Zweifeln her und hin
Und schaffet Nachtgespenster.
– Ängste, quäle
Dich nicht länger, meine Seele!
Freu dich! schon sind da und dorten
Morgenglocken wach geworden.

[*D:* 1828]

Septembermorgen

Im Nebel ruhet noch die Welt,
Noch träumen Wald und Wiesen:
Bald siehst du, wenn der Schleier fällt,
Den blauen Himmel unverstellt,
Herbstkräftig die gedämpfte Welt
In warmem Golde fließen.

[*D:* 1828]

Um Mitternacht

Gelassen stieg die Nacht ans Land,
Lehnt träumend an der Berge Wand,
Ihr Auge sieht die goldne Waage nun
Der Zeit in gleichen Schalen stille ruhn;
  Und kecker rauschen die Quellen hervor,
  Sie singen der Mutter, der Nacht, ins Ohr
    Vom Tage,
  Vom heute gewesenen Tage.

Das uralt alte Schlummerlied,
Sie achtet's nicht, sie ist es müd;
Ihr klingt des Himmels Bläue süßer noch,
Der flüchtgen Stunden gleichgeschwungnes Joch.
  Doch immer behalten die Quellen das Wort,
  Es singen die Wasser im Schlafe noch fort
    Vom Tage,
  Vom heute gewesenen Tage.

[*D:* 1828]

Er ist's

Frühling läßt sein blaues Band
Wieder flattern durch die Lüfte;
Süße, wohlbekannte Düfte
Streifen ahnungsvoll das Land.
Veilchen träumen schon,
Wollen balde kommen.
– Horch, von fern ein leiser Harfenton!
Frühling, ja du bist's!
Dich hab ich vernommen!

[*E:* 1829; *D:* 1832]

Das verlassene Mägdlein

Früh, wann die Hähne krähn,
Eh die Sternlein verschwinden,
Muß ich am Herde stehn,
Muß Feuer zünden.

Schön ist der Flammen Schein,
Es springen die Funken;
Ich schaue so drein,
In Leid versunken.

Plötzlich, da kommt es mir,
Treuloser Knabe,
Daß ich die Nacht von dir
Geträumet habe.

Träne auf Träne dann
Stürzet hernieder;
So kommt der Tag heran –
O ging' er wieder!

[*E:* 1829; *D:* 1832]

Im Frühling

Hier lieg ich auf dem Frühlingshügel:
Die Wolke wird mein Flügel,
Ein Vogel fliegt mir voraus.
Ach, sag mir, all-einzige Liebe,
Wo du bleibst, daß ich bei dir bliebe!
Doch du und die Lüfte, ihr habt kein Haus.

Der Sonnenblume gleich steht mein Gemüte offen,
Sehnend,
Sich dehnend
In Lieben und Hoffen.
Frühling, was bist du gewillt?
Wann werd ich gestillt?

Die Wolke seh ich wandeln und den Fluß,
Es dringt der Sonne goldner Kuß
Mir tief bis ins Geblüt hinein;
Die Augen, wunderbar berauschet,
Tun, als schliefen sie ein,
Nur noch das Ohr dem Ton der Biene lauschet.

Ich denke dies und denke das,
Ich sehne mich, und weiß nicht recht, nach was:
Halb ist es Lust, halb ist es Klage;
Mein Herz, o sage,
Was webst du für Erinnerung
In golden grüner Zweige Dämmerung?
– Alte unnennbare Tage!

[*E:* 1828; *D:* 1832]

Die Geister am Mummelsee

Vom Berge was kommt dort um Mitternacht spät
Mit Fackeln so prächtig herunter?
Ob das wohl zum Tanze, zum Feste noch geht?
Mir klingen die Lieder so munter.
O nein!
So sage, was mag es wohl sein?

Das, was du da siehest, ist Totengeleit,
Und was du da hörest, sind Klagen.
Dem König, dem Zauberer, gilt es zu Leid,
Sie bringen ihn wieder getragen.
O weh!
So sind es die Geister vom See!

Sie schweben herunter ins Mummelseetal –
Sie haben den See schon betreten –
Sie rühren und netzen den Fuß nicht einmal –
Sie schwirren in leisen Gebeten –
O schau,
Am Sarge die glänzende Frau!

Jetzt öffnet der See das grünspiegelnde Tor;
Gib acht, nun tauchen sie nieder!
Es schwankt eine lebende Treppe hervor,
Und – drunten schon summen die Lieder.
Hörst du?
Sie singen ihn unten zur Ruh.

Die Wasser, wie lieblich sie brennen und glühn!
Sie spielen in grünendem Feuer;
Es geisten die Nebel am Ufer dahin,
Zum Meere verzieht sich der Weiher –
Nur still!
Ob dort sich nichts rühren will?

Es zuckt in der Mitten – o Himmel! ach hilf!
Nun kommen sie wieder, sie kommen!
Es orgelt im Rohr und es klirret im Schilf;
Nur hurtig, die Flucht nur genommen!
Davon!
Sie wittern, sie haschen mich schon!

[*D:* 1829]

[*Mummelsee:* sagenumwobener See im Schwarzwald. – *spielen:* funkeln, glänzen.]

Gebet

Herr! schicke was du willt,
Ein Liebes oder Leides;
Ich bin vergnügt, daß beides
Aus Deinen Händen quillt.

Wollest mit Freuden
Und wollest mit Leiden
Mich nicht überschütten!
Doch in der Mitten
Liegt holdes Bescheiden.

[*D:* 1. Str. 1847; 2. Str. 1832;
A: 1848]

Verborgenheit

Laß, o Welt, o laß mich sein!
Locket nicht mit Liebesgaben,
Laßt dies Herz allein haben
Seine Wonne, seine Pein!

Was ich traure weiß ich nicht,
Es ist unbekanntes Wehe;
Immerdar durch Tränen sehe
Ich der Sonne liebes Licht.

Oft bin ich mir kaum bewußt,
Und die helle Freude zücket
Durch die Schwere, so mich drücket
Wonniglich in meiner Brust.

Laß, o Welt, o laß mich sein!
Locket nicht mit Liebesgaben,
Laßt dies Herz alleine haben
Seine Wonne, seine Pein!

[*E:* 1832; *A:* 1838]

An eine Äolsharfe

Tu semper urges flebilibus modis
Mysten ademptum: nec tibi Vespero
Surgente decedunt amores,
Nec rapidum fugiente Solem.
Hor.

Angelehnt an die Efeuwand
Dieser alten Terrasse,
Du, einer luftgebornen Muse
Geheimnisvolles Saitenspiel,
Fang an,
Fange wieder an
Deine melodische Klage!

Ihr kommet, Winde, fern herüber,
Ach, von des Knaben,
Der mir so lieb war,
Frisch grünendem Hügel.
Und Frühlingsblüten unterweges streifend,
Übersättigt mit Wohlgerüchen,
Wie süß bedrängt ihr dies Herz!
Und säuselt her in die Saiten,
Angezogen von wohllautender Wehmut,
Wachsend im Zug meiner Sehnsucht,
Und hinsterbend wieder.

Aber auf einmal,
Wie der Wind heftiger herstößt,
Ein holder Schrei der Harfe
Wiederholt, mir zu süßem Erschrecken,
Meiner Seele plötzliche Regung;
Und hier – die volle Rose streut, geschüttelt,
All ihre Blätter vor meine Füße!

[*A:* 1838]

[*Äolsharfe:* Windharfe. – Motto: Horaz, Ode II 9: Du traurest endlos durch Melodien des Grams/Um Mystes Abschied; weder wenn Hesperus/Aufsteiget, räumt dein Herz die Sehnsucht,/Noch wenn der Sonne Gewalt er fliehet (J. H. Voß). – *des Knaben:* Mörikes Lieblingsbruder August, der 1824 starb.]

Jägerlied

Zierlich ist des Vogels Tritt im Schnee,
Wenn er wandelt auf des Berges Höh:
Zierlicher schreibt Liebchens liebe Hand,
Schreibt ein Brieflein mir in ferne Land'.

In die Lüfte hoch ein Reiher steigt,
Dahin weder Pfeil noch Kugel fleugt:
Tausendmal so hoch und so geschwind
Die Gedanken treuer Liebe sind.

[*A:* 1838]

Gesang Weylas

Du bist Orplid, mein Land!
Das ferne leuchtet;
Vom Meere dampfet dein besonnter Strand
Den Nebel, so der Götter Wange feuchtet.

Uralte Wasser steigen
Verjüngt um deine Hüften, Kind!
Vor deiner Gottheit beugen
Sich Könige, die deine Wärter sind.

[*E:* wohl vor 1832; *A:* 1838]

[*Weyla:* in Mörikes Roman „Maler Nolten" Göttin von Orplid, einer vom Dichter und seinen Freunden erfundenen Wunsch- und Märcheninsel.]

Auf eine Lampe

Noch unverrückt, o schöne Lampe, schmückest du,
An leichten Ketten zierlich aufgehangen hier,
Die Decke des nun fast vergeßnen Lustgemachs.
Auf deiner weißen Marmorschale, deren Rand
Der Efeukranz von goldengrünem Erz umflicht,
Schlingt fröhlich eine Kinderschar den Ringelreihn.
Wie reizend alles! lachend, und ein sanfter Geist
Des Ernstes doch ergossen um die ganze Form –
Ein Kunstgebild der echten Art. Wer achtet sein?
Was aber schön ist, selig scheint es in ihm selbst.

[*D:* 1846]

Die schöne Buche

Ganz verborgen im Wald kenn ich ein Plätzchen, da stehet
  Eine Buche, man sieht schöner im Bilde sie nicht.
Rein und glatt, in gediegenem Wuchs erhebt sie sich einzeln,
  Keiner der Nachbarn rührt ihr an den seidenen Schmuck.
Rings, so weit sein Gezweig der stattliche Baum ausbreitet,
  Grünet der Rasen, das Aug still zu erquicken, umher;
Gleich nach allen Seiten umzirkt er den Stamm in der Mitte;
  Kunstlos schuf die Natur selber dies liebliche Rund.
Zartes Gebüsch umkränzet es erst; hochstämmige Bäume,
  Folgend in dichtem Gedräng, wehren dem himmlischen Blau.
Neben der dunkleren Fülle des Eichbaums wieget die Birke
  Ihr jungfräuliches Haupt schüchtern im goldenen Licht.
Nur wo, verdeckt vom Felsen, der Fußsteig jäh sich hinabschlingt,
  Lässet die Hellung mich ahnen das offene Feld.
– Als ich unlängst einsam, von neuen Gestalten des Sommers
  Ab dem Pfade gelockt, dort im Gebüsch mich verlor,
Führt' ein freundlicher Geist, des Hains auflauschende Gottheit,
  Hier mich zum erstenmal, plötzlich, den Staunenden, ein.
Welch Entzücken! Es war um die hohe Stunde des Mittags,
  Lautlos alles, es schwieg selber der Vogel im Laub.
Und ich zauderte noch, auf den zierlichen Teppich zu treten;
  Festlich empfing er den Fuß, leise beschritt ich ihn nur.
Jetzo, gelehnt an den Stamm (er trägt sein breites Gewölbe
  Nicht zu hoch), ließ ich rundum die Augen ergehn,
Wo den beschatteten Kreis die feurig strahlende Sonne,
  Fast gleich messend umher, säumte mit blendendem Rand.
Aber ich stand und rührte mich nicht; dämonischer Stille,
  Unergründlicher Ruh lauschte mein innerer Sinn.
Eingeschlossen mit dir in diesem sonnigen Zauber-
  Gürtel, o Einsamkeit, fühlt ich und dachte nur dich!

[*D:* 1847]

Denk es, o Seele!

Ein Tännlein grünet wo,
Wer weiß, im Walde,
Ein Rosenstrauch, wer sagt,
In welchem Garten?
Sie sind erlesen schon,
Denk es, o Seele,
Auf deinem Grab zu wurzeln
Und zu wachsen.

Zwei schwarze Rößlein weiden
Auf der Wiese,
Sie kehren heim zur Stadt
In muntern Sprüngen.
Sie werden schrittweis gehn
Mit deiner Leiche;
Vielleicht, vielleicht noch eh
An ihren Hufen
Das Eisen los wird,
Das ich blitzen sehe!

[*D:* 1852]

August von Platen
1796–1835

Aus: Venedig

V

Venedig liegt nur noch im Land der Träume
Und wirft nur Schatten her aus alten Tagen,
Es liegt der Leu der Republik erschlagen,
Und öde feiern seines Kerkers Räume.

Die ehrnen Hengste, die, durch salz'ge Schäume
Dahergeschleppt, auf jener Kirche ragen,
Nicht mehr dieselben sind sie, ach! sie tragen
Des korsikanschen Überwinders Zäume.

Wo ist das Volk von Königen geblieben,
Das diese Marmorhäuser durfte bauen,
Die nun verfallen und gemach zerstieben!

Nur selten finden auf des Enkels Brauen
Der Ahnen große Züge sich geschrieben,
An Dogengräbern in den Stein gehauen.

XIV

Wenn tiefe Schwermut meine Seele wieget,
Mag's um die Buden am Rialto flittern:
Um nicht den Geist im Tande zu zersplittern,
Such ich die Stille, die den Tag besieget.

Dann blick ich oft, an Brücken angeschmieget,
In öde Wellen, die nur leise zittern,
Wo über Mauern, welche halb verwittern,
Ein wilder Lorbeerbusch die Zweige bieget.

Und wann ich, stehend auf versteinten Pfählen,
Den Blick hinaus ins dunkle Meer verliere,
Dem fürder keine Dogen sich vermählen:

Dann stört mich kaum im schweigenden Reviere,
Herschallend aus entlegenen Kanälen,
Von Zeit zu Zeit ein Ruf der Gondoliere.*

[*D:* 1825]

*Die Gondoliere in Venedig bedienen sich, wenn sie um die Ecke biegen, eines herkömmlichen Rufs, um das Aneinanderstoßen zweier Gondeln zu verhindern.

[*Leu:* Venedig nannte sich die Republik von San Marco, weil dort angeblich die Gebeine des Evangelisten Markus aufbewahrt sind. Dessen Symbol, der Löwe, war das Staatswappen. – *Die ehrnen Hengste:* die vier antiken Rosse, auf der großen Terrasse der Kirchenfront von San Marco, 1204 nach der Eroberung Konstantinopels als Kriegsbeute nach Venedig gebracht. – *Des korsikanschen Überwinders:* 1797 Besetzung Venedigs durch den Korsen Napoleon; Ende der Republik.]

Tristan

Wer die Schönheit angeschaut mit Augen,
Ist dem Tode schon anheimgegeben,
Wird für keinen Dienst auf Erden taugen,
Und doch wird er vor dem Tode beben,
Wer die Schönheit angeschaut mit Augen!

Ewig währt für ihn der Schmerz der Liebe,
Denn ein Tor nur kann auf Erden hoffen
Zu genügen einem solchen Triebe:
Wen der Pfeil des Schönen je getroffen,
Ewig währt für ihn der Schmerz der Liebe!

Ach, er möchte wie ein Quell versiechen,
Jedem Hauch der Luft ein Gift entsaugen
Und den Tod aus jeder Blume riechen:
Wer die Schönheit angeschaut mit Augen,
Ach, er möchte wie ein Quell versiechen!

[*D:* 1825]

Wer wußte je das Leben recht zu fassen,
Wer hat die Hälfte nicht davon verloren
Im Traum, im Fieber, im Gespräch mit Toren,
In Liebesqual, im leeren Zeitverprassen?

Ja, der sogar, der, ruhig und gelassen,
Mit dem Bewußtsein, was er soll, geboren,
Frühzeitig einen Lebensgang erkoren,
Muß vor des Lebens Widerspruch erblassen.

Denn jeder hofft doch, daß das Glück ihm lache,
Allein das Glück, wenn's wirklich kommt, ertragen,
Ist keines Menschen, wäre Gottes Sache.

Auch kommt es nie, wir wünschen bloß und wagen:
Dem Schläfer fällt es nimmermehr vom Dache,
Und auch der Läufer wird es nicht erjagen.

[*D:* 1828]

Es sehnt sich ewig dieser Geist ins Weite
Und möchte fürder, immer fürder streben:
Nie könnt ich lang an einer Scholle kleben,
Und hätt ein Eden ich an jeder Seite.

Mein Geist, bewegt von innerlichem Streite,
Empfand so sehr in diesem kurzen Leben,
Wie leicht es ist, die Heimat aufzugeben,
Allein wie schwer zu finden eine zweite.

Doch wer aus voller Seele haßt das Schlechte,
Auch aus der Heimat wird es ihn verjagen,
Wenn dort verehrt es wird vom Volk der Knechte.

Weit klüger ist's, dem Vaterland entsagen,
Als unter einem kindischen Geschlechte
Das Joch des blinden Pöbelhasses tragen.

[*E:* 1826; *D:* 1834]

[*dem Vaterland entsagen:* Platen verließ Deutschland 1826 und lebte bis zu seinem Tod meist in Italien.]

Aus: Polenlieder

Vermächtnis der sterbenden Polen an die Deutschen

Wir gehn zu Grab, erschöpft und laß
Nach manchem kühnen Strauß
Und atmen unsern Russenhaß
In eure Seelen aus.

Ihr mögt erwerben unsern Mut
Und erben unser Schwert,
Das, triefend von Barbarenblut,
Barbarenblut begehrt.

Es zwang uns Übermacht ins Joch,
So treu wir uns verschanzt;
Doch weht die weiße Fahne noch,
Auf unser Grab gepflanzt!

Ergreift sie einst und liebevoll
Gedenkt an unsre Pein:
Der ungeheure Frevel soll
Mit Blut gerochen sein!

Wir neiden unsern Sieger nicht,
Ihn trifft der Zeiten Fluch:
Von ihm und seinem Alba spricht
Das allerspätste Buch.

Stets waltet glücklich ein Tyrann,
Das ist der Menschheit Los.
Was bleibt dem unterdrückten Mann?
Ein Grab im Erdenschoß.

Doch ihr, gewarnt durch unsre Qual,
Sei's morgen oder heut,
O, seid nur noch ein einzig Mal
Das alte Volk des Teut!

[*D:* 1839]

[*Polen:* 1830 Aufstand in Polen von Rußland niedergeworfen.]

Heinrich Heine
1797–1856

Belsatzar

Die Mitternacht zog näher schon;
In stummer Ruh lag Babylon.

Nur oben in des Königs Schloß,
Da flackerts, da lärmt des Königs Troß.

Dort oben in dem Königssaal
Belsatzar hielt sein Königsmahl.

Die Knechte saßen in schimmernden Reihn,
Und leerten die Becher mit funkelndem Wein.

Es klirrten die Becher, es jauchzten die Knecht;
So klang es dem störrigen Könige recht.

Des Königs Wangen leuchten Glut;
Im Wein erwuchs ihm kecker Mut.

Und blindlings reißt der Mut ihn fort;
Und er lästert die Gottheit mit sündigem Wort.

Und er brüstet sich frech, und lästert wild;
Die Knechtenschar ihm Beifall brüllt.

Der König rief mit stolzem Blick;
Der Diener eilt und kehrt zurück.

Er trug viel gülden Gerät auf dem Haupt;
Das war aus dem Tempel Jehovahs geraubt.

Und der König ergriff mit frevler Hand
Einen heiligen Becher, gefüllt bis am Rand.

Und er leert ihn hastig bis auf den Grund,
Und rufet laut mit schäumendem Mund:

Jehovah! dir künd ich auf ewig Hohn –
Ich bin der König von Babylon!

Doch kaum das grause Wort verklang,
Dem König wards heimlich im Busen bang.

Das gellende Lachen verstummte zumal;
Es wurde leichenstill im Saal.

Und sieh! und sieh! an weißer Wand
Da kams hervor wie Menschenhand;

Und schrieb, und schrieb an weißer Wand
Buchstaben von Feuer, und schrieb und schwand.

Der König stieren Blicks da saß,
Mit schlotternden Knien und totenblaß.

Die Knechtenschar saß kalt durchgraut,
Und saß gar still, gab keinen Laut.

Die Magier kamen, doch keiner verstand
Zu deuten die Flammenschrift an der Wand.

Belsatzar ward aber in selbiger Nacht
Von seinen Knechten umgebracht.

[*A:* 1822]

Im wunderschönen Monat Mai,
Als alle Knospen sprangen,
Da ist in meinem Herzen
Die Liebe aufgegangen.

Im wunderschönen Monat Mai,
Als alle Vögel sangen,
Da hab ich ihr gestanden
Mein Sehnen und Verlangen.

[*E:* 1821; *A:* 1827]

Auf Flügeln des Gesanges,
Herzliebchen, trag ich dich fort,
Fort nach den Fluren des Ganges,
Dort weiß ich den schönsten Ort.

Dort liegt ein rotblühender Garten
Im stillen Mondenschein;
Die Lotosblumen erwarten
Ihr trautes Schwesterlein.

Die Veilchen kichern und kosen,
Und schaun nach den Sternen empor;
Heimlich erzählen die Rosen
Sich duftende Märchen ins Ohr.

Es hüpfen herbei und lauschen
Die frommen, klugen Gazelln;
Und in der Ferne rauschen
Des heiligen Stromes Welln.

Dort wollen wir niedersinken
Unter dem Palmenbaum,
Und Liebe und Ruhe trinken,
Und träumen seligen Traum.

[*A:* 1823]

Aus meinen großen Schmerzen
Mach ich die kleinen Lieder;
Die heben ihr klingend Gefieder
Und flattern nach ihrem Herzen.

Sie fanden den Weg zur Trauten,
Doch kommen sie wieder und klagen,
Und klagen, und wollen nicht sagen,
Was sie im Herzen schauten.

[*A:* 1823]

Sie saßen und tranken am Teetisch,
Und sprachen von Liebe viel.
Die Herren die waren ästhetisch,
Die Damen von zartem Gefühl.

Die Liebe muß sein platonisch,
Der dürre Hofrat sprach.
Die Hofrätin lächelt ironisch,
Und dennoch seufzet sie: Ach!

Der Domherr öffnet den Mund weit:
Die Liebe sei nicht zu roh,
Sie schadet sonst der Gesundheit.
Das Fräulein lispelt: Wieso?

Die Gräfin spricht wehmütig:
Die Liebe ist eine Passion!
Und präsentieret gütig
Die Tasse dem Herrn Baron.

Am Tische war noch ein Plätzchen;
Mein Liebchen, da hast du gefehlt.
Du hättest so hübsch, mein Schätzchen,
Von deiner Liebe erzählt.

[*A:* 1823]

Ich steh auf des Berges Spitze,
Und werde sentimental.
„Wenn ich ein Vöglein wäre!“
Seufz ich viel tausendmal.

Wenn ich eine Schwalbe wäre,
So flög ich zu dir, mein Kind,
Und baute mir mein Nestchen,
Wo deine Fenster sind.

Wenn ich eine Nachtigall wäre,
So flög ich zu dir, mein Kind,
Und sänge dir nachts meine Lieder
Herab von der grünen Lind.

Wenn ich ein Gimpel wäre,
So flög ich gleich an dein Herz;
Du bist ja hold den Gimpeln,
Und heilest Gimpelschmerz.

[*A:* 1823]

[*Gimpel:* Singvogel; einfältiger Mensch.]

Ich weiß nicht, was soll es bedeuten,
Daß ich so traurig bin;
Ein Märchen aus alten Zeiten,
Das kommt mir nicht aus dem Sinn.

Die Luft ist kühl und es dunkelt,
Und ruhig fließt der Rhein;
Der Gipfel des Berges funkelt
Im Abendsonnenschein.

Die schönste Jungfrau sitzet
Dort oben wunderbar,
Ihr goldnes Geschmeide blitzet,
Sie kämmt ihr goldenes Haar.

Sie kämmt es mit goldenem Kamme,
Und singt ein Lied dabei;
Das hat eine wundersame,
Gewaltige Melodei.

Den Schiffer im kleinen Schiffe
Ergreift es mit wildem Weh;
Er schaut nicht die Felsenriffe,
Er schaut nur hinauf in die Höh.

Ich glaube, die Wellen verschlingen
Am Ende Schiffer und Kahn;
Und das hat mit ihrem Singen
Die Lore-Lei getan.

[*D:* 1824]

Leise zieht durch mein Gemüt
Liebliches Geläute.
Klinge, kleines Frühlingslied,
Kling hinaus ins Weite.

Kling hinaus, bis an das Haus,
Wo die Blumen sprießen.
Wenn du eine Rose schaust,
Sag, ich laß sie grüßen.

[*D:* 1831]

Aus: Die Nordsee. Zweiter Zyklus

VII
Fragen

Am Meer, am wüsten, nächtlichen Meer
Steht ein Jüngling-Mann,
Die Brust voll Wehmut, das Haupt voll Zweifel,
Und mit düstern Lippen fragt er die Wogen:

„O löst mir das Rätsel des Lebens,
Das qualvolle uralte Rätsel,
Worüber schon manche Häupter gegrübelt,
Häupter in Hieroglyphenmützen,
Häupter in Turban und schwarzem Barett,
Perückenhäupter und tausend andre
Arme, schwitzende Menschenhäupter –
Sagt mir, was bedeutet der Mensch?
Woher ist er kommen? Wo geht er hin?
Wer wohnt dort oben auf goldenen Sternen?"

Es murmeln die Wogen ihr ewges Gemurmel,
Es wehet der Wind, es fliehen die Wolken,
Es blinken die Sterne, gleichgültig und kalt,
Und ein Narr wartet auf Antwort.

[*D:* 1827]

[*Häupter in Hieroglyphenmützen:* ägyptische Priester.]

Das Fräulein stand am Meere
Und seufzte lang und bang,
Es rührte sie so sehre
Der Sonnenuntergang.

Mein Fräulein! sein Sie munter,
Das ist ein altes Stück;
Hier vorne geht sie unter
Und kehrt von hinten zurück.

[*A:* 1844]

Zur Beruhigung

Wir schlafen ganz, wie Brutus schlief –
Doch jener erwachte und bohrte tief
In Cäsars Brust das kalte Messer!
Die Römer waren Tyrannenfresser.

Wir sind keine Römer, wir rauchen Tabak.
Ein jedes Volk hat seinen Geschmack,
Ein jedes Volk hat seine Größe;
In Schwaben kocht man die besten Klöße.

Wir sind Germanen, gemütlich und brav,
Wir schlafen gesunden Pflanzenschlaf,
Und wenn wir erwachen, pflegt uns zu dürsten,
Doch nicht nach dem Blute unserer Fürsten.

Wir sind so treu wie Eichenholz,
Auch Lindenholz, drauf sind wir stolz;
Im Land der Eichen und der Linden
Wird niemals sich ein Brutus finden.

Und wenn auch ein Brutus unter uns wär,
Den Cäsar fänd er nimmermehr,
Vergeblich würd er den Cäsar suchen;
Wir haben gute Pfefferkuchen.

Wir haben sechsunddreißig Herrn
(Ist nicht zu viel!), und einen Stern
Trägt jeder schützend auf seinem Herzen,
Und er braucht nicht zu fürchten die Iden des Märzen.

Wir nennen sie Väter, und Vaterland
Benennen wir dasjenige Land,
Das erbeigentümlich gehört den Fürsten;
Wir lieben auch Sauerkraut mit Würsten.

Wenn unser Vater spazieren geht,
Ziehn wir den Hut mit Pietät;
Deutschland, die fromme Kinderstube,
Ist keine römische Mördergrube.

[*A:* 1844]

Nachtgedanken

Denk ich an Deutschland in der Nacht,
Dann bin ich um den Schlaf gebracht,
Ich kann nicht mehr die Augen schließen,
Und meine heißen Tränen fließen.

Die Jahre kommen und vergehn!
Seit ich die Mutter nicht gesehn,
Zwölf Jahre sind schon hingegangen;
Es wächst mein Sehnen und Verlangen.

Mein Sehnen und Verlangen wächst.
Die alte Frau hat mich behext,
Ich denke immer an die alte,
Die alte Frau, die Gott erhalte!

Die alte Frau hat mich so lieb,
Und in den Briefen, die sie schrieb,
Seh ich, wie ihre Hand gezittert,
Wie tief das Mutterherz erschüttert.

Die Mutter liegt mir stets im Sinn.
Zwölf lange Jahre flossen hin,
Zwölf lange Jahre sind verflossen,
Seit ich sie nicht ans Herz geschlossen.

Deutschland hat ewigen Bestand,
Es ist ein kerngesundes Land,
Mit seinen Eichen, seinen Linden,
Werd ich es immer wiederfinden.

Nach Deutschland lechzt ich nicht so sehr,
Wenn nicht die Mutter dorten wär;
Das Vaterland wird nie verderben,
Jedoch die alte Frau kann sterben.

Seit ich das Land verlassen hab,
So viele sanken dort ins Grab,
Die ich geliebt – wenn ich sie zähle,
So will verbluten meine Seele.

Und zählen muß ich – Mit der Zahl
Schwillt immer höher meine Qual,
Mir ist, als wälzten sich die Leichen
Auf meine Brust – Gottlob! sie weichen!

Gottlob! durch meine Fenster bricht
Französisch heitres Tageslicht;
Es kommt mein Weib, schön wie der Morgen,
Und lächelt fort die deutschen Sorgen.

[*D:* 1843]

[*Zwölf Jahre:* 1831 war Heine nach Paris gezogen.]

Die schlesischen Weber

Im düstern Auge keine Träne,
Sie sitzen am Webstuhl und fletschen die Zähne:
Deutschland, wir weben dein Leichentuch,
Wir weben hinein den dreifachen Fluch –
Wir weben, wir weben!

Ein Fluch dem Gotte, zu dem wir gebeten
In Winterskälte und Hungersnöten;
Wir haben vergebens gehofft und geharrt,
Er hat uns geäfft und gefoppt und genarrt –
Wir weben, wir weben!

Ein Fluch dem König, dem König der Reichen,
Den unser Elend nicht konnte erweichen,
Der den letzten Groschen von uns erpreßt
Und uns wie Hunde erschießen läßt –
Wir weben, wir weben!

Ein Fluch dem falschen Vaterlande,
Wo nur gedeihen Schmach und Schande,
Wo jede Blume früh geknickt,
Wo Fäulnis und Moder den Wurm erquickt –
Wir weben, wir weben!

Das Schiffchen fliegt, der Webstuhl kracht,
Wir weben emsig Tag und Nacht –
Altdeutschland, wir weben dein Leichentuch,
Wir weben hinein den dreifachen Fluch,
Wir weben, wir weben!

[*D:* 1844]

[*Weber:* Aufstand der Weber in Petersau und Langenbielau im Juni 1844.]

Maria Antoinette

Wie heiter im Tuilerienschloß
Blinken die Spiegelfenster,
Und dennoch dort am hellen Tag
Gehn um die alten Gespenster.

Es spukt im Pavillon de Flor'
Maria Antoinette;
Sie hält dort Morgens ihr Lever
Mit strenger Etikette.

Geputzte Hofdamen. Die meisten stehn,
Auf Tabourets andre sitzen;
Die Kleider von Atlas und Goldbrokat,
Behängt mit Juwelen und Spitzen.

Die Taille ist schmal, der Reifrock bauscht,
Darunter lauschen die netten
Hochhackigen Füßchen so klug hervor –
Ach, wenn sie nur Köpfe hätten!

Sie haben alle keinen Kopf,
Der Königin selbst manquieret
Der Kopf, und Ihro Majestät
Ist deshalb nicht frisieret.

Ja, Sie, die mit turmhohem Toupet
So stolz sich konnte gebaren,
Die Tochter Maria Theresias,
Die Enkelin deutscher Cäsaren,

Sie muß jetzt spuken ohne Frisur
Und ohne Kopf, im Kreise
Von unfrisierten Edelfraun,
Die kopflos gleicherweise.

Das sind die Folgen der Revolution
Und ihrer fatalen Doktrine;
An Allem ist Schuld Jean Jacques Rousseau,
Voltaire und die Guillotine.

Doch sonderbar! es dünkt mich schier,
Als hätten die armen Geschöpfe
Gar nicht bemerkt, wie tot sie sind
Und daß sie verloren die Köpfe.

Ein leeres Gespreize, ganz wie sonst,
Ein abgeschmacktes Scherwenzen –
Possierlich sind und schauderhaft
Die kopflosen Reverenzen.

Es knixt die erste Dame d'atour
Und bringt ein Hemd von Linnen,
Die zweite reicht es der Königin,
Und beide knixen von hinnen.

Die dritte Dam und die vierte Dam
Knixen und niederknieen
Vor Ihrer Majestät, um Ihr
Die Strümpfe anzuziehen.

Ein Ehrenfräulein kommt und knixt
Und bringt das Morgenjäckchen;
Ein andres Fräulein knixt und bringt
Der Königin Unterröckchen.

Die Oberhofmeisterin steht dabei,
Sie fächert die Brust, die weiße,
Und in Ermangelung eines Kopfs
Lächelt sie mit dem Steiße.

Wohl durch die verhängten Fenster wirft
Die Sonne neugierige Blicke,
Doch wie sie gewahrt den alten Spuk,
Prallt sie erschrocken zurücke.

[*A:* 1851]

[*Pavillon de Flor':* Blumenpavillon. – *Lever:* Morgenempfang. – *Tabourets:* kleine Hocker. – *manquieret:* fehlt. – *Toupet:* künstliche Frisur. – *Enkelin:* Marie Antoinette stammte aus dem Hause Habsburg. – *Scherwenzen:* scharwenzeln, sich dienernd hin und her bewegen. – *Dame d'atour:* für Kleidung und Putz verantwortliche Hofdame.]

Enfant perdu

Verlorner Posten in dem Freiheitskriege,
Hielt ich seit dreißig Jahren treulich aus.
Ich kämpfte ohne Hoffnung, daß ich siege,
Ich wußte, nie komm ich gesund nach Haus.

Ich wachte Tag und Nacht – Ich konnt nicht schlafen,
Wie in dem Lagerzelt der Freunde Schar –
(Auch hielt das laute Schnarchen dieser Braven
Mich wach, wenn ich ein bißchen schlummrig war).

In jenen Nächten hat Langweil ergriffen
Mich oft, auch Furcht – (nur Narren fürchten nichts) –
Sie zu verscheuchen, hab ich dann gepfiffen
Die frechen Reime eines Spottgedichts.

Ja, wachsam stand ich, das Gewehr im Arme,
Und nahte irgend ein verdächtger Gauch,
So schoß ich gut und jagt ihm eine warme,
Brühwarme Kugel in den schnöden Bauch.

Mitunter freilich mocht es sich ereignen,
Daß solch ein schlechter Gauch gleichfalls sehr gut
Zu schießen wußte – ach, ich kanns nicht leugnen –
Die Wunden klaffen – es verströmt mein Blut.

Ein Posten ist vakant! – Die Wunden klaffen –
Der Eine fällt, die Andern rücken nach –
Doch fall ich unbesiegt, und meine Waffen
Sind nicht gebrochen – Nur mein Herze brach.

[*A:* 1851]

[*Enfant perdu:* Verlorenes Kind.]

JUSTINUS KERNER
1786–1862

Der Wanderer in der Sägmühle

Dort unten in der Mühle
Saß ich in süßer Ruh
Und sah dem Räderspiele
Und sah den Wassern zu,

Sah zu der blanken Säge,
Es war mir wie ein Traum,
Die bahnte lange Wege
In einen Tannenbaum.

Die Tanne war wie lebend,
In Trauermelodie
Durch alle Fasern bebend
Sang diese Worte sie:

Du kehrst zur rechten Stunde,
O Wanderer, hier ein,
Du bist's, für den die Wunde
Mir dringt ins Herz hinein!

Du bist's, für den wird werden,
Wenn kurz gewandert du,
Dies Holz im Schoß der Erden
Ein Schrein zur langen Ruh.

Vier Bretter sah ich fallen,
Mir ward's ums Herze schwer,
Ein Wörtlein wollt ich lallen,
Da ging das Rad nicht mehr.

[*D:* 1830]

Der Zopf im Kopfe

Einst hat man das Haar frisiert,
Hat's gepudert und geschmiert,
Daß es stattlich glänze,
Steif die Stirne begrenze.

Nun läßt schlicht man wohl das Haar,
Doch dafür wird wunderbar
Das Gehirn frisieret,
Meisterlich dressieret.

Auf dem Kopfe die Frisur,
Ist sie wohl ganz Unnatur,
Scheint mir doch passabel,
Nicht so miserabel

Als jetzt im Gehirn der Zopf,
Als jetzt die Frisur im Kopf,
Puder und Pomade
Im Gehirn! – Gott Gnade!

[*D:* 1838]

Im Eisenbahnhofe

Hört ihr den Pfiff, den wilden, grellen,
Es schnaubt, es rüstet sich das Tier,
Das eiserne, zum Zug, zum schnellen,
Her braust's wie ein Gewitter schier.

In seinem Bauche schafft ein Feuer,
Das schwarzen Qualm zum Himmel treibt;
Ein Bild scheint's von dem Ungeheuer,
Von dem die Offenbarung schreibt.

Jetzt welch ein Rennen, welch Getümmel,
Bis sich gefüllt der Wagen Raum!
Drauf „Fertig!" schreit's, und Erd und Himmel
Hinfliegen, ein dämonscher Traum.

Dampfschnaubend Tier! Seit du geboren,
Die Poesie des Reisens flieht;
Zu Roß mit Mantelsack und Sporen
Kein Kaufherr mehr zur Messe zieht.

Kein Handwerksbursche bald die Straße
Mehr wandert froh in Regen, Wind,
Legt müd sich hin und träumt im Grase
Von seiner Heimat schönem Kind.

Kein Postzug nimmt mit lustgem Knallen
Bald durch die Stadt mehr seinen Lauf
Und wecket mit des Posthorns Schallen
Zum Mondenschein den Städter auf.

Auch bald kein trautes Paar die Straße
Gemütlich fährt im Wagen mehr,
Aus dem der Mann steigt und vom Grase
Der Frau holt eine Blume her.

Kein Wandrer bald auf hoher Stelle,
Zu schauen Gottes Welt, mehr weilt,
Bald alles mit des Blitzes Schnelle
An der Natur vorübereilt.

Ich klage: Mensch, mit deinen Künsten
Wie machst du Erd und Himmel kalt!
Wär ich, eh du gespielt mit Dünsten,
Geboren doch im wildsten Wald!

Wo keine Axt mehr schallt, geboren,
Könnt's sein, in Meeres stillem Grund,
Daß nie geworden meinen Ohren
Je was von deinen Wundern kund.

Fahr zu, o Mensch! Treib's auf die Spitze,
Vom Dampfschiff bis zum Schiff der Luft!
Flieg mit dem Aar, flieg mit dem Blitze!
Kommst weiter nicht als bis zur Gruft.

[*A:* 1852]

[*Offenbarung:* Offenbarung des Johannes, das letzte Buch der Bibel.]

Annette von Droste-Hülshoff
1797–1848

Am Turme

Ich steh auf hohem Balkone am Turm,
Umstrichen vom schreienden Stare,
Und laß gleich einer Mänade den Sturm
Mir wühlen im flatternden Haare;
O wilder Geselle, o toller Fant,
Ich möchte dich kräftig umschlingen,
Und, Sehne an Sehne, zwei Schritte vom Rand
Auf Tod und Leben dann ringen!

Und drunten seh ich am Strand, so frisch
Wie spielende Doggen, die Wellen
Sich tummeln rings mit Geklaff und Gezisch,
Und glänzende Flocken schnellen.
O, springen möcht' ich hinein alsbald,
Recht in die tobende Meute,
Und jagen durch den korallenen Wald
Das Walroß, die lustige Beute!

Und drüben seh ich ein Wimpel wehn
So keck wie eine Standarte,
Seh auf und nieder den Kiel sich drehn
Von meiner luftigen Warte;
O, sitzen möcht' ich im kämpfenden Schiff,
Das Steuerruder ergreifen,
Und zischend über das brandende Riff
Wie eine Seemöwe streifen.

Wär' ich ein Jäger auf freier Flur,
Ein Stück nur von einem Soldaten,
Wär' ich ein Mann doch mindestens nur,
So würde der Himmel mir raten;
Nun muß ich sitzen so fein und klar,
Gleich einem artigen Kinde,
Und darf nur heimlich lösen mein Haar,
Und lassen es flattern im Winde!

[*D:* 1842]

[*Fant:* unreifer, leichtfertiger Bursche.]

Das Hirtenfeuer

Dunkel, Dunkel im Moor,
Über der Heide Nacht,
Nur das rieselnde Rohr
Neben der Mühle wacht,
Und an des Rades Speichen
Schwellende Tropfen schleichen.

Unke kauert im Sumpf,
Igel im Grase duckt,
In dem modernden Stumpf
Schlafend die Kröte zuckt,
Und am sandigen Hange
Rollt sich fester die Schlange.

Was glimmt dort hinterm Ginster,
Und bildet lichte Scheiben?
Nun wirft es Funkenflinster,
Die löschend niederstäuben;
Nun wieder alles dunkel –
Ich hör' des Stahles Picken,
Ein Knistern, ein Gefunkel –
Und auf die Flammen zücken.

Und Hirtenbuben hocken
Im Kreis' umher, sie strecken
Die Hände, Torfes Brocken
Seh ich die Lohe lecken;
Da bricht ein starker Knabe
Aus des Gestrippes Windel,
Und schleifet nach im Trabe
Ein wüst Wacholderbündel.

Er läßt's am Feuer kippen –
Hei, wie die Buben johlen,
Und mit dem Fingern schnippen
Die Funken-Girandolen!
Wie ihre Zipfelmützen
Am Ohre lustig flattern,
Und wie die Nadeln spritzen,
Und wie die Äste knattern!

Die Flamme sinkt, sie hocken
Aufs neu' umher im Kreise,
Und wieder fliegen Brocken,
Und wieder schwelt es leise;

Glühröte Lichter streichen
An Haarbusch und Gesichte,
Und schier Dämonen gleichen
Die kleinen Heidewichte.

Der da, der Unbeschuhte,
Was streckt er in das Dunkel
Den Arm wie eine Rute,
Im Kreise welch Gemunkel?
Sie spähn wie junge Geier
Von ihrer Ginsterschütte:
Hah, noch ein Hirtenfeuer,
Recht an des Dammes Mitte!

Man sieht es eben steigen
Und seine Schimmer breiten,
Den wirren Funkenreigen
Übern Wacholder gleiten;
Die Buben flüstern leise,
Sie räuspern ihre Kehlen,
Und alte Heideweise
Verzittert durch die Schmelen.

„Helo, heloe!
Heloe, loe!
Komm du auf unsre Heide,
Wo ich mein Schäflein weide,
Komm, o komm in unser Bruch,
Da gibt's der Blümelein genug, –
Helo, heloe!"

Die Knaben schweigen, lauschen nach dem Tann,
Und leise durch den Ginster zieht's heran:

Gegenstrophe

„Helo, heloe!
Ich sitze auf dem Walle,
Meine Schäflein schlafen alle,
Komm, o komm in unsern Kamp,
Da wächst das Gras wie Brahm so lang! –
Helo, heloe!
Heloe, loe!"

[*E:* 1842; *A:* 1844]

[*Funkenflinster:* zitternder Glanz (wie) von Funken; kommt nur bei der Droste vor. – *Windel:* Windung. – *Girandolen:* Feuerwerksgarben. – *Schmelen:* Grasart mit langen, biegsamen Halmen. – *Brahm:* Ginster.]

Im Moose

Als jüngst die Nacht dem sonnenmüden Land
Der Dämmrung leise Boten hat gesandt,
Da lag ich einsam noch in Waldes Moose.
Die dunklen Zweige nickten so vertraut,
An meiner Wange flüsterte das Kraut,
Unsichtbar duftete die Heiderose.

Und flimmern sah ich, durch der Linde Raum,
Ein mattes Licht, das im Gezweig der Baum
Gleich einem mächt'gen Glühwurm schien zu tragen.
Es sah so dämmernd wie ein Traumgesicht,
Doch wußte ich, es war der Heimat Licht,
In meiner eignen Kammer angeschlagen.

Ringsum so still, daß ich vernahm im Laub
Der Raupe Nagen, und wie grüner Staub
Mich leise wirbelnd Blätterflöckchen trafen.
Ich lag und dachte, ach so manchem nach,
Ich hörte meines eignen Herzens Schlag,
Fast war es mir als sei ich schon entschlafen.

Gedanken tauchten aus Gedanken auf,
Das Kinderspiel, der frischen Jahre Lauf,
Gesichter, die mir lange fremd geworden;
Vergeßne Töne summten um mein Ohr,
Und endlich trat die Gegenwart hervor,
Da stand die Welle, wie an Ufers Borden.

Dann, gleich dem Bronnen, der verrinnt im Schlund,
Und drüben wieder sprudelt aus dem Grund,
So stand ich plötzlich in der Zukunft Lande;
Ich sah mich selber, gar gebückt und klein,
Geschwächten Auges, am ererbten Schrein
Sorgfältig ordnen staub'ge Liebespfande.

Die Bilder meiner Lieben sah ich klar,
In einer Tracht, die jetzt veraltet war,
Mich sorgsam lösen aus verblichnen Hüllen,
Löckchen, vermorscht, zu Staub zerfallen schier,
Sah über die gefurchte Wange mir
Langsam herab die karge Träne quillen.

Und wieder an des Friedhofs Monument,
Dran Namen standen die mein Lieben kennt,
Da lag ich betend, mit gebrochnen Knieen,
Und – horch, die Wachtel schlug! Kühl strich der Hauch –
Und noch zuletzt sah ich, gleich einem Rauch,
Mich leise in der Erde Poren ziehen.

Ich fuhr empor, und schüttelte mich dann,
Wie einer, der dem Scheintod erst entrann,
Und taumelte entlang die dunklen Hage,
Noch immer zweifelnd, ob der Stern am Rain
Sei wirklich meiner Schlummerlampe Schein,
Oder das ew'ge Licht am Sarkophage.

[*D:* 1842]

Der Knabe im Moor

O schaurig ist's übers Moor zu gehn,
Wenn es wimmelt vom Heiderauche,
Sich wie Phantome die Dünste drehn
Und die Ranke häkelt am Strauche,
Unter jedem Tritte ein Quellchen springt,
Wenn aus der Spalte es zischt und singt,
O schaurig ist's übers Moor zu gehn,
Wenn das Röhricht knistert im Hauche!

Fest hält die Fibel das zitternde Kind
Und rennt als ob man es jage;
Hohl über die Fläche sauset der Wind –
Was raschelt drüben am Hage?
Das ist der gespenstige Gräberknecht,
Der dem Meister die besten Torfe verzecht;
Hu, hu, es bricht wie ein irres Rind!
Hinducket das Knäblein zage.

Vom Ufer starret Gestumpf hervor,
Unheimlich nicket die Föhre,
Der Knabe rennt, gespannt das Ohr,
Durch Riesenhalme wie Speere;
Und wie es rieselt und knittert darin!
Das ist die unselige Spinnerin,
Das ist die gebannte Spinnlenor',
Die den Haspel dreht im Geröhre!

Voran, voran, nur immer im Lauf,
Voran als woll' es ihn holen;
Vor seinem Fuße brodelt es auf,
Es pfeift ihm unter den Sohlen
Wie eine gespenstige Melodei;
Das ist der Geigemann ungetreu,
Das ist der diebische Fiedler Knauf,
Der den Hochzeitheller gestohlen!

Da birst das Moor, ein Seufzer geht
Hervor aus der klaffenden Höhle;
Weh, weh, da ruft die verdammte Margret:
„Ho, ho, meine arme Seele!"
Der Knabe springt wie ein wundes Reh,
Wär' nicht Schutzengel in seiner Näh',
Seine bleichenden Knöchelchen fände spät
Ein Gräber im Moorgeschwele.

Da mählich gründet der Boden sich,
Und drüben, neben der Weide,
Die Lampe flimmert so heimatlich,
Der Knabe steht an der Scheide.
Tief atmet er auf, zum Moor zurück
Noch immer wirft er den scheuen Blick:
Ja, im Geröhre war's fürchterlich,
O schaurig war's in der Heide!

[*D:* 1842]

Das Spiegelbild

Schaust du mich an aus dem Kristall,
Mit deiner Augen Nebelball,
Kometen gleich die im Verbleichen;
Mit Zügen, worin wunderlich
Zwei Seelen wie Spione sich
Umschleichen, ja, dann flüstre ich:
Phantom, du bist nicht meinesgleichen!

Bist nur entschlüpft der Träume Hut,
Zu eisen mir das warme Blut,
Die dunkle Locke mir zu blassen;
Und dennoch, dämmerndes Gesicht,
Drin seltsam spielt ein Doppellicht,
Trätest du vor, ich weiß es nicht,
Würd' ich dich lieben oder hassen?

Zu deiner Stirne Herrscherthron,
Wo die Gedanken leisten Fron
Wie Knechte, würd' ich schüchtern blicken;
Doch von des Auges kaltem Glast,
Voll toten Lichts, gebrochen fast,
Gespenstig, würd', ein scheuer Gast,
Weit, weit ich meinen Schemel rücken.

Und was den Mund umspielt so lind,
So weich und hülflos wie ein Kind,
Das möcht' in treue Hut ich bergen;
Und wieder, wenn er höhnend spielt,
Wie von gespanntem Bogen zielt,
Wenn leis' es durch die Züge wühlt,
Dann möcht' ich fliehen wie vor Schergen.

Es ist gewiß, du bist nicht ich,
Ein fremdes Dasein, dem ich mich
Wie Moses nahe, unbeschuhet,
Voll Kräfte die mir nicht bewußt,
Voll fremden Leides, fremder Lust;
Gnade mir Gott, wenn in der Brust
Mir schlummernd deine Seele ruhet!

Und dennoch fühl' ich, wie verwandt,
Zu deinen Schauern mich gebannt,
Und Liebe muß der Furcht sich einen.
Ja, trätest aus Kristalles Rund,
Phantom, du lebend auf den Grund,
Nur leise zittern würd' ich, und
Mich dünkt – ich würde um dich weinen!

[*A:* 1844]

[*Wie Moses:* Vgl. 2. Mose 3,5.]

Im Grase

Süße Ruh', süßer Taumel im Gras,
Von des Krautes Arom' umhaucht,
Tiefe Flut, tief, tief trunkne Flut,
Wenn die Wolke am Azure verraucht,
Wenn aufs müde schwimmende Haupt
Süßes Lachen gaukelt herab,
Liebe Stimme säuselt und träuft
Wie die Lindenblüt' auf ein Grab.

Wenn im Busen die Toten dann,
Jede Leiche sich streckt und regt,
Leise, leise den Odem zieht,
Die geschloßne Wimper bewegt,
Tote Lieb', tote Lust, tote Zeit,
All die Schätze, im Schutt verwühlt,
Sich berühren mit schüchternem Klang
Gleich den Glöckchen, vom Winde umspielt.

Stunden, flücht'ger ihr als der Kuß
Eines Strahls auf den trauernden See,
Als des ziehnden Vogels Lied,
Das mir niederperlt aus der Höh',
Als des schillernden Käfers Blitz
Wenn den Sonnenpfad er durcheilt,
Als der flücht'ge Druck einer Hand,
Die zum letzten Male verweilt.

Dennoch, Himmel, immer mir nur
Dieses eine nur: für das Lied
Jedes freien Vogels im Blau
Eine Seele, die mit ihm zieht,
Nur für jeden kärglichen Strahl
Meinen farbig schillernden Saum,
Jeder warmen Hand meinen Druck
Und für jedes Glück einen Traum.

[*D:* 1844]

Mondesaufgang

An des Balkones Gitter lehnte ich
Und wartete, du mildes Licht, auf dich.
Hoch über mir, gleich trübem Eiskristalle,
Zerschmolzen schwamm des Firmamentes Halle;
Der See verschimmerte mit leisem Stöhnen,
Zerfloßne Perlen oder Wolkentränen? –
Es rieselte, es dämmerte um mich,
Ich wartete, du mildes Licht, auf dich.

Hoch stand ich, neben mir der Linden Kamm,
Tief unter mir Gezweige, Ast und Stamm;
Im Laube summte der Phalänen Reigen,
Die Feuerfliege sah ich glimmend steigen,
Und Blüten taumelten wie halb entschlafen;
Mir war, als treibe hier ein Herz zum Hafen,
Ein Herz, das übervoll von Glück und Leid
Und Bildern seliger Vergangenheit.

Das Dunkel stieg, die Schatten drangen ein –
Wo weilst du, weilst du denn, mein milder Schein! –
Sie drangen ein wie sündige Gedanken,
Des Firmamentes Woge schien zu schwanken,
Verzittert war der Feuerfliege Funken,
Längst die Phaläne an den Grund gesunken,
Nur Bergeshäupter standen hart und nah,
Ein düstrer Richterkreis, im Düster da.

Und Zweige zischelten an meinem Fuß
Wie Warnungsflüstern oder Todesgruß;
Ein Summen stieg im weiten Wassertale
Wie Volksgemurmel vor dem Tribunale;
Mir war, als müsse etwas Rechnung geben,
Als stehe zagend ein verlornes Leben,
Als stehe ein verkümmert Herz allein,
Einsam mit seiner Schuld und seiner Pein.

Da auf die Wellen sank ein Silberflor,
Und langsam stiegst du, frommes Licht, empor;
Der Alpen finstre Stirnen strichst du leise,
Und aus den Richtern wurden sanfte Greise;
Der Wellen Zucken ward ein lächelnd Winken,
An jedem Zweige sah ich Tropfen blinken,
Und jeder Tropfen schien ein Kämmerlein,
Drin flimmerte der Heimatlampe Schein.

O Mond, du bist mir wie ein später Freund,
Der seine Jugend dem Verarmten eint,
Um seine sterbenden Erinnerungen
Des Lebens zarten Widerschein geschlungen,
Bist keine Sonne, die entzückt und blendet,
In Feuerströmen lebt, in Blute endet –
Bist, was dem kranken Sänger sein Gedicht,
Ein fremdes, aber o ein mildes Licht.

[*D:* 1846]

Am letzten Tage des Jahres (Silvester)

Das Jahr geht um,
Der Faden rollt sich sausend ab.
Ein Stündchen noch, das letzte heut,
Und stäubend rieselt in sein Grab
Was einstens war lebend'ge Zeit.
Ich harre stumm.

's ist tiefe Nacht!
Ob wohl ein Auge offen noch?
In diesen Mauern rüttelt dein
Verrinnen, Zeit! Mir schaudert, doch
Es will die letzte Stunde sein
Einsam durchwacht.

Gesehen all,
Was ich begangen und gedacht,
Was mir aus Haupt und Herzen stieg:
Das steht nun eine ernste Wacht
Am Himmelstor. O halber Sieg,
O schwerer Fall!

Wie reißt der Wind
Am Fensterkreuze, ja es will
Auf Sturmesfittigen das Jahr
Zerstäuben, nicht ein Schatten still
Verhauchen unterm Sternenklar.
Du Sündenkind!

War nicht ein hohl
Und heimlich Sausen jeder Tag
In deiner wüsten Brust Verlies,
Wo langsam Stein an Stein zerbrach,
Wenn es den kalten Odem stieß
Vom starren Pol?

Mein Lämpchen will
Verlöschen, und begierig saugt
Der Docht den letzten Tropfen Öl.
Ist so mein Leben auch verraucht,
Eröffnet sich des Grabes Höhl'
Mir schwarz und still?

Wohl in dem Kreis,
Den dieses Jahres Lauf umzieht,
Mein Leben bricht: Ich wußt' es lang!
Und dennoch hat dies Herz geglüht
In eitler Leidenschaften Drang.
Mir brüht der Schweiß

Der tiefsten Angst
Auf Stirn und Hand! – Wie, dämmert feucht
Ein Stern dort durch die Wolken nicht?
Wär' es der Liebe Stern vielleicht,
Dir zürnend mit dem trüben Licht,
Daß du so bangst?

Horch, welch Gesumm?
Und wieder? Sterbemelodie!
Die Glocke regt den ehrnen Mund.
O Herr! ich falle auf das Knie:
Sei gnädig meiner letzten Stund!
Das Jahr ist um!

[*E:* 1839; *A:* 1851]

August Heinrich Hoffmann von Fallersleben
1798–1874

Die wilden Gänse

Ihr wilden Gänse habt es gut,
Ihr ziehet frei und wohlgemut
Von einem Strand zum andern Strand
Durchs ganze liebe deutsche Land.

Uns zahmen Menschen geht's nicht so:
Wir reisten gern auch frei und froh
Ununtersucht und unbekannt
Durchs ganze liebe deutsche Land.

Kaum sind wir aber fort von Haus,
So muß auch schon der Paß heraus.
Wir werden niemals sorgenfrei
Vor lauter Maut und Polizei.

O daß doch einer es erdenkt,
Wie man den Luftball sicher lenkt!
Hier hört nicht auf die Hudelei –
Nur in den Lüften sind wir frei.

[*E:* 1840]

[*Luftball:* Ballon; damals die Montgolfiere, ein Heißluftballon. – *Hudelei:* Lumperei, Schludrigkeit.]

Das Lied der Deutschen

Helgoland 26. August 1841

Deutschland, Deutschland über alles,
Über alles in der Welt,
Wenn es stets zu Schutz und Trutze
Brüderlich zusammenhält,
Von der Maas bis an die Memel,
Von der Etsch bis an den Belt –
Deutschland, Deutschland über alles,
Über alles in der Welt!

Deutsche Frauen, deutsche Treue,
Deutscher Wein und deutscher Sang
Sollen in der Welt behalten
Ihren alten schönen Klang,
Uns zu edler Tat begeistern
Unser ganzes Leben lang –
Deutsche Frauen, deutsche Treue,
Deutscher Wein und deutscher Sang!

Einigkeit und Recht und Freiheit
Für das deutsche Vaterland!
Danach laßt uns alle streben
Brüderlich mit Herz und Hand!
Einigkeit und Recht und Freiheit
Sind des Glückes Unterpfand –
Blüh im Glanze dieses Glückes,
Blühe, deutsches Vaterland!

[*D:* 1841]

Schlafe! was willst du mehr?

Wo sind noch Würm' und Drachen,
Riesen mit Schwert und Speer?
Was kannst du weiter machen?
Schlafe! was willst du mehr?

Du hast genug gelitten
Qualen in Kampf und Strauß;
Du hast genug gestritten –
Schlafe, mein, Volk, schlaf aus!

Wo sind noch Würm' und Drachen,
Riesen mit Schwert und Speer?
Die Volksvertreter wachen:
Schlafe! was willst du mehr?

[*A:* 1840]

[*Schlafe!...:* Vgl. Goethe, „Nachtgesang".]

Michel-Enthusiast

Es wächst der Mensch
mit seinen höhern Zwecken.
Schiller

Es reist so mancher Philister
Ins Land Italia,
Auf daß er nachher sich rühme:
Auf Ehr, auch ich war da!

Zwar hat er des Ärgers nicht wenig
Und manchen großen Verdruß,
Und teuer muß er erkaufen
Den hochgepriesnen Genuß.

Doch nur ein deutscher Philister,
Der achtet nicht Hitz und Durst,
Nicht Maut und Paßbeschwernis,
Es ist ihm alles Wurst.

Trotz glühendem Scirocco,
Trotz drückendem Sonnenschein
Spaziert er zu allen Ruinen,
Zu allen Villen hinein.

Er geht in alle Kirchen,
In alle Galerien
Und läßt sich vom Servidore
Wie ein Bär am Seile ziehn.

Noch spät am Abend besteigt er
Ganz müde die steilsten Höhn
Und spricht, vom Schweiße triefend:
Italien ist doch schön!

[*D:* 1845]

Gründers Mittagslied

Ich bin ein Gründer, froh und frisch,
Schon heute setz ich mich zu Tisch,
Als dürft ich weiter mich nicht quälen,
Als meine Zinsen nur zu zählen.

Gottlob, ich weiß mir selber Rat,
Nichts soll mich kümmern, Stadt noch Staat:
Dem Gründerleben treu ergeben,
Verschaff ich mir ein würdig Leben.

Was gehet *das* Verdienst mich an?
Nur *der* Verdienst ist noch mein Mann:
Ich will mir flechten selbst zum Lohne
Aus Aktien eine Bürgerkrone.

[*E:* 1872; *D:* 1891]

[*Gründer:* Als Gründerjahre werden die Jahre von etwa 1871–1873 bezeichnet, in denen, hervorgerufen durch die Milliardenzahlungen der franz. Reparationsleistungen nach dem Deutsch-Französischen Krieg von 1870/1871, ein gewaltiger wirtschaftlicher Aufschwung im Deutschen Reich erfolgte.]

FERDINAND FREILIGRATH
1810–1876

Die Auswanderer

Sommer 1832

Ich kann den Blick nicht von euch wenden,
Ich muß euch anschaun immerdar:
Wie reicht ihr mit geschäftgen Händen
Dem Schiffer eure Habe dar!

Ihr Männer, die ihr von dem Nacken
Die Körbe langt, mit Brot beschwert,
Das ihr aus deutschem Korn gebacken,
Geröstet habt auf deutschem Herd;

Und ihr, im Schmuck der langen Zöpfe,
Ihr Schwarzwaldmädchen, braun und schlank,
Wie sorgsam stellt ihr Krüg und Töpfe
Auf der Schaluppe grüne Bank!

Das sind dieselben Töpf und Krüge,
Oft an der Heimat Born gefüllt!
Wenn am Missouri alles schwiege,
Sie malten euch der Heimat Bild:

Des Dorfes steingefaßte Quelle,
Zu der ihr schöpfend euch gebückt,
Des Herdes traute Feuerstelle,
Das Wandgesims, das sie geschmückt.

Bald zieren sie im fernen Westen
Des leichten Bretterhauses Wand;
Bald reicht sie müden braunen Gästen,
Voll frischen Trunkes, eure Hand.

Es trinkt daraus der Tscherokese,
Ermattet, von der Jagd bestaubt;
Nicht mehr von deutscher Rebenlese
Tragt ihr sie heim, mit Grün belaubt.

O sprecht! Warum zogt ihr von dannen?
Das Neckartal hat Wein und Korn;
Der Schwarzwald steht voll finstrer Tannen,
Im Spessart klingt des Älplers Horn.

Wie wird es in den fremden Wäldern
Euch nach der Heimatberge Grün,
Nach Deutschlands gelben Weizenfeldern,
Nach seinen Rebenhügeln ziehn!

Wie wird das Bild der alten Tage
Durch eure Träume glänzend wehn!
Gleich einer stillen, frommen Sage
Wird es euch vor der Seele stehn.

Der Bootsmann winkt! – Zieht hin in Frieden:
Gott schütz euch, Mann und Weib und Greis!
Sei Freude eurer Brust beschieden
Und euren Feldern Reis und Mais!

[*D:* 1833]

Aus: Sandlieder

VI.

Ob meinem Haupte ziehn
Drei Möwen, schwer und träg.
Ich schaue nicht empor,
Doch kenn ich ihren Weg.

Denn auf den Körnern, die
Im Sonnenscheine glühn,
Fließt flügelausgespannt
Ihr schwarzer Schatten hin.

Und eine Feder fällt
Herab, daß diesen Tag
Ich Sand und Möwenflug
Damit beschreiben mag.

(1835) [*A:* 1838]

„Wär ich im Bann von Mekkas Toren.“

Wär ich im Bann von Mekkas Toren,
Wär ich auf Yemens glühndem Sand,
Wär ich am Sinai geboren,
Dann führt' ein Schwert wohl diese Hand;

Dann zög ich wohl mit flüchtgen Pferden
Durch Jethros flammendes Gebiet!
Dann hielt' ich wohl mit meinen Herden
Rast bei dem Busche, der geglüht;

Dann abends wohl vor meinem Stamme,
In eines Zeltes luftgem Haus,
Strömt' ich der Dichtung innre Flamme
In lodernden Gesängen aus;

Dann wohl an meinen Lippen hinge
Ein ganzes Volk, ein ganzes Land;
Gleichwie mit Salomonis Ringe
Herrscht' ich, ein Zauberer, im Sand.

Nomaden sind ja meine Hörer,
Zu deren Geist die Wildnis spricht,
Die vor dem Samum, dem Zerstörer,
Sich werfen auf das Angesicht,

Die allzeit auf den Rossen hängen,
Absitzend nur am Wüstenbronn,
Die mit verhängten Zügeln sprengen
Von Aden bis zum Libanon,

Die nachts, als nimmermüde Späher,
Bei ihrem Vieh ruhn auf der Trift
Und, wie vorzeiten die Chaldäer,
Anschaun des Himmels goldne Schrift,

Die oft ein Murmeln noch vernehmen
Von Sinas glutgeborstnen Höhn,
Die oft des Wüstengeistes Schemen
In Säulen Rauches wandeln sehn,

Die durch den Riß oft des Gesteines
Erschaun das Flammen seiner Stirn –
Ha, Männer, denen glüh'nd wie meines
In heißen Schädeln brennt das Hirn.

O Land der Zelte, der Geschosse!
O Volk der Wüste, kühn und schlicht!
Beduin', du selbst auf deinem Rosse
Bist ein phantastisches Gedicht! –

Ich irr auf mitternächtger Küste;
Der Norden, ach! ist kalt und klug.
Ich wollt, ich säng im Sand der Wüste,
Gelehnt an eines Hengstes Bug.

(1836) [*A:* 1838]

[*Jethros flammendes Gebiet:* Jethro war der Midianiterpriester, dessen Tochter Moses zur Frau nahm; Midian: Landschaft nordöstlich des Roten Meeres. – *Busche, der geglüht:* 2. Mose 3, 2ff. – *Salomonis Ringe:* In der orientalischen Sage ist der König Salomo Beherrscher des Geisterreichs; sein Ring verleiht Zauberkraft. – *Samum:* heißer, trockener Wüstenwind, der Sand mit sich führt. – *Sinas:* Sinais.]

Hamlet

Deutschland ist Hamlet! Ernst und stumm
In seinen Toren jede Nacht
Geht die begrabne Freiheit um
Und winkt den Männern auf der Wacht.
Dasteht die Hohe, blank bewehrt,
Und sagt dem Zaudrer, der noch zweifelt:
„Sei mir ein Rächer, zieh dein Schwert!
Man hat mir Gift ins Ohr geträufelt!“

Er horcht mit zitterndem Gebein,
Bis ihm die Wahrheit schrecklich tagt;
Von Stund an will er Rächer sein –
Ob er es wirklich endlich wagt?
Er sinnt und träumt und weiß nicht Rat;
Kein Mittel, das die Brust ihm stähle!
Zu einer frischen, mutgen Tat
Fehlt ihm die frische, mutge Seele!

Das macht, er hat zu viel gehockt;
Er lag und las zuviel im Bett.
Er wurde, weil das Blut ihm stockt,
Zu kurz von Atem und zu fett.
Er spann zuviel gelehrten Werg,
Sein bestes Tun ist eben Denken;
Er stak zu lang in Wittenberg,
Im Hörsaal oder in den Schenken.

Drum fehlt ihm die Entschlossenheit;
Kommt Zeit, kommt Rat – er stellt sich toll,
Hält Monologe lang und breit
Und bringt in Verse seinen Groll;
Stutzt ihn zur Pantomime zu,
Und fällt's ihm einmal ein, zu fechten:
So muß Polonius-Kotzebue
Den Stich empfangen – statt des Rechten.

So trägt er träumerisch sein Weh,
Verhöhnt sich selber insgeheim,
Läßt sich verschicken über See
Und kehrt mit Stichelreden heim;
Verschießt ein Arsenal von Spott,
Spricht von geflickten Lumpenkön'gen –
Doch eine Tat? Behüte Gott!
Nie hatt' er eine zu beschön'gen!

Bis endlich er die Klinge packt,
Ernst zu erfüllen seinen Schwur;
Doch ach – das ist im letzten Akt,
Und streckt ihn selbst zu Boden nur!
Bei den Erschlagnen, die sein Haß
Preisgab der Schmach und dem Verderben,
Liegt er entseelt, und Fortinbras
Rückt klirrend ein, das Reich zu erben. –

Gottlob, noch sind wir nicht so weit!
Vier Akte sahn wir spielen erst!
Hab acht, Held, daß die Ähnlichkeit
Nicht auch im fünften du bewährst!
Wir hoffen früh, wir hoffen spät:
O, raff dich auf und komm zu Streiche
Und hilf entschlossen, weil es geht,
Zu ihrem Recht der flehnden Leiche!

Mach den Moment zunutze dir!
Noch ist es Zeit – drein mit dem Schwert,
Eh mit französischem Rapier
Dich schnöd vergiftet ein Laërt!
Eh rasselnd naht ein nordisch Heer,
Daß es für sich die Erbschaft nehme!
O, sieh dich vor – ich zweifle sehr,
Ob diesmal es aus Norweg käme!

Nur ein Entschluß! Auf steht die Bahn –
Tritt in die Schranken kühn und dreist!
Denk an den Schwur, den du getan,
Und räche deines Vaters Geist!
Wozu dies Grübeln für und für?
Doch – darf ich schelten, alter Träumer?
Bin ich ja selbst ein Stück von dir,
Du ewger Zauderer und Säumer!

St. Goar, April 1844.

[*A:* 1844]

[*„Sei mir ein Rächer“:* Vgl. Shakespeares „Hamlet“ I 5. – *Zu kurz von Atem:* Vgl. „Hamlet“ V 2. – *Polonius-Kotzebue:* Hamlet ersticht irrtümlicherweise Polonius statt den König Claudius. – August v. Kotzebue (1761 bis 1819), Diplomat und Schriftsteller, wurde als Spitzel angesehen und wegen seiner als reaktionär geltenden politischen Einstellung von dem Burschenschafter Karl Sand ermordet. – *Laërt:* Vgl. „Hamlet“ IV 7 und V 2. – *Nordisch' Heer:* Rußland ist gemeint, dessen Zar Nikolaus I. freiheitliche Bestrebungen unterdrückte.]

Von unten auf!

Ein Dampfer kam von Biberich – stolz war die Furche, die er zog!
Er qualmt' und räderte zu Tal, daß rechts und links die Brandung flog!
Von Wimpeln und von Flaggen voll, schoß er hinab keck und erfreut:
Den König, der in Preußen herrscht, nach seiner Rheinburg trug er heut!

Die Sonne schien wie lauter Gold! Auftauchte schimmernd Stadt um Stadt!
Der Rhein war wie ein Spiegel schier, und das Verdeck war blank und glatt!
Die Dielen blitzten frisch gebohnt, und auf den schmalen her und hin
Vergnügten Auges wandelten der König und die Königin!

Nach allen Seiten schaut' umher und winkte das erhabne Paar;
Des Rheingaus Reben grüßten sie und auch dein Nußlaub, Sankt Goar!
Sie sahn zu Rhein, sie sahn zu Berg – wie war das Schifflein doch so nett!
Es ging sich auf den Dielen fast als wie auf Sanssoucis Parkett!

Doch unter all der Nettigkeit und unter all der schwimmenden Pracht,
Da frißt und flammt das Element, das sie von dannen schießen macht;
Da schafft in Ruß und Feuersglut, der dieses Glanzes Seele ist;
Da steht und schürt und ordnet er – der Proletarier-Maschinist!

Da draußen lacht und grünt die Welt, da draußen blitzt und rauscht der Rhein –
Er stiert den lieben langen Tag in seine Flammen nur hinein!
Im wollnen Hemde, halbernackt, vor seiner Esse muß er stehn,
Derweil ein König über ihm einschlürft der Berge freies Wehn!

Jetzt ist der Ofen zugekeilt, und alles geht und alles paßt;
So gönnt er auf Minuten denn sich eine kurze Sklavenrast.
Mit halbem Leibe taucht er auf aus seinem lodernden Versteck;
In seiner Falltür steht er da und überschaut sich das Verdeck.

Das glühnde Eisen in der Hand, Antlitz und Arme rot erhitzt,
Mit der gewölbten haargen Brust auf das Geländer breit gestützt –
So läßt er schweifen seinen Blick, so murrt er leis dem Fürsten zu:
„Wie mahnt dies Boot mich an den Staat! Licht auf den Höhen wandelst *du!*

Tief unten aber, in der Nacht und in der Arbeit dunkelm Schoß,
Tief unten, von der Not gespornt, da schür und schmied *ich* mir mein Los!
Nicht meines nur, auch deines, Herr! Wer hält die Räder dir im Takt,
Wenn nicht mit schwielenharter Faust der Heizer seine Eisen packt?

Du bist viel weniger ein Zeus, als ich, o König, ein Titan!
Beherrsch ich nicht, auf dem du gehst, den allzeit kochenden Vulkan?
Es liegt an mir: – *ein* Ruck von mir, *ein* Schlag von mir zu dieser Frist,
Und siehe, das Gebäude stürzt, von welchem du die Spitze bist!

Der Boden birst, aufschlägt die Glut und sprengt dich krachend in die Luft!
Wir aber steigen feuerfest aufwärts ans Licht aus unsrer Gruft!
Wir sind die Kraft! Wir hämmern jung das alte morsche Ding, den Staat,
Die wir von Gottes Zorne sind bis jetzt das Proletariat!

Dann schreit ich jauchzend durch die Welt! Auf meinen Schultern, stark und breit,
Ein neuer Sankt Christophorus, trag ich den Christ der neuen Zeit!
Ich bin der Riese, der nicht wankt! Ich bin's, durch den zum Siegesfest
Über den tosenden Strom der Zeit der Heiland Geist sich tragen läßt!"

So hat in seinen krausen Bart der grollende Zyklop gemurrt;
Dann geht er wieder an sein Werk, nimmt sein Geschirr und stocht und purrt.
Die Hebel knirschen auf und ab, die Flamme strahlt ihm ins Gesicht,
Der Dampf rumort – er aber sagt: „Heut, zornig Element, noch nicht!"

Der bunte Dampfer unterdes legt vor Kapellen zischend an;
Sechsspännig fährt die Majestät den jungen Stolzenfels hinan.
Der Heizer auch blickt auf zur Burg; von seinen Flammen nur behorcht,
Lacht er: „Ei, wie man immer doch für künftige Ruinen sorgt!"

[*A:* 1846]

[*Biberich:* Biebrich, jetzt Stadtteil von Wiesbaden am Rhein. – *König:* Friedrich Wilhelm IV. (1795–1861), preuß. König 1840–1858. – *Rheinburg:* Friedrich Wilhelm IV. erhielt als Kronprinz 1823 von der Stadt Koblenz die Ruine Stolzenfels (gegenüber der Lahnmündung am westl. Rheinufer) als Geschenk, die ab 1836 in neugotischem Stil ausgebaut wurde.]

Franz von Dingelstedt
1814–1881

Aus: Nachtwächters Stilleben

I.

Weib, gib mir Deckel, Spieß und Mantel,
Der Dienst geht los, ich muß hinaus.
Noch einen Schluck... Adies Mariandel!
Ich hüt die Stadt, hüt du das Haus!
Nun schrei ich wieder wie besessen,
Was sie nicht zu verstehen wagen
Und was sie alle Tag vergessen:
Uht! Hört, ihr Herrn und laßt euch sagen!

Schnarcht ruhig fort in euren Nestern
Und habt auf mein Gekreisch nicht acht!
Die Welt ist akkurat wie gestern,
Die Nacht so schwarz wie alle Nacht.
Auch welche Zeit, will niemand wissen,
's gibt keine Zeit in unsren Tagen,
Duckt euch nur in die warmen Kissen,
Die Glocke die hat nichts geschlagen!

Laß keiner sich im Schlaf berücken
Vom (*vulgo* Zeitgeist) Antichrist,
Und sollte wen ein Älplein drücken,
Dankt Gott, daß es nichts Ärgres ist.
Das Murren, Meistern, Zerr'n und Zanken,
Das Träumen tut es freilich nicht,
Drum schluckt sie runter, die Gedanken,
Bewahrt das Feuer und das Licht!

Auch wackelt nicht im bösen Willen
An eurem Bett und räkelt nicht,
Die Zipfelmütze zieht im stillen
Zufrieden übers Angesicht.
Der Hund im Stall, der Mann beim Weibe,
Die Magd beim Knecht, wie Recht und Pflicht,
So ruht und rührt euch nicht beileibe,
Auf daß der Stadt kein Schad geschicht!

Und wann die Nacht wie alle Nächte
Vollendet hat den trägen Lauf,
Dann steigt, doch stets zuerst das rechte
Bein aus den Federn, sittsam auf!
Labt euch an dem Zichorientranke
Und tretet eure Mühlen gern,
Freut euch des Lebens voller Danke
Und lobt, nächst Gott, den Landesherrn!

[*D:* 1842]

[*vulgo:* allgemein, normalerweise. – *Zichorientrank:* Kaffee-Ersatz.]

GEORG HERWEGH
1817–1875

Aus: Strophen aus der Fremde

II

Ich möchte hingehn wie das Abendrot
Und wie der Tag in seinen letzten Gluten –
O leichter, sanfter, ungefühlter Tod! –
Mich in den Schoß des Ewigen verbluten.

Ich möchte hingehn wie der heitre Stern,
Im vollsten Glanz, in ungeschwächtem Blinken;
So stille und so schmerzlos möchte gern
Ich in des Himmels blaue Tiefen sinken.

Ich möchte hingehn wie der Blume Duft,
Der freudig sich dem schönen Kelch entringet
Und auf dem Fittich blütenschwangrer Luft
Als Weihrauch auf des Herren Altar schwinget.

Ich möchte hingehn wie der Tau im Tal,
Wenn durstig ihm des Morgens Feuer winken;
O wollte Gott, wie ihn der Sonnenstrahl,
Auch meine lebensmüde Seele trinken!

Ich möchte hingehn wie der bange Ton,
Der aus den Saiten einer Harfe dringet,
Und, kaum dem irdischen Metall entflohn,
Ein Wohllaut in des Schöpfers Brust erklinget.

Du wirst nicht hingehn wie das Abendrot,
Du wirst nicht stille wie der Stern versinken,
Du stirbst nicht einer Blume leichten Tod,
Kein Morgenstrahl wird deine Seele trinken.

Wohl wirst du hingehn, hingehn ohne Spur,
Doch wird das Elend deine Kraft erst schwächen;
Sanft stirbt es einzig sich in der Natur,
Das arme Menschenherz muß stückweis brechen.

[*A:* 1841]

Wiegenlied

Schlafe, was willst du mehr?
Goethe

Deutschland – auf weichem Pfühle
Mach dir den Kopf nicht schwer!
Im irdischen Gewühle
Schlafe, was willst du mehr?

Laß jede Freiheit dir rauben,
Setze dich nicht zur Wehr,
Du behältst ja den christlichen Glauben:
Schlafe, was willst du mehr?

Und ob man dir alles verböte,
Doch gräme dich nicht zu sehr,
Du hast ja Schiller und Goethe:
Schlafe, was willst du mehr?

Dein König beschützt die Kamele
Und macht sie pensionär,
Dreihundert Taler die Seele:
Schlafe, was willst du mehr?

Es fechten dreihundert *Blätter*
Im Schatten, ein Sparterheer;
Und täglich erfährst du das Wetter:
Schlafe, was willst du mehr?

Kein Kind läuft ohne Höschen
Am Rhein, dem freien, umher:
Mein Deutschland, mein Dornröschen,
Schlafe, was willst du mehr? –

[*A:* 1843]

[Motto: Goethe, „Nachtgesang". – *ohne Höschen:* Sansculotten (Ohnehosen) waren Anhänger der Franz. Revolution nach 1789, die statt der „culotte", der vornehmen Kniehose, lange und meist blau-weiß-rot gestreifte Hosen trugen.]

Bundeslied für den Allgemeinen Deutschen Arbeiterverein

1863

You are many, they are few.
(Eurer sind viele, ihrer sind wenige.)

Bet und arbeit! ruft die Welt,
Bete kurz! denn Zeit ist Geld.
An die Türe pocht die Not –
Bete kurz! denn Zeit ist Brot.

Und du ackerst, und du säst,
Und du nietest, und du nähst,
Und du hämmerst, und du spinnst –
Sag, o Volk, was du gewinnst!

Wirkst am Webstuhl Tag und Nacht,
Schürfst im Erz- und Kohlenschacht,
Füllst des Überflusses Horn,
Füllst es hoch mit Wein und Korn –

Doch wo ist *dein* Mahl bereit?
Doch wo ist *dein* Feierkleid?
Doch wo ist *dein* warmer Herd?
Doch wo ist *dein* scharfes Schwert?

Alles ist dein Werk! o sprich,
Alles, aber nichts für dich!
Und von allem nur allein,
Die du schmiedst, die Kette, dein?

Kette, die den Leib umstrickt,
Die dem Geist die Flügel knickt,
Die am Fuß des Kindes schon
Klirrt – o Volk, das ist dein Lohn.

Was ihr hebt ans Sonnenlicht,
Schätze sind es für den Wicht;
Was ihr webt, es ist der Fluch
Für euch selbst – ins bunte Tuch.

Was ihr baut, kein schützend Dach
Hat's für euch und kein Gemach;
Was ihr kleidet und beschuht,
Tritt auf euch voll Übermut.

Menschenbienen, die Natur,
Gab sie euch den Honig nur?
Seht die Drohnen um euch her!
Habt ihr keinen Stachel mehr?

Mann der Arbeit, aufgewacht!
Und erkenne deine Macht!
Alle Räder stehen still,
Wenn dein starker Arm es will.

Deiner Dränger Schar erblaßt,
Wenn du, müde deiner Last,
In die Ecke lehnst den Pflug,
Wenn du rufst: Es ist genug!

Brecht das Doppeljoch entzwei!
Brecht die Not der Sklaverei!
Brecht die Sklaverei der Not!
Brot ist Freiheit, Freiheit Brot!

[*E:* 1863; *A:* 1877]

[*Allgemeiner Deutscher Arbeiterverein:* am 23.5.1863 in Leipzig gegründet; Vorsitzender: Ferdinand Lassalle (1825–1864).]

Georg Weerth
1822–1856

Die Industrie

Vor ihm sind tausend Jahre wie der Tag,
Der gestern schied mit feierlichem Prangen;
Denn was der Sturm der Zeiten auch zerbrach –
Ihm ist er machtlos nur vorbeigegangen,
Ihm nur, der Menschheit wundervollem Geist,
Den ewig seine eigne Schöne preist,
Der frei entwandelt jeglicher Vernichtung,
Der leuchtend zieht die eigne Bahn und Richtung!

Er wohnte an des Indus heil'ger Flut,
Er stürmte durch der Griechen grüne Felder,
Er strahlt' und blühte in ital'scher Glut
Und sang sein Lied im Dunkel deutscher Wälder.
Er schwebte durch der Meere wüsten Schwall,
Und in des Niagara Donnerfall
Erscholl sein Ruf: „Wie auch die Jahre schreiten:
Ich bin derselbe wie zu alten Zeiten!"

Wohl hat er als das Höchste sich bewährt,
Der Mensch, der kühn die Elemente bändigt,
Der rastlos fort und weiter nur begehrt,
Des Streben nie mit einem Abend endigt,
Dem der Gestirne Wandel so bekannt
Wie seiner Heimat blumenreiches Land,
Dem täglich neue Welten sich erschließen
Zu neuer Tat, zu schönerem Genießen!

Erfindrisch greift er in die Gegenwart:
Da keimt es auf zu schimmernder Gestaltung!
Was ein Jahrhundert ahnungsvoll erharrt,
Es ward, es ist in herrlicher Entfaltung! –
O Toren, die dem Leben ihr entrückt,
Euch stets an alten Wundern nur entzückt;
Die Wunder, so der Gegenwart entsprossen,
Sind groß wie die der Tage, so verflossen! –

Es ging der Mensch durch grüner Wälder Pracht,
Und prüfend wählte er die Riesenfichte;
Er wand das Eisen aus der Berge Schacht
Und trug's empor zum frohen Sonnenlichte.

Drauf, in der Schiffe flutbespültem Raum,
Fuhr er frohlockend zu dem Küstensaum
Entfernter Völker, transatlant'schem Strande
Die Kunde bringend europä'scher Lande.

Und in der Städte dampfumhülltem Schoß,
Wie rast die Flamme wild aus tausend Essen!
In reinen Formen windet es sich los,
Was ungebildet die Natur besessen. –
O wär's dem sel'gen Gotte doch erlaubt,
Aufs neu zu heben sein ambrosisch Haupt:
Hephaistos, säh den Dampf die Bahn er wallen,
Dem Menschen staunend, würd er niederfallen!

Nicht braucht's der Morgenröte Flügel mehr,
Um sich zu betten in den letzten Zonen:
Die eigne Kunst trägt brausend uns einher
Weit durch den großen Garten der Nationen!
Entgegen eilt, was Strom und See getrennt,
Und rings in Millionen Augen brennt
Hell das Bewußtsein, daß die Nacht entschwunden,
Der Mensch den Menschen wieder hat gefunden!

So donnert laut das Ringen unsrer Zeit,
Die Industrie ist Göttin unsren Tagen!
Zwar noch erscheint's, sie halte starr gefeit
Mit Basiliskenblick der Herzen Schlagen;
Denn düster sitzt sie auf dem finstern Thron,
Und geißelnd treibt zu unerhörter Fron,
Tief auf der Stirn des Unheils grausen Stempel,
Den Armen sie zu ihrem kalten Tempel!

Und Menschen opfernd steht sie wieder da,
Des Irrtums unersättliche Begierde;
Weinend verhüllt sein Haupt der Paria,
Indes der andre strahlt in güldner Zierde:
Doch Tränen fließen jedem großen Krieg,
Es führt die Not nur zu gewisserm Sieg!
Und wer sie schmieden lernte, Schwert und Ketten,
Kann mit dem Schwert aus Ketten sich erretten!

Was er verlieh, des Menschen hehrer Geist,
Nicht einem – allen wird es angehören!
Und wie die letzte Kette klirrend reißt
Und wie die letzten Arme sich empören:
Verwandelt steht die dunkle Göttin da –
Beglückt, erfreut ist alles, was ihr nah!
Der Arbeit Not, die niemand lindern wollte,
Sie war's, die selbst den Fels beiseite rollte!

Dann ist's vollbracht! Und in das große Buch,
Das tönend der Geschichte Wunder kündet,
Schreibt man: „Daß jetzt der Mensch sich selbst genug,
Da sich der Mensch am Menschen nur entzündet."
Frei rauscht der Rede lang gedämpfter Klang,
Frei auf der Erde geht des Menschen Gang!
Und die Natur mit zaubervollem Kusse
Lockt die Lebend'gen fröhlich zum Genusse!

[*D:* 1845]

[*gefeit:* sicher, geschützt. – *Basiliskenblick:* böser, stechender Blick.]

Die hundert Männer von Haswell*

Die hundert Männer von Haswell,
Die starben an einem Tag;
Die starben zu einer Stunde;
Die starben auf einen Schlag.

Und als sie still begraben,
Da kamen wohl hundert Fraun;
Wohl hundert Fraun von Haswell,
Gar kläglich anzuschaun.

Sie kamen mit ihren Kindern,
Sie kamen mit Tochter und Sohn:
„Du reicher Herr von Haswell,
Nun gib uns unsern Lohn!"

Der reiche Herr von Haswell,
Der stand nicht lange an;
Er zahlte wohl den Wochenlohn
Für jeden gestorbnen Mann.

Und als der Lohn bezahlet,
Da schloß er die Kiste zu.
Die eisernen Riegel klangen,
Die Weiber weinten dazu.

* In den Kohlengruben zu Haswell kamen im September v. J. hundert Menschen ums Leben. – Das Verdikt lautete: „Visitation of God". Man versicherte aber, es sei dies Unglück durch die Nachlässigkeit der Grubenbesitzer entstanden.

[*D:* 1845]

Das Hungerlied

Verehrter Herr und König,
Weißt du die schlimme Geschicht?
Am Montag aßen wir wenig,
Und am Dienstag aßen wir nicht.

Und am Mittwoch mußten wir darben,
Und am Donnerstag litten wir Not;
Und ach, am Freitag starben
Wir fast den Hungertod!

Drum laß am Samstag backen
Das Brot, fein säuberlich –
Sonst werden wir sonntags packen
Und fressen, o König, dich!

[*D:* 1953]

Friedrich Hebbel
1813–1863

Nachtlied

Quellende, schwellende Nacht,
Voll von Lichtern und Sternen;
In den ewigen Fernen,
Sage, was ist da erwacht!

Herz in der Brust wird beengt,
Steigendes, neigendes Leben,
Riesenhaft fühle ichs weben,
Welches das meine verdrängt.

Schlaf, da nahst du dich leis,
Wie dem Kinde die Amme,
Und um die dürftige Flamme
Ziehst du den schützenden Kreis.

[*E:* 1836; *A:* 1842]

Abendgefühl

Friedlich bekämpfen
Nacht sich und Tag.
Wie das zu dämpfen,
Wie das zu lösen vermag!

Der mich bedrückte,
Schläfst du schon, Schmerz?
Was mich beglückte,
Sage, was wars doch, mein Herz?

Freude, wie Kummer,
Fühl ich, zerrann,
Aber den Schlummer
Führten sie leise heran.

Und im Entschweben,
Immer empor,
Kommt mir das Leben
Ganz wie ein Schlummerlied vor.

[*A:* 1842]

Sie sehn sich nicht wieder

Von dunkelnden Wogen
Hinunter gezogen,
Zwei schimmernde Schwäne, sie schiffen daher,
Die Winde, sie schwellen
Allmählich die Wellen,
Die Nebel, sie senken sich finster und schwer.

Die Schwäne, sie meiden
Einander und leiden,
Nun tun sie es nicht mehr, sie können die Glut
Nicht länger verschließen,
Sie wollen genießen,
Verhüllt von den Nebeln, gewiegt von der Flut.

Sie schmeicheln, sie kosen,
Sie trotzen dem Tosen
Der Wellen, die zweie in eines verschränkt,
Wie die sich auch bäumen,
Sie glühen und träumen,
In Liebe und Wonne zum Sterben versenkt.

Nach innigem Gatten
Ein süßes Ermatten,
Da trennt sie die Woge, bevor sies gedacht.
Laßt ruhn das Gefieder!
Ihr seht euch nicht wieder,
Der Tag ist vorüber, es dämmert die Nacht.

[*A:* 1842]

Aus: Dem Schmerz sein Recht

4

Schlafen, schlafen, nichts als schlafen!
Kein Erwachen, keinen Traum!
Jener Wehen, die mich trafen,
Leisestes Erinnern kaum,
Daß ich, wenn des Lebens Fülle
Nieder klingt in meine Ruh,
Nur noch tiefer mich verhülle,
Fester zu die Augen tu!

[*A:* 1842]

Requiem

Seele, vergiß sie nicht,
Seele, vergiß nicht die Toten!

Sieh, sie umschweben dich,
Schauernd, verlassen,
Und in den heiligen Gluten,
Die den Armen die Liebe schürt,
Atmen sie auf und erwarmen
Und genießen zum letztenmal
Ihr verglimmendes Leben.

Seele, vergiß sie nicht,
Seele, vergiß nicht die Toten!

Sieh, sie umschweben dich,
Schauernd, verlassen,
Und wenn du dich erkaltend
Ihnen verschließest, erstarren sie
Bis hinein in das Tiefste.
Dann ergreift sie der Sturm der Nacht,
Dem sie, zusammengekrampft in sich,
Trotzten im Schoße der Liebe,
Und er jagt sie mit Ungestüm
Durch die unendliche Wüste hin,
Wo nicht Leben mehr ist, nur Kampf
Losgelassener Kräfte
Um erneuertes Sein!

Seele, vergiß sie nicht,
Seele, vergiß nicht die Toten!

[*A:* 1842]

Ich und du

Wir träumten von einander
  Und sind davon erwacht,
Wir leben, um uns zu lieben,
  Und sinken zurück in die Nacht.

Du tratst aus meinem Traume,
  Aus deinem trat ich hervor,
Wir sterben, wenn sich eines
  Im andern ganz verlor.

Auf einer Lilie zittern
  Zwei Tropfen, rein und rund,
Zerfließen in eins und rollen
  Hinab in des Kelches Grund.

[*A:* 1848]

Sommerbild

Ich sah des Sommers letzte Rose stehn,
  Sie war, als ob sie bluten könne, rot;
Da sprach ich schauernd im Vorübergehn:
  „So weit im Leben, ist zu nah am Tod!"

Es regte sich kein Hauch am heißen Tag,
  Nur leise strich ein weißer Schmetterling;
Doch, ob auch kaum die Luft sein Flügelschlag
  Bewegte, sie empfand es und verging.

[*A:* 1848]

Herbstbild

Dies ist ein Herbsttag, wie ich keinen sah!
  Die Luft ist still, als atmete man kaum,
Und dennoch fallen raschelnd, fern und nah,
  Die schönsten Früchte ab von jedem Baum.

O stört sie nicht, die Feier der Natur!
  Dies ist die Lese, die sie selber hält,
Denn heute löst sich von den Zweigen nur,
  Was vor dem milden Strahl der Sonne fällt.

[*A:* 1857]

Theodor Storm
1817–1888

Abseits

Es ist so still; die Heide liegt
Im warmen Mittagssonnenstrahle,
Ein rosenroter Schimmer fliegt
Um ihre alten Gräbermale;
Die Kräuter blühn; der Heideduft
Steigt in die blaue Sommerluft.

Laufkäfer hasten durchs Gesträuch
In ihren goldnen Panzerröckchen.
Die Bienen hängen Zweig um Zweig
Sich an der Edelheide Glöckchen,
Die Vögel schwirren aus dem Kraut –
Die Luft ist voller Lerchenlaut.

Ein halbverfallen, niedrig Haus
Steht einsam hier und sonnbeschienen,
Der Kätner lehnt zur Tür hinaus,
Behaglich blinzelnd nach den Bienen;
Sein Junge auf dem Stein davor
Schnitzt Pfeifen sich aus Kälberrohr.

Kaum zittert durch die Mittagsruh
Ein Schlag der Dorfuhr, der entfernten;
Dem Alten fällt die Wimper zu,
Er träumt von seinen Honigernten.
–Kein Klang der aufgeregten Zeit
Drang noch in diese Einsamkeit.

[*D:* 1848]

August
Inserat

Die verehrlichen Jungen, welche heuer
Meine Äpfel und Birnen zu stehlen gedenken,
Ersuche ich höflichst, bei diesem Vergnügen
Womöglich insoweit sich zu beschränken,
Daß sie daneben auf den Beeten
Mir die Wurzeln und Erbsen nicht zertreten.

[*D:* 1849]

Käuzlein

Da sitzt der Kauz im Ulmenbaum
Und heult und heult im Ulmenbaum.
Die Welt hat für uns beide Raum!
Was heult der Kauz im Ulmenbaum
Von Sterben und von Sterben?

Und über'n Weg die Nachtigall,
Genüber pfeift die Nachtigall.
O weh, die Lieb ist gangen all!
Was pfeift so süß die Nachtigall
Von Liebe und von Liebe?

Zur Rechten hell ein Liebeslied,
Zur Linken grell ein Sterbelied!
Ach, bleibt denn nichts, wenn Liebe schied,
Denn nichts als nur ein Sterbelied
Kaum wegbreit noch hinüber?

[*D:* 1843]

Hyazinthen

Fern hallt Musik; doch hier ist stille Nacht,
Mit Schlummerduft anhauchen mich die Pflanzen;
Ich habe immer, immer dein gedacht;
Ich möchte schlafen, aber du mußt tanzen.

Es hört nicht auf, es rast ohn Unterlaß;
Die Kerzen brennen und die Geigen schreien,
Es teilen und es schließen sich die Reihen,
Und alle glühen; aber du bist blaß.

Und du mußt tanzen; fremde Arme schmiegen
Sich an dein Herz; o leide nicht Gewalt!
Ich seh dein weißes Kleid vorüberfliegen
Und deine leichte, zärtliche Gestalt. ––

Und süßer strömend quillt der Duft der Nacht
Und träumerischer aus dem Kelch der Pflanzen.
Ich habe immer, immer dein gedacht;
Ich möchte schlafen, aber du mußt tanzen.

[*A:* 1852]

Oktoberlied

Der Nebel steigt, es fällt das Laub;
Schenk ein den Wein, den holden!
Wir wollen uns den grauen Tag
Vergolden, ja vergolden!

Und geht es draußen noch so toll,
Unchristlich oder christlich,
Ist doch die Welt, die schöne Welt,
So gänzlich unverwüstlich!

Und wimmert auch einmal das Herz –
Stoß an und laß es klingen!
Wir wissen's doch, ein rechtes Herz
Ist gar nicht umzubringen.

Der Nebel steigt, es fällt das Laub;
Schenk ein den Wein, den holden!
Wir wollen uns den grauen Tag
Vergolden, ja vergolden!

Wohl ist es Herbst; doch warte nur,
Doch warte nur ein Weilchen!
Der Frühling kommt, der Himmel lacht,
Es steht die Welt in Veilchen.

Die blauen Tage brechen an,
Und ehe sie verfließen,
Wir wollen sie, mein wackrer Freund,
Genießen, ja genießen!

[*A:* 1852]

Die Stadt

Am grauen Strand, am grauen Meer
Und seitab liegt die Stadt;
Der Nebel drückt die Dächer schwer,
Und durch die Stille braust das Meer
Eintönig um die Stadt.

Es rauscht kein Wald, es schlägt im Mai
Kein Vogel ohn Unterlaß;
Die Wandergans mit hartem Schrei
Nur fliegt in Herbstesnacht vorbei,
Am Strande weht das Gras.

Doch hängt mein ganzes Herz an dir,
Du graue Stadt am Meer;
Der Jugend Zauber für und für
Ruht lächelnd doch auf dir, auf dir,
Du graue Stadt am Meer.

[*A:* 1852]

Meeresstrand

Ans Haff nun fliegt die Möve,
Und Dämmrung bricht herein;
Über die feuchten Watten
Spiegelt der Abendschein.

Graues Geflügel huschet
Neben dem Wasser her;
Wie Träume liegen die Inseln
Im Nebel auf dem Meer.

Ich höre des gärenden Schlammes
Geheimnisvollen Ton,
Einsames Vogelrufen –
So war es immer schon.

Noch einmal schauert leise
Und schweiget dann der Wind;
Vernehmlich werden die Stimmen,
Die über der Tiefe sind.

[*A:* 1856]

Über die Heide

Über die Heide hallet mein Schritt;
Dumpf aus der Erde wandert es mit.

Herbst ist gekommen, Frühling ist weit –
Gab es denn einmal selige Zeit?

Brauende Nebel geisten umher;
Schwarz ist das Kraut und der Himmel so leer.

Wär ich hier nur nicht gegangen im Mai!
Leben und Liebe, – wie flog es vorbei!

[*D:* 1875]

Gottfried Keller
1819–1890

Aus: Nacht

V

Willkommen, klare Sommernacht,
Die auf tautrunknen Fluren liegt!
Gegrüßt mir, goldne Sternenpracht,
Die spielend sich im Weltraum wiegt!

Das Urgebirge um mich her
Ist schweigend, wie mein Nachtgebet!
Weit hinter ihm hör ich das Meer
Im Geist, und wie die Brandung geht!

Ich höre einen Flötenton,
Den mir der Wind von Westen bringt,
Indes herauf im Osten schon
Die Ahnung leis vom Tage dringt.

Ich sinne, wo in weiter Welt
Jetzt sterben mag ein Menschenkind?
Und ob vielleicht den Einzug hält
Ganz still ein lächelnd Heldenkind?

Doch wie nun auf dem Erdental
Ein unergründlich Schweigen ruht:
Ich fühle mich so leicht zumal
Und wie die Welt so still und gut.

Der letzte leise Schmerz und Spott
Verschwindet aus des Herzens Grund;
Mir ist, als tät der alte Gott
Mir endlich seinen Namen kund.

[*A:* 1846]

VI

Wende dich, du kleiner Stern,
Erde! wo ich lebe,
Daß mein Aug, der Sonne fern,
Sternenwärts sich hebe!

Heilig ist die Sternenzeit,
Öffnet alle Grüfte!
Strahlende Unsterblichkeit
Wandelt durch die Lüfte.

Mag die Sonne nun bislang
Andern Zonen scheinen:
Hier fühl ich Zusammenhang
Mit dem All und Einen!

Hohe Lust! im dunkeln Tal,
Selber ungesehen,
Durch den majestät'schen Saal
Atmend mitzugehen!

Schwinge dich, o grünes Rund,
In die Morgenröte!
Scheidend rückwärts singt mein Mund
Jubelnde Gebete!

[*A:* 1846]

Aus: Gaselen

1847

III

Wie schlafend unterm Flügel ein Pfau den Schnabel hält,
Von luftgen Vogelträumen die blaue Brust geschwellt,
Geduckt auf einem Fuße, dann plötzlich oft einmal,
Im Traume phantasierend, das Funkelrad er stellt:
So hing betäubt und trunken, ausreckend Berg und Tal,
Der große Wundervogel in tiefem Schlaf, die Welt.
So schwoll der blaue Himmel von Träumen ohne Zahl,
Mit leisem Knistern schlug er ein Rad, das Sternenzelt.

[*A:* 1851]

Aus: Aus dem Leben

1849

I

Ich hab in kalten Wintertagen,
In dunkler, hoffnungsarmer Zeit
Ganz aus dem Sinne dich geschlagen,
O Trugbild der Unsterblichkeit.

Nun, da der Sommer glüht und glänzet,
Nun seh ich, daß ich wohlgetan!
Aufs neu hab ich das Haupt bekränzet,
Im Grabe aber ruht der Wahn.

Ich fahre auf dem klaren Strome,
Er rinnt mir kühlend durch die Hand,
Ich schau hinauf zum blauen Dome
Und such – kein beßres Vaterland.

Nun erst versteh ich, die da blühet,
O Lilie, deinen stillen Gruß:
Ich weiß, wie sehr das Herz auch glühet,
Daß ich wie du vergehen muß!

Seid mir gegrüßt ihr holden Rosen
In eures Daseins flüchtgem Glück!
Ich wende mich vom Schrankenlosen
Zu eurer Anmut froh zurück!

Zu glühn, zu blühn und ganz zu leben,
Das lehret euer Duft und Schein,
Und willig dann sich hinzugeben
Dem ewigen Nimmerwiedersein!

II

Die Zeit geht nicht, sie stehet still,
Wir ziehen durch sie hin;
Sie ist ein Karawanserei,
Wir sind die Pilger drin.

Ein Etwas, form- und farbenlos,
Das nur Gestalt gewinnt,
Wo ihr drin auf und nieder taucht,
Bis wieder ihr zerrinnt.

Es blitzt ein Tropfen Morgentau
Im Strahl des Sonnenlichts –
Ein Tag kann eine Perle sein
Und hundert Jahre – Nichts!

Es ist ein weißes Pergament
Die Zeit, und jeder schreibt
Mit seinem besten Blut darauf,
Bis ihn der Strom vertreibt.

An dich, du wunderbare Welt,
Du Schönheit ohne End,
Schreib ich 'nen kurzen Liebesbrief
Auf dieses Pergament.

Froh bin ich, daß ich aufgetaucht
In deinem runden Kranz;
Zum Dank trüb ich die Quelle nicht
Und lobe deinen Glanz!

[*A:* 1851]

[*Karawanserei:* Unterkunft für Karawanen.]

Sommernacht

Es wallt das Korn weit in die Runde
Und wie ein Meer dehnt es sich aus;
Doch liegt auf seinem stillen Grunde
Nicht Seegewürm, noch andrer Graus:
Da träumen Blumen nur von Kränzen
Und trinken der Gestirne Schein.
O goldnes Meer, dein friedlich Glänzen
Saugt meine Seele gierig ein!

In meiner Heimat grünen Talen,
Da herrscht ein alter schöner Brauch;
Wann hell die Sommersterne strahlen,
Der Glühwurm schimmert durch den Strauch:
Dann geht ein Flüstern und ein Winken,
Das sich dem Ährenfelde naht,
Da geht ein nächtlich Silberblinken
Von Sicheln durch die goldne Saat.

Das sind die Bursche, jung und wacker,
Die sammeln sich im Feld zu Hauf
Und suchen den gereiften Acker
Der Witwe oder Waise auf,
Die keines Vaters, keiner Brüder
Und keines Knechtes Hilfe weiß –
Ihr schneiden sie den Segen nieder,
Die reinste Lust ziert ihren Fleiß.

Schon sind die Garben fest gebunden
Und schön in einen Kranz gebracht;
Wie lieblich flohn die stillen Stunden,
Es war ein Spiel in kühler Nacht!
Nun wird geschwärmt und hell gesungen
Im Garbenkreis, bis Morgenduft
Die nimmermüden, braunen Jungen
Zur eignen schweren Arbeit ruft.

[*A:* 1851/54]

Abendlied

Augen, meine lieben Fensterlein,
Gebt mir schon so lange holden Schein,
Lasset freundlich Bild um Bild herein:
Einmal werdet ihr verdunkelt sein!

Fallen einst die müden Lider zu,
Löscht ihr aus, dann hat die Seele Ruh;
Tastend streift sie ab die Wanderschuh,
Legt sich auch in ihre finstre Truh.

Noch zwei Fünklein sieht sie glimmend stehn,
Wie zwei Sternlein innerlich zu sehn,
Bis sie schwanken und dann auch vergehn,
Wie von eines Falters Flügelwehn.

Doch noch wandl ich auf dem Abendfeld,
Nur dem sinkenden Gestirn gesellt;
Trinkt, o Augen, was die Wimper hält,
Von dem goldnen Überfluß der Welt!

[*A:* 1883]

Aus: Parteileben

Wer *über* den Partein sich wähnt mit stolzen Mienen,
Der steht zumeist vielmehr beträchtlich *unter* ihnen.

*

Trau keinem, der nie Partei genommen
Und immer im Trüben ist geschwommen!
Doch wird dir jener auch nicht frommen,
Der nie darüber hinaus will kommen.

*

Betrachtet eurer Gegner Schwächen
Und lernt, am besten euch zu rächen,
Das eigne Unkraut auszustechen!

[*A:* 1883]

Conrad Ferdinand Meyer
1825–1898

Eingelegte Ruder

Meine eingelegten Ruder triefen,
Tropfen fallen langsam in die Tiefen.

Nichts das mich verdroß! Nichts das mich freute!
Niederrinnt ein schmerzenloses Heute!

Unter mir – ach, aus dem Licht verschwunden –
Träumen schon die schönern meiner Stunden.

Aus der blauen Tiefe ruft das Gestern:
Sind im Licht noch manche meiner Schwestern?

[*D:* 1869]

Der römische Brunnen

Aufsteigt der Strahl und fallend gießt
Er voll der Marmorschale Rund,
Die, sich verschleiernd, überfließt
In einer zweiten Schale Grund;
Die zweite gibt, sie wird zu reich,
Der dritten wallend ihre Flut,
Und jede nimmt und gibt zugleich
Und strömt und ruht.

[*D:* 1869]

Möwenflug

Möwen sah um einen Felsen kreisen
Ich in unermüdlich gleichen Gleisen,
Auf gespannter Schwinge schweben bleibend,
Eine schimmernd weiße Bahn beschreibend,
Und zugleich in grünem Meeresspiegel
Sah ich um dieselben Felsenspitzen
Eine helle Jagd gestreckter Flügel
Unermüdlich durch die Tiefe blitzen.
Und der Spiegel hatte solche Klarheit,
Daß sich anders nicht die Flügel hoben
Tief im Meer, als hoch in Lüften oben,
Daß sich völlig glichen Trug und Wahrheit.

Allgemach beschlich es mich wie Grauen,
Schein und Wesen so verwandt zu schauen,
Und ich fragte mich, am Strand verharrend,
Ins gespenstische Geflatter starrend:
Und du selber? Bist du echt beflügelt?
Oder nur gemalt und abgespiegelt?
Gaukelst du im Kreis mit Fabeldingen?
Oder hast du Blut in deinen Schwingen?

[*D:* 1881]

Schwarzschattende Kastanie

Schwarzschattende Kastanie,
Mein windgeregtes Sommerzelt,
Du senkst zur Flut dein weit Geäst,
Dein Laub, es durstet und es trinkt,
Schwarzschattende Kastanie!
Im Porte badet junge Brut
Mit Hader oder Lustgeschrei,
Und Kinder schwimmen leuchtend weiß
Im Gitter deines Blätterwerks,
Schwarzschattende Kastanie!
Und dämmern See und Ufer ein
Und rauscht vorbei das Abendboot,
So zuckt aus roter Schiffslatern
Ein Blitz und wandert auf dem Schwung
Der Flut, gebrochnen Lettern gleich,
Bis unter deinem Laub erlischt
Die rätselhafte Flammenschrift,
Schwarzschattende Kastanie!

[*A:* 1882]

Nachtgeräusche

Melde mir die Nachtgeräusche, Muse,
Die ans Ohr des Schlummerlosen fluten!
Erst das traute Wachtgebell der Hunde,
Dann der abgezählte Schlag der Stunde,
Dann ein Fischer-Zwiegespräch am Ufer,
Dann? Nichts weiter als der ungewisse
Geisterlaut der ungebrochnen Stille,
Wie das Atmen eines jungen Busens,
Wie das Murmeln eines tiefen Brunnens,
Wie das Schlagen eines dumpfen Ruders,
Dann der ungehörte Tritt des Schlummers.

[*A:* 1882]

Schwüle

Trüb verglomm der schwüle Sommertag,
Dumpf und traurig tönt mein Ruderschlag –
Sterne, Sterne – Abend ist es ja –
Sterne, warum seid ihr noch nicht da?

Bleich das Leben! Bleich der Felsenhang!
Schilf, was flüsterst du so frech und bang?
Fern der Himmel und die Tiefe nah –
Sterne, warum seid ihr noch nicht da?

Eine liebe, liebe Stimme ruft
Mich beständig aus der Wassergruft –
Weg, Gespenst, das oft ich winken sah!
Sterne, Sterne, seid ihr nicht mehr da?

Endlich, endlich durch das Dunkel bricht –
Es war Zeit! – ein schwaches Flimmerlicht –
Denn ich wußte nicht wie mir geschah.
Sterne, Sterne, bleibt mir immer nah!

[*A:* 1882]

Zwei Segel

Zwei Segel erhellend
Die tiefblaue Bucht!
Zwei Segel sich schwellend
Zu ruhiger Flucht!

Wie eins in den Winden
Sich wölbt und bewegt,
Wird auch das Empfinden
Des andern erregt.

Begehrt eins zu hasten,
Das andre geht schnell,
Verlangt eins zu rasten,
Ruht auch sein Gesell.

[*A:* 1882]

Im Spätboot

Aus der Schiffsbank mach ich meinen Pfühl,
Endlich wird die heiße Stirne kühl!
O wie süß erkaltet mir das Herz!
O wie weich verstummen Lust und Schmerz!
Über mir des Rohres schwarzer Rauch
Wiegt und biegt sich in des Windes Hauch.
Hüben hier und wieder drüben dort
Hält das Boot an manchem kleinen Port:
Bei der Schiffslaterne kargem Schein
Steigt ein Schatten aus und niemand ein.
Nur der Steurer noch, der wacht und steht!
Nur der Wind, der mir im Haare weht!
Schmerz und Lust erleiden sanften Tod:
Einen Schlummrer trägt das dunkle Boot.

[*A:* 1882]

Die Füße im Feuer

Wild zuckt der Blitz. In fahlem Lichte steht ein Turm.
Der Donner rollt. Ein Reiter kämpft mit seinem Roß,
Springt ab und pocht ans Tor und lärmt. Sein Mantel saust
Im Wind. Er hält den scheuen Fuchs am Zügel fest.
Ein schmales Gitterfenster schimmert goldenhell
Und knarrend öffnet jetzt das Tor ein Edelmann...

„Ich bin ein Knecht des Königs, als Kurier geschickt
Nach Nîmes. Herbergt mich! Ihr kennt des Königs Rock!"
„Es stürmt. Mein Gast bist du. Dein Kleid, was kümmert's mich?
Tritt ein und wärme dich! Ich sorge für dein Tier!"
Der Reiter tritt in einen dunkeln Ahnensaal,
Von eines weiten Herdes Feuer schwach erhellt,
Und je nach seines Flackerns launenhaftem Licht
Droht hier ein Hugenott im Harnisch, dort ein Weib,
Ein stolzes Edelweib aus braunem Ahnenbild...
Der Reiter wirft sich in den Sessel vor dem Herd
Und starrt in den lebendgen Brand. Er brütet, gafft...
Leis sträubt sich ihm das Haar. Er kennt den Herd, den Saal...
Die Flamme zischt. Zwei Füße zucken in der Glut.

Den Abendtisch bestellt die greise Schaffnerin
Mit Linnen blendend weiß. Das Edelmägdlein hilft.
Ein Knabe trug den Krug mit Wein. Der Kinder Blick
Hangt schreckensstarr am Gast und hangt am Herd entsetzt...
Die Flamme zischt. Zwei Füße zucken in der Glut.
„Verdammt! Dasselbe Wappen! Dieser selbe Saal!
Drei Jahre sind's... Auf einer Hugenottenjagd...
Ein fein, halsstarrig Weib... ‚Wo steckt der Junker? Sprich!'
Sie schweigt. ‚Bekenn!' Sie schweigt. ‚Gib ihn heraus!' Sie schweigt.
Ich werde wild. *Der* Stolz! Ich zerre das Geschöpf...

Die nackten Füße pack ich ihr und strecke sie
Tief mitten in die Glut... ‚Gib ihn heraus!' ...Sie schweigt...
Sie windet sich... Sahst du das Wappen nicht am Tor?
Wer hieß dich hier zu Gaste gehen, dummer Narr?
Hat er nur einen Tropfen Bluts, erwürgt er dich."
Eintritt der Edelmann. „Du träumst! Zu Tische, Gast..."

Da sitzen sie. Die drei in ihrer schwarzen Tracht
Und er. Doch keins der Kinder spricht das Tischgebet.
Ihn starren sie mit aufgerißnen Augen an –
Den Becher füllt und übergießt er, stürzt den Trunk,
Springt auf: „Herr, gebet jetzt mir meine Lagerstatt!
Müd bin ich wie ein Hund!" Ein Diener leuchtet ihm,
Doch auf der Schwelle wirft er einen Blick zurück
Und sieht den Knaben flüstern in des Vaters Ohr...
Dem Diener folgt er taumelnd in das Turmgemach.

Fest riegelt er die Tür. Er prüft Pistol und Schwert.
Gell pfeift der Sturm. Die Diele bebt. Die Decke stöhnt.
Die Treppe kracht... Dröhnt hier ein Tritt?... Schleicht dort ein Schritt?...
Ihn täuscht das Ohr. Vorüberwandelt Mitternacht.
Auf seinen Lidern lastet Blei und schlummernd sinkt
Er auf das Lager. Draußen plätschert Regenflut.

Er träumt. „Gesteh!" Sie schweigt. „Gib ihn heraus!" Sie schweigt.
Er zerrt das Weib. Zwei Füße zucken in der Glut.
Aufsprüht und zischt ein Feuermeer, das ihn verschlingt...
„Erwach! Du solltest längst von hinnen sein! Es tagt!"
Durch die Tapetentür in das Gemach gelangt,
Vor seinem Lager steht des Schlosses Herr – ergraut,
Dem gestern dunkelbraun sich noch gekraust das Haar.

Sie reiten durch den Wald. Kein Lüftchen regt sich heut.
Zersplittert liegen Ästetrümmer quer im Pfad.
Die frühsten Vöglein zwitschern, halb im Traume noch.
Friedsel'ge Wolken schwimmen durch die klare Luft,
Als kehrten Engel heim von einer nächtgen Wacht.
Die dunkeln Schollen atmen kräftgen Erdgeruch.
Die Ebne öffnet sich. Im Felde geht ein Pflug.
Der Reiter lauert aus den Augenwinkeln: „Herr,
Ihr seid ein kluger Mann und voll Besonnenheit
Und wißt, daß ich dem größten König eigen bin.
Lebt wohl. Auf Nimmerwiedersehn!" Der andre spricht:
„Du sagst's! dem größten König eigen! Heute ward
Sein Dienst mir schwer... Gemordet hast du teuflisch mir
Mein Weib! Und lebst!... Mein ist die Rache, redet Gott."

[*A:* 1864]

Auf dem Canal grande

Auf dem Canal grande betten
Tief sich ein die Abendschatten,
Hundert dunkle Gondeln gleiten
Als ein flüsterndes Geheimnis.

Aber zwischen zwei Palästen
Glüht herein die Abendsonne,
Flammend wirft sie einen grellen
Breiten Streifen auf die Gondeln.

In dem purpurroten Lichte
Laute Stimmen, hell Gelächter,
Überredende Gebärden
Und das frevle Spiel der Augen.

Eine kurze kleine Strecke
Treibt das Leben leidenschaftlich
Und erlischt im Schatten drüben
Als ein unverständlich Murmeln.

[*D:* 1889]

Emanuel Geibel
1815–1884

Die stille Wasserrose
Steigt aus dem blauen See,
Die feuchten Blätter zittern,
Der Kelch ist weiß wie Schnee.

Da gießt der Mond vom Himmel
All seinen goldnen Schein,
Gießt alle seine Strahlen
In ihren Schoß hinein.

Im Wasser um die Blume
Kreiset ein weißer Schwan;
Er singt so süß, so leise
Und schaut die Blume an.

Er singt so süß, so leise
Und will im Singen vergehn –
O Blume, weiße Blume,
Kannst du das Lied verstehn?

[*A:* 1840]

Für Musik

Nun die Schatten dunkeln,
Stern an Stern erwacht:
Welch ein Hauch der Sehnsucht
Flutet in der Nacht!

Durch das Meer der Träume
Steuert ohne Ruh,
Steuert meine Seele
Deiner Seele zu.

Die sich dir ergeben,
Nimm sie ganz dahin!
Ach, du weißt, daß nimmer
Ich mein eigen bin.

[*A:* 1848]

Deutschlands Beruf

1861

Soll's denn ewig von Gewittern
Am umwölkten Himmel braun?
Soll denn stets der Boden zittern,
Drauf wir unsre Hütten baun?
Oder wollt ihr mit den Waffen
Endlich Rast und Frieden schaffen?

Daß die Welt nicht mehr, in Sorgen
Um ihr leichterschüttert Glück,
Täglich bebe vor dem Morgen,
Gebt ihr ihren Kern zurück!
Macht Europas Herz gesunden,
Und das Heil ist euch gefunden.

Einen Hort geht aufzurichten,
Einen Hort im deutschen Land!
Sucht zum Lenken und zum Schlichten
Eine schwerterprobte Hand,
Die den güldnen Apfel halte
Und des Reichs in Treuen walte.

Sein gefürstet Banner trage
Jeder Stamm, wie er's erkor,
Aber über alle rage
Stolzentfaltet eins empor,
Hoch, im Schmuck der Eichenreiser,
Wall' es vor dem deutschen Kaiser.

Wenn die heilge Krone wieder
Eine hohe Scheitel schmückt,
Aus dem Haupt durch alle Glieder
Stark ein einger Wille zückt,
Wird im Völkerrat vor allen
Deutscher Spruch aufs neu erschallen.

Dann nicht mehr zum Weltgesetze
Wird die Laun' am Seinestrom,
Dann vergeblich seine Netze
Wirft der Fischer aus in Rom,
Länger nicht mit seinen Horden
Schreckt uns der Koloß im Norden.

Macht und Freiheit, Recht und Sitte,
Klarer Geist und scharfer Hieb
Zügeln dann aus starker Mitte
Jeder Selbstsucht wilden Trieb,
Und es mag am deutschen Wesen
Einmal noch die Welt genesen.

[*E:* 1861; *A:* 1871]

[*güldner Apfel:* der Reichsapfel, eine Kugel (Weltkugel) mit Kreuz (als Zeichen christl. Weltherrschaft), ist neben Krone und Zepter ein Sinnbild der Königs- oder Kaiserherrschaft; gehört zu den ‚Reichskleinodien'. – *Fischer:* der Papst. – *Koloß im Norden:* Rußland.] ▷

Wilhelm Busch
1832–1908

Es sitzt ein Vogel auf dem Leim,
Er flattert sehr und kann nicht heim.
Ein schwarzer Kater schleicht herzu,
Die Krallen scharf, die Augen gluh.
Am Baum hinauf und immer höher
Kommt er dem armen Vogel näher.

Der Vogel denkt: Weil das so ist
Und weil mich doch der Kater frißt,
So will ich keine Zeit verlieren,
Will noch ein wenig quinquilieren
Und lustig pfeifen wie zuvor.
Der Vogel, scheint mir, hat Humor.

[*A:* 1874]

Wirklich, er war unentbehrlich!
Überall, wo was geschah
Zu dem Wohle der Gemeinde,
Er war tätig, er war da.

Schützenfest, Kasinobälle,
Pferderennen, Preisgericht,
Liedertafel, Spritzenprobe,
Ohne ihn da ging es nicht.

Ohne ihn war nichts zu machen,
Keine Stunde hatt er frei.
Gestern, als sie ihn begruben,
War er richtig auch dabei.

[*A:* 1874]

Die Liebe war nicht geringe.
Sie wurden ordentlich blaß;
Sie sagten sich tausend Dinge
Und wußten noch immer was.

Sie mußten sich lange quälen.
Doch schließlich kam's dazu,
Daß sie sich konnten vermählen.
Jetzt haben die Seelen Ruh.

Bei eines Strumpfes Bereitung
Sitzt sie im Morgenhabit;
Er liest in der Kölnischen Zeitung
Und teilt ihr das Nötige mit.

[*A:* 1874]

[*Morgenhabit:* Morgenkleidung.]

Fink und Frosch

Im Apfelbaume pfeift der Fink
Sein Pinkepink!
Ein Laubfrosch klettert mühsam nach
Bis auf des Baumes Blätterdach
Und bläht sich auf und quakt: „Ja ja!
Herr Nachbar, ick bin och noch da!"

Und wie der Vogel frisch und süß
Sein Frühlingslied erklingen ließ,
Gleich muß der Frosch in rauhen Tönen
Den Schusterbaß dazwischen dröhnen.

„Juchheija heija!" spricht der Fink.
„Fort flieg ich flink!"
Und schwingt sich in die Lüfte hoch.

„Wat!" ruft der Frosch, „dat kann ick och!"
Macht einen ;ungeschickten Satz,
Fällt auf den harten Gartenplatz,
Ist platt, wie man die Kuchen backt,
Und hat für ewig ausgequakt.

Wenn einer, der mit Mühe kaum
Geklettert ist auf einen Baum,
Schon meint, daß er ein Vogel wär,
So irrt sich der.

[*A:* 1904]

THEODOR FONTANE
1819–1898

Mittag

Am Waldessaume träumt die Föhre,
Am Himmel weiße Wölkchen nur;
Es ist so still, daß ich sie *höre*,
Die tiefe Stille der Natur.

Rings Sonnenschein auf Wies' und Wegen,
Die Wipfel stumm, kein Lüftchen wach,
Und doch, es klingt, als ström ein Regen
Leis tönend auf das Blätterdach.

[*A:* 1875]

Es kribbelt und wibbelt weiter

Die Flut steigt bis an den Ararat,
Und es hilft keine Rettungsleiter,
Da bringt die Taube Zweig und Blatt –
Und es kribbelt und wibbelt weiter.

Es sicheln und mähen von Ost nach West
Die apokalyptischen Reiter,
Aber ob Hunger, ob Krieg, ob Pest,
Es kribbelt und wibbelt weiter.

Ein Gott wird gekreuzigt auf Golgatha,
Es brennen Millionen Scheiter,
Märtyrer hier und Hexen da,
Doch es kribbelt und wibbelt weiter.

So banne dein Ich in dich zurück
Und ergib dich und sei heiter;
Was liegt an dir und deinem Glück?
Es kribbelt und wibbelt weiter.

[*A:* 1889]

Meine Gräber

Kein Erbbegräbnis mich stolz erfreut,
Meine Gräber liegen weit zerstreut,
Weit zerstreut über Stadt und Land,
Aber all in märkischem Sand.

Verfallene Hügel, die Schwalben ziehn,
Vorüber schlängelt sich der Rhin,
Über weiße Steine, zerbröckelt all,
Blickt der alte Ruppiner Wall,
Die Buchen stehn, die Eichen rauschen,
Die Gräberbüsche Zwiesprach tauschen
Und Haferfelder weit auf und ab –
Da ist meiner Mutter Grab.

Und ein andrer Platz, dem verbunden ich bin:
Berglehnen, die Oder fließt dran hin,
Zieht vorüber in trägem Lauf,
Gelbe Mummeln schwimmen darauf.
Am Ufer Werft und Schilf und Rohr
Und am Abhange schimmern Kreuze hervor,
Auf eines fällt heller Sonnenschein –
Da hat mein Vater seinen Stein.

Der dritte, seines Todes froh,
Liegt auf dem weiten Teltow-Plateau,
Dächer von Ziegel, Dächer von Schiefer,
Dann und wann eine Krüppelkiefer,
Ein stiller Graben die Wasserscheide,
Birken hier, und da eine Weide,
Zuletzt eine Pappel am Horizont –
Im Abendstrahle sie sich sonnt.
Auf den Gräbern Blumen und Aschenkrüge,
Vorüber in Ferne rasseln die Züge,
Still bleibt das Grab und der Schläfer drin –
Der Wind, der Wind geht drüber hin.

[*A:* 1889]

[*meiner Mutter Grab:* Emilie Fontanes (1798–1869) Grab liegt auf dem alten Ruppiner Friedhof. – *mein Vater:* Louis Henri Fontane (1796–1867) ist in Schiffsmühle bei Freienwalde/Oder begraben. – *Der dritte:* Fontanes Sohn George (1851–1887), Hauptmann und Lehrer beim Lichterfelder Kadettenkorps in Berlin, wurde in Lichterfelde bestattet.

Ausgang

Immer enger, leise, leise
Ziehen sich die Lebenskreise,
Schwindet hin, was prahlt und prunkt,
Schwindet Hoffen, Hassen, Lieben,
Und ist nichts in Sicht geblieben
Als der letzte dunkle Punkt.

[*A:* 1889]

Würd es mir fehlen, würd ichs vermissen?

Heute früh, nach gut durchschlafener Nacht,
Bin ich wieder aufgewacht.
Ich setzte mich an den Frühstückstisch,
Der Kaffee war warm, die Semmel war frisch,
Ich habe die Morgenzeitung gelesen
(Es sind wieder Avancements gewesen).
Ich trat ans Fenster, ich sah hinunter,
Es trabte wieder, es klingelte munter,
Eine Schürze (beim Schlächter) hing über dem Stuhle,
Kleine Mädchen gingen nach der Schule –
Alles war freundlich, alles war nett,
Aber wenn ich weiter geschlafen hätt
Und tät von alledem nichts wissen,
Würd es mir fehlen, würd ichs vermissen?

[*A:* 1889]

[*Avancements:* Beförderungen.]

Aber wir lassen es andere machen

Ein Chinese ('s sind schon an zweihundert Jahr)
In Frankreich auf einem Hofball war.
Und die einen frugen ihn: ob er das kenne?
Und die andern frugen ihn: wie man es nenne?
„Wir nennen es tanzen", sprach er mit Lachen,
„Aber wir lassen es *andere* machen."

Und dieses Wort, seit langer Frist,
Mir immer in Erinnerung ist.
Ich seh das Rennen, ich seh das Jagen,
Und wenn mich die Menschen umdrängen und fragen,
„Was tust du nicht mit? Warum stehst du beiseit?"
So sag ich: „Alles hat seine Zeit.
Auch die Jagd nach dem Glück. All derlei Sachen,
Ich lasse sie längst durch andere machen."

[*A:* 1889]

Die Brück am Tay

(28. Dezember 1879)

When shall we three meet again.
Macbeth

„Wann treffen wir drei wieder zusamm?"
„Um die siebente Stund, am Brückendamm."
„Am Mittelpfeiler."
„Ich lösche die Flamm."
„Ich mit."
„Ich komme von Norden her."
„Und ich von Süden."
„Und ich vom Meer."
„Hei, das gibt einen Ringelreihn,
Und die Brücke muß in den Grund hinein."

„Und der Zug, der in die Brücke tritt
Um die siebente Stund?"
„Ei, der muß mit."

„Muß mit."
„Tand, Tand,
Ist das Gebilde von Menschenhand!"

Auf der *Norder*seite, das Brückenhaus –
Alle Fenster sehen nach Süden aus,
Und die Brücknersleut ohne Rast und Ruh
Und in Bangen sehen nach Süden zu,
Sehen und warten, ob nicht ein Licht
Übers Wasser hin „Ich komme" spricht,
„Ich komme, trotz Nacht und Sturmesflug,
Ich, der Edinburger Zug."

Und der Brückner jetzt: „Ich seh einen Schein
Am anderen Ufer. Das muß er sein.
Nun, Mutter, weg mit dem bangen Traum,
Unser Johnie kommt und will seinen Baum,
Und was noch am Baume von Lichtern ist,
Zünd alles an wie zum Heiligen Christ,
Der will heuer *zweimal* mit uns sein –
Und in elf Minuten ist er herein."

Und es war der Zug. Am *Süder*turm
Keucht er vorbei jetzt gegen den Sturm,
Und Johnie spricht: „Die Brücke noch!
Aber was tut es, wir zwingen es doch.
Ein fester Kessel, ein doppelter Dampf,
Die bleiben Sieger in solchem Kampf.
Und wie's auch rast und ringt und rennt,
Wir kriegen es unter: das Element.

Und unser Stolz ist unsre Brück;
Ich lache, denk ich an früher zurück,
An all den Jammer und all die Not
Mit dem elend alten Schifferboot;
Wie manche liebe Christfestnacht
Hab ich im Fährhaus zugebracht
Und sah unsrer Fenster lichten Schein
Und zählte und konnte nicht drüben sein."

Auf der Norderseite, das Brückenhaus –
Alle Fenster sehen nach Süden aus,
Und die Brücknersleut ohne Rast und Ruh
Und in Bangen sehen nach Süden zu;
Denn wütender wurde der Winde Spiel,
Und jetzt, als ob Feuer vom Himmel fiel',
Erglüht es in niederschießender Pracht
Überm Wasser unten... Und wieder ist Nacht.

„Wann treffen wir drei wieder zusamm?"
„Um Mitternacht, am Bergeskamm."
„Auf dem hohen Moor, am Erlenstamm."
„Ich komme."
„Ich mit."
„Ich nenn euch die Zahl."
„Und ich die Namen."
„Und ich die Qual."
„Hei!
Wie Splitter brach das Gebälk entzwei."

„Tand, Tand,
Ist das Gebilde von Menschenhand."

[*D:* 1880]

[*Brück am Tay:* Am 18.12.1879 war die Eisenbahnbrücke bei Dundee eingestürzt; größtes Eisenbahnunglück des 19. Jahrhunderts mit etwa 200 Todesopfern.]

Detlev von Liliencron
1844–1909

Auf einem Bahnhof

Aus einer Riesenstadt verirrt ich mich
Auf einen weit entlegnen kleinen Bahnhof.
Ein Städtchen wird vielleicht von hier erreicht
Von Männern, die vom Morgen an viel Stunden
Am Pult, in Läden und Kanzlei gesessen
Und nun des Abends im Familienkreise
Den Staub abschütteln wollen vom „Geschäft".

Ein glühend heißer Sommertag schloß ab.
Es war die Zeit der Mitteldämmerung.
Der neue Mond schob wie ein Komma sich
Just zwischen zwei bepackte Güterwagen.
Im Westen lag der stumme Abendhimmel
In ganz verblaßter, milchig gelber Farbe.
An diesem Himmel stand wie ausgeschnitten
Ein Haufen Schornsteintürme vor der Helle.
Aus allen Schloten qualmte dicker Rauch,
Erst grad zur Höh, dann wie gebrochen bald,
Beinah im rechten Winkel, einem Windzug
Nachgebend, der hier Oberhand gewonnen.
In wunderlich geformten Öfen dort,
Die offne Stellen zeigten, lohte ruhig,
Ganz ruhig, ohne jeden Flackerzug,
Ein dunkelblauer starker Flammenmantel.
Und aus der großen Stadt klang dumpf Geräusch,
Ein brodelnd Kochen, das ich einmal schon
Gehört, als vor Paris wir Deutschen lagen,
Indessen drinnen die Kommune sich
Im Höllenlärme blutige Wangen wusch.
Das fiel mir ein in diesem Augenblick.
Und wie auch damals, kam ein Bild von neuem:
Scharf, wie geputztes Messing blank, erglänzte
Hoch über allem Zank der Jupiter.
Und heut wie einst: Der Jupiter stand oben,
Von allen Sternen er allein zu sehn,
Und schaute auf den ewigen Erdenkampf,
Der mir so wüst in dieser Stunde schien.
Und wie bezwungen sprach ich vor mich hin
Mit leiser Lippe: Zwanzigstes Jahrhundert.

Um mich war's leer; ein letzter Zug hielt fertig,
Die letzten Arbeitsmüden zu erwarten.
Ein Bahnbeamter mit knallroter Mütze
Schoß mir vorbei mit Eilgutformularen.
Sonst nichts. Nur oben stand der Jupiter.
Die blauen Flammen lohten geisterhaft,
Und aus der Stadt her drang verworrner Ton.

[*A:* 1890]

[*vor Paris:* Paris wurde im Deutsch-Französischen Krieg von September 1870 bis zur Kapitulation am 28. 1. 1871 belagert; Friedensschluß von Frankfurt am 10. 5. 1871. – *Kommune:* März – Mai 1871 sozialistisch-kommunistischer Aufstand in Paris, vom Militär niedergeworfen.]

Aus: Heidebilder

Die Mittagssonne brütet auf der Heide,
Im Süden droht ein schwarzer Ring.
Verdurstet hängt das magere Getreide,
Behaglich treibt ein Schmetterling.

Ermattet ruhn der Hirt und seine Schafe,
Die Ente träumt im Binsenkraut.
Die Ringelnatter sonnt in trägem Schlafe
Unregbar ihre Tigerhaut.

Im Zickzack zuckt ein Blitz, und Wasserfluten
Entstürzen gierig dunklem Zelt.
Es jauchzt der Sturm und peitscht mit seinen Ruten
Erlösend meine Heidewelt.

[*A:* 1890]

Die Musik kommt

Klingling, bumbum und tschingdada,
Zieht im Triumph der Perserschah?
Und um die Ecke brausend bricht's
Wie Tubaton des Weltgerichts,
  Voran der Schellenträger.

Brumbrum, das große Bombardon,
Der Beckenschlag, das Helikon,
Die Piccolo, der Zinkenist,
Die Türkentrommel, der Flötist,
  Und dann der Herre Hauptmann.

Der Hauptmann naht mit stolzem Sinn,
Die Schuppenketten unterm Kinn;
Die Schärpe schnürt den schlanken Leib,
Beim Zeus! das ist kein Zeitvertreib!
  Und dann die Herren Leutnants.

Zwei Leutnants rosenrot und braun,
Die Fahne schützen sie als Zaun;
Die Fahne kommt, den Hut nimm ab,
Der bleiben treu wir bis ans Grab!
  Und dann die Grenadiere.

Der Grenadier im strammen Tritt,
In Schritt und Tritt und Tritt und Schritt,
Das stampft und dröhnt und klappt und flirrt,
Laternenglas und Fenster klirrt.
  Und dann die kleinen Mädchen.

Die Mädchen alle, Kopf an Kopf,
Das Auge blau und blond der Zopf;
Aus Tür und Tor und Hof und Haus
Schaut Mine, Trine, Stine aus.
  Vorbei ist die Musike.

Klingling, tschingtsching und Paukenkrach,
Noch aus der Ferne tönt es schwach,
Ganz leise bumbumbumbum tsching;
Zog da ein bunter Schmetterling,
  Tschingtsching, bum, um die Ecke?

[*A:* 1890]

Aus: Sizilianen

Acherontisches Frösteln

Schon nascht der Star die rote Vogelbeere,
Zum Erntekranze juchheiten die Geigen.
Und warte nur, bald nimmt der Herbst die Schere
Und schneidet sich die Blätter von den Zweigen.
Dann ängstet in den Wäldern eine Leere;
Durch kahle Äste wird ein Fluß sich zeigen,
Der schläfrig an mein Ufer treibt die Fähre,
Die mich hinüberholt ins kalte Schweigen.

[*D:* 1893]

Schöne Junitage

Mitternacht, die Gärten lauschen,
Flüsterwort und Liebeskuß,
Bis der letzte Klang verklungen,
Weil nun alles schlafen muß –
  Flußüberwärts singt eine Nachtigall.

Sonnengrüner Rosengarten,
Sonnenweiße Stromesflut,
Sonnenstiller Morgenfriede,
Der auf Baum und Beeten ruht –
  Flußüberwärts singt eine Nachtigall.

Straßentreiben, fern, verworren,
Reicher Mann und Bettelkind,
Myrtenkränze, Leichenzüge,
Tausendfältig Leben rinnt –
  Flußüberwärts singt eine Nachtigall.

Langsam graut der Abend nieder,
Milde wird die harte Welt,
Und das Herz macht seinen Frieden,
Und zum Kinde wird der Held –
  Flußüberwärts singt eine Nachtigall.

[*D:* 1894]

Der Handkuß

Viere lang,
Zum Empfang,
Vorne Jean,
Elegant,
  Fährt meine süße Lady.

Schilderhaus,
Wache raus.
Schloßportal,
Und im Saal
  Steht meine süße Lady.

Hofmarschall,
Pagenwall.
Sehr graziös,
Merveillös
  Knixt meine süße Lady.

Königin,
Hoher Sinn.
Ihre Hand,
Interessant,
  Küßt meine süße Lady.

Viere lang,
Vom Empfang,
Vorne Jean,
Elegant,
  Kommt meine süße Lady.

Nun wie war's
Heut bei Czars?
Ach, ich bin
Noch ganz hin,
  Haucht meine süße Lady.

Nach und nach,
Allgemach,
Ihren Mann
Wieder dann
  Kennt meine süße Lady.

[*A:* 1897]

[*Merveillös:* franz. merveilleux, wunderbar.]

Friedrich Nietzsche
1844–1900

Unter Feinden

(Nach einem Zigeuner-Sprichwort)

Dort der Galgen, hier die Stricke
Und des Henkers roter Bart,
Volk herum und gift'ge Blicke –
Nichts ist neu dran meiner Art!
Kenne dies aus hundert Gängen,
Schrei's euch lachend ins Gesicht:
„Unnütz, unnütz, mich zu hängen!
Sterben? Sterben kann ich nicht!"

Bettler ihr! Denn euch zum Neide
Ward mir, was ihr – nie erwerbt:
Zwar ich leide, zwar ich leide –
Aber ihr – ihr sterbt, ihr sterbt!
Auch nach hundert Todesgängen
Bin ich Atem, Dunst und Licht –
„Unnütz, unnütz mich zu hängen!
Sterben? Sterben kann ich nicht!"

[*D:* 1894]

Venedig

An der Brücke stand
Jüngst ich in brauner Nacht.
Fernher kam Gesang:
Goldener Tropfen quoll's
Über die zitternde Fläche weg.
Gondeln, Lichter, Musik –
Trunken schwamm's in die Dämmrung hinaus...

Meine Seele, ein Saitenspiel,
Sang sich, unsichtbar berührt,
Heimlich ein Gondellied dazu,
Zitternd vor bunter Seligkeit.
– Hörte jemand ihr zu?...

[*E:* 1888; *D:* 1894]

Mitleid hin und her

1. Vereinsamt

Die Krähen schrei'n
Und ziehen schwirren Flugs zur Stadt:
Bald wird es schnei'n –
Wohl dem, der jetzt noch – Heimat hat!

Nun stehst du starr,
Schaust rückwärts, ach! wie lange schon!
Was bist du, Narr,
Vor winters in die Welt entflohn?

Die Welt – ein Tor
Zu tausend Wüsten stumm und kalt!
Wer das verlor,
Was du verlorst, macht nirgends halt.

Nun stehst du bleich,
Zur Winter-Wanderschaft verflucht,
Dem Rauche gleich,
Der stets nach kältern Himmeln sucht.

Flieg, Vogel, schnarr
Dein Lied im Wüsten-Vogel-Ton! –
Versteck, du Narr,
Dein blutend Herz in Eis und Hohn!

Die Krähen schrei'n
Und ziehen schwirren Flugs zur Stadt:
– Bald wird es schnei'n,
Weh dem, der keine Heimat hat!

[*E:* 1884; *D:* 1894]

2. Antwort

Daß Gott erbarm'!
Der meint, ich sehnte mich zurück
Ins deutsche Warm,
Ins dumpfe deutsche Stuben-Glück!

Mein Freund, was hier
Mich hemmt und hält, ist *dein* Verstand,
Mitleid mit *dir!*
Mitleid mit deutschem Quer-Verstand!

[*E:* 1884; *A:* 1919]

Heinrich Kämpchen
1847–1912

Ideal und Prosa

Wer nie im Schacht die Keilhau schwang,
Wer nie, von Pulverdampf umgeben,
Nach Luft und Atem röchelnd rang,
Der kennt dich nicht, du Bergmannsleben.

Man wirft uns in die Gruft hinein,
Wer bürgt, daß nicht zerschmettert färben
Wir unten blutig das Gestein?
Es geht auf Leben oder Sterben.

Und wer den Bergebau besang
Und wer ihn pries in Melodieen,
Er wolle nur zwei Monde lang
Mit uns durch seine Grüfte ziehen.

Er habe nur wie wir im Schacht,
Durchleuchtet nie von Tageshelle,
So manche schwere Schicht vollbracht,
Den bleichen Tod als Mitgeselle.

Und meinen Kopf setzt ich zum Pfand,
Ihm sind die Lieder ausgegangen –
Das Schaumgold ‚Ideal' verschwand
Dort, wo die ‚Prosa' angefangen.

[*A:* 1898]

Karl Henckell
1864–1929

Apokalypse

Ein Feuer seh ich lohen
Fern übers finstere Land,
Ich sehe den Schatten drohen
Einer ungeheuren Hand.

Das Feuer schlägt aus Schloten,
Rauchwolken wirbelnd, empor,
Es flattern die Flammen, die roten,
Wie Banner mit pechschwarzem Flor.

Die Schattenfaust ungeheuer
Ergreift die scharlachne Trophä',
Aus stürzender Städte Gemäuer
Den Fackelbrand schleudert sie jäh.

Es wütet die brodelnde Erde
In grauenerregender Brunst,
Und es wiehern die höllischen Pferde
Wild durch den blutdampfenden Dunst.

[*A:* 1921]

Das Lied vom Eisenarbeiter

Es stampft und dröhnt mit dumpfem Ton
Und qualmt und raucht ringsum,
Und Mann an Mann in schwerer Fron
An seinem Platze stumm.
Der Hammer sinkt, die Esse sprüht,
Das Eisen in der Flamme glüht.

Frühmorgens, wenn der Schlemmer träg
Auf weichem Pfühl sich reckt,
Macht sich der Lohnsklav auf den Weg,
Vom Dampfpfiff aufgeschreckt.

Und Tag für Tag um kargen Sold
Rührt er die rauhe Hand,
Er geizt um Ehre nicht, um Gold
Und all den glatten Tand.

Kein süßes Lied berührt sein Ohr,
Durch das die Sorge gellt,
Kein Dichter öffnet ihm das Tor
Zu einer schönern Welt.

Er denkt, der Mensch sei gleich und frei,
Ob auch in Schweiß und Ruß –
Der Hochmut rollt an ihm vorbei,
Der Stolz vergällt den Gruß.

Wohl nagt am Herzen weh und wund
Ihm oft sein bittres Los,
Dann bricht ein Fluch aus trotzigem Mund,
Verschlungen vom Getos:

„Das ist ein grausam Weltgebot,
Fremd sind sich Herr und Knecht."
Sein Auge blitzt, sein Feuer loht:
„Allmächtiger, sei gerecht!

Und wenn ein Gott im Himmel nicht
Den Schrei der Not versteht,
Dann stürm herein, du Weltgericht,
Wo alles untergeht!"
Der Hammer sinkt, die Esse sprüht,
Das Eisen in der Flamme glüht.

[*D:* 1884; *A:* 1921 (diese Fassung)]

Christian Wagner
1835–1918

Anemonen am Ostersamstag

Wie die Frauen
Zions wohl dereinst beim matten Grauen
Jenes Trauertags beisammen standen,
Nicht mehr Worte, nur noch Tränen fanden,

So noch heute
Stehen, als in ferne Zeit verstreute
Bleiche Zionstöchter, Anemonen
In des Nordens winterlichen Zonen.

Vom Gewimmel
Dichter Flocken ist ganz trüb der Himmel.
Traurig stehen sie, die Köpfchen hängend,
Und in Gruppen sich zusammendrängend.

Also einsam,
Zehn und zwölfe hier so leidgemeinsam,
Da und dort verstreut auf grauer Öde,
Weiße Tüchlein aufgebunden jede,

Also trauernd,
Innerlich vor Frost zusammenschauernd,
Stehn alljährlich sie als Klagebildnis
In des winterlichen Waldes Wildnis.

[*A:* 1890]

Arno Holz
1863–1929

Aus: Phantasus

1.

Ihr Dach stieß fast bis an die Sterne,
vom Hof her stampfte die Fabrik,
es war die richtge Mietskaserne
mit Flur- und Leiermannsmusik!
Im Keller nistete die Ratte,
parterre gabs Branntwein, Grog und Bier,
und bis ins fünfte Stockwerk hatte
das Vorstadtelend sein Quartier.

Dort saß er nachts vor seinem Lichte
– duck nieder, nieder, wilder Hohn! –
und fieberte und schrieb Gedichte,
ein Träumer, ein verlorner Sohn!
Sein Stübchen konnte grade fassen
ein Tischchen und ein schmales Bett;
er war so arm und so verlassen,
wie jener Gott aus Nazareth!

Doch pfiff auch dreist die feile Dirne,
die Welt, ihn aus: Er ist verrückt!
ihm hatte leuchtend auf die Stirne
der Genius seinen Kuß gedrückt.
Und wenn vom holden Wahnsinn trunken
er zitternd Vers an Vers gereiht,
dann schien auf ewig ihm versunken
die Welt und ihre Nüchternheit.

In Fetzen hing ihm seine Bluse,
sein Nachbar lieh ihm trocknes Brot,
er aber stammelte: O Muse!
und wußte nichts von seiner Not.
Er saß nur still vor seinem Lichte,
allnächtlich, wenn der Tag entflohn,
und fieberte und schrieb Gedichte,
ein Träumer, ein verlorner Sohn!

[*A:* 1886]

Brücke zum Zoo

Im Tiergarten, auf einer Bank,
behaglich,
ein Knie über das andere, bequem-nachlässig zurückgelehnt,
sitze ich
und rauche und
freue mich über die schöne Vormittagssonne!

Vor mir,
glitzernd, der Kanal:
den
Himmel spiegelnd, beide Ufer
leise schaukelnd.

Über die Brücke, langsam Schritt, reitet ein Leutnant.

Unter ihm,
zwischen den dunkelen, schwimmenden, blütenkerzigen Kastanienkronen,
pfropfenzieherartig,
ins
Wasser gedreht,
den
Kragen siegellackrot,
sein
Spiegelbild.

Auf den hohen Uferulmen
schmettern die Finken,
vom nahen
Zoo,
erfreulich ohrenbeleidigend, metallischschrillgrell, markdurchdringlich,
verliebt,
erhebt sich ein Affengekreisch;
ein ganz
wahrhaftiger,
wahrer und wirklicher
Kuckuck,
irgendwo, hinter mir,
siebenmal,
ruft.

[*A:* 1898]

Richard Dehmel
1863–1920

Der Arbeitsmann

Wir haben ein Bett, wir haben ein Kind,
mein Weib!
Wir haben auch Arbeit, und gar zu zweit,
Und haben die Sonne und Regen und Wind.
Und uns fehlt nur eine Kleinigkeit,
Um so frei zu sein, wie die Vögel sind:
Nur Zeit.

Wenn wir sonntags durch die Felder gehn,
mein Kind,
Und über den Ähren weit und breit
Das blaue Schwalbenvolk blitzen sehn,
Oh, dann fehlt uns nicht das bißchen Kleid,
Um so schön zu sein, wie die Vögel sind:
Nur Zeit.

Nur Zeit! Wir wittern Gewitterwind,
wir Volk.
Nur eine kleine Ewigkeit;
Uns fehlt ja nichts, mein Weib, mein Kind,
Als all das, was durch uns gedeiht,
Um so kühn zu sein, wie die Vögel sind.
Nur Zeit!

[*A:* 1893]

Die stille Stadt

Liegt eine Stadt im Tale,
Ein blasser Tag vergeht;
Es wird nicht lange dauern mehr,
Bis weder Mond noch Sterne,
Nur Nacht am Himmel steht.

Von allen Bergen drücken
Nebel auf die Stadt;
Es dringt kein Dach, nicht Hof noch Haus,
Kein Laut aus ihrem Rauch heraus,
Kaum Türme noch und Brücken.

Doch als den Wandrer graute,
Da ging ein Lichtlein auf im Grund;
Und durch den Rauch und Nebel
Begann ein leiser Lobgesang,
Aus Kindermund.

[*A:* 1893]

Erntelied

Es steht ein goldnes Garbenfeld,
Das geht bis an den Rand der Welt.
Mahle, Mühle, mahle!

Es stockt der Wind im weiten Land,
Viel Mühlen stehn am Himmelsrand.
Mahle, Mühle, mahle!

Es kommt ein dunkles Abendrot,
Viel arme Leute schrein nach Brot.
Mahle, Mühle, mahle!

Es hält die Nacht den Sturm im Schoß,
Und morgen geht die Arbeit los.
Mahle, Mühle, mahle.

Es fegt der Sturm die Felder rein,
Es wird kein Mensch mehr Hunger schrein.
Mahle, Mühle, mahle!

[*A:* 1893]

MAX DAUTHENDEY
1867–1918

Regenduft

Schreie. Ein Pfau.
Gelb schwankt das Rohr.
Glimmendes Schweigen von faulem Holz.

Flüstergrün der Mimosen.
Schlummerndes Gold nackter Rosen
Auf braunem Moor.

Weiße Dämmerung rauscht in den Muscheln.
Granit blank, eisengrau.
Matt im Silberflug Kranichheere
Über die Schaumsaat stahlkühler Meere.

[*A:* 1893]

Alleingelassen bei Erinnerungen

Jetzt sitzt der weiße Schlaf vor allen Wintertüren,
Die Fenster sind gleich blassen Eierschalen,
Dahinter leben Straßen voll Gespenster
Und Stimmen, die uns ferne Menschen malen.

Man kann die Welt nicht sehen und nur spüren.
Wie Blinde ahnt man dunkel das Geschehen,
Alleingelassen bei Erinnerungen,
Die an den Türen wie die Bettler stehen,

Die bei den Ofenflammen warm sich rühren,
Erregt mit nimmersatten Hungerzungen.
Sie können uns an magern Händen führen
Und haben in der Asche noch nicht ausgesungen.

[*A:* 1908]

Christian Morgenstern
1871–1914

Die Trichter

Zwei Trichter wandeln durch die Nacht.
Durch ihres Rumpfs verengten Schacht
fließt weißes Mondlicht
still und heiter
auf ihren
Waldweg
u. s.
w.

[*A:* 1905]

Fisches Nachtgesang

—
◡ ◡
— — —
◡ ◡ ◡ ◡
— — —
◡ ◡ ◡ ◡
— — —
◡ ◡ ◡ ◡
— — —
◡ ◡ ◡ ◡
— — —
◡ ◡
—

(Fisches Nachtgesang: das tiefste deutsche Gedicht.)

[*A:* 1905]

Das ästhetische Wiesel

Ein Wiesel
saß auf einem Kiesel
inmitten Bachgeriesel.

Wißt ihr,
weshalb?

Das Mondkalb
verriet es mir
im Stillen:

Das raffinier-
te Tier
tats um des Reimes willen.

[*A:* 1905]

Palmström

Palmström steht an einem Teiche
und entfaltet groß ein rotes Taschentuch:
Auf dem Tuch ist eine Eiche
dargestellt sowie ein Mensch mit einem Buch.

Palmström wagt nicht, sich hineinzuschneuzen.
Er gehört zu jenen Käuzen,
die oft unvermittelt-nackt
Ehrfurcht vor dem Schönen packt.

Zärtlich faltet er zusammen,
was er eben erst entbreitet.
Und kein Fühlender wird ihn verdammen,
weil er ungeschneuzt entschreitet.

[*D:* 1908]

Der vergessene Donner

Ein Gewitter, im Vergehn,
ließ einst einen Donner stehn.

Schwarz in einer Felsenscharte
stand der Donner da und harrte –

scharrte dumpf mit Hals und Hufe,
daß man ihn nach Hause rufe.

Doch das dunkle Donnerfohlen –
niemand kams nach Hause holen.

Sein Gewölk, im Arm des Windes,
dachte nimmer seines Kindes –

flog dahin zum Erdensaum
und verschwand dort wie ein Traum.

Grollend und ins Herz getroffen
läßt der Donner Wunsch und Hoffen...

richtet sich im Felsgestein
wie ein Bergzentaure ein.

Als die nächste Frühe blaut,
ist sein pechschwarz Fell ergraut.

Traurig sieht er sich im See
fahl, wie alten Gletscherschnee.

Stumm verkriecht er sich, verhärmt;
nur wenn Menschheit kommt und lärmt,

äfft er schaurig ihren Schall,
bringt Geröll und Schutt zu Fall...

Mancher Hirt und mancher Hund
schläft zu Füßen ihm im Schrund.

[*D:* 1909]

Die unmögliche Tatsache

Palmström, etwas schon an Jahren,
wird an einer Straßenbeuge
und von einem Kraftfahrzeuge
überfahren.

„Wie war“ (spricht er, sich erhebend
und entschlossen weiterlebend)
„möglich, wie dies Unglück, ja–:
daß es überhaupt geschah?

Ist die Staatskunst anzuklagen
in bezug auf Kraftfahrwagen?
Gab die Polizeivorschrift
hier dem Fahrer freie Trift?

Oder war vielmehr verboten,
hier Lebendige zu Toten
umzuwandeln, – kurz und schlicht:
Durfte hier der Kutscher nicht –?“

Eingehüllt in feuchte Tücher,
prüft er die Gesetzesbücher
und ist alsobald im klaren:
Wagen durften dort nicht fahren!

Und er kommt zu dem Ergebnis:
„Nur ein Traum war das Erlebnis.
Weil“, so schließt er messerscharf,
„nicht sein *kann,* was nicht sein *darf.*“

[*A:* 1910]

Hugo von Hofmannsthal
1874–1929

Was ist die Welt?

Was ist die Welt? Ein ewiges Gedicht,
Daraus der Geist der Gottheit strahlt und glüht,
Daraus der Wein der Weisheit schäumt und sprüht,
Daraus der Laut der Liebe zu uns spricht,
Und jedes Menschen wechselndes Gemüth,
Ein Strahl ist's, der aus dieser Sonne bricht,
Ein Vers, der sich an tausend and're flicht,
Der unbemerkt verhallt, verlischt, verblüht.

Und doch auch eine Welt für sich allein,
Voll süß-geheimer, nie vernomm'ner Töne,
Begabt mit eig'ner, unentweihter Schöne,
Und keines Andern Nachhall, Widerschein.
Und wenn Du gar zu lesen d'rin verstündest,
Ein Buch, das Du im Leben nicht ergründest.

[*D:* 1890]

Regen in der Dämmerung

Der wandernde Wind auf den Wegen
War angefüllt mit süssem Laut,
Der dämmernde rieselnde Regen
War mit Verlangen feucht bethaut.

Das rinnende rauschende Wasser
Berauschte verwirrend die Stimmen
Der Träume, die blasser und blasser
Im schwebenden Nebel verschwimmen.

Der Wind in den wehenden Weiden,
Am Wasser der wandernde Wind
Berauschte die sehnenden Leiden,
Die in der Dämmerung sind...

Der Weg im dämmernden Wehen,
Er führte zu keinem Ziel,
Doch war er gut zu gehen
Im Regen, der rieselnd fiel...

[*D:* 1892]

Vorfrühling

Es läuft der Frühlingswind
Durch kahle Alleen,
Seltsame Dinge sind
In seinem Wehn.

Er hat sich gewiegt,
Wo Weinen war,
Und hat sich geschmiegt
In zerrüttetes Haar.

Er schüttelte nieder
Akazienblüten
Und kühlte die Glieder,
Die atmend glühten.

Lippen im Lachen
Hat er berührt,
Die weichen und wachen
Fluren durchspürt.

Er glitt durch die Flöte
Als schluchzender Schrei,
An dämmernder Röte
Flog er vorbei.

Er flog mit Schweigen
Durch flüsternde Zimmer
Und löschte im Neigen
Der Ampel Schimmer.

Es läuft der Frühlingswind
Durch kahle Alleen,
Seltsame Dinge sind
In seinem Wehn.

Durch die glatten
Kahlen Alleen
Treibt sein Wehen
Blasse Schatten

Und den Duft,
Den er gebracht,
Von wo er gekommen
Seit gestern nacht.

[*D:* 1892]

Aus: Über Vergänglichkeit

Noch spür ich ihren Atem auf den Wangen:
Wie kann das sein, daß diese nahen Tage
Fort sind, für immer fort, und ganz vergangen?

Dies ist ein Ding, das keiner voll aussinnt,
Und viel zu grauenvoll, als daß man klage:
Daß alles gleitet und vorüberrinnt.

Und daß mein eignes Ich, durch nichts gehemmt,
Herüberglitt aus einem kleinen Kind,
Mir wie ein Hund unheimlich stumm und fremd.

Dann: daß ich auch vor hundert Jahren war
Und meine Ahnen, die im Totenhemd,
Mit mir verwandt sind wie mein eignes Haar,

So eins mit mir als wie mein eignes Haar.

[*D:* 1896]

Wir sind aus solchem Zeug wie das zu Träumen.
Und Träume schlagen so die Augen auf,
Wie kleine Kinder unter Kirschenbäumen,

Aus deren Krone den blassgoldnen Lauf
Der Vollmond anhebt durch die grosse Nacht.
...Nicht anders tauchen unsre Träume auf.

Sind da und leben, wie ein Kind, das lacht,
Nicht minder gross im Auf- und Niederschweben
Als Vollmond, aus Baumkronen aufgewacht.

Das Innerste ist offen ihrem Weben,
Wie Geisterhände im versperrten Raum
Sind sie in uns und haben immer Leben.

Und drei sind eins: ein Mensch, ein Ding, ein Traum.

[*D:* 1895]

Weltgeheimnis

Der tiefe Brunnen weiß es wohl,
Einst waren alle tief und stumm
Und alle wußten drum.

Wie Zauberworte, nachgelallt
Und nicht begriffen in den Grund,
So geht es jetzt von Mund zu Mund.

Der tiefe Brunnen weiß es wohl,
In den gebückt, begriffs ein Mann,
Begriff es und verlor es dann.

Und redet' irr und sang ein Lied –
Auf dessen dunklen Spiegel bückt
Sich einst ein Kind und wird entrückt.

Une wächst und weiß nichts von sich selbst
Und wird ein Weib, das einer liebt
Und – wunderbar wie Liebe gibt!

Wie Liebe tiefe Kunde gibt! –
Der wird an Dinge dumpf geahnt
In ihren Küssen tief gemahnt...

In unseren Worten liegt es drin,
So tritt des Bettlers Fuß den Kies,
Der eines Edelsteins Verließ.

Der tiefe Brunnen weiß es wohl,
Einst aber wußten alle drum,
Nun zuckt im Kreis ein Traum herum.

[*D:* 1896]

Ballade des äusseren Lebens

Und Kinder wachsen auf mit tiefen Augen,
Die von nichts wissen, wachsen auf und sterben,
Und alle Menschen gehen ihre Wege.

Und süße Früchte werden aus den herben
Und fallen nachts wie tote Vögel nieder
Und liegen wenig Tage und verderben.

Und immer weht der Wind, und immer wieder
Vernehmen wir und reden viele Worte
Und spüren Lust und Müdigkeit der Glieder.

Und Straßen laufen durch das Gras, und Orte
Sind da und dort, voll Fackeln, Bäumen, Teichen,
Und drohende, und totenhaft verdorrte...

Wozu sind diese aufgebaut und gleichen
Einander nie? und sind unzählig viele?
Was wechselt Lachen, Weinen und Erbleichen?

Was frommt das alles uns und diese Spiele,
Die wir doch groß und ewig einsam sind
Und wandernd nimmer suchen irgend Ziele?

Was frommts, dergleichen viel gesehen haben?
Und dennoch sagt der viel, der „Abend" sagt,
Ein Wort, daraus Tiefsinn und Trauer rinnt

Wie schwerer Honig aus den hohlen Waben.

[*D:* 1896]

Manche freilich...

Manche freilich müssen drunten sterben,
Wo die schweren Ruder der Schiffe streifen.
Andre wohnen bei dem Steuer droben,
Kennen Vogelflug und die Länder der Sterne.

Manche liegen immer mit schweren Gliedern
Bei den Wurzeln des verworrenen Lebens.
Andern sind die Stühle gerichtet
Bei den Sibyllen, den Königinnen,
Und da sitzen sie wie zu Hause,
Leichten Hauptes und leichter Hände.

Doch ein Schatten fällt von jenen Leben
In die anderen Leben hinüber,
Und die leichten sind an die schweren
Wie an Luft und Erde gebunden:

Ganz vergessener Völker Müdigkeiten
Kann ich nicht abtun von meinen Lidern,
Noch weghalten von der erschrockenen Seele
Stummes Niederfallen ferner Sterne.

Viele Geschicke weben neben dem meinen,
Durcheinander spielt sie alle das Dasein,
Und mein Teil ist mehr als dieses Lebens
Schlanke Flamme oder schmale Leier.

[*D:* 1896]

Reiselied

Wasser stürzt, uns zu verschlingen,
Rollt der Fels, uns zu erschlagen,
Kommen schon auf starken Schwingen
Vögel her, uns fortzutragen.

Aber unten liegt ein Land,
Früchte spiegelnd ohne Ende
In den alterslosen Seen.

Marmorstirn und Brunnenrand
Steigt aus blumigem Gelände,
Und die leichten Winde wehn.

[*D:* 1898]

Stefan George
1868–1933

Vogelschau

Weisse schwalben sah ich fliegen ·
Schwalben schnee- und silberweiss ·
Sah sie sich im winde wiegen ·
In dem winde hell und heiss.

Bunte häher sah ich hüpfen ·
Papagei und kolibri
Durch die wunder-bäume schlüpfen
In dem wald der Tusferi.

Grosse raben sah ich flattern ·
Dohlen schwarz und dunkelgrau
Nah am grunde über nattern
Im verzauberten gehau.

Schwalben seh ich wieder fliegen ·
Schnee- und silberweisse schar ·
Wie sie sich im winde wiegen
In dem winde kalt und klar!

[*A:* 1892]

[*wald der Tusferi:* Wald aus weihrauchtragenden Bäumen, Sträuchern.]

Der herr der insel

Die fischer überliefern dass im süden
Auf einer insel reich an zimmt und öl
Und edlen steinen die im sande glitzern
Ein vogel war der wenn am boden fussend
Mit seinem schnabel hoher stämme krone
Zerpflücken konnte · wenn er seine flügel
Gefärbt wie mit dem saft der Tyrer-schnecke
Zu schwerem niedrem flug erhoben: habe
Er einer dunklen wolke gleichgesehn.
Des tages sei er im gehölz verschwunden ·
Des abends aber an den strand gekommen ·
Im kühlen windeshauch von salz und tang
Die süsse stimme hebend dass delfine
Die freunde des gesanges näher schwammen
Im meer voll goldner federn goldner funken.
So habe er seit urbeginn gelebt ·
Gescheiterte nur hätten ihn erblickt.
Denn als zum erstenmal die weissen segel
Der menschen sich mit günstigem geleit
Dem eiland zugedreht sei er zum hügel
Die ganze teure stätte zu beschaun gestiegen ·
Verbreitet habe er die grossen schwingen
Verscheidend in gedämpften schmerzeslauten.

[*A:* 1895]

[*Tyrer-schnecke:* Im Altertum gewann man den Purpur, das Zeichen von Würde und Macht, aus dem Saft einer Schnecke.]

Komm in den totgesagten park und schau:
Der schimmer ferner lächelnder gestade ·
Der reinen wolken unverhofftes blau
Erhellt die weiher und die bunten pfade.

Dort nimm das tiefe gelb · das weiche grau
Von birken und von buchs · der wind ist lau ·
Die späten rosen welkten noch nicht ganz ·
Erlese küsse sie und flicht den kranz ·

Vergiss auch diese letzten astern nicht ·
Den purpur um die ranken wilder reben ·
Und auch was übrig blieb von grünem leben
Verwinde leicht im herbstlichen gesicht.

[*A:* 1897]

Wir schreiten auf und ab im reichen flitter
Des buchenganges beinah bis zum tore
Und sehen aussen in dem feld vom gitter
Den mandelbaum zum zweitenmal im flore.

Wir suchen nach den schattenfreien bänken
Dort wo uns niemals fremde stimmen scheuchten ·
In träumen unsre arme sich verschränken ·
Wir laben uns am langen milden leuchten

Wir fühlen dankbar wie zu leisem brausen
Von wipfeln strahlenspuren auf uns tropfen
Und blicken nur und horchen wenn in pausen
Die reifen früchte an den boden klopfen.

[*A:* 1897]

Es lacht in dem steigenden jahr dir
Der duft aus dem garten noch leis.
Flicht in dem flatternden haar dir
Eppich und ehrenpreis.

Die wehende saat ist wie gold noch ·
Vielleicht nicht so hoch mehr und reich ·
Rosen begrüssen dich hold noch ·
Ward auch ihr glanz etwas bleich.

Verschweigen wir was uns verwehrt ist ·
Geloben wir glücklich zu sein ·
Wenn auch nicht mehr uns beschert ist
Als noch ein rundgang zu zwein.

[*A:* 1897]

Der hügel wo wir wandeln liegt im schatten ·
Indes der drüben noch im lichte webt ·
Der mond auf seinen zarten grünen matten
Nur erst als kleine weisse wolke schwebt.

Die strassen weithin-deutend werden blasser ·
Den wandrern bietet ein gelispel halt ·
Ist es vom berg ein unsichtbares wasser
Ist es ein vogel der sein schlaflied lallt?

Der dunkelfalter zwei die sich verfrühten
Verfolgen sich von halm zu halm im scherz..
Der rain bereitet aus gesträuch und blüten
Den duft des abends für gedämpften schmerz.

[*A:* 1897]

Leo XIII

Heut da sich schranzen auf den thronen brüsten
Mit wechslermienen und unedlem klirren:
Dreht unser geist begierig nach verehrung
Und schauernd vor der wahren majestät
Zum ernsten väterlichen angesicht
Des Dreigekrönten wirklichen Gesalbten
Der hundertjährig von der ewigen burg
Hinabsieht: schatten schön erfüllten daseins.

Nach seinem sorgenwerk für alle welten
Freut ihn sein rebengarten: freundlich greifen
In volle trauben seine weissen hände·
Sein mahl ist brot und wein und leichte malve
Und seine schlummerlosen nächte füllt
Kein wahn der ehrsucht·denn er sinnt auf hymnen
An die holdselige Frau·der schöpfung wonne·
Und an ihr strahlendes allmächtiges kind.

‚Komm heiliger knabe! hilf der welt die birst
Dass sie nicht elend falle! einziger retter!
In deinem schutze blühe mildre zeit
Die rein aus diesen freveln sich erhebe..
Es kehre lang erwünschter friede heim
Und brüderliche bande schlinge liebe!‘
So singt der dichter und der seher weiss:
Das neue heil kommt nur aus neuer liebe.

Wenn angetan mit allen würdezeichen
Getragen mit dem baldachin – ein vorbild
Erhabnen prunks und göttlicher verwaltung –
ER eingehüllt von weihrauch und von lichtern
Dem ganzen erdball seinen segen spendet:
So sinken wir als gläubige zu boden
Verschmolzen mit der tausendköpfigen menge
Die schön wird wenn das wunder sie ergreift.

[*A:* 1907]

[*Leo XIII:* 1810–1903, Papst von 1878–1903.]

Wer je die flamme umschritt
Bleibe der flamme trabant!
Wie er auch wandert und kreist:
Wo noch ihr schein ihn erreicht
Irrt er zu weit nie vom ziel.
Nur wenn sein blick sie verlor
Eigener schimmer ihn trügt:
Fehlt ihm der mitte gesetz
Treibt er zerstiebend ins all.

[*A:* 1914]

Auf neue tafeln schreibt der neue stand:
Lasst greise des erworbnen guts sich freuen
Das ferne wettern reicht nicht an ihr ohr.
Doch alle jugend sollt ihr sklaven nennen
Die heut mit weichen klängen sich betäubt
Mit rosenketten überm abgrund tändelt.
Ihr sollt das morsche aus dem munde spein
Ihr sollt den dolch im lorbeerstrausse tragen
Gemäss in schritt und klang der nahen Wal.

[*A:* 1914]

Wenn einst dies geschlecht sich gereinigt von schande
Vom nacken geschleudert die fessel des fröners
Nur spürt im geweide den hunger nach ehre:
Dann wird auf der walstatt voll endloser gräber
Aufzucken der blutschein.. dann jagen auf wolken
Lautdröhnende heere dann braust durchs gefilde
Der schrecklichste schrecken der dritte der stürme:
Der toten zurückkunft!

Wenn je dieses volk sich aus feigem erschlaffen
Sein selber erinnert der kür und der sende:
Wird sich ihm eröffnen die göttliche deutung
Unsagbaren grauens.. dann heben sich hände
Und münder ertönen zum preise der würde
Dann flattert im frühwind mit wahrhaftem zeichen
Die königsstandarte und grüsst sich verneigend
Die Hehren · die Helden!

[*A:* 1928]

Einem jungen führer im ersten weltkrieg

Wenn in die heimat du kamst aus dem zerstampften gefild
Heil aus dem prasselnden guss höhlen von berstendem schutt
Keusch fast die rede dir floss wie von notwendigem dienst
Von dem verwegensten ritt von den gespanntesten mühn..
Freier die schulter sich hob drauf man als bürde schon lud
Hunderter schicksal:

Lag noch im ruck deines arms zugriff und schneller befehl
In dem sanft-sinnenden aug obacht der steten gefahr
Drang eine kraft von dir her sichrer gelassenheit
Dass der weit ältre geheim seine erschüttrung bekämpft
Als sich die knabengestalt hochaufragend und leicht
Schwang aus dem sattel.

Anders als ihr euch geträumt fielen die würfel des streits..
Da das zerrüttete heer sich seiner waffen begab
Standest du traurig vor mir wie wenn nach prunkendem fest
Nüchterne woche beginnt schmückender ehren beraubt..
Tränen brachen dir aus um den vergeudeten schatz
Wichtigster jahre.

Du aber tu es nicht gleich unbedachtsamem schwarm
Der was er gestern bejauchzt heute zum kehricht bestimmt
Der einen markstein zerhaut dran er strauchelnd sich stiess..
Jähe erhebung und zug bis an die pforte des siegs
Sturz unter drückendes joch bergen in sich einen sinn
Sinn in dir selber.

Alles wozu du gediehst rühmliches ringen hindurch
Bleibt dir untilgbar bewahrt stärkt dich für künftig getös..
Sieh · als aufschauend um rat langsam du neben mir schrittst
Wurde vom abend der sank um dein aufflatterndes haar
Um deinen scheitel der schein erst von strahlen ein ring
Dann eine krone.

[*A:* 1928]

Rudolf Borchardt
1877–1945

Autumnus

I

Vor allen Göttern in des Jahres Reihn
So stumm, so staunend lernten wir zu beten –
Nun sind wir in den dritten Kreis getreten,
Das Jahr ist reif, die Blätter wurden Wein,
Und was nicht reifte, schläft in kahlen Beeten
Des alten Sommers unter Schleiern ein –
Sie könnten von den blinden Fäden sein,
Die eben deinem Schritt vorbei verwehten.

Ein neu Gesicht hat sich zu uns gesellt.
Aus finstren Schatten lacht es braun und bunt,
Dies ist Autumnus, der den Apfel hält.
Rot wirbelts um ihn, gelber sinkts zu Grund,
Mit starken Augen bindet er die Welt.
Die Traube schwillt um seinen schweren Mund.

[*A:* 1913]

Sonett auf sich selbst

Aus Sturm und Traum auffahrend, wo ich saß,
In einen Spiegel blickt ich heut hinein
Und wußte nicht von mir, und sah mit Pein
Das Antlitz meines Feindes aus dem Glas
Emporgesandt: von fleckiger Schatten Schein
Die Lippe überwildert, schien etwas
Dumpf hinzuknirschen zwischen Angst und Haß:
Ich sollt es sein; und möchte dies nicht sein!

Wir sind nicht, was wir sind; der Himmel, kaum
Vom Meer zu kennen, schleift mit Dunst beschwert
Und brütet Auswurf: aber gieße Traum
In deinen Becher; und mit Nordwind gärt
Die wundervolle See, und wildem Schaum,
Durch den das heilige Schiff mit Helden fährt.

[*A:* 1913]

Rainer Maria Rilke
1875–1926

Ich lebe mein Leben in wachsenden Ringen,
die sich über die Dinge ziehn.
Ich werde den letzten vielleicht nicht vollbringen,
aber versuchen will ich ihn.

Ich kreise um Gott, um den uralten Turm,
und ich kreise jahrtausendelang;
und ich weiß noch nicht: bin ich ein Falke, ein Sturm
oder ein großer Gesang.

[*E:* 1899; *A:* 1905]

Wie der Wächter in den Weingeländen
seine Hütte hat und wacht,
bin ich Hütte, Herr, in deinen Händen
und bin Nacht, o Herr, von deiner Nacht.

Weinberg, Weide, alter Apfelgarten,
Acker, der kein Frühjahr überschlägt,
Feigenbaum, der auch im marmorharten
Grunde hundert Früchte trägt:

Duft geht aus aus deinen runden Zweigen.
Und du fragst nicht, ob ich wachsam sei;
furchtlos, aufgelöst in Säften, steigen
deine Tiefen still an mir vorbei.

[*A:* 1905]

Herbsttag

Herr: es ist Zeit. Der Sommer war sehr groß.
Leg deinen Schatten auf die Sonnenuhren,
und auf den Fluren laß die Winde los.

Befiehl den letzten Früchten voll zu sein;
gieb ihnen noch zwei südlichere Tage,
dränge sie zur Vollendung hin und jage
die letzte Süße in den schweren Wein.

Wer jetzt kein Haus hat, baut sich keines mehr.
Wer jetzt allein ist, wird es lange bleiben,
wird wachen, lesen, lange Briefe schreiben
und wird in den Alleen hin und her
unruhig wandern, wenn die Blätter treiben.

[*E:* 1902; *A:* 1906]

Abschied

Wie hab ich das gefühlt was Abschied heißt.
Wie weiß ichs noch: ein dunkles unverwundnes
grausames Etwas, das ein Schönverbundnes
noch einmal zeigt und hinhält und zerreißt.

Wie war ich ohne Wehr, dem zuzuschauen,
das, da es mich, mich rufend, gehen ließ,
zurückblieb, so als wärens alle Frauen
und dennoch klein und weiß und nichts als dies:

Ein Winken, schon nicht mehr auf mich bezogen,
ein leise Weiterwinkendes –, schon kaum
erklärbar mehr: vielleicht ein Pflaumenbaum,
von dem ein Kuckuck hastig abgeflogen.

[*A:* 1907]

Der Panther

Im Jardin des Plantes, Paris

Sein Blick ist vom Vorübergehn der Stäbe
so müd geworden, daß er nichts mehr hält.
Ihm ist, als ob es tausend Stäbe gäbe
und hinter tausend Stäben keine Welt.

Der weiche Gang geschmeidig starker Schritte,
der sich im allerkleinsten Kreise dreht,
ist wie ein Tanz von Kraft um eine Mitte,
in der betäubt ein großer Wille steht.

Nur manchmal schiebt der Vorhang der Pupille
sich lautlos auf –. Dann geht ein Bild hinein,
geht durch der Glieder angespannte Stille –
und hört im Herzen auf zu sein.

[*D:* 1903; *A:* 1907]

Das Karussell

Jardin du Luxembourg

Mit einem Dach und seinem Schatten dreht
sich eine kleine Weile der Bestand
von bunten Pferden, alle aus dem Land,
das lange zögert, eh es untergeht.
Zwar manche sind an Wagen angespannt,
doch alle haben Mut in ihren Mienen;
ein böser roter Löwe geht mit ihnen
und dann und wann ein weißer Elefant.

Sogar ein Hirsch ist da, ganz wie im Wald,
nur daß er einen Sattel trägt und drüber
ein kleines blaues Mädchen aufgeschnallt.

Und auf dem Löwen reitet weiß ein Junge
und hält sich mit der kleinen heißen Hand,
dieweil der Löwe Zähne zeigt und Zunge.

Und dann und wann ein weißer Elefant.

Und auf den Pferden kommen sie vorüber,
auch Mädchen, helle, diesem Pferdesprunge
fast schon entwachsen; mitten in dem Schwunge
schauen sie auf, irgendwohin, herüber –

Und dann und wann ein weißer Elefant.

Und das geht hin und eilt sich, daß es endet,
und kreist und dreht sich nur und hat kein Ziel.
Ein Rot, ein Grün, ein Grau vorbeigesendet,
ein kleines kaum begonnenes Profil –.
Und manchesmal ein Lächeln, hergewendet,
ein seliges, das blendet und verschwendet
an dieses atemlose blinde Spiel...

[*A:* 1907]

[*Jardin du Luxembourg:* Park in Paris, der auch einen Kinderspielplatz hat.]

Römische Fontäne

Borghese

Zwei Becken, eins das andre übersteigend
aus einem alten runden Marmorrand,
und aus dem oberen Wasser leis sich neigend
zum Wasser, welches unten wartend stand,

dem leise redenden entgegenschweigend
und heimlich, gleichsam in der hohlen Hand,
ihm Himmel hinter Grün und Dunkel zeigend
wie einen unbekannten Gegenstand;

sich selber ruhig in der schönen Schale
verbreitend ohne Heimweh, Kreis aus Kreis,
nur manchmal träumerisch und tropfenweis

sich niederlassend an den Moosbehängen
zum letzten Spiegel, der sein Becken leis
von unten lächeln macht mit Übergängen.

[*A:* 1907]

[*Borghese:* Park der Villa Borghese in Rom.]

Archaischer Torso Apollos

Wir kannten nicht sein unerhörtes Haupt,
darin die Augenäpfel reiften. Aber
sein Torso glüht noch wie ein Kandelaber,
in dem sein Schauen, nur zurückgeschraubt,

sich hält und glänzt. Sonst könnte nicht der Bug
der Brust dich blenden, und im leisen Drehen
der Lenden könnte nicht ein Lächeln gehen
zu jener Mitte, die die Zeugung trug.

Sonst stünde dieser Stein entstellt und kurz
unter der Schultern durchsichtigem Sturz
und flimmerte nicht so wie Raubtierfelle;

und bräche nicht aus allen seinen Rändern
aus wie ein Stern: denn da ist keine Stelle,
die dich nicht sieht. Du mußt dein Leben ändern.

[*A:* 1908]

[*Archaischer Torso:* Plastik im Louvre in Paris (Jünglingstorso aus Milet).]

Aus: Duineser Elegien

Die erste Elegie

Wer, wenn ich schriee, hörte mich denn aus der Engel
Ordnungen? und gesetzt selbst, es nähme
einer mich plötzlich ans Herz: ich verginge von seinem
stärkeren Dasein. Denn das Schöne ist nichts
als des Schrecklichen Anfang, den wir noch grade ertragen,
und wir bewundern es so, weil es gelassen verschmäht,
uns zu zerstören. Ein jeder Engel ist schrecklich.

Und so verhalt ich mich denn und verschlucke den Lockruf
dunkelen Schluchzens. Ach, wen vermögen
wir denn zu brauchen? Engel nicht, Menschen nicht,
und die findigen Tiere merken es schon,
daß wir nicht sehr verläßlich zu Haus sind
in der gedeuteten Welt. Es bleibt uns vielleicht
irgend ein Baum an dem Abhang, daß wir ihn täglich
wiedersähen; es bleibt uns die Straße von gestern
und das verzogene Treusein einer Gewohnheit,
der es bei uns gefiel, und so blieb sie und ging nicht.

O und die Nacht, die Nacht, wenn der Wind voller Weltraum
uns am Angesicht zehrt –, wem bliebe sie nicht, die ersehnte,
sanft enttäuschende, welche dem einzelnen Herzen
mühsam bevorsteht. Ist sie den Liebenden leichter?
Ach, sie verdecken sich nur mit einander ihr Los.

Weißt du's *noch* nicht? Wirf aus den Armen die Leere
zu den Räumen hinzu, die wir atmen; vielleicht daß die Vögel
die erweiterte Luft fühlen mit innigerm Flug.

Ja, die Frühlinge brauchten dich wohl. Es muteten manche
Sterne dir zu, daß du sie spürtest. Es hob
sich eine Woge heran im Vergangenen, oder
da du vorüberkamst am geöffneten Fenster,
gab eine Geige sich hin. Das alles war Auftrag.
Aber bewältigtest du's? Warst du nicht immer
noch von Erwartung zerstreut, als kündigte alles
eine Geliebte dir an? (Wo willst du sie bergen,
da doch die großen fremden Gedanken bei dir
aus und ein gehn und öfters bleiben bei Nacht.)
Sehnt es dich aber, so singe die Liebenden; lange
noch nicht unsterblich genug ist ihr berühmtes Gefühl.
Jene, du neidest sie fast, Verlassenen, die du
so viel liebender fandst als die Gestillten. Beginn
immer von neuem die nie zu erreichende Preisung;

denk: es erhält sich der Held, selbst der Untergang war ihm
nur ein Vorwand, zu sein: seine letzte Geburt.
Aber die Liebenden nimmt die erschöpfte Natur
in sich zurück, als wären nicht zweimal die Kräfte,
dieses zu leisten. Hast du der Gaspara Stampa
denn genügend gedacht, daß irgend ein Mädchen,
dem der Geliebte entging, am gesteigerten Beispiel
dieser Liebenden fühlt: daß ich würde wie sie?
Sollen nicht endlich uns diese ältesten Schmerzen
fruchtbarer werden? Ist es nicht Zeit, daß wir liebend
uns vom Geliebten befrein und es bebend bestehn:
wie der Pfeil die Sehne besteht, um gesammelt im Absprung
mehr zu sein als er selbst. Denn Bleiben ist nirgends.

Stimmen, Stimmen. Höre, mein Herz, wie sonst nur
Heilige hörten: daß sie der riesige Ruf
aufhob vom Boden; sie aber knieten,
Unmögliche, weiter und achtetens nicht:
So waren sie hörend. Nicht, daß du *Gottes* ertrügest
die Stimme, bei weitem. Aber das Wehende höre,
die ununterbrochene Nachricht, die aus Stille sich bildet.
Es rauscht jetzt von jenen jungen Toten zu dir.
Wo immer du eintratst, redete nicht in Kirchen
zu Rom und Neapel ruhig ihr Schicksal dich an?
Oder es trug eine Inschrift sich erhaben dir auf,
wie neulich die Tafel in Santa Maria Formosa.
Was sie mir wollen? leise soll ich des Unrechts
Anschein abtun, der ihrer Geister
reine Bewegung manchmal ein wenig behindert.

Freilich ist es seltsam, die Erde nicht mehr zu bewohnen,
kaum erlernte Gebräuche nicht mehr zu üben,
Rosen, und andern eigens versprechenden Dingen
nicht die Bedeutung menschlicher Zukunft zu geben;
das, was man war in unendlich ängstlichen Händen,
nicht mehr zu sein, und selbst den eigenen Namen
wegzulassen wie ein zerbrochenes Spielzeug.
Seltsam, die Wünsche nicht weiterzuwünschen. Seltsam,
alles, was sich bezog, so lose im Raume
flattern zu sehen. Und das Totsein ist mühsam
und voller Nachholn, daß man allmählich ein wenig
Ewigkeit spürt. – Aber Lebendige machen
alle den Fehler, daß sie zu stark unterscheiden.
Engel (sagt man) wüßten oft nicht, ob sie unter
Lebenden gehn oder Toten. Die ewige Strömung
reißt durch beide Bereiche alle Alter
immer mit sich und übertönt sie in beiden.

Schließlich brauchen sie uns nicht mehr, die Früheentrückten,
man entwöhnt sich des Irdischen sanft, wie man den Brüsten
milde der Mutter entwächst. Aber wir, die so große
Geheimnisse brauchen, denen aus Trauer so oft
seliger Fortschritt entspringt –: *könnten* wir sein ohne sie?
Ist die Sage umsonst, daß einst in der Klage um Linos
wagende erste Musik dürre Erstarrung durchdrang;
daß erst im erschrockenen Raum, dem ein beinah göttlicher Jüngling
plötzlich für immer enttrat, das Leere in jene
Schwingung geriet, die uns jetzt hinreißt und tröstet und hilft.

[*E:* 1912; *A:* 1923]

[*Gaspara Stampa:* ital. Dichterin (1523–1554); in ihren Gedichten war ihre unglückliche Liebe zu einem venezianischen Adligen ein zentrales Thema. – *Santa Maria Formosa:* Kirche in Venedig; dort Tafel mit Inschrift über Leben und Tod.]

Aus: Sonette an Orpheus

Erster Teil

VII
Rühmen, das ists! Ein zum Rühmen Bestellter,
ging er hervor wie das Erz aus des Steins
Schweigen. Sein Herz, o vergängliche Kelter
eines den Menschen unendlichen Weins.

Nie versagt ihm die Stimme am Staube,
wenn ihn das göttliche Beispiel ergreift.
Alles wird Weinberg, alles wird Traube,
in seinem fühlenden Süden gereift.

Nicht in den Grüften der Könige Moder
straft ihm die Rühmung lügen, oder
daß von den Göttern ein Schatten fällt.

Er ist einer der bleibenden Boten,
Der noch weit in die Türen der Toten
Schalen mit rühmlichen Früchten hält.

[*Erz:* wohl die aus dem Erz gegossene Glocke.]

IX
Nur wer die Leier schon hob
auch unter Schatten,
darf das unendliche Lob
ahnend erstatten.

Nur wer mit Toten vom Mohn
aß, von dem ihren,
wird nicht den leisesten Ton
wieder verlieren.

Mag auch die Spieglung im Teich
oft uns verschwimmen:
Wisse das Bild.

Erst in dem Doppelbereich
werden die Stimmen
ewig und mild.

[*A:* 1923]

ALFRED MOMBERT
1872–1942

Bevor ich diesen Inselstrand verließ,
entdeckte ich letztmals streifend eine Höhle,
da drinnen ward mir eine neue Seele,
die mir ein höchstes Glück verhieß.

Und so saß ich lange,
ein tiefes Lächeln auf meiner Wange.
Vom Licht umzittert in der Dämmerkühle.
Glühend in einem neuen
Heimat-Urgefühle.

*

Es war zur Nacht, da ich ins Meerhorn stieß.
Es war zur Nacht, da ich zum Aufbruch blies.
Es war zur Nacht, da ich den Strand verließ.
Mein Boot lag in der Mondquelle.
Ich stand in vollendeter Helle.
Ich stand schlafähnlich starr auf silbernem Kies.

[*A:* 1897]

Gott ist vom Schöpferstuhl gefallen
hinunter in die Donnerhallen
des Lebens und der Liebe.
Er sitzt beim Fackelschein
und trinkt seinen Wein
zwischen borstigen Gesellen,
die von Weib und Meerflut überschwellen.
Und der Mond rollt über die Wolkenberge
durch die gestirnte Meernacht,
und die großen Werke
sind vollendet und vollbracht.

[*A:* 1897]

Wegen des Schattens und Duftens dieser Haine.
Wegen der Quelle, die hier fröhlich springt.
Wegen dieser Myrten, dieser Eichen:
Möchte ich leben, möcht ich leben.

Wegen der Herde weidend in diesem Tale.
Wegen der Jungfrau, die hier sitzt und sinnt.
Wegen dieser Wolke weiß im Blauen:
Möchte ich leben, möcht ich leben.

Wegen des Pilgers hier auf diesem Pfade.
Wegen der Fische in diesem klaren See.
Wegen des Zitterlaubes auf diesen Büschen,
und wegen des Abend-Regens, der jetzt säuselt:
Möchte ich leben, möcht ich noch leben.

[*A:* 1919]

Ich warf mich auf die Meer-Klippen.
In die Schäume der Träume.
Da überrauschten mich die Albatrosse.
Herz brach auf. Und Seele weinte.

Sie deckten kühle Schwingen über mein Haupt.
An den Fieber-Händen rieben Schnäbel.
Freie Meer-Herzen
pochten in meine Innen-Wüste.
Die Albatrosse klangen: sangen:

In einem frühen Leben
war über Meeren hin dein Schweben.
Unser Bruder du auf starken Schwingen,
du mochtest in die wildesten Schäume dringen.
Stürme konnten nie dich zwingen.

Zu deinen Wogen, zu deinen freien Meeren
wirst du, Bruder, einstmals wiederkehren.
Wirst das große Schwebe-Glück vermehren.
Wirst uns deine Schwebe-Seele lehren.

[*A:* 1925]

Else Lasker-Schüler
1869–1945

Weltende

Es ist ein Weinen in der Welt,
Als ob der liebe Gott gestorben wär,
Und der bleierne Schatten, der niederfällt,
Lastet grabesschwer.

Komm, wir wollen uns näher verbergen...
Das Leben liegt in aller Herzen
Wie in Särgen.

Du! wir wollen uns tief küssen –
Es pocht eine Sehnsucht an die Welt,
An der wir sterben müssen.

[*A:* 1905]

Ein alter Tibetteppich

Deine Seele, die die meine liebet,
Ist verwirkt mit ihr im Teppichtibet.

Strahl in Strahl, verliebte Farben,
Sterne, die sich himmellang umwarben.

Unsere Füße ruhen auf der Kostbarkeit,
Maschentausendabertausendweit.

Süßer Lamasohn auf Moschuspflanzenthron,
Wie lange küßt dein Mund den meinen wohl
Und Wang die Wange buntgeknüpfte Zeiten
schon?

[*D:* 1910]

Jakob

Jakob war der Büffel seiner Herde.
Wenn er stampfte mit den Hufen,
Sprühte unter ihm die Erde.

Brüllend ließ er die gescheckten Brüder.
Rannte in den Urwald an die Flüsse,
Stillte dort das Blut der Affenbisse.

Durch die müden Schmerzen in den Knöcheln
Sank er vor dem Himmel fiebernd nieder,
Und sein Ochsgesicht erschuf das Lächeln.

[*A:* 1913]

Gebet

Ich suche allerlanden eine Stadt,
Die einen Engel vor der Pforte hat.
Ich trage seinen großen Flügel
Gebrochen schwer am Schulterblatt
Und in der Stirne seinen Stern als Siegel.

Und wandle immer in die Nacht...
Ich habe Liebe in die Welt gebracht –
Daß blau zu blühen jedes Herz vermag,
Und hab ein Leben müde mich gewacht,
In Gott gehüllt den dunklen Atemschlag.

O Gott, schließ um mich deinen Mantel fest;
Ich weiß, ich bin im Kugelglas der Rest,
Und wenn der letzte Mensch die Welt vergießt,
Du mich nicht wieder aus der Allmacht läßt
Und sich ein neuer Erdball um mich schließt.

[*D:* 1919]

Mein blaues Klavier

Ich habe zu Hause ein blaues Klavier
Und kenne doch keine Note.

Es steht im Dunkel der Kellertür,
Seitdem die Welt verrohte.

Es spielen Sternenhände vier
– Die Mondfrau sang im Boote –
Nun tanzen die Ratten im Geklirr.

Zerbrochen ist die Klaviatür.....
Ich beweine die blaue Tote.

Ach liebe Engel öffnet mir
– Ich aß vom bitteren Brote –
Mir lebend schon die Himmelstür –
Auch wider dem Verbote.

[*A:* 1943]

Ein Liebeslied

Komm zu mir in der Nacht – wir schlafen engverschlungen.
Müde bin ich sehr, vom Wachen einsam.
Ein fremder Vogel hat in dunkler Frühe schon gesungen,
Als noch mein Traum mit sich und mir gerungen.

Es öffnen Blumen sich vor allen Quellen
Und färben sich mit deiner Augen Immortellen.....

Komm zu mir in der Nacht auf Siebensternenschuhen
Und Liebe eingehüllt spät in mein Zelt.
Es steigen Monde aus verstaubten Himmelstruhen.

Wir wollen wie zwei seltene Tiere liebesruhen
Im hohen Rohre hinter dieser Welt.

[*A:* 1943]

Theodor Däubler
1876–1934

Die Erde treibt im Norden tausend blaue Feuerblüten
Und übermittelt ihren Sehnsuchtstraum der Nacht,
Drum soll der Mensch auch seinen Flammenkelch behüten,
Wenn er, durch ihn belebt und lichterfüllt, erwacht.

Fürwahr, mir sind die Glutanschürer Gärtnerscharen
Von einer langbegrabnen, auferstandnen Pracht:
Versteinte Wälder wollen sich uns offenbaren,
Und Pilger holen sie aus finsterem Erdenschacht.

Ja, Pilger graben, wühlen sich stets mehr hinunter,
Stets tiefer in der Erdenmutter dunkles Heiligtum;
Ihr Herzschlag, ihr Gehämmerwerk, erhält sie munter:
Asketen aber sind sie zu des Urlichts Ruhm.

Auf ihrer Freiheit, ihrer Glutenkernesnähe
Beruht und tagt das ganze Dasein dieser Welt,
Sie sorgen, daß der Totgeglaubte auferstehe,
Durch sie wird jede Nacht vom Nordlichte erhellt.

So wandeln wir in wunderbaren Flammengärten,
Es türmen Feuerlauben sich ins Grau empor,
Die fernen Drachen wurden freundliche Gefährten
Und schimmern still vor meines Weibes sicherm Tor.

Ihr Grubenarbeiter, Ergrübler freier Wunder,
Vertraut dem Irrlicht nicht, das listig euch umschwirrt;
Bleibt unbeirrte, biedre Erdenherzerkunder,
Seid eurer eignen Willenstiere ernster Hirt!

Der Sonne könnt ihr bloß im Erdenschoße nahen,
Dort unten stoßt ihr auf den Sinn von dieser Welt,
Und auch das Licht der Dinge, die noch nie geschahen,
Wird, grundbestimmt durch euch in uns hervorgeschwellt.

[*A:* 1910]

Landschaft

Rote Mühlen stehen an verschneitem Ufer:
Grüne Wellen tragen Eis statt gelben Schaum.
Schwarze Vögel, Unglückskünder, Unheilrufer,
Hocken hoch und schwer in einem hohlen Baum.

O wie viele Tiere im Gezweige nisten:
Meine bösen Stunden aber sind noch mehr.
Sorgenvögel müssen dort ihr Leben fristen:
Späher durch die Silberäste hin und her.

Und ich weiß es nicht, ist so etwas ein Traum?
Denn ich baue ihn empor, den kahlen Baum!
Doch die fremden Vögel kamen ungerufen:
Ich kenne keine Fernen, die sie schufen.

Plötzlich drehen sich die Räder meiner Mühlen:
Bloß für einen Augenblick erbraust der Sturm.
Jetzt muß ich die Vögel in mir selber fühlen:
Weiter schleicht der eisgefleckte Wasserwurm.

[*D:* 1918]

Jakob van Hoddis
1887–1942

Weltende

Dem Bürger fliegt vom spitzen Kopf der Hut,
In allen Lüften hallt es wie Geschrei,
Dachdecker stürzen ab und gehn entzwei
Und an den Küsten – liest man – steigt die Flut.

Der Sturm ist da, die wilden Meere hupfen
An Land, um dicke Dämme zu zerdrücken.
Die meisten Menschen haben einen Schnupfen.
Die Eisenbahnen fallen von den Brücken.

[*D:* 1911]

Morgens

Ein starker Wind sprang empor.
Öffnet des eisernen Himmels blutende Tore.
Schlägt an die Türme.
Hellklingend laut geschmeidig über die eherne Ebene der Stadt.
Die Morgensonne rußig. Auf Dämmen donnern Züge.
Durch Wolken pflügen goldne Engelpflüge.
Starker Wind über der bleichen Stadt.
Dampfer und Kräne erwachen am schmutzig fließenden Strom.
Verdrossen klopfen die Glocken am verwitterten Dom.
Viele Weiber siehst du und Mädchen zur Arbeit gehn.
Im bleichen Licht. Wild von der Nacht. Ihre Röcke wehn.
Glieder zur Liebe geschaffen.
Hin zur Maschine und mürrischem Mühn.
Sieh in das zärtliche Licht.
In der Bäume zärtliches Grün.
Horch! Die Spatzen schrein.
Und draußen auf wilderen Feldern
Singen Lerchen.

[*D:* 1914]

Georg Heym
1887–1912

Die Gefangenen

Sie trampeln um den Hof im engen Kreis.
Ihr Blick schweift hin und her im kahlen Raum.
Er sucht nach einem Feld, nach einem Baum,
Und prallt zurück von kahler Mauern Weiß.

Wie in den Mühlen dreht der Rädergang,
So dreht sich ihrer Schritte schwarze Spur.
Und wie ein Schädel mit der Mönchstonsur,
So liegt des Hofes Mitte kahl und blank.

Es regnet dünn auf ihren kurzen Rock.
Sie schaun betrübt die graue Wand empor,
Wo kleine Fenster sind, mit Kasten vor,
Wie schwarze Waben in dem Bienenstock.

Man treibt sie ein, wie Schafe zu der Schur.
Die grauen Rücken drängen in den Stall.
Und klappernd schallt heraus der Widerhall
Der Holzpantoffeln auf dem Treppenflur.

[*A:* 1911]

Der Abend

Versunken ist der Tag in Purpurrot,
Der Strom schwimmt weiß in ungeheurer Glätte.
Ein Segel kommt. Es hebt sich aus dem Boot
Am Steuer groß des Schiffers Silhouette.

Auf allen Inseln steigt des Herbstes Wald
Mit roten Häuptern in den Raum, den klaren.
Und aus der Schluchten dunkler Tiefe hallt
Der Waldung Ton, wie Rauschen der Kitharen.

Das Dunkel ist im Osten ausgegossen,
Wie blauer Wein kommt aus gestürzter Urne.
Und ferne steht, vom Mantel schwarz umflossen,
Die hohe Nacht auf schattigem Kothurne.

[*A:* 1911]

Ophelia

I

Im Haar ein Nest von jungen Wasserratten,
Und die beringten Hände auf der Flut
Wie Flossen, also treibt sie durch den Schatten
Des großen Urwalds, der im Wasser ruht.

Die letzte Sonne, die im Dunkel irrt,
Versenkt sich tief in ihres Hirnes Schrein.
Warum sie starb? Warum sie so allein
Im Wasser treibt, das Farn und Kraut verwirrt?

Im dichten Röhricht steht der Wind. Er scheucht
Wie eine Hand die Fledermäuse auf.
Mit dunklem Fittich, von dem Wasser feucht
Stehn sie wie Rauch im dunklen Wasserlauf,

Wie Nachtgewölk. Ein langer, weißer Aal
Schlüpft über ihre Brust. Ein Glühwurm scheint
Auf ihrer Stirn. Und eine Weide weint
Das Laub auf sie und ihre stumme Qual.

II

Korn. Saaten. Und des Mittags roter Schweiß.
Der Felder gelbe Winde schlafen still.
Sie kommt, ein Vogel, der entschlafen will.
Der Schwäne Fittich überdacht sie weiß.

Die blauen Lider schatten sanft herab.
Und bei der Sensen blanken Melodien
Träumt sie von eines Kusses Karmoisin
Den ewigen Traum in ihrem ewigen Grab.

Vorbei, vorbei. Wo an das Ufer dröhnt
Der Schall der Städte. Wo durch Dämme zwingt
Der weiße Strom. Der Widerhall erklingt
Mit weitem Echo. Wo herunter tönt

Hall voller Straßen. Glocken und Geläut.
Maschinenkreischen. Kampf. Wo westlich droht
In blinde Scheiben dumpfes Abendrot,
In dem ein Kran mit Riesenarmen dräut,

Mit schwarzer Stirn, ein mächtiger Tyrann,
Ein Moloch, drum die schwarzen Knechte knien.
Last schwerer Brücken, die darüber ziehn
Wie Ketten auf dem Strom, und harter Bann.

Unsichtbar schwimmt sie in der Flut Geleit.
Doch wo sie treibt, jagt weit den Menschenschwarm
Mit großem Fittich auf ein dunkler Harm,
Der schattet über beide Ufer breit.

Vorbei, vorbei. Da sich dem Dunkel weiht
Der westlich hohe Tag des Sommers spät,
Wo in dem Dunkelgrün der Wiesen steht
Des fernen Abends zarte Müdigkeit.

Der Strom trägt weit sie fort, die untertaucht,
Durch manchen Winters trauervollen Port.
Die Zeit hinab. Durch Ewigkeiten fort,
Davon der Horizont wie Feuer raucht.

[*A:* 1911]

[*Karmoisin:* Karmesin, Hochrot.]

Die Dämonen der Städte

Sie wandern durch die Nacht der Städte hin,
Die schwarz sich ducken unter ihrem Fuß.
Wie Schifferbärte stehen um ihr Kinn
Die Wolken schwarz vom Rauch und Kohlenruß.

Ihr langer Schatten schwankt im Häusermeer
Und löscht der Straßen Lichterreihen aus.
Es kriecht wie Nebel auf dem Pflaster schwer
Und tastet langsam vorwärts Haus für Haus.

Den einen Fuß auf einen Platz gestellt,
Den anderen gekniet auf einen Turm,
Ragen sie auf, wo schwarz der Regen fällt,
Panspfeifen blasend in den Wolkensturm.

Um ihre Füße kreist das Ritornell
Des Städtemeers mit trauriger Musik,
Ein großes Sterbelied. Bald dumpf, bald grell
Wechselt der Ton, der in das Dunkel stieg.

Sie wandern an dem Strom, der schwarz und breit
Wie ein Reptil, den Rücken gelb gefleckt
Von den Laternen, in die Dunkelheit
Sich traurig wälzt, die schwarz den Himmel deckt.

Sie lehnen schwer auf einer Brückenwand
Und stecken ihre Hände in den Schwarm
Der Menschen aus, wie Faune, die am Rand
Der Sümpfe bohren in den Schlamm den Arm.

Einer steht auf. Dem weißen Monde hängt
Er eine schwarze Larve vor. Die Nacht,
Die sich wie Blei vom finstern Himmel senkt,
Drückt tief die Häuser in des Dunkels Schacht.

Der Städte Schultern knacken. Und es birst
Ein Dach, daraus ein rotes Feuer schwemmt.
Breitbeinig sitzen sie auf seinem First
Und schrein wie Katzen auf zum Firmament.

In einer Stube voll von Finsternissen
Schreit eine Wöchnerin in ihren Wehn.
Ihr starker Leib ragt riesig aus den Kissen,
Um den herum die großen Teufel stehn.

Sie hält sich zitternd an der Wehebank.
Das Zimmer schwankt um sie von ihrem Schrei,
Da kommt die Frucht. Ihr Schoß klafft rot und lang
Und blutend reißt er von der Frucht entzwei.

Der Teufel Hälse wachsen wie Giraffen.
Das Kind hat keinen Kopf. Die Mutter hält
Es vor sich hin. In ihrem Rücken klaffen
Des Schrecks Froschfinger, wenn sie rückwärts fällt.

Doch die Dämonen wachsen riesengroß.
Ihr Schläfenhorn zerreißt den Himmel rot.
Erdbeben donnert durch der Städte Schoß
Um ihren Huf, den Feuer überloht.

[*A:* 1911]

Der Krieg

Aufgestanden ist er, welcher lange schlief,
Aufgestanden unten aus Gewölben tief.
In der Dämmrung steht er, groß und unerkannt,
Und den Mond zerdrückt er in der schwarzen Hand.

In den Abendlärm der Städte fällt es weit,
Frost und Schatten einer fremden Dunkelheit,
Und der Märkte runder Wirbel stockt zu Eis.
Es wird still. Sie sehn sich um. Und keiner weiß.

In den Gassen faßt es ihre Schulter leicht.
Eine Frage. Keine Antwort. Ein Gesicht erbleicht.
In der Ferne wimmert ein Geläute dünn
Und die Bärte zittern um ihr spitzes Kinn.

Auf den Bergen hebt er schon zu tanzen an
Und er schreit: Ihr Krieger alle, auf und an.
Und es schallet, wenn das schwarze Haupt er schwenkt,
Drum von tausend Schädeln laute Kette hängt.

Einem Turm gleich tritt er aus die letzte Glut,
Wo der Tag flieht, sind die Ströme schon voll Blut.
Zahllos sind die Leichen schon im Schilf gestreckt,
Von des Todes starken Vögeln weiß bedeckt.

Über runder Mauern blauem Flammenschwall
Steht er, über schwarzer Gassen Waffenschall.
Über Toren, wo die Wächter liegen quer,
Über Brücken, die von Bergen Toter schwer.

In die Nacht er jagt das Feuer querfeldein
Einen roten Hund mit wilder Mäuler Schrein.
Aus dem Dunkel springt der Nächte schwarze Welt,
Von Vulkanen furchtbar ist ihr Rand erhellt.

Und mit tausend roten Zipfelmützen weit
Sind die finstren Ebnen flackend überstreut,
Und was unten auf den Straßen wimmelt hin und her,
Fegt er in die Feuerhaufen, daß die Flamme brenne mehr.

Und die Flammen fressen brennend Wald um Wald,
Gelbe Fledermäuse zackig in das Laub gekrallt.
Seine Stange haut er wie ein Köhlerknecht
In die Bäume, daß das Feuer brause recht.

Eine große Stadt versank in gelbem Rauch,
Warf sich lautlos in des Abgrunds Bauch.
Aber riesig über glühnden Trümmern steht
Der in wilde Himmel dreimal seine Fackel dreht,

Über sturmzerfetzter Wolken Widerschein,
In des toten Dunkels kalte Wüstenein,
Daß er mit dem Brande weit die Nacht verdorr,
Pech und Feuer träufet unten auf Gomorrh.

[*A:* 1912]

Die Menschen stehen vorwärts in den Straßen...

Die Menschen stehen vorwärts in den Straßen
Und sehen auf die großen Himmelszeichen,
Wo die Kometen mit den Feuernasen
Um die gezackten Türme drohend schleichen.

Und alle Dächer sind voll Sternedeuter,
Die in den Himmel stecken große Röhren.
Und Zaubrer, wachsend aus den Bodenlöchern,
In Dunkel schräg, die einen Stern beschwören.

Krankheit und Mißwachs durch die Tore kriechen
In schwarzen Tüchern. Und die Betten tragen
Das Wälzen und das Jammern vieler Siechen,
Und welche rennen mit den Totenschragen.

Selbstmörder gehen nachts in großen Horden,
Die suchen vor sich ihr verlornes Wesen,
Gebückt in Süd und West, und Ost und Norden,
Den Staub zerfegend mit den Armen-Besen.

Sie sind wie Staub, der hält noch eine Weile,
Die Haare fallen schon auf ihren Wegen,
Sie springen, daß sie sterben, nun in Eile,
Und sind mit totem Haupt im Feld gelegen.

Noch manchmal zappelnd. Und der Felder Tiere
Stehn um sie blind, und stoßen mit dem Horne
In ihren Bauch. Sie strecken alle viere
Begraben unter Salbei und dem Dorne.

Das Jahr ist tot und leer von seinen Winden,
Das wie ein Mantel hängt voll Wassertriefen,
Und ewig Wetter, die sich klagend winden
Aus Tiefen wolkig wieder zu den Tiefen.

Die Meere aber stocken. In den Wogen
Die Schiffe hängen modernd und verdrossen,
Zerstreut, und keine Strömung wird gezogen
Und aller Himmel Höfe sind verschlossen.

Die Bäume wechseln nicht die Zeiten
Und bleiben ewig tot in ihrem Ende
Und über die verfallnen Wege spreiten
Sie hölzern ihre langen Finger-Hände.

Wer stirbt, der setzt sich auf, sich zu erheben,
Und eben hat er noch ein Wort gesprochen.
Auf einmal ist er fort. Wo ist sein Leben?
Und seine Augen sind wie Glas zerbrochen.

Schatten sind viele. Trübe und verborgen.
Und Träume, die an stummen Türen schleifen,
Und der erwacht, bedrückt von andern Morgen,
Muß schweren Schlaf von grauen Lidern streifen.

[*A:* 1912]

Träumerei in Hellblau

Alle Landschaften haben
Sich mit Blau gefüllt.
Alle Büsche und Bäume des Stromes,
Der weit in den Norden schwillt.

Blaue Länder der Wolken,
Weiße Segel dicht,
Die Gestade des Himmels in Fernen
Zergehen in Wind und Licht.

Wenn die Abende sinken
Und wir schlafen ein,
Gehen die Träume, die schönen,
Mit leichten Füßen herein.

Zymbeln lassen sie klingen
In den Händen licht.
Manche flüstern, und halten
Kerzen vor ihr Gesicht.

[*A:* 1912]

Alfred Lichtenstein
1889–1914

Die Dämmerung

Ein dicker Junge spielt mit einem Teich.
Der Wind hat sich in einem Baum gefangen.
Der Himmel sieht verbummelt aus und bleich,
Als wäre ihm die Schminke ausgegangen.

Auf lange Krücken schief herabgebückt
Und schwatzend kriechen auf dem Feld zwei
Lahme.
Ein blonder Dichter wird vielleicht verrückt.
Ein Pferdchen stolpert über eine Dame.

An einem Fenster klebt ein fetter Mann.
Ein Jüngling will ein weiches Weib besuchen.
Ein grauer Clown zieht sich die Stiefel an.
Ein Kinderwagen schreit und Hunde fluchen.

(5.3.1911) [*D:* 1911]

Prophezeiung

Einmal kommt – ich habe Zeichen –
Sterbesturm aus fernem Norden.
Überall stinkt es nach Leichen.
Es beginnt das große Morden.

Finster wird der Himmelsklumpen,
Sturmtod hebt die Klauentatzen:
Nieder stürzen alle Lumpen,
Mimen bersten. Mädchen platzen.

Polternd fallen Pferdeställe.
Keine Fliege kann sich retten.
Schöne homosexuelle
Männer kullern aus den Betten.

Rissig werden Häuserwände.
Fische faulen in dem Flusse.
Alles nimmt sein ekles Ende.
Krächzend kippen Omnibusse.

(30.1.1913) [*D:* 1912]

Ernst Stadler
1883–1914

Der Spruch

In einem alten Buche
stieß ich auf ein Wort,
Das traf mich wie ein Schlag
und brennt durch meine Tage fort:
Und wenn ich mich
an trübe Lust vergebe,
Schein, Lug und Spiel zu mir
anstatt des Wesens hebe,
Wenn ich gefällig mich
mit raschem Sinn belüge,
Als wäre Dunkles klar, als wenn nicht Leben
tausend wild verschlossne Tore trüge,
Und Worte wiederspreche,
deren Weite nie ich ausgefühlt,
Und Dinge fasse,
deren Sein mich niemals aufgewühlt,
Wenn mich willkommner Traum
mit Sammethänden streicht,
Und Tag und Wirklichkeit
von mir entweicht,
Der Welt entfremdet,
fremd dem tiefsten Ich,
Dann steht das Wort mir auf:
Mensch, werde wesentlich!

[*A:* 1914]

[*In einem alten Buche:* „Cherubinischer Wandersmann“ des Angelus Silesius; oben S. 92.]

Fahrt über die Kölner Rheinbrücke bei Nacht

Der Schnellzug tastet sich
und stößt die Dunkelheit entlang.
Kein Stern will vor. Die ganze Welt ist nur ein enger,
nachtumschienter Minengang,
Darein zuweilen Förderstellen
blauen Lichtes jähe Horizonte reißen: Feuerkreis
Von Kugellampen, Dächern, Schloten,
dampfend, strömend.. nur sekundenweis..
Und wieder alles schwarz.
Als führen wir ins Eingeweid der Nacht zur Schicht.
Nun taumeln Lichter her.. verirrt, trostlos vereinsamt..
mehr.. und sammeln sich.. und werden dicht.
Gerippe grauer Häuserfronten liegen bloß,
im Zwielicht bleichend, tot –
etwas muß kommen.. o, ich fühl es schwer
Im Hirn. Eine Beklemmung singt im Blut.
Dann dröhnt der Boden plötzlich wie ein Meer:
Wir fliegen, aufgehoben,
königlich durch nachtentrissne Luft, hoch übern Strom.
O Biegung der Millionen Lichter, stumme Wacht,
Vor deren blitzender Parade
schwer die Wasser abwärts rollen.
Endloses Spalier, zum Gruß gestellt bei Nacht!
Wie Fackeln stürmend! Freudiges!
Salut von Schiffen über blauer See! Bestirntes Fest!
Wimmelnd, mit hellen Augen hingedrängt!
Bis wo die Stadt
mit letzten Häusern ihren Gast entläßt.
Und dann die langen Einsamkeiten. Nackte Ufer.
Stille. Nacht. Besinnung. Einkehr. Kommunion.
Und Glut und Drang
Zum Letzten, Segnenden. Zum Zeugungsfest.
Zur Wollust. Zum Gebet. Zum Meer.
Zum Untergang.

[*D:* 1913]

Vorfrühling

In dieser Märznacht
 trat ich spät aus meinem Haus.
Die Straßen waren aufgewühlt von Lenzgeruch
 und grünem Saatregen.
Winde schlugen an. Durch die verstörte Häusersenkung
 ging ich weit hinaus.
Bis zu dem unbedeckten Wall und spürte:
 meinem Herzen schwoll ein neuer Takt entgegen.

In jedem Lufthauch
 war ein junges Werden ausgespannt.
Ich lauschte,
 wie die starken Wirbel mir im Blute rollten.
Schon dehnte sich bereitet Acker.
 In den Horizonten eingebrannt
War schon die Bläue hoher Morgenstunden,
 die ins Weite führen sollten.

Die Schleusen knirschten.
 Abenteuer brach aus allen Fernen.
Überm Kanal, den junge Ausfahrtwinde wellten,
 wuchsen helle Bahnen,
In deren Licht ich trieb.
 Schicksal stand wartend in umwehten Sternen.
In meinem Herzen lag ein Stürmen
 wie von aufgerollten Fahnen.

[*A:* 1914]

Ernst Blass
1890–1939

Erhebung

Der Nachtwind wehte und ich ward erhoben.
Es duftete von Lindenlaub die Stadt.
Rings wie von Wäldern war die Nacht umwoben.
Die Straßen liefen kühlbeglänzt und glatt.
Die reine Luft nahm meine Starrnis mit,
Die mich zermalmte. Tränen kamen matt.
Ich wuchs zum Engel namenlos und schritt
Wie eine Wolke eilend durch die Stadt.

[*A:* 1912]

Vormittag

Den grünen Rasen sprengt ein guter Mann.
Der zeigt den Kindern seinen Regenbogen,
Der in dem Strahle auftaucht dann und wann.
Und die Elektrische ist fortgezogen

Und rollt ganz ferne. Und die Sonne knallt
Herunter auf den singenden Asphalt.
Du gehst im Schatten, ernsthaft, für und für.
Die Lindenbäume sind sehr gut zu dir.

Im Schatten setzt du dich auf eine Bank;
Die ist schon morsch; – auch du bist etwas krank –
Du tastest heiter, daß ihr nicht ein Bein birst.

Und fühlst auf deinem Herzen deine Uhr,
Und träumst von einer schimmernden Figur
Und dieses auch: daß du einst nicht mehr sein wirst.

[*A:* 1912]

In einer fremden Stadt

Ich bin in eine fremde Stadt verschlagen.
Die Straßen stehn mit Häusern. Weißer Himmel,
Auf dem im Winde dünne Wolken ziehn.

Im Abend: Rufe, Pfiffe, Bahngebimmel.
In einem Café würden Melodien
Mir heute die Begrüßung doch versagen.

Ein Kellner käme fremd, was ich befehle:
Vielleicht wär wieder Angst in meiner Kehle.

Ich gehe matt, zerschlagen hin auf realen Wegen.
Menschen kommen mir abendlich entgegen.

Pfiffe hör ich, Rufe, wie im Traum.
Ich spüre meine alte Angst noch kaum.

Ich werde schlafen gehn, daß mich nichts wieder quäle.
Ich kenne hier ja keine Menschenseele.

[*A:* 1912]

August Stramm
1874–1915

Traum

Durch die Büsche winden Sterne
Augen tauchen blaken sinken
Flüstern plätschert
Blüte gehren
Düfte spritzen
Schauer stürzen
Winde schnellen prellen schwellen
Tücher reißen
Fallen schrickt in tiefe Nacht.

[*A:* 1915]

Schlachtfeld

Schollenmürbe schläfert ein das Eisen
Blute filzen Sickerflecke
Roste krumen
Fleische schleimen
Saugen brünstet um Zerfallen.
Mordesmorde
Blinzen
Kinderblicke.

[*D:* 1915]

Sehnen

Die Hände strecken
Starre bebt
Erde wächst an Erde
Dein Nahen fernt
Der Schritt ertrinkt
Das Stehen jagt vorüber
Ein Blick
Hat
Ist!
Wahnnichtig
Icht!

[*A:* 1915]

Patrouille

Die Steine feinden
Fenster grinst Verrat
Äste würgen
Berge Sträucher blättern raschlig
Gellen
Tod.

[*D:* 1915]

Wache

Das Turmkreuz schrickt ein Stern
Der Gaul schnappt Rauch
Eisen klirrt verschlafen
Nebel streichen
Schauer
Starren Frösteln
Frösteln
Streicheln
Raunen
Du!

[*A:* 1919]

Gefallen

Der Himmel flaumt das Auge
Die Erde krallt die Hand
Die Lüfte sumsen
Weinen
Und
Schnüren
Frauenklage
Durch
Das strähne Haar.

[*A:* 1919]

Wilhelm Klemm
1881–1968

An der Front

Das Land ist öde. Die Felder sind wie verweint.
Auf böser Straße fährt ein grauer Wagen.
Von einem Haus ist das Dach herabgerutscht.
Tote Pferde verfaulen in Lachen.

Die braunen Striche dahinten sind Schützengräben.
Am Horizont gemächlich brennt ein Hof.
Schüsse platzen, verhallen – pop, pop, pauuu.
Reiter verschwinden langsam im kahlen Gehölz.

Schrapnellwolken blühen auf und vergehen. Ein Hohlweg
Nimmt uns auf. Dort hält Infanterie, naß und lehmig.
Der Tod ist so gleichgültig wie der Regen, der anhebt.
Wen kümmert das Gestern, das Heute oder das Morgen?

Und durch ganz Europa ziehen die Drahtverhaue,
Die Forts schlafen leise.
Dörfer und Städte stinken aus schwarzen Ruinen,
Wie Puppen liegen die Toten zwischen den Fronten.

[*A:* 1915]

Albert Ehrenstein
1886–1950

Leid

Wie bin ich vorgespannt
Dem Kohlenwagen meiner Trauer!
Widrig wie eine Spinne
Bekriecht mich die Zeit.
Fällt mein Haar,
Ergraut mein Haupt zum Feld,
Darüber der letzte
Schnitter sichelt.
Schlaf umdunkelt mein Gebein.
Im Traum schon starb ich,
Gras schoß aus meinem Schädel,
Aus schwarzer Erde war mein Kopf.

[*D:* 1914]

Abendsee

Wir kämmten Wolken; Faun und Fee
Im Liebesspiel über Stern und See.
Nun hat uns Dämmer verschneit,
Nebel gezweit,
Vor Leid vergilbt die Lilienzeit.

Neidwolken, herzschnappende weiße Wölfe,
Warum verscheuchtet ihr mir
Die verspielte Tanzelfe?
Mein Abendlied ertrinkt im See.

Die wilde Nacht bespringt mein Reh,
Die Sterne haben sich abgedreht,
Ödvogel weht sein: „Spät, zu spät!"
Ich fühle weh, wie ich im Schnee
Untergeh.

[*D:* 1917]

Georg Trakl
1887–1914

An den Knaben Elis

Elis, wenn die Amsel im schwarzen Wald ruft,
Dieses ist dein Untergang.
Deine Lippen trinken die Kühle des blauen Felsenquells.

Laß, wenn deine Stirne leise blutet
Uralte Legenden
Und dunkle Deutung des Vogelflugs.

Du aber gehst mit weichen Schritten in die Nacht,
Die voll purpurner Trauben hängt
Und du regst die Arme schöner im Blau.

Ein Dornenbusch tönt,
Wo deine mondenen Augen sind.
O, wie lange bist, Elis, du verstorben.

Dein Leib ist eine Hyazinthe,
In die ein Mönch die wächsernen Finger taucht.
Eine schwarze Höhle ist unser Schweigen,

Daraus bisweilen ein sanftes Tier tritt
Und langsam die schweren Lider senkt.
Auf deine Schläfen tropft schwarzer Tau,

Das letzte Gold verfallener Sterne.

[*A:* 1913]

Menschheit

Menschheit vor Feuerschlünden aufgestellt,
Ein Trommelwirbel, dunkler Krieger Stirnen,
Schritte durch Blutnebel; schwarzes Eisen schellt,
Verzweiflung, Nacht in traurigen Gehirnen:
Hier Evas Schatten, Jagd und rotes Geld.
Gewölk, das Licht durchbricht, das Abendmahl.
Es wohnt in Brot und Wein ein sanftes Schweigen
Und jene sind versammelt zwölf an Zahl.
Nachts schrein im Schlaf sie unter Ölbaumzweigen;
Sankt Thomas taucht die Hand ins Wundenmal.

[*A:* 1913]

[*zwölf:* der engste Kreis der Jünger Jesu.]

Musik im Mirabell

Ein Brunnen singt. Die Wolken stehn
Im klaren Blau, die weißen, zarten.
Bedächtig stille Menschen gehn
Am Abend durch den alten Garten.

Der Ahnen Marmor ist ergraut.
Ein Vogelzug streift in die Weiten.
Ein Faun mit toten Augen schaut
Nach Schatten, die ins Dunkel gleiten.

Das Laub fällt rot vom alten Baum
Und kreist herein durchs offne Fenster.
Ein Feuerschein glüht auf im Raum
Und malet trübe Angstgespenster.

Ein weißer Fremdling tritt ins Haus.
Ein Hund stürzt durch verfallene Gänge.
Die Magd löscht eine Lampe aus,
Das Ohr hört nachts Sonatenklänge.

[*A:* 1913]

[*Mirabell:* Schloß in Salzburg mit Mirabellgarten.]

Verfall

Am Abend, wenn die Glocken Frieden läuten,
Folg ich der Vögel wundervollen Flügen,
Die lang geschart, gleich frommen Pilgerzügen,
Entschwinden in den herbstlich klaren Weiten.

Hinwandelnd durch den dämmervollen Garten
Träum ich nach ihren helleren Geschicken
Und fühl der Stunden Weiser kaum mehr rücken.
So folg ich über Wolken ihren Fahrten.

Da macht ein Hauch mich von Verfall erzittern.
Die Amsel klagt in den entlaubten Zweigen.
Es schwankt der rote Wein an rostigen Gittern,

Indes wie blasser Kinder Todesreigen
Um dunkle Brunnenränder, die verwittern,
Im Wind sich fröstelnd blaue Astern neigen.

[*A:* 1913]

Verklärter Herbst

Gewaltig endet so das Jahr
Mit goldnem Wein und Frucht der Gärten.
Rund schweigen Wälder wunderbar
Und sind des Einsamen Gefährten.

Da sagt der Landmann: Es ist gut.
Ihr Abendglocken lang und leise
Gebt noch zum Ende frohen Mut.
Ein Vogelzug grüßt auf der Reise.

Es ist der Liebe milde Zeit.
Im Kahn den blauen Fluß hinunter
Wie schön sich Bild an Bildchen reiht –
Das geht in Ruh und Schweigen unter.

[*A:* 1913]

Ein Winterabend

Wenn der Schnee ans Fenster fällt,
Lang die Abendglocke läutet,
Vielen ist der Tisch bereitet
Und das Haus ist wohlbestellt.

Mancher auf der Wanderschaft
Kommt ans Tor auf dunklen Pfaden.
Golden blüht der Baum der Gnaden
Aus der Erde kühlem Saft.

Wanderer tritt still herein;
Schmerz versteinerte die Schwelle.
Da erglänzt in reiner Helle
Auf dem Tische Brot und Wein.

[*A:* 1915]

Der Herbst des Einsamen

Der dunkle Herbst kehrt ein voll Frucht und Fülle,
Vergilbter Glanz von schönen Sommertagen.
Ein reines Blau tritt aus verfallener Hülle;
Der Flug der Vögel tönt von alten Sagen.
Gekeltert ist der Wein, die milde Stille
Erfüllt von leiser Antwort dunkler Fragen.

Und hier und dort ein Kreuz auf ödem Hügel;
Im roten Wald verliert sich eine Herde.
Die Wolke wandert übern Weiherspiegel;
Es ruht des Landmanns ruhige Geberde.
Sehr leise rührt des Abends blauer Flügel
Ein Dach von dürrem Stroh, die schwarze Erde.

Bald nisten Sterne in des Müden Brauen;
In kühle Stuben kehrt ein still Bescheiden
Und Engel treten leise aus den blauen
Augen der Liebenden, die sanfter leiden.
Es rauscht das Rohr; anfällt ein knöchern Grauen,
Wenn schwarz der Tau tropft von den kahlen Weiden.

[*A:* 1915]

Die Sonne

Täglich kommt die gelbe Sonne über den Hügel.
Schön ist der Wald, das dunkle Tier,
Der Mensch; Jäger oder Hirt.

Rötlich steigt im grünen Weiher der Fisch.
Unter dem runden Himmel
Fährt der Fischer leise im blauen Kahn.

Langsam reift die Traube, das Korn.
Wenn sich stille der Tag neigt,
Ist ein Gutes und Böses bereitet.

Wenn es Nacht wird,
Hebt der Wanderer leise die schweren Lider;
Sonne aus finsterer Schlucht bricht.

[*A:* 1915]

Gesang des Abgeschiedenen

An Karl Borromaeus Heinrich

Voll Harmonien ist der Flug der Vögel. Es haben die grünen Wälder
Am Abend sich zu stilleren Hütten versammelt;
Die kristallenen Weiden des Rehs.
Dunkles besänftigt das Plätschern des Bachs, die feuchten Schatten

Und die Blumen des Sommers, die schön im Winde läuten.
Schon dämmert die Stirne dem sinnenden Menschen.

Und es leuchtet ein Lämpchen, das Gute, in seinem Herzen
Und der Frieden des Mahls; denn geheiligt ist Brot und Wein
Von Gottes Händen, und es schaut aus nächtigen Augen
Stille dich der Bruder an, daß er ruhe von dorniger Wanderschaft.
O das Wohnen in der beseelten Bläue der Nacht.

Liebend auch umfängt das Schweigen im Zimmer die Schatten der Alten,
Die purpurnen Martern, Klage eines großen Geschlechts,
Das fromm nun hingeht im einsamen Enkel.

Denn strahlender immer erwacht aus schwarzen Minuten des Wahnsinns
Der Duldende an versteinerter Schwelle
Und es umfängt ihn gewaltig die kühle Bläue und die leuchtende Neige des Herbstes,

Das stille Haus und die Sagen des Waldes,
Maß und Gesetz und die mondenen Pfade der Abgeschiedenen.

[*A:* 1915]

Klage

Schlaf und Tod, die düstern Adler
Umrauschen nachtlang dieses Haupt:
Des Menschen goldnes Bildnis
Verschlänge die eisige Woge
Der Ewigkeit. An schaurigen Riffen
Zerschellt der purpurne Leib
Und es klagt die dunkle Stimme
Über dem Meer.
Schwester stürmischer Schwermut
Sieh ein ängstlicher Kahn versinkt
Unter Sternen,
Dem schweigenden Antlitz der Nacht.

[*D:* 1915]

Grodek

Am Abend tönen die herbstlichen Wälder
Von tödlichen Waffen, die goldnen Ebenen
Und blauen Seen, darüber die Sonne
Düstrer hinrollt; umfängt die Nacht
Sterbende Krieger, die wilde Klage
Ihrer zerbrochenen Münder.
Doch stille sammelt im Weidengrund
Rotes Gewölk, darin ein zürnender Gott wohnt
Das vergoßne Blut sich, mondne Kühle;
Alle Straßen münden in schwarze Verwesung.
Unter goldnem Gezweig der Nacht und Sternen
Es schwankt der Schwester Schatten durch den schweigenden Hain,
Zu grüßen die Geister der Helden, die blutenden Häupter;
Und leise tönen im Rohr die dunkeln Flöten des Herbstes.
O stolzere Trauer! ihr ehernen Altäre
Die heiße Flamme des Geistes nährt heute ein gewaltiger Schmerz,
Die ungebornen Enkel.

[*D:* 1915]

[*Grodek:* Trakl ist in der Schlacht von Grodek/Rawa-Ruska (September 1914) eingesetzt, die die Österreicher gegen die Russen abbrechen.]

Walter Flex
1887–1917

Wildgänse rauschen durch die Nacht
Mit schrillem Schrei nach Norden –
Unstäte Fahrt! Habt acht, habt acht!
Die Welt ist voller Morden.

Fahrt durch die nachtdurchwogte Welt,
Graureisige Geschwader!
Fahlhelle zuckt, und Schlachtruf gellt,
Weit wallt und wogt der Hader.

Rausch' zu, fahr' zu, du graues Heer!
Rauscht zu, fahrt zu nach Norden!
Fahrt ihr nach Süden übers Meer –
Was ist aus uns geworden!

Wir sind wie ihr ein graues Heer
Und fahr'n in Kaisers Namen,
Und fahr'n wir ohne Wiederkehr,
Rauscht uns im Herbst ein Amen!

[*D:* 1916]

Deutsche Schicksalsstunde

Nun schlägt der Haß wie Wetter
in alles deutsche Land.
Vernichter oder Retter,
erschein' im Weltenbrand!

Wir sind der Haß der Erde,
ob Mann, ob Weib, ob Kind.
Doch was auch daraus werde,
wir bleiben, was wir sind!

Die Welt will keine Liebe
von uns. Wir wissen das
und kühl'n im Kampfgetriebe
die Stirn am fremden Haß.

Der Stolz nur kann uns taugen
zum Labetrunk der Kraft.
Narr, wer auf fremde Augen
und fremde Mäuler gafft!

Will euch nach Liebe dürsten,
so liebt, was deutsch und echt!
Wir woll'n mit Liebe fürsten
den ärmsten deutschen Knecht.

Wir steh'n vor Gott im Bunde
und teilen Recht und Schuld
und werfen vor die Hunde
des Fremden Haß und Huld.

So laßt uns schwör'n und singen
in Nacht und Sturm hinein,
deutsch bis zum Todesringen
und nichts als deutsch zu sein!

[*A:* 1917]

Franz Werfel
1890–1945

Veni Creator Spiritus

Komm heiliger Geist du, schöpferisch!
Den Marmor unsrer Form zerbrich!
Daß nicht mehr Mauer krank und hart
Den Brunnen dieser Welt umstarrt,
Daß wir gemeinsam und nach oben
Wie Flammen in einander toben!

Tauch auf aus unsern Flächen wund
Delphin von aller Wesen Grund,
Alt allgemein und heiliger Fisch!
Komm reiner Geist du, schöpferisch,
Nach dem wir ewig uns entfalten,
Kristallgesetz der Weltgestalten!

Wie sind wir alle Fremde doch!
Wie unterm letzten Hemde noch
Die Schattengreise im Spital
Sich hassen bis zum letzten Mal,
Und jeder, eh' er ostwärts mündet,
Allein sein Abendlicht entzündet,

So sind wir eitel eingespannt,
Und hocken bös an unserm Rand,
Und morden uns an jedem Tisch.
Komm heiliger Geist du, schöpferisch
Aus uns empor mit tausend Flügen!
Zerbrich das Eis in unsern Zügen!

Daß tränenhaft und gut und gut
Aufsiede die entzückte Flut,
Daß nicht mehr fern und unerreicht
Ein Wesen um das andre schleicht,
Daß jauchzend wir in Blick, Hand, Mund und Haaren,
Und in uns selbst dein Attribut erfahren!

Daß, wer dem Bruder in die Arme fällt,
Dein tiefes Schlagen süß am Herzen hält,
Daß, wer des armen Hundes Schaun empfängt,
Von deinem weisen Blicke wird beschenkt,
Daß alle wir in Küssens Überflüssen
Nur deine reine heilige Lippe küssen!

[*A:* 1915]

[*Veni Creator Spiritus:* Komm, Schöpfer Geist!]

Fremde sind wir auf der Erde alle

Tötet euch mit Dämpfen und mit Messern,
Schleudert Schrecken, hohe Heimatworte,
Werft dahin um Erde euer Leben!
Die Geliebte ist euch nicht gegeben.
Alle Lande werden zu Gewässern,
Unterm Fuß zerrinnen euch die Orte.

Mögen Städte aufwärts sich gestalten,
Niniveh, ein Gottestrotz von Steinen!
Ach es ist ein Fluch in unserm Wallen:
Flüchtig muß vor uns das Feste fallen,
Was wir halten, ist nicht mehr zu halten,
Und am Ende bleibt uns nichts als Weinen.

Berge sind und Flächen sind geduldig,
Staunen, wie wir auf- und niederweichen.
Fluß wird alles, wo wir eingezogen.
Wer zum Sein noch Mein sagt, ist betrogen.
Schuldvoll sind wir, und uns selber schuldig,
Unser Teil ist: Schuld, sie zu begleichen!

Mütter leben, daß sie uns entschwinden.
Und das Haus ist, daß es uns zerfalle.
Selige Blicke, daß sie uns entfliehen.
Selbst der Schlag des Herzens ist geliehen,
Fremde sind wir auf der Erde Alle,
Und es stirbt, womit wir uns verbinden.

[*A:* 1915]

Das Bleibende

Solang noch der Tatrawind leicht
Slovakische Blumen bestreicht,
Solang wirken Mädchen sie ein
In trauliche Buntstickerein.

Solang noch im bayrischen Wald
Die Axt im Morgengraun hallt,
Solang auch der Einsame sitzt,
Der Gott und die Heiligen schnitzt.

Solang auf ligurischer Fahrt
Das Meer seine Fischer gewahrt,
Solang wird am Strande es schaun
Die spitzenklöppelnden Fraun.

Ihr Völker der Erde, mich rührt
Das Bleibende, das ihr vollführt.
Ich selbst, ohne Volk ohne Land,
Stütz nun meine Stirn in die Hand.

[*A:* 1935]

YVAN GOLL
1891–1950

In uralten Seen

In uralten Seen
Hausen die traurigen Fische
Mit den Augen aus Furcht

Indessen die rosa Hügel rundum tanzen
Wie die Hügel der Bibel

Auf Schaumpferdchen schaukelt
Ein kleiner Wind –

Aus unseren uralten Augen
Lächelt es golden
Doch darunter haust eine traurige Furcht

[*E:* 1907; *D:* 1960]

Aus: Requiem
Für die Gefallenen von Europa

Romain Rolland gewidmet

Chor der Proletarier

Vergebens in den Kohleschächten
Wollten die Gleichheit wir errechten.
Vergebens in den Nachtkavernen
Wollten wir Menschenwürde lernen.
Vergebens in zwielichten Schenken
Wollten wir Liebe groß verschenken.
Vergebens in Versammlungsreden
Verlangten wir das Licht für jeden.
Nun sagen sie, beim Brudermorden
Sei'n wir zu guten Bürgern worden,
Und gönnen uns den Ruhm der Narren,
Dieweil sie Massengräber scharren.

[*A:* 1917]

Kölner Dom

Rheinkohle statt Gold
Die Fische und die nackten Nymphen
Sterben im romantischen Wasser aus
Über die Brücke fahren nur Trauerzüge
In Särgen wird das letzte Gold geschmuggelt
Der Osten exportiert seine Frühsonne
Aurora ist kein Frauenname mehr
Doch paßt er gut für eine Aktiengesellschaft

Wir kamen von Frankreich
Über den Bahnhof hinaus fuhr unser Zug in den Kölner Dom
Die Lokomotive hielt vor dem Allerheiligsten
Und kniete sanft
Zehn Tote kamen direkt ins Paradies
Petrus „English spoken" auf dem Ärmel, bekam ein gutes Trinkgeld

Die glasgemalten Engel telephonierten
Und flogen hinüber zur Cox-Bank
Rosa Dollarschecks einzulösen
Gegen Mittag wurde ein neuer Zug gen Warschau gebildet.

[*A:* 1924]

[*Aurora:* „Aurora Mühlen GmbH" liegt am rechten Rheinufer Kölns.]

Feuerharfe

Brennender Dornbusch
Anbruch innerster Verwandlung

Feuerharfe
Meiner frühen Schmerzen

Gewicht aus Rauch meines Wunschs
Magre Gluten der Revolten

Rosenbrände meiner Dome
Feuerfester Engel dieser Erde

Aschenrabe
Friß die Reste des Vergessens

Vater aller wilden Flammen
Segne deinen Feuersohn

[*E:* 1941/49; *A:* 1951]

HUGO BALL
1886–1927

Aus: Sechs Laut- und Klanggedichte

1. Wolken

elomen elomen lefitalominal
wolminuscaio
baumbala bunga
acycam glastula feiroflim flinsi

elominuscula pluplubasch
rallalalaio

endremin saxassa flumen flobollala
feilobasch falljada follidi
flumbasch

cerobadadrada
gragluda gligloda glodasch
gluglamen gloglada gleroda glandridi

elomen elomen lefitalominai
wolminuscaio
baumbala bunga
acycam glastala feirofim blisti
elominuscula pluplusch
rallabataio

[*E:* 1916; *D:* 1928]

Das ist die Zeit

Das ist die Zeit, in der der Behemoth
Die Nase hebt aus den gesalzenen Fluten.
Die Menschen springen von den brennenden Schuten
In grünen Schlamm, den Feuer überloht.

Die Seelen sind verkauft in Trödelbuden
Um weniges Entgelt und ohne Not,
Die Herzen ausgelaugt, die Geister tot.
Gesträubte Engel gehen um mit Ruten.

Sie dringen würgend in die Häuser ein,
Und ihrem Grimme widersteht kein Riegel,
Sie schwirren ums Gesims der Sakristein

Und reißen mit sich Lattenwerk und Ziegel,
Ihr Atem dampft. Ein schwarzer Sonnenschein
Hängt wie Salpeter überm Höllentiegel.

[*D:* 1929]

Aus: Sieben schizophrene Sonette

5. Das Gespenst

Gewöhnlich kommt es, wenn die Lichter brennen.
Es poltert mit den Tellern und den Tassen.
Aus roten Schuhen schlurrt es in den nassen
Geschwenkten Nächten und man hört sein Flennen.

Von Zeit zu Zeit scheint es umherzurennen
Mit Trumpf, Atout und ausgespielten Assen.
Auf Seil und Räder scheint es aufzupassen
Und ist an seinem Lärmen zu erkennen.

Es ist beschäftigt in der Gängelschwemme
Und hochweis weht dann seine erzene Haube,
Auf seinen Fingern zittern Hahnenkämme,

Mit schrillen Glocken kugelt es im Staube.
Dann reißen plötzlich alle wehen Dämme
Und aus der Kuckucksuhr tritt eine Taube.

[*A:* 1946]

KURT SCHWITTERS
1887–1948

An Anna Blume

O, du Geliebte meiner siebenundzwanzig Sinne, ich liebe dir! – Du deiner dich dir, ich dir, du mir. – Wir?
Das gehört (beiläufig) nicht hierher.
Wer bist du, ungezähltes Frauenzimmer? Du bist – bist du? – Die Leute sagen, du wärest – laß sie sagen, sie sie wissen nicht, wie der Kirchturm steht.
Du trägst den Hut auf deinen Füßen und wanderst auf die Hände, auf den Händen wanderst du.
Hallo deine roten Kleider, in weiße Falten zersägt. Rot liebe ich Anna Blume, rot liebe ich dir! – Du deiner dich dir, ich dir, du mir. – Wir?
Das gehört (beiläufig) in die kalte Glut.
Rote Blume, rote Anna Blume, wie sagen die Leute?
Preisfrage: 1. Anna Blume hat ein Vogel.
2. Anna Blume ist rot.
3. Welche Farbe hat der Vogel?
Blau ist die Farbe deines gelben Haares.
Rot ist das Girren deines grünen Vogels.
Du schlichtes Mädchen im Alltagskleid, du liebes grünes Tier, ich liebe dir! – Du deiner dich dir, ich dir, du mir. – Wir?
Das gehört (beiläufig) in die Glutenkiste.
Anna Blume! Anna, a-n-n-a ich träufle deinen Namen. Dein Name tropft wie weiches Rindertalg.
Weißt du es Anna, weißt du es schon?
Man kann dich auch von hinten lesen, und du, du Herrlichste von allen, du bist von hinten wie von vorne: „a-n-n-a".
Rindertalg träufelt streicheln über meinen Rücken.
Anna Blume, du tropfes Tier, ich liebe dir!

[*D:* 1919]

Frühe rundet Regen blau

Runde das Grün
Schlafe maies Land
Grüne Tropfen tropfenweise
Leise Tropfen tropfen leise
Runde schlaf Land
Schlafe grüne Tropfenwiese
Grüne Tropfen sanften Lied
Grünen Grüne grün.

[*D:* 1919]

Cigarren [elementar]

Cigarren
Ci
garr
ren
Ce
i
ge
a
err
err
e
en
Ce
CeI
CeIGe
CeIGeA
CeIGeAErr
CeIGeAErrEr
CeIGeAErrErr
CeIGeAErrErr
ErrEEn
EEn
En
Ce
i
ge
a
err
err
e
en
Ci
garr
ren
Cigarren
(Der letzte Vers wird gesungen).

[*A:* 1921]

Gesetztes Bildgedicht

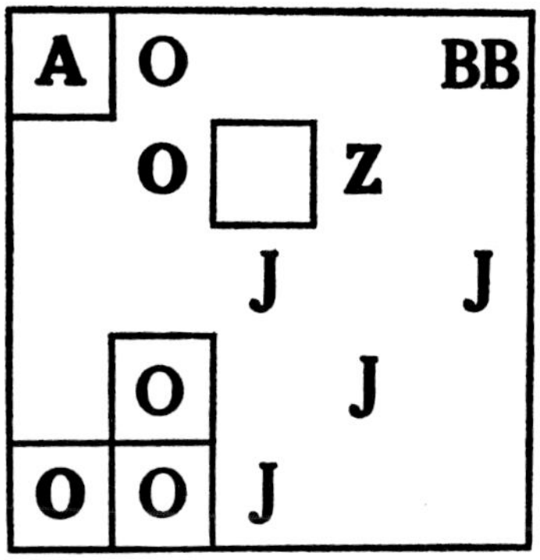

[*A:* 1922]

Regen

Regen tönen Tropfen triefen
Triefen Pfützen Bäche Brunnen
Spritzen Wasser sprengen Fluten
Klatschen feuchten Wirbel fallen
Wirbel Wasser Wolken Häuser
Fallen Bäume fallen Brücken
Wirbel Wasser Wolken Massen
Baden Erde fallen Tropfen
Regen
Regen
Tropfen
Tropfen
Regen
Regen
Tropfen tropft Tropfen auf Tropfen zu Tropfen
Silber mit silbernem Klopfen zu Klopfen
Spiegel des Wassers zerbrechen zu Tropfen
Kreise durch Kreise zerkreisen zu Tropfen
Blätter durch Kreise zerkreisen zu Tropfen
Blätter erzittern erwarten die Tropfen
Licht zu erglänzen durch klopfende Tropfen.

[*E:* um 1944; *D:* 1968]

Ferdinand Hardekopf
1876–1954

Spät

Der Mittag ist so karg erhellt.
Ein dunkler See sinkt in sein Grab.
Dies ist das letzte Licht der Welt,
Das bleichste Glimmen, das es gab.

Aus Sümpfen schwankt Gestrüpp und Baum.
Die Birken-Nerven ästeln weh.
Die Zeit erblasst, es krankt der Raum.
Es gilbt das Schilf im toten See.

Die Luft strömt grau ins Mündungs-All.
Der Rabe schreit. Der Wald schläft ein.
Mich trennt ein rascher Tränenfall
Vom Ende und der Flammenpein.

[*A:* 1916]

Spleen

Ein Bündel Mond erreichte mein Gesicht
Um 3 Uhr nachts, ein Quantum Butterlicht,
Und mahnte [3 Uhr 2]: „Ein Spuk-Gedicht,
Nervös-geziert, ist Literatenpflicht!"

Die Kammer dehnte sich verbrecher-hell.
Der Mond, ein Dotterball, schien kriminell.
Da stieg die Dame Angst [-Berlin] reell
Auf ihr imaginäres Karussell.

Ein Schneiderkleid umpresste mit Radau
Die Dame Angst: die Gift- und Gnadenfrau.
Doch das Zitronen-Ei [um 3 Uhr 5 genau]
Versank in Bar-Fauteuils aus Dämmerblau. –
Nachhüstelnd, matt-dosiert: „Macabre-Bar!
Ihr lila Blicke! Schweflig Tulpenhaar!
Aus Puderkrusten Tollkirsch-Kommentar!
Ein Gruss: du noctambules Seminar!"
...So. 3 Uhr 10. Wie süss verwirrt ich war!

[*A:* 1921]

Hans Arp
1887–1966

Opus Null

1

Ich bin der große Derdiedas
das rigorose Regiment
der Ozonstengel prima Qua
der anonyme Einprozent.

Das P. P. Tit. und auch die Po
Posaune ohne Mund und Loch
das große Herkulesgeschirr
der linke Fuß vom rechten Koch.

Ich bin der lange Lebenslang
der zwölfte Sinn im Eierstock
der insgesamte Augustin
im lichten Zelluloserock.

2

Er zieht aus seinem schwarzen Sarg
um Sarg um Sarg um Sarg hervor.
Er weint mit seinem Vorderteil
und wickelt sich in Trauerflor.

Halb Zauberer halb Dirigent
taktiert er ohne Alpenstock
sein grünes Ziffernblatt am Hut
und fällt von seinem Kutscherbock.

Dabei stößt er den Ghettofisch
von der möblierten Staffelei.
Sein langer Würfelstrumpf zerreißt
zweimal entzwei dreimal entdrei.

3

Er sitzt mit sich in einem Kreis.
Der Kreis sitzt mit dem eignen Leib.
Ein Sack mit einem Kamm der steht
dient ihm als Sofa und als Weib.

Der eigne Leib der eigne Sack.
Der Vonvon und die linke Haut.
Und tick und tack und tipp und topp
der eigne Leib fällt aus der Braut.

Er schwingt als Pfund aus seinem Stein
die eigne Braut im eignen Sack.
Der eigne Leib im eignen Kreis
fällt nackt als Sofa aus dem Frack.

4

Mit seiner Dampfmaschine treibt
er Hut um Hut aus seinem Hut
und stellt sie auf in Ringelreihn
wie man es mit Soldaten tut.

Dann grüßt er sie mit seinem Hut
der dreimal grüßt mit einem du.
Das traute sie vom Kakasie
ersetzt er durch das Kakadu.

Er sieht sie nicht und grüßt sie doch
er sie mit sich und läuft um sich.
Die Hüte inbegriffen sind
und deckt den Deckel ab vom Ich.

[*A:* 1924]

Sekundenzeiger

daß ich als ich
ein und zwei ist
daß ich als ich
drei und vier ist
daß ich als ich
wieviel zeigt sie
daß ich als ich
tickt und tackt sie
daß ich als ich
fünf und sechs ist
daß ich als ich
sieben acht ist
daß ich als ich
wenn sie steht sie
daß ich als ich
wenn sie geht sie
daß ich als ich
neun und zehn ist
daß ich als ich
elf und zwölf ist.

[*A:* 1924]

die notendurft

bim bim ausglim du kurzer kind
hinfall der
rot ist der
rot ist du und du
also auch der harfenschlaf
also auch der monddudu
also auch der adlerstall

wau wau glirrwirrli zirr
hinfall das
rot ist das
rot ist du und du
also auch das dadahaus
also auch das muffelohr
also auch das maskenfleisch

bim bim ausglim du kurzer kind
hinfall die
rot ist die
rot ist du und du
also auch die flaschennot
also auch die zungenfracht
also auch die notendurft

[*A:* 1924]

Das Fibelmeer

Im Meer beginnt es langsam schwarz zu schneien.
Das Euter läutet an dem Wasserast.
Das Rad der Fische will sich Pfeifen leihen
denn schrecklich schwankt der große Meerpalast.

Die Wasservögte ankern nach den toten Sternen.
Den Leuchtturm steckt der Wind in seinen Sack.
Die Bernsteintiere ziehn gemolken in die Fernen
gefolgt von leckem Zwerg und Kinderwrack.

Der Sturm schlägt auf die Pauken und die Knallen.
Die Schwämme tauchen auf mit wildem Schrei.
Der Wind spitzt sich von neuem seine Krallen
und hängt sich Kapitäne ins Geweih.

[*A:* 1924]

Die grosse Firgelei

wo ist die firgelzentrale
hat ihnen firgel versichert
daß ich eine wolke werden darf
also
warum bin ich noch keine wolke
•
firgel hat mir wörtlich
folgendes gesagt:
do gdpst pst pst runglidodi
glbsti i i glbsti sp nebst trullal
laladamad finf damad ding
bif
•
erlauben sie mir
sie zu unterbrechen
ich spreche leider nicht firgel
•
die schöne firgelsprache
ist das verweilen das träumen
das sinnen und überspinnen
sind himmlische traumblumenlieder
also unsichtbare wolken
•
von firgel gefirgelt
innig gefirgelt
das wäre zu freundlich
wenn sie mir so ein lied
übersetzen würden
•
also kühner neuling
und erquickungsbedürftiger
knebs zabala dri di dri mn dri
sp sp tatagu
lautet in unserer staubsprache:
fort fort sind sie
die überzermalmer
es lebe die wolke
und ganz besonders
die wolke der engel
der göttlichen blume
•

(1963) [*D:* 1964]

Erich Mühsam
1878–1934

Der Revoluzzer

Der deutschen Sozialdemokratie gewidmet

War einmal ein Revoluzzer,
im Zivilstand Lampenputzer;
ging im Revoluzzerschritt
mit den Revoluzzern mit.

Und er schrie: „Ich revolüzze!"
Und die Revoluzzermütze
schob er auf das linke Ohr,
kam sich höchst gefährlich vor.

Doch die Revoluzzer schritten
mitten in der Straßen Mitten,
wo er sonsten unverdrutzt
alle Gaslaternen putzt.

Sie vom Boden zu entfernen,
rupfte man die Gaslaternen
aus dem Straßenpflaster aus,
zwecks des Barrikadenbaus.

Aber unser Revoluzzer
schrie: „Ich bin der Lampenputzer
dieses guten Leuchtelichts.
Bitte, bitte, tut ihm nichts!

Wenn wir ihn' das Licht ausdrehen,
kann kein Bürger nichts mehr sehen.
Laßt die Lampen stehn, ich bitt! –
Denn sonst spiel' ich nicht mehr mit!"

Doch die Revoluzzer lachten,
und die Gaslaternen krachten,
und der Lampenputzer schlich
fort und weinte bitterlich.

Dann ist er zuhaus geblieben
und hat dort ein Buch geschrieben:
nämlich, wie man revoluzzt
und dabei doch Lampen putzt.

[*A:* 1909]

Kalender 1913

Januar:
Der Reiche klappt den Pelz empor,
und mollig glüht das Ofenrohr.
Der Arme klebt, daß er nicht frier,
sein Fenster zu mit Packpapier.

Februar:
Im Fasching schaut der reiche Mann
sich gern ein armes Mädchen an.
Wie zärtlich oft die Liebe war,
wird im November offenbar.

März:
Im Jahre achtundvierzig schien
die neue Zeit heraufzuziehn.
Ihr, meine Zeigenossen, wißt,
daß heut noch nicht mal Vormärz ist.

April:
Wer Diplomate werden will,
nehm sich ein Muster am April.
Aus heiterm Blau bricht der Orkan,
und niemand hat's nachher getan.

Mai:
Der Revoluzzer fühlt sich stark.
Des Reichen Vorschrift ist ihm Quark.
Er feiert stolz den ersten Mai.
(Doch fragt er erst die Polizei.)

Juni:
Mit Weib und Kind in die Natur,
zur Heilungs-, Stärkungs-, Badekur.
Doch wer da wandert bettelarm,
den fleppt der würdige Gendarm.

Juli:
Wie so ein Schwimmbad doch erfrischt,
wenn's glühend heiß vom Himmel zischt!
Dem Vaterland dient der Soldat,
kloppt Griffe noch bei dreißig Grad.

August:
Wie arg es zugeht auf der Welt,
wird auf Kongressen festgestellt.
Man trinkt, man tanzt, man redet froh,
und alles bleibt beim Status quo.

September:
Vorüber ist die Ferienzeit.
Der Lehrer hält den Stock bereit.
Ein Kind sah Berg und Wasserfall,
das andre nur den Schweinestall.

Oktober:
Zum Herbstmanöver rücken an
der Landwehr- und Reservemann.
Es drückt der Helm, es schmerzt das Bein.
O welche Lust, Soldat zu sein!

November:
Der Tag wird kurz. Die Kälte droht.
Da tun die warmen Kleider not.
Ach, wärmte doch der Pfandschein so
wie der versetzte Paletot!

Dezember:
Nun teilt der gute Nikolaus
die schönen Weihnachtsgaben aus.
Das arme Kind hat sie gemacht,
dem reichen werden sie gebracht.

[*A:* 1920]

[*achtundvierzig:* 1848, das Jahr der gescheiterten bürgerlichen Revolution. – *Vormärz:* die Zeit vor der Märzrevolution von 1848.]

JOACHIM RINGELNATZ
1883–1934

Die Schnupftabaksdose

Es war eine Schnupftabaksdose,
Die hatte Friedrich der Große
Sich selbst geschnitzelt aus Nußbaumholz.
Und darauf war sie natürlich stolz.

Da kam ein Holzwurm gekrochen.
Der hatte Nußbaum gerochen.
Die Dose erzählte ihm lang und breit
Von Friedrich dem Großen und seiner Zeit.

Sie nannte den alten Fritz generös.
Da aber wurde der Holzwurm nervös
Und sagte, indem er zu bohren begann:
„Was geht mich Friedrich der Große an!"

[*A:* 1912]

Turner-Marsch

(Melodie: Leise flehen meine Lieder)

Schlagt die Pauken und Trompeten,
Turner in die Bahn!
Turnersprache laßt uns reden.
Vivat Vater Felix Dahn!
Laßt uns im Gleichschritt aufmarschieren,
Ein stolzes Regiment.
Laß die Fanfaren tremulieren!
Faltet die Fahnen ent!

Die harte Brust dem Wetter darzubieten,
Reißt die germanische Lodenjoppe auf!
Kommet zu Hauf!
Wir wollen uns im friedlichen Wettkampf üben.

Braust drei Hepp-hepps und drei Hurras
Um die deutschen Eichenbäume!
Trinkt auf das Wohl der deutschen Frauen ein Glas,
Daß es das ganze Vaterland durchschäume.
Heil! Umschlingt euch mit Herz und Hand,
Ihr Brüder aus Nord-, Süd- und Mitteldeutschland!
Daß einst um eure Urne
Eine gleiche Generation turne.

[*A:* 1920]

Ich habe dich so lieb

Ich habe dich so lieb!
Ich würde dir ohne Bedenken
Eine Kachel aus meinem Ofen
Schenken.

Ich habe dir nichts getan.
Nun ist mir traurig zu Mut.
An den Hängen der Eisenbahn
Leuchtet der Ginster so gut.

Vorbei – verjährt –
Doch nimmer vergessen.
Ich reise.
Alles, was lange währt,
Ist leise.

Die Zeit entstellt
Alle Lebewesen.
Ein Hund bellt.
Er kann nicht lesen.
Er kann nicht schreiben.
Wir können nicht bleiben.

Ich lache.
Die Löcher sind die Hauptsache
An einem Sieb.

Ich habe dich so lieb.

[*D:* 1928]

Arm Kräutchen

Ein Sauerampfer auf dem Damm
Stand zwischen Bahngeleisen,
Machte vor jedem D-Zug stramm,
Sah viele Menschen reisen

Und stand verstaubt und schluckte Qualm,
Schwindsüchtig und verloren,
Ein armes Kraut, ein schwacher Halm,
Mit Augen, Herz und Ohren.

Sah Züge schwinden, Züge nahn.
Der arme Sauerampfer
Sah Eisenbahn um Eisenbahn,
Sah niemals einen Dampfer.

[*A:* 1931]

Die neuen Fernen

In der Stratosphäre,
Links vom Eingang, führt ein Gang
(Wenn er nicht verschüttet wäre)
Sieben Kilometer lang
Bis ins Ungefähre.

Dort erkennt man weit und breit
Nichts. Denn dort herrscht Dunkelheit.
Wenn man da die Augen schließt
Und sich langsam selbst erschießt,
Dann erinnert man sich gern
An den deutschen Abendstern.

[*A:* 1931]

Kurt Tucholsky
1890–1935

Park Monceau

Hier ist es hübsch. Hier kann ich ruhig träumen.
Hier bin ich Mensch – und nicht nur Zivilist.
Hier darf ich links gehn. Unter grünen Bäumen
sagt keine Tafel, was verboten ist.

Ein dicker Kullerball liegt auf dem Rasen.
Ein Vogel zupft an einem hellen Blatt.
Ein kleiner Junge gräbt sich in der Nasen
und freut sich, wenn er was gefunden hat.

Es prüfen vier Amerikanerinnen,
ob Cook auch recht hat und hier Bäume stehn.
Paris von außen und Paris von innen:
sie sehen nichts und müssen alles sehn.

Die Kinder lärmen auf den bunten Steinen.
Die Sonne scheint und glitzert auf ein Haus.
Ich sitze still und lasse mich bescheinen
und ruh von meinem Vaterlande aus.

[*D:* 1924]

[*Park Monceau:* Park in Paris.]

Luftveränderung

Fahre mit der Eisenbahn,
fahre, Junge, fahre!
Auf dem Deck vom Wasserkahn
wehen deine Haare.

Tauch in fremde Städte ein,
lauf in fremden Gassen;
höre fremde Menschen schrein,
trink aus fremden Tassen.

Flieh Betrieb und Telefon,
grab in alten Schmökern,
sieh am Seinekai, mein Sohn,
Weisheit still verhökern.

Lauf in Afrika umher,
reite durch Oasen;
lausche auf ein blaues Meer,
hör den Mistral blasen!

Wie du auch die Welt durchflitzt
ohne Rast und Ruh –:
Hinten auf dem Puffer sitzt
du.

[*D:* 1924]

Ideal und Wirklichkeit

In stiller Nacht und monogamen Betten
denkst du dir aus, was dir am Leben fehlt.
Die Nerven knistern. Wenn wir das doch hätten,
was uns, weil es nicht da ist, leise quält.
  Du präparierst dir im Gedankengange
  das, was du willst – und nachher kriegst dus nie...
  Man möchte immer eine große Lange,
  und dann bekommt man eine kleine Dicke –
    C'est la vie –!

Sie muß sich wie in einem Kugellager
in ihren Hüften biegen, groß und blond.
Ein Pfund zu wenig – und sie wäre mager,
wer je in diesen Haaren sich gesonnt...
  Nachher erliegst du dem verfluchten Hange,
  der Eile und der Phantasie.
  Man möchte immer eine große Lange,
  und dann bekommt man eine kleine Dicke –
    Ssälawih –!

Man möchte eine helle Pfeife kaufen
und kauft die dunkle – andere sind nicht da.
Man möchte jeden Morgen dauerlaufen
und tut es nicht. Beinah... beinah...
  Wir dachten unter kaiserlichem Zwange
  an eine Republik... und nun ists die!
  Man möchte immer eine große Lange,
  und dann bekommt man eine kleine Dicke –
    Ssälawih –!

[*D:* 1929]

Augen in der Groß-Stadt

Wenn du zur Arbeit gehst
am frühen Morgen,
wenn du am Bahnhof stehst
mit deinen Sorgen:
    da zeigt die Stadt
    dir asphaltglatt
  im Menschentrichter
  Millionen Gesichter:
Zwei fremde Augen, ein kurzer Blick,
die Braue, Pupillen, die Lider –
Was war das? vielleicht dein Lebensglück...
vorbei, verweht, nie wieder.

Du gehst dein Leben lang
auf tausend Straßen;
du siehst auf deinem Gang,
die dich vergaßen.
    Ein Auge winkt,
    die Seele klingt;
  du hasts gefunden,
  nur für Sekunden...
Zwei fremde Augen, ein kurzer Blick,
die Braue, Pupilllen, die Lider;
Was war das? kein Mensch dreht die Zeit zurück...
Vorbei, verweht, nie wieder.

Du mußt auf deinem Gang
durch Städte wandern;
siehst einen Pulsschlag lang
den fremden Andern.
    Es kann ein Feind sein,
    es kann ein Freund sein,
    es kann im Kampfe dein
    Genosse sein.
  Es sieht hinüber
  und zieht vorüber...
Zwei fremde Augen, ein kurzer Blick,
die Braue, Pupillen, die Lider.
Was war das?
    Von der großen Menschheit ein Stück!
Vorbei, verweht, nie wieder.

[*D:* 1930]

Die Mäuler auf!

Heilgebrüll und völksche Heilung,
schnittig, zackig, forsch und päng!
Staffelführer, Sturmabteilung,
Blechkapellen, schnädderädäng!
    Judenfresser, Straßenmeute...
    Kleine Leute. Kleine Leute.

Arme Luder brülln sich heiser,
tausend Hände fuchteln wild.
Hitler als der selige Kaiser,
wie ein schlechtes Abziehbild.
    Jedes dicken Schlagworts Beute:
    Kleine Leute! Kleine Leute!

Tun sich mit dem teutschen Land dick,
grunzen wie das liebe Vieh.
Allerbilligste Romantik –
hinten zahlt die Industrie.
    Hinten zahlt die Landwirtschaft.
    Toben sie auch fieberhaft:
    Sind doch schlechte deutsche Barden,
    bunte Unternehmergarden!
    Bleiben gestern, morgen, heute
    kleine Leute! kleine Leute!

[*D:* 1930]

ERICH KÄSTNER
1899–1974

Zeitgenossen, haufenweise

Es ist nicht leicht, sie ohne Haß zu schildern,
und ganz unmöglich geht es ohne Hohn.
Sie haben Köpfe wie auf Abziehbildern
und, wo das Herz sein müßte, Telefon.

Sie wissen ganz genau, daß Kreise rund sind
und Invalidenbeine nur aus Holz.
Sie sprechen fließend, und aus diesem Grund sind
sie Tag und Nacht – auch sonntags – auf sich stolz.

In ihren Händen wird aus allem Ware.
In ihrer Seele brennt elektrisch Licht.
Sie messen auch das Unberechenbare.
Was sich nicht zählen läßt, das gibt es nicht!

Sie haben am Gehirn enorme Schwielen,
fast als benutzten sie es als Gesäß.
Sie werden rot, wenn sie mit Kindern spielen.
Die Liebe treiben sie programmgemäß.

Sie singen nie (nicht einmal im August)
ein hübsches Weihnachtslied auf offner Straße.
Sie sind nie froh und haben immer Lust
und denken, wenn sie denken, durch die Nase.

Sie loben unermüdlich unsre Zeit,
ganz als erhielten sie von ihr Tantiemen.
Ihr Intellekt liegt meistens doppelt breit.
Sie können sich nur noch zum Scheine schämen.

Sie haben Witz und können ihn nicht halten.
Sie wissen vieles, was sie nicht verstehn.
Man muß sie sehen, wenn sie Haare spalten!
Es ist, um an den Wänden hochzugehn.

Man sollte kleine Löcher in sie schießen!
Ihr letzter Schrei ist noch ein dernier cri.
Jedoch sie haben viel zuviel Komplicen,
als daß sie sich von uns erschießen ließen.
Man trifft sie nie.

[*D:* 1924]

Sachliche Romanze

Als sie einander acht Jahre kannten
(und man darf sagen: sie kannten sich gut),
kam ihre Liebe plötzlich abhanden.
Wie andern Leuten ein Stock oder Hut.

Sie waren traurig, betrugen sich heiter,
versuchten Küsse, als ob nichts sei,
und sahen sich an und wußten nicht weiter.
Da weinte sie schließlich. Und er stand dabei.

Vom Fenster aus konnte man Schiffen winken.
Er sagte, es wäre schon Viertel nach Vier
und Zeit, irgendwo Kaffee zu trinken.
Nebenan übte ein Mensch Klavier.

Sie gingen ins kleinste Café am Ort
und rührten in ihren Tassen.
Am Abend saßen sie immer noch dort.
Sie saßen allein, und sie sprachen kein Wort
und konnten es einfach nicht fassen.

[*A:* 1929]

Über den Nachruhm *oder* Der gordische Knoten

Den unlösbaren Knoten zu zersäbeln,
gehörte zu dem Pensum Alexanders.
Und wie hieß jener, der den Knoten knüpfte?
Den kennt kein Mensch.

(Doch sicher war es jemand anders.)

[*A:* 1950]

Die Entwicklung der Menschheit

Einst haben die Kerls auf den Bäumen gehockt,
behaart und mit böser Visage.
Dann hat man sie aus dem Urwald gelockt
und die Welt asphaltiert und aufgestockt,
bis zur dreißigsten Etage.

Da saßen sie nun, den Flöhen entflohn,
in zentralgeheizten Räumen.
Da sitzen sie nun am Telefon.
Und es herrscht noch genau derselbe Ton
wie seinerzeit auf den Bäumen.

Sie hören weit. Sie sehen fern.
Sie sind mit dem Weltall in Fühlung.
Sie putzen die Zähne. Sie atmen modern.
Die Erde ist ein gebildeter Stern
mit sehr viel Wasserspülung.

Sie schießen die Briefschaften durch ein Rohr.
Sie jagen und züchten Mikroben.
Sie versehn die Natur mit allem Komfort.
Sie fliegen steil in den Himmel empor
und bleiben zwei Wochen oben.

Was ihre Verdauung übrigläßt,
das verarbeiten sie zu Watte.
Sie spalten Atome. Sie heilen Inzest.
Und sie stellen durch Stiluntersuchungen fest,
daß Cäsar Plattfüße hatte.

So haben sie mit dem Kopf und dem Mund
den Fortschritt der Menschheit geschaffen.
Doch davon mal abgesehen und
bei Lichte betrachtet sind sie im Grund
noch immer die alten Affen.

[*A:* 1932]

Mascha Kaléko
1907–1975

Kinder reicher Leute

Sie wissen nichts von Schmutz und Wohnungsnot,
Von Stempelngehn und Armeleuteküchen.
Sie ahnen nichts von Hinterhausgerüchen,
Von Hungerlöhnen und von Trockenbrot.

Sie wohnen meist im herrschaftlichen Haus,
Zuweilen auch in eleganten Villen.
Sie kommen nie in Kneipen und Destillen,
Und gehen stets nur mit dem Fräulein aus.

Sie rechnen sich schon jetzt zur Hautevolée
Und zählen Armut zu den größten Sünden.
– Nicht mal ein Auto...? Nein, wie sie das finden!
Ihr Hochmut wächst mit Pappis Portemonnaie.

Sie kommen meist mit Abitur zur Welt,
– Zumindest aber schon mit Referenzen –
Und ziehn daraus die letzten Konsequenzen:
Wir sind die Herren, denn unser ist das Geld.

Mit vierzehn finden sie, der Armen Los
Sei zwar nicht gut. Doch werde übertrieben ––.
Mit vierzehn schon! – Wenn sie noch vierzehn blieben.
Jedoch die Kinder werden einmal groß...

[*A:* 1933]

Katzenjammer-Monolog

Zuweilen möchte man aus sich heraus
Und kann die Tür ins Freie doch nicht finden.
Dann schnüffelt man vielleicht mal nach den Gründen
Und kriecht noch tiefer in sein Schneckenhaus.

Man müßte vieles tun. Und manches lassen.
Und kann das eine wie das andre nicht.
Man denkt an manche unerfüllte Pflicht,
Bis sich die Dinge dann mit *uns* befassen.

So vieles tut man rasch in Acht und Bann
Mit Augen, die geschlossen schon erblinden.
Doch auch das Schicksal hat so dann und wann
Auf unserm Konto Unterlassungssünden.

Mitunter scheints, man sei nun endlich da.
– Am Ziel, von dem man schüchtern nur geträumt hat –
Da plötzlich merkt man, daß man was versäumt hat,
Ein dummes Etwas nur. Beinah... beinah.

Wenn man ein zweites Mal geboren würde,
Dann finge man das Leben anders an.
– Vielleicht, daß dann so manches anders würde...
(Vorausgesetzt, daß man vergessen kann –)

Daß man vergessen kann, was man erfahren.
Man horcht sehr oft zu viel in sich herum.
Am besten wär es, klug zu sein und stumm.
Man ist zuweilen alt mit zwanzig Jahren.

[*A:* 1933]

Emigranten-Monolog

Ich hatte einst ein schönes Vaterland,
So sang schon der Refugee Heine.
Das seine stand am Rheine,
Das meine auf märkischem Sand.

Wir alle hatten einst ein (siehe oben!)
Das frass die Pest, das ist im Sturm zerstoben.
O, Röslein auf der Heide,
Dich brach die Kraftdurchfreude.

Die Nachtigallen wurden stumm,
Sahn sich nach sicherm Wohnsitz um,
Und nur die Geier schreien
Hoch über Gräberreihen.

Das wird nie wieder wie es war,
Wenn es auch anders wird.
Auch wenn das liebe Glöcklein tönt,
Auch wenn kein Schwert mehr klirrt.

Mir ist zuweilen so als ob
Das Herz in mir zerbrach.
Ich habe manchmal Heimweh.
Ich weiss nur nicht, wonach...

[*A:* 1945]

[*Kraftdurchfreude:* 1933 gegründete nationalsozialistische Freizeitorganisation „Kraft durch Freude" (KdF).]

ALFONS PETZOLD
1882–1923

Der Arbeitslose

Staub auf den Schuhen und auf der getretenen Seele,
schleicht er den Weg der stummen Vergrollten dahin,
springt ihm kein fröhliches Wort aus der trockenen Kehle;
Suche nach Arbeit drückt seinen grübelnden Sinn.

Seine Tage sind dunkel, die Sonne verhüllen
graudampfende Nebel. Er hebt nicht die Blicke empor.
Die Klänge der Arbeit, die alle Straßen erfüllen,
brausen um ihn wie ein hohnvoll spottender Chor.

Wie doch die Stunden in quälendem Hoffen sich dehnen,
indes ihn vorwärts peitscht die hungernde Not.
Er klopft an die Türen, dahinter die Hämmer dröhnen,
all seine Sinne schreien nach Arbeit und Brot.

Alles umsonst. Der Taglauf beugt sich dem Ende.
Wiederum nichts. Seine Lippen flüstern es matt.
Er schaut im Haß auf die schwielenbedeckten Hände
und schleicht hinaus auf das lehmige Feld vor der Stadt.

[*A:* 1912]

Die Teilnahmslosen

Da stehen sie und regen schwer die Glieder
in den durchdampften Räumen der Fabrik.
Ein jeder senkt auf seine Arbeit nieder
den noterstarrten, teilnahmslosen Blick.

Sie sind nicht Menschen mehr, sind nur Maschinen,
die in dem vorgeschrieb'nen Stundenkreis
sich drehen müssen, ohne daß von ihnen
nur einer seine Kraft zu schätzen weiß.

Sie können nimmer ihre Hände spannen
nach ihrer Tage mühevollem Tun
um eigne Werke; was sie je begannen,
muß halbvollendet tot im Dunkel ruhn.

Sie schaffen abertausend Gegenstände,
sie machen viele Dinge stark und groß;
doch ist nicht Gott im Regen ihrer Hände,
und was von ihnen kommt, ist seelenlos.

[*A:* 1922]

PAUL ZECH
1881–1946

Fabrikstraße tags

Nichts als Mauern. Ohne Gras und Glas
zieht die Straße den gescheckten Gurt
der Fassaden. Keine Bahnspur surrt.
Immer glänzt das Pflaster wassernaß.

Streift ein Mensch dich, trifft sein Blick dich kalt
bis ins Mark; die harten Schritte haun
Feuer aus dem turmhoch steilen Zaun,
noch sein kurzes Atmen wolkt geballt.

Keine Zuchthauszelle klemmt
in ein Eis das Denken wie dies Gehn
zwischen Mauern, die nur sich besehn.

Trägst du Purpur oder Büßerhemd –:
immer drückt mit riesigem Gewicht
Gottes Bannfluch: *uhrenlose Schicht.*

[*A:* 1922]

Kleine Katastrophe

Zehn Männer wurden vom Gestein erschlagen,
vom Rauch verschluckt und wieder ausgespien.
Der Doktor stolperte mit eingesackten Knien
und ließ die Leichen in das Schauhaus tragen.

Zerstückelt, schwarz verbrannt und rot zerschunden,
so lagen sie in Reih und Glied;
was in der Früh noch sang sein Morgenlied,
verblutete aus unverbundenen Wunden.

Schon schwätzen Ahnungen, die blinden Boten
sich in das Dorf hinunter und von Haus zu Haus
und trieben die erschrockenen Frauen hinaus.

Die stürmten das vergitterte Portal
des Beingebäudes in verbissener Qual
und schlugen sich verzweifelt um die Toten.

[*A:* 1922]

Gerrit Engelke
1890–1918

Die Fabrik

Düster, breit, kahl und eckig
Liegt im armen Vorort die Fabrik.
Zuckend schwillt, schrill und brutal
Aus den Toren Maschinen-Musik.

Schlot und Rohr und Schlot und Schlot,
Heißdurchkochtes Turmgestein,
Speien dickes Qualmgewölk
Über traurigstarre Häuser, Straßenkot.

Tausend Mann, Schicht um Schicht,
Saugt die laute Arbeits-Hölle auf.
Zwingt sie all in harte Pflicht
Stunde um Stunde.

Bis der Pfiff heiser gellt:
Aus offnem Tore strömen dann
Mädchen, Frauen, Mann und Mann –
Blasses Volk – müde – verquält –

Schläft der Ort –: glüh und grell
Schreit aus hundert Fenstern Licht!
Kraftgesumm, Rädersausen, Qualm durchbricht
Roh und dumpf die Nacht –

Tag und Nacht: Lärm und Dampf,
Immer Arbeit, immer Kampf:
Unerbittlich schröpft das Moloch-Haus
Stahl und Mensch um Menschen aus.

[*A:* 1921]

Seele

Straßenbahnschienen klirren,
Hundert Menschen umschwirren,
Fabriken umrauchen dich,
Im Ohre gellt dir: – Messerstich,
Geschäft, Diebstahl, Geld, Brand –
Wände stürzen über dir ein:
Du verkümmerst, wirst klein und gemein –
  Hinaus!
Hinaus aufs Land!

[*E:* 1913; *A:* 1921]

Karl Bröger
1886–1944

Kohle, schwarze Kohle, graben wir.
Höllendunkel decken das Revier.

Hinten hallt der Fäustel hart Gepoch.
Nur das schwache Lämpchen schimmert noch.

Und wir ringen stumm mit Stein und Erz,
brechen wir der Erde an das Herz.

Unten schließt uns Qual und Grauen ein.
Droben glänzt die Stadt in hohem Schein.

Karrt der Korb uns wieder an den Tag,
sinken andre ab zu Plag und Schlag.

Doch wir wissen auch: Was oben flammt,
ist ein Glanz, der aus der Tiefe stammt.

[*A:* 1923]

———

Nichts kann uns rauben
Liebe und Glauben
zu diesem Land.
Es zu erhalten
und zu gestalten
sind wir gesandt.

Mögen wir sterben!
Unseren Erben
gilt dann die Pflicht:
Es zu erhalten
und zu gestalten
Deutschland stirbt nicht.

[*A:* 1923]

Heinrich Lersch
1889–1936

Wir Werkleute all

Wir Werkleute all, wir alte und junge, wir Männer und Fraun,
die wir nur Flammen, Gluten, Massen und Kräfte schaun,
wir, die wir die Flammen, Gluten und Kräfte bezwingen:
hört unsere Fäuste das Lied der Arbeit singen.

Wir Werkleute all tragen unter dem blauen Tuch
wie ihr eine Seele, die weint und jubelt unter Segen und Fluch,
und neben dem lauten Leben ein Menschsein mit allen Gefühlen,
in Liebe und Frühling, in Armut und Not, Erde und Himmel wühlen.

Wir Werkleute all sind allen Werks Fundament!
Auf unseren Leibern stehn die Maschinen, auf unseren Leibern der Hochofen brennt;
auch unsere Seelen zwingen wir in Hebel und Walzen, Räder und Achsen,
darum kann sie nicht mit steilen Bäumen in Gottes Himmel wachsen.

Wir Werkleute all hüten Gottes Erde und machen sie untertan,
darum ist Gott uns gnädig, wenn wir im Tod uns ihm nahn –,
– und zerbräch diese Erde, loderten aus den Spalten des Erdkerns Flammen –
wir Werkleute all, wir schmiedeten sie wieder mit stählernen Ringen aus Trägern und Schienen zusammen.

[*D:* 1917]

Morgenlied der neuen Arbeiter

Leuchte, scheine, goldne Sonne
Über dieses freie Land;
Felder, Wälder, Städte hülle
In dein helles Lichtgewand.
Laß die weiten Äcker reifen
Und die kleinen Gärten blühn,
Leuchte hell in die Fabriken,
Wo wir uns im Schatten mühn:
Leuchte, goldne Sonne, scheine,
Spende deines Segens Kraft.
Bruder: deine Hand! Hier meine!
Arbeitsbrüder, uns vereine
Eine heil'ge Leidenschaft.

Tu dich auf, du Tor der Halle,
Sonne, breche hell hinein.
Wollt ihr, werkende Maschinen,
Neuen Volkes Helfer sein?
Euer Rattern, euer Dröhnen
Klingt wie freudig Ja-Geschrei.
Kampf ist Arbeit, Arbeit Liebe.
Kämpfend schaffen wir uns frei!
Hoch der Bergmann, der verloren
Tief im Schacht die Kohlen haut,
Der mit Dynamos, Motoren,
Kraft aus seinem Leib geboren,
Unsre neue Welt erbaut.

Tausend laute Räder brausen,
Städte tönen, stromentlang
Ziehn die schwerbeladnen Schiffe,
Braust der Eisenbahn Gesang,
In Millionen Menschenherzen
Zieht der Glaube freudig ein:
Was des Volkes Hände schaffen,
Soll des Volkes Eigen sein.
Land und Freiheit unser Eigen,
Menschenwürde unser Recht!
Kraft soll sich der Schwachheit neigen,
Brüderlich einander zeigen:
Keiner Herr und keiner Knecht.

Leuchte, scheine, goldne Sonne
Unserm Vormarsch in die Welt,
Uns, die nun im Aufgang stehen,
Keine Macht noch Fesseln hält.
Alte? Junge? Neue Menschen!
Werkbeglückt einander nahn,
Menschen, keinem andern Geiste
Als der Liebe untertan.
Drum, mein Hammer, schwing und schalle,
Läute Frieden, Hammerschlag!
Ruf mit deinem Stahlgesange
Stadtvolk, Landvolk, Brüder alle
In den großen Arbeitstag.

[Neufassung von 1934 eines Gedichts von 1928]

Karl Wolfskehl
1869–1948

Welt-Ende

I
Als wäre die luft gemahlen glas
Verwestes dürrhaar laub und gras
Als wollten die berge beissen

So rasselts kräht und krazt und zischt
Um kaltgenezte schläfe wischt
Ein geierflügelkreisen.

II
Am lezten tag herunter fallt
Ein tropfen in die urn
Das schrillt wie sprung im urbasalt
Wie tausend spindeln surrn

Klingt wie ein schwert auf bein und stahl,
Gerissner glockenstrang
Wie spätnachts ersten hahns geprahl
Wie jungen eises gang:

Und über fliesst der urnenrand
Urn ist voll blutigen weins
Einbricht die blaue himmelswand
Und nacht und tag sind eins.

[*A:* 1927]

Vita in morte

Ganz einsam sei, ganz nackt, ganz leib du seele
Stille dein herz, dein hauch eis, stumm die kehle,

Im eignen quell steh, zwing den quell, er spiegel'
In dir sein aug, umzirkt vom schwarzen tiegel:

Dann bist, ein widerschein, zusammenronnen
Dann hat sich Gott und traum zu dir besonnen

Auf dass der tiegel tod an dir zerspringe,
Du endlos nu seist, mitte seist im ringe.

[*A:* 1927]

[*Vita in morte:* Leben im Tod.]

Herr! Ich will zurück

Herr! Ich will zurück zu Deinem Wort.
Herr! Ich will ausschütten meinen Wein.
Herr! Ich will zu Dir, ich will fort.
Herr! Ich weiss nicht aus und nicht ein!
Ich bin allein.

Allein in leerer, atemleerer Luft,
Allein im Herzen, vor mir selber scheu.
Alle meine bunten Bälle sind verpufft.
All meine Weisheit ward Dunst und Spreu.
Ich bin arm, Gott! Neu

Neig Dich her wie den Vätern,
Oder triff mich mit Deinem Strahl:
Auch den ärgsten Tätern
Warst Du nah einmal.

Zeig Dich, Gewölk oder Feuer,
Hol uns zur Wüstenfahrt –
Herr, sind wir Dir nicht teuer:
Warum hast Du uns aufgespart?

Ist der falsche Tag nun verstrichen?
Brach die Nacht hinter uns entzwei?
Alle Sterne sind blind, sind verblichen:
Ruf uns, wir rufen Dich herbei –
Noch vorm Hahnenschrei
Kommen Deine Boten geschlichen,
Ohne Laut geschlichen –

[*D:* 1933]

Ewiger Auszug

Die dunklen Bürden.
Die dunklen Würden.
Wir keuchen unter ihrer Last,
Wir Herde sonder Hürde.
Zur Unrast wird uns Rast um Rast.
Den Andern wüst, uns selbst verhasst –
O dass uns Frieden würde!
Und doch die Krücke leicht der Faust,
Weil Seine Losung uns enthaust.
Und doch ein Glanz um uns gebreitet,
Weil Er vor unsern Wegen schreitet.
Und doch hält aus des Herzens Schrein,
Weils drinnen ruft: *so* muss es sein!
Ihr seid als Pforten aufgetan,
Ihr immer neu Geschürten,
Zum Stamm erstarkt der Splitterspan,
Ihr einst und stets Gekürten,
Durch Wogen und Wust Geführten:
Stern-Augen schaun euch an!

[*A:* 1934]

Weg

Welches Tags Strahl auch der letzte,
Welche Nacht die längste sei,
Welcher Wein am Ende netzte
Heisser Lippe heisren Schrei –

Wenn mir dann das Glas zerschelle,
Trinkglas, Stundenglas in eins,
Wenn der Finsternisse Welle
Spült sich ein das Fünklein Scheins:

Eh der Aushauch ganz verstocke
Schrill gepresst, Abfahrtssignal,
Dröhnt er stark als Osterglocke:
Kein Ade, ein: Noch Einmal!

[*A:* 1950]

Rudolf Alexander Schröder
1878–1962

Deutscher Schwur

Heilig Vaterland
  In Gefahren,
Deine Söhne stehn,
  Dich zu wahren.
Von Gefahr umringt,
Heilig Vaterland,
Schau, von Waffen blinkt
  Jede Hand.

Ob sie dir ins Herz
  Grimmig zielen,
Ob dein Erbe sie
  Dreist beschielen,
Schwören wir bei Gott
Vor dem Weltgericht:
Deiner Feinde Spott
  Wird zunicht.

Nord und Süd entbrennt,
  Ost und Westen;
Dennoch wanken nicht
  Deine Festen.
Heilig Herz, getrost,
Ob Verrat und Mord
Dräue West und Ost,
  Süd und Nord.

Bei den Sternen steht,
  Was wir schwören;
Der die Sterne lenkt,
  Wird uns hören:
Eh der Fremde dir
Deine Kronen raubt,
Deutschland, fallen wir
  Haupt bei Haupt.

Heilig Vaterland,
  Heb zur Stunde
Kühn dein Angesicht
  In die Runde.
Sieh uns all entbrannt,
Sohn bei Söhnen stehn:
Du sollst bleiben, Land!
  Wir vergehn.

[*D:* 1914]

Aus: Die Ballade vom Wandersmann

Rührt mich nicht an; – ich bin's nicht mehr.
– Blickt lieber wie von ungefähr
  Ins bunte Vielerlei.
Ich brach das Brot, ich saß zum Herd,
Ich hielt euch alle hold und wert:
  Das, dünkt mich, ist vorbei.

Ein jedes Haus hat Stuhl und Bett,
Hat Tisch und Schrank und Hausgerät,
  Hat Tür und Tor, das Haus.
Man geht durch Kammer, Flur und Saal,
Schläft über Nacht und hält das Mahl;
  Dann heißt es: Geh hinaus.

Der Schwellen hat die Welt genung,
Hat jede ihren Fug und Sprung;
  Die sind mir all bekannt.
So hab ich denn mich aufgemacht
Und wandre lieber Tag und Nacht,
  Als wär's durch fremdes Land.

Was ihr euch habt, was ihr euch könnt,
Ist keinem, weil er's hat, gegönnt:
  Und war ich bei dem Fest,
Ich bin's nicht mehr. – Rührt mich nicht an;
Ich bin der Fremde, bin der Mann,
  Den jeder ziehen läßt.

Rührt mich nicht an, der weitergeht,
Unsteter Mann und dennoch stet,
  Weil er die Straße fährt
Ans Tor, das einläßt jedermann,
Und das doch keiner brechen kann,
  Des Fuß zurückbegehrt.

[*A:* 1937]

HANS CAROSSA
1878–1956

Der Eisenwagen rollt. An gelben Lampen
Saugt Morgenschein. Die Reisenden erwachen
Und schaun sich an, frostnüchtern und noch müde.
Und wie nun in dem weißen Reif des Fensters
Ein Wald wächst, pflanzenhafte Vögel schlafen
Auf bläulichen Geweihen, das sieht keiner.
Ich aber wache gern und schau zuweilen
In die vergängliche verworrne Blindnis.
Zuletzt enthauch ich ihr ein Fleckchen Klarheit,
Das gleitet fliehender Landschaft still vorüber.
Ein Fährmann treibt inmitten schneebekränzter
Eistafeln riesenhoch auf breitem Strome,
Silbern umraucht, Boot, Mantel, Ruder, Hände
Noch schattenfahl und schwank, nur Hut und Antlitz
Aufglühend in das erste goldne Feuer.

[*A:* 1912]

Unzugänglich schien der Gipfel;
Nun begehn wir ihn so leicht.
Fern verdämmern erste Wege,
Neue Himmel sind erreicht.

Urgebirg und offne Länder
Schweben weit, in Eins verspielt.
Städte, die wir nachts durchzogen,
Sind ein einfach-lichtes Bild.

Helle Wolke streift herüber;
Uns umweht ihr Schattenlauf.
Große blaue Falter schlagen
Sich wie Bücher vor uns auf.

[*A:* 1920]

Morsche Scholle streift am Ufer.
Schnee tropft von den schrägen Klippen;
Schwarze silberknospige Bäume
Stehn im ungebundnen Licht.
Wellen drängen Wellen; eine
Läßt ihr Leuchtendes der andern.
Breitem Stromeslaufe folgen
Langsam große Marmorwolken
Und die Kraniche, die grauen
Flügelwanderer der Luft.

[*A:* 1920]

Der alte Brunnen

Lösch aus dein Licht und schlaf! Das immer wache
Geplätscher nur vom alten Brunnen tönt.
Wer aber Gast war unter meinem Dache,
Hat sich stets bald an diesen Ton gewöhnt.

Zwar kann es einmal sein, wenn du schon mitten
Im Traume bist, daß Unruh geht ums Haus,
Der Kies beim Brunnen knirscht von harten Tritten,
Das helle Plätschern setzt auf einmal aus,

Und du erwachst, – dann mußt du nicht erschrecken!
Die Sterne stehn vollzählig überm Land,
Und nur ein Wandrer trat ans Marmorbecken,
Der schöpft vom Brunnen mit der hohlen Hand.

Er geht gleich weiter, und es rauscht wie immer.
O freue dich, du bleibst nicht einsam hier.
Viel Wandrer gehen fern im Sternenschimmer,
Und mancher noch ist auf dem Weg zu dir.

[*D:* 1924]

Agnes Miegel
1879–1964

Die Nibelungen

In der dunkelnden Halle saßen sie,
Sie saßen geschart um die Flammen,
Hagen Tronje zur Linken, sein Schwert
auf dem Knie,
Die Könige saßen zusammen.

Schön Kriemhild kauerte nah der Glut.
Von ihren schmalen Händen
Zuckte der Schein wie Gold und Blut
Und sprang hinauf an den Wänden.

König Gunter sprach: „Mein Herz geht schwer,
Hör ich den Ostwind klagen!
Spielmann, lang deine Fiedel her,
Sing uns von frohen Tagen!"

Aufflog ein jubelnder Bogenstrich
Und flatterte an den Balken,
Herr Volker sang: „Einst zähmte ich
Einen edelen Falken..."

Die blonde Kriemhild blickte auf
Und sprach mit Tränen und leise:
„Spielmann, hör mit dem Liede auf,
Sing eine andre Weise!"

Die braune Fiedel raunte alsbald
Träumend und ganz versonnen,
Herr Volker sang: „Im Odenwald
Da fließt ein kühler Bronnen..."

Die blonde Kriemhild wandte sich
Und sprach mit Tränen und bange:
„Mein Herz schlägt laut und fürchtet sich
Und bebt bei deinem Sange..."

Anhub die Fiedel zum drittenmal
Aufweinend in Gram und Leide,
Herrn Volkers Stimme sang im Saal,
Wie ein Vogel auf nächtiger Heide:

„Es glimmt empor aus ewiger Nacht
Heißer als alle Feuersglut,
Gelb wie das Aug der Zwergenbrut,
Das gierig seinen Glanz bewacht, –
O weh der Lust, die mich gezeugt!

Wie Brunft nach Brunft im Forste schreit,
Wie nach der Lohe lechzt die Glut,
So treibt die Gier nach Menschenblut
Ans Licht den Hort der Dunkelheit, –
O weh dem Schoß, der mich gebar!

Es ruft den Neid, es weckt den Mord,
Stört auf die Drachen Trug und List,
Hetzt Rachsucht, die die Rache frißt,
Und immer röter glüht der Hort, –
O weh der Brust, die mich gesäugt!

Es treibt und schwimmt im Purpurquell,
Es trinkt den Quell und lechzt nach mehr,
Es braust und schäumt, die Flut steigt schnell,
Breit wie die Donau strömt es her, –
O weh der Lieb, die lieb mir war!

Es schäumt und braust, atmet und steigt,
Schon brandet's draußen an die Tür,
Es klopft und pocht, der Riegel weicht,
Nun flutet's heiß und rot herfür, –
Weh über mich, weh über euch!"

Jäh bei dem letzten Bogenstrich
Sprangen die Saiten und schrieen,
Hagen von Tronje neigte sich
Und wiegte sein Schwert auf den Knieen.

Die Könige saßen bleich und verstört,
Doch die schöne Kriemhild lachte,
Sie sprach: „Nie hab ich ein Lied gehört,
Das mich lustiger machte!"

Sie kniete nieder und schürte die Glut.
Von ihren schmalen Händen
Zuckte der Schein wie Gold und Blut
Und sprang hinauf an den Wänden.

[*A:* 1907]

[*Einen edlen Falken:* Vgl. das Gedicht des Kürenbergers; oben S. 36.]

An den Führer

Nicht mit der Jugend
Überschäumendem Jubel erlebt ich das Wunder
Deines Nahns.
                    Mit dem schweigend ehrfürchtigen Staunen
Leidgeprüften Herzens, geläutert im Opfer,
Das seiner Kindheit Welt in Krieg und Stürmen vergehn sah, –
Und das anders, groß und glühend ergriffen,
Stumm dich grüßte!

So mit jedem Morgen fühl ich's aufs neue –
– Wenn in der Tiefe der Nacht, aus der Tiefe des Herzens
Schweres Erinnern stieg, wie Schatten mich ängstend:
Krieg und Aufruhr und grauer Tage Verzweiflung,
Untergangsnot und Schreckbild verkommender Jugend, – –
O Befreiung, zu spüren im Licht der Frühe,
Alles dies ist fern und für immer vergangen!
Fortgewischt wie Tränen vom Antlitz der Witwe
Von Deinen Händen!
                    Übermächtig
Füllt mich demütiger Dank, daß ich dieses erlebe,
Dir noch dienen kann, dienend den Deutschen
Mit der Gabe, die Gott mir verlieh!
                                        Daß die Meinen
Die gefallnen, geliebten Gefährten der Kindheit,
Daß die Toten, die Dein Kommen ersehnten,
Daß die Ahnen, deren verlassene Heimat
Wiedergekehrt durch Dich, –
                                daß sie alle
Mir in der Seele, mir im Blute noch lebend,
Mit mir Dich segnen!
Nicht der Jugend brausendes Überschäumen
Kann ich Dir geben.
                    Doch ich liebe das Leben,
Wie nur der es liebt, mit dem alle der Seinen
Fortgehn von Heimat und Volk. Heimkehrend zur Erde,
Draus sie stiegen.
                    Doch dies wäre
Höchste Erfüllung mir und Ehre den Ahnen:
Heilige Fackel, nie mehr weitergereichte,
Dir zu opfern!

[*A:* 1940]

[Vgl. die Hinweise auf S. 6.]

Wagen an Wagen

Um Allerseelen
In der dunklen Nacht,
Wenn vor uns stehen,
Die immer neu unserm Herzen fehlen, –
Erinnrung erwacht
An die alten Kirchen, die Hügel im Feld,
Wo sie schlafen, Vätern und Nachbarn gesellt,
In verlorener Heimat über der See, –
Und an Alle, die hilflos und einsam starben,
An Alle, die sinkend im Eis verdarben,
Die keiner begrub, nur Wasser und Schnee,
Auf dem Weg unsrer Flucht, – dem Weg ohne
Gnade!

Und wir ziehen im Traum verwehte Pfade
Wagen an Wagen, endloser Zug,
Der ein Volk von der Heimat trug!

Von Norden, von Osten kamen wir,
Über Heide und Ströme zogen wir,
Nach Westen wandernd, Greis, Frau und Kind.
Wir kamen gegangen, wir kamen gefahren,
Mit Schlitten und Bündel, mit Hund und Karren,
Gepeitscht vom Wind, vom Schneelicht blind, –
Und Wagen an Wagen.

Zuckend wie Nordlicht am Himmel stand
Verlassner Dörfer und Städte Brand
Und um uns heulte und pfiff der Tod
Auf glühendem Ball durch die Luft getragen
Und der Schnee wurde rot
Und es sanken wie Garben die hilflos starben
Und wir zogen weiter,
Wagen an Wagen, – –

Und kamen noch einmal, trügrisches Hoffen
Durch friedliches Land.
Tür stand uns offen
Bei jenen, die nicht unser Leiden gekannt.
Sie kamen, sie winkten, sie reichten uns Brot, –
Sie luden die Not
Am warmen Herde zu sich als Gast.
Scheune und Stroh rief Müde zur Rast.
Doch wir konnten nicht bleiben.
Wir zogen vorüber
Wagen an Wagen.

Und hörten durch Sturm und Flockentreiben
Das Glockenlied ihrer Türme noch
Und hörten doch
Das Dröhnen des Krieges, der hinter uns zog.
Und vom Wegkreuz bog,
Blutend, mit ausgebreiteten Armen,
Sich dorngekrönter Liebe Erbarmen.

Wir konnten nicht halten, wir konnten nicht
knien.
Sie kamen hinter uns, Wagen an Wagen, –
Unsre Herzen nur schrien:
O blick nach uns hin!

Wir wandern, wir wandern, endloser Zug,
Volk, das die Geißel des Krieges schlug,
Entwurzelter Wald, von der Flut getragen, –
Wohin?
Wohin? – – –

[*A:* 1952]

Hermann Hesse
1877–1962

Im Nebel

Seltsam, im Nebel zu wandern!
Einsam ist jeder Busch und Stein,
Kein Baum sieht den andern,
Jeder ist allein.

Voll von Freunden war mir die Welt,
Als noch mein Leben licht war;
Nun, da der Nebel fällt,
Ist keiner mehr sichtbar.

Wahrlich, keiner ist weise,
Der nicht das Dunkel kennt,
Das unentrinnbar und leise
Von allen ihn trennt.

Seltsam, im Nebel zu wandern!
Leben ist Einsamsein.
Kein Mensch kennt den andern,
Jeder ist allein.

[*D:* 1906]

Höhe des Sommers

Das Blau der Ferne klärt sich schon
Vergeistigt und gelichtet
Zu jenem süßen Zauberton,
Den nur September dichtet.

Der reife Sommer über Nacht
Will sich zum Feste färben,
Da alles in Vollendung lacht
Und willig ist zu sterben.

Entreiß dich, Seele, nun der Zeit,
Entreiß dich deinen Sorgen
Und mache dich zum Flug bereit
In den ersehnten Morgen.

[*A:* 1937]

Aus: Kriegerisches Zeitalter

Der alte Mann

Müßt ihr denn schon wieder kriegen?
Muß die Schale, die wir Alten
Hütend in den Händen halten,
Stürzen und ihr Wein versiegen?
Nun so ist der Sinn des Lebens
Wieder einmal Wahn geworden.
Gehet schießen, gehet morden!
Unser Mühen war vergebens.

[*D:* 1939]

Stufen

Wie jede Blüte welkt und jede Jugend
Dem Alter weicht, blüht jede Lebensstufe,
Blüht jede Weisheit auch und jede Tugend
Zu ihrer Zeit und darf nicht ewig dauern.
Es muß das Herz bei jedem Lebensrufe
Bereit zum Abschied sein und Neubeginne,
Um sich in Tapferkeit und ohne Trauern
In andre, neue Bindungen zu geben.
Und jedem Anfang wohnt ein Zauber inne,
Der uns beschützt und der uns hilft, zu leben.

Wir sollen heiter Raum um Raum durchschreiten,
An keinem wie an einer Heimat hängen,
Der Weltgeist will nicht fesseln uns und engen,
Er will uns Stuf' um Stufe heben, weiten.
Kaum sind wir heimisch einem Lebenskreise
Und traulich eingewohnt, so droht Erschlaffen;
Nur wer bereit zu Aufbruch ist und Reise,
Mag lähmender Gewöhnung sich entraffen.

Es wird vielleicht auch noch die Todesstunde
Uns neuen Räumen jung entgegen senden,
Des Lebens Ruf an uns wird niemals enden...
Wohlan denn, Herz, nimm Abschied und gesunde!

[*A:* 1942]

Traurigkeit

November 1944

Die mir noch gestern glühten,
Sind heut dem Tod geweiht,
Blüten fallen um Blüten
Vom Baum der Traurigkeit.

Ich seh sie fallen, fallen
Wie Schnee auf meinen Pfad,
Die Schritte nicht mehr hallen,
Das lange Schweigen naht.

Der Himmel hat nicht Sterne,
Das Herz nicht Liebe mehr,
Es schweigt die graue Ferne,
Die Welt ward alt und leer.

Wer kann sein Herz behüten
In dieser bösen Zeit?
Es fallen Blüten um Blüten
Vom Baum der Traurigkeit.

[*A:* 1952]

In Sand geschrieben

1947

Daß das Schöne und Berückende
Nur ein Hauch und Schauer sei,
Daß das Köstliche, Entzückende,
Holde ohne Dauer sei:
Wolke, Blume, Seifenblase,
Feuerwerk und Kinderlachen,
Frauenblick im Spiegelglase
Und viel andre wunderbare Sachen,
Daß sie, kaum entdeckt, vergehen,
Nur von Augenblickes Dauer,
Nur ein Duft und Windeswehen,
Ach, wir wissen es mit Trauer,
Und das Dauerhafte, Starre
Ist uns nicht so innig teuer:
Edelstein mit kühlem Feuer,
Glänzendschwere Goldesbarre;
Selbst die Sterne, nicht zu zählen,
Bleiben fern und fremd, sie gleichen
Uns Vergänglichen nicht, erreichen
Nicht das Innerste der Seelen.
Nein, es scheint das innigst Schöne,
Liebenswerte dem Verderben
Zugeneigt, stets nah dem Sterben,
Und das Köstlichste: die Töne
Der Musik, die im Entstehen
Schon enteilen, schon vergehen,
Sind nur Wehen, Strömen, Jagen
Und umweht von leiser Trauer,
Denn auch nicht auf Herzschlags Dauer
Lassen sie sich halten, bannen;
Ton um Ton, kaum angeschlagen,
Schwindet schon und rinnt von dannen.

So ist unser Herz dem Flüchtigen,
Ist dem Fließenden, dem Leben
Treu und brüderlich ergeben,
Nicht dem Festen, Dauertüchtigen.
Bald ermüdet uns das Bleibende,
Fels und Sternwelt und Juwelen,
Uns in ewigem Wandel treibende
Wind- und Seifenblasenseelen,
Zeitvermählte, Dauerlose,
Denen Tau am Blatt der Rose,
Denen eines Vogels Werben,
Eines Wolkenspieles Sterben,
Schneegeflimmer, Regenbogen,
Falter, schon hinweg geflogen,
Denen eines Lachens Läuten,
Das uns im Vorübergehen
Kaum gestreift, ein Fest bedeuten
Oder wehtun kann. Wir lieben,
Was uns gleich ist und verstehen,
Was der Wind in Sand geschrieben.

[*A:* 1952]

KONRAD WEISS
1880–1940

Vorübergang

O Baum, der in der Sonne knospt,
mit Regen kommt der Abend an,
vor Augen, wie dem Blick entbricht
das Licht, so lischt die Sonne aus.

Von vieler Tage Angesicht
wo ist der letzte Schimmer hin?
Steht keiner vor und hinter dir,
was starrt die stumme Knospe dort!

Ertrinkst du oder tauchst du auf?
Vorm Fenster wie die Welt verblaßt,
vom Erdreich schwimmt das grüne Gras,
der letzte Mensch ging schon nach Haus.

Ist keiner vor und hinter mir?
Wie fällt mich heut das Dunkel an!
Was drängt mich und entseelt den Sinn,
was nahm der Herr mir heute fort?

Was nahm nun deine Hand mir fort?
Reichst du's dem Bruder meiner Hand?
Stumm stehn die Knospen im Geäst,
denn der es gibt, er nimmt das Wort.

[*A:* 1918]

Eines Morgens Schnee

Was man gelebt, was immer mehr geblieben,
stets mehr gelesen, um so dunkler nur,
was man im Lichte schon wie aufgeschrieben
vorfand und ging auf unstörbarer Spur,
was man mit Sinn erreicht, was man mit Lieben
doch nie vollbringen konnte, – deine Flur
wird dir, du Mensch von Ernte niemals satt,
mit eines Morgens Schnee ein reinstes Blatt.

Es ist kein Trost; und nun der Sonne Scheinen
teilt alles nur noch weiter vor dir aus,
so spurlos steht die Zeit, du willst sie einen
gleich einer Träne dort am letzten Strauß,
du horchst auf einen Laut, nun hörst du keinen,
der Schnee macht nur ein regungsloses Haus, –
geh fort, und wie es dir im Busen klopft,
fühlst du den Schnee, der kalt vom Baume tropft.

Du fühlst nicht Nähe mehr, nur noch dies Pochen,
das dir die kalte Wange seltsam näßt,
das Land scheint dir so weit und ganz zerbrochen,
die weißen Berge gleich dem schweren Rest
von einem Himmel, den du nie besprochen,
und der, je mehr du sprichst, dich werden läßt
gleich einer Spur, die sich aus ihm verlor,
und die du kennst, wenn dir im Herzen fror.

So geh nun fort, und was umsonst bestritten
du Tag und Nacht, was schon im Licht verdorrt,
was du gelebt, was du dir selbst inmitten
gelöst, du Mensch, im stets zerbrochnen Wort,
auf dunkler Spur mit unhörbaren Schritten
gewinnt die Zeit ihr Licht, geh mit ihr fort,
noch blüht zur stillen Nacht die Spur so frisch
wie alle Ernte auf dem Ladentisch.

[*E:* 1939; *A:* 1949]

Oskar Loerke
1884–1941

Pansmusik

Ein Floß schwimmt aus dem fernen Himmelsrande,
Drauf tönt es dünn und blaß
Wie eine alte süße Sarabande.
Das Auge wird mir naß.

Es ist, wie wenn den weiten Horizonten
Die Seele übergeht,
Der Himmel auf den Ebnen, den besonnten,
Aufhorcht wie ein Prophet

Und eine arme Weise in die Ohren
Der höhern Himmel spricht:
Das Spielen wankt, im Spielen unverloren,
Das Licht wankt durch das Licht.

Heut fährt der Gott der Welt auf einem Floße,
Er sitzt auf Schilf und Rohr,
Und spielt die sanfte, abendliche, große,
Und spielt die Welt sich vor.

Er spielt das große Licht der Welt zur Neige,
Tief aus sich her den Strom
Durch Ebnen mit der Schwermut langer Steige
Und Ewigkeitsarom.

Er baut die Ebenen und ihre Städte
Mit weichen Mundes Ton
Und alles Werden bis in dieses späte
Verspieltsein und Verlohn:

Doch alles wie zu stillendem Genusse
Den Augen bloß, dem Ohr.
So fährt er selig auf dem großen Flusse
Und spielt die Welt sich vor.

So fährt sein Licht und ist bald bei den größern,
Orion, Schwan und Bär:
Sie alle scheinen Flöße schon mit Flößern
Der Welt ins leere Meer.

Bald wird die Grundharmonika verhallen,
Die Seele schläft mir ein,
Bald wird der Wind aus seiner Höhe fallen,
Die Tiefe nicht mehr sein.

[*A:* 1916]

Opfer

Keine Heckenrosen umklammern
Die gelben Pfeiler im Garten mehr.
Nun steigst du in die Waffenkammern
Tief innen, und sie sind leer.

Ein Fernweh war an dein Ohr gebogen
Und sprach etwas hinein.
Von Geisternähe angesogen,
Ließ dich dein Herz allein.

So wieder und nochmals. Du hast nicht verstanden.
Oh, schönster Jahre Entscheid!
Der kam abhanden, doch nicht kam abhanden
Ein leis erinnerndes Leid.

Der Weltlärm will seinen Atem nicht dulden,
Er schleifte es trommelnd vorbei.
Du gabst es zum Opfer, damit dein Verschulden
Mitgeopfert sei.

Auftun wird sich und Rosen entsenden
Die leere Wetterwand.
Trauer zu trösten, ein Werk zu vollenden,
Gut ist die leere Hand.

[*A:* 1934]

Genesungsheim

Was schlug man diesen zum Krüppel?
Er *dachte* hinter der Stirn:
Da öffnete ihm der Knüppel
Den Schädel, und Hirn war nur Hirn.

Warum haben Jauche-Humpen
Dort jenen die Augen verbrannt?
Sie haben einen Lumpen
Einen Lumpen genannt.

Warum schweigt dieser im Knebel?
Weil sein Gewissen schrie!
Wes Kopf sprang zum Reiche der Nebel?
Dessen Gurgel vor Ekel spie!

[*A:* 1934]

Der Silberdistelwald

Mein Haus, es steht nun mitten
Im Silberdistelwald.
Pan ist vorbeigeschritten.
Was stritt, hat ausgestritten
In seiner Nachtgestalt.

Die bleichen Disteln starren
Im Schwarz, ein wilder Putz.
Verborgne Wurzeln knarren:
Wenn wir Pans Schlaf verscharren,
Nimmt niemand ihn in Schutz.

Vielleicht, daß eine Blüte
Zu tiefer Kommunion
Ihm nachfiel und verglühte:
Mein Vater du, ich hüte,
Ich hüte dich, mein Sohn.

Der Ort liegt waldinmitten,
Von stillstem Licht gefleckt.
Mein Herz – nichts kam geritten,
Kein Einhorn kam geschritten –
Mein Herz nur schlug erweckt.

[*A:* 1934]

Leitspruch

November 1940

Jedwedes blutgefügte Reich
Sinkt ein, dem Maulwurfshügel gleich.
Jedwedes lichtgeborne Wort
Wirkt durch das Dunkel fort und fort.

[*A:* 1958]

Wilhelm Lehmann
1882–1968

An meinen ältesten Sohn

Die Winterlinde, die Sommerlinde
Blühen getrennt –
In der Zwischenzeit, mein lieber Sohn,
Geht der Gesang zu End.

Die Schwalbenwurz zieht den Kalk aus dem Hügel
Mit weißen Zehn,
Ich kann es unter der Erde
Im Dunkeln sehn.

Ein Regen fleckt die grauen Steine –
Der letzte Ton
Fehlt dem Goldammermännchen zum Liede.
Sing du ihn, Sohn.

[*D:* 1924]

Oberon

Durch den warmen Lehm geschnitten
Zieht der Weg. Inmitten
Wachsen Lolch und Bibernell.
Oberon ist ihn geritten,
Heuschreckschnell.

Oberon ist längst die Sagenzeit hinabgeglitten.
Nur ein Klirren
Wie von goldnen Reitgeschirren
Bleibt,
Wenn der Wind die Haferkörner reibt.

[*D:* 1934]

Signale

Seewärts hör ich Signale tuten:
Sie schießen die Torpedos ein.
Auf fernen Meeren, nah dem Ohre,
Gesprengter Leiber letztes Schrein.

Der Märzwind greift den Wandernden,
Ich gleite wie auf Flügelschuhn;
Dann bin ich selbst ihm aufgestiegen
Und kann auf seinem Rücken ruhn.

Ein Girren streicht um meine Knie,
Ein Rebhahn schwirrt am Kleinbahndamm.
Vor aufgerauhter Schlehdornhecke
Säugt Mutterschaf sein erstes Lamm.

Hör ich noch die Signale rufen?
Sie wurden Klang von Roncevalles;
Woran die Herzen einst zersprangen,
Schwebt echoleicht als Hörnerschall.

Mich feit der süße Augenblick.
Die Zügel häng ich ins Genick
Dem Windpferd, daß es schweifend grase.
Huflattich blüht, es springt der Hase.

Die Wolken bauen Pyrenäen,
Der Erdgeist denkt die Vogelreise:
Und ohne daß sie wissen, zucken
In Aufbruchslust die Kuckuckszehen.
Sie landen, höheren Flugs getragen,
Als ihn Schrapnells, Granaten wagen.

Ob draußen noch Signale tuten?
Schießt man noch die Torpedos ein?
Schreckt noch das Ohr auf fernen Meeren
Zerfetzter Leiber Todesschrein?

Tief innen übte sich inzwischen
Gesang, der Thebens Mauer baute.
Fang an mit zwiegespaltnem Laute:
Und „heile, heile, heile!“ tönt es,
Kuckuck! Kein Fluch der Erde höhnt es.

Granaten und Schrapnells verzischen.

[*A:* 1942]

[*feit:* schützt.]

Auf sommerlichem Friedhof (1944)

In memoriam Oskar Loerke

Der Fliegenschnäpper steinauf, steinab.
Der Rosenduft begräbt dein Grab.
Es könnte nirgend stiller sein.
Der darin liegt, erschein, erschein!

Der Eisenhut blitzt blaues Licht.
Komm, wisch den Schweiß mir vom Gesicht.
Der Tag ist süß und ladet ein,
Noch einmal säßen wir zu zwein.

Sirene heult, Geschützmaul bellt.
Sie morden sich: es ist die Welt.
Komm nicht! Komm nicht! Laß mich allein,
Der Erdentag lädt nicht mehr ein.
Ins Qualenlose flohest du,
O Grab, halt deine Tür fest zu!

[*D:* 1946]

Fallende Welt

Das Schweigen wurde
Sich selbst zu schwer:
Als Kuckuck fliegt
Seine Stimme umher.

Mit bronzenen Füßen
Landet er an,
Geflecktes Kleid
Hat er angetan.

Die lose Welt,
Wird sie bald fallen?
Da hört sie den Kuckuck
Im Grunde schallen.

Mit schnellen Rufen
Ruft er sie fest.
Nun dauert sie
Den Zeitenrest.

[*A:* 1962]

Max Herrmann-Neisse
1886–1941

Breslauer Winternacht

Nachts kriecht die Kälte aus dem Odereise
und färbt den Mann der Würstchenbude blau.
Um den Matthiasplatz in irrem Kreise
trabt wahngetrieben eine Zeitungsfrau.
Im Torweg Liebespaare stumm erstarrten
zu gotisch keuschen Statuen von Stein.
Den Grogerhitzten, die sich gröhlend narrten,
gefrieren ihre heisren Stimmen ein.
Das Droschkenpferd und hinter ihm der Wagen,
sie schleppen sich als bald Gelähmte fort.
Und ein Student mit hochgeschlagnem Kragen
verlor die Würde und das Ehrenwort
und sehnt sich nur noch nach der warmen Klause.
So leer wie jetzt war nie der Straßenschacht.
Verdächtige lauern heut an keinem Hause,
auch Tiere bargen sich vor dieser Nacht.
Ins Nichts des Himmels treibt bedrohlich düster
durchs Wolkeneis ein Totenschiff: der Dom.
Und fluchend mit den Schollen wirft als wüster,
heilloser Trunkenbold der Oderstrom.

(1930) [*A:* 1946]

Heimatlos

Wir ohne Heimat irren so verloren
und sinnlos durch der Fremde Labyrinth.
Die Eingebornen plaudern vor den Toren
vertraut im abendlichen Sommerwind.
Er macht den Fenstervorhang flüchtig wehen
und läßt uns in die lang entbehrte Ruh
des sichren Friedens einer Stube sehen
und schließt sie vor uns grausam wieder zu.
Die herrenlosen Katzen in den Gassen,
die Bettler, nächtigend im nassen Gras,
sind nicht so ausgestoßen und verlassen,
wie jeder, der ein Heimatglück besaß
und hat es ohne seine Schuld verloren
und irrt jetzt durch der Fremde Labyrinth.
Die Eingebornen träumen vor den Toren
und wissen nicht, daß wir ihr Schatten sind.

(1936) [*A:* 1946]

Gottfried Benn
1886–1956

Schöne Jugend

Der Mund eines Mädchens, das lange im Schilf gelegen hatte,
sah so angeknabbert aus.
Als man die Brust aufbrach, war die Speiseröhre so löcherig.
Schließlich in einer Laube unter dem Zwerchfell
fand man ein Nest von jungen Ratten.
Ein kleines Schwesterchen lag tot.
Die andern lebten von Leber und Niere,
tranken das kalte Blut und hatten
hier eine schöne Jugend verlebt.
Und schön und schnell kam auch ihr Tod:
Man warf sie allesamt ins Wasser.
Ach, wie die kleinen Schnauzen quietschten!

[*A:* 1912]

Mann und Frau gehn durch die Krebsbaracke

Der Mann:
Hier diese Reihe sind zerfallene Schöße
und diese Reihe ist zerfallene Brust.
Bett stinkt bei Bett. Die Schwestern wechseln stündlich.

Komm, hebe ruhig diese Decke auf.
Sieh, dieser Klumpen Fett und faule Säfte,
das war einst irgendeinem Mann groß
und hieß auch Rausch und Heimat.

Komm, sieh auf diese Narbe an der Brust.
Fühlst du den Rosenkranz von weichen Knoten?
Fühl ruhig hin. Das Fleisch ist weich und schmerzt nicht.

Hier diese blutet wie aus dreißig Leibern.
Kein Mensch hat so viel Blut.
Hier dieser schnitt man
erst noch ein Kind aus dem verkrebsten Schoß.

Man läßt sie schlafen. Tag und Nacht. – Den Neuen
sagt man: hier schläft man sich gesund. – Nur sonntags
für den Besuch läßt man sie etwas wacher.

Nahrung wird wenig noch verzehrt. Die Rücken
sind wund. Du siehst die Fliegen. Manchmal
wäscht sie die Schwester. Wie man Bänke wäscht.

Hier schwillt der Acker schon um jedes Bett.
Fleisch ebnet sich zu Land. Glut gibt sich fort.
Saft schickt sich an zu rinnen. Erde ruft.

[*A:* 1912]

Sieh die Sterne, die Fänge

Sieh die Sterne, die Fänge
Lichts und Himmel und Meer,
welche Hirtengesänge,
dämmernde, treiben sie her,
du auch, die Stimmen gerufen
und deinen Kreis durchdacht,
folge die schweigenden Stufen
abwärts dem Boten der Nacht.

Wenn du die Mythen und Worte
entleert hast, sollst du gehn,
eine neue Götterkohorte
wirst du nicht mehr sehn,
nicht ihre Euphratthrone,
nicht ihre Schrift und Wand –
gieße, Myrmidone,
den dunklen Wein ins Land.

Wie dann die Stunden auch hießen,
Qual und Tränen des Seins,
alles blüht im Verfließen
dieses nächtigen Weins,
schweigend strömt die Äone,
kaum noch von Ufern ein Stück –
gib nun dem Boten die Krone,
Traum und Götter zurück.

[*A:* 1927]

Wer allein ist –

Wer allein ist, ist auch im Geheimnis,
immer steht er in der Bilder Flut,
ihrer Zeugung, ihrer Keimnis,
selbst die Schatten tragen ihre Glut.

Trächtig ist er jeder Schichtung
denkerisch erfüllt und aufgespart,
mächtig ist er der Vernichtung
allem Menschlichen, das nährt und paart.

Ohne Rührung sieht er, wie die Erde
eine andere ward, als ihm begann,
nicht mehr Stirb und nicht mehr Werde:
formstill sieht ihn die Vollendung an.

[*A:* 1936]

Einsamer nie –

Einsamer nie als im August:
Erfüllungsstunde – im Gelände
die roten und die goldenen Brände,
doch wo ist deiner Gärten Lust?

Die Seen hell, die Himmel weich,
die Äcker rein und glänzen leise,
doch wo sind Sieg und Siegsbeweise
aus dem von dir vertretenen Reich?

Wo alles sich durch Glück beweist
und tauscht den Blick und tauscht die Ringe
im Weingeruch, im Rausch der Dinge –:
dienst du dem Gegenglück, dem Geist.

[*A:* 1936]

Tag, der den Sommer endet

Tag, der den Sommer endet,
Herz, dem das Zeichen fiel:
die Flammen sind versendet,
die Fluten und das Spiel.

Die Bilder werden blasser,
entrücken sich der Zeit,
wohl spiegelt sie noch ein Wasser,
doch auch dies Wasser ist weit.

Du hast eine Schlacht erfahren,
trägst noch ihr Stürmen, ihr Fliehn,
indessen die Schwärme, die Scharen,
die Heere weiterziehn.

Rosen und Waffenspanner,
Pfeile und Flammen weit –:
die Zeichen sinken, die Banner –:
Unwiederbringlichkeit.

[*A:* 1936]

Verlorenes Ich

Verlorenes Ich, zersprengt von Stratosphären,
Opfer des Ion –: Gamma-Strahlen-Lamm –
Teilchen und Feld –: Unendlichkeitschimären
auf deinem grauen Stein von Notre-Dame.

Die Tage gehn dir ohne Nacht und Morgen,
die Jahre halten ohne Schnee und Frucht
bedrohend das Unendliche verborgen –
die Welt als Flucht.

Wo endest du, wo lagerst du, wo breiten
sich deine Sphären an – Verlust, Gewinn –:
ein Spiel von Bestien: Ewigkeiten,
an ihren Gittern fliehst du hin.

Der Bestienblick: die Sterne als Kaldaunen,
der Dschungeltod als Seins- und Schöpfungsgrund,
Mensch, Völkerschlachten, Katalaunen
hinab den Bestienschlund.

Die Welt zerdacht. Und Raum und Zeiten
und was die Menschheit wob und wog,
Funktion nur von Unendlichkeiten –
die Mythe log.

Woher, wohin – nicht Nacht, nicht Morgen,
kein Evoë, kein Requiem,
du möchtest dir ein Stichwort borgen –
allein bei wem?

Ach, als sich alle einer Mitte neigten
und auch die Denker nur den Gott gedacht,
sie sich den Hirten und dem Lamm verzweigten,
wenn aus dem Kelch das Blut sie rein gemacht,

und alle rannen aus der einen Wunde,
brachen das Brot, das jeglicher genoß –
o ferne zwingende erfüllte Stunde,
die einst auch das verlorne Ich umschloß.

[*A:* 1943, Privatdruck]

Reisen

Meinen Sie Zürich zum Beispiel
sei eine tiefere Stadt,
wo man Wunder und Weihen
immer als Inhalt hat?

Meinen Sie, aus Habana,
weiß und hibiskusrot,
bräche ein ewiges Manna
für Ihre Wüstennot?

Bahnhofstraßen und Rueen,
Boulevards, Lidos, Laan –
selbst auf den Fifth Avenueen
fällt Sie die Leere an –

Ach, vergeblich das Fahren!
Spät erst erfahren Sie sich:
bleiben und stille bewahren
das sich umgrenzende Ich.

[*D:* 1950]

Nur zwei Dinge

Durch so viel Formen geschritten,
durch Ich und Wir und Du,
doch alles blieb erlitten
durch die ewige Frage: wozu?

Das ist eine Kinderfrage.
Dir wurde erst spät bewußt,
es gibt nur eines: ertrage
– ob Sinn, ob Sucht, ob Sage –
dein fernbestimmtes: Du mußt.

Ob Rosen, ob Schnee, ob Meere,
was alles erblühte, verblich,
es gibt nur zwei Dinge: die Leere
und das gezeichnete Ich.

[*D:* 1953]

Georg von der Vring
1889–1968

Passionsblume

Am Geländer der Terrasse
Wächst sie mondelang heran.
Regen taucht ihr Blatt ins Nasse.
Alle schaun und denken dran.

Eines Morgens ist ihr Orden
Aufgestellt und offenbar,
Blaue Strahlen, weiße Borden,
Wo nur grün die Knospe war.

Eine Blüte sonder Regel,
Die uns ängstigt und gefällt:
Helle Hämmer, dunkle Nägel
Überm Leidenskreis der Welt.

[*D:* 1934]

Beim Öffnen einer Walnuß

Es ruhn im Holz der Nuß
Gefaltete Wipfel künftiger Bäume;
Wer, weil er fortgehn muß,
Die Schale zerbricht, ihm öffnen sich Träume,

Darin er Inseln schaut,
Weiß aus weißem Geklüft der Nüsse,
Rings vom Abend umblaut
Wie der Hades vom Fluß der Flüsse.

[*A:* 1954]

Kondensstreif

Preisrot unterm Blitz von Schieferflächen
Hebt ein Turm sich in den Sommerhimmel;
Unter ihm, dem Blau zu widersprechen,
Blinkt der Häuser bräunliches Gewimmel;
Ein Kondenspfeil zielt, wie um zu stechen,
Auf der Wolken Horizontgetümmel.
Kann das Nichts wem eine Lanze brechen? –
Alle Wolken stehn wie Eisenschimmel.

[*A:* 1979]

Sieh den Mond

Sieh den Mond, wie hingeriffelt
Auf ein zart getöntes Blatt,
Spät noch kreuzen Kinderschiffe
Ihren Teich an Meeres Statt.

Und der Abendwind, er legt sie,
Und die Segel sind genäßt,
Und die Dämmerung bewegt sie,
Wie die Knabenhand sie läßt.

Doch der Mond gewinnt sein Silber,
Und die Kinder gehn nach Haus.
Sieh mich an, die schönen Bilder
Mir im Auge löschen aus.

[*A:* 1979]

GEORG BRITTING
1891–1964

Unruhiger Tag

Da: ein kalter Atemstoß
Wind fährt in die lauen Räume,
Durch die Bäume knospenlos.

Und die grünen Wiesensäume,
Schmale Bänder, Wald zu Wald,
(Grün, das in der Sonne raucht)
Plötzlich eisig überhaucht
Frösteln kalt.

Wie gekommen, so verschwunden!
Wärme wallt zum Himmel auf.
Gierig stehn der Bäume Schrunden
So wie durstige Mäuler auf.

[*D:* 1934]

Raubritter

Zwischen Kraut und grünen Stangen
Jungen Schilfes steht der Hecht,
Mit Unholdsaugen im Kopf, dem langen,
Der Herr der Fische und Wasserschlangen,
Mit Kiefern, gewaltig wie Eisenzangen,
Gestachelt die Flossen: Raubtiergeschlecht.

Unbeweglich, uralt, aus Metall,
Grünspanig von tausend Jahren.
Ein Steinwurf! Wasserspritzen und Schwall:
Er ist blitzend davongefahren.

Butterblume, Sumpfdotterblume, feurig, gelblich rot,
Schaukelt auf den Wasserringen wie ein Seeräuberboot.

[*A:* 1935]

Bei den Tempeln von Paestum

Hier läßt sichs atmen. Und hier stirbt sichs leicht.
Die weißen Ochsen tragen ihr Gehörn.
Der Falke jagt im dunklen Himmel.
Die Tempel stehen still erhaben da.

Es blüht der Löwenzahn, grad wie bei uns,
Mit goldner Farbe und in großer Zahl.
Die Götter mögen auch den Löwenzahn?
In Bayern steht er so auf jeder Wiese.

Mein Schatten wirft sich schwarz.
Und Schatten, Himmel und der Löwenzahn
Sind wie bei uns.

Die Tempel sind mir gar nicht fremd.
Sie stehen still erhaben da.
Hier läßt sichs atmen,
Und hier stirbt sichs leicht –
So denkt das Herz,
Und hört der Säulen weißes Wort
Im leichten Wind
Wie Zitherspiel am Tegernsee.

[*A:* 1951]

Was hat, Achill...

Unbehelmt,
Voran der Hundemeute,
Über das kahle Vorgebirge her
Auf ihrem Rappen eine,
Den Köcher an der bleichen Mädchenhüfte.

Ein Falke kreist im blauen, großen,
Unermeßlich blauen,
Großen Himmel.

Er wird niederstoßen,
Die harten Krallen und den krummen Schnabel
Im Blut zu tränken, dem purpurnen Saft,
An dem das Falkenvolk sich wild berauscht.

Die nackte Brust der Reiterin.
Ihr glühend Aug.
Die Tigerhunde.
Der Rappe, goldgezügelt.
Sie hält ihn an.

Mit allem Licht
Tritt aus den Wäldern vor
Der Mann der Männer.
Die Tonnenbrust.
Auf starkem Hals das apfelkleine Haupt.

Er sieht die Reiterin.
Und sie sieht ihn.
So stehn sich zwei Gewitter still
Am Morgen- und am Abendhimmel gegenüber.

Der Falke schwankt betrunken auf der Beute.
Was hat, Achill,
Dein Herz?
Was auch sein Schlag bedeute:
Heb auf den Schild aus Erz!

[*A:* 1951]

[*Reiterin:* Penthesilea. – *Der Mann der Männer:* Achill.]

JOHANNES R. BECHER
1891–1958

Eingang

Der Dichter meidet strahlende Akkorde.
Er stößt durch Tuben, peitscht die Trommel schrill.
Er reißt das Volk auf mit gehackten Sätzen.

*

Ich lerne. Ich bereite vor. Ich übe mich.
Wie arbeite ich – hah leidenschaftlich! –
Gegen mein noch unplastisches Gesicht –:
Falten spanne ich.
Die Neue Welt
(– eine solche: die alte, die mystische, die Welt der Qual austilgend –)
Zeichne ich, möglichst korrekt, darin ein.
Eine besonnte, eine äußerst gegliederte, eine *geschliffene* Landschaft schwebt mir vor,
Eine Insel glückseliger Menschheit.
Dazu bedarf es viel. (Das weiß er auch längst sehr wohl.)

O Trinität des Werks: Erlebnis, Formulierung, Tat.

Ich lerne. Bereite vor. Ich übe mich.

...bald werden sich die Sturzwellen meiner Sätze zu einer unerhörten Figur verfügen.
Reden. Manifeste. Parlament. Der Experimentalroman.
Gesänge von Tribünen herab vorzutragen.

Der neue, der heilige Staat
Sei gepredigt, dem Blut der Völker, Blut von ihrem Blut, eingeimpft.

Restlos sei er gestaltet.
Paradies setzt ein.
Laßt uns die Schlagwetter-Atmosphäre verbreiten! –
Lernt! Vorbereitet! Übt euch!

[*D*: 1916]

Die Partei

Was wär ich, ohne daß mich die Partei
In ihre Zucht genommen, ihre strenge?!
Ein wilder Spießer, der mit Wutgeschrei
Sich selbst zerfetzt, und dabei eine Menge

Von Alkohol vertilgt. Vielleicht, es sei
Euch zugestanden, dichtete ich Klänge
Voll üppiger Pracht, wie eine Schlemmerei,
Und säng voll Schwermut Weltenuntergänge.

Bis eines Tags ich merkte: Überflüssig
Bin ich und mein Gedicht, und überdrüssig
Des Überflusses hing ich an dem Strick.

So bin ich nicht verkommen umgekommen.
Doch es bewahrte mich vor dem Geschick
Nur die Partei, die mich in Zucht genommen.

[*A:* 1935]

Tübingen *oder* Die Harmonie

Könnt ich so dichten, wie hier alles klug
Verteilt ist, jedes steht an seiner Stelle.
Des Dunklen nicht zuviel, genügend Helle,
Die Burg, die Brücke, und der Straße Zug

Zur Burg hinauf: verborgen nicht zuviel
Und sichtbar doch nicht alles. Auch die Wellen
Des Neckars halten Maß: in ihrem Spiel
Erscheint das Meer schon, und zugleich der Quellen

Ursprung ist spürbar. So geordnet ist
Dies alles, einfach, und doch reich gegliedert.
Wie ewiges Gespräch. Darin vermißt

Man keine Stimme. Alles wird erwidert.
Zur Brücke spricht die Burg. Die Brücke spricht
Hinab zum Fluß. Ins Dunkel spricht das Licht.

[*A:* 1938]

Auf einen Namen

Von Mund zu Mund wird man dich weitersagen.
Wenn je ein Dichter singt, gedenkt er dein.
Du siehst die Zeiten vor dir aufgeschlagen.
Du zogst im Volk für alle Zeiten ein.

Du kannst das Volk zu allen Zeiten fragen.
Du bleibst mit dir zu keiner Zeit allein.
Dein Bild ist sichtbar in den fernsten Tagen.
Du bist im Volk. Du wirst unsterblich sein.

Von Mund zu Mund wird man dich weitersagen.
Und steht dein Name auch in Erz und Stein:
Dein Name ist im Weltraum eingetragen
Wie der Gestirne Schein und Widerschein.

Du zogst im Volk für alle Zeiten ein.
Du bist im Volk. Du wirst unsterblich sein.

[*D:* 1937]

[*Namen:* Stalin]

Mein Leben

Mein Leben kann euch als ein Beispiel dienen,
Und darum ist mein Leben lesenswert.
Euch ist in mir ein solcher Mensch erschienen,
Der maßlos hat vorzeiten aufbegehrt,

Und Höllen waren, und er fand in ihnen
Einlaß und ist in allen eingekehrt
Und hat vernichtet und sich selbst verheert
Und riß sein Leben nieder zu Ruinen.

Ein Schlachtfeld lag ihm mitten in der Brust.
Danieder lag er. Welche Niederlagen!
Zerschlagen, hörte er die Leute sagen:
„Den Hoffnungslosen laßt verlorengehn!“

Und aus Verlorensein und aus Verlust
Ergab sich Wandlung und ein Auferstehn.

[*A:* 1946]

Nationalhymne der Deutschen Demokratischen Republik

Auferstanden aus Ruinen
Und der Zukunft zugewandt,
Laß uns dir zum Guten dienen,
Deutschland, einig Vaterland.
Alte Not gilt es zu zwingen,
Und wir zwingen sie vereint,
Denn es muß uns doch gelingen,
Daß die Sonne schön wie nie
Über Deutschland scheint.

Glück und Friede sei beschieden
Deutschland, unsrem Vaterland!
Alle Welt sehnt sich nach Frieden!
Reicht den Völkern eure Hand.
Wenn wir brüderlich uns einen,
Schlagen wir des Volkes Feind.
Laßt das Licht des Friedens scheinen,
Daß nie eine Mutter mehr
Ihren Sohn beweint!

Laßt uns pflügen, laßt uns bauen,
Lernt und schafft wie nie zuvor,
Und der eignen Kraft vertrauend,
Steigt ein frei Geschlecht empor.
Deutsche Jugend, bestes Streben
Unsres Volks in dir vereint,
Wirst du Deutschlands neues Leben,
Und die Sonne schön wie nie
Über Deutschland scheint.

[*D:* 1949]

Bertolt Brecht
1898–1956

Vom Schwimmen in Seen und Flüssen

1
Im bleichen Sommer, wenn die Winde oben
Nur in dem Laub der großen Bäume sausen
Muß man in Flüssen liegen oder Teichen
Wie die Gewächse, worin Hechte hausen.
Der Leib wird leicht im Wasser. Wenn der Arm
Leicht aus dem Wasser in den Himmel fällt
Wiegt ihn der kleine Wind vergessen
Weil er ihn wohl für braunes Astwerk hält.

2
Der Himmel bietet mittags große Stille.
Man macht die Augen zu, wenn Schwalben kommen.
Der Schlamm ist warm. Wenn kühle Blasen quellen
Weiß man: ein Fisch ist jetzt durch uns geschwommen.
Mein Leib, die Schenkel und der stille Arm
Wir liegen still im Wasser, ganz geeint
Nur wenn die kühlen Fische durch uns schwimmen
Fühl ich, daß Sonne überm Tümpel scheint.

3
Wenn man am Abend von dem langen Liegen
Sehr faul wird, so, daß alle Glieder beißen
Muß man das alles, ohne Rücksicht, klatschend
In blaue Flüsse schmeißen, die sehr reißen.
Am besten ist's, man hält's bis Abend aus.
Weil dann der bleiche Haifischhimmel kommt
Bös und gefräßig über Fluß und Sträuchern
Und alle Dinge sind, wie's ihnen frommt.

4
Natürlich muß man auf dem Rücken liegen
So wie gewöhnlich. Und sich treiben lassen.
Man muß nicht schwimmen, nein, nur so tun, als
Gehöre man einfach zu Schottermassen.
Man soll den Himmel anschaun und so tun
Als ob einen ein Weib trägt, und es stimmt.
Ganz ohne großen Umtrieb, wie der liebe Gott tut
Wenn er am Abend noch in seinen Flüssen schwimmt.

[*D:* 1921]

Das Schiff

1
Durch die klaren Wasser schwimmend vieler Meere
Löst ich schaukelnd mich von Ziel und Schwere
Mit den Haien ziehend unter rotem Mond.
Seit mein Holz fault und die Segel schlissen
Seit die Seile modern, die am Strand mich rissen
Ist entfernter mir und bleicher auch mein Horizont.

2
Und seit jener hinblich und mich diesen
Wassern die entfernten Himmel ließen
Fühl ich tief, daß ich vergehen soll.
Seit ich wußte, ohne mich zu wehren
Daß ich untergehen soll in diesen Meeren
Ließ ich mich den Wassern ohne Groll.

3
Und die Wasser kamen, und sie schwemmten
Viele Tiere in mich, und in fremden
Wänden freundeten sich Tier und Tier.
Einst fiel Himmel durch die morsche Decke
Und sie kannten sich in jeder Ecke
Und die Haie blieben gut in mir.

4
Und im vierten Monde schwammen Algen
In mein Holz und grünten in den Balken:
Mein Gesicht ward anders noch einmal.
Grün und wehend in den Eingeweiden
Fuhr ich langsam, ohne viel zu leiden
Schwer mit Mond und Pflanze, Hai und Wal.

5
Möw' und Algen war ich Ruhestätte
Schuldlos immer, daß ich sie nicht rette.
Wenn ich sinke, bin ich schwer und voll.
Jetzt, im achten Monde, rinnen Wasser
Häufiger in mich. Mein Gesicht wird blasser.
Und ich bitte, daß es enden soll.

6
Fremde Fischer sagten aus: sie sahen
Etwas nahen, das verschwamm beim Nahen.
Eine Insel? Ein verkommnes Floß?
Etwas fuhr, schimmernd von Möwenkoten
Voll von Alge, Wasser, Mond und Totem
Stumm und dick auf den erbleichten Himmel los.

[*D:* 1923]

Erinnerung an die Marie A.

1
An jenem Tag im blauen Mond September
Still unter einem jungen Pflaumenbaum
Da hielt ich sie, die stille bleiche Liebe
In meinem Arm wie einen holden Traum.
Und über uns im schönen Sommerhimmel
War eine Wolke, die ich lange sah
Sie war sehr weiß und ungeheuer oben
Und als ich aufsah, war sie nimmer da.

2
Seit jenem Tag sind viele, viele Monde
Geschwommen still hinunter und vorbei.
Die Pflaumenbäume sind wohl abgehauen
Und fragst du mich, was mit der Liebe sei?
So sag ich dir: ich kann mich nicht erinnern
Und doch, gewiß, ich weiß schon, was du meinst.
Doch ihr Gesicht, das weiß ich wirklich nimmer
Ich weiß nur mehr: ich küßte es dereinst.

3
Und auch den Kuß, ich hätt ihn längst vergessen
Wenn nicht die Wolke dagewesen wär
Die weiß ich noch und werd ich immer wissen
Sie war sehr weiß und kam von oben her.
Die Pflaumenbäume blühn vielleicht noch immer
Und jene Frau hat jetzt vielleicht das siebte Kind
Doch jene Wolke blühte nur Minuten
Und als ich aufsah, schwand sie schon im Wind.

[*E:* 1920; *A:* 1927]

Vom armen B. B.

1
Ich, Bertolt Brecht, bin aus den schwarzen Wäldern.
Meine Mutter trug mich in die Städte hinein
Als ich in ihrem Leibe lag. Und die Kälte der Wälder
Wird in mir bis zu meinem Absterben sein.

2
In der Asphaltstadt bin ich daheim. Von allem Anfang
Versehen mit jedem Sterbsakrament:
Mit Zeitungen. Und Tabak. Und Branntwein.
Mißtrauisch und faul und zufrieden am End.

3
Ich bin zu den Leuten freundlich. Ich setze
Einen steifen Hut auf nach ihrem Brauch.
Ich sage: Es sind ganz besonders riechende Tiere
Und ich sage: Es macht nichts, ich bin es auch.

4
In meine leeren Schaukelstühle vormittags
Setze ich mir mitunter ein paar Frauen
Und ich betrachte sie sorglos und sage ihnen:
In mir habt ihr einen, auf den könnt ihr nicht bauen.

5
Gegen Abend versammle ich um mich Männer
Wir reden uns da mit „Gentlemen" an.
Sie haben ihre Füße auf meinen Tischen
Und sagen: Es wird besser mit uns. Und ich frage nicht: Wann?

6
Gegen Morgen in der grauen Frühe pissen die Tannen
Und ihr Ungeziefer, die Vögel, fängt an zu schrein.
Um die Stunde trink ich mein Glas in der Stadt aus und schmeiße
Den Tabakstummel weg und schlafe beunruhigt ein.

7
Wir sind gesessen, ein leichtes Geschlechte
In Häusern, die für unzerstörbare galten
(So haben wir gebaut die langen Gehäuse des Eilands Manhattan
Und die dünnen Antennen, die das Atlantische Meer unterhalten).

8
Von diesen Städten wird bleiben: der durch sie hindurchging, der Wind!
Fröhlich machet das Haus den Esser: er leert es.
Wir wissen, daß wir Vorläufige sind
Und nach uns wird kommen: nichts Nennenswertes.

9
Bei den Erdbeben, die kommen werden, werde ich hoffentlich
Meine Virginia nicht ausgehen lassen durch Bitterkeit
Ich, Bertolt Brecht, in die Asphaltstädte verschlagen
Aus den schwarzen Wäldern in meiner Mutter in früher Zeit.

[*E:* 1922; *A:* 1927]

Aus: Hitler-Choräle

III

(Melodie: Befiehl du deine Wege)

1
Befiehl du deine Wege
O Kalb, so oft verletzt
Der allertreusten Pflege
Des, der das Messer wetzt!
Der denen, die sich schinden
Ein neues Kreuz ersann
Der wird auch Wege finden
Wie er dich schlachten kann.

2
Du hast ihm sehr gefallen
O Kalb voll Angstgeschnauf!
Gerade dich vor allen
Nimmt er am liebsten auf.
Du brauchst dich nicht zu drängeln
Stell dich nur hoffend an:
Er muß sein Messer dengeln
Dann kommst du schleunigst dran.

3
Er hat da seinen Haufen
Von großen Helfern zu
Die ihm das Haus einlaufen
Stehn mit ihm du auf du.
Und diesen Wirtschaftsriesen
Führt er dich zu, mein Sohn!
Er hat dich sehr gepriesen
Sie wissen von dir schon.

4
Die großen Kapitäne
Auf dich gewiesen an!
Für ihre großen Pläne
Braucht es dich kleinen Mann!
Daß man, o Kalb, dich schlachtet
Gereicht dir nur zur Ehr
Das zeigt, wie man dich achtet
Du, Kalb, bist irgendwer!

5
So tu denn auch dergleichen
Frag nicht nach schnödem Lohn!
Du wirst mehr Ehr erreichen
Mit: Herr, da bin ich schon!
Er wird zu dir sich neigen
Dich anschaun inniglich
Wird dir die Schlachtbank zeigen:
„Dein Platz erwartet dich!“

6
O Kalb, von ihm erwählet!
Du irrtest kreuz und quer
Du hast ihn oft verfehlet
Nun fandst du zu ihm her.
Nun bist du eingetroffen
Nun bist du endlich da.
Des Metzgers Arm' sind offen
Seit er, o Kalb, dich sah.

7
O Kalb, fast schon verführet
Nur auf dich selbst zu baun
Dem, der die Trommel rühret
Mußt du dich anvertraun.
Dem gib dich in die Hände.
Verlaß dich ruhig drauf:
Er macht der Not ein Ende
Und räumet mit dir auf!

[*D:* 1934]

[Vgl. Paul Gerhardts Lied.]

Fragen eines lesenden Arbeiters

Wer baute das siebentorige Theben?
In den Büchern stehen die Namen von Königen.
Haben die Könige die Felsbrocken herbeigeschleppt?
Und das mehrmals zerstörte Babylon –
Wer baute es so viele Male auf? In welchen Häusern
Des goldstrahlenden Lima wohnten die Bauleute?
Wohin gingen an dem Abend, wo die Chinesische Mauer fertig war
Die Maurer? Das große Rom
Ist voll von Triumphbögen. Wer errichtete sie? Über wen
Triumphierten die Cäsaren? Hatte das vielbesungene Byzanz
Nur Paläste für seine Bewohner? Selbst in dem sagenhaften Atlantis
Brüllten in der Nacht, wo das Meer es verschlang
Die Ersaufenden nach ihren Sklaven.

Der junge Alexander eroberte Indien.
Er allein?
Cäsar schlug die Gallier.
Hatte er nicht wenigstens einen Koch bei sich?
Philipp von Spanien weinte, als seine Flotte
Untergegangen war. Weinte sonst niemand?
Friedrich der Zweite siegte im Siebenjährigen Krieg. Wer
Siegte außer ihm?

Jede Seite ein Sieg.
Wer kochte den Siegesschmaus?
Alle zehn Jahre ein großer Mann.
Wer bezahlte die Spesen?

So viele Berichte.
So viele Fragen.

[*D:* 1936]

Über die Gewalt

Der reißende Strom wird gewalttätig genannt
Aber das Flußbett, das ihn einengt
Nennt keiner gewalttätig.

Der Sturm, der die Birken biegt
Gilt für gewalttätig
Aber wie ist es mit dem Sturm
Der die Rücken der Straßenarbeiter biegt?

[*E:* um 1940/41; *A:* 1964]

Legende von der Entstehung des Buches Taoteking auf dem Weg des Laotse in die Emigration

1
Als er Siebzig war und war gebrechlich
Drängte es den Lehrer doch nach Ruh
Denn die Güte war im Lande wieder einmal schwächlich
Und die Bosheit nahm an Kräften wieder einmal zu.
Und er gürtete den Schuh.

2
Und er packte ein, was er so brauchte:
Wenig. Doch es wurde dies und das.
So die Pfeife, die er immer abends rauchte
Und das Büchlein, das er immer las.
Weißbrot nach dem Augenmaß.

3
Freute sich des Tals noch einmal und vergaß es
Als er ins Gebirg den Weg einschlug.
Und sein Ochse freute sich des frischen Grases
Kauend, während er den Alten trug.
Denn dem ging es schnell genug.

4
Doch am vierten Tag im Felsgesteine
Hat ein Zöllner ihm den Weg verwehrt:
„Kostbarkeiten zu verzollen?" – „Keine."
Und der Knabe, der den Ochsen führte, sprach: „Er hat gelehrt."
Und so war auch das erklärt.

5
Doch der Mann in einer heitren Regung
Fragte noch: „Hat er was rausgekriegt?"
Sprach der Knabe: „Daß das weiche Wasser in Bewegung
Mit der Zeit den mächtigen Stein besiegt.
Du verstehst, das Harte unterliegt."

6
Daß er nicht das letzte Tageslicht verlöre
Trieb der Knabe nun den Ochsen an
Und die drei verschwanden schon um eine schwarze Föhre
Da kam plötzlich Fahrt in unsern Mann
Und er schrie: „He, du! Halt an!

7
Was ist das mit diesem Wasser, Alter?"
Hielt der Alte: „Interessiert es dich?"
Sprach der Mann: „Ich bin nur Zollverwalter
Doch wer wen besiegt, das intressiert auch mich.
Wenn du's weißt, dann sprich!

8
Schreib mir's auf! Diktier es diesem Kinde!
So was nimmt man doch nicht mit sich fort.
Da gibt's doch Papier bei uns und Tinte
Und ein Nachtmahl gibt es auch: ich wohne dort.
Nun, ist das ein Wort?"

9
Über seine Schulter sah der Alte
Auf den Mann: Flickjoppe. Keine Schuh.
Und die Stirne eine einzige Falte.
Ach, kein Sieger trat da auf ihn zu.
Und er murmelte: „Auch du?"

10
Eine höfliche Bitte abzuschlagen
War der Alte, wie es schien, zu alt.
Denn er sagte laut: „Die etwas fragen
Die verdienen Antwort." Sprach der Knabe: „Es wird auch schon kalt."
„Gut, ein kleiner Aufenthalt."

11
Und von seinem Ochsen stieg der Weise
Sieben Tage schrieben sie zu zweit.
Und der Zöllner brachte Essen (und er fluchte nur noch leise
Mit den Schmugglern in der ganzen Zeit).
Und dann war's soweit.

12
Und dem Zöllner händigte der Knabe
Eines Morgens einundachtzig Sprüche ein.
Und mit Dank für eine kleine Reisegabe
Bogen sie um jene Föhre ins Gestein.
Sagt jetzt: kann man höflicher sein?

13
Aber rühmen wir nicht nur den Weisen
Dessen Name auf dem Buche prangt!
Denn man muß dem Weisen seine Weisheit erst entreißen.
Darum sei der Zöllner auch bedankt:
Er hat sie ihm abverlangt.

[*D:* 1939]

An die Nachgeborenen

I
Wirklich, ich lebe in finsteren Zeiten!
Das arglose Wort ist töricht. Eine glatte Stirn
Deutet auf Unempfindlichkeit hin. Der Lachende
Hat die furchtbare Nachricht
Nur noch nicht empfangen.

Was sind das für Zeiten, wo
Ein Gespräch über Bäume fast ein Verbrechen ist
Weil es ein Schweigen über so viele Untaten einschließt!
Der dort ruhig über die Straße geht
Ist wohl nicht mehr erreichbar für seine Freunde
Die in Not sind?

Es ist wahr: ich verdiene noch meinen Unterhalt
Aber glaubt mir: das ist nur ein Zufall. Nichts
Von dem, was ich tue, berechtigt mich dazu, mich sattzuessen.
Zufällig bin ich verschont. (Wenn mein Glück aussetzt, bin ich verloren).

Man sagt mir: Iß und trink du! Sei froh, daß du hast!
Aber wie kann ich essen und trinken, wenn
Ich dem Hungernden entreiße, was ich esse, und
Mein Glas Wasser einem Verdurstenden fehlt?
Und doch esse und trinke ich.

Ich wäre gerne auch weise.
In den alten Büchern steht, was weise ist:
Sich aus dem Streit der Welt halten und die kurze Zeit
Ohne Furcht verbringen
Auch ohne Gewalt auskommen
Böses mit Gutem vergelten
Seine Wünsche nicht erfüllen, sondern vergessen
Gilt für weise.
Alles das kann ich nicht:
Wirklich, ich lebe in finsteren Zeiten.

II
In die Städte kam ich zur Zeit der Unordnung
Als da Hunger herrschte.
Unter die Menschen kam ich zu der Zeit des Aufruhrs
Und ich empörte mich mit ihnen.
So verging meine Zeit
Die auf Erden mir gegeben war.

Mein Essen aß ich zwischen den Schlachten
Schlafen legte ich mich unter die Mörder
Der Liebe pflegte ich achtlos
Und die Natur sah ich ohne Geduld.
So verging meine Zeit
Die auf Erden mir gegeben war.

Die Straßen führten in den Sumpf zu meiner Zeit.
Die Sprache verriet mich dem Schlächter.
Ich vermochte nur wenig. Aber die Herrschenden
Saßen ohne mich sicherer, das hoffte ich.
So verging meine Zeit
Die auf Erden mir gegeben war.

Die Kräfte waren gering. Das Ziel
Lag in großer Ferne
Es war deutlich sichtbar, wenn auch für mich
Kaum zu erreichen.
So verging meine Zeit
Die auf Erden mir gegeben war.

III
Ihr, die ihr auftauchen werdet aus der Flut
In der wir untergegangen sind
Gedenkt
Wenn ihr von unseren Schwächen sprecht
Auch der finsteren Zeit
Der ihr entronnen seid.

Gingen wir doch, öfter als die Schuhe die Länder wechselnd
Durch die Kriege der Klassen, verzweifelt
Wenn da nur Unrecht war und keine Empörung.

Dabei wissen wir doch:
Auch der Haß gegen die Niedrigkeit
Verzerrt die Züge.
Auch der Zorn über das Unrecht
Macht die Stimme heiser. Ach, wir
Die wir den Boden bereiten wollten für Freundlichkeit
Konnten selber nicht freundlich sein.

Ihr aber, wenn es so weit sein wird
Daß der Mensch dem Menschen ein Helfer ist
Gedenkt unsrer
Mit Nachsicht.

[*D:* 1939]

Schlechte Zeit für Lyrik

Ich weiß doch: nur der Glückliche
Ist beliebt. Seine Stimme
Hört man gern. Sein Gesicht ist schön.

Der verkrüppelte Baum im Hof
Zeigt auf den schlechten Boden, aber
Die Vorübergehenden schimpfen ihn einen Krüppel
Doch mit Recht.

Die grünen Boote und die lustigen Segel des Sundes
Sehe ich nicht. Von allem
Sehe ich nur der Fischer rissiges Garnnetz.
Warum rede ich nur davon
Daß die vierzigjährige Häuslerin gekrümmt geht?
Die Brüste der Mädchen
Sind warm wie ehedem.

In meinem Lied ein Reim
Käme mir fast vor wie Übermut.

In mir streiten sich
Die Begeisterung über den blühenden Apfelbaum
Und das Entsetzen über die Reden des Anstreichers.
Aber nur das zweite
Drängt mich zum Schreibtisch.

[*E:* 1939; *A:* 1964]

[*Sund:* Meerenge. Brecht lebte damals im Exil in Skovsbostrand bei Svendborg in Dänemark. – *Anstreicher:* Anspielung auf Hitlers Scheitern als Künstler, Maler; von Brecht wiederholt gebrauchte Spottbezeichnung für Hitler.

Aus: Kinderlieder 1950

Kinderhymne

Anmut sparet nicht noch Mühe
Leidenschaft nicht noch Verstand
Daß ein gutes Deutschland blühe
Wie ein andres gutes Land.

Daß die Völker nicht erbleichen
Wie vor einer Räuberin
Sondern ihre Hände reichen
Uns wie andern Völkern hin.

Und nicht über und nicht unter
Andern Völkern wolln wir sein
Von der See bis zu den Alpen
Von der Oder bis zum Rhein.

Und weil wir dies Land verbessern
Lieben und beschirmen wir's
Und das liebste mag's uns scheinen
So wie andern Völkern ihrs.

[*A:* 1951]

Auf einen chinesischen Theewurzellöwen

Die Schlechten fürchten deine Klaue.
Die Guten freuen sich deiner Grazie.
Derlei
Hörte ich gern
Von meinem Vers.

[*A:* 1951]

Böser Morgen

Die Silberpappel, eine ortsbekannte Schönheit
Heut eine alte Vettel. Der See
Eine Lache Abwaschwasser, nicht rühren!
Die Fuchsien unter dem Löwenmaul billig und eitel.
Warum?
Heut nacht im Traum sah ich Finger, auf mich deutend
Wie auf einen Aussätzigen. Sie waren zerarbeitet und
Sie waren gebrochen.

Unwissende! schrie ich
Schuldbewußt.

[*E:* 1953; *D:* 1957]

Der Rauch

Das kleine Haus unter Bäumen am See.
Vom Dach steigt Rauch.
Fehlte er
Wie trostlos dann wären
Haus, Bäume und See.

[*D:* 1953]

Der Radwechsel

Ich sitze am Straßenhang.
Der Fahrer wechselt das Rad.
Ich bin nicht gern, wo ich herkomme.
Ich bin nicht gern, wo ich hinfahre.
Warum sehe ich den Radwechsel
Mit Ungeduld?

[*E:* 1953; *D:* 1957]

Vergnügungen

Der erste Blick aus dem Fenster am Morgen
Das wiedergefundene alte Buch
Begeisterte Gesichter
Schnee, der Wechsel der Jahreszeiten
Die Zeitung
Der Hund
Die Dialektik
Duschen, Schwimmen
Alte Musik
Bequeme Schuhe
Begreifen
Neue Musik
Schreiben, Pflanzen
Reisen
Singen
Freundlich sein.

[*E:* 1954/55; *D:* 1957]

Ich benötige keinen Grabstein

Ich benötige keinen Grabstein, aber
Wenn ihr einen für mich benötigt
Wünschte ich, es stünde darauf:
Er hat Vorschläge gemacht. Wir
Haben sie angenommen
Durch eine solche Inschrift wären
Wir alle geehrt.

[*E:* 1955/56; *A:* 1964]

Walter Mehring
1896–1981

Die Sage vom Großen Krebs

Es geht um – es geht um eine böse Mär
Vom Krebs im Mohriner See...
Ihn ketten zwei Jahrtausende schwer –
Und wär er frei,
  Ging alles rückwärts und verquer,
    rückwärts und verquer.
Läutet die Glocken bim bam bom
  Hosiannah!
    Gott geb's,
  Daß nimmermehr loskomm
  Der Große Krebs!

Denn kröche der Krebs aus dem Morast,
Marschierte ein ganzes Heer,
Das würgt und mordet, hetzt und haßt
Ihm hinterher.
  Im Krebsgang rückwärts und verquer,
    rückwärts und verquer...
Marschierte das ganze Rückwärtser-Heer.
  Hosiannah!
    Gott geb's,
  Daß loskomm nimmermehr
  Der Große Krebs!

Dann kreiste zurück die Jahrhundertuhr
Zur ewigen Mitternacht...
Und wenn die berauschte Kreatur
Vom Traum erwacht,
  Geht alles rückwärts und verquer,
    rückwärts und verquer
Zu Hexenbränden und Judenpogrom...
  Hosiannah!
    Gott geb's,
  Daß nimmermehr loskomm
  Der Große Krebs!

Wohin er kröche, folgt seiner Spur
Die Pest vom Mohriner See,
Und es regierte die Krebs-Diktatur
Und kommandiert:
  Das Ganze rückwärts und verquer,
    rückwärts und verquer!
Nieder mit euch! Kadaverfromm!
  Hosiannah!
    Gott geb's,
  Daß nimmermehr loskomm
  Der Große Krebs!

Ach, hör mich, Volk – welch du hier lebst
Und zwischen Berg und See
Um täglich Brot und Freiheit krebst:
Laß ihn nicht frei –
  Sonst geht es rückwärts und verquer,
    rückwärts und verquer...
  Wir alle, alle hinterher –
  Und euer Wille geb's,
  Daß loskomm nimmermehr
    nimmermehr
  Der Große Krebs
  Der Große Krebs!

[*D:* 28.2.1933 im vorletzten Heft der „Weltbühne"]

Der Emigrantenchoral

Werft
  eure Herzen über alle Grenzen,
Und wo ein Blick grüßt, werft die Anker aus!
Zählt auf der Wandrung nicht nach Monden, Wintern, Lenzen –
Starb eine Welt – ihr sollt sie nicht bekränzen!

Schärft
das euch ein und sagt: Wir sind zu Haus!
  Baut euch ein Nest!
  Vergeßt – vergeßt
Was man euch aberkannt und euch gestohln!
Kommt ihr von Isar, Spree und Waterkant:
Was gibt's da heut zu holn?
  Die ganze Heimat
    Und das bißchen Vaterland
  Die trägt der Emigrant
  Von Mensch zu Mensch – von Ort zu Ort
  An seinen Sohl'n, in seinem Sacktuch mit sich fort.

Tarnt
  euch mit Scheuklappen – mit Mönchskapuzen:
Ihr werdt euch doch die Schädel drunter beuln!
Ihr seid gewarnt: das Schicksal läßt sich da nicht uzen –
  Wir wolln uns lieber mit Hyänen duzen
  Als drüben mit den Volksgenossen heuln!
  Wo ihr auch seid:
    Das gleiche Leid
  Auf 'ner Wildwestfarm – einem Nest in Poln
  Die Stadt, der Strand, von denen ihr verbannt:
  Was gibt's da noch zu holn?
  Die ganze Heimat und
    das bißchen Vaterland
  Die trägt der Emigrant
  Von Mensch zu Mensch – von Ort zu Ort
  An seinen Sohl'n, in seinem Sacktuch mit sich fort.

Werft
  eure Hoffnung über neue Grenzen –
Reißt euch die alte aus wie'n hohlen Zahn!
Es ist nicht alles Gold, wo Uniformen glänzen!
Solln sie verleumden – sich vor Wut besprenzen –
Sie spucken Haß in einen Ozean!
  Laßt sie allein
  Beim Rachespein
Bis sie erbrechen, was sie euch gestohln
Das Haus, den Acker – Berg und Waterkant.
Der Teufel mag sie holn!
  Die ganze Heimat und
  das bißchen Vaterland
Die trägt der Emigrant
Von Mensch zu Mensch – landauf
    landab
Und wenn sein Lebensvisum abläuft
    mit ins Grab.

[*A:* 1934]

Post festum

1.
Mein Führer!
Setz Dich auf den Thron!
Sirenen heul'n -- im Stechschritt schon
Marschieren die Gratulanten...

Was man gekillt und abgeknallt,
Von Dachau die und Buchenwald,
Schickt seinen Abgesandten.

Es nah'n in brauner Festmontur
Mit einem Strauß von deutschen Beeten
Aus Nilpferdpeitschen -- Stacheldrähten
Die Leichenträger der Kultur.

Der Deportierte weiß Dir Dank
Und Alt und Jung für Speis und Trank,
Die Du mit Haß vergiftet --

Es jubeln Dir die Völker zu
In Nord und Süd, wo immer Du
Ordnung und Brand gestiftet.

Ein Richterbeil – ein Henkerblock
So ragt weit über Deine Grenzen
Dein Abbild, das wir heut bekränzen:
Das Bärtchen und das Schmachtgelock...

Greif zu, wenn Du Dein Glück beschaust:
Not, Jammer und Ersatzernährung
Greif zu und --
falls es Dich nicht graust:
Da hast Du die Bescherung!

2.
Noch nie war ein Geburtstagstisch
So unheilvoll verschwenderisch
Mordsüppig je geraten:
Der Kuchen, daß es nicht dran fehl!
Aus fein gemahlenem Knochenmehl
Gefallener Frontsoldaten...

Die Kerzen hier... Für jede Schmach
Und auch für jedes Deiner Jahre
Ein Licht von einer Totenbahre
Schwelt ringsherum! Zähl nach! Zähl nach!

Kein Krieg, der Dich zu Frieden stellt
Du wünschst Dir Trümmer, bis die Welt
Für Dich zusammengeschossen --
Schreite die Front, Du Nimmersatt
-- dort fault sie -- ab im Kattegatt,
Die Reihen fest geschlossen!

All Deiner Wohltat eingedenk,
Was man in Wien, in Prag, in Polen
Bei Toten sich zusammengestohlen,
Das macht man heut Dir zum Geschenk.

Komm an -- Revolver in der Faust
Und eine neue Kriegserklärung
Komm an und falls Du es Dich traust,
Da! Hol Dir die Bescherung!

3.
Mein Führer,
schwelge im Applaus
Und brüte einen Heilsplan aus
Für eine neue Schändung!
Erpressung -- Einbruch -- Straßenraub
Das ist „Dein Kampf" -- Du aber glaub
Es wäre Deine Sendung!

Feiere nur! Treib es noch so wüst,
Du und Dein Pack auf Deinem Feste
Bis dann als letzter Deiner Gäste
Der Knochenmann „Heil Hitler" grüßt.

Ja, blas Dich auf! Zum fernsten Fjord
Gellt dieser Schreckensgruß im Ohr,
Hallt noch in fernen Tagen --
Fluch trägst Du ein -- das ist Dein Los
Deutschland und Deiner Mutter Schoß,
Die schuldlos Dich getragen.

Du träumst, daß man Dein Monument
Für alle Zeiten Dir errichte,
Daß Dich verewigt die Geschichte?
Schlag auf! Lies nach, wie sie Dich nennt:
Ein Erzbandit, der Heil -- umbraust
Ein Volk hinab in die Entehrung
Geführt, hat hier im Land gehaust
Lies! Schwarz auf weiß!

Da hast Du die Bescherung.

[*D:* 26.4.1940]

[*Post festum:* hinterher, zu spät. – *Geburtstagstisch:* 20.4. war der Geburtstag Hitlers. – *„Dein Kampf":* Hitler hatte 1924 die 1925/1926 erchienene politische Programmschrift „Mein Kampf" verfaßt. – *„Heil Hitler":* die Grußformel der Nationalsozialisten.]

Josef Weinheber
1892–1945

Mit halber Stimme

Nimm des Menschen Dunkelstes: D i e s ist ewig.
Nimm aus weher Brust das Verlorne, hauch die
Scham, die Sehnsucht, flüstre das Weinen in die
Stille des Abends,

die Gedanken vor dem Entschlafen; alle
hingehauchten Worte der Herbstnacht, alle
einsam armen Wege, die Trauer und das
Ende der Liebe.

Wie ein Sturm ist menschliches Leid und wie das
ferne Spiel von Harfen; das tiefste aber
ist ein Strom: nicht strömt er von hier, er flutet
inner der Erde.

Nimm das Leid und mach es zum Liede: Welches
Lied ist süßer, welches mit Würde leiser!
Gleich dem wunden Mund der Geliebten, nachher;
oder dem kargen

Lächeln eines Sterbenden. Immer werden
an den Grenzen groß die Gefühle. Denn im
Übergang ist Weihe und Muß und jene
Todkraft des Opfers –:

Bittrer Becher, sei uns gesegnet! Ach, wer
leidet denn genügend – und wer denn wurde
je zu tief gehöhlt, dem die streng gespannte
Saite erbebte?

[*A:* 1934]

Das reine Gedicht

Du gabst im Schlafe, Gott, mir das Gedicht.
Ich werde es im Wachen nie begreifen.
Nachbildend Zug um Zug das Traumgesicht,
nur sehnen kann ich mich und Worte häufen.

Da es ein Klang war, sollt ich es nicht hören?
Da es ein Bild war, sollt ich es nicht sehn?
Nun wird die Oberfläche mich betören,
im Tonfall wird der Klang zuschanden gehn.

Wie war es doch? Es war in seligem Traume.
Nur noch in solchem Wachsein lebe ich.
Die Augen schließend, raubt es mich dem Raume.
Traum schlägt den Blick auf, und ich schaue dich.

[*A:* 1934]

Im Grase

Glocken und Zyanen,
Thymian und Mohn.
Ach, ein fernes Ahnen
h a t das Herz davon.

Und im sanften Nachen
trägt es so dahin.
Zwischen Traum und Wachen
frag ich, wo ich bin.

Seh die Schiffe ziehen,
fühl den Wellenschlag,
weiße Wolken fliehen
durch den späten Tag –

Glocken und Zyanen,
Mohn und Thymian.
Himmlisch wehn die Fahnen
über grünem Plan:

Löwenzahn und Raden,
Klee und Rosmarin.
Lenk es, Gott, in Gnaden
nach der Heimat hin.

Das ist deine Stille.
Ja, ich hör dich schon.
Salbei und Kamille,
Thymian und Mohn,

und schon halb im Schlafen
– Mohn und Thymian –
landet sacht im Hafen
nun der Nachen an.

[*A:* 1936]

Dezember

Im Stall bei Esel, Ochs und Rind
zur Nacht geboren ward das Kind.
Und wieder still wie ehedem
der Stern leucht' über Bethlehem.
Gott in der Höh sei Preis und Ehr,
und Fried den Menschen weit umher.
Gevatter, schlachte du ein Schwein,
back Honigbrot, fahr auf den Wein
und heiz die Stuben nach Gebühr,
daß uns das Kindlein ja nicht frier!
Wir feierns mit bei Trunk und Schmaus:
Die Glock schlägt zwölf – Das Jahr ist aus.

[*A:* 1937]

Dem Führer

(zum 20. April 1939)

Deutschlands Genius, Deutschlands Herz und Haupt.
Ehre Deutschlands, ihm so lang geraubt.
Macht des Schwerts, daran die Erde glaubt.

Fünfzig Jahre, und ein Werk aus Erz.
Übergroß, gewachsen an dem Schmerz.
Hell und heilig, stürmend höhenwärts.

Retter, Löser, der die Nacht bezwang.
Ernte D u auch, dulde Kranz und Sang:
Ruh' in unsrer Liebe, lebe lang!

[*D:* 1939]

[Vgl. die Hinweise auf S. 6]

Aus: Die deutschen Tugenden im Kriege

12 Gedichte mit einem Vorspruch

Vorspruch
Jedwedes Volk, das leben will,
braucht Tucht und Zucht, nicht Tand und Spiel.
Das eine fault vor Überfluß,
das andre kämpft, sein' Not ist Muß.
Weil wir nun alle, Mann, Weib, Kind,
Soldaten, *nur* Soldaten sind,
beschwört der Sänger – bis zum Sieg! –
die deutschen Tugenden im Krieg.
Wir *haben* sie, noch ungetrübt:
Er nennt nur, was ihr bluthaft übt.
Ihr schweigt davon, denn Würd und Ehr
bedarf der großen Wort nicht mehr.
Und Ehr und Würde sind zuletzt
der Born, der alle Ausfahrt netzt.
Fahr aus, gut's Schwert, dir selb zu Ruhm;
Der Deutschen Art heißt: Heldentum!

Treue
Es war seit je der Deutschen Brauch
die Treue bis zum letzten Hauch.
So schwören wir in großer Not
die alte Treue bis zum Tod!
Wem schwören wir? Dem starken Mann,
dem Führer schwören wir voran,
alsdann dem Blut, dem Land, dem Reich,
ist keine Treu der unsern gleich.
Ist keine Treu der *seinen* gleich,
so fügte sich, so strahlt das Reich.
In fernen Sagen sei's gesagt,
was Treu um Treu getan, gewagt.

Einsatzbereitschaft
Dies ist ein Krieg, wie nie gekannt:
Das Vaterland braucht jede Hand.
Vor jenen, die dem Tod sich weihn,
das größte Opfer ist zu klein!
Es werde größer Tag für Tag,
damit der Sieg gelingen mag!
Was Wesen schon: mein Leben, mein
Gesichert- und Befriedetsein?
Das ganze Volk ist in Gefahr.
Auf! Rettet! Nehmt die Kräfte wahr!
Ist auch die kleinste nicht zu klein –
Wir gehn dahin, das Reich muß sein!

[*D:* 1940]

DIETRICH ECKART
1868–1923

Sturm, Sturm, Sturm!
Läutet die Glocken von Turm zu Turm!
Läutet, daß Funken zu sprühen beginnen,
Judas erscheint, das Reich zu gewinnen,
Läutet, daß blutig die Seile sich röten,
Rings lauter Brennen und Martern und Töten.
Läutet Sturm, daß die Erde sich bäumt
Unter dem Donner der rettenden Rache.
Wehe dem Volk, das heute noch träumt,
Deutschland, erwache!

Sturm, Sturm, Sturm!
Läutet die Glocken von Turm zu Turm!
Läutet die Männer, die Greise, die Buben,
Läutet die Schläfer aus ihren Stuben,
Läutet die Mädchen herunter die Stiegen,
Läutet die Mütter hinweg von den Wiegen.
Dröhnen soll sie und gellen, die Luft,
Rasen, rasen im Donner der Rache.
Läutet die Toten aus ihrer Gruft,
Deutschland, erwache!

[*E:* 1919/1922; *D:* 1928]

[Dieses Gedicht wurde zur Kampfparole der Nationalsozialisten.]

HEINRICH ANACKER
1901–1971

Deutsche Ostern 1933

Hört ihr die Osterglocken
frohlocken?
So haben wir noch zu keiner Frist
des Festes Sinn verstanden
wie heute... Denn Deutschland selber ist
leuchtend auferstanden.

Hört ihr die Osterglocken
frohlocken?
Auch Deutschland erlitt sein Golgatha,
und ward ans Kreuz geschlagen –
nun hat das Bittre, das ihm geschah,
herrliche Frucht getragen.

Hört ihr die Osterglocken
frohlocken?
Auch Deutschland hatte der Mütter viel
mit dem Schwert im blutenden Herzen –
nun läßt sie das österlich-hohe Ziel
vergessen alle Schmerzen.

Hört ihr die Osterglocken
frohlocken?
Auch Deutschlands Grab ist heute leer:
Das Volk hat heimgefunden –
und war der Stein auch noch so schwer,
es hat ihn überwunden.

Hört ihr die Osterglocken
frohlocken?
So haben wir noch zu keiner Frist
die Botschaft tief verstanden –
denn Deutschland ist, wie der Heilige Christ,
leuchtend auferstanden!

[*A:* 1934]

Fahneneinmarsch

(Zum Parteitag 1933)

Das braune Heer, gefügt aus kantigen Quadern,
Liegt wie ein Riesenleib erstarrt im Feld.
Die Gruppenzwischenräume scheinen Adern,
Die leer sind und von keinem Saft geschwellt.

Da bricht der Fahnen vielgeteilte Reihe,
Rot wie ein Lavastrom vulkanischer Glut,
Herein, und füllt zur feierlichen Weihe
Die hohlen Adern mit lebendigem Blut.

Aufblüht der Leib, und reckt die braunen Glieder;
Ins große Ganze fügt sich Teil um Teil,
Und hunderttausendfach dröhnt donnernd wider
Der deutschen Zukunft sonnengläubig „Heil!“

Da streift ein Wissen uns mit heißem Schauern,
Daß es das sturmverwirrte Fühlen klär':
Nie würden wir besternt und zeitlos dauern,
Wenn nicht der Führer und die Fahne wär'!

[*D:* 1934]

[Vgl. die Hinweise auf S. 6. Anacker galt als repräsentativer ‚Lyriker der braunen Front‘.]

Herbert Böhme
1907–1971

Volk

Wir sind der Bauer, der Denker, der Held,
das Herz der Maschinen in dröhnender Welt
und immer wieder zur Saat bestellt
im Schoße von Sonne und Wind.

So wachsen wir auf und kommen daher
und sind von Glauben und Sehnsucht schwer
und sind von Brüdern ein einziges Heer
mit Vater, Mutter und Kind.

Wir kennen den Weg, den die Fahne führt,
hell trommelt ihr Tuch, vom Sturme gerührt,
und einer geht vor, zum Herzog gekürt,
so schreiten wir über die Zeit.

Und überwinden das letzte Gericht
und siegen und sterben in unserer Pflicht
und Gott begegnet mit stolzem Gesicht
uns in der Unsterblichkeit.

[*A:* 1934]

Die sich der Fahne verschrieben

Die sich der Fahne verschrieben,
lieben nichts als das Reich.
Alles, was ihnen geblieben,
ist Glauben und Kämpfen zugleich.
Sie tragen in wachem Blute,
was sie zusammenhält,
sie tragen mit heiligem Mute
am Gute ihrer Welt.

Die sich der Fahne verschrieben,
Gezeichnete vom Licht,
sie tragen in Leben und Lieben
ein Hochgesetz: die Pflicht.
Sein Atem stößt aus der Erde,
die Winde beben im Dampf,
es wittern ihn die Pferde:
Kampf, heißt die Losung: Kampf!

[*A:* 1935]

[Vgl. die Hinweise auf S. 6.]

Herybert Menzel
1906–1945

In unsern Fahnen lodert Gott!

Nun gilt nicht hüh, nun gilt nicht hott:
Sturm! blasen die Trompeten.
In unsern Fahnen lodert Gott,
Wir kämpfen wie wir beten.
Nichts hält uns ab, nicht Zwang, nicht Spott,
Der Marsch ist angetreten!

Gott will kein Dach, Gott will kein Haus,
Wenn wir die Stuben lassen,
Er zieht mit uns zum Kampfe aus
Und segnet unser Hassen.
Wir halten ihn im Sturmgebraus,
Wenn wir die Fahne fassen.

In unsern Fahnen lodert Gott,
Drum wir sie heilig nennen.
Drum gegen Lug und Trug und Spott
Zum Sturme wir anrennen.
Und der da fällt, der stirbt für Gott,
Zu dem wir uns bekennen.

Der hat zu ihm sich nie bekannt,
Der bleibt, wenn wir marschieren.
In dem ist Gott noch nicht entbrannt,
Der will, daß wir verlieren.
Doch er durchglüht das ganze Land,
Wird uns zum Siege führen!

So pressen unsre Hände wir
Nur fester um die Waffen.
So wie wir kämpfen, beten wir,
So wie wir fallen, glauben wir!
Gott segne Wehr und Waffen,
Die du zum Kampf erschaffen!

[*A:* 1936]

[Vgl. die Hinweise auf S. 6.]

Gerhard Schumann
*1911

Nun aber steht ein Haufe von Entschlossnen,
Aus deren Blick der blanke Wille schießt.
Sie träumen Nachts vom Blut, dem hingegossnen,
Und von dem Führer, welcher einsam ist.

Dem Führer, der das dunkle Schicksal trägt,
Und von dem Acker, der nach Männern schreit,
Und von dem Strom, der an die Grenze schlägt,
Und von dem Bruder, der die Schuld verzeiht.

Vor ihrem Blick steht das Geheime nicht.
Ihr hartes Wort fällt schwer und wie aus Stahl.
Aus ihren Schritten hallt das Blutgericht.

In ihrer Seele tragen sie den Gral.
Knechte des Führers, Hüter und Rächer zugleich.
In ihnen brennt, mit ihnen wächst das Reich.

[*A:* 1934]

Aus: Die Lieder von der Umkehr

VI

Ja Herr der Welt, du mußtest uns verdammen.
Und jedes Flehen ist vermessner Hohn.
Wir brechen stumm die stolze Burg zusammen.
Wir steigen arm von unsrem Thron.

Wir geben unsre Zügel aus den Händen
Nach herrisch hingebrauster Jagd.
Wir tun den Purpur ab von unsren Lenden.
Es bäumt sich stöhnend auf. Nun stehn wir nackt.

Und frieren, in das völlige Nichts verstoßen,
Und ohne Trost der eigenen Sakramente.
Zerschlagen, dunkel in der grenzenlosen

Verzweiflung hingekauert. Und das ist das Ende.
Wir bitten nicht. Schlag zu, o Gott, schlag zu.
Wir löschen unser Licht. Nun leuchte du.

[*A:* 1936]

[Vgl. die Hinweise auf S. 6.]

WERNER BERGENGRUEN
1892–1964

Aus: Dies irae

III
Fall nieder, Feuer

Das Brot wird bitter sein. Ihr gabt die Lüge
bereits der Aussaat als Geleitwort mit.
Am Brunnen füllen sich die Tränenkrüge.
Die Wiese dorrt vom hingestampften Schritt.

Des Frevels Äußerstes habt ihr vollendet.
Maßlose, grifft ihr nach der Schöpfung ganz.
Der Elemente Unschuld ist geschändet.
Der Wald gab Laub zum lügnerischen Kranz.

Der Wind hat euren Wimpeln dienen müssen
und falschem Glanz das lautere Metall.
Ihr triebt das Schweigen von Geklüft und Flüssen.
Die Luft bewahrt der blinden Worte Schall.

Dem Widergott zu Tor und Tempelstufen,
zu Kerkermauern bracht ihr das Gestein.
Ihr habt das Feuer tausendfach gerufen.
Fall nieder, Feuer! Brenne du uns rein.

XIII
Wer will die Reinen von den Schuldigen scheiden?

Wer will die Reinen von den Schuldigen scheiden?
Und welcher Reine hat sich nicht befleckt?
Es wird die Sichel Kraut und Unkraut schneiden,
wenn sie des Erntetages Spruch vollstreckt.

In jedem Torweg steht geheim ein Rächer.
Uns allen ist der Bittertrunk gemein.
Schlagt mich ans Kreuz! Es soll der Schächer
mit Ihm im Paradiese sein.

[*E:* 1944; *A:* 1946]

[*Dies irae:* Tag des Zorns, des Weltgerichts. – *Schächer:* Räuber, Mörder. Mit Jesus wurden zwei „Übeltäter“ gekreuzigt, von denen einer Jesus bat: „Gedenke an mich, wenn du in dein Reich kommst!“ Jesus antwortete: „Wahrlich, ich sage dir: Heute wirst du mit mir im Paradiese sein“ (Luk. 23,43).]

Wandlung

Löse dich von Haus und Haft,
Eh der Herd verglimmt.
Denn zu Gottes Wanderschaft
Bist du vorbestimmt.

Raste stumm am falben Rain.
Laub ist braun gehäuft,
Da der graue Bitterwein
Aus der Wolke träuft.

Hufschlag hart am Straßenbord,
Wagenspur und Tritt
Löscht der blasse Regen fort
Und dich selber mit.

Namenloses Zeitenkind,
Baum im Wanderschuh!
Was am Prellstein hockt und sinnt,
Das bist nicht mehr du.

Gib dich der verborgnen Hand,
Die dich angerührt.
Hebe dich vom Grabenrand.
Geh. Du bist geführt.

[*A:* 1936]

Die heile Welt

Wisse, wenn in Schmerzensstunden
dir das Blut vom Herzen spritzt:
Niemand kann die Welt verwunden,
nur die Schale wird geritzt.

Tief im innersten der Ringe
ruht ihr Kern getrost und heil.
Und mit jedem Schöpfungsdinge
hast du immer an ihm teil.

Ewig eine strenge Güte
wirket unverbrüchlich fort.
Ewig wechselt Frucht und Blüte,
Vogelzug nach Süd und Nord.

Felsen wachsen, Ströme gleiten,
und der Tau fällt unverletzt.
Und dir ist von Ewigkeiten
Rast und Wanderbahn gesetzt.

Neue Wolken glühn im Fernen,
neue Gipfel stehn gehäuft,
bis von nie erblickten Sternen
dir die süße Labung träuft.

[*A:* 1950]

Leben eines Mannes

Gestern fuhr ich Fische fangen,
Heut bin ich zum Wein gegangen,
– Morgen bin ich tot –
Grüne, goldgeschuppte Fische,
Rote Pfützen auf dem Tische,
Rings um weißes Brot.

Gestern ist es Mai gewesen,
Heute wolln wir Verse lesen,
Morgen wolln wir Schweine stechen,
Würste machen, Äpfel brechen,
Pfundweis alle Bettler stopfen
Und auf pralle Bäuche klopfen,
– Morgen bin ich tot –
Rosen setzen, Ulmen pflanzen,
Schlittenfahren, fastnachtstanzen,
Netze flicken, Lauten rühren,
Häuser bauen, Kriege führen,
Frauen nehmen, Kinder zeugen,
Übermorgen Kniee beugen,
Übermorgen Knechte löhnen,
Übermorgen Gott versöhnen –
Morgen bin ich tot.

[*A:* 1958]

Carl Zuckmayer
1896–1977

Lob der Spatzen

Grau mit viel Braun und wenig weißen Federn,
Das Männchen auf der Brust mit schwarzem Fleck,
Sie leben unter Palmen, Fichten, Zedern,
Und auch in jedem Straßendreck.

In Ingolstadt und in der City Boston,
Am Hoek van Holland und am Goldnen Horn
Ist überall der Spatz auf seinem Posten
Und fürchtet nicht des Schöpfers Zorn.

Inmitten schwarzer Dschungeln von Fabriken
Und todgeladner Drähte Kreuz und Quer
Sieht man die Spatzen flattern, nisten, brüten, mausern, picken,
Als ob die Welt ein Schutzpark wär!

Es stört sie nicht der Lärm der Transmissionen
Und keineswegs das Tempo unsrer Zeit –
Sie leben (schnell und langsam) seit Äonen
Wo sie der Himmel hingeschneit.

Als Jesus über Gräser, Zweige, Blumen
Einritt, und alle Hosianna schrien,
Da pickt' ein Spatz gemächlich gelbe Krumen
Aus dem noch warmen Mist der weißen Eselin.

Herr gib uns Kraft und Mut wie Deinen Spatzen,
Mach unser Leben ihrem Rinnstein gleich.
Dann mag wer will von edleren Tauben schwatzen,
Denn unser ist Dein gutes Erdenreich.

[*A:* 1926]

Elegie von Abschied und Wiederkehr

Ich weiß, ich werde alles wiedersehn.
Und es wird alles ganz verwandelt sein,
Ich werde durch erloschne Städte gehn,
Darin kein Stein mehr auf dem andern Stein –
Und selbst wo noch die alten Steine stehen,
Sind es nicht mehr die altvertrauten Gassen –
Ich weiß, ich werde alles wiedersehen
Und nichts mehr finden, was ich einst verlassen.

Der breite Strom wird noch zum Abend gleiten.
Auch wird der Wind noch durch die Weiden gehn,
Die unberührt in sinkenden Gezeiten
Die stumme Totenwacht am Ufer stehn.
Ein Schatten wird an unsrer Seite schreiten
Und tiefste Nacht um unsre Schläfen wehn –
Dann mag erschauernd in den Morgen reiten,
Wer lebend schon sein eignes Grab gesehn.

Ich weiß, ich werde zögernd wiederkehren,
Wenn kein Verlangen mehr die Schritte treibt.
Entseelt ist unsres Herzens Heimbegehren,
Und was wir brennend suchten, liegt entleibt.
Leid wird zu Flammen, die sich selbst verzehren,
Und nur ein kühler Flug von Asche bleibt –
Bis die Erinnrung über dunklen Meeren
Ihr ewig Zeichen in den Himmel schreibt.

(Geschrieben in Amerika, Herbst 1939)

[*A:* 1948]

Ein nie vorher gesehener Stern

Manchmal des Nachts, wenn ich die Öfen schürte,
Sah ich durchs Fenster, nah und weltenfern,
So jäh, als ob mich eine Hand berührte,
Den nie vorher gesehenen Stern.

Er sprang und zuckte grün in kaltem Feuer –
So groß war nie ein Licht, und kein Planet.
Mein Blick ward blind davon, und ungeheuer
Erschrak mein Herz, und fand nicht zum Gebet.

Hob dann die Lider ich, war er verschwunden.
War es ein Zeichen? War's ein Ruf des Herrn?
Ich frage nicht. Doch hält mich tief gebunden
Der nie vorher gesehene Stern.

Vermont, 1944

[*A:* 1960]

Peter Gan
1894–1974

Preislied auf eine Seifenblase

Seifenblase, himmelwärts verloren,
aus Entzücken an der Welt geboren
und aus eines Kindes Vaterhand
in den Wind auf Wanderschaft gesandt.

Schaumgeborene und Schaumgesäugte,
in der Taufe wunderlich Erzeugte,
mühelos geboren durch ein Kind:
Adamsatem, Gottesatem, Wind.

Du Gestalt aus nichts als heiler Hülle,
du aus Leere übervolle Fülle,
Wiederholung des verlornen Alls,
Wiederheilung seines Sündenfalls.

Durchsichtbare Haut und selber sehend,
Äußeres als Inneres verstehend,
mit der Milch der Mütter schlafgestillt,
Ebenbild aus lauter Ebenbild.

Auf dem Meeresgrunde einer Schüssel
schliefst du, Himmelsschloß und Himmelsschlüssel,
Herz, in dem das Herz des Himmels schlief,
bis dich dein Beruf ins Licht berief.

Sieh, und wo wir Menschen uns mit Jammern
jämmerlich an einen Strohhalm klammern,
makellos und nabellos, ein Ei,
gibst du ihn um Gottes Willen frei.

[*A:* 1935]

Mythische Landschaft

Es kräht kein Hahn, und wonach soll er krähn?
Die Seelen sind aus Süßholz und Zement,
nicht eine Schwalbe läßt im All sich sehn,
nicht eine Lerche lobt das Firmament.

Kein Hase hoppelt durch den jungen Klee,
der Bach verschwindet unterm Seifenschaum,
ein Drahtgehege schützt das letzte Reh,
ein letzter Mensch verlobt sich einem Baum.

[*A:* 1970]

Albin Zollinger
1895–1941

Wo aber fliegen die Abendvögel hin?

Die Tauben schlummern im Hause:
Wo aber fliegen die Abendvögel hin?
Der Wasserfall dämpft sein Gebrause:
Wo aber rinnen die Bäche hin?
Friedlich wurzelt der Rauch auf den Dächern:
Wo aber strömt das Nachtgewölk hin?
Lichter stehen in tausend Gemächern:
Wo aber sinken die Sterne hin?
Immer indem wir liegen und schlafen
Lösen sich Schiffe dunkel vom Hafen.

[*A:* 1933]

Die Wühlmäuse

Was ist groß? Wir sind größer! Denn wir sind viel.
Euer Erhabnes ist Fraß und nur Spiel.
Wir in der Finsternis unter Region
Wimmeln und wühlen, wir sind Legion,
Unteres Volk der verkümmerten Gnome,
Raschelnde, raspelnde Nachtphantome.
Himmlischer Heerschar schauernder Schatten,
Wandern wir unter der Erde, begatten
Wir uns so viel und so wohl als sie oben
In Verzückung den Höchsten loben.
Baut ihr das Korn, wir holen es munter
Ungesehen und jenseits herunter.
Türmt Kathedralen, wir nagen, wir nagen.
Habt ihr Gehirn, so haben wir Magen.
Schlagt eure Schlachten um Ideale,
Wir fällen die letzten Heldenmale.
Hegt eurer Wahrheit zerbrechliche Schale:
Was ist wahr? Wir sind wahrer! Wir sind das Reale.

[*A:* 1939]

Gertrud Kolmar
1894–1943

Wappen von Allenburg
Ein rotes Elchhaupt auf Silbergrund, aus grünem Röhricht steigend.

Ich geh' durch Erde, die schon nicht mehr ist;
Denn meine Erde ist nur Teil von mir,
Wie ich mit Schaufel, Haupt und Widerrist
Ein blödes, grauses, ungeschlachtes Tier.

Sie klatscht um meine Kniee als ein Sumpf,
Hängt von der trägen Lippe als ein Schlamm,
Hockt, Nebelschlange, feucht am roten Rumpf,
Schiebt unters Maul den flechtenblassen Stamm.

Ich bin, die war, die ferngestorbne Zeit,
Die wüst im großen Wäldermoor gehaust,
In tiefe Flocken Wölfe hingeschneit,
Mit dunklem Sturm den Uhu hergebraust.

Ich bin das Wilde, Dumpfe, das man schlug,
Das man erschlagen, weil es fremd und stumm;
Was schlau und müde Karren schleppt und Pflug,
Dem legt der Mörder bunten Halsschmuck um.

Mir ward, die ihre Öde klagt und schnarrt,
Die Nacht des Raben freundlich zugesellt,
Die im Geröhre ächzt, in Birken knarrt
Und vor dem Licht der warmen Dörfer hält.

Mir ward ein Regenhimmel, graulich schwer,
Der zäh und stickig niederplumpt ins Luch,
Das Fell am Leib, an meinem Hirn die Wehr,
Nicht Hand noch Peitsche, Stall und Trog und Tuch.

Das tierisch Mächtige hat sie entsetzt,
Das arglos Fromme meuchelt ihre List:
Daß es verende, wund und tot gehetzt,
Die Erdenkindheit. Die doch nicht mehr ist.

[*E:* 1927/28; *A:* 1934]

Die Jüdin

Ich bin fremd.

Weil sich die Menschen nicht zu mir wagen,
Will ich mit Türmen gegürtet sein,
Die steile, steingraue Mützen tragen
In Wolken hinein.

Ihr findet den erzenen Schlüssel nicht
Der dumpfen Treppe. Sie rollt sich nach oben,
Wie platten, schuppigen Kopf erhoben
Eine Otter ins Licht.

Ach, diese Mauer morscht schon wie Felsen,
Den tausendjähriger Strom bespült;
Die Vögel mit rohen, faltigen Hälsen
Hocken, in Höhlen verwühlt.

In den Gewölben rieselnder Sand,
Kauernde Echsen mit sprenkligen Brüsten –
Ich möcht' eine Forscherreise rüsten
In mein eigenes uraltes Land.

Ich kann das begrabene Ur der Chaldäer
Vielleicht entdecken noch irgendwo,
Den Götzen Dagon, das Zelt der Hebräer,
Die Posaune von Jericho.

Die jene höhnischen Wände zerblies,
Schwärzt sich in Tiefen, verwüstet, verbogen;
Einst hab' ich dennoch den Atem gesogen,
Der ihre Töne stieß.

Und in Truhen, verschüttet vom Staube,
Liegen die edlen Gewänder tot,
Sterbender Glanz aus dem Flügel der Taube
Und das Stumpfe des Behemoth.

Ich kleide mich staunend. Wohl bin ich klein,
Fern ihren prunkvoll mächtigen Zeiten,
Doch um mich starren die schimmernden Breiten
Wie Schutz, und ich wachse ein.

Nun seh' ich mich seltsam und kann mich nicht kennen,
Da ich vor Rom, vor Karthago schon war,
Da jäh in mir die Altäre entbrennen
Der Richterin und ihrer Schar.

Von dem verborgenen Goldgefäß
Läuft durch mein Blut ein schmerzliches Gleißen,
Und ein Lied will mit Namen mich heißen,
Die mir wieder gemäß.

Himmel rufen aus farbigen Zeichen.
Zugeschlossen ist euer Gesicht:
Die mit dem Wüstenfuchs scheu mich umstreichen,
Schauen es nicht.

Riesig zerstürzende Windsäulen wehn,
Grün wie Nephrit, rot wie Korallen,
Über die Türme. Gott läßt sie verfallen
Und noch Jahrtausende stehn.

[*A:* 1938]

Die Müde

Dies Müde, Flügellose ruht auf mir
So wie ein großes, sanftes, goldnes Tier.

Uns trägt, was schwillt: ein Trank, der überlief.
Es blickt mich an. Sein Blick ist gut und tief.

Es lastet schwerer und mein Atem hebt
Es nicht mehr auf. Sein Drachenmantel webt

Ins Düster sich. Ein Zackenkrallen spinnt,
Drum schale Milch aus einem Mohnkopf rinnt.

Nun darf ich nur noch eigne Lider sehn,
Die blau und grüne Pfauenräder drehn.

Ich habe kein Gesicht mehr. Hauch wird Stein.
Bedächtig kehrt mein Schauen in mich ein.

Es steigt hinab, hinab, es fällt, wird dicht.
Der Schwarzschlund sackt es ein: es wehrt sich nicht.

Es sinkt geballt in tauben Mauernkern.
Es ist in sich. Nur seltsam klar und fern

Scheint auch dies Müde, Flügellose hier,
So wie ein kleines, silbern sanftes Tier.

[*A:* 1938]

Verwandlungen

Ich will die Nacht um mich ziehn als ein warmes Tuch
Mit ihrem weißen Stern, mit ihrem grauen Fluch,
Mit ihrem wehenden Zipfel, der die Tagkrähen scheucht,
Mit ihren Nebelfransen, von einsamen Teichen feucht.

Ich hing im Gebälke starr als eine Fledermaus,
Ich lasse mich fallen in Luft und fahre nun aus.
Mann, ich träumte dein Blut, ich beiße dich wund,
Kralle mich in dein Haar und sauge an deinem Mund.

Über den stumpfen Türmen sind Himmelswipfel schwarz.
Aus ihren kahlen Stämmen sickert gläsernes Harz
Zu unsichtbaren Kelchen wie Oportowein.
In meinen braunen Augen bleibt der Widerschein.

Mit meinen goldbraunen Augen will ich fangen gehn,
Fangen den Fisch in Gräben, die zwischen Häusern stehn,
Fangen den Fisch der Meere: und Meer ist ein weiter Platz
Mit zerknickten Masten, versunkenem Silberschatz.

Die schweren Schiffsglocken läuten aus dem Algenwald.
Unter den Schiffsfiguren starrt eine Kindergestalt,
In Händen die Limone und an der Stirn ein Licht.
Zwischen uns fahren die Wasser; ich behalte dich nicht.

Hinter erfrorener Scheibe glühn Lampen bunt und heiß,
Tauchen blanke Löffel in Schalen, buntes Eis;
Ich locke mit roten Früchten, draus meine Lippen gemacht,
Und bin eine kleine Speise in einem Becher von Nacht.

[*D:* 1949]

Theodor Kramer
1897–1958

Die Orgel aus Staub

Grell flutet das Licht und die Lehne ist heiß,
sacht fällt von den Kieseln der Sand;
der Wind schuppt den Rasen und stiehlt sich mir leis
durchs Hohle der hängenden Hand.
Das ist so der Sonntag für den, der nichts hat,
die Wege sind sommerlich leer;
gedämpft dringt der Lärm der verlassenen Stadt
durchs Dornsieb des Parkgitters her.

Weiß segeln die Wolken den Hügeln zu, grün
verdorrt vor den Bänken das Laub;
der Blust der Akazien, die gläsern verblühn,
tropft hin und schleift dürr durch den Staub.
Das dreht sich zutaub wie ein Drehorgellied
und läßt meinen Gaumen schier Wein
und Lebkuchen schmecken und schwillt und bezieht
Gewölbe und Gras in sich ein.

[*A:* 1936]

Requiem für einen Faschisten

Du warst in allem einer ihrer Besten,
erschrocken fühl ich heut mich dir verwandt;
du schwelgtest gerne bei den gleichen Festen
und zogst wie ich oft wochenlang durchs Land.
Es füllte dich wie mich der gleiche Ekel
vor dem Geklügel ohne innern Drang,
vor jedem Wortgekletzel und Gehäkel;
nichts galt dir als der schöne Überschwang.

So zog es dich zu ihnen, die marschierten;
wer weiß da, wann du auf dem Marsch ins Nichts
gewahr der Zeichen wurdest, die sie zierten?
Du liegst gefällt am Tage des Gerichts.
Ich hätte dich mit eigner Hand erschlagen;
doch unser keiner hatte die Geduld,
in deiner Sprache dir den Weg zu sagen:
dein Tod ist unsre, ist auch meine Schuld.

Ich setz für dich zu Abend diese Zeilen,
da schrill die Grille ihre Beine reibt,
wie du es liebtest, und der Seim im geilen
Faulbaum im Kreis die schwarzen Käfer treibt.
Daß wir des Tods und Ursprungs nicht vergessen,
wann jeder Brot hat und zum Brot auch Wein,
vom Überschwang zu singen wie besessen,
soll um dich, Bruder, meine Klage sein.

[*A:* 1946]

Reinhold Schneider
1903–1958

Allein den Betern kann es noch gelingen,
Das Schwert ob unsern Häuptern aufzuhalten
Und diese Welt den richtenden Gewalten
Durch ein geheiligt Leben abzuringen.

Denn Täter werden nie den Himmel zwingen:
Was sie vereinen, wird sich wieder spalten,
Was sie erneuern, über Nacht veralten,
Und was sie stiften, Not und Unheil bringen.

Jetzt ist die Zeit, da sich das Heil verbirgt,
Und Menschenhochmut auf dem Markte feiert,
Indes im Dom die Beter sich verhüllen,

Bis Gott aus unsern Opfern Segen wirkt
Und in den Tiefen, die kein Aug entschleiert,
Die trocknen Brunnen sich mit Leben füllen.

[*E:* 1936; *A:* 1941, Privatdruck]

Allerheiligen – Allerseelen

Heilige Schwermut, da trüber
Und tiefer die Sonne kreist,
Und von den Toten herüber
Vernehmlich redet der Geist,

Und jedes Blatt, wie zur Flamme
Unsterblichen Lebens verzehrt,
Schmerzlos gleitend vom Stamme
Den großen Frieden mehrt!

Schwer wandelt die Nacht durch den Schlummer,
Da Gram sich mit Gram bespricht,
Bis endlich den wogenden Kummer
Zögernd begnadet das Licht.

Wer wird die Vergessenen lohnen?
Die Gräber sind alle allein.
Aber der Heiligen Kronen
Schimmern im Nebelschein.

[*E:* 31. 10. 1945; *A:* 1947]

Albrecht Haushofer
1903–1945

Schuld

Ich trage leicht an dem, was das Gericht
mir Schuld benennen wird: an Plan und Sorgen.
Verbrecher wär' ich, hätt' ich für das Morgen
des Volkes nicht geplant aus eigner Pflicht.

Doch schuldig bin ich anders als ihr denkt,
ich mußte früher meine Pflicht erkennen,
ich mußte schärfer Unheil Unheil nennen –
mein Urteil hab ich viel zu lang gelenkt...

Ich klage mich in meinem Herzen an:
Ich habe mein Gewissen lang betrogen,
ich hab mich selbst und andere belogen –

ich kannte früh des Jammers ganze Bahn –
ich hab gewarnt – nicht hart genug und klar!
Und heute weiß ich, was ich schuldig war...

[*A:* 1946]

[*Gericht:* der 1934 in Berlin als Sondergericht für Hoch- und Landesverratssachen eingerichtete ‚Volksgerichtshof'.]

Untergang

Wie hört man leicht von fremden Untergängen,
wie trägt man schwer des eignen Volkes Fall!
Vom fremden ist's ein ferner Widerhall,
im eignen ist's ein lautes Todesdrängen.

Ein Todesdrängen, aus dem Haß geboren,
in Rachetrotz und Übermut gezeugt –
nun wird vertilgt, gebrochen und gebeugt,
und auch das Beste geht im Sturz verloren.

Daß dieses Volk die Siege nicht ertrug –
die Mühlen Gottes haben schnell gemahlen.
Wie furchtbar muß es nun den Rausch bezahlen.

Es war so hart, als es die andern schlug,
so taub für seiner Opfer Todesklagen –
Wie mag es nun das Opfer-Sein ertragen...

[*A:* 1946]

Nelly Sachs
1891–1970

Chor der Geretteten

Wir Geretteten,
Aus deren hohlem Gebein der Tod schon seine Flöten schnitt,
An deren Sehnen der Tod schon seinen Bogen strich –
Unsere Leiber klagen noch nach
Mit ihrer verstümmelten Musik.
Wir Geretteten,
Immer noch hängen die Schlingen für unsere Hälse gedreht
Vor uns in der blauen Luft –
Immer noch füllen sich die Stundenuhren mit unserem tropfenden Blut.
Wir Geretteten,
Immer noch essen an uns die Würmer der Angst.
Unser Gestirn ist vergraben im Staub.
Wir Geretteten
Bitten euch:
Zeigt uns langsam eure Sonne.
Führt uns von Stern zu Stern im Schritt.
Laßt uns das Leben leise wieder lernen.
Es könnte sonst eines Vogels Lied,
Das Füllen des Eimers am Brunnen
Unseren schlecht versiegelten Schmerz aufbrechen lassen
Und uns wegschäumen –
Wir bitten euch:
Zeigt uns noch nicht einen beißenden Hund –
Es könnte sein, es könnte sein
Daß wir zu Staub zerfallen –
Vor euren Augen zerfallen in Staub.
Was hält denn unsere Webe zusammen?
Wir odemlos gewordene,
Deren Seele zu Ihm floh aus der Mitternacht
Lange bevor man unseren Leib rettete
In die Arche des Augenblicks.
Wir Geretteten,
Wir drücken eure Hand,
Wir erkennen euer Auge –
Aber zusammen hält uns nur noch der Abschied,
Der Abschied im Staub
Hält uns mit euch zusammen.

[*A:* 1946]

Ihr Zuschauenden

Unter deren Blicken getötet wurde.
Wie man auch einen Blick im Rücken fühlt,
So fühlt ihr an euerm Leibe
Die Blicke der Toten.

Wieviel brechende Augen werden euch ansehn
Wenn ihr aus den Verstecken ein Veilchen pflückt?
Wieviel flehend erhobene Hände
In dem märtyrerhaft geschlungenen Gezweige
Der alten Eichen?
Wieviel Erinnerung wächst im Blute
Der Abendsonne?

O die ungesungenen Wiegenlieder
In der Turteltaube Nachtruf –
Manch einer hätte Sterne herunterholen können,
Nun muß es der alte Brunnen für ihn tun!

Ihr Zuschauenden,
Die ihr keine Mörderhand erhobt,
Aber die ihr den Staub nicht von eurer Sehnsucht
Schütteltet,
Die ihr stehenbliebt, dort, wo er zu Licht
Verwandelt wird.

[*A:* 1946]

Ihr meine Toten
Eure Träume sind Waisen geworden
Nacht hat die Bilder verdeckt
Fliegend in Chiffren eure Sprache singt

Die Flüchtlingsschar der Gedanken
eure wandernde Hinterlassenschaft
bettelt an meinem Strand

Unruhig bin ich
sehr erschrocken
den Schatz zu fassen mit kleinem Leben

Selbst Inhaber von Augenblicken
Herzklopfen Abschieden
Todeswunden
wo ist mein Erbe

Salz ist mein Erbe

[*E:* um 1969; *A:* 1971]

Elisabeth Langgässer
1899–1950

Frühling 1946

Holde Anemone,
bist du wieder da
und erscheinst mit heller Krone
mir Geschundenem zum Lohne
wie Nausikaa?

Windbewegtes Bücken,
Woge, Schaum und Licht!
Ach, welch sphärisches Entzücken
nahm dem staubgebeugten Rücken
endlich sein Gewicht?

Aus dem Reich der Kröte
steige ich empor,
unterm Lid noch Plutons Röte
und des Totenführers Flöte
gräßlich noch im Ohr.

Sah in Gorgos Auge
eisenharten Glanz,
ausgesprühte Lügenlauge
hört' ich flüstern, daß sie tauge
mich zu töten ganz.

Anemone! Küssen
laß mich dein Gesicht:
Ungespiegelt von den Flüssen
Styx und Lethe, ohne Wissen
um das Nein und Nicht.

Ohne zu verführen,
lebst und bist du da,
still mein Herz zu rühren,
ohne es zu schüren –
Kind Nausikaa!

[*A:* 1951]

Gleichzeitig

Mohn an der römischen Mauer,
Träume von Ewigkeit her!
Bachbett voll glitzernder Trauer,
Gruß aus dem Marmarameer.
Rostiges Eisen. Kanister.
Fliegenumwimmeltes Aas.
Troja und Friedhof Geschwister
Tief unter Nesseln und Gras.

Ausdrusch, und Welle um Welle,
wenn die Maschine sich wirft,
Abgesang. Mündung wird Quelle,
welche sich auftrinkt und schlürft.
Spelz, der den Abend verdunkelt.
Plump an dem Ufer der Schwan,
später von Sternen umfunkelt,
pfälzischer Leda Galan.

Endlich die Wagen, die Säcke,
platzend von Körnern wie eh.
Wieder der Pflug und die Egge,
Kalk auf den Feldern wie Schnee.
Frieden und nächtliche Kühle.
Uralte Steine, gesellt,
drehn ruhig sich in der Mühle.
Brot zur Erlösung der Welt.

[*A:* 1951]

Ruth Schaumann
1899–1975

Ich steh' in Gottes Hand

Tod wirft vom Himmel nieder
Blitz, Flammen, Erz und Rauch,
Und singt er seine Lieder,
Ich selber singe auch:

Gegrüßt, der mich erschaffen,
Mich flirrend Körnlein Sand,
Und steht die Welt in Waffen,
Ich steh' in Gottes Hand.

Gegrüßt sein Sohn in Leiden,
Sein Geist in Liebe frei!
Und soll ich heut verscheiden,
Steht mir dreieinig bei!

Dann mag dem Tod gelingen
Sein Wurf durch Angst und Pein,
Ich selber werde singen
Und sterbend lebend sein.

[*A:* 1947]

Leerer Abend

Mein Gott, was soll ich tun? Der Abend bricht herein.
Ich habe nichts vollbracht von allen meinen Werken.
Betrachte Hag und Herz, Du wirst die Säumnis merken
In Deinem hellen Schein.

Das Unkraut steht im Flor, die Ähren ohne Last,
Der blinde Spaten liegt auf den verwachsnen Pfaden.
Ich habe keinen Wein, Dich scheu hereinzuladen,
O meiner Seele Gast.

Verwandle denn mein Herz zu einem kleinen Brot,
Es wird ein schwarzes sein mit bitteren Gewürzen.
Nur laß mich Deinem Mund das trübe Lächeln kürzen,
Und sei es durch den Tod.

[*A:* 1959]

Rudolf Hagelstange
1912–1984

Aus: Venezianisches Credo

Denn Freiheit ist der Odem unseres Lebens,
das Salz der Speise und der Wind im Segel,
der Stolz des Löwen und das Glück der Vögel,
das Recht des Mannes. Und es lebt vergebens,

wer dieses nicht mehr hat: ein freies Lachen,
ein eigen Lied und seines Herzens Glauben.
Sie haben Stummen und sie haben Tauben
nur noch die Scham voraus, und ihr Erwachen

ist Gang ins Joch und Treten in den Schatten.
Und, ach, wie bald ist mit des Freien Rede
auch Haus und Hof und alles, was sie hatten,

verwirkt, verloren, und sie tragen jede
Erniedrigung. Ach, hätten sie erkannt:
Nur Freien bleibt ein freies Vaterland.

[*A:* 1945]

[*Venezianisches Credo:* Die meisten Gedichte dieser Folge von Sonetten entstanden im Juni/Juli 1944 in Venedig.]

Denn was geschieht, ist maßlos. Und Entsetzen
wölkt wie Gewitter über jedem Nacken.
Es jagt der Tod mit flammenden Schabracken
durch Tag und Nacht, und seine Hufe fetzen,

was Werk und Leben heißt, zu tausend Stücken.
Sein Geißelhieb weiß jeden Leib zu finden.
Sein Atem läßt die Sehenden erblinden,
und Baum und Strauch verfällt vor seinen Blicken.

Bis in die Träume flackert sein Gelächter,
und in die Zukunft reiht er die Gebeine,
ein Mordbesessner und an Blut Bezechter.

Wer baut, wenn noch bei letzten Brandes Scheine
ein Gott dem Würger in die Zügel fällt,
aus diesem Chaos eine neue Welt?

[*A:* 1945]

Memento

An den Wassern Babylons
haben wir nicht gesessen.
Aber keines Klagetons
Schwingung sei uns vergessen.

Vor den Mauern Jerichos
haben wir nicht geblasen.
Aber der stürzenden Mauern Stoß
schreckt uns noch unterm Rasen.

In den Tempeln Jerusalems
haben wir nicht gebetet.
Doch mit dem Blute Seths und Sems
ist unser tägliches Brot geknetet.

[*A:* 1953]

Lied der Jahre

Wer bin ich und wie halte ich die Jahre,
die glühn, verflackern, sinken wie der Mohn?
Wohin der Duft? Und wer bewahrt den Ton?
Hoch flog der Ball im Aufwind junger Jahre.
Nun fällt er schon..?

Ist dies verloren, ist es je geschehen?
Schlaf unter Sternen; Küsten meerumblaut;
der Ströme Wandern; Städte hochgebaut? –
Ich könnte wieder alte Straßen gehen...
Sie wären nicht vertraut.

Wer bin ich, da mir dies entsunken?
Und wer vor dem, das Zukunft mir gespart?
Und wer, vom Winde wach, vom Weine trunken,
inmitten dieses Schwarms und dieser Fahrt
von Seelenvögeln und von Geisterfunken?
Gib Antwort, Gegenwart!

Ich bin, ich atme – eines: Mund und Flöte.
Ich spiele mir ein Lied; ich bin das Lied.
Ich bin der Hauch, der durch die Höhlung zieht,
der Spieler und das Spiel, der Leib der Flöte,
der Flöte Lied.

Was frag ich nach dem Lied verschollner Jahre...
Ich bin. Ich atme. Hör ich nicht den Ton?
Hell schwebt die Wolke. Leuchtend brennt der Mohn.
Die Flöte harrt. Laß singen deine Jahre.
Ich hör sie schon.

[*A:* 1953]

JESSE THOOR
1905–1952

Rede von der Anschauung

Und es kommen die Vögel von den Bergen und aus jeder Richtung.
Und es kommen die Fische mit den hellen Kreuzen auf ihren Rücken.
Und die Sterne mit den verzweigten Augen und mit den weisen Händen.
Und die Monde mit den silbernen Geräten und mit den höchsten Reden.

Und du bleibst immer bei mir, und du verläßt mich nicht.
Und du wendest mühelos meinen Leib, und du begleitest mich.
Und du läuterst meine Wünsche, und du änderst meine Gedanken.
Und du richtest mich wieder auf, und du beendest meine Not.

Und ich erwäge den Lauf des Regens und den Rat der Sonne.
Und ich rufe deinen Namen laut und vor allen Leuten.
Und ich esse dein Brot, und ich trinke deinen Wein.

Und es kommen deine Wochentage zu mir mit großer Verheißung.
Und es kommen deine vier Boten mitsamt den sieben heiligen Zeichen.
Und dein Wille geschieht zur Zeit.. und geschieht in Ewigkeit.

[*A:* 1956]

ALBRECHT GOES
*1908

Die Schritte

Klein ist, mein Kind, dein erster Schritt,
Klein wird dein letzter sein.
Den ersten gehn Vater und Mutter mit,
Den letzten gehst du allein.

Seis um ein Jahr, dann gehst du, Kind,
Viel Schritte unbewacht,
Wer weiß, was das dann für Schritte sind
Im Licht und in der Nacht?

Geh kühnen Schritt, tu tapfren Tritt,
Groß ist die Welt und dein.
Wir werden, mein Kind, nach dem letzten Schritt
Wieder beisammen sein.

[*E:* 1935; *A:* 1947]

Landschaft der Seele

Kein Himmel. Nur Gewölk ringsum
Schwarzblau und wetterschwer.
Gefahr und Angst. Sag: Angst – wovor?
Gefahr: und sprich – woher?
Rissig der Weg. Das ganze Feld
Ein golden-goldner Brand.
Mein Herz, die Hungerkrähe, fährt
Kreischend über das Land.

[*A:* 1950]

Oda Schaefer
1900–1988

An meinen Sohn

Wo bist du? Ach, ich höre dich nicht mehr,
Die Kinderstimme, die mich nächtlich rief,
Wenn ich im Arm des Albtraums schlief,
Nun ist die Nacht so blind und leer.

Das Bergwerk hat wie Tuch den Schritt verschluckt,
Die öde Steppe deinen Ruf verweht,
Die Sümpfe fraßen dein Gebet,
Dein Herz im Stacheldrahte zuckt.

Wo flog dein Lachen hin, der Amselton,
Und deine Tränen ruhn in welchem Teich?
Dein Kleid, dem grauen Nebel gleich,
Verhüllt dich ganz, mein lieber Sohn.

Ich frage jede Stunde nach dir aus,
Die mit dem Ostwind kommt und weitergeht,
Doch stumm hört sie, was schweigend fleht,
Leer bleibt die Nacht, leer bleibt das Haus.

Wenn du noch lebst, von Hunger und von Not
Den Mund erfüllt wie vom erstickten Schrei,
Dir selbst nur ein Gewicht von Blei,
So ist es besser als der Tod,

Ist besser als das Nichts aus schwarzem Samt –
Ein neuer Atem hebe deine Brust,
O fühle, daß du kommen mußt,
Du Leben, das von meinem stammt!

[*D:* 1948]

Herzangst

So schreckt das Wild
Wenn hinter dem Kornfeld
Der hohe Hut des Jägers
Auftaucht
Und der blauglänzende Lauf
Seiner Büchse.
Doch achtlos geht er des Wegs
Als hätte das Ziel
Er vergessen –
Und wieder äst ruhig das Herz
Im grüngoldnen Abend.

[*D:* 1977]

Marie Luise Kaschnitz
1901–1974

Juni

Schön wie niemals sah ich jüngst die Erde.
Einer Insel gleich trieb sie im Winde.
Prangend trug sie durch den reinen Himmel
Ihrer Jugend wunderbaren Glanz.

Funkelnd lagen ihre blauen Seen,
Ihre Ströme zwischen Wiesenufern.
Rauschen ging durch ihre lichten Wälder,
Große Vögel folgten ihrem Flug.

Voll von jungen Tieren war die Erde.
Fohlen jagten auf den grellen Weiden,
Vögel reckten schreiend sich im Neste,
Gurrend rührte sich im Schilf die Brut.

Bei den roten Häusern im Holunder
Trieben Kinder lärmend ihre Kreisel.
Singend flochten sie auf gelben Wiesen
Ketten sich aus Halm und Löwenzahn.

Unaufhörlich neigten sich die grünen
Jungen Felder in des Windes Atem,
Drehten sich der Mühlen schwere Flügel,
Neigten sich die Segel auf dem Haff.

Unaufhörlich trieb die junge Erde
Durch das siebenfache Licht des Himmels.
Flüchtig nur wie einer Wolke Schatten
Lag auf ihrem Angesicht die Nacht.

[*D:* 1935]

Rückkehr nach Frankfurt

XIV
Sahest Du's: als ich den Blick fand,
Wie er zu blühen begann?
Hörtest Du's: als mir der Mund sprach,
Wie die Trauer zerrann?

Wir haben so lange geweint.
Laß das Licht uns borgen
Von dem Stern, der morgen
Uns erscheint.

[*A:* 1947]

Hiroshima

Der den Tod auf Hiroshima warf
Ging ins Kloster, läutet dort die Glocken.
Der den Tod auf Hiroshima warf
Sprang vom Stuhl in die Schlinge, erwürgte sich.
Der den Tod auf Hiroshima warf
Fiel in Wahnsinn, wehrt Gespenster ab
Hunderttausend, die ihn angehen nächtlich
Auferstandene aus Staub für ihn.

Nichts von alledem ist wahr.
Erst vor kurzem sah ich ihn
Im Garten seines Hauses vor der Stadt.
Die Hecken waren noch jung und die Rosenbüsche zierlich.
Das wächst nicht so schnell, daß sich einer verbergen könnte
Im Wald des Vergessens. Gut zu sehen war
Das nackte Vorstadthaus, die junge Frau
Die neben ihm stand im Blumenkleid
Das kleine Mädchen an ihrer Hand
Der Knabe der auf seinem Rücken saß
Und über seinem Kopf die Peitsche schwang.
Sehr gut erkennbar war er selbst
Vierbeinig auf dem Grasplatz, das Gesicht
Verzerrt von Lachen, weil der Photograph
Hinter der Hecke stand, das Auge der Welt.

[*D:* 1951]

Auferstehung

Manchmal stehen wir auf
Stehen wir zur Auferstehung auf
Mitten am Tage
Mit unserem lebendigen Haar
Mit unserer atmenden Haut.

Nur das Gewohnte ist um uns.
Keine Fata Morgana von Palmen
Mit weidenden Löwen
Und sanften Wölfen.

Die Weckuhren hören nicht auf zu ticken
Ihre Leuchtzeiger löschen nicht aus.

Und dennoch leicht
Und dennoch unverwundbar
Geordnet in geheimnisvolle Ordnung
Vorweggenommen in ein Haus aus Licht.

[*A:* 1962]

Nicht gesagt

Nicht gesagt
Was von der Sonne zu sagen gewesen wäre
Und vom Blitz nicht das einzig Richtige
Geschweige denn von der Liebe.

Versuche. Gesuche. Mißlungen
Ungenaue Beschreibung

Weggelassen das Morgenrot
Nicht gesprochen vom Sämann
Und nur am Rande vermerkt
Den Hahnenfuß und das Veilchen.

Euch nicht den Rücken gestärkt
Mit ewiger Seligkeit
Den Verfall nicht geleugnet
Und nicht die Verzweiflung

Den Teufel nicht an die Wand
Weil ich nicht an ihn glaube
Gott nicht gelobt
Aber wer bin ich daß

[*A:* 1965]

Jeder

Jeder muß einmal
Sein Vaterland besingen
Sein Nest beschmutzen
Auch ich
Die Heimat dieses kleine Stück Europa
Wo Mädchen Soldaten nicht mehr lieben
Wo Soldaten sich selbst nicht mehr lieben
Wie befremdlich

Was fällt mir ein wenn ich Deutschland sage?
Mein Weg zur Arbeit
Durch den Park von Weimar
Das grüne Herz
Flieder im Belvedere
Tiefurt stampfender Tanz
Der Bauhausschüler
Triadisches Ballett

Was noch fällt mir ein?
Die Tiefebene sommerlich
Und hinter den breiten Hügeln
Auftauchend Türme
Die Weichsel bei Hochwasser
Rasch hintreibende Dächer
Bäume entwurzelte
Auch der Niederrhein
Xanten der angetriebene Leichnam
Der große Himmel

Meine Heimat vor allem
Nußbäume Linden unterm Gewitterhimmel
Weinfässer zum Schwefeln vor die Häuser gestellt
Doppeladler im Wappen, Oleander

Was außerdem?
Hakenkreuzfahnen
Dröhnende Stiefelschritte
Geflüstertes Grauen
Züge entlang dem Lahnfluß voll
Nicht singender Soldaten
Judenzüge
Detonationen Christbäume sogenannte
Asche zu Asche

Dann alles wieder neu
Aus dem Boden gezogen
Hochhäuser Hochöfen Hochstädte Autobahnen
Ferien im Ausland. Alte Kameraden
Weihestimmung im Bachverein

Und doch mein Jahrhundert vorüber
Wird mit Stacheldrahtzäunen
Niemand mehr Geld verdienen
Diesseits und jenseits der Grenzen
Bedeuten Worte dasselbe
Vaterländer und die alten
Schuldgefühle haben ausgespielt.

[*D:* 1971]

[*Mein Weg:* Marie Luise Kaschnitz erlernte 1922/1924 in Weimar und München den Buchhändlerberuf. – *Belvedere:* Schloß und Park bei Weimar. – *Tiefurt:* Dorf mit Schlößchen und Park bei Weimar. – *Bauhausschüler:* Anfang der zwanziger Jahre wurde in Weimar das Bauhaus gegründet, ein neuartiger Schultyp für Kunst und Kunstgewerbe; seit 1925 in Dessau als „Hochschule für Gestaltung". – *Christbäume:* Bezeichnung von pyramidenförmig angeordneten, langsam niederschwebenden Leuchtkugeln, die von Flugzeugen zur Vorbereitung von Luftangriffen abgeworfen wurden. – *Alte Kameraden:* auch Titel eines viel gespielten Militärmarsches von Carl Teike (1864–1922).]

Peter Huchel
1903–1981

Löwenzahn

Fliegen im Juni auf weißer Bahn
flimmernde Monde vom Löwenzahn,
liegst du versunken im Wiesenschaum,
löschend der Monde flockenden Flaum.

Wenn du sie hauchend im Winde drehst,
Kugel auf Kugel sich weiß zerbläst,
Lampen, die stäubend im Sommer stehn,
wo die Dochte noch wolliger wehn.

Leise segelt das Löwenzahnlicht
über dein weißes Wiesengesicht,
segelt wie eine Wimper blaß
in das zottig wogende Gras.

Monde um Monde wehten ins Jahr,
wehten wie Schnee auf Wange und Haar.
Zeitlose Stunde, die mich verließ,
da sich der Löwenzahn weiß zerblies.

[*E:* 1927/1928; *D:* 1933, Titel: „Marie“]

Die Hirtenstrophe

Wir gingen nachts gen Bethlehem
und suchten über Feld
den schiefen Stall aus Stroh und Lehm,
von Hunden fern umbellt.

Und drängten auf die morsche Schwell
und sahen an das Kind.
Der Schnee trieb durch die Luke hell
und draußen Eis und Wind.

Ein Ochs nur blies die Krippe warm,
der nah der Mutter stand.
Wie war ihr Kleid, ihr Kopftuch arm,
wie mager ihre Hand.

Ein Esel hielt sein Maul ins Heu,
fraß Dorn und Distel sacht.
Er rupfte weich die Krippenstreu,
o bitterkalte Nacht.

Wir hatten nichts als unsern Stock,
kein Schaf, kein eigen Land,
geflickt und fasrig war der Rock,
nachts keine warme Wand.

Wir standen scheu und stummen Munds:
Die Hirten, Kind, sind hier.
Und beteten und wünschten uns
Gerät und Pflug und Stier.

Und standen lang und schluckten Zorn,
weil uns das Kind nicht sah.
Griff nicht das Kind dem Ochs ans Horn
und lag dem Esel nah?

Es brannte ab der Span aus Kien.
Das Kind schrie und schlief ein.
Wir rührten uns, feldein zu ziehn.
Wie waren wir allein!

Daß diese Welt nun besser wird,
so sprach der Mann der Frau,
für Zimmermann und Knecht und Hirt,
das wisse er genau.

Ungläubig hörten wirs – doch gern.
Viel Jammer trug die Welt.
Es schneite stark. Und ohne Stern
ging es durch Busch und Feld.

Gras, Vogel, Lamm und Netz und Hecht,
Gott gab es uns zu Lehn.
Die Erde aufgeteilt gerecht,
wir hättens gern gesehn.

[*A:* 1948]

An taube Ohren der Geschlechter

Es war ein Land mit hundert Brunnen.
Nehmt für zwei Wochen Wasser mit.
Der Weg ist leer, der Baum verbrannt.
Die Öde saugt den Atem aus.
Die Stimme wird zu Sand
Und wirbelt hoch und stützt den Himmel
Mit einer Säule, die zerstäubt.

Nach Meilen noch ein toter Fluß.
Die Tage schweifen durch das Röhricht
Und reißen Wolle aus den schwarzen Kerzen.
Und eine Haut aus Grünspan schließt
Das Wasserloch,
Als faule Kupfer dort im Schlamm.

Denk an die Lampe
Im golddurchwirkten Zelt des jungen Afrikanus:
Er ließ ihr Öl nicht länger brennen,
Denn Feuer wütete genug,
Die siebzehn Nächte zu erhellen.

*

Polybios berichtet von den Tränen,
Die Scipio verbarg im Rauch der Stadt.
Dann schnitt der Pflug
Durch Asche, Bein und Schutt.
Und der es aufschrieb, gab die Klage
An taube Ohren der Geschlechter.

[*D:* 1962]

Der Garten des Theophrast

Meinem Sohn

Wenn mittags das weiße Feuer
Der Verse über den Urnen tanzt,
Gedenke, mein Sohn. Gedenke derer,
Die einst Gespräche wie Bäume gepflanzt.
Tot ist der Garten, mein Atem wird schwerer,
Bewahre die Stunde, hier ging Theophrast,
Mit Eichenlohe zu düngen den Boden,
Die wunde Rinde zu binden mit Bast.
Ein Ölbaum spaltet das mürbe Gemäuer
Und ist noch Stimme im heißen Staub.
Sie gaben Befehl, die Wurzel zu roden.
Es sinkt dein Licht, schutzloses Laub.

[*D:* 1962]

Psalm

Daß aus dem Samen des Menschen
Kein Mensch
Und aus dem Samen des Ölbaums
Kein Ölbaum
Werde,
Es ist zu messen
Mit der Elle des Todes.

Die da wohnen
Unter der Erde
In einer Kugel aus Zement,
Ihre Stärke gleicht
Dem Halm
Im peitschenden Schnee.

Die Öde wird Geschichte.
Termiten schreiben sie
Mit ihren Zangen
In den Sand.

Und nicht erforscht wird werden
Ein Geschlecht,
Eifrig bemüht,
Sich zu vernichten.

[*A:* 1963]

———

Unter der blanken Hacke des Monds
werde ich sterben,
ohne das Alphabet der Blitze
gelernt zu haben.

Im Wasserzeichen der Nacht
die Kindheit der Mythen,
nicht zu entziffern.

Unwissend
stürz' ich hinab,
zu den Knochen der Füchse geworfen.

[*D:* 1972]

Erich Arendt
1903–1984

Der Albatros

Sonnen sanken um mein Schiff und stiegen:
Wochen stiller großer Wiederkehr!
Wolkenwände sah ich ferne liegen,
und sie sanken lautlos in das Meer.
Immer aber hört ich's oben fliegen:
    Über mir, der weiten Fahrt Genoss',
    seine Schwingen schlug ein Albatros.

Lag im weißen Glanz der Meeresspiegel
um mein Schiff, so senkte sich sein Flug.
Seine schmalen weitgespannten Flügel
glitten wassernah um Heck und Bug,
segelleicht, als ob das Licht ihn trug.
    Wenn die tiefe Stille ihn verdroß,
    flog mit Zornesschrei der Albatros.

Mittags schwand in leeren Himmelshellen
er empor, steil, über grüner See.
Plötzlich löste sich ein Stein im schnellen
Schlag und streifte dicht das Schiff in Lee,
und ein Schnabelhieb drang in die Wellen.
    Während Wasser ihm vom Leib noch floß,
    floh mit blutgem Fang der Albatros.

Erst im Sturmwind, der mit weißem Biß
in die Tiefen fuhr, daß Nacht und Meer aufschäumten,
kam er wieder, als mein Segel riß,
Blitze lachten, schwarz die Wogen bäumten,
als die Meergruft auf mein Schiff sich schmiß:
    Dunkler Pfeil, der durch den Himmel schoß,
    schwang durch Sturm und Licht der Albatros.

Und sein Schrei brach aus dem Herz des Sturmes
hell und heiß, unfaßbar und inständig,
von Empörung heiß, von Zorn lebendig:
Wilde Kraft des auferstandenen Sturmes.
    Meiner Seele tapferster Genoss',
    rief er ihren Zorn, der Albatros.

In den Abenden der heißen Meere,
wenn der Purpurhimmel jäh verging
und des Dunkels schwarze Tropenschwere
undurchdringbar vor den Augen hing,
flog sein Schatten hörbar überm Meere.
    Wenn die Nacht die Sternensicht verschloß,
    trug die Nacht doch stets den Albatros.

Eines Tages um die Mittagswende
stieg aus ständgem Glanz das harte Riff.
Palmen wuchsen aus dem Lichtgelände,
und die Bai umrauschten grüne Wände,
in die Bucht lief einsam ein mein Schiff.
    Fern am Horizont, der nackt und groß,
    flog für immer fort der Albatros.

Nur in Träumen noch am Strand nach Jahren
zog er wie ums Schiff im stillen Flug.
Und – da Not und Knechtschaft unerträglich waren,
daß das Herz den Haß nicht mehr ertrug,
stieg sein Schrei, dem großen Zorn entfahren:
    Wilder Ruf, der durch den Himmel schoß,
    über mir, wie einst – mein Albatros!

(1941) [*A:* 1951]

Orphische Bucht

Für Peter Huchel

Meergerandet, groß
um den Felsen, stet
und stet, das weiße Auge
blickt. Die fühlbare Ferne.
Die Haut. – Möglich
alles: Im
Schnittpunkt, weither, der Sekunde
eine Welle von Eisen.
Knirscht.

Wurzelstumm
dein Tag, rede, Berg,
Eulenflucht aus der Zeit
an deiner Stirn.
                Die sah
im Neigen der Felsen
meergetrieben
das Haupt.
Singen.

Berg, seit
der Zerrissene schrie,
du zähltest
die Todesenge,
                Furcht.

Auch dein Schritt, ins
Leere gemalt, Freund,
versinkt,
        und das Licht
steht, ein Dorn,
unter dem Lid mir. –
        Sprach einer
den Morgenröten, fallenden
Rinden, hier? – Es
schweigt nur, Helle
durchschweigt
das Meergehöhlte.

So wirf
dein Netz,
blutrot, durchs Licht, das
der Schrei grauen Salzes
speist: Auf Welle
und Stein offen die
Maske des Worts:
morgen die
schreckende Stille.

(1963) [*A:* 1966]

Stephan Hermlin
1915–1997

Ballade von unserer Zeit
mit einem Aufruf an die Städte der Welt

Hört: unter uns hat sich eine seltsame Stimme erhoben.
Aus den verzweifelten Wäldern des Zwielichts, der Einsamkeit,
Aus den verpesteten Wüsten, die freudlose Stürme durchtoben,
Sagt eine ruhige Stimme beständig: Es ist an der Zeit!
Hört: unter uns hat sich eine seltsame Stimme erhoben!

Denn wir sind von jenem verfluchten Geschlecht, das durchquerte
Unerschrocken auf Brücken von Leichen im Dschungel den Fluß,
Das mit Blicken voller Gleichgültigkeit die durchspeerte
Brust einer jungen Mutter betrachtet und dessen Fuß
Niemals wankte, als auf Kadavern er Flüsse durchquerte.

Und unser Herz schlug weiter in den vergasten Städten.
Als von gespenstischen Dachgärten die Saxophone geweint,
Lächelten wir mit weißen Zähnen. Aus Lazaretten
Hörten wir die zermalmten Tiere: Freund oder Feind,
Und unser Herz schlug weiter in den vergasten Städten.

Hört den beleidigten Schwachen, ihr irdischen Richter, Städte!
Wäre euere Stimme gleich einer Säule erwacht,
Als es Zeit war, in unserer Mitte, jählings – sie hätte
Uns den Vernichtern entrissen und ihrer tierischen Nacht.
Hört den beleidigten Schwachen, ihr irdischen Richter, Städte!

Denn alle Türen stehn offen und hinter jeder der Mord
Mit spinnwebenen Händen und schwarzen Lippen, bereit,
Unsere Säuglinge zu zerschmettern am Pfosten, das Wort
Uns, den Schrei in die Gurgel zurückzustoßen – und weit
Stehn alle Türen offen und hinter jeder der Mord.

Seht, unserer Frauen silberne Leiber sind überliefert
Wehrlos der Schande, die sie mit gelben Nägeln zerstückt,
Und unser holdestes Erbe von Geieraugen beziffert
Wird uns aus unseren furchtgeschlagenen Händen gerückt.
Schande ist unserer Frauen silberner Leib überliefert.

Und man lacht unserer Herzen hinter geöffneten Rippen
Mittags auf offenem Markt, wenn die schwarze Sonne versteint
Unser finsteres Blut auf zuckenden staubigen Lippen,
Auf denen nicht das leiseste Schluchzen mehr weint,
Und man lacht unsrer Herzen hinter geöffneten Rippen.

Wie der Staub verweht würden wir sein und unsere Taten
Ganz vergeblich und um vergessen zu werden getan,
Wenn ihr nicht werdet, um was schon so lang wir euch nahten,
Ungeheure! zu Städten, die Sturz und Auferstehn sahn.
Wie der Staub verweht würden wir sein und unsere Taten...

Hier aus den rattenerfüllten Kellern, gräßlichen Stollen
Brüll ich euch sterbend zu: Errettet uns aus der Haft!
Rettet uns aus dem sanften spitzfingrigen Griffe der tollen
Folterer und vor des Wahnsinns süßem mohnfarbnen Saft,
Hier in den rattenerfüllten Kellern und gräßlichen Stollen!

Macht eure Plätze leer und erwartend und stellt das Entsetzen
Riesig am Horizont auf und laßt einen lautlosen Sturm
Auf euern Schultern liegen – von rauschenden Bannern verletzen,
Imaginären, schreienden, laßt euern mächtigsten Turm!
Macht eure Plätze leer und umstellt euch mit stummem Entsetzen!

Denn seht dort eure Schwestern: der Feind peitscht ihre Fassaden,
Doch die geöffneten Flanken spein Haß. So stehen sie nackt.
Aus einem Wald von Fahnen wehen der Abschüsse Schwaden,
Halten die fleischlosen Kiefer den Feind an der Kehle gepackt –
So sind euere Schwestern: und peitscht auch der Feind die Fassaden!

Darum erwarten wir euch: die Schatten vom Städtegeschlechte.
So sind verschworen wir euerer Zukunft oder dem Fall
In die staubigen Gräber der Nacht. Doch unsere Rechte
Krönt euch mit Zuversicht. Und unsrer Stimme ersterbender Hall
Sagt euch von der Erwartung der Schatten vom Städtegeschlechte.

(1942) [*A:* 1944]

Aus: Die Erinnerung

I

Terzinen

Die Worte warten. Keiner spricht sie aus:
Auf ihren Lidern eine Handvoll Nacht,
Ihr Haar wärmt Nest und Brut der Wintermaus.

Aus ihrem Säumnis ist mein Traum gemacht,
Mein langer Tag aus ihrer Endlichkeit.
Die Schwalben sind vom Winde überdacht.

Nur sie sind ganz allein im Fluß der Zeit,
Die Uhren schlagen ihre Namen fort,
Vermächtnis, Schwur und Mahnmal ungeweiht.

Der Regen wäscht aus Tafeln Wort um Wort,
Rinnt auf Mont-Valérien und Plötzensee.
Die Schwalben liegen in der Hand des Nord.

Ich weiß noch, wenn ich dann im Dunkel steh:
Den Blick voll Bläue, Hand und Atemzug,
Die Abende von lauem Gold wie Tee.

Die Unerschrockenheit, die sich betrug,
Als sei die nächste Woche schon gewiß,
Die Stadt erfüllt mit Geisterfahnenflug,

Mit Fahnen, die der Wind der Zukunft spliß.
Geknebelt mit Gesängen gingen sie
Dahin. Jetzt schmilzt ihr Fleisch vom Rattenbiß

Sechs Fuß tief in des Wartens Euphorie,
Wenn sich die Regensäulen auf sie lehnen.
Der Schwalbensturz allein vergißt sie nie,

Die langsam treiben unter den Moränen.

[*E:* 1946/47; *A:* 1952]

Sonett

Inmitten der schwierigen Strategie
Der Dichtung, wie ich auch die Worte siebe:
Da war kein Wort, das mir nicht Liebe lieh.
Durch Frost und Flammen trug mich diese Liebe.

Im Ungewissen, unterm scharfen Hiebe
Ungünstiger Winde, wußte ich, daß nie,
Wie immer auch der Schnee der Schmerzen stiebe,
Im Stich mich läßt der Zukunft Prosodie.

Nie reimt sich Liebe auf Beflissenheit,
Und liebend gibt sich Liebe keine Blöße.
Sie scheitert, doch sie meint Gemeinsamkeit.

Geschwisterlich auftretend im Getöse
Der Klassenschlacht erscheint zukünftige Zeit
Mit Bruder Irrtum und mit Schwester Größe...

(1956) [*D:* 1968]

Die Vögel und der Test

Zeitungen melden, daß unter dem Einfluß der Wasserstoffbombenversuche die Zugvögel über der Südsee ihre herkömmlichen Routen ändern.

Von den Savannen übers Tropenmeer
Trieb sie des Leibes Notdurft mit den Winden,
Wie taub und blind, von weit- und altersher,
Um Nahrung und um ein Geäst zu finden.

Nicht Donner hielt sie auf, Taifun nicht, auch
Kein Netz, wenn sie was rief zu großen Flügen,
Strebend nach gleichem Ziel, ein schreiender Rauch,
Auf gleicher Bahn und stets in gleichen Zügen.

Die nicht vor Wasser zagten noch Gewittern
Sahn eines Tags im hohen Mittagslicht
Ein höhres Licht. Das schreckliche Gesicht

Zwang sie von nun an ihren Flug zu ändern.
Da suchten sie nach neuen sanfteren Ländern.
Laßt diese Änderung euer Herz erschüttern...

(1957) [*D:* 1958]

Günter Eich
1907–1972

Inventur

Dies ist meine Mütze,
dies ist mein Mantel,
hier mein Rasierzeug
im Beutel aus Leinen.

Konservenbüchse:
Mein Teller, mein Becher,
ich hab in das Weißblech
den Namen geritzt.

Geritzt hier mit diesem
kostbaren Nagel,
den vor begehrlichen
Augen ich berge.

Im Brotbeutel sind
ein Paar wollene Socken
und einiges, was ich
niemand verrate,

so dient es als Kissen
nachts meinem Kopf.
Die Pappe hier liegt
zwischen mir und der Erde.

Die Bleistiftmine
lieb ich am meisten:
Tags schreibt sie mir Verse,
die nachts ich erdacht.

Dies ist mein Notizbuch,
dies meine Zeltbahn,
dies ist mein Handtuch,
dies ist mein Zwirn.

[*A:* 1948]

Abgelegene Gehöfte

Die Hühner und Enten treten
den Hof zu grünlichem Schmutz.
Die Bauern im Hause beten.
Von den Mauern bröckelt der Putz.

Der Talgrund zeichnet Mäander
in seine Wiesen hinein.
Die Weide birgt Alexander,
Cäsarn der Brennesselstein.

Auch wo die Spinnen weben,
der Spitz die Bettler verbellt,
im Rübenland blieben am Leben
die großen Namen der Welt.

Die Ratten pfeifen im Keller,
ein Vers schwebt im Schmetterlingslicht,
die Säfte der Welt treiben schneller,
Rauch steigt wie ein feurig Gedicht.

[*A:* 1948]

Wildwechsel

für Nelly Sachs

Schweigt still von den Jägern!
Ich habe an ihren Feuern gesessen,
ich verstand ihre Sprache.
Sie kennen die Welt von Anfang her
und zweifeln nicht an den Wäldern.
Zu ihren Antworten nickt man,
auch der Rauch ihres Feuers hat recht,
und geübt sind sie,
den Schrei nicht zu hören,
der die Ordnungen aufhebt.

Nein, wir wollen fremd sein
und erstaunen über den Tod,
die ungetrösteten Atemzüge sammeln,
quer durch die Fährten gehn
und an die Läufe der Flinten rühren.

[*A:* 1964]

Fußnote zu Rom

Ich werfe keine Münzen in den Brunnen,
ich will nicht wiederkommen.

Zuviel Abendland,
verdächtig.

Zuviel Welt ausgespart.
Keine Möglichkeit
für Steingärten.

[*A:* 1964]

Bestellung

Fünf Gänge,
sag es den hölzernen Mädchen,
für den Pfennig unter der Zunge,
und die Teller gewärmt.

Ihr habt uns hingehalten
mit Fasanen und Stör,
Burgunder und Bouillabaisse.
Tragt endlich die Speise auf,
die es nicht gibt,
und entkorkt die Wunder!

Dann wollen wir gern
die Mäuler öffnen
und was wir schuldig sind
zahlen.

[*A:* 1964]

Stadtrand

Neubauten, ungeborene
Zimmer, nach zehn
bitte Stille im Sarg.

Das Salz, das Brot
den alleinstehenden Untermietern –
legs hin, die Schaben
sind geduldiger und
werden dir Trost
ins Weißbrot flüstern.

[*A:* 1972]

Optik

Wenn das Auge schlechter wird,
geht man näher heran,
um die Freunde zu erkennen.

Setzt eine Brille auf,
benutzt Kontaktgläser
und bemerkt

ganz nahe
das Schwarze
unterm Fingernagel des Feindes.

[*A:* 1972]

Wolfgang Weyrauch
1907–1980

Lidice und Oradour

Mein Kind, frag Deinen Vater, wo
er war, als Lidice und Oradour
im Brand sich krümmten, lichterloh.
Frag nach dem falschen Schlag der Uhr

bei Dir zuhaus und anderswo.
Den Lehrer frag: die Angelschnur
schlägt nach ihm aus. Der Wolf im Zoo
erschrickt vor Lidice und Oradour.

Dein Nachbar, der Geranien froh,
vergaß Euch, Lidice und Oradour,
das Feuerkind im Feuerstroh,
das Messer bei der Menschenschur.

Vom Hut aus Filz, vom Korb aus Stroh
kein Pflaster schluckt die rote Spur.
Mein Kind, mach es nicht ebenso,
geh, lies von Lidice und Oradour.

[*A:* 1956]

Oh, when the Saints go marching in

Oh, when the Saints go marching in,
besuchen sie das ärmste Kind
mit Puppen und mit Broten,
und wenn sie damit fertig sind,
ziehn sie zum Bürgermeister hin,
entsprechend den Geboten,

und nehmen dem, der alles hat,
und geben es der Sünderin
voll Flüchen und voll Zoten.
Es findet eine Teilung statt,
denn Fisch und Tuch und Holz und Gin,
die Äpfel und die Schoten,

erhält der Bettelmann, der Dieb,
so daß der Mörder sich besinnt
und betet für die Toten,
und was am Ende übrig blieb,
wirft man dem Staube hin, dem Wind,
für Hufe und für Pfoten.

Oh, when the Saints go marching out,
dann ist die Stadt aus Hauch gebaut,
als seis im Paradiese,
doch gleich darauf ist alles stumm
und blind und taub, das Eigentum
der Wächter und Verliese.

[*A:* 1956]

Kein Hauch

Ich bin in einem Land, wo niemand lebt,
sogar die Toten sind ins Nichts gekrochen,
hier wird kein Satz, kein Wort gedacht, gesprochen,
denn niemand lächelt, jubelt, schaudert, bebt.

Dies Land ist in mir, berge-, seenlos,
die letzten Molche werfen keine Schatten,
ich atme kaum noch, bin wie jene Ratten,
die blähten sich und platzten, leer und groß.

Und wenn ich jetzt ersticke, war ich nicht,
ich bin kein Toter, bin kein Hauch gewesen,
ich konnte weder atmen, gehen, lesen,
noch war ich Sünde, Widerstand, Verzicht.

[*D:* 1959]

Das war überall

ich hatte einen Kopf,
aber ich hab mich geköpft,
das war in Auschwitz,
ich hatte einen Leib,
aber ich hab mich entleibt,
das war in Hiroshima,
ich hatte zwei Hände,
aber ich hab Hand an mich gelegt,
das war in Vietnam,
ich hatte zwei Füße,
aber ich hab sie mir wundgelaufen,
das war in Chile,
ich hatte fünf Sinne,
aber ich bin außer mir geraten,
das war überall

[*D:* 1979]

Georg Maurer
1907–1971

Hannibals Zug über die Alpen

Ach, die furchtbaren Signale
trompetender afrikanischer Elefanten
hoch am Hange des Mont Cenis,
die über das Eis mit dem stumpfen Fuß
hingleiten ohne Halt im Dampf des ängstlichen Atems,
wie die Felsen stürzen, grau in den Abgrund,
prallend gegen Vorsprünge, schreiende Massen,
nimmer wieder gesehen – während die Schabracken,
reich durchwirkt mit dem Gold aus spanischen Bergwerken,
den sklavenbewohnten, am geborstenen Ast einer Lärche
hängenbleiben – die purpurnen Zeichen Hannibals!
Die schwarzen Rosse Afrikas, spreizend die Beine,
starren der niederhängenden Glätte entgegen am zerrenden Zügel,
den der Libyer frierend faßt. Seine sehnigen Zehen,
gewohnt, den heißen Wüstensand zu durchspuren,
schwarz geschwollen nun, sind nicht mehr mit Salben zu heilen.
Doch den Blick, der die eisstarrenden Zacken noch spiegelt
wie zerbrochne Elefantenzähne, die den Schnee durchbohren,
reißt die Ebene plötzlich in italische heitre Gefilde.
Und die Händler in Karthago beim Bankett mit spanischen Weinen,
die die Sklavenrücken und Höcker der Kamele brachten,
feiern Sieg um Sieg ihres Heers – und lachen, wenn sie bedenken,
wie der einzige Elefant, der die Pässe lebend querte,
mit der hochgehobnen geschwungnen Nasentrompete
Schrecken einjagte den Römern – und an den festen Mauern Karthagos
scholl das Gelächter wider – bis die Nacht kam,
da vom Meer aus ein Schiffer gegen den dämmernden Morgen
einen kahlen bräunlichen Hügel sah bedeckt mit den Ruinen Karthagos.

[*E:* 1954; *A:* 1964]

Der Mensch

Durchlässigste der Kreaturen ist der Mensch,
Wohnung für alle Fragen. Weist er eine ab,
verödet er. Die Lüge tritt
wie Schimmel vor.
Meint einer, ein Geheimnis zu verbergen,
so ist ein Schlüssel da.
So viele Schlüssel sind wie Poren
in seiner Haut. Da ist kein Schutz.

Schutzlosigkeit hat ihn
von Anfang groß gemacht, zum sichern Schützen,
der heut die unsichtbaren Kerne trifft,
daraus die Welt besteht.
Wie wollte er sich selbst verschließen?
Ihm hilft nicht Hornhaut, Panzer nicht und kein Verbrechen,
dies Tuch, das sich mit Blut vollsaugt. Die Kinder sehen's
und wenden es. So wenden wir die Welt um,
und ginge sie in abermillionen Falten.
Die Toga wendeten wir um, die härene Kapuze,
den Mond selbst. Den noch, der sich dreht und wendet.
So viel verschlossen ist, wir öffnen es:
Lachender Mund! da fährt die Wahrheit ein und aus.
Offenes Aug! Platz für die größte Weltversammlung.
Offenes Herz! drin wird der krummste Weg noch grade.
So hat die Menschheit sich erkannt:
Solang sie fragt, ist Menschheit,
so oft sie antwortet, ist Glück.

[*E:* 1947; *A:* 1965]

Auf der Neckarbrücke in Heidelberg

Länger währte diese Brücke mit den umschäumten Pfeilern
als dein Leib, hoher Dichter,
und die wärmeschleudernde Sonne
mischt sich mit dem noch immer fließenden Neckar,
während du vermoderst.
Selbst das rote Schloß, das der steigende grüne Efeu
immer noch umklammert, steht, obwohl der Turm geborsten
schon zu deinen Zeiten, steht, Hölderlin,
weil der Besieger deines schuldig gewordenen Volkes
Heidelberg lässig schonte, die Brücke, der Terrassen
mächtige Plattform, um die bezaubernde Ansicht
von seinen Quartieren aus zu genießen,
einer Perle still-leuchtendes Feuer zu haben
im schrecklichen Umkreis der niedergebrannten Schlösser.
Doch über der Brücke, die dich Verzauberten hielt,
donnern die starrgewordenen Adler, drohend.
Gräßliche Sonnen vermögen sie in ihren Fängen zu halten,
die niederfahrend den Neckar austrinken, die letzten Gewölbe
krachend sprengen und der lieblichen Wälder Grün
in das glasige Gespenst
abgestaubter Falterflügel verwandeln.
In eines Augenblicks Hitze, darin das Bewußtsein vergeht
wie der Rauch, den die Winde zerteilen,
wird das Bleibende selbst, das die Dichter stiften,
zu kleinen glühenden Nebeltropfen zerfallen...

Daß dein Leib aber sich einst in Gesängen
über die eigne Verwesung geschwungen,
läßt mich hoffen, daß solcher Geist die Brücke bewahret,
die dein Fuß geheiligt und deine Worte gesegnet haben.

[*E:* 1955; *A:* 1965]

[*hoher Dichter:* Friedrich Hölderlin; vgl. sein Gedicht „Heidelberg".]

Ernst Meister
1911–1979

Monolog der Menschen

Wir sind die Welt gewöhnt.
Wir haben die Welt lieb wie uns.
Würde Welt plötzlich anders,
wir weinten.

Im Nichts hausen die Fragen.
Im Nichts sind die Pupillen groß.
Wenn Nichts wäre,
o wir schliefen jetzt nicht,
und der kommende Traum
sänke zu Tode unter blöden Riesenstein.

[*A:* 1932]

Fermate

Zwinkernd mit Dornengebüsch:
Augen
hin über Hagebutten und
atmendes Meer.
In den Äther speit Gold
ein raubender Fisch.

Fermate: Braue,
aufgerichteter Horizont.
Sonne als Perle am Grund
und die Wracks
der untersten Tiefe besonnt.
Früheste Zeit und die fernste
gleichen sich sehr.

Komm, was sich Tod heißt,
über den funkelnden Strand!
Komm, hagebuttenrot,
komm, dornenbraun,
zeige dich, komm!
Scherzend mit dir,
bin ich den ältesten
Engeln verwandt.

[*A:* 1957]

Ich sage Ankunft

I
Ja, das Licht
aufrecht
über dem Abgrund.

Wer spielt
seine Weisheit,
wer weiß
die Fülle seiner Torheit?

Ich sage
Ankunft
hier bei des Lichtes
wirklichem Schilf.

II
Von der Spitze
des Dorns
die Formel geerntet.

Die leicht war,
wird schwer auf der Hand,
entfällt ihr.

Und sie schlägt Wurzel,
wird Rose
an dieser Stelle.

[*A:* 1960]

Sage vom Ganzen
den Satz, den Bruch,
das geteilte Geschrei, den
trägen Ton, der Tage
Licht.

Mühsam
im gestimmten Raum
die Zeit in den Körpern,
leidiges Geheimnis, langsam.
Tod immer.

(Und ich wollt doch
das Auge nicht missen
entlang den Geschlechtern nach uns.)

Sage: DIES ist kein anderes.
Sage: So fiel, in gemeiner Verwirrung,
der Fall. Sage auch immer:
Die Erfindung war groß.

Du darfst nur nicht
Liebe verraten.

[*A:* 1972]

Karl Krolow
1915–1999

Verlassene Küste

Wenn man es recht besieht,
so ist überall Schiffbruch.
Petronius

Segelschiffe und Gelächter,
Das wie Gold im Barte steht,
Sind vergangen wie ein schlechter
Atem, der vom Munde weht,

Wie ein Schatten auf der Mauer,
Der den Kalk zu Staub zerfrißt.
Unauflöslich bleibt die Trauer,
Die aus schwarzem Honig ist,

Duftend in das Licht gehangen,
Feucht wie frischer Vogelkot
Und den heißen Ziegelwangen
Auferlegt als leichter Tod.

Kartenschlagende Matrosen
Sind in ihrem Fleisch allein.
Tabak rieselt durch die losen
Augenlider in sie ein.

Ihre Messer, die sie warfen
Nach dem blauen Vorhang Nacht,
Wurden schartig in dem scharfen
Wind der Ewigkeit, der wacht.

(1948) [*A:* 1952]

Robinson

I

Immer wieder strecke ich meine Hand
Nach einem Schiff aus.
Mit der bloßen Faust versuche ich,
Nach seinem Segel zu greifen.
Anfangs fing ich
Verschiedene Fahrzeuge, die sich
Am Horizont zeigten.
Ich fange Forellen so.
Doch der Monsun sah mir
Auf die Finger
Und ließ sie entweichen,
Oder Ruder und Kompaß
Brachen. Man muß
Mit Schiffen zart umgehen.
Darum rief ich ihnen Namen nach.
Sie lauteten immmer
Wie meiner.

Jetzt lebe ich nur noch
In Gesellschaft mit dem Ungehorsam
Einiger Worte.

II

Ich habe zu rechnen aufgehört,
Wenn ich auch noch Finger habe,
Die ich nacheinander ins salzige Wasser
Tauchen kann.

Insekten und Tabakblätter
Kennen die Zeit nicht,
Die ich früher vergeudete.

Mein letzter Nachbar,
Der das Waldhorn blies
(Er hatte es einst einem Volkslied
Listig entwendet),
Kam auf See um.

Zuweilen fällt ein bißchen Sonne
Auf den Tisch, unter den ich die Füße
Strecke.
Ich brauche keine Sehnsucht mehr
Zu haben.

III

Diese Gewohnheit, irgendwo sehr lange
Auf einem Stuhl zu sitzen
Und zu horchen, ob es
In einem regnet
Oder in der Leber
Der Skorpion sich noch rührt!

Gezählt sind alle Blitze,
Alle Streichhölzer, die übrig blieben.

Bis man es leid ist
Und den letzten Wimpel
Im Meer versenkt.

(1958) [*A:* 1959]

Neues Wesen

Blau kommt auf
wie Mörikes leiser Harfenton.
Immer wieder
wird das so sein.
Die Leute streichen
ihre Häuser an.
Auf die verschiedenen Wände
scheint Sonne.
Jeder erwartet das.
Frühling, ja, du bist's!
Man kann das nachlesen.
Die grüne Hecke ist ein Zitat
aus einem unbekannten Dichter.
Die Leute streichen auch
ihre Familien an, die Autos,
die Boote.
Ihr neues Wesen
gefällt allgemein.

(1967) [*A:* 1968]

Stimmung

Die Stimmung ist defensiv.
Musik kommt über das Wasser
von weither mit der Dämmerung,
die ist wie ein Blutbad
am Stadtrand und seinem
leerstehenden Beton.
Man wird passiv, läßt das zu –
die Richtung des Rauches wie
eine vorüberziehende Landschaft
und daß fast alles anders ist.
Man sieht nur halb hin,
ohne persönlichen Notstand,
während Ulmenblätter fallen
auf einem blassen Foto,
das wichtig ist.
Die poröse Oberfläche der Welt
ändert sich ständig.
Immer liegt irgendwer im Sterben.
So wird es bleiben.

(1975) [*A:* 1977]

Plopp

Bedien dich oder vergiß es –
in einem kühlen Grunde
da geht so ein gewisses
PLOPP dir aus dem Munde.

Da kommt die Kaugummiblase
dir schon wie Sprache vor.
Das wird dir kalt um die Nase,
seit man den Bart dir schor.

Da ist auch kein Volkslied mehr.
Du brauchst nur weiter zu kaun.
Das Mühlrad nebst Zubehör
ist nichts für die Kaugummifraun.

Und PLOPP steht das Herz dir stille.
Das war schon das Leben: das war's,
wie bekannt, mit erstarrter Pupille.
Der Tod hängt im Ansatz des Haars.

(1980) [*A:* 1981]

Die Worte sind nicht schamlos

Die Worte sind nicht schamlos, wenn du sie
im Munde führst. Und wer sie ruhig spricht
wie du, der überhört sie nicht
in ihrer Freiheit und in ihrer Melodie.

Nicht diese oder jene Worte. Nie
standen sie dir besser zu Gesicht,
wenn du sie sagtest und ihr Wortgewicht
verlor sich, wurde leicht, und wie

du von der Liebe und vom Fortgehn denkst,
von Wiederkehr und wie du wieder drängst
und einfach fortgehst: das ist schön.

Die Scham weiß nichts von sich und schamlos ist
nur Sanftmut, die mit List und Hinterlist
das Wort verführt in schwindelhafte Höh'n.

[*A:* 1984]

Christine Lavant
1915–1973

Es riecht nach Weltenuntergang
viel stärker als nach Obst und Korn,
der Vogel, der am Mittag sang,
dreht jetzt sein Opfer auf den Dorn,
ergreifend flach und ohne Schein
schiebt sich der Mond herein.

Hochsommernacht und so voll Frost!
Das Windrad geht verzweifelt um,
die Sterne scheinen nicht bei Trost,
denn jeder dreht sich wild herum,
bevor er zuckend untergeht
wie eben mein Gebet.

War das der zwölfte Stundenschlag
und mittendrin ein Hahnenschrei?
Es klang so nach dem Jüngsten Tag –
mein Herz tanzt jetzt als hohles Ei
vor meinem eigenen Gesicht,
und das ist das Gericht.

[*A:* 1956]

Die Stadt ist oben auferbaut
voll Türmen ohne Hähne;
die Närrin hockt im Knabenkraut,
strickt von der Unglückssträhne
ein Hochzeitskleid, ein Sterbehemd
und alles schaut sie an so fremd,
als wär sie ungeboren.
Sie hat den Geist verloren,
er grast als schwarz und weißes Lamm
mit einem roten Hahnenkamm
hinauf zur hochgebauten Stadt,
weil er den harten Auftrag hat,
dort oben aufzuwachen.
Der Närrin leises Lachen
rollt abwärts durch das Knabenkraut
als Ein-Aug, das querüber schaut
teils nach dem Tod, teils nach dem Lamm,
dem schwarz und weißen Bräutigam
in feuerroter Haube.
Ihr Herz keucht innen rund herum
und biegt das Schwert des Elends krumm
und nennt es seine Taube.

[*A:* 1959]

Ich bin sehr reich und kann nicht mehr verarmen,
dies Eigentum zerstören keine Kriege,
und wenn ich auch der Schenksucht unterliege
und der Verschwendung oder dem Erbarmen,
von diesen Gütern werd ich keines los.
Oft, abends, breite ich sie auf dem Schoß
wie Steine aus, wie Spitzen, Samt und Seide,
und meine Hände haben alle beide
genug zu tun, um alles zu umfassen.

Da ist der Tag, an dem du mich verlassen –
sehr dunkler Stein und dennoch ein Kristall!
Und hier der seidenweiche Spitzenfall,
das Wiedersehen, immerfort durchbrochen
vom Sehnsuchtssammet langer Wartewochen
und irisblauer, schwerer Schwermutseide.
Ach Gott, die Stunden, die ich jetzt erleide,
ganz matte Perlen schon vom Tod beschlagen, –
die sind so schwer, – wer hilft mir die ertragen?

[*A:* 1967]

Christine Busta
1915–1987

Das Hündlein

(Zu Matthäus XV./26–28 und Markus VII./24–30)

Ich bin das Hündlein aus dem Neuen Testament.
Ein Hühnerbein, ein magrer Schwanz von Fischen,
ein Brocken Brot fällt immer von den Tischen
der Tafelnden, die man die Kinder Gottes nennt.

Ich bin das Hündlein, das ein jeder Köter kennt,
und das sie zausen, wenn sie es erwischen,
bin Freund den alten Bettlern in den Nischen
und wedle tröstlich, wo ein armes Kindlein flennt.

Wer selber nur verachtet durch die Straßen rennt,
fährt gern den stolzen Heuchlern einmal zwischen
die Beine, wenn sie hinter Sündern zischen,
die Leid und Scham geheim zu Aschenhäuflein brennt.

Ich bin das Hündlein aus dem Neuen Testament.
An allen Ecken sieht man frech mich pissen.
Doch in den Frommen regt sich das Gewissen,
wenn wo ein Weib in Nöten meinen Namen nennt.

[*A:* 1951]

In der Morgendämmerung

Draußen beginnt schon der Himmel zu schweben.
Ich weiß, daß furchtbare Asche regnet auf unseren Stern,
und es fällt auch viel Asche auf die Herzen.

Der Tod ist nahe,
der Atem des Lebens geht leise,
und reicht er dir auch nur vom Mund
bis zum armen Gesicht eines Nächsten,
du kannst noch die Asche bewegen,
noch mit dem schwindenden Hauch
dem Anflug des Gräßlichen wehren.

Auch Gott hat nichts als geatmet,
als er den Menschen erschuf,
sein Ebenbild für die Gräber
unsres verlornen Gestirns.

[*A:* 1958]

Marginalien

Immer noch die Handschrift des Schöpfers,
wiedererkannt und unverstanden,
täglich aufs neue entziffert, gedeutet,
nie zuende.

Wir zeichnen uns ein an den Rand,
staunend,
fragend,
aufsässig,
müde.
Dunkler wird es
und kälter,
Zeit für die Lampe des Engels,
der nicht diktiert,
der uns *liest*.

[*A:* 1975]

Aus einem Sommertagebuch

Für Ernst Schönwiese

Fernsehen auf dem Balkon
mit dem Rücken zum Bildschirm.

Hinter dir, uhrgenau auf die Minute,
täglich neu figurierte Greuel.

Vor dir und über dir –
nicht zu manipulieren –
täglich das alte Programm,
sternzeitverschoben, entrückt.

Bootes, der Bärenhüter
vor Herkules. Unaustauschbar
Adler, Leier und Schwan.

Es gibt keine Sendepause,
nur Zufälle meteorologischer Störung,
oder das Ungenügen des Auges.

Auch wer schläft, darf gewiß sein,
daß Perseus die Gorgo besiegt hat,
und aus dem Blut der Medusa
mit erdabgewandten Hufen
Pegasus durch die Nacht fliegt.

[*A:* 1981]

[4. Strophe: Sternbilder.]

Hilde Domin
*1912

Makabrer Wettlauf

Du sprachst vom Schiffe-Verbrennen
– da waren meine schon Asche –,
du träumtest vom Anker-Lichten
– da war ich auf hoher See –,
von Heimat im Neuen Land
– da war ich schon begraben
in der fremden Erde,
und ein Baum mit seltsamem Namen,
ein Baum wie alle Bäume,
wuchs aus mir,
wie aus allen Toten,
gleichgültig, wo.

[*A:* 1959]

Nur eine Rose als Stütze

Ich richte mir ein Zimmer ein in der Luft
unter den Akrobaten und Vögeln:
mein Bett auf dem Trapez des Gefühls
wie ein Nest im Wind
auf der äußersten Spitze des Zweigs.

Ich kaufe mir eine Decke aus der zartesten Wolle
der sanftgescheitelten Schafe die
im Mondlicht
wie schimmernde Wolken
über die feste Erde ziehn.

Ich schließe die Augen und hülle mich ein
in das Vlies der verläßlichen Tiere.
Ich will den Sand unter den kleinen Hufen spüren
und das Klicken des Riegels hören,
der die Stalltür am Abend schließt.

Aber ich liege in Vogelfedern, hoch ins Leere gewiegt.
Mir schwindelt. Ich schlafe nicht ein.
Meine Hand
greift nach einem Halt und findet
nur eine Rose als Stütze.

[*A:* 1959]

Mit leichtem Gepäck

Gewöhn dich nicht.
Du darfst dich nicht gewöhnen.
Eine Rose ist eine Rose.
Aber ein Heim
ist kein Heim.

Sag dem Schoßhund Gegenstand ab
der dich anwedelt
aus den Schaufenstern.
Er irrt. Du
riechst nicht nach Bleiben.

Ein Löffel ist besser als zwei.
Häng ihn dir um den Hals,
du darfst einen haben,
denn mit der Hand
schöpft sich das Heiße zu schwer.

Es liefe der Zucker dir durch die Finger,
wie der Trost,
wie der Wunsch,
an dem Tag
da er dein wird.

Du darfst einen Löffel haben,
eine Rose,
vielleicht ein Herz
und, vielleicht,
ein Grab.

[*A:* 1962]

Ich will dich

Freiheit
ich will dich
aufrauhen mit Schmirgelpapier
du geleckte

(die ich meine
meine
unsere
Freiheit von und zu)
Modefratz

Du wirst geleckt
mit Zungenspitzen
bis du ganz rund bist
Kugel
auf allen Tüchern

Freiheit Wort
das ich aufrauhen will
ich will dich mit Glassplittern spicken
daß man dich schwer auf die Zunge nimmt
und du niemandes Ball bist

Dich
und andere
Worte möchte ich mit Glassplittern spicken
wie es Konfuzius befiehlt
der alte Chinese

Die Eckenschale sagt er
muß
Ecken haben
sagt er
Oder der Staat geht zugrunde

Nichts weiter sagt er
ist vonnöten
Nennt
das Runde rund
und das Eckige eckig

(1968) [*A:* 1970]

Drei Arten Gedichte aufzuschreiben

1
Ein trockenes Flußbett
ein weißes Band von Kieselsteinen
von weitem gesehen
hierauf wünsche ich zu schreiben
in klaren Lettern
oder eine Schutthalde
Geröll
gleitend unter meinen Zeilen
wegrutschend
damit das heikle Leben meiner Worte
ihr Dennoch
ein Dennoch jedes Buchstabens sei

2
Kleine Buchstaben
genaue
damit die Worte leise kommen
damit die Worte sich einschleichen
damit man hingehen muß
zu den Worten
sie suchen in dem weißen
Papier
leise
man merkt nicht wie sie eintreten
durch die Poren
Schweiß der nach innen rinnt

Angst
meine
unsere
und das Dennoch jedes Buchstabens

3
Ich will einen Streifen Papier
so groß wie ich
ein Meter sechzig
darauf ein Gedicht
das schreit
sowie einer vorübergeht
schreit in schwarzen Buchstaben
das etwas Unmögliches verlangt
Zivilcourage zum Beispiel
diesen Mut den kein Tier hat
Mit-Schmerz zum Beispiel
Solidarität statt Herde
Fremd-Worte
heimisch zu machen im Tun

Mensch
Tier das Zivilcourage hat
Mensch
Tier das den Mit-Schmerz kennt
Mensch Fremdwort-Tier Wort-Tier
Tier
das Gedicht schreibt
Gedicht
das Unmögliches verlangt
von jedem der vorbeigeht
dringend
unabweisbar
als rufe es
„Trink Coca-Cola“

(1967/68) [*A:* 1970]

Johannes Bobrowski
1917–1965

Osten

Alle meine Träume
gehn über Ebenen, ziehn
unbetretenen Wäldern
windhell entgegen, kalten
einsamen Strömen, darüber
fernher Rufe schallen
bärtiger Schiffer –

Dort sind alle Gesänge
ohne End, im geringsten
Ding steht Gefahr, vieldeutig, –
nicht zu halten mit dem und
jenem Namen: Gefilde,
Moor, eine Schlucht; wie Verhängnis
schlägt sie hinab, bleibt, gemieden, –
dort um die niederen Hügel
fliehn die Pfade davon.

Worte gelten nicht.
Aber ein Streicheln, Grüße,
Blitz unterm dunkelnden Lid
und in der Brust jenes Ziehn;
noch als Umarmungen stärker.

Händler kommen von weit. Die
unter uns wohnen, sind Fremde.
Unsicher gehn sie, fragend,
ziellosen Straßen nach, hängen
Fähren und Brücken immer
an, als wär dort Gewisses –

Wir aber kennen uns leicht.
Unsre Gespräche steigen
alle aus gleichem Grunde.
Und im Erwarten ewig
wohnt uns das Herz.

(September 1953) [*A:* 1970]

Ebene

See.
Der See.
Versunken
die Ufer. Unter der Wolke
der Kranich. Weiß, aufleuchtend
der Hirtenvölker
Jahrtausende. Mit dem Wind

kam ich herauf den Berg.
Hier werd ich leben. Ein Jäger
war ich, einfing mich
aber das Gras.

Lehr mich reden, Gras,
lehr mich tot sein und hören,
lange, und reden, Stein,
lehr du mich bleiben, Wasser,
frag mir, und Wind, nicht nach.

[*D:* 1961]

Der Wanderer

Abends,
der Strom ertönt,
der schwere Atem der Wälder,
Himmel, beflogen
von schreienden Vögeln, Küsten
der Finsternis, alt,
darüber die Feuer der Sterne.

Menschlich hab ich gelebt,
zu zählen vergessen die Tore,
die offenen. An die verschlossnen
hab ich gepocht.

Jedes Tor ist offen.
Der Rufer steht mit gebreiteten
Armen. So tritt an den Tisch.
Rede: Die Wälder tönen,
den eratmenden Strom
durchfliegen die Fische, der Himmel
zittert von Feuern.

[*A:* 1962]

Bericht

Bajla Gelblung,
entflohen in Warschau
einem Transport aus dem Ghetto,
das Mädchen
ist gegangen durch Wälder,
bewaffnet, die Partisanin
wurde ergriffen
in Brest-Litowsk,
trug einen Militärmantel (polnisch),
wurde verhört von deutschen
Offizieren, es gibt
ein Foto, die Offiziere sind junge
Leute, tadellos uniformiert,
mit tadellosen Gesichtern,
ihre Haltung
ist einwandfrei.

[*D:* 1961]

Dorfmusik

Letztes Boot darin ich fahr
keinen Hut mehr auf dem Haar
in vier Eichenbrettern weiß
mit der Handvoll Rautenreis
meine Freunde gehn umher
  einer bläst auf der Trompete
  einer bläst auf der Posaune
Boot werd mir nicht überschwer
hör die andern reden laut:
dieser hat auf Sand gebaut

Ruft vom Brunnenbaum die Krähe
von dem ästelosen: wehe
von dem kahlen ohne Rinde:
nehmt ihm ab das Angebinde
nehmt ihm fort den Rautenast
  doch es schallet die Trompete
  doch es schallet die Posaune
keiner hat mich angefaßt
alle sagen: aus der Zeit
fährt er und er hats nicht weit

Also weiß ichs und ich fahr
keinen Hut mehr auf dem Haar
Mondenlicht um Brau und Bart
abgelebt zuendgenarrt
lausch auch einmal in die Höhe
  denn es tönet die Trompete
  denn es tönet die Posaune
und von weitem ruft die Krähe
ich bin wo ich bin: im Sand
mit der Raute in der Hand

[*D:* 1961]

Hölderlin in Tübingen

Bäume irdisch, und Licht,
darin der Kahn steht, gerufen,
die Ruderstange gegen das Ufer, die schöne
Neigung, vor dieser Tür
ging der Schatten, der ist
gefallen auf einen Fluß
Neckar, der grün war, Neckar,
hinausgegangen
um Wiesen und Uferweiden.

Turm,
daß er bewohnbar
sei wie ein Tag, der Mauern
Schwere, die Schwere
gegen das Grün,
Bäume und Wasser, zu wiegen
beides in einer Hand:
es läutet die Glocke herab
über die Dächer, die Uhr
rührt sich zum Drehn
der eisernen Fahnen.

[*A:* 1962]

[*Turm:* der ‚Hölderlin-Turm' am Neckar in Tübingen, Anbau am Haus des Schreinermeisters Ernst Zimmer, bei dem Hölderlin seit 1807 untergebracht war und das Turmzimmer im 1. Stock bewohnte; von dort aus Blick auf den Neckar, ins Steinlachtal und auf die Schwäbische Alb. – *Fahnen:* Wetterfahnen.]

Paul Celan
1920–1970

Todesfuge

Schwarze Milch der Frühe wir trinken sie abends
wir trinken sie mittags und morgens wir trinken sie nachts
wir trinken und trinken
wir schaufeln ein Grab in den Lüften da liegt man nicht eng
Ein Mann wohnt im Haus der spielt mit den Schlangen der schreibt
der schreibt wenn es dunkelt nach Deutschland dein goldenes Haar Margarete
er schreibt es und tritt vor das Haus und es blitzen die Sterne er pfeift seine Rüden herbei
er pfeift seine Juden hervor läßt schaufeln ein Grab in der Erde
er befiehlt uns spielt auf nun zum Tanz

Schwarze Milch der Frühe wir trinken dich nachts
wir trinken dich morgens und mittags wir trinken dich abends
wir trinken und trinken
Ein Mann wohnt im Haus der spielt mit den Schlangen der schreibt
der schreibt wenn es dunkelt nach Deutschland dein goldenes Haar Margarete
Dein aschenes Haar Sulamith wir schaufeln ein Grab in den Lüften da liegt man nicht eng

Er ruft stecht tiefer ins Erdreich ihr einen ihr andern singet und spielt
er greift nach dem Eisen im Gurt er schwingts seine Augen sind blau
stecht tiefer die Spaten ihr einen ihr andern spielt weiter zum Tanz auf

Schwarze Milch der Frühe wir trinken dich nachts
wir trinken dich mittags und morgens wir trinken dich abends
wir trinken und trinken
ein Mann wohnt im Haus dein goldenes Haar Margarete
dein aschenes Haar Sulamith er spielt mit den Schlangen

Er ruft spielt süßer den Tod der Tod ist ein Meister aus Deutschland
er ruft streicht dunkler die Geigen dann steigt ihr als Rauch in die Luft
dann habt ihr ein Grab in den Wolken da liegt man nicht eng

Schwarze Milch der Frühe wir trinken dich nachts
wir trinken dich mittags der Tod ist ein Meister aus Deutschland
wir trinken dich abends und morgens wir trinken und trinken
der Tod ist ein Meister aus Deutschland sein Auge ist blau
er trifft dich mit bleierner Kugel er trifft dich genau
ein Mann wohnt im Haus dein goldenes Haar Margarete
er hetzt seine Rüden auf uns er schenkt uns ein Grab in der Luft
er spielt mit den Schlangen und träumet der Tod ist ein Meister aus Deutschland

dein goldenes Haar Margarete
dein aschenes Haar Sulamith

[*A:* 1948]

Der Sand aus den Urnen

Schimmelgrün ist das Haus des Vergessens.
Vor jedem der wehenden Tore blaut dein enthaupteter Spielmann.
Er schlägt dir die Trommel aus Moos und bitterem Schamhaar;
mit schwärender Zehe malt er im Sand deine Braue.
Länger zeichnet er sie als sie war, und das Rot deiner Lippe.
Du füllst hier die Urnen und speisest dein Herz.

[*A:* 1948]

Brandung

Du, Stunde, flügelst in den Dünen.

Die Zeit, aus feinem Sande, singt in meinen Armen:
ich liege bei ihr, ein Messer in der Rechten.

So schäume, Welle! Fisch, trau dich hervor!
Wo Wasser ist, kann man noch einmal leben,
noch einmal mit dem Tod im Chor die Welt herübersingen,
noch einmal aus dem Hohlweg rufen: Seht,
wir sind geborgen,
seht, das Land war unser, seht,
wie wir dem Stern den Weg vertraten!

[*A:* 1952]

Sprachgitter

Augenrund zwischen den Stäben.

Flimmertier Lid
rudert nach oben,
gibt einen Blick frei.

Iris, Schwimmerin, traumlos und trüb:
der Himmel, herzgrau, muß nah sein.

Schräg, in der eisernen Tülle,
der blakende Span.
Am Lichtsinn
errätst du die Seele.

(Wär ich wie du. Wärst du wie ich.
Standen wir nicht
unter *einem* Passat?
Wir sind Fremde.)

Die Fliesen. Darauf,
dicht beieinander, die beiden
herzgrauen Lachen:
zwei
Mundvoll Schweigen.

[*A:* 1959]

Schibboleth

Mitsamt meinen Steinen,
den großgeweinten
hinter den Gittern,

schleiften sie mich
in die Mitte des Marktes,
dorthin,
wo die Fahne sich aufrollt, der ich
keinerlei Eid schwor.

Flöte,
Doppelflöte der Nacht:
denke der dunklen
Zwillingsröte
in Wien und Madrid.

Setz deine Fahne auf Halbmast,
Erinnrung.
Auf Halbmast
für heute und immer.

Herz:
gib dich auch hier zu erkennen,
hier, in der Mitte des Marktes.
Ruf's, das Schibboleth, hinaus
in die Fremde der Heimat:
Februar. No pasaran.

Einhorn:
du weißt um die Steine,
du weißt um die Wasser,
komm,
ich führ dich hinweg
zu den Stimmen
von Estremadura.

[*A:* 1955]

[*Schibboleth:* Losungswort aus dem Alten Testament (Buch der Richter 12,6); dort die Parole der Gileaditer im Kampf gegen die Ephraemiter. – *Wien:* Stichwort für den Zusammenbruch der Österreichischen Republik seit 1934; Einmarsch deutscher Truppen in Wien am 13.3.1938, Anschluß Österreichs an Deutschland. – *Madrid:* fiel im spanischen Bürgerkrieg (1936–1939) im März 1939 durch Verrat. – *Februar:* im Februar 1936 Wahlsieg der spanischen Volksfront; im Juli Aufstand der Militärs gegen die Republik. – *No pasarán:* ‚Sie werden nicht durchkommen'; Kampfruf der Republikaner und der Internationalen Brigaden im spanischen Bürgerkrieg. – *Einhorn:* Fabeltier in Pferdegestalt mit geradem, spitzem Horn in der Stirnmitte. – *Estremadura:* spanische Provinz, in der erbittert gekämpft wurde.]

Tübingen, Jänner

Zur Blindheit über-
redete Augen.
Ihre – „ein
Rätsel ist Rein-
entsprungenes" –, ihre
Erinnerung an
schwimmende Hölderlintürme, möwen-
umschwirrt.

Besuche ertrunkener Schreiner bei
diesen
tauchenden Worten:

Käme,
käme ein Mensch,
käme ein Mensch zur Welt, heute, mit
dem Lichtbart der
Patriarchen: er dürfte,
spräch er von dieser
Zeit, er
dürfte
nur lallen und lallen,
immer-, immer-
zuzu.

(„Pallaksch. Pallaksch.")

[*A:* 1963]

[*„ein Rätsel..."*: Zitat aus Hölderlins Hymne „Der Rhein". – *Hölderlintürme:* Vgl. zu Bobrowskis „Hölderlin in Tübingen" (oben S. 471). – *„Pallaksch..."*: Hölderlin soll während seiner Zeit im Tübinger ‚Turm' dieses Wort gern gebraucht haben, und zwar mal als ‚Ja', mal als ‚Nein'.]

Psalm

Niemand knetet uns wieder aus Erde und Lehm,
niemand bespricht unsern Staub.
Niemand.

Gelobt seist du, Niemand.
Dir zulieb wollen
wir blühn.
Dir
entgegen.

Ein Nichts
waren wir, sind wir, werden
wir bleiben, blühend:
die Nichts-, die
Niemandsrose.

Mit
dem Griffel seelenhell,
dem Staubfaden himmelswüst,
der Krone rot
vom Purpurwort, das wir sangen
über, o über
dem Dorn.

[*A:* 1963]

Stehen, im Schatten
des Wundenmals in der Luft.

Für-niemand-und-nichts-Stehn.
Unerkannt,
für dich
allein.

Mit allem, was darin Raum hat,
auch ohne
Sprache.

[*A:* 1965]

Fadensonnen
über der grauschwarzen Ödnis.
Ein baum-
hoher Gedanke
greift sich den Lichtton: es sind
noch Lieder zu singen jenseits
der Menschen.

[*A:* 1965]

Als Farben, gehäuft,
kommen die Wesen wieder, abends, geräuschvoll,
ein Viertelmonsun
ohne Schlafstatt,
ein Prasselgebet
vor den entbrannten
Lidlosigkeiten.

[*A:* 1968]

Die nachzustotternde Welt,
bei der ich zu Gast
gewesen sein werde, ein Name,
herabgeschwitzt von der Mauer,
an der eine Wunde hochleckt.

[*A:* 1971]

Ein Blatt, baumlos,
für Bertolt Brecht:

Was sind das für Zeiten,
wo ein Gespräch
beinah ein Verbrechen ist,
weil es soviel Gesagtes
mit einschließt?

[*A:* 1971]

[*Bertolt Brecht:* Vgl. sein Gedicht „An die Nachgeborenen".]

Rose Ausländer
1901–1988

Ein Tag im Exil

Ein Tag im Exil
Haus ohne Türen und Fenster

Auf weißer Tafel
mit Kohle verzeichnet
die Zeit

Im Kasten
die sterblichen Masken
Adam
Abraham
Ahasver

Wer kennt alle Namen

Ein Tag im Exil
wo die Stunden sich bücken
um aus dem Keller
ins Zimmer zu kommen

Schatten versammelt
um's Öllicht im ewigen Lämpchen
erzählen ihre Geschichten
mit zehn finstern Fingern
die Wände entlang

[*A:* 1967]

Wann ziehn wir ein

Wann ziehn wir ein
ins besamte Wort
Löwenzahnhaus
feingesponnen
im luftfarbnen Licht

Kein Luftschloß
Wortall
jedes Wort
in der Kugel
ein Samen

Wann graben wir aus
den verschütteten Quell
werfen alle Münzen
in den Brunnen
schöpfen Wassersterne
für die Löwenzahnwiese

Wann ziehn wir ein
in den Löwenzahnstern
ins besamte Wort

[*A:* 1967]

Noch bist du da

Wirf deine Angst
in die Luft

Bald
ist deine Zeit um
bald
wächst der Himmel
unter dem Gras
fallen deine Träume
ins Nirgends

Noch
duftet die Nelke
singt die Drossel
noch darfst du lieben
Worte verschenken
noch bist du da

Sei was du bist
Gib was du hast

[*A:* 1977]

Redensarten

Dieser Tag
vom Regen in die Traufe
Rosen im Garten
keine ohne Dornen
trinken den durstigen Tag
aus Rinnen strömt die
Zeit in die Gasse
sie redet nicht mit Engelszungen
Geduld bringt Rosen sagt sie
Geht geduldig weiter
der Regen
Ratlos
gehen wir weiter
in Redensarten

[*A:* 1981]

Von Mund zu Mund

Von Mund zu Mund
das tägliche Brot
kommt uns teuer zu stehen

Mühlen aus Wind
haben den Boden verloren
auf Wolkenleitern
steigen Fenster ins Nichts

Gib was du nicht hast
Liebe dem Nachbarn
am Rand einer Rinde
ernährt sich die Not

Was wir verlieren
sparen wir
Schein um Schein
im begrabnen Krug rosten
verjährte Münzen

Fischworte beten
von Mund zu Mund
Amen segnet
das Zeitliche

[*A:* 1982]

RAINER BRAMBACH
1917–1983

Niemand wird kommen

Niemand kam über das Feld,
nur Regengewölk, Wind.
Niemand wird kommen, der sagt:

Lehmgestalt, steig aus dem Graben,
ich hab deine Gedanken gehört.
Gehe! Die schöne Welt erwartet dich.

Niemand ruft: He, noch nicht unterwegs?
Dein Freibrief ist gültig,
leicht lesbar die Schrift der Redlichkeit.

Ich sah als Kind auf dem Jahrmarkt
den Tanzbären sich drehen,
hielt mich später am Tage versteckt,
kenne einige Gefängnisse inwendig
und auswendig die Sprache der Henker.

Niemand. Regengewölk, Wind.

[*A:* 1959]

Tagwerk

Der auf dem Fahrrad früh zum Steinbruch fährt
und aus dem Steinbruch spät nach Hause kehrt
Dazwischen liegen dreizehn Stunden
Sprengschuß
Den Stein der Weisen hat er nicht gefunden
Nur Sand und Schotter blieben ihm erhältlich
Zum Tagwerk fiel der Regen unentgeltlich.

[*A:* 1969]

———

Das blaue Band, wie Mörike es sah,
flatternd in den Lüften, wo?
Ich sehe einen Kondensstreifen
quer über den Himmel gezogen –
aber die Amsel ist abends immer da
auf dem First gegenüber singt sie ihr Lied
unsäglich –

[*A:* 1983]

[*Das blaue Band:* Vgl. Mörikes Gedicht „Er ist's".]

Ilse Aichinger
*1921

Spaziergang

Da die Welt aus Entfernungen entsteht,
Treppenhäuser und Moore,
und das Erträgliche sich verdächtig macht,
so laßt es nicht zu,
daß hinter euern Ställen die Elstern
kurz auffliegen und glänzend
in die glänzenden Weiher stürzen,
daß euer Rauch noch steigt
vor den Wäldern,
lieber wollen wir warten,
bis uns die goldenen Füchse
im Schnee erscheinen.

[*A:* 1963]

Gebirgsrand

Denn was täte ich,
wenn die Jäger nicht wären, meine Träume,
die am Morgen
auf der Rückseite der Gebirge
niedersteigen, im Schatten.

[*A:* 1963]

Die trüben Stunden nutzend

Laß das Gelichter
auf den Feldern rasten,
im Dunst, der aufsteigt,
denn nichts leuchtet dir.
Die Grottenbahnen auf den Hügeln
sind jetzt geschlossen,
die Rüben lange aus der Erde,
die Kinder fort.
Die Blumenflechter sind die letzten,
die noch blieben,
sie brennen Öl,
mit ihnen läßt sich reden.

[*A:* 1978]

Hanns Cibulka
*1920

Hyperion 1943

I

Ich kam dir entgegen
an der Mauer von Syrakus,
fliehendes Vaterland.

Segesta
habe ich vom Kübelwagen
aus gesehen,
Fallschirmseide
lag auf den Feldern.

Nebelpatronen
jagten wir hinauf
in das antike Blau.

In den Dörfern
landete die Nacht,
Leuchtspur im Nacken.

II

Verkarstetes Land,
die Poesie ist ausgewandert,
auf Krücken
defilieren die Worte
am Forum Romanum vorbei.

Mit Fahnenstoff
verdecken sie die Blöße,
dem Wind
verbieten sie die Botschaft,
die er aus anderen Ländern bringt,
jedes offene Wort
eine Falltür.
O mein Bellarmin,
ich verspräche dir gern
einen besseren Brief
aus dem Land der Orangen,
doch mein Haus
ist schweigsam geworden,
die Fenster
haben sehen gelernt.

[*A:* 1968]

[*Kübelwagen:* offenes Militärauto.]

Wir Worte

I.

Wie oft
habt ihr das Wort
beim ersten Hahnenschrei
verraten,
in galvanische Bäder
habt ihr uns gelegt,
als Pegasus
vor den Karren
gespannt.

Mit Doggen
habt ihr uns gejagt,
seid angetreten
zur Exekution,
in Uniform,
in Kreuzesform
die Silben
in die Landschaft
gesetzt.

Wir Worte,
wir sind grau geworden
an der Klagemauer
der Sprache.

Es könnte sein,
daß ihr uns eines Tages
nicht mehr wiederfindet,
wortlos
kehrt euer Leib zurück
ins Tier.

II.

Am Sterbebett,
wenn alle Dinge
wie ein wolkenloser Himmel sind,
stehn wir als Spiegelbilder
vor euch auf.

Wir
sind euer letzter Besitz,
alles andere in euren Häusern
ist
Staub.

[*A:* 1973]

Losgesprochen

Abschußrampen, Akademien,
wo die Bakterien den Sandkasten ersetzen,
was soll der Engel
mit dem Flammenschwert vorm Paradies?
Künstliche Sonnen
explodieren
über der Haut unserer Erde,
ein Quantenhagel
schlägt
auf deinen Körper ein,
der Stein beginnt zu schreien,
empörte Inseln
tauchen in den Ozean zurück.

Losgesprochen
hat dich die Natur,
die Wälder sind ohne Sprache
und auch die Flüsse
geben dir keine Antwort,
du bist mündig geworden,
du kannst
dein eigenes Bild
in der Asche zertreten,
im Staub der Erde
den Rosenstock
pflanzen.

[*A:* 1973]

Günther Deicke
*1922

Tübingen, Oktober

Herz:
gib dich auch hier zu erkennen,
hier in der Mitte des Marktes.
Ruf's, das Schibboleth, hinaus
in die Fremde der Heimat:
Februar. No pasaran.
(Paul Celan, „Schibboleth")

Käme,
käme ein Mensch,
käme ein Mensch zur Welt, heute, mit
dem Lichtbart der
Patriarchen: er dürfte,
spräch er von dieser
Zeit, er
dürfte
nur lallen und lallen,
immer-, immer-
zuzu.
(Paul Celan, „Tübingen, Jänner")

War da ein Sommer, war da ein Herbst
uns gegönnt zu reifem Gesang?

Hier auf der Brücke über dem Neckar
inmitten der Menge, die das Singen
verlernt hat und das Lesen und
das Reden sogar über das Wichtigste,
die Zukunft,
inmitten der Menge, die rätsellos
lebt in den Tag und den Konsum,
inmitten der Menge, die nicht schlechter ist
als die den Dichter duldete
und vergaß
und, lenksam,
seines Wortes bedarf,
inmitten der Menge
fühl ich die Not der Dichter, die sich flüchten
ins Lallen, unartikuliert,
da ihr Schrei nicht gehört wird:
„Februar. No pasaran."

Denn allgegenwärtig ist keiner von uns
und gegenwärtig nicht einmal auf den Märkten
von Memphis und Kapstadt oder Saigon.

Und doch
unser Wort
wird gebraucht.
Und gebraucht wird das Lied
und das Spiel auf der Bühne
und der ganze heitere, bittre Klamauk,
Kunst genannt,
wird gebraucht
und ist auf andere Art
Tätigsein.

Drum den Propheten des Lallens glaube nicht,
die dir glauben, Paul Celan,
und denen das Verstummen der Dichter nichts ist
als der neuste literarische Clou.

Sage dein Wort
und misch dich unter die Menge
auf allen Märkten und tu deinen Handgriff
und hilf, wo du helfen kannst, und misch dich in Politik
und werde Minister oder Bauarbeiter oder Lehrer für Ökonomie:
Aber:
Verändere die Welt.
Von Grund aus, wie der Dichter es sah.

Oktober. Reif steht der Wein an den Hügeln
über dem Neckar. In Nürtingen
werden die roten und gelben Äpfel geerntet.
Zwischen der Stille unterm Turm
und dem Getös in den Straßen
muß Raum sein
für das Wort
und die Tat.

Denn das Geheimnis
ist nicht der Wahnsinn,
sondern die Arbeit.

[*D:* 1970]

[Motti: aus Gedichten P. Celans; vgl. oben S. 474. – *Sommer:* Vgl. Hölderlins Gedicht „An die Parzen". – *Von Grund aus:* Hölderlin verwendete die Formel „von Grund aus anders" in seinem „Hyperion"-Roman (z. B. I 2; II 1). – *Nürtingen:* Stadt in Württemberg. Dort heiratete Hölderlins Mutter in zweiter Ehe Johann Christoph Go(c)k, der in N. einen Weinhandel anfing, Landwirtschaft betrieb und 1776 Bürgermeister wurde. Hölderlins Mutter starb am 17. 2. 1828 in N.]

Walter Höllerer
*1922

O sieh den roten Mohn, erschrick

Daß du es hast und doch nicht hast
Und daß du weitergehst und suchst:
Das kam, das ging, das war zu Gast

Und kam woher? und endet wo?
Und ging wohin? und spricht nun weit
Vom Berg verdeckt die Worte so,

Als wär'n sie alt. Und sind doch nie
Mehr voll gesagt –
Und wußte es die Priesterin, die

Im Nebel stand, im Qualm der Nacht?
Und der in Ketten vor dem Tod?
Achill vielleicht in seiner Schlacht?

Und du, in feuchten Klee gepreßt,
Wenn neben dir die Garbe schrie,
Hieltst du es fest?

Hieltst du ihm stand, den Frauen nah?
Und wenn es war in dem Gesicht
Des Sterbenden, als dies geschah

Am letzten Tag des letzten Kriegs?
Und warst nur immer froh des Siegs,
Wenn es vorbei, vorüber war,

Und änderte dich nie und nie
Und streifte hin und ließ dich so
Wie vorher sein und ließ dich wie

Ein Tier am Weg mit stumpfem Blick?
Und schwankst und tölpelst schattenwärts:
O sieh den roten Mohn, erschrick,

Daß du es hältst, daß du es hast
Und daß dus seist,
Und nicht als Fremder weiterreist –

Du warst nur selten dir zu Gast.

[*A:* 1952]

So schlafen so wachen

So schlafen, in der offnen Hand
Den Obolos für Stunden noch,
Für einen Tag, der unbekannt,
Fürs Fremdeste der Nacht.

So wachen, daß im Pantheon
Die ich nie hörte, Worte sind.
Daß Schwalben kommen mitternachts,
Und daß wir lächelnd sehn: sie sinds.

So fortgehn, daß der Elephant,
Der schwer Ägypten trug nach Rom,
Nicht aufbegehrt. Das Glöcklein uns
Nicht mehr beschwert.

So bleiben, daß die Wagen nur
Den Kreis umstehen, ohne Fahrt,
So schlafen mit dem Obolos
Für seinen Tag in meiner Hand.

[*A:* 1964]

[*Elephant:* Auf dem Platz vor der Kirche S. Maria sopra Minerva in Rom steht ein von Bernini (1598–1680) entworfenes, von Ercole Ferrata 1667 ausgeführtes Denkmal: Ein Elefant trägt auf seinem Rücken einen Obelisken aus rotem Granit, der einst den Tempel der ägyptischen Göttin Neith zu Sais schmückte.]

Kirke-Gedichte

Kirke, lat. Circe, nach Homer die zaubermächtige Tochter des Helios, wohnte auf der Äāischen Insel (→Aa), verwandelte die Genossen des Odysseus in Schweine, wurde durch Gegenzauber überwunden.

I. Stellt den Mastbaum auf

Genossen, ihr seid in Schweine verwandelt.
Stellt den Mastbaum auf!
Genossen, rosig durchwühlt ihr die Heide.
Breitet die leuchtenden Segel aus!

Einer, die feuchte Schnauze auf meinen Knieen,
die kleinen Augen blinzeln mir ins Gesicht,
schielen zum Himmel, wo unsre Flugzeuge kreuzen.
Sie warfen uns ab, auf die Schweine-Insel.

Stelle den Mastbaum auf!
flüstert die Hexe.
Breite die leuchtenden Segel!
sagt sie zu dir. – Laut

schreit sie es dann, fast homerisch.
Seht, Genossen, dort fliegt sie,
löwenmähnig, auf einem Besen. –
Nein. Kirke fliegt nicht. Sie reitet.

Kirke reitet auf einem Ferkel.
Rittlings sitzt sie auf dir.
Quiekend rutscht sie, von hinten zu sehen,
mit ihrem Schweinehintern auf deinen Rücken.

II. Kirke-TV

Industrie- und Handelstag,
Finsterwalder Sängerknaben,
ich bin Kirke, was wir haben,
haben wir bis zum Jüngsten Tag.

Ich bin Kirke, und die Schweine
sinds alleine, die mich treiben,
sonst würd' ich gern bei mir bleiben,
doch es geht mir ganz alleine

immer neu um neue Schweine:
wie sie schmatzen, schnarchen, saufen,
Muttersorgen, kaufen kaufen:

Industrie- und Handelstag,
gut, daß wir das Fernsehn haben,
hier es haben, dort es haben,
Gottesgaben dreifach haben,

es im Kino nochmal haben,
es im ersten und im dritten
und im zweiten in der Mitten
Westen haben, Osten haben,

dreifach, dreifach, sechsfach haben:
ach, wie gut, daß niemand weiß,
daß ich sechsmal Kirke heiß'.

[*A:* 1982]

Wolfgang Bächler
*1925

Die Erde bebt noch

Die Erde bebt noch von den Stiefeltritten.
Die Wiesen grünen wieder Jahr für Jahr.
Die Qualen bleiben, die wir einst erlitten,
ins Antlitz, in das Wesen eingeschnitten.
In unseren Träumen lebt noch oft, was war.

Das Blut versickerte, das wir vergossen.
Die Narben brennen noch und sind noch rot.
Die Tränen trockneten, die um uns flossen.
In Lust und Fluch und Lächeln eingeschlossen
begleitet uns, vertraut für immer, nun der Tod.

Die Städte bröckeln noch in grauen Nächten.
Der Wind weht Asche in den Blütenstaub
und das Geröchel der Erstickten aus den Schächten.
Doch auf den Märkten stehn die Selbstgerechten
und schreien, schreien ihre Ohren taub.

Die Sonne leuchtet wieder wie in Kindertagen.
Die Schatten fallen tief in uns hinein.
Sie überdunkeln unser helles Fragen.
Und auf den Hügeln, wo die Kreuze ragen,
wächst säfteschwer ein herber neuer Wein.

[*D:* 1947]

Depression

I
Nun schließen sich wieder die Wege,
auf denen ich unterwegs war.
Es bleibt keine Frist mehr,
verloren zu gehen.

Die Erde entzieht sich meinen Schritten.
Ich sinke durch Sumpf auf eine Wolke,
die sich in keinen Himmel mehr hebt.

Ich höre nur noch das Geräusch
meiner Schritte,
die nicht mehr vorwärtskommen.
Ich steige hinunter, ich stapfe,
ein Schatten im Schatten.

II
Ich habe das Tischtuch zerschnitten,
den Tisch zerbrochen,
der für mich gedeckt war,
aus Angst, zu essen, zu trinken.

Ich habe das Feuer zertreten,
das für mich geschürt war,
um nicht mit mir warm zu werden.

Ich habe den Schlaf zerschnitten
mit den Messern meiner Gedanken
an Schuld und Versagen und Reue,
aus Angst vor den Träumen.

Nun wache ich
zwischen den Scherben und Asche
im Kalten allein.
Nur noch die Sohlen brennen
und zischen im Tau,
der sie löscht.

[*D:* 1965]

Nachtleben

Wenn es mir gut geht,
gibt es auch Vormittage, Morgenlicht,
Spaziergänge, Begegnungen,
Tagesarbeit, Anrufe, Lektüre.
Wenn es mir schlecht geht,
verschlafe ich sie,
vertrödle ich die Nachmittage,
nehm ich den Hörer nicht ab
und beantworte keine Briefe.

Erst die Nacht söhnt mich aus mit dem Tag
und den Qualen der Selbstzerfleischung.
Erst das Abendlicht weckt mich
aus meiner Apathie und Entfremdung,
und kurz vor Ladenschluß kauf ich noch ein.

Nachts gärt die Zeit in mir,
kämpfen Partisanen in Gebirgen,
Dschungeln und Straßenschluchten,
marschieren Demonstranten durch meinen Körper,
flankiert von bewaffneten Polizisten,
wehen rote und grüne Fahnen über den Köpfen
und die schwarzen der Anarchisten
und weiße Bänder mit Slogans in vielen Sprachen,
die ich plötzlich verstehe.

[*A:* 1982]

Heinz Piontek
*1925

Herbst – vom Bodensee aus

Flachgeschrägtes Traubenufer,
scharf erscheint's im See,
hör die Ochsenkehle brummen
her zum Segelschnee.

Trügt der schnelle Herbst das Auge,
wenn die Beere platzt?
Wenn er mich mit Lust durchschauert
und im Traum beschwatzt?

Auf dem Lack des Wasserspiegels
glimmert Fock und Bord.
Das geöffnete Vertrauen
trägt mich mit sich fort.

Kananäische Geschichte
fällt am Heck mir ein:
Speisemeister prüft die Krüge –
Wasser ward zu Wein.

[*A:* 1953]

[*Kananäische Geschichte:* Hochzeit zu Kana, Joh. 2,1-10.]

Um 1800

Zierlich der Kratzfuß
der Landeskinder,

während wer fürstlich
aufstampft.

Gedichtzeilen.
Stockschläge.

Viele träumen,
daß man sie verkauft.

Die Tinte leuchtet.

Deutschlands
klassische Zeit.

[*A:* 1966]

An die Schüler Heisenbergs

Spanisch
mag euch meine Arbeit
vorkommen:

mit dem Gänsekiel.

Von den Ergebnissen eurer
unbegreiflichen Apparaturen
denke ich:

Überholbar.

Nichts wissend,
zeigen wir uns gegenseitig
die kalte Schulter.

Getrennt
nähern wir uns dem
übereinstimmenden Grund.

[*A:* 1966]

Drei Wünsche

Beim dritten Wunsch
überlegte der nicht mehr
junge Dichter
sehr lange.

Fürs Alter, sagte er schließlich,
wünsche ich mir
eine Sprache wie Grummet –

ja, wie Gras
nach dem zweiten Schnitt
Ende August:

trocken, unauffällig duftend,
gut für ein warmes Lager bei Wind
und Wetter
und auch als Nahrung vorhaltend
für die Genügsamen
unter uns Wirbeltieren,
den Winter hindurch.

[*A:* 1981]

Ingeborg Bachmann
1926–1973

Die große Fracht

Die große Fracht des Sommers ist verladen,
das Sonnenschiff im Hafen liegt bereit,
wenn hinter dir die Möwe stürzt und schreit.
Die große Fracht des Sommers ist verladen.

Das Sonnenschiff im Hafen liegt bereit,
und auf die Lippen der Galionsfiguren
tritt unverhüllt das Lächeln der Lemuren.
Das Sonnenschiff im Hafen liegt bereit.

Wenn hinter dir die Möwe stürzt und schreit,
kommt aus dem Westen der Befehl zu sinken;
doch offnen Augs wirst du im Licht ertrinken,
wenn hinter dir die Möwe stürzt und schreit.

[*A:* 1953]

Alle Tage

Der Krieg wird nicht mehr erklärt,
sondern fortgesetzt. Das Unerhörte
ist alltäglich geworden. Der Held
bleibt den Kämpfen fern. Der Schwache
ist in die Feuerzonen gerückt.
Die Uniform des Tages ist die Geduld,
die Auszeichnung der armselige Stern
der Hoffnung über dem Herzen.

Er wird verliehen,
wenn nichts mehr geschieht,
wenn das Trommelfeuer verstummt,
wenn der Feind unsichtbar geworden ist
und der Schatten ewiger Rüstung
den Himmel bedeckt.

Er wird verliehen
für die Flucht von den Fahnen,
für die Tapferkeit vor dem Freund,
für den Verrat unwürdiger Geheimnisse
und die Nichtachtung
jeglichen Befehls.

[*A:* 1953]

Im Gewitter der Rosen

Wohin wir uns wenden im Gewitter der Rosen,
ist die Nacht von Dornen erhellt, und der Donner
des Laubs, das so leise war in den Büschen,
folgt uns jetzt auf dem Fuß.

[*A:* 1953]

Die gestundete Zeit

Es kommen härtere Tage.
Die auf Widerruf gestundete Zeit
wird sichtbar am Horizont.
Bald mußt du den Schuh schnüren
und die Hunde zurückjagen in die Marschhöfe.
Denn die Eingeweide der Fische
sind kalt geworden im Wind.
Ärmlich brennt das Licht der Lupinen.
Dein Blick spurt im Nebel:
die auf Widerruf gestundete Zeit
wird sichtbar am Horizont.

Drüben versinkt dir die Geliebte im Sand,
er steigt um ihr wehendes Haar,
er fällt ihr ins Wort,
er befiehlt ihr zu schweigen,
er findet sie sterblich
und willig dem Abschied
nach jeder Umarmung.

Sieh dich nicht um.
Schnür deinen Schuh.
Jag die Hunde zurück.
Wirf die Fische ins Meer.
Lösch die Lupinen!

Es kommen härtere Tage.

[*A:* 1953]

Anrufung des Großen Bären

Großer Bär, komm herab, zottige Nacht,
Wolkenpelztier mit den alten Augen,
Sternenaugen,
durch das Dickicht brechen schimmernd
deine Pfoten mit den Krallen,
Sternenkrallen,
wachsam halten wir die Herden,
doch gebannt von dir, und mißtrauen
deinen müden Flanken und den scharfen
halbentblößten Zähnen,
alter Bär.

Ein Zapfen: eure Welt.
Ihr: die Schuppen dran.
Ich treib sie, roll sie
von den Tannen im Anfang
zu den Tannen am Ende,
schnaub sie an, prüf sie im Maul
und pack zu mit den Tatzen.

Fürchtet euch oder fürchtet euch nicht!
Zahlt in den Klingelbeutel und gebt
dem blinden Mann ein gutes Wort,
daß er den Bären an der Leine hält.
Und würzt die Lämmer gut.

's könnt sein, daß dieser Bär
sich losreißt, nicht mehr droht
und alle Zapfen jagt, die von den Tannen
gefallen sind, den großen, geflügelten,
die aus dem Paradiese stürzten.

[*A:* 1956]

Nebelland

Im Winter ist meine Geliebte
unter den Tieren des Waldes.
Daß ich vor Morgen zurückmuß,
weiß die Füchsin und lacht.
Wie die Wolken erzittern! Und mir
auf den Schneekragen fällt
eine Lage von brüchigem Eis.

Im Winter ist meine Geliebte
ein Baum unter Bäumen und lädt
die glückverlassenen Krähen
ein in ihr schönes Geäst. Sie weiß,
daß der Wind, wenn es dämmert,
ihr starres, mit Reif besetztes
Abendkleid hebt und mich heimjagt.

Im Winter ist meine Geliebte
unter den Fischen und stumm.
Hörig den Wassern, die der Strich
ihrer Flossen von innen bewegt,
steh ich am Ufer und seh,
bis mich Schollen vertreiben,
wie sie taucht und sich wendet.

Und wieder vom Jagdruf des Vogels
getroffen, der seine Schwingen
über mir steift, stürz ich
auf offenem Feld: sie entfiedert
die Hühner und wirft mir ein weißes
Schlüsselbein zu. Ich nehm's um den Hals
und geh fort durch den bitteren Flaum.

Treulos ist meine Geliebte,
ich weiß, sie schwebt manchmal
auf hohen Schuh'n nach der Stadt,
sie küßt in den Bars mit dem Strohhalm
die Gläser tief auf den Mund,
und es kommen ihr Worte für alle.
Doch diese Sprache verstehe ich nicht.

Nebelland hab ich gesehen,
Nebelherz hab ich gegessen.

[*A:* 1956]

Strömung

So weit im Leben und so nah am Tod,
daß ich mit niemand darum rechten kann,
reiß ich mir von der Erde meinen Teil;

dem stillen Ozean stoß ich den grünen Keil
mitten ins Herz und schwemm mich selber an.

Zinnvögel steigen auf und Zimtgeruch!
Mit meinem Mörder Zeit bin ich allein.
In Rausch und Bläue puppen wir uns ein.

[*D:* 1957]

Enigma

Für Hans Werner Henze aus der Zeit der Ariosi

Nichts mehr wird kommen.

Frühling wird nicht mehr werden.
Tausendjährige Kalender sagen es jedem voraus.

Aber auch Sommer und weiterhin, was so gute Namen
wie „sommerlich“ hat –
es wird nichts mehr kommen.

Du sollst ja nicht weinen,
sagt eine Musik.

Sonst
sagt
niemand
etwas.

[*D:* 1968]

[*Enigma:* Rätsel. – Widmung: Gemeint ist das Jahr 1963 und Henzes (*1926) Komposition „Ariosi“ mit Gedichten von Torquato Tasso. – *Nichts mehr wird kommen:* „Nichts wird kommen für meine Seele“ heißt es in den Altenberg-Liedern op. 4 von Alban Berg (1885–1935) von 1912. – *Du sollst ja nicht weinen:* Angespielt wird wohl auf die Vertonung von „Armer Kinder Bettlerlied“ aus „Des Knaben Wunderhorn“ in Gustav Mahlers (1860–1911) 3. Symphonie.]

Dagmar Nick
*1926

Vision

Die Städte werden Asche sein,
das Land ein nackter Schattenriß.
Die Städte werden Asche sein,
und zögernd wird der Feuerschein
ersticken zwischen dem Gebein
der schweigenden Nekropolis.

Die Toten werden auferstehn
aus Erde, Rauch und Meeresschaum.
Die Toten werden auferstehn
und durch die leeren Räume gehn,
als wäre alles, was geschehn,
ein Traum.

[*A:* 1959]

Geh über Nacht

Schlage die Tür zu
und vergrabe den Schlüssel
in keiner Erinnerung.
Nimm keinen Abschied.
Du hast deine Hoffnung
getränkt mit Galle:
jetzt steht der Schierling
mannshoch.

Schlage den Weg ein,
den du vergessen wirst.
Geh über Nacht.
Nimm Aufenthalt,
wo du nicht bleiben wirst,
decke dich zu
mit dem Schatten der Sterne.
Gib keine Antwort.

[*A:* 1969]

Gezählte Tage

Die Schlinge um meinen Hals,
die du nicht zuziehst.
Der Schierling in meinem Garten,
den ich nicht ernte.
Im Angesicht deines Sterbens
breche ich Fackeln
aus den Marmorstelen
vergessener Götter,
als könnte ich
diesen Tunnel erleuchten,
durch den du davongehst.

So lebe ich.
Mit der Schlinge, dem Schierling.
So lebe ich weiter.

[*A:* 1986]

Ägäis

Im Marmorlicht der Kykladen
mein Herz, ein Kristall.
Ich werfe es hoch,
einem Taubenschwarm zu,
sehe, wie es sich langsam
von mir entfernt,
ein Lichtkorn unter der
Perlmutterschwinge des Winds,
sehe ihm nach,
noch einmal ein letztes
Aufblitzen, schmerzlos.

[*A:* 1986]

Christa Reinig
*1926

Verwandlung

ich wandle unter meinen händen
den tisch den teller und das brot
bis sie sich mir entgegenwenden
und sich verwandeln in den tod

ich danke allen starken dingen
mein herz ging strahlend in sie ein
es ging als wucht sie zu bezwingen
und kam als weisheit sie zu sein

schnee fällt in meinen mantelkragen
und steigt aus meinem atemhauch
kommt wie ein kleid von stein zu tragen
und geht ins dunkel wie ein rauch

[*A:* 1960]

Der Enkel trinkt

wir küssen den stahl der die brücken spannt
wir haben ins herz der atome geschaut
wir pulvern die wuchtigen städte zu sand
und trommeln auf menschenhaut

wir überdämmern die peripetie
der menschheit im u-bahnschacht
versunken im rhythmus der geometrie
befällt uns erotische nacht

wir schleudern ins all unsern amoklauf
das hirn zerstäubt – der schädel blinkt
ein grauer enkel hebt ihn auf
geht an den bach und trinkt

[*A:* 1960]

Die Ballade vom blutigen Bomme

hochverehrtes publikum
werft uns nicht die bude um
wenn wir albernes berichten
denn die albernsten geschichten
macht der liebe gott persönlich
ich verbleibe ganz gewöhnlich
wenn ich auf den tod von Bomme
meinem freund zu sprechen komme

möge Ihnen nie geschehn
was Sie hier in bildern sehn

zur beweisaufnahme hatte
man die blutige krawatte
keine spur mehr von der beute
auf dem flur sogar die leute
horchen was nach außen dringt
denn der angeklagte bringt
das gericht zum männchenmachen
und das publikum zum lachen

seht die herren vom gericht
schätzt man offensichtlich nicht

eisentür und eisenbett
dicht daneben das klosett
und der wärter freut sich sehr
kennt den mann von früher her
Bomme fühlt sich gleich zuhaus
ruht von seiner arbeit aus
auch ein reicher mann hat ruh
hält den sarg von innen zu

jetzt geht Bomme dieser mann
und sein reichtum nichts mehr an

sagt der wärter: grüß dich mann
laß dirs gut gehn – denk daran
wärter sieht auch mal vorbei
mach mir keine schererei
essen kriegst du nicht zu knapp
Bomme denn dein kopf muß ab
Bomme ist schon sehr gespannt
und malt männchen an die wand

nein hier hilft kein daumenfalten
Bomme muß den kopf hinhalten

Bomme ist noch nicht bereit
für abendmahl und ewigkeit
kommt der pastor und erzählt
wie sich ein verdammter quält
wie er große tränen weint
und sich wälzet – Bomme meint
das ist alles intressant
und mir irgendwie bekannt

denn was weiß ein frommer christ
wie dem mann zumute ist

auf dem hof wird holz gehauen
Bomme hilft das fallbeil bauen
und er läßt sich dabei zeit
schließlich ist es doch soweit
daß es hoch und heilig ragt
Bomme sieht es an und sagt:
das ist schärfer als faschismus
und probiert den mechanismus

wenn die schwere klinge fällt
spürt er daß sie recht behält

aufstehn kurz vor morgengrauen
das schlägt Bomme ins verdauen
und da friert er – reibt die hände
konzentriert sich auf das ende
möchte gar nicht so sehr beten
lieber schnell aufs klo austreten
doch dann denkt er: einerlei
das geht sowieso vorbei

von zwei peinlichen verfahren
kann er eins am andern sparen

wäre mutter noch am leben
würde es auch tränen geben
aber so bleibt alles sachlich
Bomme wird ganz amtlich-fachlich
ausgestrichen aus der liste
und gelegt in eine kiste
nur ein sträfling seufzt dazwischen
denn er muß das blut aufwischen

bitte herrschaften verzeiht
solche unanständigkeit

doch wer meint das stück war gut
legt ein groschen in den hut

[*A:* 1960]

Vor der Abfahrt

Sie kamen und suchten
unter der Bank, im Gepäcknetz
suchten sie jemand.
Danke, sagten sie zu mir.

Auf dem Dach, zwischen den Rädern
suchten sie jemand.
Unter meiner Mütze
suchten sie nicht.

Starr war die Erde.
Da nahm ich den Schnee.
In meiner Manteltasche
nahm ich den Schnee mit.

[*A:* 1969]

Elisabeth Borchers
*1926

eia wasser regnet schlaf

I
eia wasser regnet schlaf
eia abend schwimmt ins gras
wer zum wasser geht wird schlaf
wer zum abend kommt wird gras
weißes wasser grüner schlaf
großer abend kleines gras
es kommt es kommt
ein fremder

II
was sollen wir mit dem ertrunkenen matrosen tun?
wir ziehen ihm die stiefel aus
wir ziehen ihm die weste aus
und legen ihn ins gras

  mein kind im fluß ist's dunkel
  mein kind im fluß ist's naß

was sollen wir mit dem ertrunkenen matrosen tun?
  wir ziehen ihm das wasser an
  wir ziehen ihm den abend an
  und tragen ihn zurück

    mein kind du mußt nicht weinen
    mein kind das ist nur schlaf

was sollen wir mit dem ertrunkenen matrosen tun?
  wir singen ihm das wasserlied
  wir sprechen ihm das grasgebet
  dann will er gern zurück

III
es geht es geht
ein fremder
ins große gras den kleinen abend
im weißen schlaf das grüne naß
und geht zum gras und wird ein abend
und kommt zum schlaf und wird ein naß
eia schwimmt ins gras der abend
eia regnet's wasserschlaf

[*D:* 1960]

Alter jüdischer Friedhof im Mai

Wer lebt hier
Ich höre vereinzelt Gesang
und den Sprung des Eichhorns hinab.

Wer ist hier der Herr
Aufrecht horchen die Steine.

Wer wirft das Kleid
Es fällt der Schatten von Bäumen
Es fällt das Licht aus der Hand.

Wer geht durch das Gras
Sieh doch. Die Stille.

[*A:* 1986]

Was alles braucht's zum Paradies

Ein Warten ein Garten
eine Mauer darum
ein Tor mit viel Schloß und Riegel
ein Schwert eine Schneide aus Morgenlicht
ein Rauschen aus Blättern und Bächen
ein Flöten ein Harfen ein Zirpen
ein Schnauben (von lieblicher Art)
Arzneien aus Balsam und Düften
viel Immergrün und Nimmerschwarz
kein Plagen Klagen Hoffen
kein Ja kein Nein kein Widerspruch
ein Freudenlaut
ein allerlei Wiegen und Wogen
das Spielzeug eine Acht aus Gold
ein Heute und kein Morgen
der Zeitvertreib das Wunder
das Testament aus warmem Schnee
wer kommt wer ginge wieder
Wir werden es erfragen.

[*A:* 1986]

Hans Carl Artmann

1921–2000

landschaft 18

die süsse der nachtigall hat den wald durchbrochen sie
dringt an mein ohr auf wellen des abends kam sie ob sie

gezielt ist wer weiß es ich aber nehme sie wie eine
tasse schöner milch ich trinke der nacht zu sie allein

ist s die mich kleidet in diebstracht wenn ich liebe
suche in mulden auf hügeln unter einem verborgenen baum

ja ich atme das nest das noch ungebaute ein forst auch
in samen der plötzlich erwächst und steht mit hütenden

schatten darin ich in ihrem namen ergreife was zu halten
ist wie liebliche macht der brüste und enge des leibes

oh und die sorgsame stille der hände wenn der mond sich
verspinnt an geschlossenen blüten von blumen du dafydd

verstehst das hast diese sprache gelehrt in zeilen der
vorzeit wie wenn ich jetzt nicht begriffe hader fürchtete

oder das schnauben des hahnreis gerechte götter es steht
ein wiederschein des walds in ihren augen als ob ein hauch

von grün zwei helle teiche rührte mein gang ist frei und
aufrecht wer will dem wehren ich frage nicht ich nehme

(1966) [*A:* 1969]

---

mit einem jahr ein kind,
mit zweien jahr ein jüngling,
mit dreien jahr ein mann,
mit vier jahr wohlgetan.
mit fünfen geht es auch noch an,
mit sechsen rückt das alter an.
mit sieben jahr ein greis,
mit acht jahr schneeweiß,
mit neun jahr leucht das morgenrot,
mit zehen jahr, ja grüß dich gott!

[*A:* 1967]

wär ich ein kesselflicker,
ich flickte mir das herz
mit blanken kupfergroschen,
zu stillen meinen schmerz.

durch zauberei und sünde
empfing es loch um loch,
ich geh durch wiesengründe,
und lach ich, wein ich doch.

mein trank ist von dem rebstock,
ihn trink ich, wo ich kann,
oh, wär ich gleich ein rehbock
in efeufinstrem tann.

will ich den leib ausruhen,
so fliehet mich der traum,
in ausgedienten schuhen
wach ich am waldessaum.

mit schlummerlosen augen
vergeht mir so die nacht,
sie will zu gar nichts taugen,
die ganze flimmerpracht.

was nützts mir, wenn am himmel
der blanke mond sich zeigt,
wenn er im sterngewimmel
bloß trauerländler geigt.

die andren haben wiesen,
viel äcker, manches rind;
die berge stehn wie riesen,
mein hemd durchpfeift der wind.

der hauswirt sitzt am herde,
genießt die vesper frei,
ich wünscht, ich säß zu pferde
und ritt in die türkei.

[*A:* 1975]

Helmut Heissenbüttel
1921–1996

einfache Sätze
während ich stehe fällt der Schatten hin
Morgensonne entwirft die erste Zeichnung
Blühn ist ein tödliches Geschäft
ich habe mich einverstanden erklärt
ich lebe

[*E:* 1953; *A:* 1960]

---

das Sagbare sagen
das Erfahrbare erfahren
das Entscheidbare entscheiden
das Erreichbare erreichen
das Wiederholbare wiederholen
das Beendbare beenden

das nicht Sagbare
das nicht Erfahrbare
das nicht Entscheidbare
das nicht Erreichbare
das nicht Wiederholbare
das nicht Beendbare

das nicht Beendbare nicht beenden

[*E:* 1954; *A:* 1960]

Gedicht über Hoffnung

Halluzination großer fremder Städte Stadt
starrt aus eingefallen Ecke Silberburg-Rosen-
bergstraße Novembersonne Gerüst Ahnung
dicht bevor Wiederkehr entgegen Halluzina-

tion letzter Gänge Licht-Schatten-Kolonnen
täglich rostrot bewischt Gerüst durch Mauer-
blenden hindurch Koordinaten und spät Re-
genschieferglanz Fransenstreif abends Ver-

folgung und Angst und Ermatten Erfindung
und Weglosigkeit hell fremd groß Stadt die
Städte des Paradieses was zu kommt uns hell
fremd groß und keine Spur hinterlassen

Spritzfleck endgültig asphalt- und schatten-
gelackt später Umkehr Aufhebung Geschehen
Umkehr Geschehen Schattenbild Vorwurf
Metall rotgelackt dezemberbraun selbst eine

Möve im Binnenland später Kupferhalden
Dohlen Mastenfeld Regenfächer und kleine
Figuren auf langhingezognen Prospekten der
Schrecken der nicht zu erwarten Begegnung

kreiselnder Dohlenfahnen schräg Mengen von
übereinander gestapelten Bahnsteigen plötz-
lich stanniolfarben Kalkleuchten Lichterbündel
Lichtbündelbänder Bandfeld dazwischen end-

gültig durch Mauerblenden hindurch Doppel-
sinn Wortdinger Schlagholz Sprache verviel-
facht multipel sooft auf der andern entledigt
dessen was äußerst Nachtigall mitten im Winter

[*A:* 1964]

September

des Herbstes Anfang Herbstes Einfall Sommers Wende
das bricht was bricht es denn es ist noch nicht zuende

windbewegte Pappeln und lagernde Kühe
sonnendurchschossener Dunst in der Frühe

was ich noch tue wird nach Maßgabe dessen gut
wie weit es sich von alleine tut

zerschnitten ist was schneidbar ist immer im Leben
Zerschnittenes auch wird überraschend zurück gegeben

der Kindheit Regentrommel trommelt aufs Dach
und Wind ist in Pappeln vorm Fenster wach

die Flüchtigkeit der Gegenwart ist unheimlich bekannt
und große Schiffe gehn durch Bäume überland

der rot und schwarzen Dächer Hinterhofstruktur
weist wie von weitem auf dieselbe Spur

Spur die zurückzulesen ich gekommen bin
von Bäumen nah und fern umringt leb ich dahin

der Bäume Laub beginnt wie das des Lebens sich zu färben
was später kommt ist schwerer zu erwerben

der flachste Horizont und rascher weißer Wolken Wanderung
löschen die rückwärts blickt Erinnerung

des Herbsts Gerichtsstand blättert in den Pappeln
Herbst richtet die Gedanken die im Westwind zappeln

der zappelnde Gedanke überdeich davon gezerrt
taucht auf am Horizont der scharf wie ein Lineal mich sperrt

Hundegebell fern überland nach Mitternacht
verlischt ins Schweigen schlaf ich oder bin ich aufgewacht

[*E:* 1981; *A:* 1985]

Eugen Gomringer
*1925

das schwarze geheimnis
ist hier
hier ist
das schwarze geheimnis
[*A:* 1953]

---

schweigen schweigen schweigen
schweigen schweigen schweigen
schweigen schweigen
schweigen schweigen schweigen
schweigen schweigen schweigen
[*A:* 1960]

---

worte sind schatten
schatten werden worte

worte sind spiele
spiele werden worte

sind schatten worte
werden worte spiele

sind spiele worte
werden worte schatten

sind worte schatten
werden spiele worte

sind worte spiele
werden schatten worte
[*A:* 1960]

---

w w
d i
n n n
i d i d
w w

[*A:* 1960]

Friederike Mayröcker
*1924

Ode an einen Ort

Heimatstätte meiner Träume: Hütte Thron Türme Gebälk
    Glocken Taubenschwarm vielflügelig verbrieft
    geschnäbelt ins graue Licht
    ätzend den Trauerhimmel
    mit Botschaft von dir zu mir:

Schleife Ungeduld neu aufgebunden und mit Augengewichten
    beschwert
    tränengeblendet
    während feuer-trinkende Kannen

auf in den versengten Julihimmel (durchbrochen
    Windungen / rastende Gefühle
    weit verstreut Blumen –
    setz deinen Fusz auf mein Haupt
    Herr!)

quellende Sträusze Ginster / Kamillen (wie Staub..)
der Wald –

    ..und zu den Teichen!

[*A:* 1966]

Der Aufruf

Mein Leben:
ein Guckkasten mit kleinen Landschaften
gemächlichen Menschen
vorüberziehenden Tieren
wohlbekannten wiederkehrenden Szenerien

plötzlich aufgerufen bei meinem Namen
steh ich nicht länger im windstillen Panorama
mit den bunten schimmernden Bildern

sondern drehe mich wie ein schrecklich glühendes Rad
einen steilen Abhang hinunter
aller Tabus und Träume von gestern entledigt
auf ein fremdes bewegtes Ziel gesetzt:

ohne Wahl
aber mit ungeduldigem Herzen

[*A:* 1974]

Alp-Traum

über das Zimmertelephon
des Berghotels
melde ich
das Fehlen eines Flaschenöffners –
die Rezeption bedauert:
dann hat Ihr Vorgänger
ihn mitgenommen!
ich komme mir schuldig vor
für jemand den ich nicht kenne,
wandere etwas bedrückt
den zugefrorenen See entlang:
gebüschelt schwankt
das vergilbte Schilfrohr am Ufer.
Lauthals und lässig
wie Mondfahrer ausgerüstet
kreuzweise Schistöcke und -bretter geschultert
stapfen die jungen Fremden
über den knirschenden Kirchenplatz –
von den Dachtraufen
dräuen
schreckliche Dolche schädelwärts

(12. 1. 1981) [*A:* 1982]

falsche Bewegung

gestern
beim Auseinander-
gehen haben wir uns
beide Hände
gegeben –
aber nicht die Lippen
zum Kusz –
: eine plötzlich erstarrte
Umarmung?
frage ich mich
ruhelos
und in Tränen /
du blickst
ohne Lächeln
über die Schulter zurück

(7. 5. 1981) [*A:* 1982]

CLAUS BREMER
1924–1996

```
geht es mich nichts an
geht es michnichts  an
geht es mic ichts   an
geht es mi  chts    an
geht es m   hts     an
geht es     ts      an
geht es     s       an
geht e              an
geht       h        an
geht      ch        an
geh      ich        an
ge      mich        an
g       mich        an
      s mich        an
     es mich        an
     es mich        an
   t es mich        an
  ht es mich        an
 eht es mich        an
geht es mich        an
```

[*A:* 1964]

zwei tabellen und eine variation

fugen	aus	märchen
fugen	märchen	aus
aus	fugen	märchen
aus	märchen	fugen
märchen	fugen	aus
märchen	aus	fugen

aus gold	ohren	die wüsten
aus gold	die wüsten	ohren
ohren	aus gold	die wüsten
ohren	die wüsten	aus gold
die wüsten	aus gold	ohren
die wüsten	ohren	aus gold

fugen	aus	märchen
aus gold	märchen	aus
aus	aus gold	märchen
ohren	märchen	aus gold
märchen	aus gold	ohren
die wüsten	ohren	aus gold

(1959) [*A:* 1972]

Ernst Jandl
1925–2000

Aus: krieg und so

schtzngrmm
schtzngrmm
t-t-t-t
t-t-t-t
grrrmmmmm
t-t-t-t
s———c———h
tzngrmm
tzngrmm
tzngrmm
grrrmmmmm
schtzn
schtzn
t-t-t-t
t-t-t-t
schtzngrmm
schtzngrmm
tssssssssssssssssss
grrt
grrrrrt
grrrrrrrrrt
scht
scht
t-t-t-t-t-t-t-t-t-t
scht
tzngrmm
tzngrmm
t-t-t-t-t-t-t-t-t-t
scht
scht
scht
scht
scht
grrrrrrrrrrrrrrrrrrrrrrrrrrrr
t-tt
(19.4.1957) [*D:* 1957]

lichtung

manche meinen
lechts und rinks
kann man nicht
velwechsern.
werch ein illtum!
[*A:* 1966]

sommerlied

wir sind die menschen auf den wiesen
bald sind wir menschen unter den wiesen
und werden wiesen, und werden wald
das wird ein heiterer landaufenthalt
(14.6.1954) [*A:* 1973]

———

vater komm erzähl vom krieg
vater komm erzähl wiest eingrückt bist
vater komm erzähl wiest gschossen hast
vater komm erzähl wiest verwundt wordn bist
vater komm erzähl wiest gfallen bist
vater komm erzähl vom krieg
(30.10.66) [*A:* 1973]

boogie-woogie

1 gegenüber
1 gegengegenüber
1 gegengegengegenüber
1 gegengegengegengegenüber

1 vis-à-vis
1 vis-à-vis-à-vis
1 vis-à-vis-à-vis-à-vis
1 vis-à-vis-à-vis-à-vis-à-vis

(1970/71) [*A:* 1978]

an gott

daß an gott geglaubt einstens er habe
fürwahr er das könne nicht sagen
es sei einfach gewesen gott da
und dann nicht mehr gewesen gott da
und dazwischen sei garnichts gewesen
jetzt aber er müßte sich plagen
wenn jetzt an gott glauben er wollte
garantieren für ihn könnte niemand
indes vielleicht eines tages
werde einfach gott wieder da sein
und garnichts gewesen dazwischen

[*A:* 1982]

wettrennen

er
ers
erst
erste
erster
erst er
erste ers
erster erst
erst er erste
erste ers erster
erster erst erst er
erst er erste erste ers
erste ers erster erster erst
erster erst erst er erst er erste
erst er erste erste ers erste ers erster
erste ers erster erster erst erster erst erst er
erster erst erst er erst er erste erst er erste erste ers
erst er erste erste ers erste ers erster erste ers erster erster erst
erste ers erster erster erst erster erst erst er erster erst erst er erst er erste
erster erst erst er erst er erste erst er erste erste ers erst er erste erste ers erste ers erster

[*A:* 1970]

GERHARD RÜHM
*1930

sonett

erste strophe erste zeile
erste strophe zweite zeile
erste strophe dritte zeile
erste strophe vierte zeile

zweite strophe erste zeile
zweite strophe zweite zeile
zweite strophe dritte zeile
zweite strophe vierte zeile

dritte strophe erste zeile
dritte strophe zweite zeile
dritte strophe dritte zeile

vierte strophe erste zeile
vierte strophe zweite zeile
vierte strophe dritte zeile

[*A:* 1970]

stilleben

der tisch steht
der sessel sitzt
das bett liegt
die uhr geht
das glas springt
die temperatur fällt

(1977/84) [*A:* 1984]

---

jetzt
Jetzt
Jetzt
jetzt
Jetzt
Jetzt
jetzt
jetzt
jetzt
jetzt
jetzt
Jetzt

[*A:* 1970]

licht
l ich t
l ich t
l   ich   t
l   ich   t
l   ich   t
l   ich   t
l   ich   t
l   ich   t

ich

ich

ich

ich

ich

ich

[*A:* 1970]

FRANZ MON
*1926

execution der excusion

man soll
man sollte
man sollte mal
man sollte doch mal
man sollte doch noch mal
man sollte doch noch einmal
man sollte doch noch einmal wieder

jeder soll ein mann

man sollte
man hat gesollt
man hatte gesollt
man hatte gesollt zu haben
man hatte gesollt haben müssen
man wird gesollt haben müssen

gedanken sind sollfrei

jeder soll es sollen
jeder soll es selbst sollen
jeder soll es selbst wieder sollen
jeder soll es selbst wieder gesollt haben
jeder soll es selbst wieder gesollt haben müssen

[*A:* 1972]

[*excusion:* artikulatorisch gebildete Variation von ‚execution'; vgl. franz. ‚excuse' = Entschuldigung.]

---

man muß was tun
muß man was tun
was muß man tun
tun muß man was

man hätte was getan
hätte man was getan
was hätte man getan
hätte man was getan

tun was man muß
was man tun muß
tun muß man was
was muß man tun

[*A:* 1972]

bist du dir grün?

wunschlos sich grün wünschen
blicklos ins grün blicken
sprachlos von grün sprechen
heillos mit grün heilen
sorglos für grün sorgen
neidlos das grün neiden
fraglos nach grün fragen
klaglos um grün klagen
planlos das grün planen
schadlos dem grün schaden
zwanglos das grün zwängen
ruchlos nach grün riechen
zügellos grün zügeln
willenlos grün wollen
wahllos grün wählen
kopflos grün köpfen
arglos sich grün ärgern
endlos im grün enden

[*A:* 1981]

---

fallen.
viele fallen.
viele fühlen : fallen.
viele fühlen fallende fallen.
viele fühlen wie sie fallen.
viele fühlen fallend die fallen.
viele fielen und füllten die fallen.
viele gefallene füllen die fallen.
vielen gefallen die vollen fallen.

[*A:* 1981]

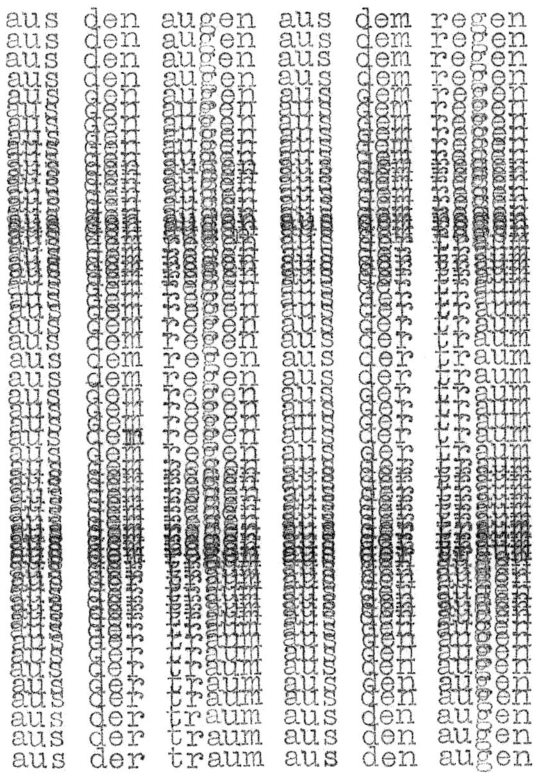

[*A:* 1967]

Günter Grass
*1927

Die Vorzüge der Windhühner

Weil sie kaum Platz einnehmen
auf ihrer Stange aus Zugluft
und nicht nach meinen zahmen Stühlen picken.
Weil sie die harten Traumrinden nicht verschmähen,
nicht den Buchstaben nachlaufen,
die der Briefträger jeden Morgen vor meiner Tür verliert.
Weil sie stehen bleiben,
von der Brust bis zur Fahne
eine duldsame Fläche, ganz klein beschrieben,
keine Feder vergessen, kein Apostroph...
Weil sie die Tür offen lassen,
der Schlüssel die Allegorie bleibt,
die dann und wann kräht.
Weil ihre Eier so leicht sind
und bekömmlich, durchsichtig.
Wer sah diesen Augenblick schon,
da das Gelb genug hat, die Ohren anlegt und verstummt.
Weil diese Stille so weich ist,
das Fleisch am Kinn einer Venus,
nähre ich sie. –

Oft bei Ostwind,
wenn die Zwischenwände umblättern,
ein neues Kapitel sich auftut,
lehne ich glücklich am Zaun,
ohne die Hühner zählen zu müssen, –
weil sie zahllos sind und sich ständig vermehren.

[*A:* 1956]

Kinderlied

Wer lacht hier, hat gelacht?
Hier hat sich's ausgelacht.
Wer hier lacht, macht Verdacht,
daß er aus Gründen lacht.

Wer weint hier, hat geweint?
Hier wird nicht mehr geweint.
Wer hier weint, der auch meint,
daß er aus Gründen weint.

Wer spricht hier, spricht und schweigt?
Wer schweigt, wird angezeigt.
Wer hier spricht, hat verschwiegen,
wo seine Gründe liegen.

Wer spielt hier, spielt im Sand?
Wer spielt, muß an die Wand,
hat sich beim Spiel die Hand
gründlich verspielt, verbrannt.

Wer stirbt hier, ist gestorben?
Wer stirbt, ist abgeworben.
Wer hier stirbt, unverdorben
ist ohne Grund verstorben.

[*A:* 1960]

Kleine Aufforderung zum großen Mundaufmachen – oder der Wasserspeier spricht

Wer jene Fäulnis,
die lange hinter der Zahnpaste lebte,
freigeben, ausatmen will,
muß seinen Mund aufmachen.

Wir wollen nun den Mund aufmachen,
die schlimmen Goldzähne,
die wir den Toten brachen und pflückten,
auf Ämtern abliefern.

Um dicke Väter
– jetzt, da auch wir schon Väter und immer dicker –
absetzen und ausspeien zu können,
muß man den Mund aufmachen;

wie unsere Kinder bei Zeiten
den Mund aufmachen, die große Fäulnis,
die schlimmen Goldzähne, die dicken Väter
ausspeien werden, absetzen werden.

[*A:* 1960]

Mannomann

Hör schon auf.
Machen Punkt.
Du bist doch fertig, Mann, und nur noch läufig.

Sag nochmal: Wird gemacht.
Drück nochmal Knöpfchen und laß sie tanzen die Puppen.
Zeig nochmal deinen Willen und seine Brüche.
Hau nochmal auf den Tisch, sag: Das ist meiner.
Zähl nochmal auf, wie oft du und wessen.
Sei nochmal hart, damit es sich einprägt.
Beweise dir noch einmal deine große, bewiesene,
deine allumfassende Fürundfürsorge.

Mannomann.
Da stehst du nun da und im Anzug da.
Männer weinen nicht, Mann.
Deine Träume, die typisch männlich waren, sind alle gefilmt.
Deine Siege datiert und in Reihe gebracht.
Dein Fortschritt eingeholt und vermessen.
Deine Trauer und ihre Darsteller ermüden den Spielplan.
Zu oft variiert deine Witze; Sender Eriwan schweigt.
Leistungsstark (immer noch) hebt deine Macht sich auf.

Mannomann.
Sag nochmal ich.
Denk nochmal scharf.
Blick nochmal durch.
Hab nochmal recht.
Schweig nochmal tief.
Steh oder fall noch ein einziges Mal.

[*A:* 1983]

Hans Magnus Enzensberger
*1929

Utopia

Der Tag steigt auf mit großer Kraft
schlägt durch die Wolken seine Klauen
Der Milchmann trommelt auf seinen Kannen
Sonaten: himmelan steigen die Bräutigame
auf Rolltreppen: wild mit großer Kraft
werden schwarze und weiße Hüte geschwenkt.
Die Bienen streiken. Durch die Wolken
radschlagen die Prokuristen,
aus den Dachluken zwitschern Päpste.
Ergriffenheit herrscht und Spott
und Jubel. Segelschiffe
werden aus Bilanzen gefaltet.
Der Kanzler schussert mit einem Strolch
um den Geheimfonds. Die Liebe
wird polizeilich gestattet,
ausgerufen wird eine Amnestie
für die Sager der Wahrheit.
Die Bäcker schenken Semmeln
den Musikanten. Die Schmiede
beschlagen mit Eisernen Kreuzen
die Esel. Wie eine Meuterei
bricht das Glück, wie ein Löwe aus.
Die Wucherer, mit Apfelblüten
und mit Radieschen beworfen,
versteinern. Zu Kies geschlagen,
zieren sie Wasserspiele und Gärten.
Überall steigen Ballone auf,
die Lustflotte steht unter Dampf:
Steigt ein, ihr Milchmänner,
Bräutigame und Strolche!
Macht los! mit großer Kraft
steigt auf
der Tag.

[*A:* 1957]

[*Der Tag:* Vgl. Wolframs von Eschenbach Gedicht „Sîne clâwen…" (oben S. 42).]

Bildzeitung

Du wirst reich sein
Markenstecher Uhrenkleber:
wenn der Mittelstürmer will
wird um eine Mark geköpft
ein ganzes Heer beschmutzter Prinzen
Turandots Mitgift unfehlbarer Tip
Tischlein deck dich:
du wirst reich sein.

Manitypistin Stenoküre
du wirst schön sein:
wenn der Produzent will
wird dich Druckerschwärze salben
zwischen Schenkeln grober Raster
mißgewählter Wechselbalg
Eselin streck dich:
du wirst schön sein.

Sozialvieh Stimmenpartner
du wirst stark sein:
wenn der Präsident will
Boxhandschuh am Innenlenker
Blitzlicht auf das Henkerlächeln
gib doch Zunder gib doch Gas
Knüppel aus dem Sack:
du wirst stark sein.

Auch du auch du auch du
wirst langsam eingehn
an Lohnstreifen und Lügen
reich, stark erniedrigt
durch Musterungen und Malz-
kaffee, schön besudelt mit Straf-
zetteln, Schweiß,
atomarem Dreck:

deine Lungen ein gelbes Riff
aus Nikotin und Verleumdung
möge die Erde dir leicht sein
wie das Leichentuch
aus Rotation und Betrug
das du dir täglich kaufst
in das du dich täglich wickelst.

[*A:* 1957]

Ins Lesebuch für die Oberstufe

Lies keine Oden, mein Sohn, lies die Fahrpläne:
sie sind genauer. Roll die Seekarten auf,
eh es zu spät ist. Sei wachsam, sing nicht.
Der Tag kommt, wo sie wieder Listen ans Tor
schlagen und malen den Neinsagern auf die Brust
Zinken. Lern unerkannt gehn, lern mehr als ich:
das Viertel wechseln, den Paß, das Gesicht.
Versteh dich auf den kleinen Verrat,
die tägliche schmutzige Rettung. Nützlich
sind die Enzykliken zum Feueranzünden,
die Manifeste: Butter einzuwickeln und Salz
für die Wehrlosen. Wut und Geduld sind nötig,
in die Lungen der Macht zu blasen
den feinen tödlichen Staub, gemahlen
von denen, die viel gelernt haben,
die genau sind, von dir.

[*A:* 1957]

Gedicht für die Gedichte nicht lesen

Wer ruft mit abgerissenem Mund
aus der Nebelkammer? Wer schwimmt,
einen Gummiring um den Hals,
durch diese kochende Lache
aus Bockbier und Blut?
Er ist es,
für den ich dies in den Staub ritze,
er, der es nicht entziffert.

Wer ist ganz begraben von Zeitungen
und von Mist? Wer hat Uran im Urin?
Wer ist in den zähen Geifer
der Gremien eingenäht? Wer
ist beschissen von Blei?
Siehe,
er ists, im Genick die Antenne,
der sprachlose Fresser mit dem räudigen Hirn.

Was sind das für unbegreifliche Ohren,
von wüstem Zuckerguß triefend,
die sich in Kurszettel wickeln
und in den Registraturen stapeln
zu tauben mürrischen Bündeln?
Geneigte,
Ohren verstörter Verräter, zu denen
rede ich kalt wie die Nacht und beharrlich.

Und das Geheul, das meine Worte
verschlingt? Es sind die amtlichen
schmierigen Adler, die orgeln
durch den entgeisterten Himmel,
um uns zu behüten.
Von Lebern,
meiner und deiner, zehren sie,
Leser, der du nicht liest.

[*A:* 1960]

[*Adler:* Vgl. ‚Prometheus' bei den „Wort- und Sacherklärungen" im Anhang.]

Weiterung

Wer soll da noch auftauchen aus der Flut,
wenn wir darin untergehen?

Noch ein paar Fortschritte,
und wir werden weitersehen.

Wer soll da unserer gedenken
mit Nachsicht?

Das wird sich finden,
wenn es erst soweit ist.

Und so fortan
bis auf weiteres

und ohne weiteres
so weiter und so

weiter nichts

keine Nachgeborenen
keine Nachsicht

nichts weiter

[*A:* 1964]

[Vgl. Brechts Gedicht „An die Nachgeborenen".]

Rondeau

Reden ist leicht.

Aber Wörter kann man nicht essen.
Also backe Brot.
Brot backen ist schwer.
Also werde Bäcker.

Aber in einem Brot kann man nicht wohnen.
Also bau Häuser.
Häuser bauen ist schwer.
Also werde Maurer.

Aber auf einen Berg kann man kein Haus bauen.
Also versetze den Berg.
Berge versetzen ist schwer.
Also werde Prophet.

Aber Gedanken kann man nicht hören.
Also rede.
Reden ist schwer.
Also werde was du bist

und murmle weiter vor dich hin,
unnützes Geschöpf.

[*A:* 1971]

Der Angestellte

Nie hat er jemanden umgebracht. Nein,
er wirft aus Versehen Flaschen um.
Er möchte gern, schwitzt, verliert
seinen liebsten Schlüssel. Immerzu
erkältet er sich. Er weiß, daß er muß.
Er mutet sich Mut zu, er gähnt,
er tupft seinen Gram auf den Putz.
Er denkt, lieber nicht. Eingezwängt
in zwei Schuhe, beteuert er bleich
das Gegenteil. Ja, er meldet sich an
und ab. Das Gegenteil sagt er von dem,
was er sagen wollte. Eigentlich, sagt er,
eigentlich nicht. Der Anzug ist ihm zu eng,
zu weit. Seine Stelle schmerzt. Nein,
seine eigene Handschrift kann er schon längst
nicht mehr lesen. Er hat sich scheiden lassen,
vergebens. Kein Mensch ruft ihn an. Überall
juckt es ihn. Sein Kugelschreiber läuft aus,
beim besten Willen. Er ist öfters vorhanden,
in jedem Zimmer einmal, immer allein.
Er schneidet sich beim Rasieren. Ja,
er paßt nämlich immer auf, sonst
kann er nicht schlafen. Er schläft.
Alles meckert, alles was recht ist,
alles lacht über ihn. Er merkt nicht,
was los ist. Das merkt er. Sein Kopfweh
ist unpolitisch. Er stellt sich an,
er stottert schon wieder, verschluckt sich.
Was er vorhin hat sagen wollen, das hat er
vorhin vergessen. Er hat vergessen,
sich umzubringen. Beim besten Willen.
Heimlich lebt er. Nein, er darf nicht,
aber er müßte. Er hat keinen Krebs,
aber das weiß er nicht. Sein Hut schwitzt.
Es ist ihm noch nie so gut gegangen
wie jetzt. Eigentlich möchte er nicht,
aber er muß. Er weint beim Friseur. Ja,
er ist anstellig, er entschuldigt sich.
Ja, er schreibt, ja, er kratzt sich,
ja, er müßte, aber er darf nicht,
nein, seinen Jammer hat niemand bemerkt.

[*A:* 1980]

Kurze Geschichte der Bourgeoisie

Dies war der Augenblick, da wir,
ohne es zu bemerken, fünf Minuten lang
unermeßlich reich waren, großzügig
und elektrisch, gekühlt im Juli,
oder für den Fall daß es November war,
loderte das eingeflogene finnische Holz
in den Renaissancekaminen. Komisch,
alles war da, flog sich ein,
gewissermaßen von selber. Elegant
waren wir, niemand konnte uns leiden.
Wir warfen um uns mit Solokonzerten,
Chips, Orchideen in Cellophan. Wolken,
die Ich sagten. Einmalig!

Überallhin Linienflüge. Selbst unsre Seufzer
gingen auf Scheckkarte. Wie die Rohrspatzen
schimpften wir durcheinander. Jedermann
hatte sein eigenes Unglück unter dem Sitz,
griffbereit. Eigentlich schade drum.
Es war so praktisch. Das Wasser
floß aus den Wasserhähnen wie nichts.
Wißt ihr noch? Einfach betäubt
von unsern winzigen Gefühlen,
aßen wir wenig. Hätten wir nur geahnt,
daß das alles vorbei sein würde
in fünf Minuten, das Roastbeef Wellington
hätte uns anders, ganz anders geschmeckt.

[*A:* 1980]

PETER RÜHMKORF
*1929

Lied der Naturlyriker

Anmut dürftiger Gebilde:
Kraut und Rüben gleich Gedicht,
wenn die Bundes-Schäfergilde
Spargel sticht und Kränze flicht.

Abendland hat eingeladen,
Suppengrün und Fieberklee –
Auf die Quendelbarrikaden:
Engagee! Engagee!

Wenn die Abendglocken läuten,
wenn der weiße Flieder blüht,
Lattich den Geworfenheiten,
Pfefferminze fürs Gemüt.

Grille neckt mich, Molch erschreckt mich,
mürber Apfel fällt so dumpf....
Welche Grund-Lemure leckt mich
nesselscharf am Perlonstrumpf?

Ach, daß erst im durchgepausten
Ahornblatt die Angst verblasse,
und der Gram der Unbehausten
sich in Bütten pressen lasse.

Daß dem bunten Hühnerhofe
das zerstäubte Nichts entfahre,
und die Stroh-, die Stroh-, die Strophe
ein verschnittnes Glück bewahre.

Heitres Spiel gezinkter Karten:
Preisgewächs aus Wachspapier –
Höchstes Heil im Schrebergarten:
Heu und heute, hiii und hier.

[*A:* 1959]

Himmel abgespeckt

Keine Posaune zurhand, keine Verkündigungen,
der Himmel abgespeckt,
wenn der Abend mit siebenfarbener Zunge
am Fenster leckt.

Ins Spektrum gefläzt, die Seele noch einmal nach oben,
wolken- und vogelwärts –:
Wer hat mir die Faustvoll Fleisch in die Jacke geschoben,
mein rüdes Gorillenherz?

Träume ausgeklinkt – gutso – die gondeln im Blauen,
in den schwimmenden Äther getupft;
mein gepökeltes Herz, mein eingesalznes Vertrauen,
das die Stellung hält und die Schlagader zupft.

Mit der Erde auf gutem Fuß,
den läufigen Nachtigallen – ! –
Ist es nicht schön, bald, bei aufgeblasenem Monde und steigendem Fluß
der Schwerkraft anheimzufallen?

Jaaa, Mooond, wenn er kömmt, der siderische Montgolfier,
im Pulk der Sterne die Nacht zu befahren....
schlürf ich die Welt-an-sich und was ich sonst nicht versteh,
dir aus den Achselhaaren.

Schlürfe vom handwarmen All, der Gaumen zerfließt,
die Kehle schon –
Die du hier Luft einziehst,
mach die Funzel aus, oh-du-Sterbliche,
häng dich ein in die Gravitation.

[*A:* 1959]

Ode an die Hoffnung

Wenn der gewöhnliche Mensch, wenn er schon längst
zu steigen anhebt und seine biederen Dinge gar
in andrer Höhe deutet,
mache ich's mir bequem in meinem vernagelten,
festgefahrenen Kopf und nenne bedenkenlos mein
Teil,
mit den Steinen still um die Wette zu liegen.

Lange doch war ich bei Einsatz all meiner Fertigkeit
gerade einer von andern, wo meine Zwergenjahrzehnte
ihre Spatzen aufs Streckbett schickten –
heute zu nichts als Anschaun und dummer Verwunderung
vor diese haltlose Landschaft beschieden,
wenn Wolken da
flüchtig wie Länder zergehn und mein Blickfeld gemäht wird.

Naheliegend ist hier der Gedanke an Ewiges, aber
seht ihr den Siebenuhrflieger, der streicht
sorgsam den Himmel mir aus.
Was meine Seele betrifft, die weiß sich zu ebener
Erde am sichersten aufgehoben –
Soviel Atem, ihr Trostlosen, habe ich immer noch,
mich dieser Luft hier mit eigener Kraft zu entledigen.

[*A:* 1962]

Auf eine Weise des Joseph Freiherrn von Eichendorff

In meinem Knochenkopfe
da geht ein Kollergang,
der mahlet meine Gedanken
ganz außer Zusammenhang.

Mein Kopf ist voller Romantik,
meine Liebste nicht treu –
Ich treib in den Himmelsatlantik
und lasse Stirnenspreu.

Ach, wär ich der stolze Effendi,
der Gei- und Tiger hetzt,
wenn der Mond, in statu nascendi,
seine Klinge am Himmel wetzt! –

Ein Jahoo, möcht ich lallen
lieber als intro-vertiert
mit meinen Sütterlin-Krallen
im Kopf herumgerührt.

Ich möcht am liebsten sterben
im Schimmelmonat August –
Was klirren so muntere Scherben
in meiner Bessemer-Brust?!

[*A:* 1962]

[*in statu nascendi:* im Zustand des Geborenwerdens; im Aufgehen.]

Hochseil

Wir turnen in höchsten Höhen herum,
selbstredend und selbstreimend,
von einem Individuum
aus nichts als Worten träumend.

Was uns bewegt – warum? wozu? –
den Teppich zu verlassen?
Ein nie erforschtes Who-is-who
im Sturzflug zu erfassen.

Wer von so hoch zu Boden blickt,
der sieht nur Verarmtes/Verirrtes.
Ich sage: wer Lyrik schreibt, ist verrückt,
wer sie für wahr nimmt, wird es.

Ich spiel mit meinem Astralleib Klavier,
vierfüßig – vierzigzehig –
Ganz unten am Boden gelten wir
für nicht mehr ganz zurechnungsfähig.

Die Loreley entblößt ihr Haar
am umgekippten Rheine...
Ich schwebe graziös in Lebensgefahr
grad zwischen Freund Hein und Freund Heine.

[*A:* 1975]

Auf was nur einmal ist

Für Heinrich Maria Ledig-Rowohlt

Manchmal fragt man sich: ist das das Leben?
Manchmal weiß man nicht: ist dies das Wesen?
Wenn du aufwachst, ist die Klappe zu.
Nichts eratmet, alles angelesen,
siehe, das bist du.

Und du denkst vielleicht: ich gehe unter,
bodenlos und fürchterlich –:
Einer aus dem großen Graupelhaufen,
nur um einen kleinen Flicken bunter,
siehe, das bin ich.

Aber dann, aufeinmalso, beim Schlendern,
lockert sich die Dichtung, bricht die Schale,
fliegen Funken zwischen Hut und Schuh:
Dieser ganz bestimmte Schlenker aus der Richtung,
dieser Stich ins Unnormale,
was nur einmal ist und auch nicht umzuändern:
siehe, das bist du.

[*A:* 1979]

Durchreisebild

L o n d o n, Sonne aus dem Pfefferstreuer,
graue Vogelstimmen,
let it be: to be or not to be –
Nur ein roter Zopf beginnt zu glimmen,
a l l e s M a g m a, a l l e s F e u e r,
r e i n e E n e r g i e

Atemzüge, tiefe, daß sie blieben,
Sohlen, leicht, im schwebenden Verein;
wie zwei Züge sich begleiten/sich verschieben,
blicken wir aus klaren Wahnsinnsscheiben
blindlings in uns rein

Langsam kriegt das Schicksal seinen Stich.
Mit den Aufwärtswinden abzuheben
oder warten bis der Sturm sich legt?
A l l e s b i l d e t u n d b e w e g t,
deine Kunst mein Herz und meine Lust dein Leben:
u m s t ü l p ! a u f r e i ß ! m i c h

Einen einzigen unausgedachten
Augenblick hängt alles an zwei Schwingen,
trägt das Schwanenhemd der Utopie...
Doch du kannst nicht – ewig – diesen Fluß betrachten
ohne reinzuspringen –
L o s j e t z t ! o d e r n i e

[*A:* 1979]

[*to be or not to be, that is the question:* Hamlet in Shakespeare's „Hamlet" III 1.]

Kurt Marti
*1921

demokratisches modell

stimme stimme
stimme stimme
ja nein
stimm stimm
damit es stimmt denn du bestimmst
stimmend stimmt ihr
ja und nein
überein

[*A:* 1957]

intonation

singet dem herrn
der nie eine uniform trägt
der nie eine waffe ergreift
der tote zum leben erweckt

singet dem herrn
der nie einem fahnentuch traut
der nie an parolen sich hängt
der feinde als brüder entlarvt

[*A:* 1980]

jesus

1
mit einer schar von freunden (freundinnen auch)
durch galiläas dörfer und städte ziehend
hat er kranke geheilt und geschichten erzählt
von der weltleidenschaft des ewigen gottes

2
privilegien der klasse der bildung galten ihm nichts
zu seinem umgang zählten tagelöhner und zöllner
wo mangel sich zeigte an nahrung oder getränk
teilte er fische brot und wein aus für viele

3
die gewalt von gewalthabern verachtete er
gewaltlosen hat er die erde versprochen
sein thema: die zukunft gottes auf erden
das ende von menschenmacht über menschen

4
in einer patriarchalischen welt blieb er der sohn
und ein anwalt unmündiger frauen und kinder
wollten galiläer ihn gar zum könig erheben? er aber
ging hinauf nach jerusalem: direkt seinen gegnern ins garn

5
auf einem jungesel kam er geritten – kleinleute-messias:
die finger einer halbweltdame vollzogen die salbung an ihm...
bald verwirrt bald euphorisch folgten ihm die freunde die jünger
um bei seiner verhaftung ratlos unterzutauchen ins dunkel

6
über sein schweigen hin rollte der schnelle prozess
ein afrikaner schleppte für ihn den balken zum richtplatz hinaus
stundenlang hing er am kreuz: folter mit tödlichem ausgang –
drei tage später die nicht zu erwartende wendung

7
anstatt sich verstummt zu verziehen ins bessere jenseits
brach er von neuem auf in das grausame diesseits
zum langen marsch durch die viellabyrinthe
der völker der kirchen und unserer unheilsgeschichte

8
oft wandelt uns jetzt die furcht an er könnte
sich lang schon verirrt und verlaufen haben
entmutigt verschollen für immer vielleicht – oder bricht er
noch einmal (wie einst an ostern) den bann?

9
und also erzählen wir weiter von ihm
die geschichten seiner rebellischen liebe
die uns auferwecken vom täglichen tod –
und vor uns bleibt: was möglich wär' noch

[*A:* 1980]

Erich Fried
1921–1988

Beim Nachdenken über Vorbilder

Die uns
vorleben wollen

wie leicht
das Sterben ist

Wenn sie uns
vorsterben wollten

wie leicht
wäre das Leben

[*A:* 1966]

Klassische Entscheidungsfreiheit

Im Mittelländischen Meer
woher unsere Kultur stammt
fand freie Wahl statt
zwischen Scylla
und Charybdis

Es hieß zwar die beiden
hätten sich heimlich verbündet
doch die meisten entschieden sich
für die eine
oder die andre

Sonderbarerweise
blieb keiner von ihnen
am Leben
außer Odysseus
Der erkannte die Wahl nicht an

[*A:* 1970]

Die mit der Sprache

Ich beneide die mit der großen Sprache
die reden von den Leuten
als ob es die Leute gäbe
sie reden vom Vaterland
als ob es ein Vaterland gäbe
und von Liebe und von Tapferkeit und von Feigheit
als gäbe es alle drei
Tapferkeit Feigheit Liebe
und sie reden vom Schicksal
als ob es ein Schicksal gäbe

Und ich bestaune die mit der scharfen Sprache
die reden von den Leuten
als ob es sie gar nicht gäbe
und vom Vaterland
als ob es kein Vaterland gäbe
und von Liebe und von Tapferkeit und von Feigheit
als wäre es klar
daß es das alles nicht gibt
und sie reden vom Schicksal
als ob es kein Schicksal gäbe

Und manchmal weiß ich nicht
wen ich beneide und wen ich bestaune
als gäbe es nur Staunen und keinen Neid
oder als gäbe es nur Neid und kein Staunen
als gäbe es nur Größe aber nicht Schärfe
oder als gäbe es nur Schärfe und keine Größe
und ich weiß dann nicht ob es
etwas gibt wie Reden und Wissen
oder wie Geben und mich
nur daß es so nicht geht

[*A:* 1972]

Gesundes Volksempfinden

Am langen Strick
der lose ohne zu würgen
um seinen Hals liegt
führt man einen vor die Soldaten

mit kurzgeschorenem Haar
mit zerbrochener Brille
mit zerrissenem Hemd
mit nacktem Unterleib

Der Lautsprecher ruft: „Der da
seht ihn euch ganz genau an
hat hier bei uns
die Folter abschaffen wollen!"

Allgemeines Gelächter
Witze und gutgelaunte
derbe Vorschläge
dann erst die ersten Steine

[*A:* 1982]

Nacht in London

Die Hände
vor das Gesicht halten
und die Augen
nicht mehr aufmachen
nur eine Landschaft sehen
Berge und Bach
und auf der Wiese zwei Tiere
braun am hellgrünen Hang
hinauf zum dunkleren Wald

Und das gemähte Gras
zu riechen beginnen
und oben über den Fichten
in langsamen Kreisen ein Vogel
klein und schwarz
gegen das Himmelblau

Und alles
ganz still
und so schön
daß man weiß
das Leben lohnt sich
weil man glauben kann
daß es das wirklich gibt

[*A:* 1983]

Herrschaftsfreiheit

Zu sagen
„Hier
herrscht Freiheit"
ist immer
ein Irrtum
oder auch
eine Lüge:

Freiheit
herrscht nicht

[*A:* 1984]

Aber solange ich atme

Auch was
auf der Hand liegt
muß ich
aus der Hand zu geben
bereit sein

und muß wissen
wenn ich liebe
daß es wirklich
die Liebe zu dir ist
und nicht nur
die Liebe zur Liebe zu dir
und daß ich nicht
eigentlich
etwas Uneigentliches will

Aber
solange ich atme
will ich
wenn ich den Atem
anhalte
deinen Atem
noch spüren
in mir

[*A:* 1984]

Max von der Grün
*1926

Unter Tag

Es knirscht der Stein,
es droht der Berg,
das Holz, es ächzt,
das Hangende bricht ein.

Fünfte Sohle am Schacht,
bei fünftausend Watt
dennoch Nacht.
Im Streb der Staub,
vom Lärm die Ohren taub;
Schweiß furcht Rinnsale übers Gesicht,
im hungernden Licht
quält sich die Schicht.

Vier Tonnen Kohle, fünf, zehn,
gebrochen.
Vom fallenden Gestein
die Haut zerstochen.
Staubumnebelt,
wasserbespeit
zwingen acht Stunden
die Ewigkeit.

Am Ende ein Schluck,
zwei Stullen mit Wurst;
Dreck im Gaumen,
in der Kehle rast Durst.

Es knirscht der Stein,
es droht der Berg.
Das Holz, es ächzt,
Hangendes bricht ein.
Nun Kumpel lauf!
Kumpel! Glück auf!

[*D:* 1960]

Kurt Küther
*1929

Artisten

Bei uns in der Fabrik
da gibt es einen
der steht ganz oben

Bei uns in der Fabrik
da gibt es einige
die stehen in der Mitte

Bei uns in der Fabrik
da gibt es viele
die stehen ganz unten

Der Obere
steht auf den Köpfen
der Mittleren

Die Mittleren
stemmen sich auf die Schultern
der Unteren

Die Unteren
müssen
auf ihren eigenen Füßen stehn

Wer will ihnen wehren
zu bestimmen
wer auf ihren Schultern
zu stehen hat

(1968) [*D:* 1969]

Tote Zeche

Kein Räderspiel
kein Wagenprellen
kein Seiltanz mehr

Nicht Dampfgezisch
noch Schachtsignal
kein Nagelschritt
zur Hängebank

Nur Stille
und Rost und Rost

Und Totentanz
der Mücken
über
zugekipptem Schacht

[*A:* 1974]

Josef Reding
* 1929

Ermunterung

Fragt, fragt, fragt,
bis man euch gesagt:
warum die Sonnenuhr nicht tickt,
warum ein Neinsager nicht nickt,
ob Ohren Augenlider haben,
ob man versichert Unglücksraben?
Fragt, fragt, fragt!

Fragt, fragt, fragt,
bis man euch gesagt:
ob nur der ein guter Mann,
der am schnellsten schießen kann,
ob nur das 'ne gute Frau,
die am blanksten putzt den Bau?
Fragt, fragt, fragt!

Fragt, fragt, fragt,
bis man euch gesagt:
wie Vater eure Mutter nahm,
wie Mutter schließlich euch bekam,
warum man Grenzen noch errichtet,
warum man Ernten heut vernichtet?
Fragt, fragt, fragt!

Fragt, fragt, fragt,
bis man euch gesagt:
warum der eine ist pampsatt,
der andere nichts zu beißen hat,
warum die einen höher stehn,
die anderen aber barfuß gehn?
Fragt, fragt, fragt!

[*A:* 1974]

Horst Bienek
1930–1990

Wenn man stirbt

Du wirst bald sterben.
Der Regen fällt schon dichter.
Vogelzüge stürzen
Im Zick-Zack in die Leere.
An den Brücken
Sind die Kontrollen verstärkt.
Ins Trommelfell
Werden Signale eingebaut.
Alle Wohnungen
Sind ohne Türen.
Der Regen fällt schon dichter.

Nur die Nacht läßt noch
Auf sich warten,
Sie sucht nach ihrem
Dunkelsten Gewand. –

Du wirst bald sterben.

[*A:* 1957]

Sehr fern

Was geschah
geschah sehr fern
einige von uns haben
die Schüsse gehört

Die Urteile sind vollstreckt

Auch wir standen auf der Liste
Sie sagen: wir leben noch

[*A:* 1966]

Gartenfest

Spät in der Nacht
wenn die Kerzen
in den Lampions abgebrannt sind
wenn die aufgehängten Gesichter
im Dunkel verschwinden
die Musiker mit dem Bus weggefahren sind
die Kellner die Tische abräumen
und die leeren Worthülsen zusammenkehren
wenn die letzten Grillfeuer erlöschen

Stürzen lautlos gefällt
im Park die Bäume
Schatten füllt die Gläser
der Zurückgebliebenen
Wir trinken daraus
Gelächter steigt in uns auf
wir gehn ein paar Schritte
wir tanzen

Verwundert schaun die Lebenden uns zu

[*A:* 1974]

Peter Härtling
*1933

Wieder wartet

Auf eine Kinderzeichnung

Der Mond geht ohne Fuß
und singt
weil die Wolken
hinter den Gebirgen Farben mischen.

Und die Pfirsichbäume
trauern in ernsten Mänteln
vorm Regen.

Wieder wartet der Mond
in den Pfirsichen
auf den Gesang der Kerne.

[*A:* 1958]

Altes Spiel

Immerhin und Immerher
lockt das Nein zur Wiederkehr,
setzt den Spöttern Nasen auf,
nimmt den Fliegenleim in Kauf –

heißt die Wände dünner sein,
schmilzt das Lachen härter ein,
hängt sich bunte Fetzen um,
Immerhin und Immerdumm.

Immerleis und Immerlaut
hat die Welt ins Loch gebaut,
hat den Argwohn umgetauft,
und das Feilschen rasch verkauft.

Immerher und Immerhin
blinzeln aus dem Widersinn,
der auf dünnen Beinen geht
und um keine Hilfe fleht.

[*A:* 1962]

Olmütz 1942–1945

Vom Bischofsberg die Haube –
verwest denn hier kein Stein?
Das Kind spielt in der Laube
– ein Wappenbild mit Taube –
das Kind spielt: Ich bin klein.

Die Mutter springt ins Feuer,
die Gasse stülpt sich um –
Ein Bischof im Gemäuer
speist Säulenungeheuer –
das Kind spielt: Ich bin dumm.

Der Vater bannt das Wasser.
Der Sprungreif bricht entzwei –
ein schwarzer Aderlasser
versammelt tausend Hasser –
das Kind denkt zweierlei:

Es denkt: die Wassergasse,
der Fluß erstarrt zu Stein
und eine winterblasse
Prinzessin taucht hinein.

Es denkt: die Flüchterflüche –
nun wandert auch das Haus.
Der Zaubrer in der Küche
spült jedes Lächeln aus.

Vom Bischofsberg der Segen –
kein Bild wird jetzt gemalt.
Wir wollen die Puppen in Gräber legen
und unsern Knochenmann freundlich pflegen –
das Kind spielt: Ich bin alt.

[*A:* 1962]

Anrede

Du, es ist alles
vorbei und nichts ist
vorüber, es bleibt
dieser Moment: wir
erinnern uns, wir
tauschen, was wir
gewesen sind, wissen
wie es war. Ich
bin älter als deine
Liebe, wir haben
uns überdauert,
was nicht mehr
bedeutet als der Blick,
mit dem wir uns
wiedererkennen und
voneinander abwenden.
Liebste. Jetzt gehst
du. Und ich?

[*A:* 1977]

Der Anfang einer Gewißheit

Von woher ich auch lebe,
welches Gestirn
ich auch wähle,
um meine Ankunft zu bestimmen,
welchen Schatten
von welchem Baum,
welche Ebene ich auch
entdecke,
so zu atmen,
wie ich es lernte,
welchen Hügel,
um in seiner Neige
zu schlafen,
welche Stadt ich auch erfinde
mit wohnlichen Straßen –
allmählich komme ich,
Wort für Wort,
zurück, erfahre
die Regeln meiner Wiederkehr
und sei es
eine unerprobte Art von Liebe.

[*A:* 1983]

Walter Helmut Fritz
*1929

Früh im Jahr

Wie die Ferne
gegen die Augen stößt.

Der Hang,
den du entlanggehst:
ein Gesims über dem Weg.

Weißdorn,
blühend schon.

Aber der Tag
ist verletzt.

Man weiß nicht
wodurch.

[*A:* 1963]

Bäume

Wieder hat man in der Stadt,
um Parkplätze zu schaffen,
Platanen gefällt.
Sie wußten viel.
Wenn wir in ihrer Nähe waren,
begrüßten wir sie als Freunde.
Inzwischen ist es fast
zu einem Verbrechen geworden,
nicht über Bäume zu sprechen,
ihre Wurzeln,
den Wind, die Vögel,
die sich in ihnen niederlassen,
den Frieden,
an den sie uns erinnern.

[*A:* 1976]

[Vgl. Brechts Gedicht „An die Nachgeborenen“.]

Werkzeuge der Freiheit

Bewegliche Lettern, Nachbildungen zuerst
der von Schreibern verwendeten Zeichen

Stempel aus Stahl, eingeschlagen
in Kupfer: Matrizen

Metall, flüssig, Legierung aus Blei,
Zinn, Antimon, Wismut

der Setzkasten, zweihundertneunzig
Buchstaben-Formen

Papier, Pergament,
Druckfarbe aus Firnisöl und aus Ruß

die Presse aus Holz,
einer alten Weinpresse ähnelnd

die frischen Bogen
zum Trocknen an einer Schnur

die Bücher,
die Bibliotheken –

Werkzeuge der Freiheit

der Unfreiheit?

[*A:* 1983]

PETER HACKS
*1928

Vernunftreiche Gartenentzückung

Die Kartoffel auch ist eine Blume.
Und mit gelben Federn blüht der Mais.
Und gereicht es nicht dem Dill zum Ruhme,
Wie er zierlich Frucht zu tragen weiß?
Ihr in eurem Prunk und Wohlgeruche,
Stolze Rosen, bleiche Lilien,
Ließet nagen uns am Hungertuche.
Nur was nützet, ist vollkommen schön.

[*A:* 1974]

Der Heine auf dem Weinbergsweg

Der Heine auf dem Weinbergsweg
Hat einen goldnen Zeh
Und einen goldnen Daumen.
Der Zeh tut ihm nicht weh.

Die Kinder, wenn sie steigen
Aufs Knie dem Dichtersmann,
Fassen sie erst die Zehe
Und dann den Daumen an.

O deutsches Volk, erobere
Dir deiner Meister Knie.
Dann wetzt du ab die Patina
Vom Gold der Poesie.

[*A:* 1974]

Englische Eröffnung

An einem Juninebeltag
Sind über die Atlantikwogen
Bei sanftem Wind und Wellenschlag
Mit Kurs Quebec dahingezogen
Drei gut französische Fregatten,
Die ihr Geschwader verloren hatten.

Dann teilt die Trübe sich. Es bricht
Der Nebel auf wie in zwei Wände.
Es öffnet strahlend sich die Sicht
Aufs ozeanische Gelände.
Und plötzlich liegt ganz klar und nah
Die ganze englische Flotte da.

Nun ja, man trifft sich nicht nur gern.
Denn George und Louis zeigen gleiche
Besitzbegier nach jenem fern
Und rauhen Vizekönigreiche.
Man grüßt knapp nach den Anstandsregeln
Und will ansonst vorübersegeln.

Da – Linienschiff für Linienschiff
Dreht bei und zeigt die breite Seite,
Als ob ein Artillrieangriff
Im Todesernst sich vorbereite.
Der Kapitän von der „Alcide“
Er denkt: Ich denke, es herrscht Friede.

Doch es ist wahr: geraume Zeit
Sind wir auf See, fast vierzehn Wochen,
Am Ende ist Feindseligkeit
Zu Haus inzwischen ausgebrochen. –
Er greift zum Sprachrohr: Haben wir
Krieg oder Frieden, Kavalier?

Dort, achtern auf der „Dunkirk“, steht
Der Kapitän auf seinem Flecke,
Schreit: Frieden, Frieden, Sir! und dreht
Den Trichter zum Kanonendecke
Und fügt in echt altenglischer Ruh
Das Kommando: Feuer! hinzu.

Der Krieg, der siebenjährige,
So ging er an, von diesem Platze.
Und jeglicher seitherige
Eröffnet mit demselben Satze.
Man lädt. Und einer brüllt vom Steuer:
Frieden, Frieden – Feuer!

(Fand statt im Juni 1755. Die drei französischen Kauffahrer hießen die „Alcide“, die „Lys“ und die „Royal Dauphine“.)

[*A:* 1985]

[*Quebec:* Provinz in Kanada; gleichnamige Hauptstadt des damaligen franz. Kolonialreichs in Nordamerika; 1759 von Großbritannien erobert; 1763 wird Frankreich im Frieden von Paris zur Abtretung Kanadas an England gezwungen. – *George:* 1727–1760 Georg II. von England. 1755–1763 englisch-französischer Krieg, der zur See weltweit geführt wird. – *Louis:* 1715–1774 Ludwig XV. von Frankreich.]

Günter Kunert
*1929

Meine Sprache

1
Ich spreche im Slang aller Tage derer
Noch nicht Abend ist
In der verachteten und verbissenen der
Sprache die jedermann entspricht.

2
Diese
Von Erstellern entstellte die von Betreuern
Veruntreute von Durchführern früh schon
Verführte die
Mehr zur Lüge taugt denn zur Wahrheit
Ach welche
Unter der erstarrten Syntax sich regt
Wie unter Abfall wie unter Schutt wie
Unter Tonnen von Schlacke.

3
Sprache
Die mehr scheinen will als sein
Aufgebläht
Von sang- und klanglosen tingelnden
Dinglosen Dingwörtern;
Schwabbelnde Gallerte
Quillt sie aus den öffentlichen Mündern
Und Mündungen tropft von
Den Lippen der Liebenden
Trieft aus Radios
Triumphiert.

4
Nichtssagend und blutleer und kraftlos
Ein Kind des Landes finde ich sie
Darniederliegend.

5
Und hebe sie auf
Und nehme sie an mich: Die beste mir
Der nichts besseres hat
Und ein Vermögen dem der durch nichts sonst
Zu leben vermag
Als durch sie.

[*A:* 1966]

Film – verkehrt eingespannt

Als ich erwachte
Erwachte ich im atemlosen Schwarz
Der Kiste. Ich hörte: Die Erde tat sich
Auf zu meinen Häupten. Erdschollen
Flogen flatternd zur Schaufel zurück.
Die teure Schachtel mit mir dem teuren
Verblichenen stieg schnell empor.
Der Deckel klappte hoch und ich
Erhob mich und fühlte gleich: Drei
Geschosse fuhren aus meiner Brust
In die Gewehre der Soldaten die
Abmarschierten schnappend
Aus der Luft ein Lied
Im ruhig festen Tritt
Rückwärts.

[*A:* 1966]

So soll es sein

Zwecklos und sinnvoll
soll es sein
zwecklos und sinnvoll
soll es auftauchen aus dem Schlamm
daraus die Ziegel der großen Paläste
entstehen um wieder zu Schlamm zu zerfallen
eines sehr schönen Tages

zwecklos und sinnvoll
soll es sein
was für ein unziemliches Werk
wäre das
zur Unterdrückung nicht brauchbar
von Unterdrückung nicht widerlegbar
zwecklos also
sinnvoll also

wie das Gedicht.

[*A:* 1974]

Bei Itzehoe

Fern dem Bereich
donnernder Genitive
amtlicher Vulkane Auswurf
darunter alles Leben
erstirbt

Jenseits und nördlich
meines verlassenen Daseins
also liegen tröstliche Flächen
zwischen Meer und Meer
Sumpf und Marsch
Nässe und Nichts

Jeder Schritt
führt in die Stille
durchsetzt von kleineren Städten
die sich ihr beugen

Hier
sind die bergenden Nebel zuhaus
und die Wikinger seit langem
archiviert

[*A:* 1980]

[Seit Herbst 1979 wohnt G. Kunert bei Itzehoe in Schleswig-Holstein, nachdem er zuvor in Berlin (Ost) gelebt hatte.]

Verlorene Söhne

Wir wandten uns um, um zurückzusehn
und sind nicht dabei erstarrt.
Wir haben geahnt: Das wird untergehn:
Ein Sodom besonderer Art.

Ein Abschied auf immer: Denn dessen bin
ich mir wie des Lebens gewiß.
Vergangen die Angst. Schau klaglos hin
auf die brennende Finsternis.

Es gibt nichts zu sagen. Kein einziges Wort.
Bloß: Die Ferne weitet sich aus.
Später vergeht auch der Name dem Ort
und heißt nicht länger: Zuhaus.

Wer lange in einer Legende gelebt
die mit der Zeit doch zerfällt,
dem bleibt, wonach er niemals gestrebt:
Nur Asche von seiner Welt.

[*A:* 1983]

Menetekel

Bevor noch jene einst berühmte Hand
hervorkam, um mit Flammenschrift –
war abgerissen die besagte Wand.
Von einem Menetekel, das wen wohl betrifft
ist daher hierorts nichts bekannt.
Es wurden außerdem zuviele umgebracht
um festzustellen: Ein Belsazar war dabei.
Es waren tausend, nicht nur eine Nacht
und alles Zählen störend das Geschrei:
Allein die Dunkelheit hat es vollbracht.
Am andern Morgen Babylon
wie jeden Tag. Wie uns zum Hohn.

[*A:* 1983]

Hans-Jürgen Heise
*1930

Bei Büsum

Bei Büsum wo ein Fisch
im Maul der Katze schlief
Ich eignete dir den Mond zu Der Kellner
gab uns Falschgeld heraus
Wir gingen durchs Watt
(Deine Augen lagen
am Boden bei den übrigen
Muschelschalen)
(1971) [*A:* 1973]

Angespannte Gesichter

Wir kommen aus dem Kino
der Film war echt wie das Leben
Nun gehen wir zwischen parkenden
Autos durch / ein paar streusalzgeschädigte
Bäume mit Stahlkrampen
gegen die Stoßstangen geschützt

In der Pizzeria essen alle
die heute nicht griechisch
oder jugoslawisch essen
italienisch
angespannte Gesichter
wie im Straßenverkehr

O mia bella Everywhere
Das Leben ist nicht mehr
so echt wie im Film
(1979) [*A:* 1983]

Der Zug nach Gramenz

Eine Pappel tastet
mit dürren Zweigen
zum Horizont und die Nacht
wirft ihr schwarzes Tuch
übers Möbel Erde

In den Wiesen
die Abzugsgräben
sind mit Traurigkeit
gefüllt / die wird nie mehr
abfließen können

Bublitz

Der Zug nach Gramenz
hat sich fast ein halbes
Jahrhundert
verspätet
und die Störche
Kundschafter von altersher
kamen nicht zurück
aus ihrem südlichen Exil
[*A:* 1985]

[*Bublitz*/Pommern: Geburtsort H.-J. Heises.]

Heinz Kahlau
*1931

Ein Tag wie ein Wunder

Niemand wollte etwas von mir.
Ich konnte hingehn zu denen,
die Häuser bauten,
die Obst pflückten,
die mit den Kindern spielten.
Bei ihnen allen konnte ich
tätig sein.
Niemand wollte meinen Ausweis sehn.
Niemand wollte wissen,
wie ich etwas gemeint habe.
Und am Abend durfte ich schweigen,
oder singen,
oder erzählen –
wie es mir einfiel.
Meinen Namen wußten sie nicht.
Meine Heimat spielte keine Rolle.
Mein Beruf war ihnen egal.
Ich war irgendeiner für sie,
irgendeiner von ihnen.
Das war ein Tag wie ein Wunder.
[*A:* 1973]

Kein Gott

1

Ich lebe jetzt. Mein Tod ist zu erwarten.
Danach vergehe ich so schnell wie Gras.
Von mir bleibt nur, was andere verwenden
zu ihrem Nutzen und zu ihrem Spaß.

Gedanken, Verse, ein paar Gegenstände,
durch mich entstanden, bleiben in der Welt.
Für eine Weile kann man sie noch brauchen,
bis das, was keinem nützlich ist, zerfällt.

2

Ich habe keinen Gott. Für alle Taten,
die ich begehe, muß ich Täter sein.
Kein Weltenrichter wartet, mich zu strafen –
für jeden Irrtum steh ich selber ein.

Ich habe keinen Vater, der mich tröstet.
Es gibt kein Wort, das unumstößlich ist.
Mich stützt kein Glaube. Keine weise Fügung
besitzt ein Maß, das meinen Nutzen mißt.

Ich denke selbst. Ich habe keine Rettung
vor meinen Zweifeln, wenn die Furcht mich schreckt.
Ich hab die Grenzen meiner Höhn und Tiefen
in meinen eignen Träumen abgesteckt.

3

Ich hänge ab von der Natur von Menschen,
von allen Kräften für und gegen mich.
Die Welt, in der ich bin, ist gut und böse,
doch weiß ich – alles um mich ändert sich.

Nichts bleibt sich gleich. Wer wagt, sich einzurichten,
der richtet sich für Augenblicke ein.
In einer Welt, bestehend aus Bewegung,
da kann ich selber nur Bewegung sein.

4

Ich fürchte Menschen. Was sind Eis, was Fluten,
was Pest und Feuer gegen die Gewalt
des Untiers Mensch? Die Schreie seiner Opfer
sind, seit es Menschen gibt, noch nie verhallt.

Ich liebe Menschen mehr als alle Tiere.
Sie suchen unaufhörlich einen Sinn
für ihr Vorhandensein, verstrickt in Irrtum.
Es macht mich froh, daß ich beteiligt bin.

5
Ich bin allein. Für kurze Augenblicke
bin ich Geliebter, Bruder oder Freund.
Um eine Arbeit, eine Lust zu machen,
wenn sich ein Weg mit meinem Weg vereint.

Auf dieser Erde leben Ungezählte,
aus denen gleiche Furcht und Hoffnung spricht.
Ich weiß um sie. In glücklichen Sekunden
seh ich mitunter einem ins Gesicht.

6
Da ist kein Mensch und keine Macht vorhanden,
nichts, das mich ganz für sich gewinnen kann.
Ich füge mich der Stärke und der Schwäche.
Nur wer mich tötet, hält mein Suchen an.

Ich bin mißbrauchbar, ich bin zu gebrauchen,
denn ich muß sein und suche meinen Wert.
Ich will mich nähren, ich muß mich behausen
und über Preise wurde ich belehrt.

7
Solang ich lebe, arbeite und liebe,
solange sich mein Geist, mein Blut noch regt,
bin ich dem Wesen meiner Zeit verhaftet,
denn mich bewegt, was meine Zeit bewegt.

Ich denke noch und bin noch zu belehren.
Ich suche zweifelnd weiter nach dem Sinn,
der uns zu Menschen macht, wer will mich hindern,
die Welt zu lieben, bis ich nicht mehr bin.

[*D:* 1975]

Elementares Bedürfnis

Ich will gar nicht
immerfort
woandershin. –

Aber es
können
dürfen.

[*A:* 1981]

Rainer Kirsch
*1934

Einigen Vätern

Bring deinem Kind nur bei
Daß Eulen häßlich sind
Nachtvögel
Und beim Ruf des Käuzchens muß einer sterben...
Bring ihm nur bei:
Raben sind böse
Ein schwarzer Rabe
Unglücksbote, schwarz...
Bring ihm nur bei:
Totschlagen.
Und lehr es:
Die Welt ist so eingerichtet
Von alters her.

(1959) [*A:* 1965]

Meinen Freunden, den alten Genossen

Wenn ihr unsre Ungeduld bedauert
Und uns sagt, daß wirs heut leichter hätten
Denn wir lägen in gemachten Betten
Denn ihr hättet uns das Haus gemauert –

Schwerer ist es heut, genau zu hassen
Und im Freund die Fronten klar zu scheiden
Und die Unbequemen nicht zu meiden
Und die Kälte nicht ins Herz zu lassen.

Denn es träumt sich leicht von Glückssemestern;
Aber Glück ist schwer in diesem Land.
Anders lieben müssen wir als gestern
Und mit schärferem Verstand.

Und die Träume ganz beim Namen nennen;
Und die ganze Last der Wahrheit kennen.

(1962) [*A:* 1965]

Schwimmen bei Pizunda

Grün ist das Meer bei Pizunda, manchmal
Blau, von Schiffen schwarz, in dieses schwimm
Weit wies dich trägt und dreh dich auf den Rücken: So
Siehst du den Kaukasus mit weißen Gipfeln
Und ruhst im Meer, und das ist Ruhe. Wiegend
Kaum, und durchs Durchsichtige
Das um dich treibt, grenzt dich deutlich die Haut;
Vorne am Steinstrand rutschen die Gesichter
Ab von den Chefs, die blinzeln, um sich bezahlt
Natur, zum Bauch plätschernd im Wasser:
Sie könnens nicht. Groß ist der Kaukasus. Mit kleiner Kraft
Liege im Gleichgewicht löse die Arme und
Spür dich oder Meer, wie sonst Mädchen vorm Aufgehn
(Dann kommt, die ineinanderstürzt, die Glut)
Hier aber ist die Mitte. Zwischen Meer, Fels, Schnee, Himmel
Schwarzgrün Wälder. Dies
War der Augenblick, nun gleit, treib, leicht
In überm Meer – hier
Ist der Triumph des Körpers: Ich, ungemordet
In diesem Jahrhundert! schwimm
Nicht schnell, nicht langsam durch was um mich fließt
An ein besteintes Ufer bei Pizunda.
Ich hab noch vierzig Jahre, oder mehr.

(1971) [*D:* 1972]

Wünschen Neujahr 1977

I Sonett

Ja schöne Zeit, da man noch wünschen kann.
Das Jahr wird spitz. Doch wenn wirs so benennen
Wird es, kann sein, uns nicht so scharf verbrennen
Am Mund, der was? der immer noch, wo? an

Seltsamen Örtern, wie? verzerrt, doch noch
Redet, und sagt was ist, indem er ausspricht
Was nicht ist (das heißt wünscht); so kleine Voraussicht
Hält uns vielleicht noch weg von jenem Loch

Das, weiß man, gähnt, damit wir wunschlos werden.
Und wunschlos, brüllt das All uns, das ist glücklich.
Das will ich nicht. Höchstens, daß jetzt ein Stück ich
Zeit zwischen Mund und Mund, und hier auf Erden

Dir ablaß, und du willst mich; das gewinn ich.
Was ist denn Trost. Ich wünsche, also bin ich.

II Toast

Alle Raketen sollen um Mitternacht auslaufen
Und den Brennstoff die Generale saufen.

Wenn wer wo blutet, soll wer ihn verbinden.
Wer Hunger hat, soll wenigstens Reis finden.

In den Flüssen soll Süßwasser mit Fischen fließen.
Wer sein Gewehr liebt, soll sich erschießen.

Wem nach reden ist, soll sich nicht den Mund verbrennen.
Der Freund soll die Freundin noch erkennen.

Es soll manchmal regnen oder schnein
Die Blätter sollen grün und die Bäume schön sein.
(1976) [*A:* 1980]

Karl Mickel

1935–2000

Die Friedensfeier

Zeitgenössische Phantasie auf einen noch zu erkämpfenden Tag

Zuerst werden wir uns blütenweiße Hemden kaufen
Dann lassen wir uns drei Tage lang voll laufen

Wenn wir wieder nüchtern und kalt abgeduscht sind
Machen wir unseren Frauen jeder ein Kind

Dann starrn wir rauchend den sternvollen Himmel an.
Morgens dann, viertel nach vier, geht der run

Auf Schneidbrenner los, die begehrten Artikel
Einer davon ist ganz sicher für Mickel.

Dann verteilen wir uns über Luft, Land und Meer
Und machen uns über das Kriegsgerät her

Und alles hackt und schneidet, zerrt, reißt, schweißt
Spuckt an, pißt dran, sitzt oben drauf und scheißt

Und schmeißt mit Steinen, sprengt mit Sprengstoff weg:
Das ist des Sprengstoffs *höchsterrungner* Zweck!

In Geschützrohre bohren wir kleine Löcher hinein
Dort ziehen dann Spechte und Stare ein

Wers kann, kann auf ausgeblasnen Raketen
Wie auf Taminos Zauberflöte flöten

Mit U-Booten fangen wir Haie und andere Fische
Die Frauen decken die Generalstabstische

An Schlagbäumen werden Ochsen und Hammel gebraten
Von nackten Männern, die waren Soldaten

Und besser als es Uniformen können
Wärmt sie das Feuer, drin die Uniformen brennen.

Rot glühn die Martinöfen auf, in ihren Bäuchen
Vergehn, entstehen Welten! Wie wir keuchen

Vor Wollust, wenn wir sehen: hart wird weich
Und wenn sichs wieder härtet, wird zugleich

Das Krumme grad. Wir waren krumm und dumm!
Wir schleppen Schrott, wir schmieden, pflügen um:

Wenn wir dann die müd-müden Rücken recken
Durchstoßen die Köpfe die Zimmerdecken

Nur in den Nächten jahrein, jahraus
Wir träumen uns ins Mauseloch als Maus.

(1962) [*A:* 1966]

Der See

See, schartige Schüssel, gefüllt mit Fischleibern
Du Anti-Himmel unterm Kiel, abgesplitterte Hirnschal
Von Herrn Herr Hydrocephalos, vor unsern Zeitläuften
Eingedrückt ins Erdreich, Denkmal des Aufpralls
Nach rasendem Absturz: du stößt mich im Gegensinn
Aufwärts, ab, wenn ich atemlos nieder zum Grund tauch
Wo alte Schuhe zuhaus sind zwischen den Weißbäuchen.

Totes gedeiht noch! An Ufern, grindigen Wundrändern
Verlängert sichs wächsts, der Hirnschale Haarstoppel
Borstiges Baumwerk, trägfauler als der Verblichene
(Ein Jahr: ein Schritt, zehn Jahr: ein Wasserabschlagen
Ein Jahrhundert: ein Satz). Das soll ich ausforschen?
Und die Amphibien. Was sie reinlich einst abschleckten
Koten sie tropfenweis voll, unersättlicher Kreislauf
Leichen und Laich.

Also bleibt einzig das Leersaufen
Übrig, in Tamerlans Spur, der soff sich aus Feindschädel-
Pokalen eins an („Nicht länger denkt der Erschlagene"
Sagt das Gefäß, „nicht denke an ihn!" sagt der Inhalt).
So faß ich die Bäume („hoffentlich halten die Wurzeln!")
Und reiße die Mulde empor, schräg in die Wolkenwand
Zerr ich den See, ich saufe, die Lippen zerspringen
Ich saufe, ich saufe, ich sauf – wohin mit den Abwässern!
See, schartige Schüssel, gefüllt mit Fischleibern:
Durch mich durch jetzt Fluß inmitten eurer Behausungen!
Ich lieg und verdaue den Fisch

(1963) [*A:* 1966]

Kindermund

Was ist das für ein Krach! Was muß ich, leider, hören?
Die Eltern sind entzweit und wollen sich zerstören
Und mich mit ihnen mit! Oh wollet doch bedenken
Von Schuld ist keine Spur die Sach ist einzurenken!
Daß du, Papa, studierst sollst du, Mama, nur loben
Wenn du, Mama, bist müd sollst du, Papa, nicht toben.
Wer heut nicht weiter lernt ist morgen nicht zu brauchen
Die Wissenschaft geht fort: da müssen Köpfe rauchen.
Was soll die Frau im Haus? wo Menschen sind, ist Leben
Im Leben wird sie klug und wird sie müde eben.
Der Staat, der seid ihr selbst will Arbeitszeit verkürzen
Das Angebot erhöhn die freie Zeit euch würzen
Mit Liebe, Kunst und Sport: was ist zuvor zu leisten?
Mehr Produktivität! das wissen doch die Meisten.
Was heute kostet Kraft ist morgen unsre Freude
Daß ihr die Kraft besitzt: erfreut euch das nicht heute?
Warst du, Mama, nicht froh als sie Papa genommen
Zum Fernstudenten an? Wie bist du heimgekommen
Papa, mit Blumen! als Mama der Orden schmückte.
Jetzt schreit ihr Ach und Weh als ob euch all nichts glückte!

(1972) [*A:* 1975]

Heinz Czechowski
*1935

Flußfahrt

1
Frühnebel. Die Dörfer
Eingegrenzt vom Fluß und den Bergen.
Gutgestimmte Hähne
Wechseln den Morgengruß.
Uferzonen,
Besetzt von wiederkäuendem Vieh,
Treiben dahin. Die Sonne,
Ein randloses Licht,
Erscheint dem Tag:
Brandsätze falln, da
Ist die Welt gegenwärtig
In sächsisch-böhmischen Dörfern.

2
Jetzt sprich deine Sprache, Land,
Verschweig nichts
Mit postkartenreifen Idyllen.
Geschrieben wird nicht
Der Gruß aus dem Nichts:
Stehn sprachlos und kalt
Noch die Städte,
Zensieren zerbrochene Brücken
Noch die Geschichte?

3
Nach einer anderen Sprache verlangen
Die nichtgeschriebenen Sätze:
Zu beiden Seiten des Flußes
Nehmen Autokolonnen
Mit tödlichem Blei
Das Grün unter Beschuß.
Und die Sprache –
Jetzt ist sie ein Schlager:
Nimm den *Sonnenstein*
In dein Herz hinein.
(Und das Gedicht,
Gedankenlos fast,
Ist eine Arabeske,
An den Rand der Geschichte
Gezeichnet.)

4
Größers wolltest auch du! –
Ein Echo,
Zurückgeworfen
Von Felsen.
Hier nicht
Ist der Winkel von Hardt,
Wenn auch der Wald
Hinunter sinket und sinnt
Über den Fußtritt des Schicksals.

5
Uns bleibt,
Im Bilde zu bleiben,
Unsere Losung,
Auch wenns die Gedanken
Zu Grund zieht
Wie überfrachtete Kähne.

(*Sonnenstein:* Schloß bei Pirna a.d. Elbe, ehemalige Landesheil- und Pflegeanstalt.)

[*A:* 1974]

[*sprachlos und kalt:* Vgl. Hölderlins Gedicht „Hälfte des Lebens". – *Größers wolltest auch du:* Anfang von Hölderlins Gedicht „Lebenslauf". – *„Winkel von Hardt":* Gedicht von Hölderlin.]

An Freund und Feind

Wie wir das lesen ist unsere Sache:
Jeder gegen jeden, noch immer?
Und der gegen die symmetrische Welt?
Die Wahrheit? Ja! – Doch nicht die ganze.
Sicher: hier läutet nicht nur die Galle,
Hier wird die Trommel kaum noch gerührt.
Sandkorn um Sandkorn rieselt die Eisenzeit
Ein in das Unsre und in die Welt
Der Schafe und Sterne.
Wir sagen uns Zaubersprüche,
Wir schreiben uns Briefe mit blauen Siegeln –
Wer aber soll das rezensieren?
Wo wir auch hinsehn:
Die goldenen Stühle
Längst schon besetzt
Von Kopien nach Originalen.

[*D:* 1978]

[*„Gegen die symmetrische Welt":* Titel eines Gedichtbandes von Volker Braun (1974). – *„Eisenzeit":* Titel eines Gedichtbandes von Karl Mickel (1975). – *„Schafe und Sterne":* Titel eines Gedichtbandes von Heinz Czechowski (1974).]

Gute Woche

Das Haus, in dem ich wohne,
Ist weder abgebrannt noch
Von Erdbeben erschüttert.
Ich habe zu essen, auch
Etwas Geld. Die Natur
Hat noch Stellen, die mich versöhnlich stimmen.
Und die Liebe
Verschafft mir Genuß.
Im Rundfunk
Ist über mich gesprochen worden,
Ein Freund schrieb mir Erfreuliches
Zu meinem Buch. Ich hielt
Einen Vortrag, der
Den Leuten gefiel, und traf
Eine paar Menschen,
Die mir sympathisch waren.
Jetzt, am Freitagabend,
Fühle ich mich
Wie der König Polykrates,
Der auch nicht wußte,
Daß sein Glück
Nur die Kehrseite
Aller Verhängnisse war.

[*A*: 1982]

Was mich betrifft

Erziehungsberechtigt,
Und doch
Ständig bedroht von meinen Erziehern;

Mit gelockerter Zunge
Mündig geworden,
Und doch
Ständig angehalten, den Mund zu halten,

Geh ich –
Ich sagt' es schon einmal –
Noch immer im Kreis.

Auf mich also verwiesen
Im Guten und Schlechten,
Teile ich mit:

Was mich betrifft,
So bin ich ich.

Die Zunge der Schlange ist
Geschickter als meine,
Die Haut des Chamäleons
Paßt sich vortrefflicher noch als die meine
Den jeweils herrschenden Umständen an.

Meine Vorzüge, ich gebe es zu,
Sind vergleichsweise gering: aber

Daß ich nicht kriechen kann
Und meine Farbe nicht wechseln

Je nach Belieben,
Ist auch eine Gnade, für die ich

Niemand zu danken habe,
Außer mir selbst.

[*A*: 1982]

Reiner Kunze
*1933

Kurzer lehrgang

Dialektik

Unwissende damit ihr
unwissend bleibt

werden wir euch
schulen

Aesthetik

Bis zur entmachtung des
imperialismus ist
als verbündet zu betrachten

Picasso

Ethik

Im mittelpunkt steht
der mensch

Nicht
der einzelne
(1966/68/59) [*A:* 1969]

Von der notwendigkeit der zensur

Retuschierbar ist
alles

Nur
das negativ nicht
in uns
(1966) [*A:* 1969]

Wolf Biermann singt

Im zimmer kreischt die straßenbahn,
sie kreischt von Biermanns platte,
der, als er die chansons aufnahm,
kein studio hatte

Er singt von Barlachs großer not,
die faßt uns alle an,
denn jeder kennt doch das verbot
und hört die straßenbahn
(1971) [*A:* 1972]

In memoriam Johannes Bobrowski

Sein foto
an den anschlagsäulen

Jetzt

Der nachlaß ist
gesichtet, der dichter
beruhigend tot
(1970) [*A:* 1972]

Silberdistel

Sich zurückhalten
an der erde

Keinen schatten werfen
auf andere

Im schatten der anderen
leuchten
(1979) [*A:* 1981]

Wolf Biermann
*1936

Ermutigung

Peter Huchel gewidmet

Du, laß dich nicht verhärten
In dieser harten Zeit
Die all zu hart sind, brechen
Die all zu spitz sind, stechen
und brechen ab sogleich

Du, laß dich nicht verbittern
In dieser bittren Zeit
Die Herrschenden erzittern
– sitzt du erst hinter Gittern –
Doch nicht vor deinem Leid

Du, laß dich nicht erschrecken
In dieser Schreckenszeit
Das wolln sie doch bezwecken
Daß wir die Waffen strecken
Schon vor dem großen Streit

Du, laß dich nicht verbrauchen
Gebrauche deine Zeit
Du kannst nicht untertauchen
Du brauchst uns, und wir brauchen
Grad deine Heiterkeit

Wir wolln es nicht verschweigen
In dieser Schweigezeit
Das Grün bricht aus den Zweigen
Wir wolln das allen zeigen
Dann wissen sie Bescheid

[*A:* 1968]

Ballade vom preußischen Ikarus

1. Da, wo die Friedrichstraße sacht
Den Schritt über das Wasser macht
da hängt über der Spree
Die Weidendammerbrücke. Schön
Kannst du da Preußens Adler sehn
wenn ich am Geländer steh

dann steht da der preußische Ikarus
mit grauen Flügeln aus Eisenguß
dem tun seine Arme so weh
er fliegt nicht weg – er stürzt nicht ab
macht keinen Wind – und macht nicht schlapp
am Geländer über der Spree

2. Der Stacheldraht wächst langsam ein
Tief in die Haut, in Brust und Bein
ins Hirn, in graue Zelln
Umgürtet mit dem Drahtverband
Ist unser Land ein Inselland
umbrandet von bleiernen Welln

da steht der preußische Ikarus
mit grauen Flügeln aus Eisenguß
dem tun seine Arme so weh
er fliegt nicht weg – und stürzt nicht ab
macht keinen Wind – und macht nicht schlapp
am Geländer über der Spree

3. Und wenn du wegwillst, mußt du gehn
Ich hab schon viele abhaun sehn
aus unserm halben Land
Ich halt mich fest hier, bis mich kalt
Dieser verhaßte Vogel krallt
und zerrt mich übern Rand

dann bin ich der preußische Ikarus
mit grauen Flügeln aus Eisenguß
dann tun mir die Arme so weh
dann flieg ich hoch – dann stürz ich ab
mach bißchen Wind – dann mach ich schlapp
am Geländer über der Spree

[*A:* 1978]

Und als wir ans Ufer kamen

Und als wir ans Ufer kamen
Und saßen noch lang im Kahn
Da war es, daß wir den Himmel
Am schönsten im Wasser sahn
Und durch den Birnbaum flogen
Paar Fischlein. Das Flugzeug schwamm
Quer durch den See und zerschellte
Sachte am Weidenstamm
— am Weidenstamm

Was wird bloß aus unsern Träumen
In diesem zerrissnen Land
Die Wunden wollen nicht zugehn
Unter dem Dreckverband
Und was wird mit unsern Freunden
Und was noch aus dir, aus mir —
Ich möchte am liebsten weg sein
Und bleibe am liebsten hier
— am liebsten hier

[*A:* 1978]

Altes Liedchen

Das sind die gemütlichen Reichen
Das sind die gemütlichen Armen
Das sind die lebenden Leichen
Die nicht mehr lieben noch hassen
Sie fürchten so sehr die Verzweiflung
Daß sie nun gar keine Hoffnung
Und nichts mehr in sich lassen.

[*A:* 1982]

Paul Wühr
*1927

Hinter den blauen Bergen das kleine
Haus meine Heimat mit Sternen ich weine
o Fluß Wald Fluß Wiese mein Weh
dahinter mein Platz als der einzige eine
Platz meine Sonne am Mond mein See
der auch und dahinter also mein Haus
im Sommer so ewig wie herznah im Schnee
bin ich da zwar aber einmal noch gehe ich

aus

nämlich am Bache am stürmenden Meer
auch am strandenden Ufer dort wo ich stehe
ist alles so los und schlimmer noch quer
was ich sehe und dieses immer ich drehe
die Streifen die hängen das wird dann verklebt
der schönste Film läuft sich aber davon
und die eine die meine die mein Herze erhebt
sich selber aufhob das hab' ich immer da —

von

vorne am Bauch und sehr unten da vorne
das große das größte Weh ich meine
von allen Stichen am blutenden Dorne
an diesem besonders ich immer mehr weine
die eine die meine wie steif ich sie suche
o Wanderung Müller wo steigst du wo fällst du
sie schlägt sich am Ende im Elend zu Buche
o lieber Geselle dort schlägst du sie

zu

[*A:* 1976]

Johannes Poethen
*1928

Blindheit

In meiner blindheit
taste ich bildern nach
die mir entfliehen

Flucht der säulen
fluchten heiliger tiere
flüchtiges öl –

Auf dem grund
auf dem grunde der blindheit
fühl ich weiße fläche
–letzte leinwand gegen den tod –

Und male mich sehend.

[*A:* 1958]

Ich bin nur in wörtern
ich habe kein anderes alibi
so entwerfe ich mir den atemraum

wer spräche mich frei
wer erlöste mich aus dieser annahme

ich wasche buchstaben
ich kratze silben rein
ich tauche sätze unter

ich nehme sätze an
mich nehmen sätze an

ich entwerfe atemraum
ich bin in wörtern.

[*A:* 1973]

an meinen sohn willibald

ja was soll ich dir noch sagen mein junge
ich geh schon so lange am stock
wer weiß was die stunde geschlagen hat
viele tragen den kopf zu hoch heutzutage
da mußt du dein bißchen grips zusammen nehmen
vielleicht haben sie die letzte runde eingeläutet
das meiste kannst du sowieso vergessen
wir sind auf grund gelaufen mein lieber
und denen fällt nichts mehr ein
na ich will dir nicht den mut nehmen
aber ich hab den braten schon immer gerochen
so viel ist jedenfalls sicher
halt dich sauber draus
mach die luken dicht und sieh zu
daß du was im schuppen hast
laß dir das alles mal durch den kopf gehn
und tu mir den einen gefallen junge
stell dich dumm bis zuletzt
ich hab mir jedenfalls nie was
zuschulden kommen lassen
ich hab die stellung gehalten
ich hab nicht im trüben gefischt wie so mancher
die können sich plustern laß dich nicht anheuern
und geh ab und zu ruhig mal zum gottesdienst
das kann wirklich nicht schaden.

(1979) [*A:* 1981]

zu neujahr

daß wir dafür aufstehn
daß wir dafür einen fuß vor den andern setzen
daß wir uns überhaupt dazu stellen

daß wir das noch ansehn wollen
daß wir dem noch ein ohr leihen
daß wir das noch riechen können

daß wir das immer noch bedenken
daß wir das immer noch anpacken
daß wir das immer noch fressen

wunder über wunder

(1980) [*A:* 1981]

Richard Exner
*1929

Porträt einer alten Frau

Die Erde von später
schon auf den Schultern.

Täglich mit kreisenden Schritten
den Käfig vermessen.

Erinnertes und Versäumtes
aufbewahren und ordnen.

Statt sprechen stöhnen
und schweigen,
verschweigen.

Nein, ich schreibe nicht mehr,
niemandem.

Mein Flügel bleibt:
ich spiele noch, aber ihr
hört es nicht mehr.

Dagegen höre ich alles
und traue keinem.

Ich esse,
um nicht zu erkalten.

Seid dankbar, daß meine Ängste
unbeschreiblich sind.

Menschen nur,
wenn es sein muß.
Mir genügen Bilder.

Bitte alles so lassen
und keine Flecken machen.

Meine Nächte
sind durchaus erträglich.

Es geht schon noch
eine Weile.

Freilich, der entsetzliche Blick
von unten:

ich hab mir das aber alles
nicht ausgesucht.

[*A:* 1980]

Harald Hartung
*1932

Zechenkolonie

Im engen Hofe
stanken Hühnerställe
Im Garten wuchs
Spinat Tomaten Dill
Im Sommerglast
kam mit der Hitzewelle
das Mittagspausenpfeifen
dünn und schrill

Im Krüppelwald
in Laub Abfall und Asche
spielten wir Kinder
Räuber und Schandit
Ein schwarzer Mann
verrußt, mit Kaffeeflasche
nahm mich
zum Reibekuchenessen mit

(1957) [*A:* 1970]

Schnecken

Seit Lissabon ist sein Ruf
angeschlagen aber
Gott ist kein Unmensch, er
läßt die Schnecken leben

Ich weiß nicht wie sie das
machen wenn sie ihr Haus
baun, es interessiert mich
in zweiter Linie die Kriechspur

das Glänzende das sie
absondern. Das Tempo ist
ihre Sache. Seit Lissabon
kann man mit Pausen

rechnen. Wenn es dunkel wird
ist es nicht Nacht, es kann
die schmutzige Unterseite
eines Schuhs sein der zutritt

(1970) [*D:* 1972]

[*Lissabon:* Das Erdbeben von L. am 1. 11. 1755, bei dem von den 200 000–250 000 Einwohnern der Stadt mehr als 60 000 umkamen, erschütterte nachhaltig den Glauben an die unerforschliche Güte Gottes.]

Mein Tankstellenmann

verkauft nicht bloß Super oder
Normal: nein er gibt sich selber
mit darein (wie es heißt im Lied
Schenkt man sich Rosen in Tirol)

Das Lächeln um den Kindermund
den alten zahnlückigen Mund
der immer etwas sabbert weil
er immer etwas gerade

gegessen und getrunken hat
ist ein Lächeln das wehrlos macht
Wehrlos kaufte ich ein Auto
weil er mir einen Vortrag hielt

der ein Gedicht war: Ein kleiner
Lastwagen sagte er, wie ein
kleiner Lastwagen sagte er
Obwohl ich keinen Lastwagen

brauchte verstand ich gleich: die Last
der Liebe sollte er tragen
unter Menschen die Liebe die
nie jemand allein tragen kann

(1976) [*D:* 1977]

Verlorene Biographie

Die letzten Monate da wollte er
schreiben. Die Maschine auf der er
Eingaben Rentenanträge getippt hatte
bediente er mit zerarbeiteten
Händen schlug mit klobigem Finger oft
zwei Tasten zugleich entwirrte fluchend
die Hebel spannte stets wieder neu das
Papier ein weil er den Anfang nicht fand
Aufschreiben wollte er sein Leben und
alles, das Ganze, die Familie und
was sie durchgemacht in all den Zeiten
Anfings mit dem Vater und dem Vater
des Vaters mit Polen und Posen und
was er nach siebzig Jahren noch wußte
Als er zu schreiben aufhören mußte
war er selber noch gar nicht geboren

(1977) [*A:* 1978]

Jürgen Becker
*1932

Natur-Gedicht

in der Nähe des Hauses,
der Kahlschlag, Kieshügel, Krater
erinnern mich daran –
nichts Neues; kaputte Natur,
aber ich vergesse das gern,
solange ein Strauch steht

[*A:* 1974]

Fernsehen, 1972

Draußen, dies ist Sommer, und drinnen,
ein Film, dies ist ein Film
über den Sommer von Thomas Wolfe
in Berlin, vor sechsunddreißig Jahren,

als unser Garten voll weißer Gartenmöbel
stand und alle die Fotos entstanden
der Unwissenheit, auf denen ich wiedererkenne
diesen Sommer, der jetzt im Fernsehen lief.

[*A:* 1974]

[*in Berlin:* Der amerikanische Schriftsteller Thomas Wolfe (1900–1938) war zur Zeit der Olympischen Spiele 1936 in Berlin. Vgl. seinen Roman „You Can't Go Home Again".]

Das Fenster am Ende des Korridors

Der Himmel, die Landschaft, der Fluß:
das Bild am Ende des Korridors.
Links und rechts die Appartements;
die Feuerlösch-Anlage. Das Summen des Aufzugs.
Die Zeit nach Büroschluß. Abweisende Gesichter,
kein Wort und keine Zärtlichkeit.
Jemand wird den Anfang machen
und an seiner Tür vorbeigehen
und weitergehen durch das Bild
hinaus in den Raum zum Fliegen.

[*A:* 1977]

Wiedersehen nach längerer Zeit

In diesem Dorf, diesem Vorort geht es
gut weiter. Die zweite Anbindung an die Autobahn
hat die Hauptstraße entlastet; Platz für
die Mofas der Kinder. Der letzte Bauer
verkauft nacheinander seine Parzellen;
über den Quadratmeterpreis wird nur gemunkelt;
auf der Bachaue jetzt ein Sportpark
mit Kegelbahn, Tennishalle und Discothek.
Der Pfarrer kämpft gegen den Unternehmer,
der sein Mietshaus genau auf die Grenze
zum Kirchgarten gesetzt hat; wie es passieren
konnte, versteht keiner, der nicht
die Beziehungen des Unternehmers kennt.
Einige leerstehende Häuschen, vorgesehen
zum Abbruch, mit den verwilderten Gärten
drumherum das Gelände für den dritten
Selbstbedienungsmarkt. In der Luft immer
das Geräusch der Autobahn; mit ihrer
haushohen Trasse umgibt sie den Ort
wie ein Wall, wie ein Damm
gegen Feinde und Katastrophen.
Immer noch, von morgens bis abends, sitzen
hinter der großen Frontscheibe des Altenheims
alte Frauen. Einige schlafen; eine schüttelt
den Kopf; einige warten auf Sonntag und Besuch;
eine winkt, auch wenn niemand vorbeikommt.

[*A:* 1977]

Altes Zimmer

Licht fällt auf den Tisch
und der weiße Strauß
auf dem Tisch wird ganz weiß.

Der Rauch der Zigaretten bleibt;
der aufsteht und geht,
zerteilt mit seinem Gesicht
die helle Wolkendecke zwischen den Lampen.

Gedächtnis, aufgehoben in Porträts,
und sie blicken auf vergessenes Leben.

Wie Nachmittage waren am Klavier,
Gänge zum Schrank, den Gewehren,
Goodbye, die Briefe aus den Kolonien.

[*A:* 1979]

Arnfrid Astel
*1933

Hölderlin

Ich habe Leute
über Hölderlin
reden hören, die
mit ihm nicht
geredet hätten.
Mit denen will
ich nicht reden.
[*A:* 1968]

„Dem lebendigen Geist"

Alte Grabschriften
in Heidelberg suchend
fand ich diese Inschrift
über dem Portal
unserer neuen Universität.
[*A:* 1968]

Volker von Törne
1934–1980

Selbstgespräch

Warum sollen deine Verse
haltbarer sein
als die Blätter des Baums
vor dem Fenster?

Von den Lebendigen sprich
nicht wie von Toten. Rede vom Feuer,
das hinfährt, donnernd,
über die Städte.

Sprich von Vergänglichem. Aber
sprich gegen den Tod.
[*A:* 1968]

Frei wie ein Vogel

1
Ein Dichter bin ich, und ich schreibe
Mir die Dunkelheit vom Leibe
Damit ihr nicht, wie den von Kleist
Mich nackt in eine Grube schmeißt
Bevor aus deutscher Finsternis
Ich mir ein Stückchen Leben riß

2
Ich grüß, getrost auf Messers Schneide
Herrn Walter von der Vogelweide
Der auch in diesem Vaterland
Erst unterm Rasen Ruhe fand
In Würzburg, wo ein Knecht hernach
Des Riemenschneiders Hände brach

3
Ja, Hochverrat und Hirngespinste
Nennt dieses Volk die Schönen Künste
So zog in eines Feuers Rauch
Von dannen Quirin Kuhlmann auch
Ach! endlos ist die Litanei
Des Leids im Lande Vogelfrei

4
O Land der Träumer und der Toten
Die dem Tod die Stirn geboten
Und mußten doch ins Dunkel fliehn
Wie jener Friedrich Hölderlin
Der, daß er unter Deutsche kam
Sich zu sehr zu Herzen nahm

5
Wie in Paris einst Heinrich Heine
So lieg ich schlaflos nachts und weine
O Volk, das sich bei Marschmusik
Dreht um den Hals den eignen Strick
Du hast die Freiheitsmelodien
Deinen Dichtern nie verziehn

6
O Volk der treuen Untertanen
Mit Hakenkreuz- und Abgasfahnen
Im Land, das mir einst Heimat war
Mit Apfelbäumen, Mädchenhaar
Das meinen Mund mit Schweigen schlägt
Und das mir doch das Herz bewegt
[*A:* 1979]

Gedanken im Mai

Ich rede von mir: Volker von Törne, geboren
Im vierunddreißigsten Jahr des zwanzigsten Jahrhunderts
Als meine Genossen schon kämpften gegen die Mörder
Die mich aufzogen als ihresgleichen
Nach ihrem Bilde:
Und ich trank die Milch
Die dem Hungernden fehlte. Und ich trug das Kleid
Meinem Bruder geraubt. Und ich las die Bücher
Die den Raub billigten. Und ich hörte die Reden
Die aufriefen zum Mord:
Und ich nannte den Schlachthof
Mein Vaterland, als schon die Völker aufstanden
Gegen mein Volk. Und ich betete für den Endsieg
Der Mörder, als schon die Städte
Aufgingen im Rauch:
Und schuldig war ich
Am Tod jedes Menschen, ahnungslos atmend
Unter den Galgenästen
Süßduftender Linden

[*A:* 1979]

Yaak Karsunke
*1934

Matti wechselt das rad

Ich sitze am Straßenhang.
Der Fahrer wechselt das Rad.
Ich bin nicht gern, wo ich herkomme.
Ich bin nicht gern, wo ich hinfahre.
Warum sehe ich den Radwechsel
Mit Ungeduld?
Bertolt Brecht

während ich den reifen abmontiere
haut sich der chef auf die wiese, sieht dauernd rüber.
als fahrer verwartest du stunden, warum
wird er nervös wenn er einmal
auf mich warten muß? wenn die panne
ihn zuviel zeit kostet: er
kann mir ja helfen.

[*A:* 1969]

schorf 1 bis 3

1 – anekdote aus dem letzten preußischen kriege

im konzentrationslager auschwitz
fragte ein ss-bewacher
einen häftling nach dessen beruf

die antwort war: germanist

der wütende deutsche
erschlug den polnischen
juden sofort

2 – woran man kommunisten erkennt

bevor sie umgebracht werden
rufen sie nocheinmal laut:
es lebe die freiheit

ihre genossen
die noch in den zellen
auf die eigene hinrichtung warten
singen: die internationale

so in den lagern
der nationalsozialisten
so in den gefängnishöfen stalins

sie verlieren ihr leben
aber nicht ihren glauben
an den kommunismus
& nennen sich: tote auf urlaub

3 – tod & verklärung

wer umkippte blieb einfach liegen
die erschossenen sackten zusammen
in den gaskammern starben sie stehend

:heute läuft
im lagermuseum
ein tonband:

›unsterbliche opfer/ihr sanket dahin‹

[*A:* 1982]

Christoph Meckel
*1935

Lied zur Pauke

Laut verlacht verlaust verloren
Blut geschluckt und Kopf geschoren
abgetan und ausverkauft und
quergelegt und Haar gerauft und

angepfahlt und abgeschlacht und
alle Knochen klein gemacht und
übern Kopf die Haut gezogen
und mit Eisen aufgewogen

krummgepeitscht und gradgestaucht und
angespuckt und Herz verhaucht und
Hundeschnauzen festgebissen
und die Arme abgerissen

ausgedörrt und kleingezwängt und
Steine um den Hals gehängt und
Riemen um den Bauch geschlungen
und mit Knüppeln umgesprungen

Pflock ins Fleisch und Tritt in Bauch und
aufgehängt in Schnee und Rauch und
Zahn und Zähne ausgeschlagen
und das Gold nach Haus getragen.

Soweit wär er hergestellt nun
abgeschoben in die Welt nun
daß er seine Beine hebe!
daß er weiterlauf und lebe!

[*A:* 1962]

Rede vom Gedicht

Das Gedicht ist nicht der Ort, wo die Schönheit gepflegt wird.

Hier ist die Rede vom Salz, das brennt in den Wunden.
Hier ist die Rede vom Tod, von vergifteten Sprachen.
Von Vaterländern, die eisernen Schuhen gleichen.
Das Gedicht ist nicht der Ort, wo die Wahrheit verziert wird.

Hier ist die Rede vom Blut, das fließt aus den Wunden.
Vom Elend, vom Elend, vom Elend des Traums.
Von Verwüstung und Auswurf, von klapprigen Utopien.
Das Gedicht ist nicht der Ort, wo der Schmerz verheilt wird.

Hier ist die Rede von Zorn und Täuschung und Hunger
(die Stadien der Sättigung werden hier nicht besungen).
Hier ist die Rede von Fressen, Gefressenwerden
von Mühsal und Zweifel, hier ist die Chronik der Leiden.
Das Gedicht ist nicht der Ort, wo das Sterben begütigt
wo der Hunger gestillt, wo die Hoffnung verklärt wird.

Das Gedicht ist der Ort der zu Tode verwundeten Wahrheit.
Flügel! Flügel! Der Engel stürzt, die Federn
fliegen einzeln und blutig im Sturm der Geschichte!

Das Gedicht ist nicht der Ort, wo der Engel geschont wird.

[*A:* 1974]

[*Flügel! Flügel!:* Anspielung auf den „Engel der Geschichte“ in Walter Benjamins (1892–1940) „Geschichtsphilosophischen Thesen“ (9. These).]

Der Tag wird kommen

Und der Tag nach der nächsten Friedensfeier – wird er kommen
mit einer Taube oder mit einem Schlagring
Und der Tag danach – wird er eintreffen mit einem Spielzeug
oder wird sich die Hoffnung wieder vertreten lassen durch ein Leninzitat
Und der Tag danach – wird er herbeigeschafft werden an den Haaren
in einem Ministersessel, mit einer ganz neuen Befehlsgewalt
Und der Tag darauf – wird er uns nur den Schlaf kosten, oder den Kopf
Und der Tag darauf – wird er sich entschuldigen lassen durch ein mittleres Blutbad
Und der Tag darauf – wird er überhaupt erscheinen wollen
in unserem Neubauviertel, auf unserem Bildschirm
Und der Tag danach, und der Tag nach diesem –
Und der Tag nach wievielen Tagen – wird er wieder nur GEDENKTAG heißen
ein Totensonntag sein, ein Papierkrieg, eine Verordnung
Und der letzte Tag – wird er immer noch eine Attrappe der Zukunft sein
oder endlich Auskunft geben über die Liebe
Und der Tag nach dem letzten Tag – wird er der Tag sein
an dem wir gelebt und geatmet hätten?

[*A:* 1975]

Rolf Dieter Brinkmann
1940–1975

Meinetwegen Rosen

Wie es so geht
ein unausrottbares Elend immer
noch Rosen Lied das
im Mund zergeht Schnee
die Augen geschlossen

wo sich anbot
heiter zu leben belanglos
einige Worte hingesagt im Dunkeln
über ein anderes
Gesicht fremdes
Gesicht auf das man
zufällig stieß

oder aber sommers
das heitere Trugbild in dem
die Schatten unsichtbar
stehn Blick der gefällt
wird Luft
ein luftiges Haus hell
die Kleider

meinetwegen Rosen
was uns entging mit der Zeit
Unglück der ausgeworfene
Köder worauf
man verfiel

[*A:* 1962]

Selbstbildnis im Supermarkt

für Dieter Wellershoff

In einer
großen
Fensterscheibe des Super-

markts komme ich mir selbst
entgegen, wie ich bin.

Der Schlag, der trifft, ist
nicht der erwartete Schlag
aber der Schlag trifft mich

trotzdem. Und ich geh weiter

bis ich vor einer kahlen
Wand steh und nicht mehr weiter
weiß.

Dort holt mich später dann
sicher jemand

ab.

[*A:* 1968]

Einen jener klassischen

schwarzen Tangos in Köln, Ende des
Monats August, da der Sommer schon

ganz verstaubt ist, kurz nach Laden
Schluß aus der offenen Tür einer

dunklen Wirtschaft, die einem
Griechen gehört, hören, ist beinahe

ein Wunder: für einen Moment eine
Überraschung, für einen Moment

Aufatmen, für einen Moment
eine Pause in dieser Straße,

die niemand liebt und atemlos
macht, beim Hindurchgehen. Ich

schrieb das schnell auf, bevor
der Moment in der verfluchten

dunstigen Abgestorbenheit Kölns
wieder erlosch.

[*A:* 1975]

Oh, friedlicher Mittag

mitten in der Stadt, mit den verschiedenen
Mittagessengerüchen im Treppenhaus. Die Fahrräder
stehen im Hausflur, abgeschlossen, neben
dem Kinderwagen, kein Laut ist zu hören.

Die Prospekte sind aus den Briefkästen
genommen und weggeworfen worden. Die Briefkästen
sind leer. Sogar das Fernsehen hat die türkische
Familie abgestellt, deren Küchenfenster

zum Lichtschacht hin aufgeht. Ich höre
Porzellan, Teller und Bestecke, dahinter
liegen Gärten, klar und kühl, in einem blassen
Frühlingslicht. Es sind überall die seltsamen

Erzählungen von einem gewöhnlichen Leben ohne
Schrecken am Mittwoch, genau wie heute. Der Tag
ist, regenhell, verwehte Laute: oh friedlicher
Mittwoch mit Zwiebeln, auf dem Tisch,

mit Tomaten und Salat.
Die Vorhaben und Schindereien sind
zerfallen, und man denkt, wie friedlich
der Mittwoch ist

Wolken über dem Dach, blau, und
Stille in den Zimmern, friedlich und still und
genauso offen wie Porree, wie Petersilie grün ist
und die Erbsen heiß sind.

[*A:* 1975]

Gedicht

Zerstörte Landschaft mit
Konservendosen, die Hauseingänge
leer, was ist darin? Hier kam ich

mit dem Zug nachmittags an,
zwei Töpfe an der Reisetasche
festgebunden. Jetzt bin ich aus

den Träumen raus, die über eine
Kreuzung wehn. Und Staub,
zerstückelte Pavane, aus totem

Neon, Zeitungen und Schienen
dieser Tag, was krieg ich jetzt,
einen Tag älter, tiefer und tot?

Wer hat gesagt, daß sowas Leben
ist? Ich gehe in ein
anderes Blau.

[*A:* 1975]

Helga M. Novak
*1935

meine Sprache

ich erinnere mich
an unsere erste Begegnung
als deine Laute
an Hungerwintertagen
aus den Kehlen der Bäumefäller quollen
vermischt mit Wodkadampf
habe ich dich eingesogen

ich erinnere mich
an deinen Klang
der nachts um zehn erscholl
als wir wie ausgespannte Zugpferde
aus dem Fabriktor stießen

du bist uns gefolgt
in die Freiheit der Neonstadt
in die Freiheit der heißen Straßenbahnen
ind die dreidimensionale Buntheit der Schaufenster

du hast den Wickelrock der Lügen
gesprengt mit einem Witz
aber unsere Seufzer Flüche Schreie
trugen deinen Mantel
und glitten im Zickzack an den Häuserwänden hoch

und folgten mir
in die Freiheit eines Hinterhofs
bestirnt von einem Mandelbaum

(1958) [*A:* 1965]

Lernjahre sind keine Herrnjahre

mein Vaterland hat mich gelehrt:
achtjährig
eine Panzerfaust zu handhaben
zehnjährig
alle Gewehrpatronen bei Namen zu nennen
fünfzehnjährig
im Stechschritt durch knietiefen Schnee
zu marschieren
siebzehnjährig
in eiskalter Mitternacht Ehrenwache
zu Stalins Tod zu stehen
zwanzigjährig
mit der Maschinenpistole gut zu treffen
dreiundzwanzigjährig
meine Mitmenschen zu denunzieren
sechsundzwanzigjährig
das Lied vom guten und schlechten
Deutschen zu singen

wer hat mich gelehrt
Nein zu sagen
und ein schlechter Deutscher zu sein?
(1962) [*A:* 1965]

Fernsehturm

ein Turm der silbern funkelt
dreihundert Meter Zementstein
vielleicht stürzt er ein
gegen sieben wenn es dunkelt

auf seiner Spitze rotes Licht
damit sie ihn nicht rammen
vielleicht bricht er zusammen
und ich höre es gar nicht

feldgraue Säule aus Stein
mit Schießscharten
ich kann warten
irgendwann fällt er ein

[*A:* 1978]

---

ich möchte nochmal durchatmen

ich möchte nochmal durchatmen
und mit großen Schritten
offenen Auges und lächelnd
durch ein Land gehen
wo keiner ein blutiges Handwerk treibt
wo keine Schuldfrage steht
und wer hat angefangen
ich möchte nochmal alles vergessen
und mich selber
und durch ein Land gehen
das mich entwirrt und bewirtet
und meinen Kopf und meine Hände befreit
wo alle Verborgenheit sich in Rauch auflöst
wem nützt es denn wenn ich bleibe

[*A:* 1978]

Sarah Kirsch
*1935

Dann werden wir kein Feuer brauchen

Dann werden wir kein Feuer brauchen
es wird die Erde voll Wärme sein
der Wald muß dampfen, die Meere
springen – Wolken die milchigen Tiere
drängen sich: ein mächtiger Wolkenbaum

Die Sonne ist blaß in all dem Glänzen
greifbar die Luft ich halte sie fest
ein hochtönender Wind
treibts in die Augen da weine ich nicht

Wir gehn bloßen Leibs
durch Wohnungen türenlos schattenlos
sind wir allein weil keiner uns folgt niemand
das Lager versagt: stumm
sind die Hunde sie wehren nicht
den Schritt mir zur Seite: ihre Zungen
aufgebläht ohne Ton sind taub

Nur Himmel umgibt uns und schaumiger Regen Kälte
wird nie mehr sein, die Steine
die ledernen Blumen unsere Körper wie Seide dazwischen
strahln Wärme aus Helligkeit
ist in uns wir sind silbernen Leibs

Morgen wirst du im Paradies mit mir sein

[*A:* 1969]

Die Luft riecht schon nach Schnee

Die Luft riecht schon nach Schnee, mein Geliebter
Trägt langes Haar, ach der Winter, der Winter der uns
Eng zusammenwirft steht vor der Tür, kommt
Mit dem Windhundgespann. Eisblumen
Streut er ans Fenster, die Kohlen glühen im Herd, und
Du Schönster Schneeweißer legst mir deinen Kopf in den Schoß
Ich sage das ist
Der Schlitten der nicht mehr hält, Schnee fällt uns
Mitten ins Herz, er glüht
Auf den Aschekübeln im Hof Darling flüstert die Amsel

[*A:* 1977]

Aus: Wiepersdorf

1
Hier ist das Versmaß elegisch
Das Tempus Praeteritum
Eine hübsche blaßrosa Melancholia
Durch die geschorenen Hecken gewebt

2
Hinter Jüterbog öffneten sich
Der erste, der zweite Himmel, ließen herab-
Strömen, was sich gesammelt hat, siehe
Es wurde ein mächtiger blasenschlagender
Landregen draus, es goß sogar Schwefel.
Später in Wiepersdorf, als zwischen zwei
Windhosen die Möglichkeit war sich zu ergehen
Das liebe freie Land
Rechts ins Auge zu fassen, war Freude
Freude. Die schönen Fenster im Malsaal
Öfters sechs mal vier kleine Scheiben, die Flügel
Von zierlichen Knebeln gehalten. Innen
Bizarres altes schlängelndes zipfelbemütztes
Kakteengewirr, außen
Maifrischer Park.
Die Steinbilder lächeln – ich ging
Gleich bis zum Zeus, der hielt den Blitz an der Stelle
Wo der Park mit dem Wald schläft. Englischer Rasen
Den bläuliches Waldgras verstrickt hat, es reckt
Noch ein Fliederbusch wirklich!
Vergißmeinnichtblaue Finger zum Himmel und
Selbstverständlich Unmassen Vögel ringsum
In Büsche und Bäume geworfen. Ich staunte
Vor Stunden noch enge im Hochhaus
In der verletzenden viereckigen Gegend, nun
Das – ich dachte bloß noch: Bettina! Hier
Hast du mit sieben Kindern gesessen, und wenn
Landregen abging
Muß es genauso geklappert haben Ende Mai
Auf die frischaufgespannten Blätter – ich sollte
Mal an den König schreiben

5
Ehrwürdiges schönes Haus
Mit dem zwiefachen Dach – doppelt
Allein bin ich da und dem Wetter, dem hellen
Dem knatternden Hagel, so mildem Mond
Ausgesetzt. Ach ich gedenke
Der rührenden Zeit, als fast eines Bruders

Zärtliche Hand mich morgens geweckt hat und fröhlich
Ein Tag der Zwilling des vorigen war. Was bin ich
Inzwischen umhergefahren. Und eifrig
War ich bemüht, Apollon zu fassen und gleichfalls
Ein hübsch klopfendes menschliches Herze erbeuten –
Vergebens. Deshalb
Hab ich nur mich, einen winzigen Knaben und die sich mehrende
Anzahl der Jahre und hin und wieder
Schön schwimmendes Wolkengetier

9
Dieser Abend, Bettina, es ist
Alles beim alten. Immer
Sind wir allein, wenn wir den Königen schreiben
Denen des Herzens und jenen
Des Staats. Und noch
Erschrickt unser Herz
Wenn auf der anderen Seite des Hauses
Ein Wagen zu hören ist.

[*A:* 1977]

[*Wiepersdorf:* Ort und Schloß in der Mark Brandenburg, das ehemals das Gut Achim v. Arnims (1781–1831) war. Heute „Bettina von Arnim-Heim. Arbeits- und Erholungsstätte für Kulturschaffende". Bettina Brentano (1785–1859) heiratete 1811 Achim v. Arnim und lebte in Wiepersdorf. – *Tempus Praeteritum:* (Verb-)Zeitform der Vergangenheit. – *Mal an den König schreiben:* 1843 veröffentlichte Bettina „Dies Buch gehört dem König", 1852 „Gespräche mit Dämonen. Des Königsbuches zweiter Band".]

Im Sommer

Dünnbesiedelt das Land.
Trotz riesigen Feldern und Maschinen
Liegen die Dörfer schläfrig
In Buchsbaumgärten; die Katzen
Trifft selten ein Steinwurf.

Im August fallen Sterne.
Im September bläst man die Jagd an.
Noch fliegt die Graugans, spaziert der Storch
Durch unvergiftete Wiesen. Ach, die Wolken
Wie Berge fliegen sie über die Wälder.

Wenn man hier keine Zeitung hält
Ist die Welt in Ordnung.
In Pflaumenmuskesseln
Spiegelt sich schön das eigne Gesicht und
Feuerrot leuchten die Felder.

[*A:* 1977]

Erdrauch

Und zu verschiedenen Zeiten geschieht es
Daß wir sehr glücklich über
Irgend ein Ding eine Nachricht
Den neuen Geliebten das Kind
Umhergehen können da freut uns
Die eintönigste Arbeit da kochen wir
Wunderbare Gerichte putzen die Fenster
Und singen dabei küssen
Die eben aufgesprungene Blüte
Am Strauch vor der Tür reden
Zu Unbekannten über die Straße
Und beachten die Sonne nicht
Den leichten tanzenden Schnee
Es ist alles bekannt und vertraut
So wird es immer sein glauben wir
Und noch die furchtbaren Bilder
In den Fernsehgeräten bestärken uns
Wenigstens hier wird es so bleiben wir stapeln
Die Zeitungen die uns ruhig schlafen lassen
Sorgfältig auf bis sie abgeholt werden
Wir sind ganz lebendig hüpfen und springen
In den möblierten Wohnungen des Todes.

[*A:* 1982]

Zeitung

Spät wurden in diesem Jahr die Schafe geschoren
Die Kühe drängten sich länger als sonst in den Ställen
Wenn die Bauern elektrische Zäune flickten
Hörten sie diesmal umsonst auf den Kuckuck
Die Schwalben kamen im letzten Moment hatten Mühe
Auf leichten Flügeln ihr Mahl zu erlangen.
Dieser harte und gnadenlose sehr lange Winter
Der Schneepflug am heiligen Osterfest ließ die Menschen
Erstarren und unempfindlich gegen geringe Freude
Ihre Sisyphosarbeit tun alle Rosen
Waren auf Jahre erfroren und noch in kleinen Blättern
Fanden sich Mutmaßungen über kommende Kriege.

[*A:* 1984]

Rolf Haufs
*1935

Die Gefangenen

Sie gehen rundherum im Kreis
Und haben Zwergenschritte
Ich dreh mich langsam um, wer weiß
Vielleicht ist einer von euch in der Mitte

Einer hat im Strumpf den Mond
Die Jacke die er trägt wird grau
Ein andrer sinnt ob es noch lohnt
Ein Dritter weiß nicht mehr genau

Der neben mir sagt siebenmal
Muß dieser Baum noch sterben
Er sagts als sei es ihm egal
Und würde gern den Wald vererben

Ein Fünfter läuft auch nachts umher
Er zählt die Stunden mit dem Schritt
Bei sechzehntausend ungefähr
Nimmt ihn der Morgen mit

Ein Sechster setzt sich hoch aufs Roß
Und trinkt dem Jammer kräftig zu
Sein Nachbar trägt am Hals ein Schloß
Er tappt umher spielt blinde Kuh

Sie alle möchten ihre Hände
In dampfend heißes Wasser tun
Sie möchten daß die vielen Wände
Sich legen und ein wenig ruhn

Sie lesen oft in einem Brief
Der ist geöffnet, muß ja sein
Sie halten ihre Köpfe schief
Und kratzen sich das lange Bein

[*A:* 1964]

Was schnell nun naht

Die Bäume zählt, sagt unser Freund
Sie sterben sterben Gift die Pest das Blech
Wir ein bißchen mit schon mehr und mehr.

Mehr und mehr fällt uns ein Zahn
Ein Nagel wächst uns ein. Das Auge
Sieht nicht weit genug nicht nah. Das Haar
Ach laß das Haar.

Sieh hin, sieh nach ob noch im Mai
Die Kerzen leuchten der Kastanien. Und ob
Du selber noch am Leben bist, ich
Mein: ob du noch träumst
Von Sternen, Nachtluft, schwarzer Seife.

Denn mehr und mehr, sagt unser Freund
Stirbt unser Kopf, verbrennen Hände Füße.
Ja, wir halten uns. Doch
Hören wir auf jeden Schritt
Und nehmen ängstlich wahr
Was schnell nun naht Entfernung.

[*A:* 1979]

Häuserverlassen

Oft sieht man jetzt erwachsene Männer
Ihre Häuser verlassen, die sie doch
Selber gebaut haben für eine
Krisensichere Zukunft.
Solide Fundamente.
Gehälter. Auch teure Möbel
Die Kinder auf gutem Weg.
Was ist nur in sie gefahren?
Die Nachbarn haben zu reden.
Auch das stört sie nicht.
Nur nachts haben sie Träume, in denen
Gärten sind blühende Wiesen
Manchmal Gesichter ihre
Eigenen, die ihnen
Zusehen.

[*A:* 1979)

Winter

Vögel treiben spreeabwärts auf dünnen Eisschollen
Sie grüßen die leergewohnten Häuser
Scheren sich einen Dreck um die Menschen
Die dort eingehen und aus als
Bereiteten sie sich vor auf Kämpfe in besserer
Jahreszeit

Jetzt sagt das Radio Sturm an
Warnung vor herabstürzenden Ästen Ein Brief
Kam aus Italien vor Jahren dort blühten
Die Mimosen die Brunnen begannen
Zu sprudeln

Die Füße treten wir uns ab bevor wir
Unsere Wohnungen aufschließen Noch fühlen wir uns
Sicher Feste werden begangen und auf den
Straßen ist Lärm Unaufhörlich die Signale
Der Rettungswagen

Alte Märchen erzählen vom Tod unter dem Eis

[*A:* 1984]

Nicolas Born
1937–1979

Vaterhaus

Da steht nicht nur keine Linde
aber wer hinkommt
findet's schön grün
es wächst eine ganze Menge
von früher herüber

So große Söhne kommen
an Weihnachten
in ihren Autos die Frauen
winken schon und schnallen sich ab

Der Fernzug von gestern
ist heute noch nicht vorbei
und unbegreiflich
im Radio noch immer
ein Wolgalied

Auf dem Tisch die Obstschale
auch auf dem Bild
an der Wand die gefüllte
Obstschale

Für Nichtraucher gibt es Aschenbecher
im Keller Werkzeug für alle Fälle
im Duft der Blumen
werden Alte alt

Das Dach ist undicht
die Wanduhr tut es noch
auf der Fensterbank liegen Zeitungen
der letzten drei Tage

[*A:* 1970]

———

Es ist Sonntag
die Mädchen kräuseln sich und Wolken
ziehen durch die Wohnungen –
wir sitzen auf hohen Balkonen.
Heute lohnt es sich
nicht einzuschlafen
das Licht geht langsam über in etwas
Bläuliches
das sich still auf die Köpfe legt
hier und da fällt einer
zusehends ab
die anderen nehmen sich
zusammen.
Diese Dunkelheit mitten im Grünen
dieses Tun und Stillsitzen
        dieses alles ist
der Beweis für etwas anderes

[*A:* 1972]

Horror, Dienstag

Die ruhenden
flüchtig überteerten Straßenbahnschienen –
wieder ein Warten auf alte Zeiten
wie Rückkehr zum Handschriftlichen

Plötzlicher Regen, es ist Nachmittag
nur wenig Licht gesammelt in Gesichtern
nieselnde Gräue, die Felder nah
dunkle Wassergräben, Bäume stehen tief

Nasser Kragen nasse Lippen
Kind mit nassen Zöpfen führt alten Mann

Zementsilos neben dem Abstellgleis
Vogelschwärme Banner sinken
Verkäuferin winkt durch die Glaswand ab

Neuer Stadtrand flackert auf um sechs
ich denke an fern ausgesetzte „Insel des Gehirns"

Baukräne, zementhelle Öde
Blick in die aufsteigende Welt
die nun doch nicht überlebt hat

[*A:* 1978]

Im Zug Athen–Patras

Kahle Felsschädel, helle Augen
hell der Mund.
Alter Wortboden, wilder Rhododendron
auf der Höhe
fruchtbar fruchtbar das Meer,
– Licht
scharfe elektrische Küsten.
Die Geometrie der Pflanzungen, und
der einzelne Olivenbaum
silberne Helligkeit, großer Sinn
kleinen Lebens, wie schwer verstehe ich.
Grüne Zitrone auf dem Sitz neben mir
hat wieviel mit meinem Leben zu tun.
Schatten des Zuges, Schatten des Esels,
viele dürre helle Bäume, kleine Schatten
in die Welt gesetzt,
kleine Liedchen, summt.

[*A:* 1978]

KURT BARTSCH
*1937

Poesie

Die Männer im Elektrizitätswerk
Zünden sich die Morgenzigarette an.
Sie haben, während ich nachtsüber schrieb
Schwitzend meine Arbeitslampe gefüttert.
Sie schippten Kohlen für ein Mondgedicht.

[*A:* 1968]

Adolf Hitler ganz allein

Adolf Hitler, ganz allein
Baute er die Autobahn.
Keiner trug ihm einen Stein,
Keiner rührte Mörtel an.

Keiner half ihm, als den Krieg
Er vom Zaun gebrochen.
Dennoch dauerte der Krieg
Fast dreihundert Wochen.

Adolf Hitler ganz allein
Hackte Holz, trug Kohlen,
Heizte dann die Öfen ein
In Auschwitz, fern in Polen.

Keiner hat es kommen sehn,
Jeder hielt sich ferne.
Alle ließen es geschehn,
Aber, ach, nicht gerne.

Adolf Hitler ganz allein
Mußte sich erschießen.
Außer ihm hatte kein Schwein
Einen Grund, zu büßen.

[*A:* 1985]

Liedervereinigung

Auferstanden aus Ruinen
Brüderlich mit Herz und Hand
Laß uns dir zum Guten dienen
Tochter aus Elysium
Daß zum Zwecke Wasser fließe
Und mit reichem, vollem Schwalle
Einigkeit und Recht und Freiheit
Zu dem Bade sich ergieße
Und der Zukunft zugewandt.

[*A:* 1985]

[Vgl. S. 406, 282, 186. – Zeile 5, 6, 8: aus Goethes Ballade „Der Zauberlehrling".]

Beat Brechbühl
*1939

Baukran

Dieser wortlose leicht gehbehinderte
Storch, er legt
ein Ding
von da nach da,
von hier nach dort.
Er ist ein gelber
Hinundhergeher.

Mittags und abends
verläßt ein Mann das Gehirn
und steigt die rote Leiter
herab.

[*A:* 1970]

Chemische Fabrik im Frühlingswind

Gelbe Berge gelbe giftgelbe
Eierstöcke
gelber Ausfluß
gelbe Heißluft.

Der Frühling ist in diesem
Magen zum Kotzen
tag/nacht flimmern die
Darmwände vom gelben Wasser,
die Leute mit den gelben
Lungen, mit schwefel-
starren Herzen,
sie schlafen in ausgepflasterter
Haut.

Und eine duftende Decke
(der Aktionäre) legt sich
auf unseren Mund. Die Lippen
sind von Säure zerfressen.
Die Zähne lösen sich
auf.

Hurra der Frühling
Hurra.

[*A:* 1972]

Arno Reinfrank
*1934

Veränderter Prägstock

Zu Abrahams Tag noch gewogen,
zu Petris Zeit schon gezählt –
was hat man nicht für die Münzen
gemordert, betrogen, gequält.

Gefälscht, die Ränder beschnitten,
drum Sklave und Bauer erpreßt.
Am Himmel standen als Münze
die Sterne blutgenäßt.

Im neuen Wert der Technik,
der sich derzeit gebiert,
ist es der Schnelle Rechner,
der Soll und Haben notiert.

Abstrakt-elektronische Data
im erdverdrahtenden Kreis
Die beste Währung ist jene,
die allen sich zugänglich weiß.

[*A:* 1983]

Die Schwalbe

Vom Frühling perlt
ein Sonnentropfen,
den pflückt die Schwalbe
psalmodierend im Flug.

Mehlweiß die Kehle,
lärmt alle Hoffnung
auf spitzen Schwingen
im Sturm hinterher.

(nach Jeremia 8,7)

(Der Storch unter dem Himmel weiß seine Zeit, Turteltaube, Kranich und Schwalbe halten die Zeit ein, in der sie wiederkommen sollen; aber mein Volk will das Recht des Herrn nicht wissen. Jeremia 8,7)

[*A:* 1984]

Ukrainische Bauernküche

Der Roggenteig, frisch durchgewalkt,
riecht sauer, wie Hopfen nur riecht.
Der Backtrog steht halb zugedeckt,
damit keine Katze draufkriecht.

Die Jacke hängt, gesteppt und alt,
am Nagel beim zerissenen Schurz,
die Handaxt lehnt am Ofenfuß,
hält das Feuerreisig kurz.

Ein Haufen feuchter Federn liegt
zusammengefegt vor dem Schrank;
die Körper der Hühner ruhen gerupft
und geköpft auf der Fichtenholzbank.

Auf dem Fensterbrett liegen die Köpfe dazu,
noch befiedert, und himbeerblaß
die Kämme, wie dunkler Bleistift der Hals.
Der Tisch ist von Tropfarbeit naß.

Näpfe und Töpfe und Möhren gelbfrisch
mit dem Grünzeug neben Geschirr:
Allein die Fliegen kennen sich aus
und füllen den Raum mit Gesirr.

Gestoßene Erbsen, ein Kürbis, Salbei
sind in dämmrigen Ecken versteckt.
Und rührt man was an, rennt der Hausgeist davon,
denn die Schaben hat man erschreckt.

In der Bauernküche im ukrainischen Haus
wirft auch tags die Funzel ihr Licht
auf das Foto des Sohns, der war Partisan.
Andre Ikonen findet man nicht.

[*A:* 1985]

Volker Braun
*1939

Fragen eines Arbeiters während der Revolution

So viele Berichte.
So wenig Fragen.
Die Zeitungen melden unsere Macht.
Wie viele von uns
Nur weil sie nichts zu melden hatten
Halten noch immer den Mund versteckt
Wie ein Schamteil?
Die Sender funken der Welt unsern Kurs.
Wie, an den laufenden Maschinen, bleibt
Uns eine Wahl zwischen zwei Hebeln? –
Auf den Plätzen stehn unsere Namen.
Steht jeder auf dem Platz
Die neuen Beschlüsse
Zu verfügen? Manche verfügen sich nur
In die Fabriken. Auf den Thronen sitzen
Unsre Leute: fragt ihr uns
Oft genug? Warum
Reden wir nicht immer?

[*A:* 1970]

[Vgl. Brechts Gedicht „Fragen eines lesenden Arbeiters".]

In anderer Zeit

Ich, der Deutsche, er, der Russe.
Am Ufer der Wolga das einzelne Haus
Zerstört. Dahinter die weiße Stadt
Restlos errichtet. Alles, klagt er
Steht! keine Ruinen, nix Trümmer
Schade, schade. Man hätte etwas
Erhalten sollen! Schöne, sage ich
Gedanken, ungetrübt
Von Notwendigkeit.

[*A:* 1974]

Im Ilmtal

Den Himmel verwildert der Sturm
Voll Wolken grau, das Feld
Ist dunkel am Tag, mein Sinn.

In der gebauten Natur
Geh ich allein, und den Wald schüttelt er
Wie meine Fäuste möchten die steife Welt!

Einmal lebte ich so, freudig
Mit den Genossen. Gebraucht
Zu ändern Flüsse und Städte allmählich
Und die ich brauchte.

Auf die Wiese schwärzer tritt, *lieber Fluß*
Schlage, wie einst einem andern hier
Die Worte aus meiner Brust!

Und ich kannte sie lange, die Tage
Füllte Arbeit zum Rand
In die Nacht ging das laute Gespräch.

Aufwälze, Fluß, den dunklen Grund;
Ich kann nicht leben ohne die Freunde
Und lebe und lebe hin!

Und nicht langt mir, nicht ruhig
Macht nun der eine mich;
Nicht glücklich kann ich verschließen
Mich mit ihm vor der Welt.

Bäume dich, in den befestigten
Ufern, reiß dich los
Flüßchen, gib so, gib den Gefühlen deinen Raum!

Zu den verstreuten, tätigen
Gefährten, wer es auch sei, muß ich kommen, und nie
Verlassen den großen Kreis

Und was ich beginne, mit ihnen
Bin ich erst ich
Und kann leben, und fühle wieder
Mich selber in meiner Brust.

(1970) [*A:* 1974]

[*Lieber Fluß:* aus Goethes Gedicht „An den Mond".]

Zu Brecht, Die Wahrheit einigt

Mit seiner dünnsten Stimme, um uns nicht
Sehr zu verstören, riet er noch beizeiten
Wir sollten einfach sagen wos uns sticht
So das Organ zu heilen oder schneiden.

Ein kräftiges: das ist es, und es kracht
Wenn nicht – (wie bei den Klassikern, die es halt gab)
Ein Eingeständnis, das uns Beine macht.
Das war sein Vorschlag blickend auf sein Grab.

So was ist noch auf dem Papier zu haben.
Wir haben ihn nicht angenommen, nur
Gewisse Termini und die Frisur.

Jetzt trägt man auch die Haare wieder länger.
Das Fleisch ist dicker, und der Geist enger.
So wurde er Klassiker und ist begraben.

[*A:* 1980]

[*bei den Klassikern:* die Klassiker des historisch-dialektischen Materialismus: Marx (1818–1883), Engels (1820–1895), Lenin (1870–1924).]

Oskar Pastior
*1927

Ohne Titel

Das kommt nicht auf diese Art, das geht vorbei;
geht auf jene Art, die nicht vorbeikommt, vor-
bei; auf diese Art kommt es nicht, nur auf jene;

es kommt auf eine besondere Art und Weise einher
wie etwas, das vorbeigeht auf jene Art, die
nicht vorbeikommt; immer geht es bloß vorbei;

so kommt es, daß es nie anders als auf jene
Weise oder Art vor sich geht, die anders ist
als diese; es kommt anders als es geht, und

jene Art zu kommen ist nicht diese Art zu kom-
men, und jene zu gehen nicht diese zu gehen, und
auch jene Art zu kommen ist auf diese Weise vor-

bei; auch jene Art und Weise, so einherzukommen
als käme es darauf an, wie es vorbeigeht, geht
vorbei; ja auf eine Art und Weise kommt es, daß

es auch kaum darauf ankommt, wie es kommt, daß
es auf diese Weise nicht ankommt; es kommt eben
auf jene und geht doch auf diese vorbei; die

nicht vorbeikommt; daran kommt es nicht vorbei;
es ist eine Art Kommen und Gehen im Gange, es
ist direkt schlampig, wie Dieses und Jenes ein-

hergeht, eins klüger als das andere; aber das
geht vorbei; diese vorwitzige Art und Weise im
Gehen und Kommen ist ja bloß jene, nicht diese.

[*A:* 1980]

Abendlied

Der Tag legt sein Verhalten an den Flauschhund.
Ein Kleeblatt bringt den Stadtverkehr zum Schäu-
men. Kein Schlußkapitel fällt vom Baum der Ener-

gie. Fast langsam wird die Schleife sanft magne-
tisch – die Induktion schließt Daten ein, nicht
aus. Verhalten knickt der Nachbar ins Papierbett.

Kein Lüftchen legt sich an, es geht mit Dingen
zu. Leicht unhygienisch liegt ein Arm im Schließ-
fach. Auch das Paniermehl schlingert aktenkun-

dig; Sachzwänge bringen etliches zum Tragen, ach
wann? Die Gurkenblüte schließt ihr Machtverhält-
nis aus. Es kehrt das heiße Fett sich nicht an

Kind und Kragen – den Phänomenen wächst die Spu-
le an den Kern. Postalisch wird ein schlankes
Haar gebogen; auf kleinem Fuße köchelt die Ver-

bene. Schon naht, was sich ins Stil-Empfinden
schickt, auf leisen Katalogen. Am Kühlturm geht
Dianas Schwester außen in die Knie. Verhalten

steigt die Induktion in Scheuerleisten – kein Irr-
tum legt den Mund ans Ohr. Der Tag schließt seine
Gurken an den Drehstrom. Steinzeit – gute Nacht.

[*A:* 1980]

Der Spaziergang am See

Mageres Graz, Sepiaden,
Garage zedersam in spe
Sands Praemiergezage,
Zier, Gemse, Paradesang,
Gesims der zargen Paare,
Ziegen, arg, Spermas Ade,
Erdgases Gemarzipane,
Darm, Saege, Ranz, Gespei,
Maigeredes Sparzange,
das Zirpen am Gesaerge,
des Parias Gegenmaerz,
Parmesans Gezarg – Idee,
Reseden, Primgaze, Saga,
Gereize am Pass Grande
Mirage – ganz Espe des Ra.

[*D:* 1985]

[Überschrift: Titel einer Erzählung von Johann Peter Hebel (1760–1826).]

Friedrich Christian Delius
*1943

Nach dem Manöver

Mein Freund schreibt aus Koblenz:
  Mein Freund schreibt aus Erfurt:
Wir schießen nicht gern,
  Wir schießen,
aber wir schießen.
  aber wir schießen nicht gern.

Von beiden Seiten getroffen,
frag ich, euer Pappkamerad:
Wem ergebe ich mich?

[*A:* 1965]

Lieder eines fahrenden Gesellen

An den Autos das Blech wird immer heller
Die billigen Farben leuchten das Land aus
An allen Kreuzungen südlich von Wolfsburg
Warten die neusten Volkswagen ungeduldig
Auf den Tod Hier will ich nicht
Geboren sein

Wir fahren Im Radio Lieder
Von Mahler Nach Braunschweig
15 Kilometer Lieder eines fahrenden Gesellen
Im Radio Sopran Ging heut morgen übers Feld
Aus Braunschweig warum nicht aus Braunschweig
Kam der Beamte der das Hakenkreuz
In meine Geburtsurkunde stempelte

Lieder eines Mannes aus Böhmen vor 90 Jahren
Geschrieben drängen auf elektromagnetischen
Schwingungen mit Lichtgeschwindigkeit auf diesen
Lautsprecher in unsere nackten Ohren
Fahren fahren übers Feld
In diesen Minuten
Mitte der Welt

Laß das Fenster zu Ich will es nicht hören
Das Getöse der Taschenrechner Nicht sehen
Die Fassaden schamlos hinter Passanten mit der
Sehnsucht nach der blauen Schönheit der
Hundertmarkscheine Hier will ich nicht
Leben Wir fahren fahren Wir mit kindlichen
Stimmen jagen der Welt hinterher

(*Lieder eines fahrenden Gesellen:* Liederzyklus von Gustav Mahler, 1884)

[*A:* 1981]

[*Ging heut morgen übers Feld:* Anfangszeile des zweiten der auf eigene Texte komponierten vier „Lieder eines fahrenden Gesellen" von Gustav Mahler (1860–1911).]

Das Schweigen von Köln

Was würden Sie tun, wenn Sie unter
der milden Sonne des Herbstes vom Bahnhofsvorplatz
in eine dieser schweigenden Städte kommen wie Köln?

Wenn Sie unterm Getöse der Büromaschinen, Ladenkassen,
Blechpressen, Glocken und Sendemasten nichts hören
und keinen dieser abgeschalteten Menschen reden sehn?

Wenn Sie nur manchmal eine verstörte Gestalt
flüstern hören: die Preise, die Preise! und
einen Meinungsforscher daneben stehn sehn, der das

Als Sprache des Volkes sofort verkauft an einen
Meinungsmacher, denken Sie dann an Demokratie?
Wenn Sie 10 Abhöranlagen, Wanzen, Detektoren anbringen könnten

In Wohnstuben, Chefetagen, Verfassungsschutzämtern,
Gewerkschaftshäusern, Funkhäusern Ihrer Wahl und
auf einen Schlag und zehnfach erfahren, was hinter

Dem Schweigen steckt? Meinen Sie, Sie erfahren da was?
Und wenn, was würden Sie damit anfangen? Kämen Sie
sich wie ein Agent vor oder ein andrer Verfassungsfeind?

Würden Sie, wenn es sonst niemand tut, das Steigen
der Preise erklären? Haben Sie die Chose mit dem Euro-Dollar
richtig begriffen? Was tun Sie, wenn Sie gebeten werden:

Bitte verständlicher? Was tun Sie, wenn Sie gefragt werden:
Was tun? Wissen Sie, wer Ihnen bei solchen Antworten
helfen kann? Wissen Sie, was sich abspielt

Vor den Windschutzscheiben, Theken und Röhren?
Wie lange können Sie zuhörn, als hätten Sie niemals
gehört das betäubende Schweigen von Köln?

[*A:* 1976]

WOLF WONDRATSCHEK
*1943

Singsang am Regentag

Die Welt ist wie ein Schiff, das irgendwann im schönsten Sonnenschein
bei leichtem Wellengang auf einem Riff zerschellt
und langsam auseinanderfällt.
Im Traum gehe ich durch eine klare Feuchtigkeit,
während sich das Leben hier an Bord
unmerklich jeden Tag ein wenig mehr zur Seite neigt.
Die Lady mischt sich unter die Fische,
vielleicht ist es schön so,
wenn einem das Gehirn unter Wasser
langsam vermoost.
Meinem Verleger teile ich mit: Sie brauchen einen,
der schweigt!

Die Welt ist wie ein Schiff, das irgendwann im schönsten Sonnenschein
bei leichtem Wellengang auf einem Riff zerschellt
und langsam auseinanderfällt.
Es gibt bereits die Firma, die im Wasser Häuser baut.
Der Untergang steht kurz bevor,
mein Mädchen hört dem Singsang zu und fragt mich dann,
Glaubst du, ist das auch gut für meine Haut?
Küß mich, wo geht die sonderbare Reise hin?
Vorbei an einer Munitionsfabrik,
dann bis zum Horizont, dann noch ein Stück,
ein letzter Blick zurück bei leichtem Wellengang,
die Lady übersteht den Untergang
und ich werd ein Delphin.

[*A:* 1974]

———

Das ist die Stunde kurz nach Mitternacht,
die Katze, die dich anschaut
und nicht lacht.
Es ist nichts mehr zu tun.
Du öffnest die Finger,
siehst die Morgenröte
und den Engel, der geht
um sich auszuruhn.

[*A:* 1974)

Einmal dein Leben

Du gehst die Straße lang,
als wolltest du in die Sonne reiten.
Unter dir die Asphalt-Skyline.
Hinter dir zwei Ewigkeiten.

Du gehst die Straße lang
und fühlst dich stark genug.
Einmal dein Leben.
Der Rest ist Betrug.

Sie wollte leben,
das war alles, was sie wollte.
Sie ging die Straße bis zum Ende
und sah die Farben unsichtbarer Gegenstände
und malte nachts die Sterne an mit Lippenstift:
sie suchte ihr Leben, aber sie gaben ihr Gift.
Sie suchte nach dem Glück, das sie nicht fand
und ging allein und weiter und verschwand.

Du gehst die Straße lang
und fühlst dich stark genug, um ehrlich zu sein:
geh weiter,
und wenn es sein muß,
geh allein.

[*A:* 1976]

Für meine Mutter

Aus Cezannes Äpfel hätte sie Apfelmus gemacht –
das alles beeindruckt sie nicht,
solange folgende Fragen ungeklärt sind:
wer kocht und wäscht und sorgt für mein Kind?
Das hat Vorrang vor aller Kunst.
„Wenn ich sterbe" schreibt sie, „was dann?"
Vom beigelegten Geld für ein gutes Essen
kaufe ich Zigaretten und Papier,
rauche und schreibe
und liebe sie.
Sie ist meine Bäuerin,
sie kennt die Absturzstellen
meiner Höhenflüge.
So müßte das Leben sein:
das Mißlungene vollenden
mit einem selbstgebackenen Kuchen
und zwei Taschentüchern.

[*A:* 1980]

Jürgen Theobaldy
*1944

Schnee im Büro

Eine gewisse Sehnsucht nach Palmen. Hier
ist es kalt, aber nicht nur. Deine Küsse
am Morgen sind wenig, später sitze ich
acht Stunden hier im Büro. Auch du
bist eingesperrt, und wir dürfen nicht
miteinander telefonieren. Den Hörer abnehmen
und lauschen? Telefon, warum schlägt
dein Puls nur für andere? Jemand fragt:
„Wie gehts?", wartet die Antwort nicht ab
und ist aus dem Zimmer.
Was kann Liebe bewegen? Ich berechne
Preise und werde berechnet. All die Ersatzteile,
die Kesselglieder, Ölbrenner, sie gehen
durch meinen Kopf als Zahlen, weiter nichts.
Und ich gehe durch jemand hindurch
als Zahl. Aber am Abend komme ich zu dir
mit allem, was ich bin. Lese von
Wissenschaftlern: auch die Liebe ist
ein Produktionsverhältnis. Und wo sind
die Palmen? Die Palmen zeigen sich am Strand
einer Ansichtskarte, wir liegen auf dem Rücken
und betrachten sie. Am Morgen kehren wir
ins Büro zurück, jeder an seinen Platz.
Er hat eine Nummer, wie das Telefon.

[*A:* 1976]

Im August

Hier kann ich leben, im Straßenstaub,
ockerfarbenes Rom! Die Abgase glühen
über verlassenen Plätzen, wie warm
ist zwischen die Ruinen der Asphalt
geschoben; Bruchstücke aus dem Alltag,
Felder von Steinen, kantig liegen sie
im Gras, zwischen Büschen und Papier.
Hier kannst du leben, Sonne im Turnschuh,
Lire in der Tasche! Lieder schwingen
in den Mittag, müder Palmengarten,
ich fasse die Feigen an, ich schaue hoch,
Rom ist ein Kramladen, jeder kramt
darin herum, ohne Schatten im August.
Ihr Führer, verschont mich mit Gedanken
an Ewigkeit und Kataloge! Mörtel, Schutt,
was sind die Trümmer ohne mich und meine
Neugier, durstig vor dem Eisauto am Forum!
Ich jage zum Meer, ich stehe am Strand,
schmutzig wie die Nationalbank,
Abfälle im Sand, das Obst verwest,
zerfledderte Scheine, die Jalousien
über der Straße sind unten und stumm.

[*A:* 1979]

Die Sonne steht hoch

Meine Augen sind offen genug,
die Vorhalle mit dem Palmenkübel aufzunehmen,
an dem vorbei die Gäste in weißen Jacketts
zum Dinner schlendern.

Am Mittag durchquert ein Bus meine Augen,
die Leute stehen in ihrem Schweiß,
drei japsende Hunde, kurz davor,
einander anzufallen.

Ein Samstagnachmittag in der Vorstadt,
eine lang gedehnte Fahrt
ödester Traurigkeit durch den Staub,
nachdem die Männer
betrunken aus der Freitagnacht
nach Hause kehrten.

Ein Junge ohne Fußball, der nicht weiß,
mit wem er spielen soll.
Ein Mädchen, das nicht die Murmeln hat,
die es haben möchte, weiße
mit dunkellila Schlieren.

Das Geheimnis der Welt hat keinen Grund,
obwohl man ihn sehen kann,
durch die Sprache seltener Augenblicke,
die dich und mich erschauern lassen.

Eine Veranda aus Holz, und in ihrem Schatten
ein leerer Schaukelstuhl,
den die Brise antippt.

Ein Strohdach vor der Brandung des Meeres,
ein verblichenes Fotomagazin auf dem Tisch,
der in die Sonne gerückt ist.

Eine Kreuzung im Morgendunst,
die bald von Autos umtost sein wird,
die Luft erfüllt von Rufen, Hupen, Benzingestank,
von Schrecken, Schauder und Gerede,
vom tobenden, lärmenden, sonnengegerbten Tag.

[*A:* 1983]

Karin Kiwus
*1942

An die Dichter

Die Welt ist eingeschlafen
in der Stunde eurer Geburt

allein mit den Tagträumen
erweckt ihr sie wieder

roh und süß und wild
auf ein Abenteuer

eine Partie Wirklichkeit lang
unbesiegbar im Spiel

[*A:* 1976]

Morgengrauen

Vorangekommen
selbsttäuschend ähnlich
den Verkleidungen wechselnder
Jahreszeiten deines Lebens
als Jäger immer nur
die Weite gesucht
und die anderen wie wild

Atemlos langsam
die Hunde neben dir
ohne Spur die Falken
befallen vom grauen Star
die Flinten rostig verschorft
das Fernrohr unverstellbar
im Rücken die jagende Meute
ähnlich selbsttäuschend
in anderen Kostümen

Davonlaufen etwa
die Fahne einholen
das zerfetzte Wappen deine
angeschossene Lunge hellrot
verbergen in einem Schoß
Kaninchenfell auf die Unschuld
hoffst du die träumende
wird man nicht zielen

[*A:* 1979]

Gewisse Verbindung

Nachts
            muß wohl
    im Traum gewesen sein
hat ununterbrochen
das Telefon geklingelt
ruhig
          gleichmäßig
    wie Atemzüge
von einem abwartend
lebensbedeutenden Körper

Morgens
              diese Art
    Anrufungszeichen
fast schon vermißt
                              rübergelaufen
zur Telefonzelle neben der Zeitungsbude
die eigene Nummer gewählt und den Hörer
ins Buch zwischen die Krüger-Seiten gesteckt

Zuhaus
            lange
    auf den wieder leise
surrenden Apparat gestarrt
abgehoben und sofort deutlich die Straßenecke
am anderen Ende der Leitung vor Augen
ein Diesel der bremst ein jaulender
Schäferhund auf dem Zebrastreifen
Bierfahrer die klirrende Kisten verladen
ein Pulk Schüler in Richtung Bushaltestelle
zwei Alte auf der Bank hinter den Büschen gröhlen
und trommeln gegen die Papierkörbe rechts und links

Nach einer Weile
                              wird drüben
    die Tür aufgemacht
jemand raschelt den Hörer hervor
und brüllt aufgeregt hallo rein
    hallo ist denn da wer
        möglich ist alles
                                  gebe ich zu
aber er fängt jetzt erst richtig an
    was soll denn der Quatsch was
        bilden Sie sich überhaupt ein
            ach
                sage ich nur
                    gar nicht mal ungeduldig
            halten Sie sich da
                raus

[*A:* 1979]

Rainer Malkowski
*1939

Schöne seltene Weide

Manchmal, nach einem Herbststurm,
wenn die Luft still und gefegt ist,
gehe ich im Garten umher und zähle
die abgeschlagenen Äste.
Nur die Weide zeigt keine Veränderung.
Ich bewundere sie lange:
nicht immer sieht es so schön aus,
wenn die Biegsamkeit überlebt.

[*A:* 1975]

Stadtkirche am Vormittag

Wer die Tür nicht festhält,
löst einen Schuß aus:
Totenstille danach
im Kirchenschiff.

Die alte Frau in der letzten Bank,
vornübergenickt,
rührt sich nicht.

Das Haus des Lebendigen –

erhellt
durch eine Orange,
die in der Dämmerung allmählich
aus dem Einkaufsnetz der Frau
zu leuchten beginnt.

[*A:* 1977]

Eine Stunde oder zwei

Der Tisch mit der fleckigen
weißen Decke,
die billigen Plastikstühle –

es ist gut,
wie es ist.

Gut ist der trübe,
kalt
behauchte Mond
über den abbruchreifen Häusern
der anderen Straßenseite

der wilde Wein,
unter dem im dunklen
Hintergrund des Gartens
leise
die Soldaten singen

Einen besseren Platz
werden wir nicht finden
als diesen,
an dem wir nicht festhalten wollen
– und wo das Benannte
widerspruchslos
in die Benennungen zurückkehrt

für eine Stunde unverstörter
Anschauung.

Es ist gut,
wie es ist.

Gut ist das feste,
matt schimmernde Fleisch
der Zahnbrasse auf dem Teller,
die magere Katze
zwischen meinen Füßen
und noch das geringste
Wort, das wir sprechen
in der Salzluft,
den meerkühlen
Abend.

[*A:* 1980]

Johannes Schenk
*1941

Jules Verne

Ich könnte doch, eingerollt in meiner Taucherglocke,
sagte Jules Verne, tauchen in die Warenhäuser
navigieren an Tiefseeseifen und Höhlenmiedern vorbei
auf die Suche gehen nach einem feinen Strumpf
für das Mädchen im Mond, das ich vor 100 Jahren
besuchte in einem meiner Bücher, ehe mir die
amerikanischen Piloten zuvorkommen und
meiner gedruckten Liebe einen Kaugummi verpassen,
eine Splitterbombe und ein Hütchen aus Detroit.
Macht die Seilwinde klar wir klettern aufs Dach
schließt den Deckel, ich tauche und bitte
alle Hausfrauen, schaukelhosigen Kinder
und unfreundlichen Verkäuferinnen
nicht zu erschrecken über meinen
durchaus gewöhnlichen
Taucherglockenblick.

[*A:* 1969]

Schichtzettel

Die verwinkelten Lagerschuppen,
der einarmige Pförtner und
die unerhörten Schreie der Männer
in der Halle beim Warten
auf welche Schicht, drüber
die bedrohlichen der Arbeits-
verteiler auf den Podesten.
Und die Herbstblätter des Hafens,
die Schichtzettel,
wodrauf gedruckt ist:
der Kai welches Schiff welches Tor
welche Gang,
ob Schaufel ob Sackhaken,
mit denen sich die Leute
wieder acht Stunden
die Muskeln ausreißen müssen
aus ihren Armen. Dahinter
dies gar nicht schöne
Heulen und Tuten
der verdammten bemalten Dampfer.

[*A:* 1977]

Gregor Laschen
*1941

Geschichte, Grün

Wie der Wind übers Gras geht,
es niederlegt, auseinander-
spreizt für eine Weile,
macht er das Grün heller:
eine Veränderung dessen, was doch
bleibt, abseits
des Weges,
aus den Augenwinkeln zu sehn: eh
dir wieder die Augen
aus dem Kopf fallen
vor lauter Grün,

Geschichte.

[*A:* 1983]

Naturgedicht 7

Ab und aus-
geschrieben epochenlang
die sechs anderen Wälder vorher, deutsche
Metapher von Kindesbeinen an, Gattung
aus Gründen. Das Naturgedicht
ist der letzte Text über die
Naturgedichte lange vor uns, hölzerne Suche
nach Bäumen in Gedichten
über was man
für ein Verbrechen hielt, als
es
noch
Bäume
gab.

[*A:* 1983]

[Vgl. Brechts Gedicht „An die Nachgeborenen".]

Michael Krüger
*1943

Über die Hoffnung

Wir wollten
die Hoffnung überraschen,
wenn sie die Fassung verliert:
die Sekunde der Revolte.
Wir richteten
uns auf eine lange Reise ein.
Wir wappneten
uns gegen Hitze und Kälte.
Der Proviant
lag schwer auf unsern Schultern:
Geschichte, Erziehung,
die Fähigkeit, die Hoffnungslosigkeit
zu ertragen, viel Literatur.
Seit gestern sind wir zurück.
Müde,
wie man sich denken kann,
und hungrig.

Die Bilder
sind noch nicht entwickelt.
Die Ergebnisse
werden bekanntgegeben.

[*A:* 1978]

Auf der Brücke

Der Fluß ist gestiegen über Nacht,
am Morgen flüchtet das braune Wasser
der Schmelze unwillig unter mir weg.
Kein Bild kann sich halten im Spiegel
der Natur. Und doch bleibst du stehn.
Auch das Blut ist nicht zu beruhigen
an diesem Morgen, fliehend keucht es
durch meinen Körper, als sei kein Halt
mehr. Das andere Ufer ist unsichtbar.
Und kein Meer weit und breit, in das du
dich stürzen kannst. Nur übertriebene
Bilder in tragischen Wirbeln,
die im Wasser gurgelnd untergehn.

[*A:* 1982]

Eine Unterhaltung bei Regen

So wie der Regen wütend die Erde
bearbeitet und ein störrischer Wind
mit dem Haus verschmelzen will,
in dem wir sitzen, so haben die Ideen
die Welt nur geritzt, sind aber nicht
wirklich eingedrungen. Die Veränderungen

sind nicht meßbar, oder nur in einer Zeit,
die für Menschen keinen Platz hat.
Es wird keinen Platz geben für uns
und unsere Idee der Harmonie,
es wird nutzlos sein, Atem
und Flug zu versöhnen. Es wird alles

so bleiben, wie es ist, nur ohne uns.
Also werden unsere Formen vielleicht
die letzten sein, auch wenn ihre Schale
nichts verrät über ihren Inhalt: aber
der Rhythmus wird bleiben, die Brechung,
der gefrorene Schrei. Nur geritzt,

nicht eingedrungen. Vielleicht ist es
falsch, zwischen Wunsch und Ausführung
zu unterscheiden, brummelte er, aber:
diese Unterscheidung hindert uns,
bei der eigenen Hinrichtung Beifall
zu spenden. Immerhin. Nur geritzt,

nicht eingedrungen. Vom Dach klatscht
das Wasser auf den gekiesten Vorplatz
und bildet Pfützen für die Vögel,
die feiern das Wasser,
wilde Tauben feiern das Regenfest.
Wir trinken, zutiefst in uns verbogen,

und horchen auf die mageren Stimmen,
die das Haus fragend umflüstern,
und schauen den Verwandlungen zu,
dem ununterscheidbaren Tun und Lassen.
Nur geritzt, nie eingedrungen.
Und hinter dem grauen Regentuch

ein blasser Schimmer, wie von einer Wolke,
die die Sonne in sich trägt und sie
umarmend löschen will.

[*A:* 1985]

Ralf Thenior
*1945

Einfache Dinge

Jeden Tag geschehen einfache Dinge
um mich herum; geflüstertes Türkisch
im Hausflur, vorbeischwankende Schirme,
ein Knopf wird angenäht,
ein Essen schmeckt, Gedichte,
langsam werde ich fetter.

Preis für den Anblick der einfachen Dinge
ist eine große Mühe oder ein Schnaps
oder eine Tablette oder ein Joint.
Und dann sitzen wir da und
sehen die einfachen Dinge.

Warum versucht die Hauswartsfrau,
ihren Machtbereich auszudehnen?
Warum spreche ich so oft defensiv,
um die anderen nicht heranzulassen?

[*A:* 1977]

Gran Canaria

Nein ganz herrlich ganz
wunderbar also jeden Tag
Sonne und baden natürlich
auch jeden Tag schon also
fast jeden Tag und ganz
sauber alles die Leute sind
ja so arm da sie machen
sich keinen Begriff in dem
Dorf gibts kein fließend
Wasser keine Elektrizität
nichts und die Frauen waschen
noch am Bach aufm Stein aber
sehr sauber alles und zehn
Kilometer weiter fangen die
Bungalows und die Hotel-
hochhäuser an aber wenn sie
fahren auf jeden Fall drei
Wochen zwei Wochen lohnt sich
nicht eine Woche braucht man
um sich einzugewöhnen die
erste Woche da wollten wir
am liebsten wieder nach Haus

[*A:* 1977]

Reinhard Priessnitz
1945–1985

kleie

die gelittene zeile, geleitet
von einer zeile, die leidet, gleitet,
begleitet von einer zeile, die litt,
auf einer weiteren zeile als leiter
zu einer in lettern gekleideten zeile,
die, auf die leidende zeile zielend,
dieselbe als den teil einer zeile zeigt,
welche unleidlich aber erläuternd
die gelitten habende zeile bekleidet,
dass sie, als leidtragende zeile ihr ziel,
die abgeglittene zeile zu leiten, teile:
so eilt die leitzeile, gezielt am zeigen
beteiligt, weiter und läutet den zahlen
heulend, dass sie leiden. da! ein neuer
wind wendet gewandt die gewänder, wähnend,
dies zeitige die zeile zeitweilig.
die so verwendet weilende zeile weitet,
weil am leiden sich windend, sich
leider durch aufwendiges abtei-
len in die beteiligten zeilen und
verleitet bereits bereitwillig zeilen
sich leidensverwandt zu verteilen.
die aber, geläutert verweilte, wandern,
als solche in leidige zeilen gewandet,
verleidet zu leuten, sie zu beleidigen.

[*A:* 1978]

in stanzen

des innren lebens wunderliches pflanzen,
des äussren lebens widerliches tönen,
es öffnet schliesslich sich dem schleissig ganzen
als saure sterne am vermeintlich schönen,
mit essig und mit öl garniert zu stanzen,
beginnt es wirklich nerven zu durchföhnen,
wenn es, unwissentlich, aus seinen chören
das weitre immer wörtlich meint zu hören:

nämlich das wissen, dass, mit dichten stiften,
was dichter stiften, stifter dichten: nervung;
das windig wirkliche in allen schriften,
gestanzt von den instanzen der verwerfung
(es droht, ins tanzen fallend, abzudriften
und glaubt, ins fallen tanzend, als verschärfung
des äussren wissenskurses fortzusteuern
und somit wieder innres zu durchsäuern),

so äussert es das äussre, fehlberaten,
von wieder wunderlichen nerven, bildern
in widerlichen wundern, sternen, saaten,
um alles weitre wissentliche zu vermildern
und zwar in immer gleichen schriftsalaten,
um so sich selbst da draussen hinzuschildern
und wirkliches von wörtlichem zu lösen,
als das vermeintlich innre am nervösen.

[*A:* 1978]

Thomas Brasch
1945–2001

Zum Beispiel Galilei

Die Erde ist nicht Mittelpunkt der Welt,
sie ist ein Stein, der um die Sonne fällt,
sagt Galileo Galilei aus Padua,
der mit dem Fernrohr in den Himmel sah.

Kaum ist das Wort heraus, schon würgt der Hals.
Der Schweiß läuft über seinen Blick, als
er das Flüstern hört, den Schatten sieht,
der vor dem Fenster seine Kreise zieht:

Halt deine Zunge fest, die Augen zu:
Ich sehe einen Blinden. Wen siehst du.
Ich sehe einen Stummen hinterm Fenster stehn
in einem Haus, um das die Wächter gehn.

Die Mönche schleppen ihn nach Rom vors Papstgericht,
sie zeigen ihre Instrumente vor im Kellerlicht:
Sag, Physiker, wie deine Wahrheit heißt,
wenn einer dir das Herz aus deinem Körper reißt.

Und Galilei sagt: Unsre Erde ist kein armer Stein,
der um die Sonne fällt. Sie steht im großen Schein.
Auf ihr stehn wir im Mittelpunkt der Dinge fest
und über uns steht Gott, der seine Sonne kreisen läßt.

Dann wird der Mann, der eine Wahrheit weiß,
doch abgezählt hat an zehn Fingern ihren Preis,
durchs Klostertor gestoßen in den Straßendreck.
Er läuft zurück nach Padua in sein Versteck.

Vier Jahre später ist er blind und tappt durchs Zimmer:
Bleibt mir vom Hals mit Schwerkraft, Wahrheit, Wissenschaft für immer.
Alles ist schwarz. Sie hatten recht. Und nichts, das sich bewegt.
Nur Galileo Galilei, der sich zum Sterben in sein Fenster legt.

[*A:* 1980]

Mitten am Tag eine Furcht

Ich weiß nicht wovor
Über mir die gelbe Sonne
Vor mir das Kottbusser Tor

Hinter mir leises Rufen und Flüstern
Jeder Schritt wird mir schwer
Wer tut mir was Keiner ist hier
Aber alle sind hinter mir her

Dann ist es in der Straße still
Ich bin ausgedacht
Welches Feuer ich will
Habe ich angefacht

[*A:* 1980]

Schlaflied für K.

Nacht oder Tag oder jetzt
Will ich bei dir liegen
Vom schlimmsten Frieden gehetzt
Zwischen zwei Kriegen

Ich oder wir oder du
Denken ohne Gedanken
Schließ deine Augen zu
Siehst du die Städte schwanken

In den Traum oder Tod oder Schlaf
Komm in den Steingarten
wo ich dich nie traf
will ich jetzt auf dich warten

[*A:* 1980]

Guntram Vesper
*1941

Landmeer

Wir dürfen unser
Leben
nicht beschreiben, wie wir es
gelebt haben
sondern müssen es
so leben
wie wir es erzählen werden:
Mitleid
Trauer und Empörung.

[*A:* 1982]

Stark wie der Tod

Kurz vor ihrem Verschwinden fuhren wir
immer wieder
durch das dunkle schwer schlafende Land
und sprachen von den Menschen, die
so unheimlich
tot waren, daß man sie nicht
zum Leben
erweckt sehen wollte:
sein Glück auf dem Unglück
der anderen
aufbauen
und die Geschichte zur großen Säuberung machen.

Einmal geriet ein Hase unter
die Räder, sie
zerstampfte ihn mit dem Absatz.

Ihr langsames Lächeln, als hätte sie gerade
die Ursache aller Traurigkeit
ausgerottet.

Mit einer Art Neid sah ich
jedesmal
in ihr entstelltes Gesicht.

Bildete mir ein, daß ich restlos verstand.

[*A:* 1982]

Das fremde Kind

Jetzt erlebe ich die langen Abende der Kinderzeit
in den überfüllten Häusern von Frohburg wieder
wenn die Kälte gegen die
knackenden Scheiben drückte.

Man saß zu Hause
oder bei der Familie eines Freundes
um die Petroleumlampe in der Küche
still, sagte jemand, und
alle lauschten
lang anhaltende Rufe waren zu hören.

Es ertrinkt wieder einer im Fluß.

Dann wurde von Leuten erzählt, die
auf schreckliche Art
gestorben waren
durch scheuende Pferde, giftige Ofengase.

Manchmal fragte ich weiter.
Wieso, wurde gesagt
ist denn
noch mehr geschehen.

[*A:* 1982]

ULLA HAHN
*1945

Winterlied

Als ich heute von dir ging
fiel der erste Schnee
und es machte sich mein Kopf
einen Reim auf Weh.

Denn es war die Kälte nicht
die die Tränen mir
in die Augen trieb es war
vielmehr Ungereimtes.

Ach da warst du schon zu weit
als ich nach dir rief
und dich fragte wer die Nacht
in deinen Reimen schlief.

[*A:* 1981]

Katzenmahlzeit

Alles ist in Roma eßbar
Artischocken schwarzes Schaf
Ciceroni Chips Cypressen
Rosmarin Maroni

Alles ist in Rom vergeßbar
Esbahn Uhahn Alster Spree
Villen Pillen Brillenträger
Papa Papperlap

Alles ist vergeßbar eßbar
Colosseum Marzipan
Minestrone Mama Mia
Dolce Duce Du

[*A:* 1983]

Ludwig Fels
*1946

Alte Befehle

Schreib von der Arbeit
rät man mir
dichte was von Fabriken.
Geh zu
eine Menge Bürger sind geil
auf Nachrichten vom Fließband
beweise in Wort und Schrift
deine Gesinnung schwarzweiß.
Komm und sei fleißig
zier dich nicht
auch du hängst schließlich ganz besonders
von den Gehältern
der Studierten ab
verdiene dein Geld
mit dem Vorsprung deiner Herkunft.

Ich denke
ihr wollt nur
auf andere Träume kommen
am Feierabend
Exotik genießen
Vergnügen haben
an Streß und Akkord
sonst unbekannte Personen
ein bißchen bedauern
ganz allgemein.

[*A:* 1977]

Fluchtweg

Einen Sommer lang gehn
durch Heide und über Gebirg
sich vom Wegrand ernähren
segeln durch wogendes Getreide
immer den Vögeln nach und den Sonnen
bevor sie ausgerottet sind.
Man muß erfahren haben
welche Welt vergeht.

[*A:* 1984]

Proletarische Liebe

Pflück die Blume nicht
zähl keine Blätter ab
er wird nichts merken, gleich ob du
mit Tulpen, Astern
oder Rosen übern Bauzaun winkst.
Er auf der andern Seite
biegt Eisen in Beton
hat rostige Hände,
angeschweißte Finger.
Ruf seinen Namen nicht
er würde vor Freude
tanzen auf dem Gerüst.

[*A:* 1984]

Richard Pietrass
*1946

Stiegenlied

Lutsch die Euphratfeige.
Trink vom Born der Norm.
Spiel die erste Geige
Noch ehe du geborn.

Steig auf Perserstufen.
Sei kein Schmerzensmann.
Kratze mit den Hufen.
Bück dir nen Buckel an.

Hechle mit den Schlechten.
Kreuz den Weltenlauf.
Schlaf den Schlaf der Rechten.

Wach im Himmel auf.

[*A:* 1982]

Replik

Für H. M. E

Reden ist leicht
Sagen ist schwer

Und wir haben doch
etwas zu sagen

Aber sagen wir immer
wenn wir reden

Und wissen wir immer
was wir reden
wenn wir etwas sagen

Und ist alles gesagt
wenn wir geredet haben

Manche die sagten
reden nur noch

Und andere die nie redeten
schweigen

Sagen wir also
in unseren Reden

solange wir etwas
zu sagen haben

(Erwiderung auf Hans Magnus Enzenbergers Gedicht *Rondeau*)
[*A:* 1980]

PETER MAIWALD
*1946

Die Frau des Arbeitslosen

Mein Mann ging mir verloren.
Mein Mann ging zur Fabrik.
Er ist sehr früh gegangen
und kam sehr spät zurück.

Und der zurückkam war nicht
der Mann, den ich gekannt.
Die Hand, die mich berührte,
das war nicht seine Hand.

Der Mund, der meinen küßte,
der schmeckte kalt nach Rauch.
Und was der Mann mir sagte,
das sagen andre auch.

Die Augen, die ich liebte,
die sahen mich nicht an.
Und der mich trug vor Tagen
war jetzt ein schwacher Mann.

Die Wohnung für uns beide
die war nun riesengroß.
Die Dinge, die wir hatten,
waren die Dinge bloß.

Mein Mann ging mir verloren.
Mein Mann kam mir ganz fremd.
Wir liegen nachts in Betten
als lägen wir im Hemd.

(1977) [*A:* 1984]

Ursula Krechel
*1947

Umsturz

Von heut an stell ich meine alten Schuhe
nicht mehr ordentlich neben die Fußnoten
häng den Kopf beim Denken
nicht mehr an den Haken
freß keine Kreide. Hier die Fußstapfen
im Schnee von gestern, vergeßt sie
ich hust nicht mehr mit Schalldämpfer
hab keinen Bock
meine Tinte mit Magermilch zu verwässern
ich hock nicht mehr im Nest, versteck
die Flatterflügel, damit ihr glauben könnt
ihr habt sie mir gestutzt. Den leeren Käfig
stellt mal ins historische Museum
Abteilung Mensch weiblich.

[*A:* 1977]

Ich fälle einen Baum

Ich fälle einen Baum
fälle ihn einfach
trotz meiner Furcht
der fallende Baum
erschlägt mich.

Immer habe ich abseits gestanden
wenn Bäume gefällt wurden
zögernd in der Entfernung
in der man Kinder hält.
Immer haben andere
getan, was notwendig war:
bei den verdorrten Pappeln
in der Allee einzementiert
beim Kirschbaum, dessen
magere Ernte die Spatzen fraßen.
Immer abseits
mit den Händen in den Taschen.

Ich will nicht sagen
daß es leicht geht
mit Axt und Säge.
Die Späne fliegen
aber es geht. Mit einem Schlag
dem letzten, fällt die Zypresse
mir vor die Füße
verdunkelt nicht mehr
mit ihrem Friedhofsschatten
meinen Tisch am Fenster.

Jetzt wieder am Tisch
ist mein Gedicht ganz hell.

[*A:* 1977]

Ebenbilder

Schönere Menschen laß uns erfinden
nach unserem Bild
das keiner Postkarte gleicht
Menschen mit flatterndem Haar
Husarenröcken, Pfauenfedern
Magnetnadeln zwischen den Zehen
und dünner brauner Haut
in die ritz ich Herzen
du legst ihnen die Hände auf
ich bett sie in Löschpapier
Mischwälder grüßen die erleuchteten Fenster
wir tragen Strümpfe mit Löchern
in der Tasche ein Meer

Honigbrot und Pferdchen
sitzen auf Wolkenbänken
Klippschüler sind uns die liebsten
wir lehren sie fliegen
über den Lehranstalten
immer kühner ins übernommene Blau

und abends warmgefroren
tragen wir alte Hüte zum Spaß
brühen frischen Tee
du sprichst in Versen
auf die mach ich mir keinen Reim
den Ofen lecken die säuberlichsten
Flammen auch Nachrichten erfinden wir:
wir lügen wie gedruckt
schlüpfen durch die Maschen
unserer blauwollenen Strümpfe
aus der Erfindung heraus.

[*A:* 1979]

In diesem Herbst

Wer will schon lernen, wie man lernt
man lernt nicht, ist die Nacht besternt
wer will schon lernen, daß der Stich der Zecken
zu welchem Zweck Geröll rollt von den Bergen
die Jäger lauern träumerisch in Hecken
und schießen, was sich bewegt, bewegt sich
dann nicht mehr. Die feuerroten Blätter wirbeln
die Feuer auf den Hängen ruhen Wolken dicht an dicht
darunter lebt das Dorf und feuert, Rauch
kräuselt sich, jetzt gärt der Most, leckt
wer will schon lernen, was er nie gelernt
wie Rauch schmeckt, Feuer in der Nacht
es knackt. Vom Feuer lernen.

[*A:* 1985]

Erster Februar

Was von einem Winternachmittag bleibt:
die spiegelnde Nässe auf den Straßenbahnschienen
blaue Kacheln in einem offenstehenden Haus
in dem pfeifende Arbeiter Wände einreißen
eine Wolke aus Staub über den Gehweg gefegt
eine Fuhre Schutt
ich fotokopierte fremde Gedichte
jetzt sind sie mein bewegliches Eigentum.

Was auch bleibt: die Zeit sitzt im Nacken
und wärmt die Schultern unverhofft.
Ein rosiges Licht über den Bankentürmen
und Spatzen schwätzen an den Pfützen.
Genügt, was nicht genügt, was bleibt?

[*A:* 1985]

Diana Kempff
*1945

Sich vorbereiten
auf den Herbst
ablegen
die verwaschenen Passionen
von Juli August

Sich nicht vormachen
einen Schritt weiter
zu sein im Oktober

Mich ans Gewöhnliche
nicht gewöhnen zu können
ist meine einzige Waffe

Ich schneide mich
ins eigene Fleisch

[*A:* 1983]

Sommers
wärmten wir uns
mit dem Verlangen nach Frost
Eiswünsche hastig geschluckt
bedächtig bereitet

Nirgends
wollten wir ausruhen
länger als einen Tag
die Oliven nicht pressen
den Wein nicht mehr reifen sehn
aber schmecken den Schnee
der vom Scheitel Orions
tropft

[*A:* 1983]

Abends
sammelst du Reste
verstopfst die Löcher des Tags
deckst zu deine schuldigen Stellen

Es blinken noch Feuer
die Oasen sind lange gelöscht
Karawanen ziehn weiter
der Beduinenstab klopft
hör doch nur
hör

[*A:* 1983]

Lutz Rathenow
*1952

Neunzehnhundertachtundsechzig

Saß am Radio bei jeder APO-Rede
Schrieb „Che siegt" an seine Zimmerwand
Jeden Samstag zum Bereden eine Fete
Thema: Wie bringt man Aufruhr in das Land
An seine langen Haare durft sich keiner wagen
Beinah hätt er einmal deshalb zugestochen
Nur beim Abi verbarg man sie im Kragen
Hat dafür nachts die Fahnenstange abgebrochen

Frank Zappa schrie im Radio:
The american president must die die die
Da dachte er: Er fühlt sich high

[*A:* 1982]

[*APO:* Außerparlamentarische Opposition. – *Che:* Che Guevara. – *Abi:* Abitur.]

Neunzehnhundertachtundsiebzig

An die Haare läßt er noch immer nicht jeden
Doch über eine Zukunft ist mit ihm zu reden
Arbeit Kind Frau Auto fressen seine Zeit
Manchmal sagt er: Prost, auf früher!
Als wär alles nur Vergangenheit

[*A:* 1982]

Buckow, am See

Der Laut zweier Enten, ein Hund
in der Ferne. Wind, der die Blätter
am Ast reibt. Selten treibt
eine Stimme über den See. Vereinzelt
Besucher vom Brechthaus, ihre Rufe:
Wie schön

Nicht die Stille beim Berühren eines sterbenden Menschen
Nicht die Ruhe nach einer Frage in dem Verhör

Hier kann man sitzen
die Wolken betrachten. Zwei Stunden
oder drei, ohne Angst
auf der mit Raketen bepflanzten Erde

[*A:* 1982]

[*Brechthaus:* Bertolt Brecht erwarb 1952 ein Landhaus in Buckow in der Märkischen Schweiz, wo er in Ruhe außerhalb der Großstadt Berlin arbeiten konnte.]

Vorbemerkung

Hier werden nur knappe Erklärungen geboten. Sie sollen erste Verständnisschwierigkeiten, die bei einzelnen Wörtern auftauchen können, rasch beseitigen helfen. Die Schreibweise der Wörter, die aus der Antike stammen, folgt (zumeist den Gedichten entsprechend) in diesem Verzeichnis nicht einheitlich der Lautgestalt nur einer der alten Sprachen Griechisch und Latein. So erscheinen z. B. die Endungen -os und -us und die Buchstaben k und c; ae, oe sind meist ä, ö geschrieben. – Die fiktiven Namen aus der Hirtendichtung (Doris, Thyrsis u. a.) sind nicht aufgenommen worden.

Das Zeichen → vor einem Wort verweist auf das entsprechende Stichwort.

Abraham: nach israel. Überlieferung Stammvater der Israeliten.

Acheron: Fluß im →Hades, der griechischen Unterwelt.

Achill: Sohn des Peleus, des Königs der Myrmidonen im thessalischen Phthia, und der Nereide Thetis; der größte griech. Held des Trojanischen Krieges in →Homers „Ilias". Er tötete Hektor im Zweikampf, fiel selbst vor der Einnahme Trojas.

Adept: ein als Schüler in eine Geheimlehre Eingeweihter.

Admet: König von Pherai in Thessalien, Gemahl der →Alceste, Liebling des Apoll; der Gott diente ihm eine Zeitlang als Hirte.

Adonis: in der griech. Sage ein schöner Jüngling, den →Aphrodite liebte; auf der Jagd von einem Eber getötet.

Äolus: in der griech. Sage Beherrscher der Winde; lebte auf der Sageninsel Aiolia.

Äon: Zeitraum, Weltalter, Ewigkeit.

Afrikanus: Beiname →Scipios.

Ahasver: ruhelos umherirrender Mensch; der Ewige Jude.

Akrokorinth: die Burg von Korinth.

Alabaster: eine Gipsart.

Alba: Herzog von A., 1507–1582; span. Feldherr und Staatsmann; ging nach 1567 mit brutaler Härte gegen den Aufstand der Niederländer vor.

Alceste: Alkestis, Gattin des Admet; nahm für ihren Mann den Tod auf sich, wurde von Hercules aus dem Hades befreit.

Alcid: der Alkide (Nachkomme des Alkeus) = Hercules.

Alexander: A. der Große, 356–323 v. Chr.; König von 336–323; besiegte die Thebaner und begann 334 als Oberfeldherr der Griechen den Feldzug gegen die Perser und besiegte sie, errichtete ein riesiges Reich. 333 vereinigte er sein Heer in Gordion/Kleinasien. Vom ‚Gordischen Knoten' wußte die Sage, daß derjenige, der ihn löse, Herrscher von Asien würde. A. durchschnitt ihn mit dem Schwert und erfüllte so die Prophezeiung.

Alikant: dunkler span. Süßwein.

Allah: in der islamischen Religion Gott, der allmächtige Schöpfer, Erhalter und Richter aller Wesen, den Mohammed, um 570–632, verkündete.

Allenburg: Ort in Ostpreußen.

Alster: Nebenfluß der Elbe, mündet in der Stadt Hamburg, in der sie sich tlw. seenartig erweitert.

Amathunt: Stadt auf Zypern mit einem Tempel der Venus. →Amathusia.

Amathusia: Beiname der →Venus nach ihrer Kultstätte.

Amazonen: sagenhaftes Volk kriegerischer Frauen im Nordosten Kleinasiens. Sie schnitten sich die rechte Brust ab, um im Kampf den Bogen besser führen zu können.

Ambra: wohlriechende Ausscheidung vom Pottwal, Rohstoff für die Parfümerie.

Ammonshorn: eine Versteinerung von ausgestorbenen Kopffüßern.

Amor: →Eros.

Amphitrite: Göttin des Meeres, übertragen: das Meer.

Anakreon: um 500 v. Chr.; griech. Dichter von Teos; sang von Liebe und Wein.

Anio: linker Nebenfluß des Tiber, heute Aniene oder Teverone.

Antimon: metallisches sprödes chemisches Element.

Apokalypse: Schrift über das Weltende; bes. die Offenbarung des Johannes, das letzte Buch des Neuen Testaments. – Unheil, Grauen.

Apollon: griech. Gott des Lichts, der Dichtung und der Musik, Heilkunde und Weissagung; war der Schutzherr der →Musen, auch strafender Bogenschütze und Todesgott.

Aphrodite: die griech. Göttin der (sexuellen) Liebe und der Schönheit (= röm. Venus). Hauptkultstätten auf den Inseln Kypros und Kythera.

Ararat: Vulkanberg im Ararat-Hochland, das jetzt im Westen zur Türkei, im Osten zur Sowjetunion gehört. Ursprünglich wurde angenommen, daß die Arche Noahs auf dem Ararat gelandet sei. Der biblische Text meint jedoch das Land Ararat.

Arion: griech. Dichter und Sänger um 600 v. Chr.; wurde einmal auf dem Rücken eines Delphins aus der See gerettet.

Arkadien: Landschaft auf der Peloponnes/Griechenland; in der alten Schäferdichtung Land der einfachen, glücklichen Hirten.

Artemis: Tochter des Zeus und der Leto, Schwester Apolls, jungfräuliche Jägerin und Herrin der Tiere, Baumgöttin, Schützerin der Jugend u.a.m.

Astralleib: gemäß der Geheimwissenschaft vom Übersinnlichen nach dem Tod fortlebender, unsichtbarer Leib.

Atout: Trumpf im Kartenspiel.

Auschwitz: Stadt in Polen, Woiwodschaft Krakau; im 2. Weltkrieg Vernichtungslager der Nationalsozialisten, 1940 errichtet, mit 39 Außen- und Nebenlagern.
Aurora: die Morgenröte (griech. Eos).
Autumnus: lat. ‚Herbst'.

Babylon: alte Stadt beiderseits des Euphrat; Hauptstadt des antiken Babyloniens, des fruchtbaren Tieflands (Zweistromlands) am unteren Euphrat und Tigris.
Bacchus: griech. und röm. Gott = →Dionysos, Gott der Fruchtbarkeit und der Ekstase; →Semele.
Bajadere: indische Tänzerin; als Tempeltänzerin übte sie auch religiöse Prostitution aus.
Barbarossa: ‚Rotbart'; Beiname Kaiser Friedrichs I., 1122 (?)–1190; Kaiserkrönung 1155 in Rom.
Barde: Sänger, Dichter, bes. mit nationaler Thematik.
Barlach: Ernst, 1870–1938; dt. Bildhauer, Graphiker, Dichter.
Basilisk: Fabeltier, Mischwesen zwischen Drache und Hahn mit tödlichem Blick (Basiliskenblick).
Behemoth: ‚Großtier'; im Alten Testament Name des Nilpferds; in der jüd. Apokalyptik ein Tier der Endzeit; bei manchen Kirchenvätern Symbol des Satans.
Bellarmin: Gestalt aus Hölderlins Roman „Hyperion oder Der Eremit in Griechenland"; vielleicht von Hölderlin auch als Name für seinen Freund Isaak von →Sinclair benutzt.
Belsazar: der letzte König von Babylon, dem durch das →Menetekel der baldige Untergang des Reichs verkündet wurde (Daniel 5).
Berenike: Gemahlin des Ptolemaios III. von Ägypten; opferte für die Heimkehr ihres Mannes ihr Haupthaar den Göttern (danach der Name des Sternbilds); 221 v. Chr. vom eigenen Sohn ermordet.
Bessemer: Sir Henry, 1813–1898; engl. Ingenieur; erfand ein neues Verfahren der Stahlgewinnung; entsprechendes birnenförmiges Gefäß: ‚Bessemerbirne'.
Bombardon: Baßtuba.
Bootes: griech. ‚Ochsentreiber'; Sternbild des Nordhimmels mit dem roten Stern 1. Größe Arkturus.
Bouillabaisse: Fischsuppe.
Brahma: in indischer Religion der Weltschöpfer.
Brahmane: Mitglied der obersten Kaste der Hindus. Die Brahmanen waren seit den ältesten Zeiten Priester, Dichter, Gelehrte und Politiker.
Brennus: Anführer der Gallier gegen die Römer 390 v. Chr.
Brocken: höchster Berg des Harzes.
Brutus: Marcus Iunius B., 85–42 v. Chr.; Haupt der Verschwörung gegen →Cäsar.
Buchenwald: im 2. Weltkrieg Konzentrationslager der Nationalsozialisten bei Weimar am Hang des Ettersbergs; 1945–1950 sowjetisches Internierungslager.
Büsum: Hafen und Bad an der schleswig-holsteinischen Nordseeküste.
Byzanz: das Byzantinische Reich, die östl. Hälfte des Römischen Reiches; behauptete sich noch ein Jahrtausend lang nach der Zerstörung des Weströmischen Reiches.

Cäsar: Beiname eines Zweiges des Geschlechts der Iulii. Gaius Iulius Caesar, 100–44 v. Chr., röm. Feldherr und Staatsmann; seit 44 Imperator und Diktator auf Lebenszeit; fiel an den →Iden des März 44 einer Verschwörung unter Führung von →Brutus und Gaius Cassius zum Opfer.
Canal grande: in Venedig, fast 4 km lang; durchquert die Stadt und teilt sie in zwei Hälften.
Cephissus: Name mehrerer Flüsse in Griechenland; einer kommt vom Kithäron und fließt in die Ebene von Eleusis.
Ceres: die Erdmutter, Göttin des pflanzlichen Wachstums und des Totenreichs (griech. Demeter).
Ceres' Tochter: →Persephone.
Cezanne: Paul, 1839–1906; franz. Maler.
Chaldäer: semitisch-aramäischer Volksstamm, seit etwa 1000 v. Chr. in Babylonien ansässig.
Charis: →Chariten.
Chariten, Charitinnen: Göttinnen der freudebringenden Gaben Anmut, Schönheit, Festlichkeit; im Gefolge der Aphrodite und des Apoll.
Cherub: Lichtengel, halb tier-, halb menschengestaltiges götterähnliches Wesen in der nächsten Umgebung Gottes.
Chile: Staat an der Westküse Südamerikas; seit 1973 Militärdiktatur von Präsident Augusto Pinochet Ugarte.
Chimäre: Ungeheuer der griech. Sage, vorn Löwe, in der Mitte Ziege, hinten Schlange; wurde von Bellerophon getötet. – Unding, Hirngespinst.
Chinesische Mauer: zum Schutz Chinas gegen nördl. Grenzvölker errichtete Mauer, etwa 2450 km lang, 221–210 v. Chr. erbaut.
Christophorus: griech. ‚Christusträger'; Märtyrer, einer der 14 Nothelfer der Kathol. Kirche gegen Hagelschlag und plötzlichen Tod, Schutzpatron der Piloten, Kraftfahrer und Schiffer.
Cook: Thomas Cook, 1808–1892; gründete 1845 in Leicester ein Reisebüro, das älteste der Welt. Cook's Agentur gab auch Reisebücher heraus.
Corday: Charlotte de C. d'Armont, 1768–1793; erstach am 13. 7. 1793 J.-P. Marat, einen führenden Jakobiner, und wollte damit dem Terror ein Ende machen; wurde nach kurzem Prozeß am 16. 7. 1793 hingerichtet.
Credo: lat. ‚ich glaube'; Glaubensbekenntnis.
Cythere: Beiname der Aphrodite (nach der griech. Insel Kythera).

Dachau: Stadt in Oberbayern. Bei D. befand sich 1933–1945 ein Konzentrationslager der Nationalsozialisten.
Dagon: westsemitischer Getreidegott, Vorgänger des Baal.
Dahn: Felix, 1834–1912; dt. Schriftsteller und Historiker.
Daphne: Nymphe, von Apoll geliebt und verfolgt; als er sie fast eingeholt hatte, wurde sie auf ihr Gebet hin in einen Lorbeerbaum (griech. ‚daphne') verwandelt. Auch Mädchenname in der Schäferdichtung.
David: Etwa 1004/1003–965/964 v. Chr.; israelit. König; vereinigte Juda und Israel zu einem Reich, machte Jerusalem zur Hauptstadt und zum Mittelpunkt der Gottesverehrung.

Demeter: griech. Göttin des Erdsegens und der Fruchtbarkeit (röm. Ceres).
Dernier cri: franz. ‚letzter Schrei'; neueste Mode.
Destille: Branntweinausschank.
Deukalion: im griech. Mythos der Stammvater der Hellenen, Sohn des Prometheus, Gemahl der Pyrrha; rettete sich mit ihr in einem hölzernen Kasten aus der Sintflut, durch die Zeus das Menschengeschlecht vernichten wollte.
Diana: die röm. Mondgöttin, identisch mit →Artemis.
Dionysos: lat. Bacchus, Sohn des →Zeus und der →Semele; Gott des Weins, der Fruchtbarkeit, der Ekstase. Wer sich ihm hingibt, ‚tritt aus sich heraus', wird ‚voll des Gottes'. Begleitet von →Nymphen und →Satyrn führt D. den wilden Schwarm der efeubekränzten, den Thyrsosstab schwingenden Mänaden (Bacchantinnen) an.
Diotima: Gestalt aus Platons „Symposion"; bei Hölderlin auch Name für Susette Gontard, 1769–1802, die Frau des Frankfurter Bankiers Jakob Friedrich Gontard, 1764–1843, wo Hölderlin als Hauslehrer 1796–1798 tätig war.
Divan: →Hafis.
Dithyrambe: ursprüngl. altgriech. Kultlied auf Dionysos; allgemein: Loblied, feierliches Gedicht.
Dividende: der auf eine Aktie entfallende Gewinnanteil.
Doge: Oberhaupt der Freistaaten Venedig (seit 697) und Genua (seit 1339); das Amt wurde 1797 aufgehoben, als Napoleon Venedig besetzt hatte und die Republik Venedig ihr Ende fand.
Dryade: Baumnymphe.
Duce: ital. ‚Führer'; D. del fascismo, Herrschaftstitel Benito Mussolinis, 1883–1945; seit 1922 Regierungschef.
Duino: Schloß an der Adria in der Nähe von Triest, wo Rilke im Januar 1912 die „Duineser Elegien" begann.

Effendi: türk. Ehrentitel für Gebildete und höhere Beamte.
Einhorn: Fabelwesen mit Kopf und Körper eines Pferdes, dem Schweif eines Löwen, Beinen und Hufen eines Hirsches, das mitten auf der Stirn ein gedrehtes Horn trägt. Es verkörpert in den verschiedenen Kulturen unterschiedliche Symbolgehalte: Vereinigung der Gegensätze (beide Hörner in einem vereint); Tugend und Stärke des Geistes und des Körpers; das vollkommene Gute; Reinheit; Keuschheit; alle moralischen Tugenden.
Elysium: ein paradiesischer Ort (Insel der Seligen) am Westrand der Welt; dorthin wurden die Lieblinge der Götter, ohne zu sterben, entrückt.
Enzyklika: päpstl. Rundschreiben.
Erinnyen: ‚die Zürnenden'; die griech. Rachegöttinnen.
Eros: röm. Amor, Cupido, der Liebesgott, Sohn des[n] Ares und der Aphrodite. Wen er mit seinem Pfeil trifft, der verfällt in Liebe.
Eumeniden: ‚die Wohlgesinnten'; beschönigender Ausdruck für die Erinnyen.
Eurydike: →Orpheus.
Evoë: Jubelruf der Bacchantinnen. →Dionysos.

Fata Morgana: eine Täuschung, die durch Luftspiegelung verursacht ist.
Faun: altröm. Fruchtbarkeitsgott; später dem griech. Gott Pan gleichgesetzt und wie dieser gehörnt und bocksbeinig dargestellt.
Fauteuil: Lehnsessel.
Ferdusi: persischer Dichter, starb zwischen 1020 und 1025.
Fermate: in der Musik das Ruhezeichen über einer Note oder Pause, das anzeigt, daß an dieser Stelle länger ausgehalten werden soll.
Flora: die Göttin der blühenden Pflanzenwelt.
Fort: Festungswerk.
Fortuna: Glücksgöttin; Göttin, die auch wankelmütig Glück und Unglück schenken kann.
Forum Romanum: der antike Marktplatz der Stadt Rom.
Friedrich der Große: Friedrich II. von Preußen, 1712–1786; König seit 1740.
Fron: zwangsweise Dienstleistung.

Galiläa: Landschaft in Vorderasien, jetzt im nördl. Teil zu Libanon, im südl. zu Israel gehörig. Jesus und die meisten seiner Jünger stammten aus G.
Galilei: Galileo, 1564–1642; ital. Mathematiker und Philosoph; 1592 Prof. in Padua, 1610 am Hof des Großherzogs von Florenz; trat seit 1610 öffentlich für das kopernikanische System ein; Prozeß der Kirche gegen ihn führte dazu, daß er widerrief und verurteilt wurde.
Ganges: Hauptstrom der nordindischen Tiefebene.
Ganymed: der schöne Mundschenk des Zeus; wurde von dessen Adler in den Olymp entführt.
Gasel, Ghasel: aus Arabien stammende Gedichtform, bei der das erste Verspaar gereimt ist und der gleiche Reim in allen geradzahligen Zeilen wiederkehrt, während die ungeradzahligen ungereimt bleiben.
Ghetto: abgesondertes (jüd.) Wohnviertel.
Goldenes Horn: Meeresarm am Bosporus.
Golgatha: ‚Schädelstätte'; Hügel vor dem alten Jerusalem; nach den Evangelien Kreuzigungsstätte Jesu. Sinnbild tiefsten Schmerzes.
Gomorrha: Sodom und G., biblische Städte, die nach der Überlieferung wegen Unzucht und Sündhaftigkeit ihrer Bewohner von Gott zerstört wurden.
Gorgo: in der griech. Sage weibliches Ungeheuer mit grauenvollem Kopf; ihre Haare waren Schlangen, ihr Blick versteinerte jeden.
Gran Canaria: zweitgrößte der Kanarischen Inseln.
Grazien: röm. Name der griech. →Chariten.
Guevara: Ernesto (‚Che'), 1928–1967; kubanischer Politiker, Guerillaführer.

Hades: herrscht mit seiner Gattin →Persephone über die Schatten der Toten, mitleidlos und unbezwinglich; Bezeichnung auch für die Unterwelt selbst.
Hagen Tronje: →Nibelungen.

Hafis: Beiname des persischen Dichters Schams od-Din Mohammed, ca. 1327–1390; besang Wein, Liebe, Naturschönheit, verspottete Heuchler; seine Gedichte wurden in einem Divan (persisch ‚Versammlung', ‚Gruppe', ‚Liedersammlung') gesammelt, ins Deutsche übersetzt von J. v. Hammer-Purgstall (1812).
Halleluja: hebräisch ‚Preiset Jahwe!'; als Formel auch in die christl. Liturgie übernommen.
Hamlet: dänischer Prinz in der Sage. Titelfigur und Trauerspiel von William Shakespeare. Grüblerisches Denken hemmt sein Handeln.
Hannibal: 247/46–183(?) v. Chr.; karthagischer Feldherr; unterwarf das östl. Spanien bis zum Ebro, überschritt 218 die Alpen, siegte mehrfach über die Römer, so 216 bei Cannae.
Hautevolée: die vornehme Gesellschaft, ‚die oberen Zehntausend'.
Hebe: die Göttin der Jugendschönheit, Tochter des Zeus und der Hera; schenkte den Göttern Nektar ein.
Hebräer: Bezeichnung wird benutzt für die Vorfahren Israels bis zum Auszug aus Ägypten, aber auch für Völkerschaften, die sich zur Zeit Sauls gegen die Philister wehrten, von denen aber Israel nur einen Teil darstellt.
Heisenberg: Werner, 1901–1976; dt. Physiker; Nobelpreis für Physik 1932.
Helikon: runde Baßtuba.
Helios: der Sonnengott.
Hephaistos: griech. Gott des Feuers und der Schmiedekunst; Sohn des Zeus und der Hera.
Herakles: →Hercules.
Hercules: der berühmteste griech. Heros, Sohn des Zeus und der Alkmene; vollbrachte die berühmten zwölf Arbeiten und weitere großen Taten; Ideal eines Helden, der durch unablässiges Mühen und Kämpfen das Höchste erreicht. Säulen des Hercules: Abila und Kalpe, Ceuta und Gibraltar.
Hesperus: der Abendstern; bei den alten Griechen Führer des Brautzugs; als fliegender Knabe mit Fackel dargestellt.
Hierophant: altgriech. Weihepriester, bes. der Mysterien in Eleusis.
Hippodrom: die elliptische Bahn für Pferde- und Wagenrennen.
Hiroshima: Stadt in Japan, auf die am 6. 8. 1945 von den Amerikanern die erste Atombombe abgeworfen wurde.
Hitler: Adolf, 20. 4. 1889–30. 4. 1945 (Selbstmord); Führer der NSDAP (Nationalsozialistische Deutsche Arbeiterpartei); seit 30. 1. 1933 dt. Reichskanzler. Nach dem Tod des Reichspräsidenten Paul von Hindenburg (2. 8. 1934) machte er sich als ‚Führer und Reichskanzler' zum Staatsoberhaupt und vereinigte damit die Ämter des Partei-, Regierungs- und Staatschefs.
Homer: der erste griech. Dichter; über seine Person gibt es keine sichere Nachricht, hat um 800 v. Chr. gelebt („Ilias", „Odyssee").
Horatius: Quintus H. Flaccus, 65–8 v. Chr.; bedeutender röm. Dichter: Oden, Satiren, Briefe.
Horen: die Jahreszeiten als Göttinnen; jungfräuliche Töchter des Zeus und der Themis.
Hoek van Holland: südwestl. Landvorsprung Südhollands.
Hosianna: hebräisch ‚Hilf doch!'; Bittruf, Heilsruf; so auch beim Einzug Jesu in Jerusalem gebraucht (Mark. 11,9).
Hugenotten: seit etwa 1560 Bezeichnung für die franz. Protestanten.
Hydra: im griech. Mythos eine neunköpfige Wasserschlange, der für jeden abgeschlagenen Kopf zwei neue nachwuchsen; Herakles tötete sie.
Hydrocephalos: Wasserkopf.
Hymen, Hymenaios: griech. Gott der Eheschließung; auch das Hochzeitslied selbst, in dem der Refrain „Hymen, o Hymenaie" gesungen wurde.
Hyperion: Sohn der Erde und des Himmels, einer der →Titanen, Vater des Helios, der Luna, der Aurora. Homer gibt H. dem Helios als Beinamen. – Roman von F. Hölderlin.

Iden des März: Am 15. März 44 v. Chr. ermordeten römische Senatoren Cäsar.
Ikarus: im griech. Mythos Sohn des Daidalos; ertrank bei Samos im Meer, als beim Flug das Wachs seiner zusammengeklebten Flügel an der Sonne schmolz.
Ilm: linker Nebenfluß der Saale; kommt vom Thüringer Wald, fließt durch Weimar; dort Goethes Garten im Tal der Ilm.
Indus: der Hauptstrom des nordwestl. Vorderindien.
Inka, Inkas: südamerikan. Indianerstamm; urspr. nur der Titel des Herrschers. Das Reich der I., 1438 gegr., umfaßte im 16. Jhdt. riesige Gebiete.
Iris: im griech. Mythos die Verkörperung des Regenbogens, eine Botin und Dienerin der Götter.
Isis: altägyptische Göttin; ihr Kult verbreitete sich auch nach Griechenland und Rom.
Isthmus: die Landenge von Korinth.

Jahwe: Name Gottes im Alten Testament.
Jehova: →Jahwe.
Jericho: Bei der Belagerung und Einnahme von Jericho durch die Israeliter wurden auf Geheiß des Herrn Posaunen geblasen (vgl. Josua 6).
Joint: Zigarette, deren Tabak mit Haschisch oder Marihuana vermischt ist.
Jüterbog: Stadt im Bezirk Potsdam, im Fläming.
Jupiter: der älteste und höchste Gott der Römer, dem griech. →Zeus gleichgesetzt. Name des größten Planeten.

Kaldaune: eßbares Eingeweidestück.
Kalmus: an Teichrändern beheimatetes Aronstabgewächs mit sumpfgrasähnlichen Blättern, dessen aromatisches Wurzelöl als Arznei- und Seifenzusatz verwendet wird.
Kamönen: altröm. Quellgöttinnen, den griech. →Musen gleichgesetzt.
Kanapee: Sofa.
Kapstadt: Hauptstadt der Republik Südafrika.
Kartaune: großes Geschütz.
Karthago: alte Hauptstadt des Reichs der Karthager nordöstl. von Tunis; Kriege mit den Römern; Zerstörung der Stadt durch die Römer 146 v. Chr.

Katalaunische Felder: Ort der Schlacht von 451 zwischen den Hunnen unter Attila und den mit den Westgoten verbündeten Römern; liegt zwischen Châlons und Troyes.
Kaverne: Hohlraum, Höhle.
Khan: asiatischer Herrscher.
Kithara: die Leier, das Musikinstrument Apolls.
Klarien: →Musen.
Kastor und Pollux: die Dioskuren, Söhne des Zeus, Zwillingsbrüder; Kastor war als Rossebändiger, Pollux als Faustkämpfer berühmt; wurden als Nothelfer angerufen, bes. von den Schiffern, denen sie als Sternbild leuchteten.
Kleist: Heinrich von, 1777–1811; dt. Dichter.
Klerisei: kathol. Priesterschaft.
Klotho: Schicksalsgöttin, die Spinnerin des Lebensfadens. →Parzen.
Kohorte: der 10. Teil der röm. Legion.
Kolumbus: Christoph, 1451–1506; Entdecker Amerikas.
Konfuzius: 551–um 479 v. Chr.; chinesischer Philosoph; seine Aussprüche wurden durch Aufzeichnungen seiner Schüler überliefert.
Kothurn: hochsohliger Bühnenschuh der antiken Tragödie; übertragen: erhabener (auch steifer) Stil.
Kriemhild: Gattin Siegfrieds, weibl. Hauptgestalt des „Nibelungenlieds". →Nibelungen.
Kronion: Zeus, der Sohn des Kronos.
Kronos: ein →Titan, jüngster Sohn des Uranos und der Gaia, Vater von Zeus.
Kuhlmann: Quirinus, 1651–1689; Lyriker des 17. Jhdts., religiöser Schwärmer, wurde auf Verlangen des Moskauer Patriarchen verbrannt.
Kykladen: Inselgruppe in der Ägäis.
Kyrieleison: griech. ‚Herr, erbarm dich!'

Laan: niederl. Allee.
Lama: buddhistischer Priester oder Mönch in Tibet und der Mongolei.
Laokoon: trojanischer Priester, den zwei aus dem Meer auftauchende Schlangen zusammen mit seinen Söhnen töteten.
Lao-tse: wahrscheinlich um oder nach 300 v. Chr. (oder 6. Jhdt. v. Chr.); chinesischer Philosoph, dem das Werk „Tao-te-king" zugeschrieben wird; sein Leben ist legendenhaft ausgeschmückt, „Tao-te-king" besteht aus 81 kurzen, z. T. gereimten Abschnitten.
Latium: geschichtliche Landschaft und heutige Region Mittelitaliens am Tyrrhenischen Meer; Hauptstadt Rom.
Leda: Gemahlin des spartanischen Königs Tyndareos, gebar dem Zeus Helena. Zeus war ihr als Schwan genaht.
Lemuren: röm. Totengeister.
Lethe: der Strom des Vergessens in der Unterwelt.
Lidice: Ort in Mittelböhmen; wurde am 16. 6. 1942 von der SS als Vergeltung für das Attentat auf den SS-Obergruppenführer und stellv. ‚Reichsprotektor von Böhmen und Mähren' Reinhard Heydrich zerstört; die Männer wurden erschossen, die Frauen in Konzentrationslager gebracht, die Kinder auf deutsche Familien verteilt.
Lido: Nehrung, bes. die bei Venedig.
Ligurien: Landschaft und Region Italiens am Golf von Genua.
Ligurisches Meer: der nördl. Teil des Mittelmeers zwischen der Riviera und der Insel Korsika.
Lima: Hauptstadt von Peru.
Limbo: akrobatischer Tanz unter einer niedrigen Querstange hindurch.
Linos: mythischer Sänger, Sohn des Apoll, von Herakles erschlagen.
Lira: ital. Münzeinheit.
Loreley: mittelhdt. ‚lure' (Elfe), ‚lei' (Fels); Name eines bei St. Goarshausen aus dem Rhein 132 m hoch aufsteigenden Schieferfelsens.
Luna: Mond, röm. Mondgöttin.

Mänaden: die ekstatischen Frauen im Gefolge des Dionysos.
Magma: Gesteinsschmelzfluß des Erdinnern.
Mahler: Gustav, 1860–1911; österreich. Komponist und Dirigent.
Manen: die Guten; bei den Römern die Seelen der Verstorbenen.
Manhattan: Stadtteil von New York/USA.
Manna: legendäres (vom Himmel gefallenes) Brot der Israeliten.
Marat: Jean Paul, 1744–1793; franz. Revolutionär; an den Septembermorden von 1792 und als Präsident des Jakobinerklubs am Sturz der Girondisten maßgeblich beteiligt, von Charlotte →Corday erstochen.
Marie-Antoinette: 1755–1793; Tochter →Maria Theresias, Gattin Ludwigs XVI. von Frankreich, 1793 hingerichtet.
Maria Theresia: 1717–1780; seit 1740 dt. Kaiserin, Königin von Ungarn und Böhmen und Erzherzogin von Österreich.
Marmarameer: türkisches Binnenmeer, durch den Bosporus mit dem Schwarzen Meer und durch die Dardanellen mit dem Ägäischen Meer verbunden.
Matrize: Metallform zum Guß von Lettern und Schriftzeichen.
Maut: Zoll.
Medusen: Medusa = →Gorgo.
Memphis: Hauptstadt des alten Ägypten, am unteren Nil, oberhalb von Kairo.
Menetekel: Warnungszeichen; die Worte der Geisterschrift beim Gastmahl des babylonischen Königs →Belsazar (‚meneh tekel u pharsin').
Missouri: Strom in den USA, Nebenfluß des Mississippi.
Mistral: kalter, stürmischer Nord(west)wind im Rhonetal.
Monsun: jahreszeitlich wechselnder Wind, bes. im Indischen Ozean.
Mont Cenis: Paß der franz Alpen, zwischen den Tälern des Arc und der Dora Riparia, 2083 m hoch.
Mont-Valerién: Hügel auf dem linken Seineufer bei Paris; alte Befestigungsanlage, in der von 1941–1944 zahlreiche franz. Widerstandskämpfer hingerichtet wurden; jetzt Gedenkstätte.
Montgolfier: Jacques-Etienne, 1745–1799, und Joseph-Michel, 1740–1810; Brüder, Erfinder des Warmluftballons.
Morian: dunkler Quarz.

Moses: um 1225 v. Chr.; der Schöpfer der Jahwereligion als des ‚Bundes' zwischen Gott und dem Volk Israel.
Motanabbi: arabischer Dichter.
Musen: neun Göttinnen der Künste und Wissenschaften: Klio (Geschichte), Kalliope (Epos, Elegie), Melpomene (Tragödie), Thalia (Komödie), Urania (Astronomie, heilige Poesie), Erato (Liebeslied, Tanz), Euterpe (Musik, Lyrik), Terpsichore (chorische Lyrik, Tanz), Polhymnia (Tanz, Pantomime, ernsthaftes Lied).
Myriade: unzählig große Menge.
Myrmidonen: bei Homer die Gefolgsleute des →Achill aus Pythia in Thessalien.

Nänie: Trauer-, Preis- und Klagelied auf Verstorbene.
Najaden: Quell-, Wassernymphen. →Nymphen.
Nausikaa: Tochter des Phäakenkönigs Alkinoos, bes. anmutige Gestalt in Homers „Odyssee".
Nekropolis: Totenstadt, Gräberfeld alter Zeit.
Nephrit: zähes Gestein aus feinen Strahlsteinfasern.
Nereus: ein Meergott, zeugte mit seiner Gemahlin Doris die 50 Nereiden.
Niagarafälle: die Wasserfälle des Niagara, der 40 km langen Verbindung des Erie- und Ontariosees in den USA.
Nibelungen: Geschlecht der germanischen Sage; die dämonischen Besitzer eines großen Horts, der von dem Zwerg Alberich behütet wird. – Name für die Burgunder. Wie im „Nibelungenlied" erzählt wird, geht nach der Ermordung Siegfrieds durch Hagen der Goldhort, den Siegfried den elbischen Nibelungen abgewann, an die Burgunderkönige über, die nun selbst Nibelungen genannt werden.
Ninive: Hauptstadt des Assyrerreichs, am Tigris gelegen; ihre Blütezeit im 8. und 7. Jhdt. v. Chr.; gilt im Alten Testament als böse Stadt; ihr wird der Untergang prophezeit.
Niobe: im griech. Mythos Mutter von vielen Kindern, die sich deshalb Leto gegenüber rühmte, die nur zwei Kinder, Apoll und Artemis, geboren hatte; darum töteten diese Niobes Kinder; sie selbst erstarrte zu Stein.
noctambul: nachtwandlerisch.
Notre-Dame: franz. Bezeichnung der Jungfrau Maria; Name franz. Kirchen.
Nymphen: griech. Göttinnen der freien Natur; für Homer Töchter des Zeus; oft gelten Flußgötter als ihre Väter. Als schöne junge Mädchen tanzten sie in Chören. In ihnen nahmen Naturkräfte Gestalt an: →Najaden, →Oreaden, →Dryaden.

Oberon: Zwergenkönig, Gemahl der Feenkönigin Titania.
Obolos: altgriech. Gewicht und Münze; Scherflein; kleiner Beitrag.
Odysseus: der listenreiche Held in Homers „Odyssee".
Olmütz: Stadt in Nordmähren.
Olymp: Gebirge in Griechenland, an der Grenze Thessaliens und Makedoniens; galt den alten Griechen als Sitz der Götter.
Ophelia: Tochter des Polonius in Shakespeare's „Hamlet"; verfällt dem Wahnsinn und ertrinkt im Fluß.
Oradour: O.-sur-Glane, Ort in Frankreich; wurde 1944 als Repressalie gegen die franz. Widerstandsbewegung von der SS niedergebrannt; der größte Teil der Bevölkerung kam ums Leben.
Oreaden: Bergnymphen. →Nymphen.
Orest: Sohn Agamemnons; ihm oblag die Blutrache an Ägisth und der Mutter Klytämnestra, den Mördern des Vaters.
Orion: im griech. Mythos Sohn des Poseidon, ein mächtiger Jäger; Sternbild.
Orkus: der Gott des Todes; das Totenreich, die Unterwelt.
Orpheus: der älteste sagenhafte griech. Sänger; bezauberte mit der ihm von Apoll verliehenen Leier die ganze Natur. Persephone gab ihm seine gestorbene Gattin Eurydike wieder; doch beim Aufstieg aus der Unterwelt schaute er sich gegen das Verbot nach ihr um, und sie wurde ihm wieder genommen.

Paestum: griech. Kolonie an der südl. Küste des Golfs von Salerno, um 650 v. Chr. gegr.; erhalten sind Stadtmauern und -tore und vor allem drei dorische Tempel.
Paletot: doppelreihiger Herrenmantel mit Samtkragen.
Pan: alter Gott der Hirten und des Kleinviehs im arkadischen Bergland, Sohn des Hermes, mit Ziegenfüßen, liebte die Hirtenflöte, stellte den schönen Nymphen nach. In der Mittagsstille jagte er gern durch plötzliche, unerwartete Laute ‚panischen Schrecken' ein. Das griech. Wort ‚pan' bedeutet ‚all'; so wurde Pan auch als ‚Allgott' angesehen.
Pandora: von Hephaistos auf Befehl des Zeus erschaffen, der damit die Menschen für den Raub des Feuers durch →Prometheus strafen wollte. Die Götter statteten sie mit allen Reizen aus (‚Pandora' = ‚Allbegabte') und schickten sie dem Epimetheus als Gattin auf die Erde. P. brachte ein Tongefäß mit, in das die Götter alle Leiden eingesperrt hatten. Neugierig öffnete sie den Deckel; Unglück und Plagen entwichen und verbreiteten sich über die Erde; nur die Hoffnung blieb zurück.
Pantheon: alle verehrten Gottheiten; auch: ein allen Göttern geweihtes Heiligtum.
Paria: in Indien eine niedrige Kaste von Webern, Landarbeitern, Dienern; allgemein: ein Ausgestoßener, Entrechteter.
Parzen: röm. Schicksalsgöttinnen, den griech. Moiren gleichgesetzt; die eine (Klotho) spinnt den Lebensfaden, die andere (Lachesis) bewahrt ihn, die dritte (Atropos) durchschneidet ihn.
Passat: eine in weiten Teilen der Tropen vorherrschende östl. Luftströmung.
Patina: grünlicher Überzug auf Kupfer, Edelrost.
Patras: griech. Stadt am Golf von P., wichtigster Hafen der Peloponnes.
Patriarchen: im Alten Testament Erz- und Stammväter: Abraham, Isaak, Jakob. – Titel von Bischöfen.

Pegasus: im griech. Mythos ein Flügelroß; durch seinen Hufschlag entstand die Hippokrene, die Quelle der Musen am Helikon in Böotien; deshalb Musen- oder Dichterroß.
Penthesilea: Königin der →Amazonen. Im trojanischen Sagenkreis wird über ihre Heerfahrt gegen die Griechen im Trojanischen Krieg berichtet. Sie fiel im Zweikampf mit Achill. Im Hellenismus wurde das Motiv hinzugefügt, daß Achill der Sterbenden den Helm abnahm, ihre Schönheit sah und sich in P. verliebte; aber ihr Leben konnte er nicht mehr retten. – Drama von Heinrich v. Kleist.
Persephone: Tochter der Demeter; von Pluton, dem Herrscher der Unterwelt, geraubt.
Perseus: Held der griech. Sage, Sohn des Zeus und der Danae; tötete die Gorgone →Medusa, befreite Andromeda und vermählte sich mit ihr; befreite seine Mutter von Polydektes, den er in Stein verwandelte, indem er ihm das Haupt der Medusa zeigte.
Petronius Arbiter: Gaius, † 66 n. Chr.; röm. Schriftsteller; berühmt durch seine Zeit- und Sittenschilderungen („Satiren", „Gastmahl des Trimalchio").
Pfühl: Kissen; weiche Lagerstatt.
Phaläne: Nachtschmetterling.
Phidias: 5. Jhdt. v. Chr. in Athen; berühmtester Bildhauer des Altertums; Goldelfenbeinstatuen des Zeus in Olympia und der Athene im Parthenon auf der Akropolis von Athen.
Philipp von Spanien: 1527–1598; König seit 1556; die span. Kriegsflotte wurde 1588 im Krieg gegen Elisabeth von England vernichtet.
Philoktet: ein Held, dem Herakles seinen Bogen schenkte; wurde auf dem Zug gegen Troja wegen einer übelriechenden Wunde auf Lemnos ausgesetzt, später aber nach Troja geholt; tötete Paris, worauf Troja fiel.
Philomele: Nachtigall.
Phöbus: Beiname Apolls, ‚der Lichte'.
Picasso: Pablo, 1881–1973; span. Maler, Graphiker, Bildhauer, Keramiker.
Piccolo: Pikkoloflöte.
Pindar: ca. 518–446 v. Chr.; der bedeutendste griechische Chorlyriker.
Pindus: Gebirgskamm in Griechenland, trennt Epirus von Thessalien.
Pizunda: Badeort an der georgischen Schwarzmeerküste.
Platon: 428/427–347 c. Chr.; griech. Philosoph; Platons Garten, die Akademie, lag nordwestl. von Athen beim Hain des Heros Akademos.
Plötzensee: Strafanstalt in Berlin-Charlottenburg, in deren Waschhaus während des ‚Dritten Reichs' zahlreiche politische Gefangene, auch ein Teil der nach dem 20. Juli 1944 verurteilten Widerstandskämpfer, hingerichtet wurden. Auf dem Hof jetzt ein Mahnmal für die über 2000 Opfer.
Pluton: →Hades.
Podagra: Fußgicht.
Pogrom: Ausschreitungen gegen rassische, religiöse, nationale Gruppen, Minderheiten.
Polybios: um 201–120 v. Chr.; Geschichtsschreiber, Freund des jüngeren Scipio, stellte die Zeitgeschichte bis 144 dar, um die weltgeschichtliche Bedeutung des röm. Aufstiegs zur Weltmacht aufzuweisen.
Port: Hafen.
Poseidon: der griech. Gott des Meeres und der Gewässer.
Primgeld: Sondervergütung für den Schiffskapitän.
Prometheus: im griech. Mythos einer der →Titanen; raubte gegen den Willen des Zeus das Feuer und brachte es den Menschen; deshalb wurde er an einen Felsen geschmiedet, und ein Adler hackte ihm die immer nachwachsende Leber aus; später von Herakles befreit.
Prosodie: Lehre von der metrisch-rhythmischen Behandlung der Sprache.
Prytane: Prytanen waren in griech. Städten der 10. Teil des Rates, der die laufenden Geschäfte verwaltete.
Psalm: griech. ‚Gesang', ‚Loblied'; im Alten Testament die zum Psalter vereinigten 150 religiösen Lieder Israels und der jüd. Gemeinde.
Psalter: Buch der →Psalmen im Alten Testament.
Pyrenäen: Gebirge zwischen Spanien und Frankreich.
Pyrrha: Gemahlin des →Deukalion.

Refugee: franz. ‚Réfugié', Flüchtling.
Requiem: Seelen- oder Totenmesse, benannt nach ihrem Eingangsgesang: ‚Requiem aeternam dona eis' (‚Ewige Ruhe gib ihnen').
Rhin: rechter Nebenfluß der Havel.
Rialto: Ponte di Rialto, Brücke über den →Canal grande in Venedig; 1587–1591 erbaut.
Riemenschneider: Tilman, um 1460–1531; dt. Bildhauer und Bildschnitzer; 1520/1521 Bürgermeister, trat im Bauernkrieg 1525 für die Bauern ein und verlor nach Folterung und Kerker Ämter und Ehren.
Ritornell; sich wiederholender Teil eines Musikstücks. – Dreizeilige Strophe.
Robinson: Held des Abenteuerromans „Robinson Crusoe" von Daniel Defoe (1719); wird auf eine unbewohnte Insel an der Orinocomündung verschlagen, wo er erst allein, dann mit einem Eingeborenen 28 Jahre zubringt und die Entwicklungsgeschichte der Menschheit noch einmal nachvollzieht.
Roncevalles: Roncesvalles, span. Dorf in den West-Pyrenäen. Im Tal von R. wurde 778 die Nachhut Karls d. Gr. von den Basken geschlagen, wobei nach dem „Rolandslied" Roland, der den Rückzug Karls deckte, gefallen sein soll.
Rousseau: Jean-Jacques, 1712–1778; franz. Philosoph der Aufklärung, Gesellschaftskritiker.
Rue: franz. ‚Straße'.
Ruppin: Neu-Ruppin, Stadt in der Mark Brandenburg, am Ruppiner See. Vgl. Fontanes „Wanderungen durch die Mark Brandenburg" („Die Grafschaft Ruppin", Berlin 1862).

Saigon: ehemalige Hauptstadt Süd-Vietnams.
Sais: im Altertum die wichtigste Stadt Unterägyptens.

Sanssouci: ‚Sorgenfrei', Schloß Friedrichs II. von Preußen in Potsdam; 1745–1747 nach Skizzen des Königs errichtet.
Sappho: um 600 v. Chr.; bedeutendste griech. Lyrikerin, in Mytilene auf Lesbos; sammelte im Kult der Aphrodite und der Musen Schülerinnen und Freundinnen um sich; ihre Gedichte (Liebes-, Hochzeitslieder, Götterhymnen sind nur fragmentarisch überliefert.
Sarabande: gemessener Tanz; entsprechendes Musikstück.
Saturn: altröm. Gott, dessen Name als Gott der Saaten gedeutet wurde; der Sage nach alter König Italiens, unter dem ein goldenes Zeitalter geherrscht habe.
Satyrn: mutwillige und lüsterne Wesen im Gefolge des Dionysos; sie hatten Menschengestalt, aber Pferdeohren, Pferdeschwanz und Pferdehufe.
Schabracke: verzierte Satteldecke, Prunkdecke; in der Umgangssprache abwertend für abgenutzte, alte Sachen.
Schaluppe: großes Beiboot; Küstenfahrzeug.
Schermaus: Wühlmaus, Wasserratte.
Schragen: Totenschragen, Totenbahre.
Scipio: Publius Cornelius S. Aemilianus, der jüngere Africanus, um 185–129 v. Chr.; zerstörte 146 v. Chr. Karthago; Freund des Historikers Polybios.
Segesta: im Altertum die bedeutendste Stadt der Elymer im Nordwesten Siziliens; Reste der alten Stadt S., bes. der dorische Tempel, sind erhalten.
Seim: zähe, eingedickte Flüssigkeit.
Selene: die Mondgöttin (röm. Luna).
Sem: Gestalt der Vorzeit, ältester Sohn Noahs; auf ihn wird in 1. Mose 10 eine Reihe von Völkern zurückgeführt, die seit A. Schlözer (1761) Semiten (mit untereinander eng verwandten Sprachen) genannt werden.
Seraph: im Alten Testament sechsflüglige Engel, die Jahwe umschweben; S. bilden auch den höchsten der neun Engelchöre.
Servidore: gemieteter Diener, Fremdenführer.
Seth: Gestalt der Urzeit, der Erstgeborene Adams (1. Mose 5); in anderer Überlieferung (1. Mose 4) dritter Sohn Adams.
Sibyllen: im Altertum Name für weissagende Frauen.
siderisch: auf die Sterne bezüglich.
Sinclair: Isaak von, 1775–1815, aus Homburg v.d.H.; nach Jurastudium in Jena bei der Regierung der Landgrafschaft Hessen–Homburg, jedoch radikaler Demokrat; seit 1795 mit Hölderlin befreundet; wurde 1805 von der württembergischen Regierung des Hochverrats angeklagt und über vier Monate lang in Ludwigsburg inhaftiert. Die Ermittlungen der Untersuchungskommission bezogen sich auch auf Hölderlin. →Bellarmin.
Sisyphos: im griech. Mythos ein König von Korinth; mußte zur Strafe für seine Verschlagenheit in der Unterwelt ein Felsstück auf den Gipfel eines steilen Berges wälzen, von dem es aber immer wieder herabrollte.
Skyline: Horizont(linie), Kontur.
Sodom: →Gomorrha.
Sparta: griech. Staat der Antike; bekannt durch die harte Erziehung der Söhne zu Kriegstüchtigkeit und Gehorsam.
Sphinx: in der griech. Sage ein geflügelter Löwe mit Frauenkopf; Sinnbild des Rätselhaften.
Spilling: gelbe Pflaume.
Spree: linker Zufluß der Havel, fließt durch Berlin und mündet bei Spandau.
Stalin: ‚der Stählerne', Josef Wissarionowitsch Dschugaschwili, 1879–1953; russischer Staatsmann und Diktator; 1922 Generalsekretär der bolschewistischen Partei; übte seit 1929 praktisch eine Alleinherrschaft aus.
Styx: Fluß in der Unterwelt.
Sütterlin: eine Schreibschrift, benannt nach dem dt. Pädagogen und Graphiker Ludwig S., 1865–1917; wurde 1941 durch die „Deutsche Normalschrift", eine lat. Schrift, ersetzt.
Sulamith: Name eines Mädchens im ‚Lied der Lieder', dem „Hohenlied", einem Buch des Alten Testaments, einer Sammlung israelitischer Liebes- und Hochzeitslieder, die als religiöse Allegorie gedeutet wurden.
Syrakus: Stadt auf Sizilien mit griech. und röm. Theater und anderen Resten antiker Bauten.
Syrinx: eine in ein Rohr verwandelte Nymphe; Hirtenflöte.

Tamerlan: = Timur, 1336–1405; asiatischer Eroberer, bekannt für seine furchtbaren Grausamkeiten.
Tamino: Gestalt aus Wolfgang Amadeus Mozarts Oper „Die Zauberflöte".
Tantalus: mächtiger König in Kleinasien, Vater von Pelops und Niobe; schlachtete seinen Sohn Pelops und setzte ihn den Göttern als Speise vor; in die Unterwelt verbannt. Homer erzählt, er stehe dort bis zum Kinn in einem See und herrliche Früchte hingen über ihm, aber wenn er danach greife, weiche der Ast zurück, und wenn er trinken wolle, verschwinde das Wasser.
Tatra: Gebirgskette der Karpaten.
Tausendundeinenacht: arabische Sammlung von Märchen, Romanen, Novellen (insgesamt über 300), die von einer Rahmenerzählung umschlossen werden: Die kluge Scheherezade fesselt den König, der jede seiner Frauen nach der Hochzeitsnacht töten läßt, durch ihre Erzählungen 1001 Nächte hindurch und erreicht, daß er ihr das Leben schenkt.
Teltow: Stadt südwestl. von Berlin, im Kreis Potsdam.
Tempe: ein wegen seiner anmutigen Lage berühmtes Tal in Thessalien/Griechenland.
Teut: Phantasiename für einen altgermanischen Gott, unter Anlehnung an den Götternamen Tuisto und den Namen der Teutonen.
Theben: bedeutender Stadtstaat im alten Griechenland, von Alexander d. Gr. 335 v. Chr. völlig zerstört; die 7 Stadttore gehören in den Bereich der Sage.
Theophrast: um 372–287 v. Chr.; Schüler des Aristoteles und nach dessen Tod Leiter seiner Philosophenschule; unter seinen Schriften auch zwei botanische Werke.
Theseus: Nationalheld der attischen Sage, König von Athen.
Thetis: eine Nereide. →Nereus.

Thomas: von Jesus zum Glauben überwundener Jünger (Joh. 20,24–29).
Thraker: galten im Altertum als kriegerische, rohe Barbaren. Thrakien war nach ältestem Sprachgebrauch der ganze Rumpf der Balkanhalbinsel, später nur die Osthälfte.
Thule: im Altertum ein sagenhaftes Land im hohen Norden, sprichwörtlich: äußerstes Land am Nordrand der Welt.
Tibur: Stadt in Latium; berühmt wegen ihrer schönen Lage, am Anio (heute Tivoli); von Horaz in seinen Oden vielfach gepriesen.
Titanen: ursprünglich die 6 Söhne und 6 Töchter des Uranos (Himmel) und der Gaia (Erde). Unter Führung des jüngsten von ihnen, Kronos, stürzen sie Uranos, Kronos erleidet das gleiche Schicksal durch seine Kinder, die Kroniden. Es kommt zur Titanomachie, dem Kampf der Titanen (unter Kronos) gegen die Kroniden (unter →Zeus).
Toga: altröm. Obergewand, das die Römer bei öffentlichem Auftreten trugen.
Torso: Körper ohne Kopf und Gliedmaßen.
Trester: die nach dem Auspressen der Maische von Trauben und Obst verbleibenden festen Rückstände. – Branntwein aus Wein- und Obst-T.
Tristan: Kernmotive der Sage von Tristan (und Isolde) sind die Sage von der Feenliebe und die Ehebruchsfabel. Beide Motive wurden später erweitert durch eine Werbungssage (T. zieht aus, um für seinen Oheim Marke um das Mädchen mit den Goldhaaren zu werben) und durch das Motiv vom Liebestrank, der die Liebenden unschuldig schuldig werden läßt. Gottfrieds von Straßburg „Tristan“ (unvollendet, etwa zwischen 1205 und 1215). Musikdrama „Tristan und Isolde“ von Richard Wagner (1859).
Triton: ein Meergott, der auf Geheiß des Vaters Neptun auf einer Muscheltrompete bläst, um das Meer aufzuregen oder zu besänftigen.
Tritonien: Schwertliliengewächse.
Troja: Hauptort von Troas (antiker Name der Landschaft östl. der Dardanellen in Westanatolien); in der griech. Sage Schauplatz des Trojanischen Kriegs, in dem die Griechen unter Agamemnons Führung um die von Paris geraubte Helena kämpften. Troja wurde nach zehnjähriger Belagerung von den Griechen erobert und zerstört.
Tucht: althdt. ‚tuht‘, Tüchtigkeit.
Turandot: Gestalt einer Erzählung der orientalischen Sammlung „1001 Tag“ (1710/1712). Die Prinzessin T. gibt ihren Freiern Rätsel auf und läßt sie töten, wenn sie sie nicht lösen können. Zuletzt erhört sie den Bewerber, der die Lösung findet.
Tscherokese: Cherokee, nordamerikanischer Indianerstamm.

Uranide: →Kronos als Sohn des Uranos, des ältesten Gottes des griech. Weltentstehungsmythos.

Venus: die röm. Göttin der Liebe; ursprünglich eine altitalische Göttin des Gartenbaus.
Verne: Jules, 1828–1905: franz. Schriftsteller, schrieb utopisch-technische Abenteuer- und Entdeckerromane.
Vietnam: Land an der Ost- und Südostküste Hinterindiens. Der Vietnam-Krieg entwickelte sich seit 1957/1958 aus den Auseinandersetzungen zwischen südvietnamesischen Regierungstruppen und den kommunistischen Vietkong; seit 1964/1965 Einsatz US-amerikanischer Truppen; 1973 Waffenstillstand; 1975 Eroberung von ganz Süd-Vietnam durch kommunistische Truppen.
Vlies: zusammenhängende Masse der abgeschorenen Wollhaare des Schafs; im griech. Mythos das Fell des goldenen Widders, der Phrixos und Helle über den Hellespont trug. Es war die Aufgabe der Argonauten, das Goldene Vlies aus Kolchis zurückzuholen.
Voltaire: 1694–1778; franz- Philosoph der Aufklärung, Historiker, Dichter.

Wal: Kampf, Schlacht.
Walstatt: Kampfplatz, Schlachtfeld.

Zappa: Frank, geb. 1940; amerikanischer Rockmusiker.
Zebaoth: die himmlischen Heerscharen; Herr Zebaoth = Herr der Heerscharen; im Alten Testament Bezeichnung Gottes.
Zentaur: Kentaur, im griech. Mythos ein Fabelwesen mit Pferdeleib und menschlichem Oberkörper.
Zephir: sanfter Wind, bes. Westwind.
Zeus: der mächtigste der griech. Götter, Sohn des Kronos (daher Kronide); begründete im Kampf mit ihm und den →Titanen die Herrschaft der olympischen Götter; seine Waffe war der Blitz, sein Symboltier der Adler.
Zink: ein historisches Blasinstrument.
Zinkenist: Zinkenbläser.
Zion: Name eines Hügels in Jerusalem und des Tempelberges, auch Bezeichnung für Jerusalem selbst; im übertragenen Sinn: das auserwählte Volk.
Zyklop: einäugiger Riese der griech. Sage.

Themen und Motive

Dieses Verzeichnis soll es dem Benutzer der Anthologie ermöglichen, Gedichte mit verwandten Themen und Motiven rasch zu finden, so daß vergleichende Betrachtungen erleichtert werden. Es versteht sich von selbst, daß ein solches Register nur Anregungen bieten kann und daß in ihm nicht alle Gedichte der Sammlung (wenngleich sehr viele) aufgeführt sind. Zudem ist ein Gedicht meist ‚vielstimmiger', als daß es nur *einem* Bereich zugewiesen werden könnte. Deshalb erscheinen einige Gedichte auch an mehreren Stellen. Ferner überschneiden sich notwendigerweise manche der Rubriken, die allgemeine Themen ebenso berücksichtigen wie spezielle Aspekte.
Die „Repliken" überschriebene Sparte, die letzte des Verzeichnisses, sammelt Texte, die auf frühere Autoren/Gedichte antworten und somit eine fortlaufende Diskussion in der Lyrik selbst dokumentieren. Die Pfeile (→) verweisen auf die Beziehungen.
Da jeweils die Seitenzahlen genannt sind, werden Gedichttitel oder Anfangszeilen verkürzt wiedergegeben. Wo nur der Name des Autors erwähnt ist, befindet sich in der Anthologie allein *ein* Gedicht des Lyrikers, oder es sind alle seine Texte zu berücksichtigen.

Übersicht der Rubriken
Der Mensch. – Die Welt. – Leben, Lebenslauf, Lebensgeschick. – Selbstbetrachtung. – Lebensregeln. – Lebenszuversicht, Weltvertrauen. – Aufforderung zum Lebensgenuß. – Liebe. – Situation der Frau. – Freundschaft. – Wandern und Reisen. – Abschied und Sehnsucht. – Erinnerung und Hinterlassenschaft. – Hoffnung und Wünsche. – Vergänglichkeit, Sterben, Tod. – Leid, Klage, Trost. – Einsamkeit, Verlassenheit. – Zeit, Zeiterlebnis. – Nachdenken über Vergangenheit und Gegenwart.
Jahreszeiten. – Tageszeiten. – Mond.
Gott, Glaube, Religion. – Gott in der Natur. – Der Mensch und das Göttliche. – Götter, Antikes. – Geheimnisvolle Mächte. – Sagen, Märchen, Legenden.
Natur und Mensch. – Naturbilder, Landschaften. – Tiere. – Pflanzen, Bäume, Wald. – Bedrohte, beschädigte Natur. – Orte, Gegenden. – Mythische Landschaften. – Die Stadt.
Deutschland und Deutsche. – Freiheit, Freiheitskämpfe. – Unterdrückung und Aufbegehren. – Revolution. – Gegen und für den Nationalsozialismus. – Verfolgung, Konzentrationslager. – Jüdisches Schicksal. – Emigration, Exil, die Länder wechselnd. – Schuld und Sühne. – Herrscherlob. – Herrscherkritik. – Krieg und Kriegsbegeisterung. – Not und Grauen des Krieges. – Gegen den Krieg. – Gefangenschaft.
Zeit- und Gesellschaftskritik. – Technik und Industrie seit dem 19. Jahrhundert. – Arbeitswelt. – Gesellschaft der DDR. – Moderne Zivilisation. – Fernsehen. – Atomgefahr. – Gefährdete Gegenwart. – Alltägliches Leben. – Bilder von Zukünftigem. – Weltuntergang. – Utopie.
Dichterische Existenz. – Bedeutung von Dichtung und Kunst. – Schönheit. – Reflexionen über Poesie im Gedicht. – Sprache, Sprachspiele. – Experimentelle Poesie. – Visuelle Poesie. – Phantastisches, Surrealistisches. – Humor und Witz. – Satire, Parodie, Ironie.
Repliken.

Der Mensch
Czepko, Spiele wohl! (81). – Gryphius, Menschliches Elende (84). – Kuhlmann (100). – Hoffmannswaldau, Die Welt (105). – Claudius, Der Mensch (140). – Goethe, Gesang (161); Grenzen der Menschheit (163). – Schiller, Worte des Glaubens, des Wahns (200). – Heine, Fragen (269). – Trakl, Menschheit (354). – Werfel, Fremde sind wir (360). – Kästner, Menschheit (376). – Benn, Mann und Frau (398); Verlorenes Ich (400). – Maurer, Mensch (459). – Meister, Monolog (461). – Busta, Morgendämmerung (466). – Celan, Psalm (475). – Kahlau, Kein Gott (533). – Mickel, See (538).

Die Welt
Hoffmannswaldau, Welt (105). – Hofmannsthal, Welt (321). – Loerke, Pansmusik (394). – Zollinger, Wühlmäuse (432).

Leben, Lebenslauf, Lebensgeschick
Walther, Owê (48). – Hutten (58). – Fleming, Laß dich (78); An sich (79); Grabschrift (79). – Logau, Alter (80). – Czepko, Spiele wohl! (81). – Gryphius, Krankheit (85). – Harsdörffer, Leben (88). – Hoffmannswaldau, Welt (105). – Goethe, Kronos (158); Seefahrt (159); Urworte (173); Mitternacht (174). – Hölderlin, Gott der Jugend (205); Parzen (208); Schicksalslied (209); Lebenslauf (211); Hälfte des Lebens (216); Rhein (217). – Platen, Wer wußte je (266). – Hofmannsthal, Ballade (323). – Stadler, Spruch (348). – Tucholsky, Ideal (372). – Kaléko, Kinder (377); Katzenjammer (377). – Hesse, Stufen (391); In Sand geschrieben (392). – Goes, Schritte (445). – Krolow, Plopp (464). – Bobrowski, Dorfmusik (471). – Ausländer, Noch (476). – Bächler, Nachtleben (485). – Bachmann, Gestundete Zeit (488); Strömung (490). – Nick, Geh (491)). – Reinig, Verwandlung (492). – Artmann, mit einem jahr (495). – Mayröcker, Aufruf (499). – Jandl, wir sind die menschen (520). – Rühmkorf, Himmel (515); Hochseil (517); Auf was (517); Durchreisebild (518). – Kahlau, Kein Gott (533). – R. Kirsch, Schwimmen (536). – Mickel, Kindermund (539). – Czechowski, Was mich betrifft (541). – Poethen, an meinen sohn (545). – Törne, Frei (549); Gedanken (550). – Meckel, Lied (551). – Wondratschek, Mutter (573).

Selbstbetrachtung
Fleming, An sich (79); Grabschrift (79). – Günther, Durch innerlichen Trost (109). – Droste, Spiegelbild (279). – Borchardt, Sonett (328). – Rilke, Ich lebe (329). – Schröder, Ballade (385). – Becher, Mein Leben (406). – Brecht, Vom armen B. B. (409); An die Nachgeborenen (415); Böser Morgen (418). – Kaschnitz, Jeder (448). – Huchel, Unter der blanken Hacke (450). – Weyrauch, Kein Hauch (458). – Rühmkorf, Auf was nur (517). – Czechowski, Was mich betrifft (541). – Brinkmann, Selbstbildnis (553).

Lebensregeln
Walther, Wer sleht (52). – Fleming, Laß dich (78). – Hölty, Landmann (143). – Goethe, Schatzgräber (165); Im Atemholen (171); Volk und Knecht (171). – Schiller, Sprüche (201). – Mörike, Verborgenheit (262); Gebet (262). – Fontane, Es kribbelt (307); Aber wir lassen es (308). – Tucholsky, Luftveränderung (372). – Benn, Nur zwei Dinge (400). – Domin, Gepäck (468). – Reding (524). – Kunze, Silberdistel (542). – Biermann, Ermutigung (543). – Poethen, an meinen sohn (545). – Vesper, Landmeer (583). – Pietraß, Stiegenlied (585).

Lebenszuversicht, Weltvertrauen
Goethe, Dauer im Wechsel (169); Im Innern (170); Urworte (173); Vermächtnis (175); Früh, wenn Tal (182). – Uhland, Frühlingsglaube (244). – Lenau, Drei Zigeuner (253). – Werfel, Das Bleibende (361). – Carossa, Brunnen (387). – Weiss, Eines Morgens (393). – Lehmann, Oberon (396); Signale (396). – Bergengruen, Heile Welt (428)). – Zuckmayer, Lob der Spatzen (429). – Gan, Seifenblase (431). – Langgässer, Gleichzeitig (441). – Hagelstange, Lied (44). – Kaschnitz, Auferstehung (447). – Meister (461). – Busta, Sommertagebuch (467). – Ausländer, Noch (476). – Deicke, Tübingen (480). – Malkowski, Eine Stunde (577).

Aufforderung zum Lebensgenuß
Opitz, Ich empfinde fast (68); Ach Liebste (69). – Dach, Horto (75). – Günther, Phillis (111). – Gleim, Anakreon (120). – Storm, Oktoberlied (297). – [*An die Freude:* Hagedorn (118). – Schiller (186).]

Liebe
Du bist mîn (34). – Ich wil trûren (34). – Kürenberger (36)). – Dietmar von Eist (36). – Friedrich von Hausen (38). – Heinrich von Morungen (40). – Wolfram (42). – Walther, Under der linden (46); Aller werdekeit (46). – Neidhardt (54). – Volkslieder (62 ff.). – H. Sachs, eiszapf (66). – Regnart (67). – Opitz (68 ff.). – Weckherlin, Die Lieb (71). – Fleming, Wie er wolle (77); Herz (77). – Czepko, Angst (81). – Zesen, Adelmund (90). – Hoffmannswaldau, Mund (105); Wo sind (107). – Günther, Treue (108); Phillis (111). – Haller, Trauer-Ode (116). – Gleim, Bacchus (120). – Karsch, Klagen (123). – Klopstock, Rosenband (128); Das Wiedersehn (135). – Claudius, Liebe (140). – Goethe, Kleine Blumen (154); Es schlug mein Herz (154); Maifest (155); Gefunden (170); Divan (171 f.); Wenn sich lebendig Silber (175); Trilogie (176). – Hölderlin, Abbitte (209); Heimat (216). – Tieck, Wunder der Liebe (227); Glosse (227). – Brentano, Von den Mauern (228); Wie sich auch die Zeit (231). – Günderode, Liebe (236); Klage (236). – Eichendorff, Ringlein (237). – Rückert, Amaryllis (245). – Mörike, Peregrina (257); Mägdlein (259); Jägerlied (263). – Heine, Mai (267); Sie saßen (268); Ich steh (268). – Hebbel, Sie sehn sich (294); Ich und du (295). – Geibel, Musik (305). – Busch, Die Liebe (306). – Lasker-Schüler, Tibetteppich (337); Liebeslied (338). – Ringelnatz, Ich habe dich (371). – Kästner, Romanze (376). – Brecht, Erinnerung (409). – Krolow, Die Worte (464). – Bachmann, Nebelland (489). – Mayröcker, falsche Bewegung (500). – Fried, Aber solange (522). – Härtling, Anrede (527). – S. Kirsch, Die Luft (557). – Theobaldy, Schnee (574). – Brasch, Schlaflied (583). – Hahn, Winterlied (584). – Fels, Liebe (585).

Situation der Frau
Karsch, An den Domherrn (124). – Günderode, Klage (236). – Droste, Am Turme (275). – Exner, Porträt (546). – Wondratschek, Mutter (573). – Grass, Mannomann (510). – Krechel, Umsturz (587); Ich fälle (587).

Freundschaft
Dach, Perstet (74). – Schiller, Bürgschaft (198). – Uhland, Kamerad (244). – Lenau, Postillon (252).

Wandern und Reisen
Eichendorff, Zwei Gesellen (239); Sehnsucht (240). – Müller, Winterreise (248). – Lenau, Postillon (252). – Kerner, Wanderer (274). – Hoffmann v. Fallersleben, Michel (283). – Hofmannsthal, Reiselied (323). – Benn, Reisen (400). – Bobrowski, Der Wanderer (470). – Thenior, Gran Canaria (580).

Abschied und Sehnsucht (vgl. auch ‚Emigration, Exil')
Dietmar von Eist (36). – Innsbruck (65). – Klopstock, Wiedersehn (135). – Goethe, Es schlug mein Herz (154); Selige Sehnsucht (171); Trilogie (176). – Günderode, Klage (236). – Eichendorff, Abschied (237); Sehnsucht (240). – Müller, Lindenbaum (248). – Lenau, Abschied (253). – Rilke, Abschied (330). – Kunert, Söhne (531).

Erinnerung und Hinterlassenschaft
Haller, Trauer-Ode (116). – Klopstock, Frühe Gräber (132); Sommernacht (132); Wiedersehn (135). – Claudius, Säemann (138). – Goethe, Trilogie (176). – Hölderlin, Eigentum (210); Andenken (222). – Chamisso, Boncourt (250). – Droste, Im Moose (277); Im Grase (279); Mondesaufgang (280). – Storm, Heide (297). – Meyer, Ruder (301). – Fontane, Gräber (307). – Dauthendey, Erinnerungen (318). – Rilke, Elegie (333). – Benn, Sieh die Sterne (399). – Brecht, Erinnerung (409). – N. Sachs, Ihr meine Toten (440). – Langgässer, Frühling (441). – Huchel, Garten (450). – Hermlin, Terzinen (454). – Höllerer, O sieh (482). – Bächler, Erde (484); Depression (484). – Härtling, Olmütz (526). – Heise, Zug (532). – Hartung, Biographie (547). – Becker, Zimmer (548). – S. Kirsch, Wiepersdorf (558). – Born, Vaterhaus (563). – Vesper, Kind (584).

Hoffnung und Wünsche
Schiller, Resignation (183); Hoffnung (195); Pilgrim (202). – Hölderlin, Hoffnung (215). – Uhland, Neujahrswunsch (244). – Freiligrath, Mekka (285). – Brecht, Vergnügungen (418). – Arendt, Albatros (451). – Höllerer, So schlafen (482). – Rühmkorf, Ode (515). – Fried, Nacht (522). – Kahlau, Ein Tag (532). – R. Kirsch, Wünschen (536). – Poethen, zu neujahr (545). – Novak, ich möchte (556). – Krüger, Hoffnung (579).

Vergänglichkeit, Sterben, Tod
Luther, Mitten wyr (59). – Es ist ein Schnitter (65). – Opitz, Lied (69). – Fleming, Gedanken (78). – Gryphius, Es ist alles eitel (84); Menschliches Elende (84); Tränen (85); Einsamkeit (86). – Silesius, Sinn- und Schlußreime (92). – Kuhlmann (100). – Hoffmannswaldau, Vergänglichkeit (106). – Günther, Phillis (111). – Claudius, Tod (140). – Hölty, Ihr Freunde (143). – Goethe, Bei Betrachtung (181). – Novalis, Lied der Toten (224). – Rückert, Kindertotenlieder (247). – Mörike, Denk es (264). – Kerner, Wanderer (274). – Hebbel, Requiem (295). – Meyer, Spätboot (302). – Fontane, Ausgang (308). – Hofmannsthal, Vergänglichkeit (322). – Blass, Vormittag (351). – Trakl, Verfall (355). – Meister, Fermate (461). – Busta, Morgendämmerung (466). – Bienek, Wenn man stirbt (525). – Haufs, Was schnell nun (561).

Leid, Klage, Trost
Luther, Aus tiefer Not (60). – Gryphius, Menschliches Elende (84); Tränen (85). – Greiffenberg, Unglück (94). – Günther, Zustand (108); Trost (109). – Schubart, Aussicht (152). – Lenz, Herz (153). – Goethe, Nachtlied (159); An den Mond (161). – Hölderlin, Heimat (216). – Tieck, Melancholie (226); Glosse (227). – Brentano, Nachtlied (230); Frühlingsschrei (232); Ich darf wohl (234). – Günderode, Klage (236). – Ehrenstein, Leid (353). – Trakl, Klage (358). – Lehmann, Friedhof (397). – Weinheber, Halbe Stimme (422). – Schaefer, An meinen Sohn (446).

Einsamkeit, Verlassenheit
Gryphius, Einsamkeit (86). – Hölty, Mainacht (142). – Hölderlin, Abendphantasie (212); Hälfte des Lebens (216). – Brentano, Einsam will ich (234). – Eichendorff, Einsiedler (241). – Lenau, Einsamkeit (254). – Mörike, Verborgenheit (262); Buche (264). – Droste, Mondesaufgang (280). – Storm, Abseits (296). – Nietzsche, Mitleid (313). – Trakl, Herbst des Einsamen (356). – Hesse, Im Nebel (391). – Weiss, Vorübergang (393). – Benn, Wer allein ist (399); Einsamer nie (399). – Krolow, Robinson (463). – Lavant, Ich bin sehr reich (465). – Brambach, Niemand (477).

Zeit, Zeiterlebnis
Fleming, Gedanken (78). – Logau, Welt (80). – Czepko, Spiele wohl! (81). – Gryphius, Betrachtung (86). – Silesius, Sinn- und Schlußreime (92). – Stolberg, Lied (144). – Brentano, Ich darf wohl (234). – Keller, Zeit (299). – Kolmar, Wappen (433). – Huchel, Löwenzahn (449). – Meister, Fermate (461).

Nachdenken über Vergangenheit und Gegenwart
Brecht, Fragen (412). – Kaschnitz, Jeder (448). – Huchel, Taube Ohren (450); Psalm (450). – Maurer, Hannibal (459). – Hacks, Eröffnung (529). – Braun, Zeit (566). – Laschen, Geschichte (579).

Jahreszeiten
Frühling: Neidhart (54). – Zesen, Meienlied (91). – Hölty, Mailied (142). – Goethe, Maifest (155). – Eichendorff, Frische Fahrt (238); Zwei Gesellen (239). – Uhland, Frühlingsglaube (244). – Lenau, Liebesfeier (251). – Mörike, Es ist's (259). – Heine, Monat Mai (267); Leise zieht (269). – Hofmannsthal, Vorfrühling (321). – Stadler, Vorfrühling (350). – Britting, Unruhiger Tag (402).
Sommer: Hölderlin, Sommer (222). – Hebbel, Sommerbild (295). – Keller, Sommernacht (298). – Liliencron, Junitage (311). – Hesse, Sommer (391). – Benn, Tag (399). – Kaschnitz, Juni (446). – Huchel, Löwenzahn (449). – S. Kirsch, Sommer (559). – Kempff, Sommers (589).
Herbst: Greiffenberg, Herbstzeit (94). – Hölderlin, Eigentum (210). – Mörike, Septembermorgen (259). – Hebbel, Herbstbild (295). – Storm, Oktoberlied (297). – George, Komm (324); Wir schreiten (324). – Borchardt, Autumnus (328). – Rilke, Herbsttag (329). – Trakl, Verklärter Herbst (355); Herbst des Einsamen (356). – Piontek, Herbst (486). – Bachmann, Fracht (487). – Heißenbüttel, September (497). – Krechel, Herbst (588). – Kempff, Sich vorbereiten (589).
Winter: Goeckingk, Winterabend (141). – Mörike, Wintermorgen (256). – Trakl, Winterabend (356). – Haufs, Winter (562). – Krechel, Februar (588).
Weihnachten: Spee, Christ-Gedicht (73). – Gryphius, Geburt (85). – Eichendorff, Weihnachten (241). – Weinheber, Dezember (423). – Huchel, Hirtenstrophe (449).

Tageszeiten
Morgen: Gryphius, Morgen (82). – Harsdörffer, Sonnenaufgang (88). – Haller, Morgengedanken (144). – Hagedorn, Morgen (118). – Goethe, Früh (182). – Hölderlin, Des Morgens (213). – Mörike, Wintermorgen (256); In der Frühe (259). – Hoddis, Morgens (340).
Mittag: Storm, Abseits (296). – Fontane, Mittag (307). – Liliencron, Mittagssonne (310). – Blass, Vormittag (351).
Abend: Gryphius, Abend (83). – Gerhardt, Abendlied (96). – Claudius, Abendlied (139). – Hölderlin, Sonnenuntergang (212); Abendphantasie (212); Rings um ruhet (213). – Eichendorff, Zwielicht (238); Abend (239). – Hebbel, Abendgefühl (294). – Keller, Abendlied (300). – Meyer, Schwüle (302); Canal grande (304). – George, Der hügel (325). – Heym, Abend (341); Träumerei (347). – Lichtenstein, Dämmerung (348). – Ehrenstein, Abendsee (353). – Trakl, Verfall (355). – Kempff, Abends (589).
Nacht: Opitz, Nacht (68). – Grimmelshausen, Komm, Trost (99). – Goethe, Über allen Gipfeln (159); Nachtgesang (168). – Tieck, Wunder der Liebe (227). – Brentano, Von den Mauern (228); Sprich aus

der Ferne (228). – Eichendorff, Lockung (240). – Lenau, Bitte (252). – Mörike, Gesang (258); Um Mitternacht (259). – Hebbel, Nachtlied (294). – Storm, Hyazinthen (296). – Meyer, Nachtgeräusche (302). – Geibel, Musik (305). – Mombert, Bevor ich (336). – Blass, Erhebung (350).

Mond
Gleim, Mond (121). – Klopstock, Frühe Gräber (132); Sommernacht (132). – Claudius, Wiegenlied (137); Abendlied (139). – Goethe, An den Mond (161); Dämmrung (182); Dem aufgehenden Vollmonde (182). – Hölderlin, Rings um ruhet (213). – Tieck, Wunder der Liebe (227). – Brentano, Sprich aus der Ferne (228); Nachtlied (230); Säusle (233). – Eichendorff, Lockung (240); Mondnacht (240). – Lenau, Auf dem Teich (251). – Droste, Mondesaufgang (280). – George, Der hügel (325). – Mombert, Bevor ich (336); Gott (336). – Hardekopf, Spleen (365). – von der Vring, Mond (401). – Rühmkorf, Himmel (515).

Gott, Glaube, Religion
Wessobrunner Gebet (32). – Bienensegen (34). – Christ (38); Nu bitden wir (38). – Es kumpt ain schiff (56). – Luther (59). – Nicolai (67). – Stegmann (72). – Spee, Traurgesang (73). – Fleming, In allen meinen Taten (76). – Czepko, Spiele wohl! (81); Monodisticha (82). – Gryphius (82). – Silesius (92). – Greiffenberg, Herbstzeit (94). – Gerhardt (95). – Birken (101). – Rosenroth (104). – Klopstock, Dem Unendlichen (131). – Claudius, Abendlied (139). – Novalis, Geistliche Lieder (223). – Brentano, Ich bin durch die Wüste (233). – Eichendorff, Einsiedler (241). – Mörike, Gebet (262). – Keller, Nacht (298). – Mombert, Gott (336). – Lasker-Schüler, Gebet (337). – Wolfskehl, Herr! (384). – Bergengruen, Wandlung (428). – Schneider, Allein den Betern (438). – Schaumann (442). – Thoor (445). – Lavant (465). – Busta (446). – Jandl, an gott (503). – Marti, intonation (519); jesus (519). – Hartung, Schnecken (546).

Gott in der Natur
Czepko, Nicht in dir (82). – Brockes, Nachtigall (112). – Kirschblüte (113). – Haller, Morgengedanken (114). – Gellert, Preis des Schöpfers (123). – Klopstock, Frühlingsfeier (128). – Goethe, Was wär ein Gott (170).

Der Mensch und das Göttliche
Goethe, Ganymed (157); Das Göttliche (163); Prooemion (169); Eins und alles (175); Vermächtnis (175). – Hölderlin, An den Aether (206); Rhein (217).

Götter, Antikes
Goethe, Prometheus (156); Römische Elegie (164). – Schiller, Götter Griechenlands (187). – Rilke, Torso Apollos (332). – Benn, Verlorenes Ich (400). – Britting, Paestum (402). – Eich, Gehöfte (456).

Geheimnisvolle Mächte
Merseburger Zaubersprüche (32). – Bürger, Lenore (145). – Goethe, Fischer (162). – Erlkönig (162). – Eichendorff, Meeresstille (241). – Mörike, Feuerreiter (255); Mummelsee (261). – Droste, Knabe im Moor (278).

Sagen, Märchen, Legenden
Goethe, König in Thule (156). – Rückert, Barbarossa (245). – Müller, Vineta (249). – Mörike, Weyla (263). – Heine, Belsatzar (267). – George, herr der insel (324). – Trakl, Elis (354). – Miegel, Nibelungen (388). – Lehmann, Oberon (396). – Britting, Achill (403). – Brecht, Taoteking (413). – Kunert, Menetekel (531).
[*Lorelei:* Brentano (229). – Eichendorff, Waldgespräch (239). – Heine, Ich weiß nicht (269). – Rühmkorf, Hochseil (517).]

Natur und Mensch
Klopstock, Zürchersee (126). – Stolberg, Lied (144). – Goethe, Maifest (155); Auf dem See (158). – Hölderlin, Rhein (217). – Eichendorff, Frische Fahrt (238); Mondnacht (240). – Mörike, Gesang (258). – Droste, Im Moose (277); Im Grase (279). – Meyer, Ruder (301). – Däubler, Landschaft (339). – Carossa, Unzugänglich (386). – Loerke, Silberdistelwald (395). – Brecht, Vom Schwimmen (407). – Weinheber, Im Grase (423). – Bobrowski, Ebene (470); Der Wanderer (470). – Artmann, landschaft (495). – R. Kirsch, Schwimmen (536).

Naturbilder, Landschaften
Klaj, Silber (87). – Hölderlin, Heidelberg (214). – Droste, Am Turme (275). – Storm, Abseits (296); Meeresstrand (297). – Carossa, Morsche Scholle (387). – Loerke, Pansmusik (394). – Becher, Tübingen (405). – Arendt, Bucht (452). – Krolow, Küste (462). – Bobrowski, Ebene (470). – Mickel, See (538). – Rathenow, Buckow (590).

Tiere
Brockes, Nachtigall (112). – Gellert, Kutschpferd (122). – Hebbel, Sie sehn sich [Schwäne] (294). – Storm, Käuzlein (296). – Meyer, Möwenflug (301). – Geibel, Wasserrose [Schwan] (305). – George, herr der insel [Vogel] (324). – Rilke, Panther (330). – Mombert, Ich warf mich [Albatros] (336). – Britting, Raubritter [Hecht] (402). – Zuckmayer, Lob der Spatzen (429). – Zollinger, Wühlmäuse (432); Abendvögel (432). – Arendt, Albatros (451).

Pflanzen, Bäume, Wald
Silesius, Ohne Warum [Rose] (93). – Goethe, Gefunden (170); Chines.-deutsche Jahres- u. Tageszeiten (182). – Hölderlin, Eichbäume (206). – Tieck, Waldeinsamkeit (226). – Eichendorff, Abschied (237); Der Jäger Abschied (238). – Mörike, Buche (264). – Wagner, Anemonen (315). – von der Vring, Passionsblume (401). – Huchel, Löwenzahn (449).
[*Ein Gespräch über Bäume:* Brecht, An die Nachgeborenen (415). – Celan, Ein Blatt (475). – Fritz, Bäume (527). – Laschen, Naturgedicht (579).]

Bedrohte, beschädigte Natur
Fritz, Bäume (527). – Czechowski, Flußfahrt (540). – Becker, Natur-Gedicht (547). – Haufs, Was schnell nun (561). – Brechbühl, Chemische Fabrik (565). – Laschen, Naturgedicht (579).

Orte, Gegenden
Heidelberg: Hölderlin (214). – Maurer (460). – *Tübingen:* Becher (405). – Bobrowski (471). – Celan (474). – Deicke (480). – *Ilmtal:* Goethe, An den Mond (161). – Braun, Ilmtal (567). – *Köln:* Stadler, Kölner Rheinbrücke (349). – Goll, Kölner Dom (362). – Delius, Schweigen von Köln (571). – *Venedig, Italien:* Goethe, Römische Elegie (164). – Platen, Venedig (265). – Meyer, Canal grande (304). – Nietzsche, Venedig (312). – Britting, Paestum (402). – Eich, Fußnote zu Rom (457). – Cibulka, Hyperion (478). – Theobaldy, Im August (574).

Mythische Landschaften
George, Vogelschau (324). – Mombert (336). – Däubler, Die Erde (338). – Gan, Mythische Landschaft (431). – Arendt, Orphische Bucht (452). – Nick, Ägäis (491). – Born, Im Zug (564).

Die Stadt
Hölderlin, Rings um (213). – Storm, Die Stadt (297). – Dehmel, Stille Stadt (317). – Heym, Dämonen der Städte (343). – Blass, Fremde Stadt (351). – Tucholsky, Augen (373). – Herrmann-Neisse, Breslauer Winternacht (397). – Hermlin, Ballade (453).

Deutschland und Deutsche
Walther, Ir sult sprechen (44). – Weckherlin, Teutschland (71). – Gryphius, Tränen (83). – Klaj, Teutschland (87). – Arndt, Vaterlandslied (242). – Rückert, Ihr Deutschen (246); Deutschheit (246). – Heine, Beruhigung (270); Nachtgedanken (271). – Hoffmann v. Fallersleben, Wilde Gänse (282); Lied der Deutschen (282); Schlafe! (282). – Freiligrath, Hamlet (286). – Dingelstedt, Nachtwächter (288). – Herwegh, Wiegenlied (289). – Geibel, Deutschlands Beruf (305). – Nietzsche, Mitleid (313). – Flex, Schicksalsstunde (359). – Ringelnatz, Turner-Marsch (370). – Bröger, Nichts kann (381). – Schröder, Deutscher Schwur (385). – Becher, Nationalhymne (406). – Brecht, Kinderhymne (417). – Weinheber, Tugenden (424). – Eckart, Sturm (424). – Böhme, Volk (425). – Biermann, Preußischer Ikarus (543); Und als wir (544). – Törne, Frei (549). – Novak, Lernjahre (556). – Bartsch, Liedervereinigung (564). – Delius, Manöver (570).

Freiheit, Freiheitskämpfe
Schiller, Worte des Glaubens (200); Antritt des neuen Jahrhunderts (202). – Arndt (242). – Körner (242). – Müller, Hellas (249). – Chamisso, Der Invalid (251). – Platen, Polenlied (266). – Heine, Enfant perdu (273). – Herwegh, Wiegenlied (289). – Domin, Ich will dich (468). – Fried, Herrschaftsfreiheit (522). – Kahlau, Bedürfnis (534).

Unterdrückung und Aufbegehren
Grimmelshausen, Bauren-Stand (98). – Pfeffel (135). – Claudius, Der Schwarze (138). – Bürger, Bauer (148); Prometheus (148). – Goethe, Prometheus (156); Kronos (158). – Müller, Hellas (249). – Heine, Weber (271). – Kerner, Zopf (274). – Herwegh, Bundeslied (290). – Weerth, Hundert Männer (293); Hungerlied (293). – Loerke, Genesungsheim (395). – Brecht, Fragen (412); Gewalt (412); Legende (413). – Kunze, lehrgang (542); zensur (542). – Brasch, Galilei (582).

Revolution
Klopstock, Die Etats (133); Irrtum (133). – Heine, Maria Antoinette (272). – Freiligrath, Hamlet (286). – Mühsam, Revoluzzer (368). – Braun, Fragen (566).

Gegen und für den Nationalsozialismus
Tucholsky, Mäuler auf! (374). – Lersch, Morgenlied (382). – Miegel, An den Führer (389). – Brecht, Hitler-Choral (411). – Mehring, Sage vom Krebs (419); Post festum (421). – Weinheber, Dem Führer (423). – Anacker (424). – Böhme (425). – Menzel (426). – Schumann (426). – Kramer, Requiem (437). – Schneider, Allein den Betern (438). – Haushofer (438). – Hagelstange, Credo (443). – Hermlin, Terzinen (454). – Weyrauch, Lidice (458). – Celan, Schibboleth (474). – Bartsch, Hitler (564).

Verfolgung, Konzentrationslager
N. Sachs, Chor der Geretteten (439); Ihr meine Toten (440). – Haushofer (438). – Hermlin, Terzinen (454). – Bobrowski, Bericht (471). – Celan, Todesfuge (472). – Karsunke, schorf (551).

Jüdisches Schicksal
Wolfskehl, Auszug (584). – Mehring, Sage vom Krebs (419). – Kolmar, Jüdin (434); Verwandlungen (436). – Celan, Todesfuge (472). – Ausländer, Ein Tag (476). – Borchers, Friedhof (494).

Emigration, Exil, die Länder wechselnd
Lenau, Abschied (253). – Heine, Nachtgedanken (271); Enfant perdu (273). – Freiligrath, Auswanderer (284). – Tucholsky, Park Monceau (372). – Kaléko, Emigranten-Monolog (378). – Herrmann-Neisse, Heimatlos (397). – Mehring, Emigrantenchoral (419). – Zuckmayer, Elegie (430). – Ausländer, Ein Tag (476). – Reinig, Abfahrt (493). – Kunert, Bei Itzehoe (531). – Biermann, Preußischer Ikarus (543); Und als wir (544).

Schuld und Sühne
Schiller, Kraniche (196). – Brentano, Frühlingsschrei (232). – Meyer, Füße im Feuer (303). – Bergengruen, Dies irae (427). – Haushofer (438). – N. Sachs, Ihr Zuschauenden (440). – Kaschnitz, Nicht gesagt (448). – Törne, Gedanken (550). – Bartsch, Hitler (564).

Herrscherlob
Zesen, Meienlied (91). – Gleim, Feldzug 1756 (121). – Miegel, An den Führer (389). – Becher, Auf einen Namen (405). – Weinheber, Dem Führer (423). – Anacker, Fahneneinmarsch (425). – Schumann (426).

Herrscherkritik
Schubart, Fürstengruft (149). – Freiligrath, Von unten auf! (287). – Brecht, Hitler-Choral (411). – Mehring, Post festum (421).

Krieg und Kriegsbegeisterung
Gleim, Feldzug 1756 (121). – Arndt (242). – Körner (242). – George, Einem jungen führer (327). – Heym, Krieg (345). – Flex, Wildgänse (359).

Not und Grauen des Krieges
Heym, Krieg (345). – Stramm (352). – Klemm (353). – Trakl, Grodek (358). – Miegel, Wagen (390). – Eich, Inventur (456). – Maurer, Hannibal (459).

Gegen den Krieg
Logau, Buchstaben (80); Soldaten (80). – Klaj, Teutschland (87). – Ramler, Frieden (125). – Claudius, Kriegslied (139). – Schubart, Bettelsoldat (153). – Chamisso, Der Invalid (251). – Goll, Requiem (361). – Kaschnitz, Hiroshima (447). – Jandl, vater komm (502). – Fried, Nachdenken (521). – Hacks, Eröffnung (529). – Reinfrank, Bauernküche (566).

Gefangenschaft
H. Sachs, Die gefangen (66). – Schubart, Aussicht (152). – Heym, Die Gefangenen (341). – Eich, Inventur (456). – Haufs, Die Gefangenen (561).

Zeit- und Gesellschaftskritik
Walther, Ich saz (50). – Logau, Weltkunst (80). – Pfeffel (135). – Heine, Beruhigung (270); Nachtgedanken (271); Schlesische Weber (271). – Hoffmann v. Fallersleben, Mittagslied (283). – Dingelstedt (288). – Herwegh, Wiegenlied (289). – Busch, Wirklich (306). – George, Leo (325); Auf neue tafeln (326); Wenn einst (326). – Ball, Die Zeit (363). – Mühsam, Kalender (369). – Kästner, Zeitgenossen (375). – Kaléko, Kinder (377). – Huchel, Hirtenstrophe (449). – Hermlin, Ballade (453). – Weyrauch, Überall (458). – Enzensberger, Kurze Geschichte (514). – Czechowski, Freund und Feind (540). – Kunze, Kurzer lehrgang (542). – Karsunke, Matti (550). – Novak, Lernjahre (556). – Braun, Fragen (566). – Delius, Lieder (570); Schweigen (571). – Rathenow (589f.).

Technik und Industrie seit dem 19. Jahrhundert
Kerner, Eisenbahnhof (274). – Weerth, Industrie (291). – Fontane, Brück am Tay (309). – Liliencron, Bahnhof (310). – Stadler, Fahrt (349). – Carossa, Eisenwagen (386). – Höllerer, Kirke (483). – Reinfrank, Prägstock (565).

Arbeitswelt
Heine, Weber (271). – Freiligrath, Von unten auf! (287). – Herwegh, Bundeslied (290). – Weerth, Hundert Männer (293). – Kämpchen, Ideal (313). – Henckell, Eisenbahnarbeiter (314). – Dehmel, Arbeitsmann (317); Erntelied (317). – van Hoddis, Morgens (340). – Heym, Ophelia II (342). – Petzold (379). – Zech (380). – Engelke (381). – Bröger, Kohle (381). – Lersch (382). – Brambach (477). – Enzensberger, Angestellte (513). – von der Grün, Unter Tag (523). – Küther, Artisten (523); Tote Zeche (524). – Hartung, Zechenkolonie (546); Tankstellenmann (547). – Bartsch, Poesie (564). – Brechbühl, Baukran (565). – Schenk, Schichtzettel (578). – Fels, Befehle (585); Liebe (585). – Maiwald, Die Frau (586).

Gesellschaft der DDR
Maurer, Mensch (459). – Deicke (480). – Kunert, Itzehoe (531). – R. Kirsch, Meinen Freunden (535). – Mickel, Kindermund (539). – Czechowski, Flußfahrt (540); Freund und Feind (540). – Kunze, lehrgang (542); Biermann (542); Bobrowski (542). – Biermann, Ikarus (543). – Braun, Ilmtal (567).

Moderne Zivilisation
Goll, Kölner Dom (362). – Eich, Stadtrand (457). – Krolow, Neues Wesen (463). – Höllerer, Kirke (483). – Reinig, Enkel (492). – Mayröcker, Alp-Traum (500). – Enzensberger, Der Angestellte (513); Kurze Geschichte (514). – Heise, Gesichter (532). – Becker, Fenster (547); Wiedersehen (548). – Delius, Lieder (570); Schweigen (571). – Theobaldy, Schnee (574).

Fernsehen
Busta, Sommertagebuch (467). – Höllerer, Kirke (483). – Mayröcker, Alp-Traum (500). – Becker, Fernsehen (547). – Novak, Fernsehturm (556). – S. Kirsch, Erdrauch (560).

Atomgefahr
Kaschnitz, Hiroshima (447). – Hermlin, Die Vögel (455). – Maurer, Neckarbrücke (460). – Cibulka, Losgesprochen (479).

Gefährdete Gegenwart
S. Kirsch, Erdrauch (560); Zeitung (560). – Born, Horror (563). – Delius, Schweigen (571). – Krüger, Unterhaltung (580). – Brasch, Furcht (583). – Fels, Fluchtweg (585). – Rathenow, Buckow (590).

Alltägliches Leben
Brinkmann, Oh, friedlicher Mittag (554). – Born, Es ist Sonntag (563). – Theobaldy, Die Sonne (575). – Kiwus, Verbindung (576). – Thenior, Einfache Dinge (580).

Bilder von Zukünftigem
Schiller, An die Freude (186). – George, Wenn einst (326). – Heym, Die Menschen (346). – Lichtenstein, Prophezeiung (348). – Werfel, Veni Creator (360). – Brecht, An die Nachgeborenen (415). – Hermlin, Sonett (455). – Bachmann, Anrufung (488); Enigma (490). – Nick, Vision (491). – Meckel, Der Tag (552). – Wondratschek, Singsang (572).

Weltuntergang
Henckell, Apokalypse (314). – Lasker-Schüler, Weltende (337). – Hoddis, Weltende (340). – Wolfskehl, Welt-Ende (383). – Lavant, Weltenuntergang (465). – Busta, Morgendämmerung (466).

Utopie
Weyrauch, the Saints (458). – Borchers, Was alles (494). – Enzensberger, Utopia (511). – Rühmkorf, Durchreisebild (518). – Mickel, Friedensfeier (537). – S. Kirsch, Dann werden wir (557).

Dichterische Existenz
Walther, Von Rôme vogt (50); Ich hân (52). – Goethe, Prometheus (156); Trilogie (176). – Holz, Ihr Dach (315). – Benn, Einsamer nie (399); Nur zwei Dinge (400). – Becher, Eingang (404). – Weinheber, Gedicht (422). – Domin, Nur eine Rose (467).

Bedeutung von Dichtung und Kunst
Schiller, Ideal (189). – Hölderlin, Rhein (217); Andenken (222). – Novalis, Wenn nicht mehr (224). – Eichendorff, Wünschelrute (240). – Rilke, Sonette an Orpheus (335). – Deicke, Tübingen (480). – Piontek, An die Schüler (486). – Enzensberger, Ins Lesebuch (512); Gedicht für (512). – Fritz, Werkzeuge (528). – Hacks, Der Heine (528). – Kunert, So soll es sein (530). – Meckel, Rede (552). – Brinkmann, Einen jener klassischen (553). – Braun, Zu Brecht (568). – Kiwus, Dichter (575).

Schönheit
Hoffmannswaldau, Schönheit (106). – Hagedorn, Der Morgen (118). – Goethe, Römische Elegie (164). – Schiller, Ideal (189); Nänie (201); Der Antritt (202). – Hölderlin, Gott der Jugend (205). – Mörike, Auf eine Lampe (263). – Platen, Tristan (265). – Rilke, Elegie (333). – Hesse, In Sand geschrieben (392). – Becher, Tübingen (405). – Hacks, Gartenentzückung (528). – Meckel, Rede (552).

Reflexionen über Poesie im Gedicht
Goethe, Römische Elegie (164). – Eichendorff, Wünschelrute (240). – Heine, Aus meinen Schmerzen (268). – Hofmannsthal, Weltgeheimnis (322). – Loerke, Leitspruch (395). – Brecht, Schlechte Zeit (417); Theewurzellöwe (417). – Weinheber, Halbe Stimme (422). – Kaschnitz, Nicht gesagt (448). – Hermlin, Sonett (455). – Meister, Sage vom Ganzen (462). – Domin, Gedichte (469). – Celan, Sprachgitter (473). – Ausländer, Wann (476). – Cibulka, Wir Worte (479). – Piontek, Wünsche (486). – Rühmkorf, Hochseil (517). – Kunert, Meine Sprache (530). – Czechowski, Flußfahrt (540). – Poethen, Ich bin (545). – Meckel, Rede (552). – Kiwus, Dichter (575). – Fels, Befehle (585).

Sprache, Sprachspiele
Zesen, Adelmund (90); Meienlied (91). – Ball, Wolken (363). – Arp, Firgelei (368). – Ausländer, Redensarten (477). – Fried, Die mit der Sprache (521). – Jandl, lichtung (502). – Borchers, eia wasser (494). – Artmann, landschaft (495). – Enzensberger, Rondeau (513). – Novak, meine Sprache (555). – Hahn, Katzenmahlzeit (584).

Experimentelle Poesie
Ball (363). – Schwitters (364). – Arp (366). – Heißenbüttel (496). – Gomringer (498). – Bremer (501). – Jandl (502). – Rühm (504). – Mon (506). – Pastior (568). – Priessnitz (581).

Visuelle Poesie
Zesen, Palm-baum (89). – Birken (101). – Wyss (102). – Karst (103). – Morgenstern, Nachtgesang (319). – Schwitters, Bildgedicht (365). – Gomringer, wind (498). – Bremer, geht es mich nichts an (501). – Jandl, wettrennen (503). – Rühm, jetzt (504); licht (505). – Mon, aus den augen (507).

Phantastisches, Surrealistisches
Lasker-Schüler, Blaues Klavier (337). – Ball, Gespenst (363). – Hardekopf (365). – Arp (366). – Kunert, Film (530). – Heise, Büsum (532). – Schenk, Jules Verne (578). – Krechel, Ebenbilder (588).

Humor und Witz
Chamisso, Geschichte (250). – Storm, August (296). – Busch (306). – Fontane, Würd es mir fehlen (308). – Morgenstern (319). – Ringelnatz (370). – Artmann, wär ich (495).

Satire, Parodie, Ironie
Rückert, Deutschheit (246). – Chamisso, Geschichte (250). – Heine, Sie saßen (268); Das Fräulein (269); Beruhigung (270). – Kerner, Zopf (274). – Hoffmann v. Fallersleben, Schlafe! (282); Michel (283). – Dingelstedt (288). – Herwegh, Wiegenlied (289). – Busch, Wirklich (306); Liebe (306). – Liliencron, Handkuß (312). – Schwitters, Anna Blume (364). – Mühsam, Revoluzzer (368). – Ringelnatz, Turner-Marsch (370). – Tucholsky, Mäuler auf! (374). – Kästner, Menschheit (376). – Brecht, Hitler-Choral (411). – Rühmkorf, Lied (514). – Bartsch, Hitler (564); Liedervereinigung (564). – Thenior, Gran Canaria (580).

Repliken
Hoffmann v. Fallersleben, Schlafe! (282); Herwegh, Wiegenlied (289); Braun, Ilmtal (567) → Goethe.
Maurer, Neckarbrücke (460); Bobrowski, Hölderlin (471); Celan, Tübingen (474); Deicke, Tübingen (480); Czechowski, Was mich betrifft (541); Astel, Hölderlin (549) → Hölderlin.
Krolow, Plopp (464); Rühmkorf, Auf eine Weise (516) → Eichendorff.
Krolow, Neues Wesen (463); Brambach, Das blaue Band (477) → Mörike.
Celan, Ein Blatt (475); Enzensberger, Weiterung (512); Fritz, Bäume (527); Karsunke, Matti (550); Braun, Fragen (566), Zu Brecht (568); Laschen, Naturgedicht (579); Rathenow, Buckow (590) → Brecht.
Stadler, Spruch (348) → Silesius. – S. Kirsch, Wiepersdorf (558) → Bettina Brentano. – Pastior, Spaziergang (570) → Hebel. – Kunert, Menetekel (531) → Heine, Belsatzar (267). – Deicke, Tübingen (480) → Celan. – Pietraß, Replik (586) → Enzensberger. – Czechowski, Freund und Feind (540) → Braun. – Rühmkorf, Lied (514) → Naturlyriker. – Törne, Frei (549) → frühere Dichter.

Die Autoren

Aichinger, Ilse 478
Anacker, Heinrich 424
Angelus Silesius (Johannes Scheffler) 92
Arendt, Erich 451
Arndt, Ernst Moritz 242
Arp, Hans 366
Artmann, Hans Carl 495
Astel, Arnfrid 549
Ausländer, Rose 476

Bachmann, Ingeborg 487
Bächler, Wolfgang 484
Ball, Hugo 363
Bartsch, Kurt 564
Becher, Johannes R. 404
Becker, Jürgen 547
Benn, Gottfried 398
Bergengruen, Werner 427
Bienek, Horst 525
Biermann, Wolf 543
Birken, Sigmund von 101
Blass, Ernst 350
Bobrowski, Johannes 470
Böhme, Herbert 425
Borchardt, Rudolf 328
Borchers, Elisabeth 494
Born, Nicolas 563
Brambach, Rainer 477
Brasch, Thomas 582
Braun, Volker 566
Brechbühl, Beat 565
Brecht, Bertolt 407
Bremer, Claus 501
Brentano, Clemens 228
Brinkmann, Rolf Dieter 553
Britting, Georg 402
Brockes, Barthold Heinrich 112
Bröger, Karl 381
Bürger, Gottfried August 145
Busch, Wilhelm 306
Busta, Christine 466

Carossa, Hans 386
Celan, Paul 472
Chamisso, Adelbert von 250
Cibulka, Hanns 478
Claudius, Matthias 137
Czechowski, Heinz 540
Czepko von Reigersfeld, Daniel 81

Dach, Simon 74
Däubler, Theodor 338
Dauthendey, Max 318
Dehmel, Richard 317
Deicke, Günther 480
Delius, Friedrich Christian 570
Dietmar von Eist 36
Dingelstedt, Franz von 288
Domin, Hilde 467
Droste-Hülshoff, Annette von 275

Eckart, Dietrich 424
Ehrenstein, Albert 353
Eich, Günter 456
Eichendorff, Joseph von 237
Engelke, Gerrit 381
Enzensberger, Hans Magnus 511
Exner, Richard 546

Fels, Ludwig 585
Fleming, Paul 76
Flex, Walter 359
Fontane, Theodor 307
Freiligrath, Ferdinand 284
Fried, Erich 521
Friedrich von Hausen 38
Fritz, Walter Helmut 527

Gan, Peter 431
Geibel, Emanuel 305
Gellert, Christian Fürchtegott 122
George, Stefan 324
Gerhardt, Paul 95
Gleim, Johann Wilhelm Ludwig 120
Goeckingk, Leopold Friedrich Günther von 141
Goes, Albrecht 445
Goethe, Johann Wolfgang 154
Goll, Yvan 361
Gomringer, Eugen 498
Grass, Günter 508
Greiffenberg, Catharina Regina von 94
Grimmelshausen, Hans Jakob Christoffel von 97
von der Grün, Max 523
Gryphius, Andreas 82
Günderode, Caroline von 236
Günther, Johann Christian 108

Hacks, Peter 528
Härtling, Peter 526
Hagedorn, Friedrich von 118
Hagelstange, Rudolf 443
Hahn, Ulla 584
Haller, Albrecht von 114
Hardenberg, Friedrich von (Novalis) 223
Hardekopf, Ferdinand 365
Harsdörffer, Georg Philipp 88
Hartung, Harald 546
Haufs, Rolf 561
Haushofer, Albrecht 438
Hebbel, Friedrich 294
Heine, Heinrich 267
Heinrich von Morungen 40
Heise, Hans-Jürgen 532
Heißenbüttel, Helmut 496
Henckell, Karl 314
Hermlin, Stephan 453
Herrmann-Neiße, Max 397
Herwegh, Georg 289

Hesse, Hermann 391
Heym, Georg 341
van Hoddis, Jakob 340
Hölderlin, Friedrich 205
Höllerer, Walter 482
Hölty, Ludwig Christoph Heinrich 142
Hoffmann von Fallersleben, August Heinrich 282
Hoffmann von Hoffmannswaldau, Christian 105
Hofmannsthal, Hugo von 321
Holz, Arno 315
Huchel, Peter 449
Hutten, Ulrich von 58

Jandl, Ernst 502

Kämpchen, Heinrich 313
Kästner, Erich 375
Kahlau, Heinz 532
Kaléko, Mascha 377
Karsch, Anna Louisa 123
Karst, Johann Rudolf 103
Karsunke, Yaak 550
Kaschnitz, Marie Luise 446
Keller, Gottfried 298
Kempff, Diana 589
Kerner, Justinus 274
Kirsch, Rainer 535
Kirsch, Sarah 557
Kiwus, Karin 575
Klaj, Johann 87
Klemm, Wilhelm 353
Klopstock, Friedrich Gottlieb 126
Knorr von Rosenroth, Christian 104
Körner, Theodor 242
Kolmar, Gertrud 433
Kramer, Theodor 436
Krechel, Ursula 587
Krolow, Karl 462
Krüger, Michael 579
Kürenberg, Der von 36
Küther, Kurt 523
Kuhlmann, Quirinus 100
Kunert, Günter 530
Kunze, Reiner 542

Langgässer, Elisabeth 441
Laschen, Gregor 579
Lasker-Schüler, Else 337
Lavant, Christine 465
Lehmann, Wilhelm 396
Lenau, Nikolaus 251
Lenz, Jakob Michael Reinhold 153
Lersch, Heinrich 382
Lichtenstein, Alfred 348
Liliencron, Detlev von 310
Loerke, Oskar 394
Logau, Friedrich von 80
Luther, Martin 59

Maiwald, Peter 586
Malkowski, Rainer 577
Marti, Kurt 519
Maurer, Georg 459
Mayröcker, Friederike 499
Meckel, Christoph 551
Mehring, Walter 419
Meister, Ernst 461
Menzel, Herybert 426
Meyer, Conrad Ferdinand 301
Mickel, Karl 537
Miegel, Agnes 388
Mörike, Eduard 255
Mombert, Alfred 336
Mon, Franz 506
Morgenstern, Christian 319
Mühsam, Erich 368
Müller, Wilhelm 248

Neidhart von Reuental 54
Nick, Dagmar 491
Nicolai, Philipp 67
Nietzsche, Friedrich 312
Novak, Helga M. 555
Novalis (Friedrich von Hardenberg) 223

Opitz, Martin 68
Oswald von Wolkenstein 56

Pastior, Oskar 568
Petzold, Alfons 379
Pfeffel, Gottlieb Konrad 135
Pietraß, Richard 585
Piontek, Heinz 486
Platen, August von 265
Poethen, Johannes 545
Priessnitz, Reinhard 581

Ramler, Karl Wilhelm 125
Rathenow, Lutz 589
Reding, Josef 524
Regnart, Jakob 67
Reinfrank, Arno 565
Reinig, Christa 492
Rilke, Rainer Maria 329
Ringelnatz, Joachim 370
Rückert, Friedrich 245
Rühm, Gerhard 504
Rühmkorf, Peter 514

Sachs, Hans 66
Sachs, Nelly 439
Schaefer, Oda 446
Schaumann, Ruth 442
Scheffler, Johannes (Angelus Silesius) 92
Schenk, Johannes 578
Schiller, Friedrich 183
Schneider, Reinhold 438
Schröder, Rudolf Alexander 385
Schubart, Christian Friedrich Daniel 149
Schumann, Gerhard 426
Schwitters, Kurt 364
Seume, Johann Gottfried 203
Spee von Langenfeld, Friedrich 73
Stadler, Ernst 348
Stegmann, Josua 72
Stolberg, Friedrich Leopold Graf zu 144
Storm, Theodor 296
Stramm, August 352

Thenior, Ralf 580
Theobaldy, Jürgen 574
Thoor, Jesse 445
Tieck, Ludwig 226
Törne, Volker von 549
Trakl, Georg 354
Tucholsky, Kurt 372

Uhland, Ludwig 244
Uz, Johann Peter 122

Vesper, Guntram 583
von der Vring, Georg 401

Wagner, Christian 315
Walther von der Vogelweide 44
Weckherlin, Georg Rodolf 71
Weerth, Georg 291
Weinheber, Josef 422
Weiß, Konrad 393
Werfel, Franz 360
Weyrauch, Wolfgang 458
Wolfram von Eschenbach 42
Wolfskehl, Karl 383
Wondratschek, Wolf 572
Wühr, Paul 544
Wyss, Urban 102

Zech, Paul 380
Zesen, Philipp 89
Zollinger, Albin 432
Zuckmayer, Carl 429

Gedichtüberschriften und Gedichtanfänge

Ab und aus- 579
Abbitte 209
Abend 83
Abendgefühl 294
Abendlied (Augen, meine lieben Fensterlein) 300
Abendlied (Der Mond ist aufgegangen) 139
Abendlied (Der Tag legt sein Verhalten) 569
Abendlied (Nun ruhen alle Wälder) 96
Abendphantasie 212
Abends 470
Abends sammelst du Reste 589
Abendsee 353
Aber solange ich atme 522
Aber wir lassen es andere machen 308
Abgedankte Soldaten 80
Abgelegene Gehöfte 456
Abschied (O Täler weit, o Höhen) 237
Abschied (Sei mir zum letztenmal gegrüßt) 253
Abschied (Wie hab ich das gefühlt) 330
Abschußrampen, Akademien 479
Abseits 296
Ach bleib mit deiner Gnade 72
Ach, die furchtbaren Signale 459
Ach! diese Stätt 101
Acherontisches Frösteln 311
Ach, es ist so dunkel 140
Ach Liebste, laß uns eilen 69
Adolf Hitler ganz allein 564
Ägäis 491
Alle Landschaften haben 347
Alle meine Träume 470
Alle Raketen sollen 537
Alle Tage 487
Allein den Betern 438
Alleingelassen bei Erinnerungen 318
Aller werdekeit ein füegerinne 46
Allerheiligen – Allerseelen 438
Alles eilt zum Untergange 108
Alles ist in Roma eßbar 584
Alp-Traum 500
Als er der Phillis einen Ring 111
Als er durch innerlichen Trost 109
Als er sich über seinen unglückseligen Zustand 108
Als er sie seiner beständigen Treue 108
Als er Siebzig war 413
Als Farben, gehäuft 475
Als ich erwachte 530
Als ich heute von dir ging 584
Als jüngst die Nacht 277
Als sie einander acht Jahre kannten 376
Als wäre die luft gemahlen glas 383
Alte Befehle 585
Alte Grabschriften 549
Alter jüdischer Friedhof im Mai
Altes Liedchen 544
Altes Spiel 526
Altes Zimmer 548
Am Abend tönen 358
Am Abend, wenn die Glocken 355
Am Brunnen vor dem Tore 248
Am Geländer der Terrasse 401
Am grauen Strand 297
Am langen Strick 522
Am letzten Tage des Jahres 281
Am Meer, am wüsten 269
Am Turme 275
Am Waldessaume träumt die Föhre 307
Amara, bittre 245
Amaryllis 245
An Anna Blume 364
An – als Ihm die – starb 138
An das Angesicht des Herrn Jesu 95
An das Herz 153
An das Teutschland 71
An den Aether 206
An den Autos das Blech 570
An den Domherrn von Rochow 124
An den Frieden 125
An den Führer 389
An den Knaben Elis 354
An den Mond (Dein stilles Silberlicht) 121
An den Mond (Füllest wieder Busch und Tal) 161
An den Wassern Babylons 444
An der Brücke stand 312
An der Front 353
An des Balkones Gitter 280
An die Dichter 575
An die Freude (Freude, Göttin edler Herzen) 118
An die Freude (Freude, schöner Götterfunken) 186
An die Haare läßt er 590
An die Hoffnung 215
An die Nachgeborenen 415
An die Parzen 208
An die Schüler Heisenbergs 486
An eine Äolsharfe 262
An einem Juninebeltag 529
An einem Wintermorgen, vor Sonnenaufgang 256
An Freund und Feind 540
an gott 503
An ihren bunten Liedern klettert 251
An jenem Tag im blauen Mond September 409
An meinen ältesten Sohn 396
An meinen Sohn 446
an meinen sohn willibald 545
An Schwager Kronos 158
An seine lieb- und holdselige Adelmund 90
An sich 79
An taube Ohren der Geschlechter 450
An vollen Büschelzweigen 171
An Werther 176
Anakreon 120
Anakreon, mein Lehrer 120
Andenken 222
Anders sein und anders scheinen 80
anekdote aus dem letzten preußischen Kriege 551
Anemonen am Ostersamstag 315
Angelehnt an die Efeuwand 262
Angespannte Gesichter 532
Angst und Hohn der Liebe Lohn 81
Anmut dürftiger Gebilde 514
Anmut sparet nicht noch Mühe 417
Anrede 527

Anrufung des Großen Bären 488
Ans Haff nun fliegt die Möve 297
Antwort 313
Apokalypse 314
Archaischer Torso Apollos 332
Arkadien, sei mir gegrüßt 122
Arm am Beutel 165
Arm Kräutchen 371
Artisten 523
Auch das Schöne muß sterben 201
Auch ich war in Arkadien geboren 183
Auch was 522
Auf dem Canal grande 304
Auf dem See 158
Auf dem Teich, dem regungslosen 251
Auf den Mund 105
Auf der Brücke 579
Auf der Neckarbrücke in Heidelberg 460
Auf die fruchtbringende Herbstzeit 94
Auf eine Lampe 263
Auf eine Weise des Joseph Freiherrn von Eichendorff 516
Auf einem Bahnhof 310
Auf einen chinesischen Theewurzellöwen 417
Auf einen Namen 405
Auf Flügeln des Gesanges 268
Auf Nacht, Dunst, Schlacht 100
Auf neue Tafeln schreibt 326
Auf sommerlichem Friedhof 397
Auf was nur einmal ist 517
Auferstanden aus Ruinen (Liedervereinigung) 564
Auferstanden aus Ruinen (Nationalhymne der DDR) 406
Auferstehung 447
Aufgestanden ist er 345
Aufsteigt der Strahl 301
Augen in der Groß-Stadt 373
Augen, meine lieben Fensterlein 300
Augenrund zwischen den Stäben 473
August 296
Aus Cezannes Äpfel 573
Aus dem Leben 299
aus den augen 507
Aus den Gärten komm' ich zu euch 206
Aus der Schiffsbank 302
Aus des Meeres tiefem, tiefem Grunde 249
Aus einem Sommertagebuch 467
Aus einer Riesenstadt 310
Aus meinen großen Schmerzen 268
Aus Sturm und Traum auffahrend 328
Aus tiefer Not schrei ich zu dir 60
Ausgang 308
Aussöhnung 180
Autumnus 328

Bacchus und Cythere 120
Bäume 527
Bäume irdisch 471
Bajla Gelblung 471
Ballade des äusseren Lebens 323
Ballade vom preußischen Ikarus 543
Ballade von unserer Zeit 453
Barbarossa 245
Baukran 565
Bedecke deinen Himmel, Zeus 156
Bedien dich oder vergiß es 464
Befiehl dem Herren deine Wege 96
Befiehl du deine Wege (Befiehl dem Herren) 96
Befiehl du deine Wege (Hitler-Choräle) 411
Beförderer vieler Lustbarkeiten 119
[Bei Betrachtung von Schillers Schädel] 181
Bei Büsum 532
Bei den Tempeln von Paestum 402
Bei Eröffnung des Feldzuges 1756 121
Bei Itzehoe 531
Bei stiller Nacht 73
Bei uns in der Fabrik 523
Beim dritten Wunsch 486
Beim Nachdenken über Vorbilder 521
Beim Öffnen einer Walnuß 401
Belsatzar 267
Bericht 471
Beschreibung vollkommener Schönheit 106
Bestellung 457
Bet und arbeit! 290
Betrachtet eurer Gegner Schwächen 300
Betrachtung der Zeit 86
Bevor ich diesen Inselstrand verließ 336
Bevor noch jene einst berühmte Hand 531
bevor sie umgebracht werden 551
Bewegliche Lettern 528
Bildzeitung 511
bim bim ausglim 367
bist du dir grün 506
Bitte 252
Blau kommt auf 463
Blindheit 545
Böser Morgen 418
boogie-woogie 503
Brandung 473
Brennender Dornbusch 362
Breslauer Winternacht 397
Bring deinem Kind nur bei 535
Brücke zum Zoo 316
Buckow, am See 590
Bundeslied für den Allgemeinen Deutschen Arbeiterverein 290

Chemische Fabrik im Frühlingswind 565
Cherubinischer Wandersmann 92
Chinesisch-deutsche Jahres- und Tageszeiten 182
Chor der Geretteten 439
Chor der Proletarier 361
Christ, der ist erstanden 38
Cigarren [elementar] 364

Da die Welt aus Entfernungen 478
Da: ein kalter Atemstoß 402
Da ihr noch die schöne Welt regieret 187
Da liegen sie, die stolzen Fürstentrümmer 149
Da sitzt der Kauz 296
Da stehen sie 379
Da steht nicht nur keine Linde 563
Da, wo die Friedrichstraße 543
Dämmrung senkte sich von oben 182
Dämmrung will die Flügel spreiten 238
Dann werden wir kein Feuer brauchen 557
Das ästhetische Wiesel 319
Das beglückende Unglück 94
Das Beste der Welt 80
Das Blau der Ferne klärt sich schon 391
Das blaue Band 477

Das Bleibende 361
Das braune Heer 425
Das Brot wird bitter sein 427
Das Fenster am Ende des Korridors 547
Das Fibelmeer 367
Das Fräulein stand am Meere 269
Das fremde Kind 584
Das Gedicht ist nicht der Ort 552
Das Geistliche herrscht 82
Das Gespenst 363
Das Göttliche 163
Das Haus, in dem ich wohne 541
Das Hirtenfeuer 276
Das Hündlein 466
Das Hungerlied 293
Das Ideal und das Leben 189
Das immerwährende Sterben 93
Das Irrlicht 248
Das ist die Stunde 572
Das ist die Zeit 363
Das Jahr geht um 281
Das Karussell 331
Das kleine Haus unter Bäumen 418
Das kommt nicht auf diese Art 568
Das Kutschpferd 122
Das Land ist öde 353
Das Leben des Menschen 88
Das Leben ist ein Laub 88
Das Leben, so ich führ 71
Das Lied der Deutschen 282
[Das Lied der Toten] 224
Das Lied vom Eisenarbeiter 314
Das Lützowsche Freikorps 242
Das Mädchen aus der Fremde 193
Das reine Gedicht 422
Das Rosenband 128
das Sagbare sagen 496
Das Schiff 408
Das Schloß Boncourt 250
das schwarze geheimnis 498
Das Schweigen von Köln 571
Das Schweigen wurde 397
Das sind die gemütlichen Reichen 544
Das Spiegelbild 279
Das Turmkreuz schrickt ein Stern 352
Das verlassene Mägdlein 259
Das verschleierte Bild zu Sais 191
Das war überall 458
Das Wasser rauscht' 162
Das Wiedersehn 135
Das zerbrochene Ringlein 237
daß an gott geglaubt 503
Daß aus dem Samen des Menschen 450
Daß das Schöne und Berückende 392
Daß du es hast 482
Daß Gott erbarm' 313
daß ich als ich 367
daß wir dafür aufstehn 545
Dat gafregin ih mit firahim 32
Dauer im Wechsel 169
De poeta 32
Dein stilles Silberlicht 121
Deine Seele, die die meine liebet 337
Dem aufgehenden Vollmonde 182
Dem Bürger fliegt vom spitzen Kopf 340
Dem Führer 423
Dem Geier gleich 160
„Dem lebendigen Geist" 549
Dem Schmerz sein Recht 294
Dem Unendlichen 131
demokratisches modell 519
Den grünen Rasen sprengt 351
Den Himmel verwildert 567
Den unlösbaren Knoten 376
Denk es, o Seele 264
Denk ich an Deutschland 271
Denn Freiheit ist der Odem 443
Denn was geschieht, ist maßlos 443
Denn was täte ich 478
Depression 484
Der Abend (Schweigt der Menschen) 239
Der Abend (Versunken ist der Tag) 341
Der Albatros 451
Der alte Barbarossa 245
Der alte Brunnen 387
Der alte Landmann an seinen Sohn 143
Der alte Mann 391
Der Anfang einer Gewißheit 527
Der Anger steht so grün 142
Der Angestellte 513
Der Antritt des neuen Jahrhunderts 202
Der Arbeitslose 379
Der Arbeitsmann 317
Der auf dem Fahrrad 477
Der Aufruf 499
Der Bauer an seinen Durchlauchtigen Tyrannen 148
Der Bettelsoldat 153
Der den Tod auf Hiroshima warf 447
Der Dichter meidet strahlende Akkorde 404
Der du von dem Himmel bist 159
Der dunkle Herbst 356
Der Einsiedler 241
Der Eisenwagen rollt 386
Der eiszapf 66
Der Emigrantenchoral 419
Der Enkel trinkt 492
Der erste Blick aus dem Fenster 418
Der Feuerreiter 255
Der Fischer 162
Der Fliegenschnäpper steinauf 397
Der Fluß ist gestiegen 579
Der Garten des Theophrast 450
Der geheime Tod 93
Der Gott, der Eisen wachsen ließ 242
Der Gott der Jugend 205
Der Gott und die Bajadere 166
Der gute Kamerad 244
Der habe Lust zu Würfeln 75
Der Handkuß 312
Der Heine auf dem Weinbergsweg 528
Der Herbst des Einsamen 356
Der herr der insel 324
Der Himmel, die Landschaft 547
Der Himmel flaumt 352
Der hügel wo wir wandeln 325
Der Invalid im Irrenhaus 251
Der Jäger Abschied 238
Der Kaukasus 236
Der Knabe im Moor 278
Der König in Thule 156
Der Krieg 345
Der Krieg wird nicht mehr erklärt 487

Der kühne Reichstag Galliens 133
Der Laut zweier Enten 590
Der Leib ist Ehren wert 93
Der XLI. Liebeskuß 100
Der Lindenbaum 248
Der Mensch (Durchlässigste der Kreaturen) 459
Der Mensch (Empfangen und genähret) 140
Der Mensch hat nichts so eigen 74
Der Mensch ist Ewigkeit 92
Der Mittag ist so karg erhellt 365
Der Mond geht ohne Fuß 526
Der Mond ist aufgegangen 139
Der Mond verbirget sich 114
Der Morgen 118
Der Mund eines Mädchens 398
Der Nachtwind wehte 350
Der Nebel steigt 297
Der Nordost wehet 222
Der Panther 330
Der Pilgrim 202
Der Postillon 252
Der Radwechsel 418
Der Rauch 418
Der Reiche klappt den Pelz empor 369
Der Reisende und der Cicerone 135
Der reißende Strom 412
Der Revoluzzer 368
Der Rhein 217
Der Ring des Polykrates 194
Der römische Brunnen 301
Der Roggenteig, frisch durchgewalkt 566
Der Säemann säet den Samen 138
Der Sand aus den Urnen 473
Der Schäfer 122
Der Schatzgräber 165
Der schnelle Tag ist hin 83
Der Schnellzug tastet sich 349
Der Schwarze in der Zuckerplantage 138
Der See 538
Der Silberdistelwald 395
Der Sommer 222
[Der Sonnenaufgang] 88
Der Spaziergang am See 570
Der Spinnerin Nachtlied 230
Der Spruch 348
Der Tag legt sein Verhalten 569
Der Tag steigt auf 511
Der Tag wird kommen 552
Der tiefe Brunnen weiß es wohl 322
Der Tisch mit der fleckigen 577
Der Tod 140
Der vergessene Donner 320
Der Wanderer 470
Der Wanderer in der Sägmühle 274
Der wandernde Wind 321
Der Wechsel menschlicher Sachen
Der Welt lauff vnd wesen 102
Der Weltraum fernt mich 135
Der Wilde 203
Der Wind auf leeren Straßen 72
Der Wind ist fremd 254
Der Winkel von Hardt 215
Der Winterabend 141
Der Zopf im Kopfe 274
Der Zürchersee 126
Der Zug nach Gramenz 532
des Herbstes Anfang 497
des innren lebens 581
Des Krieges Buchstaben 80
Des Menschen Alter 80
Des Menschen Seele 161
Des Morgens 213
Deutsche Ostern 1933 424
Deutsche Schicksalsstunde 359
Deutscher Schwur 385
Deutschland – auf weichem Pfühle 289
Deutschland, Deutschland über alles 282
Deutschland ist Hamlet 286
Deutschlands Beruf 305
Deutschlands Genius 423
Dezember 423
Die Alster 119
Die Aussicht 152
Die Auswanderer 284
Die Bäume zählt 561
Die Ballade vom blutigen Bomme 492
Die Ballade vom Wandersmann 385
Die Brück am Tay 309
Die Bürgschaft 198
Die Dämmerung 348
Die Dämonen der Städte 343
Die deutschen Tugenden im Kriege 424
Die drei Zigeuner 253
Die dunklen Bürden 384
Die Eichbäume 206
Die eine Klage 236
Die Entwicklung der Menschheit 376
Die Erde bebt noch 484
Die Erde ist nicht Mittelpunkt 582
Die Erde treibt im Norden 338
Die Erde von später 546
Die Erinnerung 454
Die Etats généraux 133
Die ewig helle Schaar 82
Die Ewigkeit durch Zeit 82
Die Fabrik 381
Die fischer überliefern 324
Die Flut steigt bis an den Ararat 307
Die Frau des Arbeitslosen 586
Die Friedensfeier 537
Die frühen Gräber 132
Die Frühlingsfeier 128
Die Fürstengruft 149
Die Füße im Feuer 303
Die gefangen klagen 66
Die Gefangenen (Sie gehen rundherum) 561
Die Gefangenen (Sie trampeln um den Hof) 341
Die Geister am Mummelsee 261
die gelittene zeile 581
Die gestundete Zeit 488
Die Gleichheit 92
Die Götter Griechenlands 187
Die große Firgelei 368
Die große Fracht 487
Die Hände 522
Die Hände strecken 352
Die heile Welt 428
Die Heimat 216
Die Hirtenstrophe 449
Die Hühner und Enten treten 456
Die hundert Männer von Haswell 293
Die Industrie 291

Die Jüdin 434
Die Kartoffel auch 528
Die Königskinder 64
Die Krähen schrei'n 313
Die Kraniche des Ibykus 196
Die Leidenschaft bringt Leiden 180
Die letzten Monate 547
Die Lieb ist Leben und Tod 71
Die Liebe 140
Die Liebe hemmet nichts 140
Die Liebe, sagt man 257
Die Liebe war nicht geringe 306
Die Liebenden 207
Die Lieder von der Umkehr 426
Die linden Lüfte sind erwacht 244
Die Luft riecht schon nach Schnee 557
Die Männer im Elektrizitätswerk 564
Die Mäuler auf 374
Die Mainacht 142
Die Menschen stehen vorwärts 346
Die mir noch gestern glühten 392
Die mit der Sprache 521
Die Mittagssonne brütet 310
Die Mitternacht zog näher schon 267
Die Müde 435
Die Musik kommt 311
Die Nachtigall und derselben Wettstreit 112
Die nachzustotternde Welt 475
Die Nebel zerreißen 164
Die neuen Fernen 371
Die Nibelungen 388
Die Nordsee. Zweiter Zyklus 269
die notendurft 367
Die Orgel aus Staub 436
Die Partei 405
Die Reichsgeschichte der Tiere 136
Die Ros ist ohn Warum 93
Die ruhenden 563
Die Sage vom Großen Krebs 419
Die Schlechten fürchten deine Klaue 417
Die schlesischen Weber 271
Die Schlinge um meinen Hals 491
Die Schnupftabaksdose 370
Die schöne Buche 264
Die Schritte 445
Die Schwalbe 565
Die sich der Fahne verschrieben 425
Die Silberpappel 418
Die Sommernacht 132
Die Sonn, der Pfeil 70
Die Sonne 357
Die Sonne steht hoch 575
Die Stadt 297
Die Stadt ist oben auferbaut 465
Die Städte werden Asche sein 491
Die Steine feinden 352
Die stille Stadt 317
Die stille Wasserrose 305
Die Stimmung ist defensiv 464
die süsse der nachtigall 495
Die Tauben schlummern 432
Die Teilnahmslosen 379
Die Tiere lebten viele Jahre 136
Die Trichter 319
Die trüben Stunden nutzend 478
Die unmögliche Tatsache 320
Die Unruh kommt von dir 93
Die uns 521
Die verehrlichen Jungen 296
Die verwinkelten Lagerschuppen 578
Die Vögel und der Test 455
Die Vorzüge der Windhühner 508
Die Weisheit des Brahmanen 247
Die Welt 105
Die Welt ist eingeschlafen 575
Die Welt ist wie ein Schiff 572
Die wilden Gänse 282
Die Winterlinde, die Sommerlinde 396
Die Winterreise 248
Die Worte des Glaubens 200
Die Worte des Wahns 200
Die Worte sind nicht schamlos 464
Die Worte warten 454
Die Wühlmäuse 432
Die Zeit, die ist nicht schnell 93
Die Zeit geht nicht 299
Die zwei Gesellen 239
Dies irae 427
Dies ist ein Herbsttag 295
Dies ist ein Krieg 424
Dies ist meine Mütze 456
Dies Müde, Flügellose 435
Dies war der Augenblick 514
Dieser Abend, Bettina 559
Dieser Tag 477
Dieser wortlose leicht gehbehinderte 565
Dithyrambe 193
Dorfmusik 471
Dort der Galgen 312
Dort nieden in jenem Holze 65
Dort unten in der Mühle 274
Draußen beginnt schon der Himmel 466
Draußen, dies ist Sommer 547
Drei Arten Gedichte aufzuschreiben 469
Drei Laub auf einer Linden 63
Drei Worte hört man 200
Drei Worte nenn ich euch 200
Drei Wünsche 486
Drei Zigeuner fand ich einmal 253
Dreifach ist der Schritt der Zeit 201
Dreifach ist des Raumes Maß 201
Du bist beglückt 247
Du bist ein Schatten am Tage 247
Dû bist mîn 34
Du bist Orplid, mein Land 263
Du edler Brunnen du 69
Du, es ist alles 527
Du gabst im Schlafe 422
Du gehst die Straße lang 573
Du, laß dich nicht verhärten 543
Du mußt, was Gott ist, sein 92
Du sehr-verachter Bauren-Stand 98
Du siehst, wohin du siehst 84
Du sprachst vom Schiffe-Verbrennen 467
Du, Stunde, flügelst 473
Du warst in allem 437
Du wirst bald sterben 525
Du wirst reich sein 511
Dünnbesiedelt das Land 559
Düster, breit, kahl und eckig 381
Duineser Elegien 333
Dunkel, Dunkel im Moor 276

Durch den warmen Lehm geschnitten 396
Durch die Büsche winden Sterne 352
Durch die klaren Wasser schwimmend 408
Durch so viel Formen geschritten 400
Durchlässigste der Kreaturen 459
Durchreisebild 518

Ebenbilder 587
Ebene 470
Edel sei der Mensch 163
Edler Freund! Wo öffnet sich 202
Ehrwürdiges schönes Haus 558
eia wasser regnet schlaf 494
Ein alter Tibetteppich 337
Ein Blatt, baumlos 475
Ein Brunnen singt 355
Ein Bündel Mond 365
Ein Chinese 308
Ein Dampfer kam von Biberich 287
Ein Dichter bin ich 549
Ein dicker Junge spielt 348
Ein feste Burg ist unser Gott 61
Ein Feuer seh ich lohen 314
Ein Floß schwimmt 394
Ein Fremder ging 135
1 Gegenüber 503
Ein getreues Herze wissen 77
Ein Gewitter, im Vergehn 320
Ein Haar, so kühnlich Trotz 106
Ein Hofemann 80
Ein Irrsal kam 257
Ein Jüngling, den des Wissens heißer Durst 191
Ein Kanadier, der noch Europens 203
Ein Kind vergißt sich selbst 80
Ein kurz poetisch Christ-Gedicht 72
Ein Kutschpferd sah den Gaul 122
Ein Liebeslied 338
Ein neu Lied Herr Ulrichs von Hutten 58
Ein nie vorher gesehener Stern 430
Ein Sauerampfer auf dem Damm 371
Ein starker Wind sprang empor 340
Ein Tännlein grünet wo 264
Ein Tag im Exil 476
Ein Tag wie ein Wunder 532
Ein trockenes Flußbett 469
ein Turm der silbern funkelt 556
Ein Warten ein Garten 494
Ein Wiegenlied, bei Mondschein zu singen 137
Ein Wiesel saß auf einem Kiesel 319
Ein Winterabend 356
Eine gewisse Sehnsucht 574
Eine Stunde oder zwei 577
Eine Unterhaltung bei Regen 580
Einem jungen führer im ersten weltkrieg 327
Einen jener klassischen 553
Einen Sommer lang 585
Eines Morgens Schnee 393
Einfache Dinge 580
einfache Sätze 496
Eingang 404
Eingelegte Ruder 301
Einigen Vätern 535
Einmal dein Leben 573
Einmal kommt – ich habe Zeichen 348
Eins und Alles 175
Einsam will ich untergehn 234
Einsamer nie 399
Einsamer nie als im August 399
Einsamkeit (Hast du schon je) 254
Einsamkeit (In dieser Einsamkeit) 86
Einsatzbereitschaft 424
Einst haben die Kerls 376
Einst hat man das Haar frisiert 274
Eiris sazun idisi 32
Elegie 177
Elegie von Abschied und Wiederkehr 430
Elementares Bedürfnis 534
Elis, wenn die Amsel 354
elomen elomen 363
Elsgens treues Herz 77
Emigranten-Monolog 378
Empfangen und genähret 140
Enfant perdu 273
Englische Eröffnung 529
Enigma 490
Epigramma 70
er 503
Er ist's 259
Er stand auf seines Daches Zinnen 194
Erdrauch 560
Erhebung 350
Erinnerung an die Marie A. 409
Erkannte Wohltat 141
Erlkönig 162
Ermunterung 524
Ermutigung 543
Erntelied 317
Erschrick nicht vor dem Liebeszeichen 111
Erster Februar 588
Erziehungsberechtigt 541
Es dunken uns zwar schwer 94
Es fliehet die düster geflügelte Nacht 88
Es geht um 419
Es ist alles eitel 84
Es ist ein Schnee gefallen 63
Es ist ein Schnitter 65
Es ist ein Weinen in der Welt 337
Es ist nicht leicht 375
Es ist schon spät 239
Es ist so still 296
Es ist Sonntag 563
Es knirscht der Stein 523
Es kommen härtere Tage 488
Es kräht kein Hahn 431
Es kribbelt und wibbelt weiter 307
Es kumpt ain schiff geladen 56
Es lacht in dem steigenden jahr 325
Es läuft der Frühlingswind 321
Es reden und träumen die Menschen 195
Es reist so mancher Philister 283
Es riecht nach Weltenuntergang 465
Es ruhn im Holz der Nuß 401
Es sang vor langen Jahren 230
Es schienen so golden die Sterne 240
Es schlug mein Herz 154
Es sehnt sich ewig dieser Geist 266
Es sitzt ein Vogel auf dem Leim 306
Es stampft und dröhnt 314
Es steht ein goldnes Garbenfeld 317
Es wallt das Korn 300
Es war, als hätt der Himmel 240
Es war ein König in Thule 156

Es war ein Land mit hundert Brunnen 450
Es war eine Schnupftabaksdose 370
Es war seit je der Deutschen Brauch 424
Es wird der bleiche Tod 106
Es zogen zwei rüstge Gesellen 239
Ewiger Auszug 384
Ewigklar und spiegelrein und eben 189
execution der excusion 506

Fabrikstraße tags 380
Fadensonnen 475
Fahneneinmarsch 425
Fahre mit der Eisenbahn 372
Fahrt über die Kölner Rheinbrücke 349
Fall nieder, Feuer 427
fallen 507
Fallende Welt 397
falsche Bewegung 500
Fermate 461
Fern dem Bereich 531
Fern hallt Musik 296
Fernsehen, 1972 547
Fernsehen auf dem Balkon 467
Fernsehturm 556
Feuerharfe 362
Film – verkehrt eingespannt 530
Fink und Frosch 306
Fisches Nachtgesang 319
Flachgeschrägtes Traubenufer 486
Fliegen im Juni auf weißer Bahn 449
Flieht ihr Freuden 123
Fluchtweg 585
Flußfahrt 540
Fragen 269
Fragen eines Arbeiters während der Revolution 566
Fragen eines lesenden Arbeiters 412
Fragt, fragt, fragt 524
Frei wie ein Vogel 549
Freiheit 468
Fremd bin ich eingezogen 248
Fremde sind wir auf der Erde alle 360
Freu dich, du weltlich creatur 56
Freude, Göttin edler Herzen 118
Freude, schöner Götterfunken 186
Freuderfüller, Früchtebringer 94
Friedlich bekämpfen 294
Frische Fahrt 238
Fröut, iuch, junge und alte 54
Froh empfind ich mich nun 164
Froh kehrt der Schiffer heim 216
Früh im Jahr 527
Früh, wann die Hähne krähn 259
Früh, wenn Tal, Gebirg und Garten 182
Frühe rundet Regen blau 364
Frühling 1946 441
Frühling läßt sein blaues Band 259
Frühlingsglaube 244
Frühlingsschrei eines Knechtes 232
Frühnebel. Die Dörfer 540
Füllest wieder Busch und Tal 161
Fünf Gänge 457
Für meine Mutter 573
Für Musik 305
fugen aus märchen 501
Fußnote zu Rom 457

Ganymed 157
Ganz einsam sei 383
Ganz verborgen im Wald 264
Gartenfest 525
Gaselen 298
Gebet (Herr! schicke was du willt) 262
Gebet (Ich suche allerlanden) 337
Gebirgsrand 478
Gedanken im Mai 550
Gedanken über der Zeit 78
Gedicht 554
Gedicht für die Gedichte nicht lesen 512
Gedicht über Hoffnung 496
Geduld, Gelassenheit 109
Gefallen 352
Gefunden 170
Geh über Nacht 491
Geh unter, schöne Sonne 208
Geharnischte Sonette 246
Gehn dir im Dämmerlichte 205
geht es mich nichts an 501
Geistliche Lieder 223
Geistliches Marzipan oder Zukker-Hertz 102
Geistreiche Sinn- und Schlußreime 92
Gelassen stieg die Nacht ans Land 259
Gelbe Berge gelbe giftgelbe 565
Genesungsheim 395
Genossen, ihr seid in Schweine verwandelt 483
Gesang der Geister über den Wassern 161
Gesang des Abgeschiedenen 357
Gesang Weylas 263
Gesang zu zweien in der Nacht 258
Geschichte, Grün 579
Gesetztes Bildgedicht 365
gestern 500
Gestern fuhr ich Fische fangen 428
Gesundes Volksempfinden 522
Gewaltig endet so das Jahr 355
Gewisse Verbindung 576
Gewöhn dich nicht 468
Gewöhnlich kommt es 363
Gezählte Tage 491
Gleichzeitig 441
Glimmert ihr sterne 91
Glocken und Zyanen 423
Glosse 227
Glückliche Fahrt 164
Gott, du bester Kriegszerbrecher 87
Gott ergreift man nicht 92
Gott ist ein lauter Nichts 92
Gott ist vom Schöpferstuhl gefallen 336
Gottes ist der Orient 171
Grammatische Deutschheit 246
Gran Canaria 580
Grau mit viel Braun 429
Grell flutet das Licht 436
Grenzen der Menschheit 163
Grodek 358
Größers wolltest auch du 211
Großer Bär, komm herab 488
Grün ist das Meer 536
Gründers Mittagslied 283
Gute Nacht 248
Gute Woche 541

Hälfte des Lebens 216
Häuserverlassen 562
Halluzination großer fremder Städte 496
Halt deinen Leib in Ehrn 93
Hamlet 286
Hannibals Zug über die Alpen 459
Harzreise im Winter 160
Hast du schon je dich
Heidebilder 310
Heidelberg 214
Heidenröslein 155
Heilgebrüll und völksche Heilung 374
Heilig Vaterland 385
Heilig Wesen! gestört hab' ich 209
Heilige Schwermut 438
Heimatlos 397
Heimstätte meiner Träume 499
Hellas und die Welt 249
Hellglänzendes Silber 87
Herbst – vom Bodensee aus 486
Herbstbild 295
Herbsttag 329
Herr: es ist Zeit 329
Herr! Ich will zurück 384
Herr! schicke was du willt 262
[Herrn Pauli Flemingi Grabschrift] 79
Herrschaftsfreiheit 522
Herzangst 446
Heut da sich schranzen 325
Heute früh 308
Heutige Weltkunst 80
Hielte diesen frühen Segen 169
Hier diese Reihe 398
Hier ist das Versmaß elegisch 558
Hier ist es hübsch 372
Hier kann ich leben 574
Hier läßt sichs atmen 402
Hier lieg ich auf dem Frühlingshügel 260
Himmel abgespeckt 515
Hinter den blauen Bergen 544
Hinter Jüterbog 558
Hinunter sinket der Wald 215
Hiroshima 447
Hitler-Choräle 411
Hochseil 517
hochverehrtes publikum 492
Höhe des Sommers 391
Hölderlin 549
Hölderlin in Tübingen 471
Hör schon auf 510
Hörst du nicht die Bäume rauschen 240
Hörst du wie die Brunnen rauschen 233
Hört ihr den Pfiff 274
Hört ihr die Osterglocken 424
Hört: unter uns hat sich 453
Hoffnung 195
Holde Anemone 441
Horror, Dienstag 563
Horto recreamur amoeno 75
Hyazinthen 296
Hyperion 1943 478
Hyperions Schicksalslied 209

Ich beneide die mit der großen Sprache 521
Ich benötige keinen Grabstein 418
Ich, Bertolt Brecht 409
Ich bin das Hündlein 466
Ich bin der große Derdiedas 366
Ich bin durch die Wüste gezogen 233
Ich bin ein Gründer 283
Ich bin fremd 434
Ich bin in eine fremde Stadt verschlagen 351
Ich bin in einem Land 458
Ich bin nur in wörtern 545
Ich bin sehr reich 465
Ich danke Gott, daß ich zu Fuß 141
Ich darf wohl von den Sternen singen 234
Ich, der Deutsche, er 566
Ich empfinde fast ein Grauen 68
ich erinnere mich 555
Ich fälle einen Baum 587
Ich geh' durch Erde 433
Ich ging im Walde 170
Ich gleiche nicht mit dir 70
Ich hab in kalten Wintertagen 299
Ich habe dich so lieb 371
ich habe kein anderes alibi 545
Ich habe Leute 549
Ich habe zu Hause ein blaues Klavier 337
Ich hab's gewagt mit Sinnen 58
Ich hân mîn lêhen 52
Ich hatt einen Kameraden 244
ich hatte einen Kopf 458
Ich hatte einst ein schönes Vaterland 378
Ich hort ein Sichellin rauschen 63
Ich hôrt ûf der heide 40
Ich kam dir entgegen 478
Ich kann den Blick nicht von euch wenden 284
Ich könnte doch 578
Ich lebe jetzt 533
Ich lebe mein Leben 329
Ich möchte hingehn wie das Abendrot 289
ich möchte nochmal durchatmen 556
Ich rede von mir 550
Ich richte mir ein Zimmer ein 467
Ich sage Ankunft 461
Ich sah des Sommers letzte Rose 295
Ich sahe mit betrachtendem Gemüte 113
Ich saz ûf eime steine 50
Ich sehe dich in tausend Bildern 224
Ich selbst bin Ewigkeit 92
Ich sitze am Straßenhang 418
Ich spreche im Slang 530
Ich steh auf des Berges Spitze 268
Ich steh auf hohem Balkone 275
Ich steh' in Gottes Hand 442
Ich sterb und lebe Gott 93
Ich suche allerlanden 337
Ich träum als Kind mich zurücke 250
Ich trage leicht an dem 438
Ich und du 295
ich wandle unter meinen händen 492
Ich war an Kunst und Gut 79
Ich warf mich auf die Meer-Klippen 336
Ich weiß doch: nur der Glückliche 417
Ich weiß, ich werde alles wiedersehn 430
Ich weiß nicht, was ich bin 92
Ich weiß nicht, was ich soll 92
Ich weiß nicht, was soll es bedeuten 269
Ich weiß nicht wovor 583
Ich werfe keine Münzen 457
Ich wil trûren varen lân 34

Ich will dich 468
Ich will die Nacht um mich ziehn 436
Ich will gar nicht 534
Ich zôch mir einen valken 36
Ideal und Prosa 313
Ideal und Wirklichkeit 372
Ihr Dach stieß fast bis an die Sterne 315
Ihr Deutschen, von dem Flutenbett 246
Ihr Freunde, hänget 143
Ihr lebet in der Zeit 78
Ihr meine Toten 440
Ihr wandelt droben im Licht 209
Ihr wilden Gänse habt es gut 282
Ihr Zuschauenden 440
Im Apfelbaume pfeift 306
Im Atemholen sind zweierlei Gnaden 171
Im August 574
Im bleichen Sommer 407
Im düstern Auge keine Träne 271
Im dunkeln Efeu saß ich 217
Im Eisenbahnhofe 274
Im engen Hofe 546
Im ernsten Beinhaus war's 181
Im Frühling 260
Im Frühling rührte mir 112
Im Frühlingsschatten fand ich sie 128
Im Gewitter der Rosen 488
Im Grase (Glocken und Zyanen) 423
Im Grase (Süße Ruh', süßer Taumel) 279
Im Grenzenlosen sich zu finden 175
Im Haar ein Nest von jungen Wasserratten 342
Im Innern ist ein Universum auch 170
Im Ilmtal 567
im konzentrationslager auschwitz 551
Im Marmorlicht der Kykladen 491
Im Meer beginnt es 367
Im Mittelländischen Meer 521
Im Moose 277
Im Namen dessen, der Sich selbst erschuf 169
Im Nebel 391
Im Nebel ruhet noch die Welt 259
Im Sommer 559
Im Spätboot 302
Im Stall bei Esel, Ochs und Rind 423
Im Tiergarten, auf einer Bank 316
Im Winter ist meine Geliebte 489
Im wunderschönen Monat Mai 267
Im zimmer kreischt die straßenbahn 542
Im Zug Athen – Patras 564
Immer enger, leise, leise 308
Immer noch die Handschrift 467
Immer wieder strecke ich meine Hand 463
Immerhin und Immerher 526
In allen meinen Taten 76
In anderer Zeit 566
In der dunkelnden Halle saßen sie 388
In der Frühe 259
In der Morgendämmerung 466
in der Nähe des Hauses 547
In der Stratosphäre 371
In die tiefsten Felsengründe 248
In diesem Dorf 548
In diesem Herbst 588
In dieser Einsamkeit 86
In dieser Märznacht 350
In einem alten Buche 348
In einem kühlen Grunde 237
In einem Tal bei armen Hirten 193
In einer 553
In einer fremden Stadt 351
In meinem Knochenkopfe 516
In meiner blindheit 545
In memoriam Johannes Bobrowski 542
In Sand geschrieben 392
In seiner Fülle ruhet 210
in stanzen 581
In stiller Nacht und monogamen Betten 372
In tausend Formen 172
In unsern Fahnen lodert Gott 426
In uralten Seen 361
Industrie- und Handelstag 483
Inmitten der schwierigen Strategie 455
Innsbruck, ich muß dich lassen 65
Ins Lesebuch für die Oberstufe 512
intonation 519
Inventur 456
Ir sult sprechen willekomen 44

Ja, das Licht 461
Ja Herr der Welt 426
Ja schöne Zeit 536
ja was soll ich dir noch sagen 545
Jägerlied 263
Jakob 337
Jakob war der Büffel seiner Herde 337
Jeden Tag geschehen 580
Jeder 448
Jeder muß einmal 448
jedes durchs andere 82
Jedwedes blutgefügte Reich 395
Jedwedes Volk 424
jesus 519
Jetzt 504
Jetzt erlebe ich die langen Abende 584
Jetzt sitzt der weiße Schlaf 318
Jetzund kömmt die Nacht herbei 68
Jost 135
Jules Verne 578
Juni 446

Käuzlein 296
Kahle Felsschädel 564
Kalender 1913 369
Katzenjammer-Monolog 377
Katzenmahlzeit 584
Kein Erbbegräbnis mich stolz erfreut 307
Kein Gott 533
Kein Hauch 458
Kein Himmel. Nur Gewölk 445
Kein Räderspiel 524
Kein Schlaf noch kühlt das Auge mir 259
Kein Wesen kann zu nichts zerfallen 175
Keine Heckenrosen umklammern 395
Keine Posaune zurhand 515
Kenner von dem sapphischen Gesange 124
Kinder reicher Leute 377
Kinderlied 509
Kinderlieder 1950 417
Kindermund 539
Kindertotenlieder 247
Kirke-Gedichte 483
Kirke-TV 483

Kirschblüte bei der Nacht 113
Kirst, imbi ist huze 34
Klage 358
Klagen eines unglücklichen Verliebten 123
Klassische Entscheidungsfreiheit 521
kleie 581
Klein ist, mein Kind 445
Kleine Aufforderung zum großen Mundaufmachen 509
Kleine Blumen, kleine Blätter 154
Kleine Katastrophe 380
Kleines Ding, um uns zu quälen 153
Klingling, bumbum 311
Kölner Dom 362
Könnt ich so dichten 405
Kohle, schwarze Kohle 381
Komm heiliger Geist du 360
Komm in den totgesagten park 324
Komm, Trost der Nacht 99
Komm, Trost der Welt 241
Komm zu mir in der Nacht 338
Kondensstreif 401
Krieg ist mein Lied 121
krieg und so 502
Kriegerisches Zeitalter 391
Kriegslied 139
Kummer, der das Mark verzehret 80
Kurz vor ihrem Verschwinden 583
Kurze Geschichte der Bourgeoisie 514
Kurzer lehrgang 542

Länger währte diese Brücke 460
Landmeer 583
Landschaft 339
landschaft 18 495
Landschaft der Seele 445
Lange hatt' ich auf sie 133
Lange lieb' ich dich schon 214
Laß das Gelichter 478
Laß dich nur nichts nicht tauren 78
Laß, o Welt, o laß mich sein 262
Laue Luft kommt blau geflossen 238
Laut- und Klanggedichte 363
Laut verlacht verlaust verloren 551
Leben eines Mannes 428
Lebenslauf 211
Leerer Abend 442
Legende von der Entstehung des Buches Taoteking 413
Leid 353
Leipzig, Leipzig! arger Boden 251
Leise zieht durch mein Gemüt 269
Leitspruch 395
Lenore 145
Lenore fuhr um's Morgenroth 145
Leo XIII 325
Lernjahre sind keine Herrnjahre 556
Letztes Boot darin ich fahr 471
Leuchte, scheine, goldne Sonne 382
licht 505
Licht fällt auf den Tisch 548
lichtung 502
Lidice und Oradour 458
Liebe 236
Liebe denkt in süßen Tönen 227
Liebesfeier 251
Lieblich war die Maiennacht 252
Lied 69
Lied auf dem Wasser zu singen 144
Lied der Jahre 444
Lied der Naturlyriker 514
Lied zur Pauke 551
Lieder der Griechen 249
Lieder eines fahrenden Gesellen 570
Liedervereinigung 564
Liegt eine Stadt im Tale 317
Lies keine Oden, mein Sohn 512
Lob der Spatzen 429
Lobt doch unsre stillen Feste 224
Lockung 240
Lösch aus dein Licht und schlaf 387
Löse dich von Haus und Haft 428
Löwenzahn 449
London 518
Lorscher Bienensegen 34
Losgesprochen 479
Luftveränderung 372
Lutsch die Euphratfeige 585

Mageres Graz 570
Mahadöh, der Herr der Erde 166
Maifest 155
Mailied 142
Makabrer Wettlauf 467
man muß was tun 506
Man sagt, die Zeit ist schnell 93
Man weiß nicht, was man ist 92
Manche freilich 323
manche meinen 502
Manchmal des Nachts 430
Manchmal fragt man sich 517
Manchmal, nach einem Herbststurm 577
Manchmal stehen wir auf 447
Mann und Frau gehn durch die Krebsbaracke 398
Mannomann 510
Marginalien 467
Maria Antoinette 272
Markt und Straßen stehn verlassen 241
Matti wechselt das rad 550
Meeresstille (Ich seh von des Schiffes Rande) 241
Meeresstille (Tiefe Stille herrscht) 164
Meeresstrand 297
Meergerandet, groß 452
Meienlied 91
Mein blaues Klavier 337
Mein Eigentum 210
Mein Freund schreibt 570
Mein Führer! 421
Mein Gott, was soll ich tun? 442
Mein Haus, es steht nun mitten 395
Mein Irrtum 133
Mein Kind, frag Deinen Vater 458
Mein Leben (Der Aufruf) 499
Mein Leben (Mein Leben kann euch) 406
Mein Leben kann euch als ein Beispiel 406
Mein Mann ging mir verloren 586
Mein sind die Jahre nicht 86
Mein Tankstellenmann 547
mein Vaterland hat mich gelehrt 556
Meine Augen sind offen genug 575
Meine eingelegten Ruder 301
Meine Gräber 307

meine Sprache (ich erinnere mich) 555
Meine Sprache (Ich spreche im Slang) 530
Meinen Freunden, den alten Genossen 535
Meinen Sie Zürich 400
Meinetwegen Rosen 553
Meister, ohne dein Erbarmen 232
Melancholie 226
Melde mir die Nachtgeräusche 302
Memento 444
Menetekel 531
Mensch, werde wesentlich 92
Menschheit 354
Menschheit vor Feuerschlünden 354
Menschliches Elende 84
Merseburger Zaubersprüche 32
Michel-Enthusiast 283
Mîn herze und mîn lîp 38
Mir ist, ich weiß nicht wie 85
Mir zu Häupten Wolken wandeln 236
Mit einem Dach und seinem Schatten 331
mit einem jahr ein kind 495
mit einer schar von freunden 519
Mit gelben Birnen hänget 216
Mit halber Stimme 422
Mit jammervollem Blicke 153
Mit leichtem Gepäck 468
Mit seiner dünnsten Stimme 568
Mitleid hin und her 313
Mitsamt meinen Steinen 474
Mittag 307
Mitten am Tag eine Furcht 583
Mitten im Schimmer der spiegelnden Wellen 144
mitten in der Stadt 554
Mitten wyr ym leben sind 59
Mitternacht, die Gärten lauschen 311
Möwen sah um einen Felsen kreisen 301
Möwenflug 301
Mohn an der römischen Mauer 441
Mondbeglänzte Zaubernacht 227
Mondesaufgang 280
Mondnacht 240
Monodisticha Sapientium 82
Monolog der Menschen 461
Morgen Sonnet 82
Morgenandacht 104
Morgengedanken 114
Morgenglanz der Ewigkeit 104
Morgengrauen 575
Morgenlied der neuen Arbeiter 382
Morgens 340
Morsche Scholle streift am Ufer 387
Müßt ihr denn schon wieder 391
Mund! der die Seelen 105
Musik im Mirabell 355
Mythische Landschaft 431

Nach dem Manöver 570
Nach des VI. Psalmens Weise 76
Nacht 298
Nacht in London 522
Nacht, mehr denn lichte Nacht 85
Nacht oder Tag 583
Nachtgedanken 271
Nachtgeräusche 302
Nachtgesang 168
Nachtleben 485
Nachtlied 294
Nachts 576
Nachts kriecht die Kälte 397
Nachtwächters Stilleben 288
Nänie 201
Nationalhymne der DDR 406
Natur-Gedicht 547
Naturgedicht 7 579
Nebelland 489
Nein ganz herrlich 580
Neubauten, ungeborene Zimmer 457
Neues Wesen 463
Neujahrswunsch 1817 244
Neulich deutschten auf deutsch 246
Neunzehnhundertachtundsechzig 589
Neunzehnhundertachtundsiebzig 590
Nicht gesagt 448
Nicht in den Ozean der Welten 128
Nicht in dir 82
Nicht mit der Jugend 389
Nichts als Mauern 380
Nichts ist, das dich bewegt 93
Nichts kann uns rauben 381
Nichts mehr wird kommen 490
Nie hat er jemanden umgebracht 513
Niemand kam über das Feld 477
Niemand knetet uns wieder 475
Niemand wird kommen 477
Niemand wollte etwas von mir 532
Nimm des Menschen Dunkelstes 422
Nimm die Rose von den Dörnern 81
Nimmer, das glaubt mir 193
Nirgends hin als auf den Mund 77
Noch bist du da 476
Noch einmal wagst du 176
Noch in meines Lebens Lenze 202
Noch ist die Zeit des Jahrs 222
Noch spür ich ihren Atem 322
Noch unverrückt, o schöne Lampe 263
Nu bidden wir den heiligen geist 38
Nun aber steht ein Haufe 426
Nun die Schatten dunkeln 305
Nun gilt nicht hüh 426
Nun ruhen alle Wälder 96
Nun schlägt der Haß wie Wetter 359
Nun schließen sich wieder die Wege 484
Nun weiß man erst, was Rosenknospe sei 182
Nun wil ichs aber heben an 62
Nur eine Rose als Stütze 467
Nur einen Sommer gönnt 208
Nur wer die Leier schon hob 335
Nur zwei Dinge 400

O Baum, der in der Sonne knospt 393
O, du Geliebte 364
O Ewigkeit! Voll Angst 82
O flaumenleichte Zeit 256
O gib, vom weichen Pfühle 168
O Haupt voll Blut und Wunden 95
O herre got 66
O Hoffnung! holde! 215
O reiche Armut 236
O schaurig ist's übers Moor zu gehn 278
O sieh den roten Mohn 482
O Täler weit, o Höhen 237
Ob meinem Haupte ziehn 284

Oberon 396
Ode an die Hoffnung 515
Ode an einen Ort 499
Oft sieht man jetzt 562
Oh, friedlicher Mittag 554
Oh, when the Saints go marching in 458
Ohne die Freiheit, was wärest du 249
Ohne Titel 568
Ohne Warum 93
Oktoberlied 297
Olmütz 1942–1945 526
Opfer 395
Ophelia 342
Optik 457
Opus Null 366
Orphische Bucht 452
Osten 470
Owê, sol aber mir iemer mê 40
Owê, war sint verswunden 48

Palm-baum 89
Palmström 319
Palmström, etwas schon an Jahren 320
Palmström steht an einem Teiche 319
Pansmusik 394
Park Monceau 372
Parteileben 300
Passionsblume 401
Patrouille 352
Peregrina 257
Perstet amicitiae semper 74
Pflück die Blume nicht 585
Phänomen 171
Phantasus 315
Phol ende Uuodan 32
Plopp 464
Poesie 564
Polenlieder 266
Porträt einer alten Frau 546
Post festum 421
Preis des Schöpfers 123
Preislied auf eine Seifenblase 431
Preisrot unterm Blitz 401
Proletarische Liebe 585
Prometheus (Bedecke deinen Himmel, Zeus) 156
Prometheus (Prometheus hatte kaum) 148
Prometheus hatte kaum herab 148
Prooemion 169
Prophezeiung 348
Psalm (Daß aus dem Samen des Menschen) 450
Psalm (Niemand knetet uns wieder) 475

Quellende, schwellende Nacht 294

Raubritter 402
Rede vom Gedicht 552
Rede von der Anschauung 445
Reden ist leicht (Replik) 586
Reden ist leicht (Rondeau) 513
Redensarten 477
Regen 365
Regen in der Dämmerung 321
Regen tönen Tropfen triefen 365
Regenduft 318
Rein wie das feinste Gold 93
Reiselied 323
Reisen 400
Replik 586
Requiem (Chor der Proletarier) 361
Requiem (Seele, vergiß sie nicht) 295
Requiem für einen Faschisten 437
Resignation 183
Retuschierbar ist 542
Rheinkohle statt Gold 362
Rings um ruhet die Stadt 213
Robinson 463
Römische Elegien 164
Römische Fontäne 332
Rondeau 513
Rote Mühlen stehen 339
Rückkehr nach Frankfurt 446
Rühmen, das ists! 335
Rührt mich nicht an 385
Ruhetal 244
Runde das Grün 364

's ist Krieg! 139
's war einer, dem's zu Herzen ging 250
Sachliche Romanze 376
Säusle liebe Mirte 233
Sage vom Ganzen 462
Sagt es niemand, nur den Weisen 171
Sah ein Knab' ein Röslein stehn 155
Sahest Du's 446
Sandlieder 284
Saß am Radio 589
Schau alle Ding in Gott 82
Schaust du mich an 279
Schibboleth 474
Schichtzettel 578
Schilflieder 251
Schimmelgrün ist das Haus des Vergessens 473
Schizophrene Sonette 363
Schlachtfeld 352
Schläft ein Lied in allen Dingen 240
Schlaf und Tod 358
Schlafe! was willst du mehr? 282
Schlafen, schlafen 294
Schlaflied für K. 583
Schlage die Tür zu 491
Schlagt die Pauken und Trompeten 370
Schlechte Zeit für Lyrik 417
Schnecken 546
Schnee im Büro 574
Schön ist, Mutter Natur 126
Schön ist's, von des Tränenberges Höhen 152
Schön wie niemals 446
Schöne Jugend 398
Schöne Junitage 311
Schöne seltene Weide 577
Schönere Menschen laß uns erfinden 587
Schollenmürbe schläfert ein 352
Schon nascht der Star 311
schorf 1 bis 3 551
Schreib von der Arbeit 585
Schreie. Ein Pfau 318
schtzngrmm 502
Schuld 438
Schwarz war die Nacht 226
Schwarze Milch der Frühe 472
Schwarzschattende Kastanie 301
schweigen schweigen schweigen 498

Schweigt der Menschen laute Lust 239
Schweigt still von den Jägern! 456
Schwimmen bei Pizunda 536
Schwüle 302
See 470
See, schartige Schüssel 538
Seefahrt 159
Seele 381
Seele, vergiß sie nicht 295
Seewärts hör ich Signale 396
Segelschiffe und Gelächter 462
Sehet ihr am Fensterlein 255
Sehnen 352
Sehnsucht 240
Sehr fern 525
Sei dennoch unverzagt 79
Sei mir zum letztenmal gegrüßt 253
Seifenblase, himmelwärts verloren 431
Sein Blick ist vom Vorübergehn 330
Sein foto 542
Seit Lissabon ist sein Ruf 546
Sekundenzeiger 367
Selbstbildnis im Supermarkt 553
Selbstgespräch 549
Selige Sehnsucht 171
Seltsam, im Nebel zu wandern! 391
September 497
Septembermorgen 259
Sich vorbereiten 589
Sich zurückhalten 542
Sie gehen rundherum 561
Sie kamen und suchten 493
Sie saßen und tranken am Teetisch 268
Sie sehn sich nicht wieder 294
Sie trampeln um den Hof 341
Sie wandern durch die Nacht 343
Sie wissen nichts von Schmutz 377
Sieh den Mond 401
Sieh die Sterne, die Fänge 399
Signale 396
Silberdistel 542
Sîne clâwen durch die wolken 42
singet dem herrn 519
Singsang am Regentag 572
Sizilianen 311
Slâfest du, friedel ziere 36
So schlafe nun, du Kleine 137
So schlafen, in der offnen Hand 482
So schlafen so wachen 482
So soll es sein 530
So schreckt das Wild 446
So viele Berichte 566
So weit im Leben 490
So wie der Regen 580
Solang noch der Tatrawind 361
Soll ich mein letztes End 92
Soll ich trinken oder küssen 120
Soll ich von deinem Tode singen 116
Soll's denn ewig von Gewittern 305
Sommerbild 295
sommerlied 502
Sommernacht 300
Sommers 589
sonett (erste Strophe) 504
Sonett (Inmitten der schwierigen Strategie) 455
Sonett (Ja schöne Zeit) 536
Sonett auf sich selbst 328
Sonette an Orpheus 335
Sonnen sanken um mein Schiff 451
Sonnenuntergang 212
Spät 365
Spät in der Nacht 525
Spät wurden in diesem Jahr 560
Spanisch 486
Spaziergang 478
Spiele wohl! 81
Spleen 365
Sprachgitter 473
Sprich aus der Ferne 228
Sprüche des Konfuzius 201
Spude dich, Kronos 158
Stadtkirche am Vormittag 577
Stadtrand 457
Stark wie der Tod 583
Staub auf den Schuhen 379
Stehen, im Schatten 475
Stellt den Mastbaum auf 483
Stiegenlied 585
stilleben 504
stimme stimme 519
Stimmung 464
Straßenbahnschienen klirren 381
Strömung 490
Strophen aus der Fremde 289
Stufen 391
Sturm, Sturm, Sturm! 424
Süße Ruh', süßer Taumel im Gras 279

Täglich kommt die gelbe Sonne 357
Tag, der den Sommer endet 399
Taglang nachtlang stand mein Schiff 159
Tagwerk 477
Tannhäuser 62
Terzinen 454
[Teutschland betet] 87
Tiefe Stille herrscht 164
Toast 537
Tod ist ein selig Ding 93
tod & verklärung 551
Tod wirft vom Himmel nieder 442
Todesfuge 472
Tötet euch mit Dämpfen 360
Tote Zeche 524
Tränen des Vaterlandes 83
Tränen in schwerer Krankheit 85
Träumerei in Hellblau 347
Tragische Geschichte 250
Trau keinem, der nie Partei genommen 300
Trauer-Ode, beim Absterben seiner geliebten Mariane 116
Traum 352
Traurgesang von der Not Christi 73
Traurigkeit 392
Trennen wollten wir uns 207
Treu und freundlich, wie du 206
Treue 424
Trilogie der Leidenschaft 176
Tristan 265
Trüb verglomm 302
Tübingen, Jänner 474
Tübingen oder Die Harmonie 405
Tübingen, Oktober 480
Turner-Marsch 370

Üb immer Treu und Redlichkeit 143
Über allen Gipfeln ist Ruh 159
über das Zimmertelephon 500
Über den Nachruhm 376
Über die Geburt Jesu 85
Über die Gewalt 412
Über die Heide 297
Über die Heide hallet mein Schritt 297
Über die Hoffnung 579
Über Vergänglichkeit 322
Überall Hölle, überall Himmel 82
Um 1800 486
Um Allerseelen 390
Ukrainische Bauernküche 566
Um Mitternacht (Gelassen stieg die Nacht) 259
Um Mitternacht (Um Mitternacht ging ich) 174
Um Mitternacht ging ich 174
Umsturz 587
Unbehelmt 403
Und als wir ans Ufer kamen 544
Und der Tag nach 552
Und es kommen die Vögel 445
Und frische Nahrung, neues Blut 158
Und Kinder wachsen auf 323
Und zu verschiedenen Zeiten 560
Under der linden 46
Unruhiger Tag 402
Uns lockt die Morgenröte 118
Unter der blanken Hacke des Monds 450
Unter deren Blicken 440
Unter Feinden 312
Unter geht die Sonn am Abend 247
Unter Tag 523
Untergang 438
Unwissende damit ihr 542
Unzugänglich schien der Gipfel 386
Urworte · Orphisch 173
Utopia 511

vater komm erzähl vom krieg 502
Vaterhaus 563
Vaterlandslied 242
Venedig (An der Brücke stand) 312
Venedig (Venedig liegt nur noch) 265
Venedig liegt nur noch im Land der Träume 265
Venezianisches Credo 443
Veni Creator Spiritus 360
Venus, du und dein Kind 67
Veränderter Prägstock 565
Verborgenheit 262
Verehrter Herr und König 293
Vereinsamt 313
Verfall 355
Vergänglichkeit der Schönheit 106
Vergebens in den Kohleschächten 361
Vergnügungen 418
verkauft nicht bloß Super 547
Verklärter Herbst 355
Verlassene Küste 462
Verlorene Biographie 547
Verlorene Söhne 531
Verlorenes Ich 400
Verlorner Posten in dem Freiheitskriege 273
Vermächtnis 175
Vermächtnis der sterbenden Polen 266
Vernunftreiche Gartenentzückung 528
Versunken ist der Tag 341
Verwandlung 492
Verwandlungen 436
Viere lang 312
Vineta 249
Vision 491
Vita in morte 383
Vögel treiben spreeabwärts 562
Vogelschau 324
Volk 425
Volk und Knecht und Überwinder 171
Voll Harmonien ist der Flug 357
Vom armen B.B. 409
Vom Berge was kommt dort 261
Vom Bischofsberg die Haube 526
Vom Frühling perlt 565
Vom Schwimmen in Seen und Flüssen 407
Vom Taue glänzt der Rasen 213
Vom Wolfesbrunnen bei Heidelberg 69
Von den Mauern Widerklang 228
Von den Savannen übers Tropenmeer 455
Von der notwendigkeit der zensur 542
Von der Stimm zu Mitternacht 67
Von dunkelnden Wogen 294
Von heut an 587
Von Mund zu Mund 477
Von Mund zu Mund wird man dich 405
Von Rôme vogt, von Pülle künec 50
Von seinem milden Landesvater 135
Von unten auf! 287
Von woher ich auch lebe 527
Vor allen Göttern 328
Vor der Abfahrt 493
Vor ihm sind tausend Jahre 291
Vor seiner Hütte ruhig im Schatten 212
Vorangekommen 575
Vorfrühling (Es läuft der Frühlingswind) 321
Vorfrühling (In dieser Märznacht) 350
Vormittag 351
Vorspruch 424
Vorübergang 393

Wache 352
Wachet auf, ruft uns die Stimme 67
während ich den reifen abmontiere 550
wär ich ein kesselflicker 495
„Wär ich im Bann von Mekkas Toren“ 285
Wagen an Wagen 390
Waldeinsamkeit 226
Waldgespräch 239
Wandlung 428
Wandrers Nachtlied 159
Wann im letzten Abendstrahl 244
Wann still die Nacht 245
Wann Streit/wann Leid 102
Wann treffen wir drei wieder zusamm? 309
Wann ziehn wir ein 476
Wappen von Allenburg 433
War da ein Sommer 480
War einmal ein Revoluzzer 368
Warum sollen deine Verse 549
Was alles braucht's zum Paradies 494
Was bedeutet die Bewegung 172
Was fein ist, das besteht 93
Was geschah 525
Was glänzt dort vom Walde 242

Was hat, Achill 403
Was ist das für ein Krach 539
Was ist dein Lebenslauf 81
Was ist die Welt 321
Was ist die Welt (Die Welt) 105
Was ist groß 432
Was man gelebt 393
Was mich betrifft 541
Was schlug man diesen 395
Was schnell nun naht 561
Was sichtbar ist 82
Was sind wir Menschen doch 84
Was soll ich nun vom Wiedersehen hoffen 177
Was von einem Winternachmittag bleibt 588
Was wär ein Gott 170
Was wär ich, ohne daß mich die Partei 405
Was würden Sie tun 571
Wasser stürzt, uns zu verschlingen 323
Weg 384
Wegen des Schattens und Duftens 336
Weib, gib mir Deckel 288
Weihnachten 241
Weil auf mir, du dunkles Auge 252
Weil sie kaum Platz einnehmen 508
Weine nicht, mein Kind 108
Weiß wie Lilien 182
Weisse schwalben sah ich fliegen 324
Weißt du, was in dieser Welt 80
Weit von meinem Vaterlande 138
Weiterung 512
Welch ein Wetter 141
Welches Tags Strahl 384
Welt-Ende (Als wäre die luft gemahlen glas) 383
Weltende (Dem Bürger fliegt vom spitzen Kopf) 340
Weltende (Es ist ein Weinen in der Welt) 337
Weltgeheimnis 322
Wende dich, du kleiner Stern 298
Wenn alle untreu werden 223
Wenn das Auge schlechter wird 457
Wenn der gewöhnliche Mensch 515
Wenn der Schimmer von dem Monde 132
Wenn der Schnee ans Fenster fällt 356
Wenn der silberne Mond 142
Wenn der uralte 163
Wenn du zur Arbeit gehst 373
Wenn einst dies geschlecht sich 326
Wenn es mir gut geht 485
Wenn ich ihn nur habe 223
Wenn ich, o Schöpfer, deine Macht 123
Wenn ihr unsre Ungeduld bedauert 535
Wenn in die heimat du kamst 327
Wenn man stirbt 525
Wenn mittags das weiße Feuer 450
Wenn nicht mehr Zahlen und Figuren 224
Wenn sich lebendig Silber neigt 175
Wenn tiefe Schwermut meine Seele wieget 265
Wenn zu der Regenwand 171
Wer allein ist 399
Wer baute das siebentorige Theben 412
Wer bin ich 444
Wer bist du, Fürst 148
Wer die Schönheit angeschaut 265
Wer die tiefste aller Wunden 236
Wer die Tür nicht festhält 577
Wer hat dich, du schöner Wald 238
Wer je die flamme umschritt 326
Wer jene Fäulnis
Wer lacht hier, hat gelacht? 509
Wer lebt hier
Wer nie im Schacht 313
Wer redlich hält 244
Wer redlich ist im Herzen 80
Wer reitet so spät 162
Wer ruft mit abgerissenem Mund 512
Wer sleht den lewen 52
Wer soll da noch auftauchen 512
Wer *über* den Partein 300
Wer umkippte 551
Wer, wenn ich schriee 333
Wer will die Reinen von den Schuldigen scheiden 427
Wer will schon lernen 588
Wer wußte je das Leben recht zu fassen 266
Werft eure Herzen 419
Werkzeuge der Freiheit 528
Wessobrunner Gebet 32
West-östlicher Divan 171
wettrennen 503
Wie an dem Tag, der dich der Welt 173
Wie bin ich vorgespannt 353
Wie der Wächter in den Weingeländen 329
Wie der Wind übers Gras 579
Wie die Ferne 527
Wie die Frauen 315
Wie er wolle geküsset sein 77
Wie erhebt sich das Herz 131
Wie es so geht 553
Wie hab ich das gefühlt 330
Wie heiter im Tuilerienschloß 272
Wie herrlich leuchtet 155
Wie hört man leicht 438
Wie im Morgenrot 157
Wie ist es, hat Liebe 90
Wie jede Blüte welkt 391
Wie oft 479
Wie schlafend unterm Flügel 298
Wie sich auch die Zeit will wenden 231
Wie süß der Nachtwind nun 258
Wie wir das lesen 540
Wieder hat man in der Stadt 527
Wieder wartet 526
Wiedersehen nach längerer Zeit 548
Wiegenlied 289
Wiepersdorf 558
Wild zuckt der Blitz 303
Wildgänse rauschen 359
Wildwechsel 456
Willkommen, klare Sommernacht 298
Willkommen, o silberner Mond 132
Willst du mich sogleich verlassen 182
wind 498
Winter 562
Winterlied 584
Wir dürfen unser 583
Wir gehn zu Grab 266
Wir Geretteten 439
Wir gingen nachts gen Bethlehem 449
Wir haben ein Bett 317
Wir kämmten Wolken 353
Wir kannten nicht sein unerhörtes Haupt 332
Wir kommen aus dem Kino 532
wir küssen den stahl 492

Wir ohne Heimat irren 397
Wir schlafen ganz 270
Wir schreiten auf und ab 324
Wir sind aus solchem Zeug 322
Wir sind der Bauer 425
wir sind die menschen 502
Wir sind die Welt gewöhnt 461
Wir sind doch nunmehr ganz 83
Wir träumten von einander 295
Wir turnen in höchsten Höhen 517
Wir wandten uns um 531
Wir Werkleute all 382
Wir wollten 579
Wir Worte 479
Wirf deine Angst 476
Wirklich, er war unentbehrlich! 306
Wirklich, ich lebe in finsteren Zeiten! 415
Wisse, wenn in Schmerzensstunden 428
Wo aber fliegen die Abendvögel hin? 432
Wo bist du? 446
Wo bist du hingeflohn 125
Wo bist du? trunken dämmert 212
wo ist die firgelzentrale 368
Wo sind die Stunden 107
Wo sind noch Würm' und Drachen 282
Wohin wir uns wenden 488
Wolf Biermann singt 542
Wolken 363
woran man kommunisten erkennt 551
worte sind schatten 498
Wünschelrute 240
Wünschen Neujahr 1977 536
Würd es mir fehlen 308
Würmer im Gewissen 80
Wunder der Liebe 227
wunschlos sich grün wünschen 506
Zechenkolonie 546
Zehn Männer wurden vom Gestein 380
Zeitgenossen, haufenweise 375
Zeitung 560
Zerbrich das schwere Joch 71
Zerstörte Landschaft mit 554
Ziehn die Schafe von der Wiese 182
Zierlich der Kratzfuß 486
Zierlich ist des Vogels Tritt 263
Zu Abrahams Tag noch gewogen 565
Zu Bacharach am Rheine 229
Zu Brecht, Die Wahrheit einigt 568
Zu Dionys, dem Tyrannen 198
zu neujahr 545
Zu sagen 522
Zu Venedig ein kaufman saß 66
Zuerst werden wir uns 537
Zufall und Wesen 92
Zum Beispiel Galilei 582
Zum Kampf der Wagen und Gesän
Zur Beruhigung 270
Zur Blindheit 474
Zuweilen möchte man aus sich he
Zwecklos und sinnvoll 530
Zwei Becken, eins das andre übe
Zwei Segel 302
Zwei Segel erhellend 302
zwei tabellen und eine variatior
Zwei Trichter wandeln 319
Zwielicht 238
Zwinkernd mit Dornengebüs
Zwischen Kraut und grünen
Zwischen zweyen burgen 64

Umschlagentwurf: Graphische Werkstatt Fuhr & Wolf, Mainz

Cornelsen online http://www.cornelsen.de

1. Auflage Druck 6 5 4 3 Jahr 06 05 04 03

Druck: Druckhaus Mitte, Berlin

ISBN 3-454-12000-4

Bestellnummer 120004

Gedruckt auf säurefreiem Papier, umweltschonened hergestellt aus ch